NBA75年 | 1946–2020 | 篮球群星闪耀时

张佳玮 —— 著

上

  华东师范大学出版社

·上海·

图书在版编目（CIP）数据

NBA75年：篮球群星闪耀时/张佳玮著．—上海：华东师范大学出版社，2021
　　ISBN 978-7-5760-1621-5
　　Ⅰ.①N… Ⅱ.①张… Ⅲ.①NBA—体育产业—产业发展—历史 Ⅳ.①G841.9
　　中国版本图书馆CIP数据核字（2021）第071816号

NBA75年：篮球群星闪耀时

著　　者	张佳玮
责任编辑	顾晓清
特约审读	王婧华
责任校对	张佳妮　李琳琳
装帧设计	周伟伟
图片提供	CFP
出版发行	华东师范大学出版社
社　　址	上海市中山北路3663号　邮编　200062
客服电话	021－62865537
网　　店	http://hdsdcbs.tmall.com
印刷者	杭州日报报业集团盛元印务有限公司
开　　本	890×1240　32开
印　　张	27.375
字　　数	634千字
版　　次	2021年7月第1版
印　　次	2021年7月第1次
书　　号	ISBN 978-7-5760-1621-5
定　　价	168.00元（上下册）
出版人	王　焰

（如发现本版图书有印订质量问题，请寄回本社市场部调换或电话021-62865537联系）

目录

上册

(I) 第一章 楔子 篮球 **1**
(II) 第二章 草创1946—1948 **3**
(III) 第三章 巨人1948—1954 **11**
(IV) 第四章 24秒 **23**
(V) 第五章 王朝的曙光 **33**
(VI) 第六章 双巨人 **53**
(VII) 第七章 二后卫 **61**
(VIII) 第八章 纪录之年 **69**
(IX) 第九章 八连冠 **79**
(X) 第十章 王朝中断 **99**
(XI) 第十一章 恩怨一朝了结 **109**
(XII) 第十二章 雄鹿、湖人、尼克斯：三国志 **125**
(XII) 第十三章 老去的光荣 **157**
(XIV) 第十四章 疯狂与阴影 **177**
(XV) 第十五章 黎明前夕 **193**
(XVI) 第十六章 魔术师vs伯德，湖人vs凯尔特人 **237**
(XVII) 第十七章 乔丹vs坏孩子 **277**
(XVIII) 第十八章 迈克尔·乔丹：三连冠 **315**
(XIX) 第十九章 四大中锋·冠军的心 **379**

下册

- (XX) 第二十章　72胜　**409**
- (XXI) 第二十一章　时代更替　**427**
- (XXII) 第二十二章　最后的舞蹈　**445**
- (XXIII) 第二十三章　停摆与重启　**463**
- (XXIV) 第二十四章　OK三连冠　**475**
- (XXV) 第二十五章　王朝结束　**523**
- (XXVI) 第二十六章　鲨鱼与邓肯各自的第四枚戒指　**551**
- (XXVII) 第二十七章　湖人vs凯尔特人：重现　**597**
- (XXVIII) 第二十八章　达拉斯的童话　**641**
- (XXIX) 第二十九章　热与马刺　**657**
- (XXX) 第三十章　勇士与勒布朗　**711**
- (XXXI) 第三十一章　多伦多猛龙的新历史　**757**
- (XXXII) 第三十二章　历史上最漫长的一个赛季　**779**

后记　**803**

第一章　楔子 篮球

(I)

1 · 2

最初，世上并没有篮球。

直到 1891 年 12 月，30 岁的加拿大人，詹姆斯·奈史密斯教授，时任美国马萨诸塞州春田基督教青年会国际训练学校的体育老师，想出了点门道。12 月已是天寒地冻时节，他得给学生设计点室内游戏，打发无聊的体育课时光。

在他的故乡加拿大，有个儿童游戏叫"岩上鸭"：大家拿球往桃子筐里投，比谁投得准。奈史密斯先生由此得了灵感。那天他的学生们进了体育馆，发现看台栏杆上，钉了两个竹制的桃篮子；奈史密斯先生拿着个足球，跟他们讲解游戏规则：

篮筐离地 10 英尺——305 公分——投球进筐，就算得分。

我们已无从得知 1891 年的冬日，在那个体育馆里，世上第一个在比赛中将球投进桃篮的人是谁了。我们只知道，不久之后，封闭的竹桃筐会变成挂着球网的铁圈，最初拿来凑数的足球会变成现代意义上的篮球，规则与球场规格则日益完善。到 1920 年后，篮球规则确定：每队 5 人；1932 年在瑞士日内瓦，第一次国际篮球会议召开了；1936 年柏林奥运会上，篮球成为奥运会比赛项目。此后篮球在美国的高中与大学铺展开来，1939 年，全美大学生体育总会（NCAA）开始：截止到当时，那是世界上水平最高的篮球组织。

然后，1946 年秋天，在美国，人类史上最宏大的体育联盟之一，多年后我们叫作 NBA——国家篮球协会（National Basketball Association）——的组织，正式启动了。

第二章　草创 1946—1948

远在 NBA 于 1946 年启动之前近半个世纪，1898 年，美国就有了世界上第一个篮球组织：国家篮球联盟（NBBL）。可惜当时篮球规则还不完善，组织机构极不健全，19 世纪末的美国人，也没啥购买力去买票看球：那会儿，大家都还在追逐大洋彼岸的法国，卢米埃尔兄弟发明的一种叫电影的新玩意呢。到 1904 年，NBBL 组织就完蛋了。

1946 年，一小撮美国体育馆协会的家伙们在纽约碰头，琢磨成立一个篮球组织。他们的动机是？

——前一年，二战结束了。美国人不必再勒紧裤带过日子了。他们有钱，他们需要娱乐。此前的漫长战争，让人民保持着刚健的审美：他们不太爱靡靡之音，想看点与战争一样富有竞技性，但没那么残忍的玩意。

——1939 年开始的全美大学生体育总会（NCAA），以其青春热情点燃了美国人民对篮球的热爱。比起同时代流行的棒球、冰球与橄榄球，篮球更蓝领，更简单，更少比赛中的间断，一目了然。

——参加这个会议的诸位，许多都是职业冰球队的老板。比如波士顿的沃尔特·布朗，比如纽约的内德·艾里什。他们自家有球馆，平时让球队打打冰球，但冰球没法打一整年。他们乐意在冰球休赛期另开个场子，另组个联盟，好让闲置的球馆继续卖门票。

如此这般，他们捣鼓出来一个玩意，叫作全美篮球联盟，即 BAA（Basketball Association of America）。他们的第一任主席是美国冰球联盟（AHL）的老大莫里斯·波杜夫。1946 年 11 月 1 日，BAA——也就是后来的 NBA——历史上第一场比赛，在加拿大多伦多的枫叶花园球场举行，由多伦多爱斯基摩人队迎战纽约尼克斯，入场观众 7090 名。联盟历史上第一个进球，由 27 岁的俄罗斯裔美国球员奥斯卡·谢特曼投中。比赛结束，纽约以 68 比 66 取胜。

从此，篮球史的新传奇开始。

1946–1947 季，BAA 共有 11 支球队——东部六支，西部五支——各队捉对厮杀，每队打 60 场常规赛，赛季结束后，常规赛胜率最高的四强再各自捉对厮杀打淘汰战，是为季后赛：季后赛首轮三战二胜，次轮与总决赛则取七战四胜制。

若用现在的眼光衡量，那年的结果算个冷门：季后赛次轮，常规赛 39 胜的芝加哥牡鹿队 4 比 2 干掉了 49 胜的联盟头名华盛顿首都。那个系列赛中，牡鹿队 20 岁的天才少年马克斯·扎斯罗夫斯基投篮奇准，大显神威，而他的队友，206 公分的巨人契克·哈尔波特，力压首都队所有球员，无人能挡。

那是首都队 29 岁的主教练阿诺德·红衣主教·奥尔巴赫第一次感受到篮球的真理：

投篮 + 巨人 = 胜利。

请记住这个名字：红衣主教奥尔巴赫，这绝不是他最后一次在本书里出现。

1947 年春天，BAA 进行了历史上第一次总决赛，牡鹿 1 比 4 输给了费城勇士：费城的乔·法尔克斯，此前在常规赛场均拿到 23.2 分，成为 NBA（BAA）史上第一个得分王；总决赛五战，他场均得到 26.2 分，带领费城夺冠，成为 NBA 第一个英雄。

就在为 NBA 打球前半年，他还是个海军下士，在美军里待了三年。他的绰号是"跳跃的"法尔克斯，一个 196 公分、投篮手感出色的明星前锋。当然啦，我们现在回看他那年 31% 的投篮命中率，会觉得低到不可思议，但考虑一下背景：

——当时的球员许多是复员军人，缺乏职业训练，打架比打篮球更

II

在行。

——当时的篮球球体极不标准，许多比赛用球甚至不能保证是圆球体……

——当时的 NBA（BAA），如上所述，带着浓厚的冰球色彩。体育馆老板经常在冰球场的冰面上铺点木板，支起篮架，就算是篮球场了。比赛进行时，场上水雾，脚底湿滑，球员前赴后继地滑倒。冬天比赛时，抠门的球馆老板还不肯开暖气，于是球迷裹毯子，球员戴手套，大家冒着严寒打球。

——1946 年 11 月 5 日，波士顿凯尔特人队的查克·康纳斯在波士顿主场花园球馆，玩了个花样：凯尔特人队刚装上当时最新潮的玻璃篮板，康纳斯在赛前热身时，表演了一个扣篮：起跳，举球，将球砸入篮筐——然后篮板碎了。他成了篮球史上第一个扣碎篮板的家伙。

三十年后，达里尔·道金斯再次扣碎篮板，成为 NBA 历史传奇，但 1946 年，老板的反应却是：

"别扣篮啦！篮筐很贵的！！"

这就是 1946-1947 季的 NBA。法尔克斯必须在湿滑寒冷的场地上，拿着凹凸有致的篮球，面对不那么结实、经常歪七扭八的地板，面对一群打起球来粗声大气的家伙打球。他的投篮姿势在当时也挺罕见：大家都是站在原地、双手投篮，只有他是跳起投篮。"跳跃的"法尔克斯，因此得名。这个手法，是他从怀俄明大学的明星本·塞勒斯那里学来的。当时 NBA 还流行双手胸前投篮。单手跳投被认为是明星的特权。法尔克斯的第一年职业生涯极尽完美：得分王、总冠军，以及联盟年度第一阵容。

那是专门评选出来，表彰当赛季最优秀球员的。

1947-1948 季，BAA 联盟缩减到 8 支球队：克里夫兰、底特律、匹兹堡和多伦多这四队，赛季前退出了，巴尔的摩子弹队加入了。

前一年大放异彩的年轻人扎斯罗夫斯基，这一年压倒了法尔克斯，成为了得分王，但无论是他的芝加哥牡鹿，还是卫冕冠军费城勇士，都在季后赛输给了新加入的巴尔的摩子弹：纵然总决赛六战，法尔克斯再度威风八面，场均23.5分，但子弹的康尼·西蒙斯和保罗·霍夫曼同样活跃。子弹4比2击败勇士，拿下1948年——BAA第二届——总冠军。

值得一提的是，保罗·霍夫曼是BAA历史上第一位年度最佳新人：这就涉及到选秀制度了。

自1947年开始，BAA开始了赛季前选拔新秀的制度。

各队按顺位选择一个大学天才球员或外籍球员，成为本队的新人。选秀顺位则按抽签决定：前一季战绩越差的球队，抽到靠前顺位高位新秀的机会越大。原则上，这也算是为了锄强扶弱，保持联盟均衡吧。

您也许会奇怪：巴尔的摩子弹一个初来乍到的球队，为何如此骁勇？

只因当时美国可不只一个篮球联盟。子弹队来到BAA之前一年，乃是另一个篮球联盟ABL的亚军呢。

如此这般的球队来来往往，在BAA初期很是热闹。1948–1949季开始前，另一个篮球联盟NBL的韦恩堡活塞、印第安纳波利斯喷气机、罗切斯特皇家与明尼阿波利斯湖人一起加入了BAA，使得BAA成为当时大学生篮球手趋之若鹜的对象。如果说，1947年，大学毕业的篮球手还要寻思："我是去BAA打球，还是去ABL或者NBL呢？"那么1948年之后，大家都一窝蜂往BAA跑了。

但这并不意味着BAA的情况有多好：1946年11月第一场BAA比赛有超过7000人入场，但到1948年，每场比赛平均上座人数不过3000人，球员平均年薪也就3000美元——虽然球迷每张门票平均也就1美元。

II

球队老板们时不时异想天开，企图让球迷觉得新鲜。比如，他们琢磨过：是否要把单场比赛四节 48 分钟延长到 60 分钟？是否让一支球队控球 2 分钟，再换对手控球 2 分钟？诸如此类。

1949 年 2 月 10 日，法尔克斯得到当时联盟纪录的单场 63 分时，您可以想象他多辛苦：56 投 27 中，罚球 14 投 9 中。每次投篮几乎都得经历各色拳打脚踢。一个半月后，1949 年 3 月 26 日的季后赛，纽约尼克斯 103 比 99 击败卫冕冠军巴尔的摩子弹，2 比 1 淘汰了子弹队。那场比赛留下的数据是：双方合计罚球 115 次；合计犯规 100 次；在双方总得分 202 分里，有 98 分来自罚球。全场比赛布满了哨声、倒地、谩骂、殴打、青肿的眼球、淤血的背部、地板上的鲜血。据说有球员被打掉了牙齿，还不只一颗。

这就是那个时代的职业篮球。篮球名宿唐·巴克斯代尔讲过一段个人经历，听来像恐怖小说：那个时代，他走进球员更衣室，哎，发现怎么有那么多小盒子……做什么用的？打开一看：里面全是假牙。因为那个年代，一半球员没有门牙。如果你肘子上没沾过血，都不好意思说自己在打职业篮球。1958 年的得分王乔治·亚德利后来说，自己脸上缝过 80 针开外，一辈子交往过搭档过 40 个队友，没哪位牙齿完好无缺。

后来的 NBA 运营总裁罗德·索恩回忆早年，说 1940 年代，篮球裁判还抱着冰球裁判的作风，意思是：如果有人打架，裁判会让队员自己打一会儿，看着差不多要见血了，才上去分开他们——乍听之下，有些像拳击裁判。挑起斗殴者会得到一张 25 美元的罚单。1960 年代的球星鲍勃·费里曾经一拳把沃尔特·哈扎德的一颗牙打到嵌进腮帮。罚款多少？还是 25 美元。

这就能解释，为什么 1947 年的 BAA 里，球员们会考虑从 10 米远外投篮，而不考虑突破篮下：太危险了，你可不想在突破篮下时就英年早逝。粗野的环境逼迫球员们传球、跑动、掩护，争取到无人防守——换言之，不会有人看见你投篮就一巴掌糊在你脸上——的位置，再出手投篮。

1948-1949 季，乔·法尔克斯场均 26 分，扎斯罗夫斯基场均 20.6 分，分列 NBA 的第二与第三位，他俩也蝉联了 NBA 年度第一阵容，依然是 NBA 最优秀的两个前锋，但他俩已经无法左右大局了。1949 年总决赛，是明尼阿波利斯湖人对垒华盛顿首都。这是首都队三年里第二次进入总决赛，主帅依然是卓越的红衣主教奥尔巴赫，他们队里有堪称当时联盟第三前锋的伯恩斯·麦金尼。

然而，明尼阿波利斯拥有中锋 99 号乔治·麦肯。

1949 年总决赛第一场，麦肯得到恐怖的 42 分；第三场上半场麦肯 25 分，全场 35 分；第四场，麦肯右手受伤，依然得到 27 分；最后两场，麦肯合计得到 51 分：湖人 4 比 2 获胜，拿下 1949 年总冠军。

这是约翰·昆德拉教练带领的明尼阿波利斯湖人首次夺冠，是麦肯的第一个冠军。三年里第二次，华盛顿首都的红衣主教奥尔巴赫被巨人征服了。

那时，当然，谁都不知道，这是一个王朝的开始。

1949 年，BAA 有两件大事名垂青史：一件是麦肯的湖人初次夺冠，再便是 1949 年 8 月 3 日，NBL 联盟的 6 支球队加入 BAA，从此 BAA 有了 11 支球队，并从此改名为 NBA，National Basketball Association——国家篮球协会。

NBA 的史前时代，就此正式结束了。这个叫作 NBA 的联盟，真正开始了。

II

第三章　巨人 1948—1954

1947年,西德·哈特曼先生27岁,还是明尼阿波利斯的体育专栏作者。他花言巧语,哄得本·伯格和莫里斯·查尔芬二位先生点头入伙,花了15000美元,买下了一支球队。

明尼阿波利斯素有"万湖之城"的名头,所以这球队就叫作明尼阿波利斯湖人了。

哈特曼年纪轻轻,但魄力十足。1947年球队初创时,他就跑去圣托马斯大学,请教练约翰·昆德拉出山。湖人请了三次,昆德拉拒绝了三次,直到哈特曼提供了三年6000美元的合同才动心。

毕竟,当时湖人队身处NBL这么个土包子联盟,朝不保夕,确实挺危险,还是大学教练饭碗稳当。

哈特曼的风格很是新潮:大投入寻求大产出,签下大牌,缔造王朝。搞定了昆德拉教练后,他继续马不停蹄,为湖人张罗人才。

先来的是斯坦福大学的高材生吉姆·袋鼠·波拉德。当时的秩序册说他的身高是191公分,但行内人士赌咒发誓,说他有198公分,还有超过90公分的垂直弹跳,甚至有传说,波拉德能够从罚球线扣篮。他在斯坦福大学期间,带队拿了校史上唯一一座NCAA冠军,然后就跑去参军,代表军队篮球,打遍加州无敌手。此人性格孤傲,很讲义气。1947年哈特曼来找他时,波拉德说:"签我可以——要把我的三位奥克兰队友,一起打包签下才行!"

可惜,他在明尼阿波利斯湖人当不了几天老大。1947年秋天,波拉德看着主教练约翰·昆德拉拽了一个大个子进更衣室。那人戴着镜片厚达6毫米的眼镜,披挂的是老式风雪大衣和卷边帽。他叫乔治·麦肯。波拉德说,他后来暗想:

"这人说是23岁,怎么这么老?"

乔治·麦肯1924年生于伊利诺伊州,大学里已有208公分110

公斤。他在德保罗大学时身形笨重，被教练雷·梅耶逼着练跳舞练跳绳来提升协调性。等他适应了大学篮球的节奏，便开始所向无敌：因为麦肯太高了，可以轻易从篮筐上拨走所有投篮，NCAA 和 NBA 先后禁止了篮筐以上干扰球。

1945 年，麦肯带领德保罗大学拿到全国邀请冠军赛的锦标，三场比赛里得到 120 分，包括一场德保罗 97 比 53 大破罗德岛大学：那场比赛，麦肯得了 53 分，一个人就顶了对方全队。

1946 年他为芝加哥效力了一个赛季，1947 年来到湖人，立刻带队拿到 NBL 冠军。1948 年湖人加入了 BAA，随后拿下 1949 年总冠军：麦肯厥功至伟。

昆德拉教练早就预料到了这一切。1947 年他得到麦肯时便大呼：

"我们太幸运了，球队本已经够好了，还得到了 20 世纪前半叶最好的球员！"

至于一个巨人何以能影响篮球，这却得从篮球本身说起。

大概 1920 年代，篮球初创不久，打法比较保守。那时节，篮球不打全场攻防，而是阵线前后拉开：二后卫站后场防守，一中锋站中场策应，二前锋在前场单挑。大家都这么打，也没觉得不对。

大概到 1932 年，瓦特·兰伯特先生提出了一种意见：为什么后场站俩，呆看前场二打二呢？我们五个人压上去进攻、缩回来防守，多好啊！

于是 1930 年代往后，篮球的主流攻防，开始五进五退，贯彻全场了。

位置上，大家还是习惯 2-1-2 落位。比如，半场攻防时，那就是二后卫在罚球线以上，二前锋在两翼，罚球线站个中锋——这种双后卫 + 双前锋 + 单中锋的配置，就这么流传下来了，成为篮球中的基本位置

III

区分。至今我们都这么划分位置：二后卫、二前锋、一中锋。

到麦肯入行打职业篮球的时代，各位置分工也很明确：傻子都知道，篮下投篮比外围跳投来得稳，空位跳投又比强行跳投准。所以，大家的打法也很统一。

半场进攻时，双后卫在罚球线一带组织，双前锋在两翼牵扯空间，中锋居中策应；大家以罚球线为轴心，穿花绕步，传切环绕，互相掩护，外围球员找机会接球切入上篮，偶尔来两个空位投篮。

中锋们于是成了球队的中轴：防守时，他们要镇守篮筐，不让对手轻松上篮；进攻时，他们基本先是到罚球线做策应，再找机会向篮下空切，到了自己擅长的位置后，接到传球，翻身上篮，或者勾手投篮。

麦肯有208公分的身高，无可匹敌；110公斤的体重，可以挤到任何自己喜欢的位置；他有一对强硬的大肘，一挥起来挡者披靡；一手不错的罚球，你对他犯规，他也可以罚进球。用昆德拉教练的话说：

"如果对手单防他不包夹的话，麦肯可以每回合都得分，或者造罚球！"

但如此强大的麦肯，在加入湖人队之初，其球队却是五连败。为什么呢？

由于麦肯在内线的垄断，吉姆·波拉德发现，禁区拥挤得就像周末百货商店的停车场：

"他总能把那些大个子都牵制进禁区去——可是我怎么突破呢?！"

而麦肯也叫苦不迭：每个回合，他都得迎着对方的拳打脚踢，挤到篮下去拿球，为湖人打完第一场后，麦肯喘着粗气抱怨对方球员：

"他们快把我杀了！"

问题是这么解决的。

性格慈和的教练约翰·昆德拉出面了。昆德拉教练确定了两点进攻宗旨：

——球队要等到麦肯落位后才展开进攻，慢点，别着急。

——但波拉德也不至于被冷落，昆德拉教练制定了"J&G"挡拆战术：麦肯给波拉德做掩护，帮助他持球突破，而波拉德突破时，优先给内切的麦肯传球。

这宗旨立竿见影。于是1948-1949季，麦肯场均得到28.3分全联盟第一，他与波拉德都进入了年度第一阵容，并带队夺冠。

1949-1950季，BAA改名为NBA后，迎来了第一个正式的NBA赛季，全NBA有三个分区多达17支球队，湖人常规赛打出51胜17负，麦肯场均27.4分继续得分王以及第一阵容，并且带湖人又一次杀到总决赛；对手是锡拉丘兹民族队。

1950年的民族队拥有超级新人、203公分高的前锋多尔夫·谢伊斯，以及201公分高的阿列克斯·秃鹫·汉纳姆。然而他们二人都无法阻挡麦肯。被锡拉丘兹媒体称为"眼镜怪人"的麦肯，在1950年总决赛第一场轰下37分，比赛最后时刻，湖人替补哈里森一记12米远射，让湖人68比66取胜。

有个传说：赛后麦肯抱怨说，民族队主场球迷吸烟太厉害了，难受得很。结果受此激励，第二场锡拉丘兹球迷几乎人手一根雪茄入场，满场烟雾缭绕——真怪异，可这就是1950年代的NBA啦。第二场麦肯依然得到32分，但似乎雪茄攻势真灵验了：民族队91比85扳回一城。

但湖人赢下了第三与第四场，麦肯连得两场28分。用湖人组织后卫赫姆·沙菲尔的话说："他们就差把大个子乔治给杀了！"然而，麦肯依然统治着篮下。湖人得到3比1的领先。

话说，湖人主场明尼阿波利斯大礼堂，球场比一般的球场窄一些。何况麦肯还坐镇篮下，更让民族队喘不过气。民族的阿尔·赛维说："当

III

麦肯、波拉德和维恩·米克尔森（湖人的锋线三人组）手牵手站一起，没人过得去！"

民族队拿下第五场，将分数扳到 2 比 3。

第六场，两队累积的愤怒爆发了。比赛里发生了三起实实在在的斗殴：保罗·西摩 vs 波拉德、比尔·盖博 vs 唐·卡尔森、盖博 vs 斯雷特·马丁——不是小打小闹，而是明尼阿波利斯的警察都得出场维持秩序的那种打斗。

湖人的愤怒带动了全队斗志，半场领先 12 分，第四节一度领先到 25 分。在全场球迷的欢呼与谩骂中，麦肯带着一身伤病，迎着谢伊斯，轰下 40 分。湖人最后 110 比 95 取胜拿下第六场，4 比 2 击败民族，蝉联总冠军——NBA 历史上，第一次出现蝉联总冠军。

但下一年，湖人队遭遇了滑铁卢：罗切斯特皇家队的老板雷斯·哈里森玩了点花样。

哈里森是个妙人，1923 年高中毕业，他就开始打篮球、当教练，觉得不过瘾，便组织篮球小联盟。开头不过是玩票，到 1945 年，摊子铺大了：他组织的罗切斯特皇家队开始打职业联赛，他老人家自任教练，自管经营。1951 年，他把皇家队带成了全 NBA 进攻效率最高的球队：他们拥有 178 公分的组织后卫威廉·红头·霍尔兹曼（这位先生与红衣主教奥尔巴赫是 NBA 历史上两个著名的"红头"），有 206 公分高的巨人阿尼·莱森，以及全能老将鲍勃·戴维斯。

但最有趣的是，皇家队拥有 203 公分的艾德·麦肯——对了，他就是乔治·麦肯的亲弟弟。

1951 年季后赛，皇家队 3 比 1 击败了湖人：他们从韦恩堡活塞那里学到了对付湖人的诀窍。那年常规赛，韦恩堡活塞曾经以 19 比 18 击败湖人，创下 NBA 历史最低得分纪录，秘诀就是拖慢节奏，允许麦肯得分，但锁死湖人的其他球员。皇家队依样画葫芦，在季后赛结束了湖人的垄断。

1951 年总决赛，皇家队 4 比 3 干掉了纽约尼克斯——第七场最后 2 分钟，尼克斯还 74 比 72 领先，但皇家队依靠霍尔兹曼给科尔曼的助攻，锁定胜局，于是拿到了 1951 年总冠军。

这是皇家队史上第一个，也是唯一一个总冠军。

很微妙的是，多年之后，夺走尼克斯第一个总冠军希望的霍尔兹曼，将带领纽约尼克斯夺下冠军——这是后话了。

1950-1951 季的另两件事：NBA 搞起了个叫全明星赛的玩意。挑个赛季中期的周末，召集全 NBA 最顶尖的球员——靠球迷投票选出来——打场热热闹闹的表演赛。第一届全明星赛是在波士顿打的。

值得一提的是，这一年，波士顿凯尔特人的主教练，换成了红衣主教奥尔巴赫——您大概还记得，他曾经带领华盛顿首都队两次打进总决赛，两次败北。

1951 年皇家队夺冠，您以为湖人王朝结束了吗？并没有。

1951-1952 季前，NBA 决定将球场上的禁区宽度从 6 英尺（183 公分）扩展到 12 英尺（366 公分），并规定球员们不许在禁区里停留超过 3 秒。这主意是尼克斯主帅乔·拉普契克想出来的：他吃了麦肯太多苦头，将麦肯送出禁区是他一生的梦想。这条规则被普遍称为"麦肯规则"。

当一条规则以一个球员的名字来命名时，你可以想象这种畏惧与尊敬。

但这一招没遏制住麦肯。昆德拉教练在 1951 年输给皇家队的系列赛中汲取了教训。1951-1952 季，他让湖人提速了：不能太依赖麦肯的

III

进攻，全队都得热闹起来。

于是麦肯在其 NBA 生涯里首次失去了年度得分王，场均只有 23.8 分；但他成为了 NBA 的篮板王，场均 13.5 个。

以及，波拉德和米克尔森两位前锋崛起了。湖人从麦肯的单极球队，变成了三巨头。

在这一年的黑白录像里，很容易发现，湖人减少了"全队等麦肯落位"的拖沓进攻，麦肯镇守篮筐，发动长传，波拉德发挥他袋鼠般的飞跳速度发动奔袭，米克尔森更多朝篮下空切……湖人成为 NBA 第三快的球队。

波拉德与麦肯依然谈不上什么深厚友谊，他俩一辈子都在场上彼此争执，但二人彼此没有私怨，一切以胜利为先。他俩都心直口快，好胜成狂，但波拉德永远尊重麦肯在场上的权威，为了适应麦肯的强大篮下统治力，波拉德用一整年的时间，从一个突破能手练成了一个跳投专家。而麦肯也并不只顾着抖擞他的左右手勾射、名动天下的铁肘、凶猛的篮下强攻。他注意和波拉德的默契，他会不时让开突破空间、寻找合适时机插上，接应波拉德的传球。

虽然锡拉丘兹民族队的二年级射手保罗·阿里津以场均 25.4 分成为了得分王——他是 NBA 第一个将起跳投篮发扬光大的球员，据他自己的说法："我打球的许多球馆，以前是当舞厅使用的，地板很滑，我只有跳起来投篮，才能避免滑倒。"——但麦肯依然是 NBA 最有统治力的球员。麦肯后来说，他并不觉得三秒区扩大是对他的限制：

"这反而给了我空间。对方球员也没法在三秒区久待，这样我的队友们可以空切；我也经常横穿禁区，来获得更多投篮机会。"

1952 年季后赛，湖人 3 比 1 干掉罗切斯特皇家，报了一箭之仇。皇家在第一场继续采用拖慢节奏锁死其他人的打法赢球：麦肯 47 分，但湖人其他人加起来仅 31 分。结果皇家队 88 比 78 获胜。然而第二场，米克尔森 19 分、波拉德 17 分；第三场，波拉德 22 分全队最高；第四场米克尔森与索尔 18 分全队最高，湖人连翻三场：皇家队完全应付不来湖人的多点进攻。

于是 1952 年总决赛，明尼阿波利斯湖人对战纽约尼克斯。

波拉德第一场轰下全队最高的 34 分，带湖人取胜。尼克斯扳回一场后，第三场在纽约麦迪逊花园，还出了点意外：电视台要转播洛基·格拉齐诺 vs 舒格·雷·罗宾逊的拳击赛，体育馆被搞得乱七八糟。

就在一片混乱中，麦肯抖擞精神取下 26 分，湖人取胜，2 比 1 领先。第四场，裁判有点发昏：湖人这边麦肯、波拉德、舒尔茨与米克尔森全都被罚下，尼克斯加时赛 90 比 89 险胜，双方打成 2 比 2。赛后湖人全队愤怒无比：波拉德都背伤了，怎么还要被罚下呢?!

第五场，在没有波拉德的情况下，米克尔森与麦肯各得 32 分，湖人 102 比 89 大破尼克斯，3 比 2 领先。第六场，麦肯的 28 分撑不住湖人，尼克斯的扎斯罗夫斯基取下 23 分带队取胜，于是双方 3 比 3 打平，进入到第七场。

第七场，乔治·麦肯表现出了自己宏伟的统治力：全场比赛他打了 46 分钟，得到全场最高的 22 分 19 篮板。他坐镇篮下，湖人全场只让尼克斯投进 18 球。比赛打得粗野，但麦肯凛然不惧。波拉德因为背伤只打了 17 分钟，但第四节得到 10 分：湖人以 82 比 65 完胜尼克斯，4 比 3，夺回了 1952 年冠军。

1953 年，这个故事重演了一遍：总决赛又是湖人 vs 尼克斯，但已经没这么惊险了。

1953 年，乔治·麦肯达到了人生巅峰。他场均 20.6 分位列 NBA 第二，14.4 个篮板位列 NBA 第一——很巧的是，得分第一与篮板第二

III

同属于另一个人,即费城勇士队的内尔·约翰斯顿,一个 206 公分,善用勾射与中投的中锋,他后来成为 1954 和 1955 年的得分王呢——并拿到了全明星赛 MVP。最重要的是,这一年,麦肯获得了广泛的尊重与敬畏。这个赛季,NBA 的恶劣犯规持续升级,每场比赛犯规平均多到 58 次,所有教练都希望"对方罚丢一个球,我们投进一个球,这就挣了 1 分",而麦肯更是被犯规的众矢之的,但他默默地承受着一切。

讽刺的是,虽然 1952 年阿里津出头,1953 年约翰斯顿闪亮,波士顿凯尔特人出现了伟大的组织后卫鲍勃·库西,虽然前一年 NBA 针对麦肯重划了三秒区,但最后,1953 年冠军还是明尼阿波利斯湖人。

1953 年总决赛,湖人 4 比 1 轻松干掉尼克斯。尼克斯的拉普契克教练先前提议扩大三秒区,妄想控制麦肯,但总决赛五场比赛,麦肯还是得到了湖人全队最高的场均 21 分。

总决赛第五场,尼克斯一直挣扎到最后,麦肯一个得分加罚的打三分进攻,让湖人领先到 89 比 84,然后送出全场唯一助攻,让队友佩普·索尔上篮锁定胜局:湖人蝉联总冠军,队史第四个,也是乔治·麦肯个人第四个总冠军。

1953-1954 季,NBA 获得了第一份全国电视转播合同:13 场全国直播的比赛,直播权卖了 39000 美元。那年常规赛,湖人依然是西部魁首,而红衣主教带领的波士顿凯尔特人,依靠着助攻王鲍勃·库西,慢慢成为东部强队。然而这一年比赛组织者发了疯,他们想出了个狗屁不通的提议:

季后赛,将三个分区的头名搞一个循环赛?——结果纽约尼克斯在一场三个小时拳打脚踢仿佛斗殴的季后赛中被淘汰,那场比赛恰好还是全国直播,比赛到最后一分多钟时直接被忍无可忍的电视台掐断了。

那年季后赛,锡拉丘兹民族队淘汰了波士顿凯尔特人——超级前锋多尔夫·谢伊斯统治了比赛，尽管凯尔特人有天才后卫鲍勃·库西与比尔·沙曼，但无济于事，让红衣主教奥尔巴赫再次痛感篮球是一项巨人的运动。湖人则干掉了皇家队，连续第三年进入 NBA 总决赛。

双方又是昏天黑地打到第七场。在第七场，麦肯终于在漫长统治后流露疲态，全场 10 投 2 中只得到 11 分，但 31 岁的波拉德在第七场打出生涯最精彩的比赛：15 投 8 中得到 21 分。湖人第三节一度以 61 比 45 领先，然后稳稳地拿下 1954 年总冠军。

于是，明尼阿波利斯湖人就此拿到 NBA 历史上第一个三连冠，六年里第五个冠军。这是 NBA 第一个真正的王朝。

乔治·麦肯在七场总决赛里依然是全队最佳，但只有场均 19 分了。虽然刚 30 岁，但他确实老了。

就在 1954 年夏天，为湖人六年拿了五个总冠军、逼着 NBA 扩大了三秒区的统治者乔治·麦肯，宣布退役。在 9 年的职业生涯中，他始终屹立在联盟巅峰。他的两只脚里都有碎骨，他的手上骨折处不计其数，据说他因伤累计缝了 166 针，更不用提他那副可怜的、屡屡被劈飞的眼镜：他每晚走上球场，都像是踏上角斗场接受拳打脚踢。

一年之后，跟他欢喜冤家了一辈子的波拉德退役。波拉德之后说，让麦肯独树一帜的，并非他的身高或体格，而是他的强硬坚韧。

在全 NBA 的围剿之下，麦肯仿佛一头霸王龙，依靠着自己强大的自尊与坚忍，撑了下来。

1954 年就此成为 NBA 的史前分水岭：第一头霸王龙退役了。新时代要到来了。

III

第四章　24秒

(IV)

2　3・3　2

1954年夏天，伟大的巨人乔治·麦肯退役时，全世界都觉得NBA要完蛋。

如上所述，这个联盟的规则朝令夕改，球队变化无常，每场比赛都要见点儿血；能保证电视收视率的，大概也就纽约、费城和波士顿这三个大城市。每场平均得分不到80，而且打法非常无趣。

这种无趣的极端，是先前提到的故事——1950年11月22日的一场比赛：韦恩堡活塞19比18战胜明尼阿波利斯湖人队。

全场比赛48分钟，双方投篮31次，进了8球；湖人投中4球，全部由麦肯得手；他还中了7个罚球，得到湖人全队18分里的15分。

前一晚，湖人刚赢了活塞。活塞自知无力对抗麦肯＋波拉德＋米克尔森的三巨头，所以主帅穆雷·门登霍尔决定：人类无法解决麦肯，但时间可以。

上半场结束，湖人13比11领先；下半场活塞变本加厉，继续拖延时间，球迷不干了：他们先嘘了一会儿，发现无效，于是开始看报纸；报纸也被翻烂了，就被球迷扔到赛场上。球迷们开始大骂；比赛结束后，球迷集体要求退票。但活塞队觉得值得：他们赢了湖人，击败了麦肯！

那年季后赛，罗切斯特皇家队就是用这套法子，淘汰了湖人。

NBA也想过各色方法，让比赛打得好看些。以下是他们的策略：

1950-1951季，他们规定每场比赛最后三分钟，每次罚球之后都要跳球。

1951-1952季，他们规定每场比赛的最后两分钟，每次罚球之后都要跳球。禁区宽度从6英尺增加到12英尺，也就是"麦肯规则"。在跳球时，被犯规人要和犯规者跳球——结果是场上的大个子追着小个子去犯规，好争取跳球时赢对手。

1952-1953赛季，他们规定最后两分钟的跳球由平时互相防守的两人来跳，结果导致裁判看花了眼：场上瞬息万变，谁记得具体是谁防谁？

1953-1954 赛季，他们规定每名球员每节只允许犯规两次，如果某球员第三次犯规，将被罚下。

如此这般折腾到 1954 年夏天，终于，一切要变了。

锡拉丘兹民族队的老板丹尼·比阿桑先生，是个小个子意大利后裔，没事穿着双排扣大衣、戴着礼帽，抽过滤嘴香烟。1941 年他投身于保龄球行业，二战前拥有一支橄榄球队，二战后他插手篮球，但一开始对篮球运动一无所知。他跟皇家队老板哈里森小敌亦友，有一次试图花 1000 美元跟皇家队打场比赛，未遂；NBL 却跟他说：

"花 1000 美元，你就可以加入 NBL 联盟啦！"——于是锡拉丘兹民族队加入了 NBL，后来就与皇家队一起加入了 NBA。

当其他人都在研究犯规罚球之类的小改革时，比阿桑老板独具慧眼。他懂棒球，懂橄榄球，知道棒球三人出局就完成一局、橄榄球则有四档进攻，反过来：

"为什么篮球进攻没有时间限制，想拖多久拖多久？"

他回头研究了自己喜欢的那些篮球比赛，发现每支球队出手投篮大概是 60 次；也就是说，一场好看的比赛，该有 120 次以上的投篮。48 分钟除以 120 次投篮？每次投篮出手，应该以 24 秒为限。

比阿桑召集了锡拉丘兹民族队，跟当地的大学生球员打了次表演赛，应用了 24 秒限制规则：任何一队得到球后，必须在 24 秒内出手投篮。效果斐然，比赛很是好看。他将此事提交给 NBA 官方，1954 年夏天，NBA 征集其他球队老板们的意见。大家基本同意了。民族队的大将多尔夫·谢伊斯表示，球员们也都欢迎这政策。凯尔特人的神射手比尔·沙曼稍微保守一点，"如果能有 30 秒就更好了"。实际上，后来 NCAA 和国际篮联打比赛，都用了 30 秒限时，但那是后话了。

IV

1953-1954 季，全 NBA 的球队场均得到 79 分。1954 年夏天 24 秒进攻限时开始。1954-1955 季，全 NBA 球队场均得分 93。

这就是丹尼·比阿桑的功劳。

这一年，美国全国广播公司（NBC）开始电视直播 NBA 比赛，巴尔的摩子弹退出了 NBA，密尔沃基鹰队打完了这个赛季后搬去了圣路易斯；顺便，鹰这一年选中了 206 公分的前锋鲍勃·佩蒂特，他成为了 NBA 年度最佳新人，并将成为 1950 年代后期最好的进攻球员，但这是后话了。

比阿桑老板提议 24 秒限时，也不是没有私心：1954 年，他的锡拉丘兹民族队总决赛第七场输给了麦肯的湖人。比阿桑随后提出的 24 秒限时，大大提高了比赛速度，同时也让麦肯这样巨大缓慢的史前霸王龙无法立足。1954 年夏天，比阿桑为自家民族队挑选了伊利诺伊大学的约翰尼·红·科尔：206 公分，能跑能跳，能在罚球线高位送出传球，能配合明星前锋多尔夫·谢伊斯，完美！

民族的主教练阿尔·赛尔维是个强硬粗野的好汉，好胜心强。训练结束后，他身为教练，会随便找个球员打一对一——不到赢下，绝不收工。

就是在赛尔维的凶恶督促下，民族队在 1955 年季后赛，依靠科尔、谢伊斯与厄尔·劳埃德的内线群，干掉了 NBA 进攻第一的凯尔特人，挺进 1955 年总决赛；对手是韦恩堡活塞。

活塞老板弗雷德·佐尔纳也是个妙人：当时全 NBA 球队都赶火车坐汽车全美巡游——湖人的主帅昆德拉就兼任球队的大巴车司机——但 1952 年，佐尔纳老板就给活塞队配了飞机：当然此飞机极为简陋，每次飞到宾州都得降落加油，但好歹是飞机嘛！1954 年夏天，他一个电话打到裁判查理·艾克曼家，让他第二天去迈阿密吃饭，机票钱已结好。见了面，佐尔纳第一句话就是：

"来我们队当教练吧。"

就是这位艾克曼教练——每天叼着雪茄，喜欢拍球员屁股——带着活塞打到了 1955 年总决赛。

活塞拥有 206 公分 113 公斤、麦肯退役后 NBA 最硕大的中锋拉里·福斯特，有与谢伊斯不分轩轾的天才前锋乔治·亚德利，以及老牌得分手扎斯罗夫斯基。总决赛前两场，活塞被民族干掉，但赢下了之后三场。第六场，谢伊斯大战亚德利：亚德利得到 31 分，谢伊斯 28 分，但民族以 109 比 108 险胜。3 比 3 平。

1955 年总决赛第七场，民族队煞是困难：三个首发球员——乔治·金、多尔夫·谢伊斯、厄尔·劳埃德都有手部骨裂。上半场活塞领先到 16 分：如果是一年之前，活塞可以厚着脸皮拖完下半场时间，就像他们当年 19 比 18 干掉湖人似的；但 24 秒规则，让民族队下半场来得及追回比分。

最后一分钟，双方 91 平。最后 12 秒，民族队的乔治·金命中罚球，锡拉丘兹民族 92 比 91 领先。比赛最后一个回合，活塞的安迪·菲利普控球，运球到角落，面对保罗·西摩的防守。乔治·金忽然闪出，和西摩联手包夹菲利普，断掉了球，比赛结束：锡拉丘兹民族 92 比 91 击败活塞，拿下第七场，4 比 3 夺下 1955 年总冠军。

这是麦肯时代结束、24 秒时代开始后，NBA 第一个总冠军。

NBA 官方给民族队每个球员发了笔 1400 美元的奖金。活塞那边多少有些失望：本来佐尔纳老板答应，如果夺冠，每人发一块价值 500 美元的手表来着。

比阿桑老板热泪盈眶。虽然这座冠军奖杯几年后被偷走了——小偷从比阿桑的保龄球馆办公室里头拿走的——但他在夺冠之夜，依然如孩

IV

子般欢呼大叫。他召开了一次香槟酒会，给每个球员发了个定制的纪念版小金戒指。这个冠军仿佛是命运给比阿桑老板的馈赠：您发明了24秒，您提升了全NBA的速度，所以您的球队夺冠了！

——以及，一个小小的插曲是：民族队的厄尔·劳埃德成为了NBA历史上第一位夺下总冠军的黑人球员。

很多年后，谢伊斯回忆：锡拉丘兹的冬天很冷——10月份就会下雪，次年5月才看得到人行道的模样——但他们的球迷却火一般疯狂。对手在锡拉丘兹的主场，简直就没法赢球。谢伊斯与亚德利1955年总决赛的对决让球迷印象深刻，深刻到什么地步呢？

又三年后的事了：1957-1958季最后一场常规赛，乔治·亚德利先前已在当季得了1973分，快到2000分了；此前的NBA单季得分纪录，是麦肯1951年创造的1932分。活塞队友都希望亚德利来个单季2000分，纷纷给他传球。可是锡拉丘兹的球迷不想看亚德利得意，疯狂起哄，民族队主帅西摩——1955年总决赛时民族队的后卫——也派人专门盯防，以阻止亚德利得分。

最后，亚德利还是全场得到了28分，赛季总得分破了2000，成为当时的纪录。民族队球迷为此暴跳如雷："居然看到仇人在我们面前破纪录!!"

那时球迷的爱与仇恨，都是货真价实的。

1954-1955季，搬到圣路易斯的鹰队也有个好消息：他们1954年夏天选中的鲍勃·佩蒂特，是个可靠的天才。

鲍勃·佩蒂特生于1932年，身高206公分，身材颀长，形貌英俊。在路易斯安那大学纵横无敌后，1954年夏，他跟鹰签了一份年薪

张伯伦在新秀季就拿到场均 37.6 分 27 个篮板,并拿到了常规赛 MVP:新秀年就拿到 MVP,这是 NBA 史上第一次——在整个 NBA 历史上,也只有两次。

11000美元的合同——当时他银行里只剩100美元存款了。

佩蒂特在路易斯安那大学有多传奇呢？且说他签约鹰后，队友阿列克斯·秃鹫·汉纳姆和鲍勃·哈里森、鲍勃·夏尔一起去路易斯安那的巴吞鲁日玩儿，不小心卷入了一起酒吧斗殴。

州巡警来到店里，掏出手枪指着秃鹫的脑袋，秃鹫说：

"嘿，你知道鲍勃·佩蒂特是谁么？我是他队友。"

于是巡警改颜相向："那没事了！"

1954年入行，NBA生涯第一年，虽然佩蒂特得到场均20.4分13.8篮板3.2助攻，成为年度新人，但他不太适应NBA：他是个优雅颀长的球员，跑动轻盈、步伐优美，有一手精致的中远投，能像个后卫一样面筐突破。但NBA对他而言，太粗野了。在大学里，他打中锋位置，背身拿球居多；但在NBA，他被拳打脚踢，无所措手。

1955-1956季，打到NBA二年级时，佩蒂特开始更多地远离篮筐在外围活动，利用敏捷与投篮击败对手。NBA笨重的巨人们跟不上他的速度。很多年后，佩蒂特这么说：

"我球技最出彩的部分，是前场篮板球；每场比赛我能靠前场篮板补进得到8至12分；然后我在罚球线得到8至10分；这样，我再来几个跳投得分，就算打了场好比赛啦！"

——在篮球里，后场篮板依靠的是强硬卡位与保护，前场篮板则依靠灵敏的嗅觉。佩蒂特的灵敏让他成为前场篮板大师，投篮手感则保证他罚球的精确。当然，还有一个小因素：他太温柔谦虚、形貌英俊了，裁判都喜欢他的绅士风度。十年之后，凯尔特人的名将汤姆·海因索恩说过一个故事。某次他被吹了对佩蒂特的犯规，自感不服，去跟佩蒂特念叨；裁判恶狠狠地对他吼：

"闭嘴！不许打扰佩蒂特先生！"

IV

1955-1956 季，二年级的鲍勃·佩蒂特场均 39 分钟里得到 25.7 分 16.2 个篮板，成为 NBA 得分王。那年 NBA 决定搞个奖项，来表彰常规赛最优秀的球员：这玩意叫作常规赛最有价值球员，即所谓的 MVP(Most Valuable Player)。佩蒂特就此成为 NBA 历史上第一个 MVP。

但那年季后赛，还是属于老牌强队。常规赛 35 胜 37 负的卫冕冠军锡拉丘兹民族队，2 比 1 干掉了波士顿凯尔特人：谢伊斯、科尔与劳埃德继续统治内线。然后，他们输给了费城勇士：前任得分王保罗·阿里津结束兵役归来，与内尔·约翰斯顿搭档。这二人名下有合计五个得分王，攻击组合一时无二。卫冕冠军民族队输了，就此结束了他们的辉煌期。

与此同时，在西部，佩蒂特带领的圣路易斯鹰击败了明尼阿波利斯湖人——以及乔治·麦肯。

是的，1955 年夏天，不朽的麦肯归来了。但也许是他老了，也许是他一年没有打比赛，也许因为 24 秒限时让他无从施展，他在 1955-1956 季打得并不好。鹰在第三场 116 比 115 险胜湖人晋级。麦肯全场 12 分，而对面，新科常规赛 MVP 鲍勃·佩蒂特轰下了 41 分。

麦肯就此彻底离开 NBA，再未归来。

这仿佛是一个时代的交替。佩蒂特从麦肯手里拿过了时代的权杖，用速度与敏捷击败了巨人。

当然，在 1956 年西部决赛中，佩蒂特的鹰队，还是被前一年的西部冠军活塞按住了：亚德利与拉里·福斯特让佩蒂特无从施展。于是连续第二年，活塞晋级总决赛，与勇士会战 1956 年总决赛。

活塞的乔治·亚德利，大概是西部除了佩蒂特之外最好的球员，

1956 年总决赛他首战轰下 27 分，但对面阿里津 28 分。仿佛是流年不利，活塞的鲍勃·胡布雷格斯第一场就断了鼻梁骨。活塞输掉首战。次战阿里津再得 27 分，亚德利回以 30 分，加上福斯特的 23 分以及篮板统治，活塞扳回一城。然而阿里津统治进攻端，勇士连取两城，3 比 1 领先。

那年，阿里津验证了自己得分机器的能耐：远射、上篮、勾射，无所不能。活塞甚至有不具名球员表示："在这个快速的 24 秒规则下，他也许比麦肯还强大。"实际上，那年季后赛 10 场比赛，阿里津轰下了 289 分：在当时短短十年 NBA 历史上，的确只有麦肯达成过类似纪录。

第五场变成一场乱枪打鸟的游戏。因为福斯特和约翰斯顿各自控制禁区，谁都不想落下阵地战。活塞全场投篮 92 次中 30，勇士则 112 投 42 中：最后 99 比 88，费城勇士取胜，4 比 1，拿下 1956 年总冠军。活塞则连续第二年跟冠军擦肩而过。

这是颠覆 NBA 的一年。麦肯被佩蒂特送走。卫冕冠军民族队倒下。湖人王朝彻底崩解。速度时代降临。

接下来，会是乱世分崩的时刻吗？

然而谁都无法预料的是，这两年的速度乱世，只是一个王朝的前夜。

紧随其后到来的，将是职业体育历史上，最恐怖的王朝。

IV

第五章　王朝的曙光

还记得红衣主教奥尔巴赫吗？

1946 年，这个俄罗斯移民的后裔年满 29 岁，他出生之后，经历了一战（那时他在襁褓中）、大萧条和二战。那是一个五光十色、旋转、梦想破灭而又重建、迷惘的一代开始变老的年份，欧洲还是废墟，而美国人经历了战争，开始希望找些乐子。

那时的 NBA，还是一个没有 24 秒限时、三秒区狭窄、全白人运动员的篮球联盟。

主教在华盛顿大学时的教练比尔·莱因哈特，是当时的篮球革新者。他推崇反击快攻，强调传球路线，而且懂得掌控球员：他不控制他们，他跟球员合作，他指导球员，也乐意倾听球员的意见。

1946 年，红衣主教领着华盛顿首都队开始了职业篮球教练生涯。那时的他已经显露出一部分性格：一个犹太人对金钱的敏感，精力充沛，性格直爽，现实主义。

我们记得 1949 年，首都队进入了总决赛，输给了湖人。那年 175 公分的主教奥尔巴赫看到 208 公分的巨人麦肯统治篮球场、蹂躏首都队时，一定大感烦恼。那时红衣主教当然料想不到，湖人将是他人生里挥之不去的一个烙印。

1950 年他去了波士顿凯尔特人，时年 33 岁。当时波士顿球迷希望主教选来波士顿的本地英雄、185 公分的天才组织后卫鲍勃·库西，主教却选了查克·谢尔：一个 203 公分的壮汉。后来他用谢尔换来三个球员，其中包括 185 公分的射手比尔·沙曼。

主教当时说：

"我并不想贬低谁，无论是库西还是其他人。我只关心能力，而库西还没有向我证明他的能力。我绝不会因为他是本地人就做出选择。库西花哨的球风所能带来的观众不会超过 12 个。真正能不断吸引观众的是一支总能获胜的球队。这也是我的目标……"

之后，凯尔特人通过商业运作得到库西时，主教观察他打球，爱上了他。他告诫库西：

"你的传球手法已超越了你的时代。我允许你用任何手法传球，但如果队友没接住，就是你的错。"

鲍勃·库西 1928 年生于纽约，父母是一对法国穷光蛋。他在五岁前只说法语，终生说英语都带着法国口音。他年少时跟各国移民的孩子打棒球，所以他没有白人至上的傲慢。此外，棒球让他眼明手快。

13 岁时他开始打篮球，立刻入迷。两年后他从树上摔下断了右手，被逼着练出了左手球技，事后他说这次受伤实属幸事，让他可以左右开弓。库西就此培养起了篮球史上空前的华丽技巧：各色花式运球、美丽的传球。理所当然，他在圣十字学院的大学教练不喜欢他的风格，认为华而不实，但观众热爱他，专家也三次把他选进了全美年度阵容。1949-1950 季一个典型故事：圣十字学院在波士顿花园，对决芝加哥的罗约拉大学，最后 5 分钟，圣十字落后，波士顿球迷高呼："我们要库西！"教练派他出场，5 分钟里库西得了 11 分，最后用一个背后运球摆脱对手，投中了制胜球。

这仿佛是一个预言：波士顿球迷爱他，而他是波士顿花园的幸运星。

他如何来到凯尔特人的呢？却说当日，黑鹰队选择了库西，但面对库西提出的 1 万美元年薪的要求，老板本·科尔纳还价 6000 美元，未遂。库西被芝加哥牡鹿招走，但之后又被牡鹿放弃。波士顿凯尔特人老板沃尔特·A·布朗在一次混合选择中，本想招纳得分手扎斯罗夫斯基，但还是一转念选了库西。

1 万美元年薪？不可能，勉强给你个 9000 美元吧！

结果是，主教和布朗老板都喜出望外：库西在他凯尔特人的首个赛

V

季场均 15.6 分 6.9 篮板 4.9 助攻，进了全明星——此后，他还要连续入选 12 次呢。

然后，1952 年，查克·谢尔被交易走了，比尔·沙曼来了。

沙曼大库西两岁，一模一样的身材，二战期间参加过海军，除了打篮球，没事还为小联盟职业棒球队出赛。库西是个组织者，沙曼是个完美射手。他俩的配合，立竿见影。

1952–1953 季，库西场均 19.8 分 6.3 篮板 7.7 助攻，成为 NBA 的助攻王——他将就此垄断这个荣誉，直到 1960 年代来临。而沙曼场均 16.2 分，命中率 44% 列到 NBA 第四，罚球率 85% 则是 NBA 第一。传球手 + 神射手，完美。

主教当时不只为凯尔特人谋前程，还很懂得推销整个 NBA。当时依然有人相信，大学篮球是最强的。于是主教带领凯尔特人，去与库西的母校圣十字学院打了场球：赢了 50 分。从此世界承认了：NBA 就是这么强。

1953 年，依靠两大后卫，凯尔特人打出了惊世一战：季后赛淘汰锡拉丘兹民族队的第二战，四个加时赛打出了 111 比 105 的高分。库西在四节比赛里得到 25 分，第一个加时得到 6 分，第二个加时 4 分，第三个加时 8 分包括一个 8 米外的远射，第四个加时 9 分——66 分钟，50 分，32 次罚球投中 30 个。

从这一夜开始，库西坐稳了 NBA 最好后卫的位置。虽然此后凯尔特人连续第三年输给纽约尼克斯，但他的华丽风格不断吸引球迷入场：背后传球、不看人传球、背后运球、快攻反击。当时著名魔术师哈里·胡迪尼正走红美国，于是人们都叫库西"硬木球场上的胡迪尼"。

但是，库西与沙曼得不到冠军：麦肯巨大的阴影横亘在 NBA 上空。此外，还有多尔夫·谢伊斯与乔治·亚德利这样的高大锋线。凯尔特人在1951—1953年连续三年输给尼克斯，在1954—1956年连续三年输给民族队：确切地说，输给谢伊斯和科尔领衔的强硬内线。

红衣主教懂得与时俱进。1952年，他就已经放任库西自由引领快攻。1954年24秒限时规则设定，全NBA起飞后，凯尔特人立刻以每场得到102分领跑全NBA；下一年，每场106分。他也招来了全能前锋弗兰克·拉姆西，以及强悍的猛兽蓝领吉姆·罗斯科托夫，但……总是在哪里差了一点？

波士顿凯尔特人一向引领风气之先。远在库西带起快攻浪潮之前，他们已经做过另一件惊世骇俗的事：1950年选秀大会第二轮，波士顿凯尔特人选了查克·库珀——他是史上第一个被选中的黑人球员。当时发生了一段对话。

当另外一名球队老板问凯尔特人老板沃尔特·布朗："你不知道他是个黑佬么？"

布朗回答："哪怕他是花皮肤的也没关系，我只知道这孩子能打球。"

选秀后第二天，布朗接到了库珀发来的电报："谢谢你有这样的勇气给我一个机会打职业篮球。我希望我永远不会让你为今天的选择而后悔。"

之后，华盛顿选了厄尔·劳埃德——1955年，他将代表民族队，成为历史上最早拿下总冠军的黑人球员。

这就是红衣主教奥尔巴赫的理想：他认定，只要是好球员，自己就该签下来，他不在乎球员的肤色。与此同时，主教本人出自犹太家庭，他从不担心任何人的种族：因为他自己就体验过种族歧视。从小跟各国移民后裔玩大的库西，也没什么种族偏见。

V

因此，在 1956 年，主教可以睁大眼睛，摒弃一切成见，选择自己所需：组织者库西、射手沙曼、全能的拉姆西、强悍的罗斯科托夫……凯尔特人需要速度，需要防守，所以还需要什么呢？

乔治·麦肯巨大的影子，大概从未离开过他的脑海吧。

根据库西和沙曼的回忆，1956 年夏天，主教说：
"我们马上就要有一个人来改变一切了。"

1956 年夏天，波士顿凯尔特人选中了新泽西出生的前锋汤姆·海因索恩：201 公分，圣十字大学队史得分王，曾经为大学队单场得到 51 分的全能攻击手。

然后是 K.C. 琼斯：185 公分、91 公斤的矮小战车，缄默如哑巴。吃饭时跟队友要调料瓶，他都打手势而不肯说话。除了打篮球，他还琢磨过从事职业橄榄球呢——他要到 1958 年才为凯尔特人效力，这是后话了。

但主教真正期待着改天换地的人，是中锋比尔·拉塞尔。那年年初，比尔·莱因哈特教练就警告主教，他必须在 1956 年选秀时抢到拉塞尔。"他投篮不太好，但这不重要。"

比尔·费尔顿·拉塞尔，1934 年生在南方的路易斯安那，全美国南方种族歧视最凶猛的地区之一。作为一个黑人，他从小饱尝区别对待：他父亲曾经被加油站要求"排队等白人都加完油才轮到你"，当他预备走人时还被人以枪指头，"乖乖排队！"拉塞尔的母亲曾经身着华服逛街，被警察扣住："你回去把这身白人才能穿的衣服换了，才许上街！"

拉塞尔的父亲在二战期间当卡车司机、在纸厂工作，以便养家糊口，母亲则在 1946 年逝世。拉塞尔说缄默强硬的父亲是自己的童年英雄，其次便是乔治·麦肯。

拉塞尔拥有匪夷所思的跑跳天赋,但他不擅进攻,刚入高中时很不得志。到高中最后两年,他成长了,带队连取两届州冠军。他率先领悟出了一个细节:

当时教练都要求球员保持平足站位,站定位置不动,以便防守;但拉塞尔决定频繁起跳,封盖对手的投篮,飞身跃起救球。教练们觉得他太反常规,但他持续训练。他抓住一切机会,记住其他球员的动作,研究他们的进攻方式,好进行针对性的防守。

他进了旧金山大学,开始纵横天下。当时的防守还流行各人负责制,他却能利用协防,一个人控制一大片区域:依靠的是伟岸的身高、匪夷所思的速度和弹跳。《体育画报》很直接地说:

"幸而拉塞尔进攻一般,不然我们要改写篮球规则了。"

实际上,NCAA 确实为他改写了规则:扩大了三秒区。不然拉塞尔长期蹲守篮下,对手根本无法得分。

1955 年和 1956 年,拉塞尔带领旧金山大学拿下两个全国冠军,包括一次 55 连胜,还创下单场 13 次封盖的纪录。UCLA 大学的主教练约翰·伍登教练——篮球史上最伟大的教练之一——说拉塞尔是他所见过最好的防守者;拉塞尔的偶像乔治·麦肯则说拉塞尔是大学篮球史上第一人:"他令所有人胆怯!"

大学四年,拉塞尔场均得到 20.7 分,以及恐怖的 20.3 个篮板球。

1956 年大学毕业时,比尔·拉塞尔有赤脚 208 公分的身高。与此同时,他是 1956 年全世界第七号跳高选手,保持着 206 公分的纪录;他可以在 49 秒 6 内完成 440 码(402.3 米)的短跑——1956 年的 400 米世界纪录是 45 秒 8。

1956 年选秀大会前,NBA 并没那么看好拉塞尔:他的防守不错,但巨人需要有进攻嘛!然而红衣主教属意拉塞尔:他的防守,他的篮板

V

球,不正是库西与沙曼所需要的吗?更进一步,这不正是速度时代所需要的吗?

凯尔特人本来得不到拉塞尔,但红衣主教狡猾地发现,手握状元签的罗切斯特皇家,已经拥有莫里斯·斯托克斯这个篮板魔王了:他们需要射手。

主教给出了奇妙的条件:如果皇家肯放弃拉塞尔,他就给皇家队送出白雪冰上表演队的特权。皇家队答应了。于是手握榜眼的圣路易斯鹰选择了拉塞尔。

如果历史就此发展,鹰将拥有佩蒂特这个进攻天才,外加拉塞尔这个防守魔王。但鹰别有心思:他们喜欢凯尔特人的中锋艾德·麦考利,不仅因为他是六届全明星,还在于他出生在圣路易斯。于是主教提出用麦考利交换拉塞尔,圣路易斯鹰则狮子大开口:他们还要全能小前锋克里夫·哈根。事实证明他们眼光毒辣,哈根后来是六届全明星,一度是NBA前三的前锋。

但是红衣主教还是换了:就这么决定了,哈根+麦考利,换来了比尔·拉塞尔。

这桩交易乍看来,凯尔特人很不合算:因为拉塞尔新秀年只能打半个赛季。1956年,拉塞尔被美国篮球队选中,出战墨尔本奥运会,后来他自称本来还想参加跳高比赛。K.C.琼斯和他一起出战奥运会,结果是,拉塞尔拿到了奥运会金牌,满足了他孤绝的自尊,这才开始为凯尔特人出战。结果就是1956-1957季,拉塞尔只打了48场常规赛,错过了年度新人:这个奖项归了红衣主教先前挑中的海因索恩。

然而,大家慢慢发现了拉塞尔的恐怖。新秀年,拉塞尔48场常规赛还是得到了场均14.7分,外加领跑整个NBA的19.6个篮板。

1956-1957季的NBA还剩8支球队。民族队的铁帅赛尔维离任,西摩接任;圣路易斯鹰主帅则从霍尔兹曼变成了秃鹫汉纳姆。

得到了哈根与麦考利后，鹰继续称雄西部；东部则是阿里津与约翰斯顿带着锡拉丘兹民族持续打出好成绩。

然而，谁都无法阻挡比尔·拉塞尔慢慢控制世界。

库西如此回忆：

"这个巨人像只大蜘蛛似的紧跟着每一个突破者，在对方投篮时把球盖下来——他经常在比赛里的前 5 分钟盖掉 3 个投篮——而且球经常能直接落到我手里，接下来，就是著名的波士顿快攻。"

沙曼说凯尔特人内部给防守起了个代号，"嘿比尔"。队员吼一声"嘿比尔"，拉塞尔便赶到，夹击，对手只得传球，拉塞尔已经闪电般移回篮下，一巴掌把对方的投篮盖下，快攻。

于是蝴蝶效应产生了：拉塞尔控制篮下，且协防队友；他的队友防守时胆气大壮，敢于施压，反正不怕漏人：背后有拉塞尔呢；强硬防守让凯尔特人有大量反击机会，库西策动反击，沙曼和海因索恩外投内突——1956-1957 季，拉塞尔打了 48 场常规赛，场均 14.7 分以及 NBA 第一的 19.6 个篮板；沙曼场均 21.1 分，库西场均 20.6 分 7.5 个助攻，年度新人海因索恩 16.2 分 9.8 个篮板球，弗兰克·拉姆西场均 23 分钟里得到 12 分。凯尔特人全面开花。他们拥有全 NBA 最快的速度，最好的防守，以及最好的常规赛战绩：44 胜 28 负。

红衣主教没有压抑拉塞尔的暴脾气：他知道拉塞尔对胜利的饥渴很重要。凯尔特人对尼克斯的比赛里，对方的雷·菲利克斯不断对拉塞尔恶意犯规，拉塞尔找主教抱怨，主教让他自行解决，于是拉塞尔直接一拳轰晕了菲利克斯：他掏了 25 美元罚款，但从此再也没球员敢挑衅他了。

当时的凯尔特人只有六套基本战术。比尔·沙曼跟主教说，也许该改一改？结果搞得一团糟。主教决定简化一切，继续跑他们的战术。"对方防得住，那就算他们厉害！"

V

拉塞尔也不总是勤谨,但主教有办法对付他。拉塞尔某天偷懒了,第二天,主教掏出五根雪茄,说打算看着他们训练,直到自己慢悠悠抽完为止:"如果你们认真打 20 分钟的对抗赛,我们就收工回家;如果任何人偷懒,咱们就重新开始,我跟你们耗上了。"拉塞尔立刻态度积极,20 分钟打完,主教很满意,收工了。

1956-1957 赛季结束,鲍勃·库西成为 NBA 历史上第二位常规赛 MVP,海因索恩成为年度新人。拉塞尔对库西心服口服:因为库西给他传球,且库西有着毫无种族歧视的开放胸襟。但拉塞尔对海因索恩不大服气,口口声声说海因索恩的年度新人奖金——300 美元——应该有自己的一半才对。带着这点气,拉塞尔开始了他的季后赛。东部决赛第一场,凯尔特人 108 比 90 大破锡拉丘兹民族队,拉塞尔 16 分 31 篮板 7 个封盖。民族队老牌巨星多尔夫·谢伊斯被震慑了。

"这家伙挣多少钱一年?我们付他五年工资,让他别打这个系列赛了好不好?——那样我们还占便宜了呢!"

之前一直在凯尔特人篮下作威作福的红·科尔,这个系列赛三场只得到 29 分;拉塞尔全系列赛场均 15 分 28 篮板,统治了民族队。凯尔特人 3 比 0 晋级。

1957 年总决赛,波士顿凯尔特人 vs 圣路易斯鹰。上届 MVP 佩蒂特遇到本届 MVP 库西。前一年本可以保留拉塞尔、却拿了哈根与麦考利的鹰,对阵得到了拉塞尔的凯尔特人。

以及:当世最好的攻击手佩蒂特,对阵当世最好的防守者拉塞尔。

佩蒂特第一场的 37 分力压沙曼的 36 分,鹰加时取胜,125 比 123。但第二场凯尔特人七个人得分上两位数,119 比 99 扳回。第三场打得过于惨烈，拉塞尔背部拉伤，佩蒂特额头青肿，红衣主教还给了鹰队老板科尔纳一拳，被罚款 300 美元。佩蒂特被拉塞尔的阴影笼罩，33 投 9 中，但最后时刻罚球锁定胜局。鹰 2 比 1 领先。第四场库西 31 分，拉塞尔 17 分 20 个篮板球，沙曼 24 分，击败了佩蒂特的 33 分 16 篮板。凯尔特人将分数扳到 2 比 2。第五场佩蒂特 33 分，但拉塞尔 14 分 23 篮板，凯尔特人赢了 15 分，3 比 2 领先了。第六场，佩蒂特得到 32 分 23 篮板，力压拉塞尔的 17 分 23 篮板与海因索恩的 28 分 14 篮板。3 比 3。

第七场，波士顿花园，双方上演了 NBA 历史上最惨烈的比赛之一。两队硬生生打了两个加时赛，佩蒂特打了 56 分钟，39 分 19 篮板，哈根 24 分 16 篮板。而凯尔特人这边，年度新人海因索恩 37 分 23 篮板，拉塞尔则是 19 分和恐怖的 32 篮板。这一战，库西与沙曼两大后卫合计 40 投 5 中，凯尔特人完全靠锋线支撑。全场比赛，双方交替领先 38 次，打平 28 次。

比赛最后 40 秒，凯尔特人 103 比 102 领先，鹰后卫杰克·科尔曼中场拿球，面对空篮，准备上篮反超；拉塞尔从球场底线大步流星，展开他足以参加奥运会的步幅；当科尔曼上篮时，一阵巨大的黑影从背后闪过：拉塞尔将球盖掉。

双方常规时间磨成 103 平，进入加时赛。海因索恩本可以在第一个加时靠一个上篮终结比赛，但科尔曼还以抛射，双方 113 平进入第二个加时。波士顿花园所有球迷起立，尖叫，以至于拉姆西说"我们喊哑了嗓子却听不见队友的彼此呼喊"。比赛最后 2 分钟，海因索恩被罚下。双方来回罚球，凯尔特人 124 比 123 领先。因为无人可用，鹰队教练兼队员秃鹫汉纳姆脱下外套，亲自上场：他这个总决赛七场系列只打了 2 分钟，但犯了一个关键错误。这个追随民族队、皇家队和鹰队身经百战的老将，居然走步违例了！

V

最后 1 秒，凯尔特人的吉姆·罗斯科托夫站上罚球线。据说波士顿球迷都喊哑了嗓子，拍肿了巴掌，球场上当时出现了诡异的安静。

——罗斯科托夫高 196 公分，比拉塞尔矮了 12 公分，却有跟他不分上下的 102 公斤体重。在俄勒冈大学时，他就是赛区得分王和篮板王。到凯尔特人后，他的绰号是"丛林吉姆"。他是 NBA 第一号恶汉，谁要打架，他就奉陪。平时保护库西，看谁要对自家球队的组织者动手，上去就是一拳。职业生涯后期，他已经成了球场上的核威胁：都不需要出去揍人，几个人推搡准备打架了，你说句"罗斯科托夫要来了"，大家立刻就散了。

——罗斯科托夫射中一个罚球，凯尔特人 125 比 123 领先，比赛还剩 1 秒。

鹰队的汉纳姆教练设计了一个战术，由他亲自执行：送出跨场长传打板，由佩蒂特补进。这个球简直不可能完成——也确实没完成。

于是比赛结束。经历两个加时的惨烈第七场，经历血与火的考验，波士顿凯尔特人 4 比 3 击败鹰，拿到 1957 年总冠军。

这场比赛仿佛是一个悠长的暗示：第七场；残忍与勇悍的对决；拉塞尔屹立不倒的身影。

那时谁都不知道，这个故事还要重复上演无数次呢。

"第一个冠军总是最艰难的，也是最让人满意的。"主教说，"那年夏天，走到哪里，我都自言自语：我是世界冠军队的教练了！"

1957 年夏天，韦恩堡活塞搬到了底特律，成了底特律活塞；罗切斯特皇家队迁去了辛辛那提，成为辛辛那提皇家。明尼阿波利斯湖人队主教练昆德拉下台。当时的舆论并没给过他足够的认可，毕竟离开了麦肯和波拉德后，他没能延续湖人的辉煌。但主教对昆德拉的评价是：

"许多纸面上强大的球队，他们一无所获。而昆德拉，他使湖人队成为了一支强大的球队,他为此完成了伟大的工作。"

主教自己也在完成伟大的工作。1957-1958 季,凯尔特人比前一季更进一步:常规赛 49 胜 23 负。拉塞尔场均 16.6 分 22.7 个篮板 2.9 助攻。他不用在乎去年海因索恩的年度新人了,因为他的伟大影响得到了认可:得到了 NBA 年度常规赛 MVP。

非常滑稽的一点是:拿到了 MVP,但拉塞尔没有进 NBA 年度第一阵容。球员们投票,把他投成了 MVP;记者们投票,第一阵容却被佩蒂特、亚德利、谢伊斯、沙曼和库西垄断。

是记者们不懂篮球吗?稍微注意一下便能发现,第一阵容全都是白人球员。这还是个种族偏见明显的时代。

1957-1958 季,另一个故事。

201 公分的莫里斯·斯托克斯,据说体重接近 125 公斤。1955 年进 NBA,拿下年度新人;二年级,他的篮板是 NBA 第三,助攻是 NBA 第五。第三季,他场均 16.9 分 18.1 篮板 6.4 助攻。他是一个革命性的球员:体格强壮,却能如后卫般运球。他可以投篮,可以传球,可以运球突破。他是 NBA 第一位组织中锋。

罗切斯特皇家队就是因为拥有了他,才在 1956 年放弃比尔·拉塞尔的。

可惜,他遭遇了不幸。

1958 年春天,25 岁的斯托克斯患上了脑炎。他一度昏迷,之后瘫痪了。球星杰克·特维曼成为他的监护人,一直照顾到斯托克斯过世。这是 NBA 最动人的故事之一。

因为失去了斯托克斯,皇家队立刻变成 NBA 最差的球队之一,只靠特维曼支撑。但他们之后得到了命运的补偿:1960 年,他们因为低迷的战绩,在选秀大会上获得了传奇巨星奥斯卡·罗伯特森——这是另

V

一个故事了。

1958 年的常规赛 MVP 拉塞尔，并没笑到最后。那年总决赛，凯尔特人连续第二年遇到圣路易斯鹰。双方前两场 1 比 1——佩蒂特第一场 30 分 19 篮板，拉塞尔回以 14 分 29 篮板；哈根第二场 37 分，但库西引领全队四人得分上 20，136 比 112 大破鹰。

第三场上半场双方 49 平，第三节，拉塞尔受伤下场，鹰于是赢下比赛：佩蒂特 32 分 19 篮板。第四场库西全场只休息 1 分钟得到 22 分，带队获胜，2 比 2。

值得一提的是，第四场，刚从堪萨斯大学毕业的 22 岁巨人维尔特·张伯伦到场观看了：那可能是比尔·拉塞尔与维尔特·张伯伦第一次见面。

第五场佩蒂特罚球 22 次，打到凯尔特人两个首发锋线被罚下，鹰 102 比 100 取胜，3 比 2。

第六场，圣路易斯。拉塞尔试图带伤出场，但只能一瘸一拐地打 20 分钟。库西被斯雷特·马丁防死。拉姆西也被遏制。佩蒂特则站了出来。

佩蒂特一向被人认为有分裂人格。在场下，他羞怯温柔；在场上，他勇猛果决。用他后来的话说："若我觉得自己未能尽力，腹部便会火烧火燎。"

双方前三节打到 72 比 71，第四节鹰弹尽粮绝：哈根已被罚出，马丁根本投不中球，麦考利带着 5 个犯规而且全场 3 投 0 中。只有佩蒂特。第四节鹰队最后 21 分，佩蒂特得了 19 分。最后他得到全场个人第 50 分，让鹰 110 比 107 领先，只给了凯尔特人 16 秒。凯尔特人投中 2 分但无济于事，比赛结束。鹰 110 比 109 取胜，4 比 2 拿下 1958 年总冠军。佩蒂特的总决赛单场 50 分创下当时纪录，赛后他累得坐在更衣室里，面对记者们的镜头，头都抬不起来——当然，也有记者相信，这是因为佩蒂特的场下羞怯症又发作了。

最高兴的除了佩蒂特，自然是鹰队教练秃鹫汉纳姆：他报了去年的一箭之仇，为圣路易斯拿到了一个总冠军。他宣称：

"我们要告诉世界，凯尔特人不是不可战胜的！"

但是……很遗憾：他猜错了。

1958-1959季，佩蒂特时隔两年再次拿到常规赛MVP，但凯尔特人默默成长，常规赛得到52胜。他们缄默、坚韧，蓬勃生长，一如他们的球衣一样生生不息。波士顿花园成为了一个巨大的怪物森林，主教与拉塞尔是那里的魔鬼领袖。

主教咄咄逼人地呵斥裁判和对手，愤怒地朝那些比他高一个头的职业球员挥舞拳头，吐出脏字，随时鼓励队员，手舞足蹈地指挥着凯尔特人的进攻浪潮，而且保护拉塞尔。

主教后来如是评价拉塞尔：

"他很特别，因为他反应奇快，而且聪明；他不会被人连续骗两次。他还有完美的长臂，他热爱防守。和那些爱得分的大个子们完全相反，拉塞尔更喜欢队友去投篮。"

主教让拉塞尔放心："你的得分数据，不会影响到签合同时的工资数额。"从此，拉塞尔永远地忘记了得分，只剩下一个骄傲的、凶狠的、除了胜利之外对其他任何事都不关心的赢球机器。

后来的另一位伟大教练胡比·布朗说：

"拉塞尔作为伟大的后盾，奥尔巴赫可以打出他所喜爱的比赛——快攻，防守。凯尔特人的比赛组织有序，你知道，保持优秀的表现有多么困难，所以我感觉奥尔巴赫有激发每个球员潜力的能力。他知道如何驱动他的球员，让他们对球队有所帮助。而且看起来这种能力随着一批

V

批球员的变更而不断流传下来。"

NBA 的其他球队一度联名向官方申诉，认为拉塞尔的盖帽属于非法干扰球。主教寸步不让地与他们论争，然后毫无悬念地获得了胜利。他比任何一个人都了解篮球规则。他坐火车赶到联盟总部，把规则手册拍在联盟官员的面前，用一通雷鸣般的怒吼来给他们上课，把他们训得像胆怯的小学生。

主教很早就洞悉了篮球的未来走向。他一直推崇速度，只是屡屡被巨人麦肯打败。那么，巨人＋速度，不就所向无敌了么？

他从来不想靠巨人主导进攻，而用他们主导防守。拉塞尔控制禁区，其他四位球员急速逼抢；拉塞尔一旦抓到篮板或完成封盖，就长传库西发动快攻。趁对方布阵未成，乱枪打鸟。

为了配合此套路，主教补完了许多细节：

比如，虽然首席前锋海因索恩能力卓越，但酷爱抽烟，体能很差。主教从 1958 年开始缩短海因索恩的上场时间，让全能王弗兰克·拉姆西提前上阵担当快枪手。当媒体渲染拉姆西只是个替补球员时，主教想了一个绝妙的词来鼓舞拉姆西：

"什么替补？拉姆西是我们球队的第六人！"

——这词如今还成了官方名词呢：首席替补？第六人！

但主教有他自己的道理：每个半场开始时，大家都会进入特定节奏；接下来，双方体力消耗时，你再让一个优秀的生力军出场，就能改变节奏，让对方崩溃了。所以，如果每半场让自己最好的五名球员之一，先休息个 6 到 10 分钟，球队就能获得优势啦！

1958-1959 季，另一个故事。

之前的 1957-1958 季，明尼阿波利斯湖人队只有 19 胜 53 负。球队像一部老爷车一样缓慢、超重、迟钝而且老化。老板鲍勃·肖特多年后承认，1958 年夏天，湖人选中的新人前锋埃尔金·贝勒，是拯救球队的最后一丝希望。

"如果他不成，我就干不下去了，球队有可能破产。"

埃尔金·贝勒 1934 年出生于美国首都，和大多数 NBA 球星一样，在高中就是多栖体育明星。1950 年代的美国大学并不像如今般思贤若渴，成绩糟糕如贝勒——还是个黑人——并不招人喜欢。倘若不是爱德华大学为他弄了笔奖学金，也许他会在家具店里当个大个子职员了此一生。当然，爱德华大学也没明白贝勒的伟大潜力，当西雅图大学来撬墙脚时，他们居然无知无觉。在爱德华混了一年后，埃尔金转投西雅图大学。那年，正逢拉塞尔被选入凯尔特人，开始漫长王朝的 1956 年。

1958 年秋天贝勒进入 NBA，他的对手们大惑不解地面对这个难以琢磨的 24 岁青年：他 196 公分高，102 公斤重，健壮如牛，快得匪夷所思。他可以左手突破，可以右手突破，可以勾射，可以抛射，可以中投，可以抓到后场篮板后长驱直入奔袭前场。即便你防守得当，在他起跳时卡住他的位置，他也可以像直升飞机似的停在空中，换个动作，把球投进去。

全 NBA 用了一年时间，像对奔牛抛绳圈一样企图对付他，但全然无效。1958-1959 季，贝勒在他生涯第一年就与鲍勃·佩蒂特一样，进入了"不可防守的球员"之列。他可以媲美联盟大多数的传球大师——当被包夹时，他寻找队友的能力一流；当然，196 公分的他还能成为仅次于拉塞尔与佩蒂特的篮板魔王，更是匪夷所思。

这就是贝勒，新秀季，联盟第四的场均 24.9 分，第三的场均 15 个篮板（仅次于拉塞尔和佩蒂特），以及第八的 4.1 次助攻：年度新人，全明星赛 MVP，年度第一阵容。

那年的湖人除他之外，别无名将——曾担当麦肯羽翼的米克尔森已

V

经老去，迪克·加梅克和拉里·福斯特等不过是陪衬。但是贝勒撑起了湖人。1959年季后赛，湖人靠贝勒的罚球98比97加时绝杀鹰队，靠贝勒的33分再取一战。这是贝勒NBA伟大生涯的开始：新秀季，带领一支昔年王朝之师，干掉卫冕冠军，直推总决赛，决战凯尔特人。

是的，1959年总决赛，凯尔特人vs湖人。

1959年的凯尔特人如此完整，拉塞尔和海因索恩三年级，库西和沙曼双后卫还能场均得到20分，拉姆西已习惯了第六人的角色，新秀萨姆·琼斯正准备接拉姆西的班。罗斯科托夫是联盟头号打架王。

1959年4月9日，湖人队与凯尔特人在总决赛相遇，在中圈彼此凝望的比尔·拉塞尔与埃尔金·贝勒，显然不会料到：他们彼此会经历整个职业生涯的绞杀战……海因索恩防守贝勒，然后，他就发觉这个小子和以往的对手不同——在花园球迷的鼓噪声中，这个让人难以捉摸的家伙一口气得到34分，他的存在，令这场本应没有悬念的总决赛拖到最后一刻，凯尔特人才以118比115赢下第一场——倘若不是贝勒糟糕的13罚6中，以及超级第六人拉姆西替补出场，为凯尔特人得到29分，比赛胜负犹未可知。

但凯尔特人依然是王朝球队。醒过神后，他们遏住了贝勒，让他在第二场仅得13分。凯尔特人依靠半场72比46的高潮锁定胜局，拿到2比0领先。

总决赛前，库西已经决定假期要去佛罗里达旅游，然后去欧洲和北非。两场比赛打完，库西看看日程表：周二和周四，凯尔特人还要打两次湖人。库西吩咐他太太：

"周五前准备好行李。我们会横扫湖人，然后我们就出发。"

他说得没错。贝勒在第三场被遏到23投6中，凯尔特人取胜，3比0领先。

贝勒不愿认输。第四场上半场，还余三分钟时，他努力让湖人硬生生取得 56 比 53 领先，眼看库西的假期有点危险；然而，海因索恩站出来接管比赛。第三节，双方分差始终在 2 到 8 之间打转。第四节，贝勒投中反超一球，让湖人以 95 比 93 领先，但随后，拉姆西和沙曼联手敲灭了湖人。118 比 113，总分 4 比 0，凯尔特人击败湖人，拿下 1959 年总冠军。库西得偿所愿，准时出门度假。

这个系列赛诞生了一堆纪录，包括拉塞尔连续三场抓到 30 个以上的篮板，包括四场比赛合计 118 个篮板。凯尔特人完成了对湖人的 22 连胜。拉塞尔和库西则在四战合计 192 分钟的比赛中各打了 186 分钟。

这是凯尔特人历史上的第二座冠军，三年内第二个总冠军。

湖人在总决赛后获得了赞扬，因为他们击败了西部魁首鹰队。他们不知道，这是球队在明尼阿波利斯最后一次打总决赛了。

这一年的埃尔金·贝勒还是新人。他做了一个新秀可以做的一切——年度新秀，第一阵容，带领弱队进入总决赛。贝勒不知道一年之后，会有另一个天才新人——维尔特·张伯伦——来夺走他的光芒，更不知道西弗吉尼亚大学的杰里·韦斯特，会在两年后来到他身边。

他也不知道，比尔·拉塞尔和他的凯尔特人，要将他、韦斯特和张伯伦，拦在冠军门外多少年。

V

第六章 双巨人

1959 年夏天，NBA 听见了地动山摇的脚步声：巨人维尔特·诺曼·张伯伦来了。

张伯伦 1936 年出生在费城一个九口之家。少时身体羸弱，险些死于肺炎，为此缺课一年。他小时候不喜欢篮球，觉得"这是个姑娘玩的运动"，而偏好田径。但篮球在费城太受欢迎，他终于还是上手了。10 岁时他已经有 183 公分，上高中时已到 211 公分，从此成为天下无双的巨人。他在高中时，就获得了三个名垂后世的绰号：

"巨壮"、"歌利亚"，以及他最喜欢的，"大北斗"。

他在上高中时就名扬天下，高二暑假在库奇家族的酒店打工时，红衣主教发现了他，请他去跟堪萨斯大学 1953 年全美四强赛最佳球员波特·伯恩打一对一。张伯伦一个高中生，把伯恩这个大学明星，打了个 25 比 10，以至于伯恩从此丧失信心，后来都没去打 NBA。红衣主教希望张伯伦去新英格兰上大学，如此就能作为本土大学生直升凯尔特人，但张伯伦拒绝了。

这次拒绝，直接改变了张伯伦、红衣主教、波士顿凯尔特人乃至整个 NBA 的命运。

主教之后自顾自找了拉塞尔开启王朝，而张伯伦继续天下无敌。他在高中三年级曾连续三场得到 74 分、78 分与 90 分。到高中毕业时，全美有 200 所大学想罗致他，最后他去了堪萨斯：那是 1955 年。他的第一场大学比赛是堪萨斯内部的：他代表大一生对阵堪萨斯学长，结果他得到 42 分 29 篮板 4 封盖。

1956 年，他真正代表堪萨斯出战 NCAA，第一场就是破纪录的 52 分 31 篮板。队友蒙特·约翰逊说："维尔特有不可思议的耐力与速度，从不疲倦，扣篮时过于强力，会劈伤防守者。"

他是个巨人，比所有人都高，却还比所有人都快。他有一手绕指柔低手上篮，有一手翻身后仰打板投篮，加上他的速度与力量优势：他在大学里可以 10 秒 9 跑 100 码，三级跳超出 15 米。1957 年，他带领堪萨斯在全美半决赛里击败两度卫冕冠军旧金山，他自己拿到 32 分 11 篮板以及起码 7 个封盖；决赛对阵北卡时，北卡主帅弗兰克·麦奎尔用了许多招数对付他。比如，用最矮的球员汤米·科恩斯跟张伯伦跳球，三人夹击张伯伦。如此双方折腾到第三个加时，北卡艰难取胜：后来张伯伦承认，这是他人生最痛苦的一次失利。大学三年级，他场均 30.1 分，在他出场的比赛里，球队 18 胜 5 负。

大概觉得大学篮球已经无趣了，张伯伦选择了离开：离开前还搞了篇专访《我为何离开学院》，卖给了《展望》杂志，赚了 1 万美元——当时大多数 NBA 球员一年也就挣 9000 美元。

他很早就明白金钱的意义。当记者采访时问他，训练时为啥除了扣篮和后仰投篮外啥都不练时，张伯伦回答：

"我如果练别的玩意，又没人付我钱！"

他参加了著名的哈林篮球队，去玩了一年环球旅行：他甚至去过莫斯科，见过了赫鲁晓夫。哈林的一个表演项目是：哈林篮球队队长米多拉克·雷蒙倒地，张伯伦把他高高抛起再接住——考虑到雷蒙有 100 公斤重，你就不会觉得他所谓"张伯伦是史上最强壮的家伙"这句话是夸张了。如此玩了一年后，1959 年秋天，张伯伦领了哈林篮球队的 5 万美元，开始了 NBA 生涯：他签约了费城勇士队，他的故乡球队；年薪 3 万美元，NBA 最高。

——此前的最高纪录，是库西的年薪 2.5 万美元。

而七年前的 1952 年，埃迪·格特列布老板买下勇士队，也就花了 2.5 万美元。

1959 年 10 月 24 日，费城勇士 13 号 216 公分的巨人张伯伦首次出战 NBA。他身边围绕着两届得分王阿里津、大张伯伦一岁后来成为两届助攻王的盖伊·罗杰斯，但他是唯一的主角。纽约麦迪逊花园的球

VI

迷看着张伯伦打满 48 分钟，27 投 17 中，罚球 15 投 9 中，得到 43 分 28 篮板。

一周后对活塞，36 分 34 篮板。又四天后对锡拉丘兹民族，41 分 40 篮板。

1959 年 11 月 7 日，张伯伦来到波士顿花园。这是拉塞尔 vs 张伯伦的巨人之战首次上演。这一天，张伯伦输了他职业生涯第一场比赛：费城 106 比 115 败北。张伯伦得到 30 分 28 篮板，但 38 投只有 12 中。拉塞尔 22 分 35 篮板。当时《体育画报》的统计说，张伯伦面对拉塞尔只投中 4 球，其他都是靠前场篮板 + 快攻得手的。

这是两位旷世巨人的第一次相遇。谁都不知道这将是漫长十年传奇的开始。第二天，大家就去关注另一个新闻了：明尼阿波利斯湖人那边，二年级的埃尔金·贝勒轰下 64 分，打破了法尔克斯保持的 NBA 单场得分纪录。

1959-1960 季，贝勒依然表现卓越，但于事无补：湖人常规赛只有 25 胜 50 负。纵然他场均 29.6 分 16.4 篮板依然卓绝，但全联盟的目光都集中在张伯伦身上：这家伙太新奇了，他封盖，他奔跑，他随心所欲地得分。他无所不能，仿佛来自另一个世界。

只有一件事他不太搞得定：罚球。

张伯伦自吹说，他在高中时罚球命中率有 80%。然而他在大学的罚球命中率是 62%，在 NBA 新秀赛季是 58%。很多年后，《费城问询报》于 1991 年 3 月 18 日总结说，张伯伦罚球差原因如下：

——膝关节的炎症，让他屈伸关节不舒服。

——投出的球侧旋太强。

——个子太高，让他很难投出优美弧度。

——上肢力量过于强大。

——手太大了,球在他手里跟个橘子似的。

——最关键的,心理因素。

多尔夫·谢伊斯说过,张伯伦在各方面都出类拔萃:田径、篮球、保龄球、排球,诸如此类。但他有患得患失之心。平时训练,他罚 100 个可以进 85 个;但到比赛时,就会动辄 10 罚 1 中。

在此后的职业生涯里,他尝试过双手罚球、单手罚球、端锅式罚球,甚至站到罚球线后 30 公分去罚球。名裁判厄尔·斯特罗姆总结说,张伯伦的心态有问题——他每次拿到球,就会琢磨:

"我会罚丢的……我会罚丢的。"

后来的伟大中锋、与张伯伦亦敌亦友的内特·瑟蒙德则认为,体育记者和球迷不断地关注张伯伦的罚球,这让事情更加糟糕:张伯伦患得患失的同时,自尊心极重,所以就越发糟糕。

很多年后,张伯伦这么自我辩护:"球馆狭小,场地昏暗,篮筐特别紧,地板不结实,球也轻重不均——这些都是原因。"但临了,他知道这其实是由于自己的心理因素。所以他后来那些聪明的队友,都不跟他提罚球这件事,知道越提越糟。

当然,罚球差也不妨碍张伯伦在新秀季就拿到场均 37.6 分 27 个篮板,并拿到了常规赛 MVP:新秀年就拿到 MVP,这是 NBA 史上第一次——在整个 NBA 历史上,也只有两次。

1960 年季后赛,费城勇士先对垒锡拉丘兹民族。第一场阿里津轰下 40 分,加上张伯伦的 27 个篮板,勇士大破民族;第二场,谢伊斯轰下 40 分 22 个篮板球,科尔跟张伯伦卡位,自己得到 25 分 11 篮板,张伯伦 28 分 18 篮板,民族队扳回一城。但第三场,科尔被张伯伦摧毁了。民族队的谢伊斯得到 31 分 14 篮板,亚德利 25 分 9 篮板,二年级后卫哈尔·格里尔 12 分,但张伯伦 42 投 24 中狂取 53 分 22 篮板 2

VI

助攻，带领勇士 132 比 112 大胜民族，晋级东部决赛。

就是如此：五年前在总决赛决战的明星前锋亚德利与谢伊斯，都在张伯伦排山倒海的攻击力下溃败了。

这个系列赛的另一重意义是：张伯伦遇到了与他同岁的二年级生哈尔·格里尔，他们四年后会成为队友，那是后话了。

东部决赛，59 胜 16 负的凯尔特人和 49 胜 26 负的勇士遇上了——哦，对了，这一年 NBA 的常规赛拓展到了 75 场——然后，红衣主教又想出了鬼点子。

主教知道张伯伦想得越多，状态越差。所以他一辈子都喜欢折磨张伯伦。比如，他总是假装跟裁判窃窃私语，或是对张伯伦念叨些闲言碎语：

"让张伯伦东想西想，是防守他的最好方法。"

主教的另一个邪招是，如汤姆·海因索恩所说，红衣主教吩咐他：每逢费城勇士得分，他就得去阻挡张伯伦回防，而拉塞尔开足马力，跑到前场上篮得分。

第一场张伯伦轰下 42 分 29 篮板，拉塞尔还以 19 分 30 篮板，沙曼得到 25 分，库西 19 分 13 助攻，凯尔特人最后一分钟锁定胜局；第二场费城让张伯伦更多地参与防守，结果张伯伦得到 29 分 28 篮板，但勇士反而赢了：阿里津得到 30 分 15 篮板。第三场，海因索恩对张伯伦的纠缠，终于将他惹火了，费城第三节一度落后到 20 分。张伯伦揪住海因索恩：

"你再干这种事，我就揍你。"

海因索恩回答："这个问题，等会儿吃饭的时候再讨论。"

于是张伯伦一把推开海因索恩，201 公分的海因索恩滑出去 6 米远。张伯伦挥起拳头，恰好队友汤姆·戈拉过来试图劝架，张伯伦一拳正中戈拉的脑袋，打得他昏沉，而张伯伦自己右手也受伤了。

这场比赛最后，拉塞尔的 26 分 39 篮板，压倒了张伯伦的 12 分 15 篮板；凯尔特人 120 比 90 血洗勇士，2 比 1 领先，然后乘胜拿下第四场，3 比 1 了。第五场张伯伦再展神威，42 投 22 中轰下 50 分 35 篮板，戈拉得到 22 分 16 篮板 10 助攻的三双，费城将分数扳到 2 比 3，但第六场，拉塞尔没再给张伯伦机会：他自己已拿到 25 分 25 篮板，同时遏制张伯伦到 26 分 24 篮板。比赛最后时刻，整个系列赛都在跟张伯伦捉迷藏的海因索恩上篮，让凯尔特人 119 比 117 击败勇士，4 比 2 取胜，晋级 1960 年总决赛。

很多年后，主教这么总结：

"张伯伦是史上最不可思议的怪物。篮球场上没有他做不到的事。他强壮到令人恐惧——但有一件事他做不到：他无法击败我们，他就是赢不了。拉塞尔在场上不停奔跑，拖垮了他，把他逼疯了。"

这个系列赛，就是此后十年的缩影。

西部决赛，贝勒七场大战场均 34 分 14 篮板，与对面佩蒂特的 26 分 17 篮板打个平手。但佩蒂特身边还有克里夫·哈根这个明星球员，而贝勒身边只有赛尔维与拉鲁索这些大学扬名、职业篮球成就平平的人物。鹰 4 比 3 击败湖人，去到 1960 年总决赛，再次会战凯尔特人。

与 1957 年一样，又是七场血战。佩蒂特在第二场轰下 35 分 22 篮板，而拉塞尔取下 21 分以及刷新总决赛纪录的 40 个篮板球，双方打成 1 比 1 后，海因索恩第三场的 30 分让凯尔特人 2 比 1 领先，但佩蒂特与哈根的合计 57 分 27 个篮板球又让他们抢回第四场。第五场鹰的中锋拉里·福斯特手腕骨折退赛，拉塞尔 17 分 26 篮板，海因索恩 34 分 10 篮板，沙曼 26 分，凯尔特人 127 比 102 取胜，3 比 2 了。但第六场哈根打出生涯最佳比赛，拿到 36 分 13 篮板，第三节就锁定胜局，凯尔特人第四节奋起反击逆转 23 分，但输了最后一分钟。于是 3 比 3，

VI

又得第七场决胜负了。

第七场第一节,鹰依靠哈根一记 12 米压哨投篮以 30 比 29 领先,但之后凯尔特人的体力优势得以展现。没有福斯特的妨碍,拉塞尔全场 22 分 35 篮板,加上库西策动有方得到 14 次助攻,凯尔特人最后 122 比 103 取胜。凯尔特人年轻的后卫萨姆·琼斯,在第七场生死大战之中神色自若,替补出场得到 18 分。从此之后,主教明白:

他找到比尔·沙曼的接班人了。

凯尔特人拿到四年里第三个冠军,但这年夏天最大的新闻,还是张伯伦。刚打了一年 NBA,拿到了 MVP、得分王与篮板王,张伯伦却宣布他在考虑退役:他厌倦了被夹击,厌倦了全 NBA 对他的恶意犯规,厌倦了球迷嘲笑他的罚球,他觉得自己有一天会被逼疯。毕竟连海因索恩多年后都承认,"他是篮球史上被虐得最惨的球员"。

与此同时,张伯伦很讨厌媒体那种"张伯伦是个怪物"的描述。他当时就表达了如下意思,后来成为他的标志性描述:

"没有人爱歌利亚!"

——在凡人大卫与巨人歌利亚的对抗之下,球迷都会认同凡人。

——勇士老板格特列布劝服了张伯伦,把他的年薪提高到 65000 美元,这事才算暂时告一段落了。

这就是张伯伦的新秀年:他破了一大堆纪录,得到了常规赛 MVP、得分王和篮板王,还与拉塞尔对决了,他的个人数据出色但是球队输了。这将成为他职业生涯的阴影,成为他与拉塞尔漫长十年对决的开始。

第七章　二后卫

(VII)

61 - 68

1958 年斯托克斯倒下后，辛辛那提皇家队连续两年常规赛 19 胜，全 NBA 垫底。

明尼阿波利斯湖人倒霉得更久：麦肯退役之后，湖人队已经连续 5 年主场上座率下跌。贝勒的到来让他们进了 1959 年总决赛，但下一季常规赛只有 25 胜，终于让湖人决定放弃明尼阿波利斯。湖人队老板鲍勃·肖特，借鉴了美国职棒联盟道奇队从布鲁克林搬到洛杉矶后取得的巨大成功，放弃了地处西北的明尼阿波利斯，同时也放弃了之前苦寒艰涩的球队形象——考虑到他们在明尼阿波利斯湖人拿到过五个总冠军，这是体育史上最惨烈的一次割舍。

1960 年，皇家和湖人，不约而同走了好运。

1960 年夏天，有两个后卫参加了 NBA 选秀：196 公分高的奥斯卡·大 O·罗伯特森，188 公分高的杰里·韦斯特。

大 O 生在田纳西夏洛特，地道的美国中部穷黑人家庭。小时候家里甚至买不起篮球，所以他在自家后院挂了个桃篮，朝里头扔网球和胶布。穷困与种族偏见伴随着他，好在他就读的阿塔克斯中学是个全黑人学校，教练雷·克洛伊给他打好了基础，从此他将愤怒轰向对手。他高一带队拿到 31 胜 1 负和 1955 年州冠军，第二年 31 胜 0 负，蝉联州冠军，但有一件事让大 O 永生难忘——球队庆祝冠军时，警察把他们请到镇外一个公园里：

"镇上住的白人可不喜欢这样。"

大 O 去了辛辛那提大学，三年内每年都拿到 NCAA 得分王，入选全美第一阵容，被选为年度最佳球员，创造了 14 项 NCAA 纪录。三年时间，他带领辛辛那提打出 79 胜 9 负。他在大学篮球如此出色，以至于 1998 年，NCAA 一区最佳球员奖被命名为"奥斯卡·罗伯特森奖"。1960 年进 NBA 前夜，他带领美国男篮拿下 1960 年奥运会金牌。他

是美国国家队两个首席得分手之一:

而另一个,就是与他同年入行的杰里·韦斯特。

韦斯特生在西弗吉尼亚州,父亲是个煤矿电工。他少年时性格急躁,直到13岁那年他兄长战死海外,他变成了一个羞涩的少年。他年少时矮小瘦弱,医生让他大量摄取维他命,不让他运动。到年纪长了,他喜欢打猎与钓鱼,以及投篮:在雪泥交加的后院里,他默默练习。他从小就是这么个偏执狂。

1953年他长到183公分,成为东岸高中校队后卫,迅速在全国成名,入选全国明星队。1956年他去了西弗吉尼亚大学,大三时他带领球队进了大学篮球决赛,虽然惜败,但得到了四强赛最佳球员。大四时韦斯特入选全美最佳阵容,而且场均得到29.3分16.5篮板。

1960年选秀大会,大O去了辛辛那提皇家,韦斯特去了洛杉矶湖人。6号新秀雷尼·威尔肯斯去了圣路易斯鹰:他本以为自己一个黑人后卫,一定会被欺负;不料球队领袖鲍勃·佩蒂特平易近人,对他呵护备至,不久威尔肯斯就习惯了NBA,成为圣路易斯鹰可靠的组织者——这是后话。

1960年11月5日,辛辛那提皇家迎战王朝球队波士顿凯尔特人。新秀奥斯卡·罗伯特森随心所欲:25分6篮板7助攻,16投8中11罚9中。对面库西27分、沙曼27分、海因索恩24分、拉塞尔26个篮板,但终究不像大O那样,将球队运行得井井有条。

大O有多可怕?首先他196公分高,作为组织后卫,可以俯视185公分的沙曼与库西;再则他有当时看来极为超前的换手变向运球:他通常缓慢运球,诱惑你贴近他,然后,一个幅度略大的展臂,似乎是变速的开始,接着的却是一个胯下换手,他已经闪到了你的侧边。之后就是一个抛射,或者中投。

VII

比尔·沙曼形容他：

"这小子比我们平时对位的家伙都高一截，体格超群。每次运球附带四个假动作，看到队友切向篮筐时总能第一时间给出传球。"

红衣主教总结说："我让队员们高举双手，尽量伸开五指，让大 O 在手指间投篮——也只能这么防他了。"

此外，大 O 还擅长背身要到位置，然后翻身跳投。他的背身无比强硬，多年后被形容为"你给他 15 尺，他要 10 尺；你给他 10 尺，他就到篮下了"。如此得寸进尺的背身、华丽变向的面筐攻击、无死角的中投，外加随时能够协调全队的组织才能，让他一入行就成为超级明星。他也很明白这点：从一入行，大 O 就习惯了在辛辛那提指挥若定。常年被种族偏见打压的他，最懂得自尊自重。

相比而言，韦斯特就没那么顺遂：乍进湖人队时，他的方言口音被队友嘲笑为小鸟鸣叫，众人纷纷提醒他："杰里，听不懂你说啥，你还是讲英语吧。"湖人经理卢·莫斯总结："他投篮太靠右啦，所以对手只要站位靠他右手，就能防住他。"

可是韦斯特谦逊温和的品质，获得了所有人的爱。据说湖人王牌埃尔金·贝勒特意把韦斯特拉到角落，给他看自己的小秘密：悄悄豢养的宠物猪，"我可不给别人看哟！"

1960 年秋天，张伯伦也很忙。费城勇士的主帅是前任功勋球员、三届得分王内尔·约翰斯顿，但他性格温和，张伯伦不太看得上他。格特列布老板事后悔说："没安排个硬汉教练是我的失误，内尔还没准备好呢……"

不，张伯伦对约翰斯顿的忽视，并没损害他的数据。恰恰相反，全队都围绕着他，用波士顿媒体的讽刺来说："全队仿佛管家，伺候着张伯伦。"

张伯伦在二年级得到场均 38.4 分，以及刷新 NBA 历史纪录的场均 27.2 个篮板球。1960 年 11 月 24 日，张伯伦面对拉塞尔大发神威：虽然 42 投 15 中仅得到 34 分——对他而言算是低了——但他轰下 55 个篮板球，创造了新的 NBA 历史纪录。

然而那场比赛，勇士输给了凯尔特人。又一次，张伯伦创造了伟大数据，但是……输了？

这个故事甚至延续到季后赛。常规赛 46 胜 33 负的勇士——哦，对了，那年常规赛拓展到了 79 场——迎战 38 胜 41 负的锡拉丘兹民族。张伯伦首战轰下 46 分 32 篮板，但民族队六人得分上双，射手哈尔·格里尔得到 25 分，民族第三节就拉开分差，最终取胜。第二场张伯伦 32 分 14 篮板，但民族又是前三节就领先 14 分，格里尔 26 分，谢伊斯 24 分 13 篮板。第三场，张伯伦 33 分 23 篮板，但全队加起来才 58 个篮板球。民族队五人篮板上双全队 83 个篮板球，最后 106 比 103 取胜。3 比 0 淘汰了勇士与张伯伦。

也是在这个系列赛后，锡拉丘兹媒体指出，季后赛生死时刻，张伯伦会紧张：因为季后赛速度比较慢，他无法发挥自己的速度；季后赛生死之际身体接触多，犯规频仍，张伯伦有些头疼：他怕对手朝他犯规，让他去罚球，让他出丑……

当然，民族队没走远：东部决赛，他们 1 比 4 输给凯尔特人——除了第二场之外，凯尔特人每场都至少赢了 13 分。整个系列赛拉塞尔场均 20.6 分 31 篮板 5.2 助攻。新人拉里·桑德斯接替罗斯科托夫成为蓝领猛将，而四年级生萨姆·琼斯开始闪耀光彩。他是个身材敦实、基本功无懈可击的后卫，一个细节可见他的风格：他是 NBA 历史上最擅长擦板投篮的球员之一。众所周知，擦板投篮是基础中的基础，而琼斯就熟稔此道。

VII

1960-1961 季的凯尔特人日益凶猛：每场投篮接近 118 次，罚球接近 36 次，每场得到将近 120 分丢 114 分，最后常规赛 57 胜 22 负。虽然库西与沙曼的老去多少有些烦人，但新人们正在崛起。主教悄然完成球队的新老交替：他计划每年选一个新球员——能让球队变得更好，或顶替某位老将。比如，琼斯就准备代替沙曼，桑德斯则将代替罗斯科托夫。主教承认："唯一无法被取代的，是拉塞尔。"

西部季后赛，湖人依靠贝勒的壮绝表现——40 分、49 分 21 篮板、47 分、35 分——3 比 2 碾过底特律活塞，韦斯特在晋级的第五场生死战目不稍瞬，14 投 11 中射落 25 分，冷静得仿佛死神。西部决赛，湖人又一次遇到鹰，又是佩蒂特大战贝勒，双方各自打出伟大表现，与此同时，韦斯特和威尔肯斯两个同级生也你来我往。湖人在第五场依靠贝勒 47 分 20 个篮板的神威拿到了 3 比 2 领先，但第六场鹰在加时获胜：佩蒂特拿到 31 分 21 篮板；第七场，又是最后一分钟，鹰守住了优势。湖人 3 比 4 惜败。

这是韦斯特的新秀年而已，但在对鹰的第七场，他拿到 29 分 12 篮板：仿佛越到决胜时刻，他越能够站出来。

也就在湖人惜败后，《体育画报》第一次提出以下论点：埃尔金·贝勒无疑是 NBA 最全能的球员，他能投能突能抓篮板能传球，能打中锋之外的所有位置，但韦斯特似乎更能为湖人带来胜利——他的效率，他的精确，他的斗志。

于是 1961 年总决赛，五年里第四回，凯尔特人与鹰的总决赛上演了。

凯尔特人的方案很简单：锁死佩蒂特。第一场哈根得到鹰最高的 33 分，但凯尔特人七人得分上双，129 比 95 大破鹰队。第二场佩蒂特

30 分，哈根 40 分，但凯尔特人四人得分上 20，继续赢球。鹰赢了第三场后，佩蒂特在第四场拿到 40 分，但凯尔特人继续在第三节就拉开分差搞定比赛，3 比 1 领先了。

第五场，拉塞尔不肯等了：30 分 38 个篮板，干脆利落地结束战斗。凯尔特人 4 比 1 取胜，拿到五年里第四个冠军，也是连续第三个冠军。

凯尔特人也就此送别了宿敌鲍勃·佩蒂特和他的圣路易斯鹰：这是他们最后一次在总决赛相遇了。

而比尔·拉塞尔真正的宿命对手——韦斯特、贝勒、张伯伦和奥斯卡·罗伯特森——要出现了。

VII

第八章 纪录之年

(VIII)

69 - 78

1961-1962 季，芝加哥包装工队加入 NBA，恰好赶上了 NBA 历史上最传奇的年份之一。

比如，29 岁的鲍勃·佩蒂特这一年身兼鹰队主教练，也没耽误自己打球的本职，打出场均生涯最高的 31.1 分，外加生涯第二的 18.7 篮板，却无法阻挡鹰从前一年的 51 胜 28 负变成这一年的 29 胜 51 负。

时代更替，就这么无情。又或者，佩蒂特的温柔性格，并不适合当主教练？

埃尔金·贝勒这年因为服兵役，全季 80 场常规赛只打了 48 场，但不妨碍他在 1961 年 11 月 15 日对阵纽约尼克斯时，得到 71 分，创了当时 NBA 的新纪录。

因为贝勒的不定期缺阵，韦斯特迅速成长。新秀年场均 17.6 分的他在二年级，场均 30.8 分 7.9 篮板 5.4 助攻，成为了湖人的新王牌。

另一边，辛辛那提的同级生奥斯卡·罗伯特森更高一筹。新秀年就场均 30.5 分 10.1 篮板 9.7 助攻、拿到助攻王的他，在二年级更进一步：场均 30.8 分 12.5 篮板 11.4 个助攻——这就是不朽的单季场均三双纪录——并在 79 场比赛里拿到 41 次三双。

这跟速度有关：1954 年实行 24 秒规则后，全联盟都在提速。半场攻防时，双方都懂得堵塞内线，轻易不出击；因此为了避免阵地战，全联盟都在提速：哪怕乱枪打鸟，至少不要陷入阵地战的泥淖。于是贝勒、大 O、韦斯特这些跑跳卓绝的天才得以发挥。

然而，那年最可怕的纪录，属于能跑能跳，而且身材最高的怪物张伯伦。

1961 年夏天，费城勇士请来了堪萨斯大学的主教练、张伯伦的恩师弗兰克·麦奎尔，好说服张伯伦。麦奎尔的策略很简单：把一切都交给张伯伦就好了。于是费城勇士的策略就是提速、奔跑、把球给张伯伦。就在 1961 年 11 月 15 日贝勒得到 71 分后三星期，12 月 8 日，勇士对湖人，双方鏖战三个加时赛。贝勒 55 投中 23 次，得到 63 分 31 篮板 7 助攻；韦斯特 23 投 10 中得到 32 分 11 篮板 10 助攻的三双；而张伯伦呢？62 次投篮、31 次罚球，得到 78 分 43 篮板 1 助攻。

　　62 次投篮、31 次罚球，仅仅 1 次助攻。足以完美说明那年张伯伦的风格了：投篮、投篮、投篮。传球？嗯，那就随意啦……

　　赛后湖人队解说员问贝勒，71 分纪录被张伯伦破掉，是否会觉得不爽？贝勒说他无所谓，因为，"这家伙有一天总会得到 100 分的"。实际上，拉塞尔先前说过类似的话：

　　"以张伯伦的身长、力量与体能，总能在哪天得到 100 分。"

　　张伯伦还在大学时，谢伊斯与亚德利们曾经为在 NBA 单赛季得到 2000 分努力；之后佩蒂特轻松地成为每季 2000 分常客，而张伯伦的目的是单季 4000 分。到 1962 年 2 月底，他开始加速：对尼克斯 67 分，对鹰 65 分，对包装工 61 分。离赛季结束还有 5 场比赛，他距离单季 4000 分还有 237 分。

　　1962 年 3 月 2 日前夜，张伯伦在纽约玩了个通宵，早上 8 点坐火车回到费城，吃了一顿丰厚的午饭，差点误了去球馆迎战纽约尼克斯的大巴。那年费城勇士有三个主场，赫西体育馆是其中之一：这地方离费城市中心 137 公里，球队不时去这种郊区球馆打场比赛，慰劳一下当地球迷。因为球馆临近一座巧克力厂，所以室内都是巧克力的味道。

　　3 月 2 日是一个寒冷多雨的周日，只有 4124 名球迷赶来看比赛。费城勇士的对手纽约尼克斯有点尴尬：他们的中锋菲尔·乔东生病了——先前他曾在一场对垒张伯伦的比赛里得到 33 分，遏制张伯伦使其只得 34 分。既然他缺阵，尼克斯只好派 208 公分、100 公斤的二

VIII

年级前锋达雷尔·伊姆霍夫对抗张伯伦了。毕竟他们的另一个中锋克利夫兰·巴克纳只有 206 公分 95 公斤，前两天刚被张伯伦一节内轰下了 28 分。

根据弗兰克·麦奎尔教练后来的说法，当晚费城勇士先是平淡地 19 比 3 领先，张伯伦前 5 投全中得到 13 分；第一节末，勇士 42 比 26 领先尼克斯，张伯伦得到 23 分，罕见地 9 罚全中。伊姆霍夫被犯规所困坐上板凳，对裁判吼了一声：

"你们干吗不直接给他 100 分，让我们回家！"

半场结束时，勇士 79 比 68 领先，张伯伦已经得到 41 分，他事后表示无所谓："我那时经常半场得个 30 分到 35 分，所以也没太觉得奇怪。"

半场休息时，勇士组织后卫盖伊·罗杰斯提了个想法："我们都把球给大北斗，看他能得多少。"麦奎尔教练同意了。

一切开始变得疯狂。

张伯伦得到 50 分时，球馆解说员戴夫·钦克夫为了煽动气氛，让全场为张伯伦加油。第三节张伯伦得到 28 分，第三节结束时已累计得到 69 分。尼克斯的中锋们几乎全被犯规所困。到第四节，钦克夫开始不停报数据，勇士全队都停止了空切，比赛变成了无休止的"交球给张伯伦，看他怎么办"。全场 4124 名球迷狂呼："给维尔特！给维尔特！！"当张伯伦得到 80 分时，全场开始欢呼："100！"勇士的阿尔·阿特尔斯就在比赛结束前 5 分钟放弃了一个上空篮的机会，让张伯伦得到自己的第 89 分。

比赛还有 6 分钟。

尼克斯开始疯狂地对勇士队其他球员犯规：他们宁可让其他人罚球，只要能阻止张伯伦得分。勇士队反过来对尼克斯球员犯规，以便抢得时间给张伯伦传球。比赛还有 2 分 12 秒，张伯伦用一个后仰投篮得到第 96 分，剩下 1 分 19 秒，他一个扣篮，98 分。最后一分钟，罗杰斯传给张伯伦，张伯伦射失；泰德·卢肯比尔抓到篮板球再给张伯伦，再射失；卢肯比尔继续抓到篮板，传球给卢克里克，卢克里克将球传到张伯伦手里。比赛还有46秒，张伯伦高高跳起，放球进篮筐，100分。

全场球迷沸腾了，超过200名球迷冲上球场想拥抱张伯伦，而卢克里克却冲向计分台确认：

"第100分是我助攻的，一定要记下来！"

169比146，勇士击败尼克斯；张伯伦63投36中，一个招牌32罚28中，100分。NBA空前绝后的纪录，产生了。

两天之后，麦迪逊花园，张伯伦得到58分35篮板，又三天后，勇士在波士顿花园输了51分，但张伯伦无所谓了：1961-1962季，他80场比赛79场打满48分钟及以上，场均48.5分钟，整个赛季只缺席了8分钟；得到50.4分，单季得到4029分；单场得到100分。这些纪录空前绝后，再也没有人接近过。所以他1962年全明星的42分纪录，甚至都不算事了。

值得一提的是：1961-1962季，张伯伦成了NBA前所未有的大明星。大O被认为是当时最全能的球员，但连他都说："维尔特拯救了NBA。他让人们乐意跑来球场，看他怎么打球。每个球队都能指望他卖出门票。"

此前，NBA的招牌是乔治·麦肯：高大、壮硕、缓慢、扎实、伐木工人般的白人。张伯伦则瘦长高挑、移动迅速，哪怕非篮球迷都乐意到球馆来看他，就像看世界奇观似的。纽约哈勒姆区著名的夜总会"小天堂"分给了他一点股份，从此改名为"大维尔特的小天堂"。他跟好莱坞明星约会。他成为传奇。他跟那年最佳新人沃尔特·贝拉米比赛时整得对手服服帖帖，所有人都相信他是个无所不能的个体。

那年季后赛，勇士首轮对战民族。常规赛纵横无敌的张伯伦在前四场仅仅得到32分、28分、40分和29分——对那年仿佛超人的他而

VIII

言，平淡无奇。但第五场，他轰下 56 分 35 篮板，勇士击败民族晋级。

东部决赛，张伯伦的勇士又一次遇到拉塞尔的凯尔特人。前六场双方平分秋色，第七场在波士顿花园，拉塞尔竭力控制张伯伦的接球机会，比赛最后 16 秒，张伯伦投中全场第 22 分，将比分悬在 107 平，但凯尔特人的萨姆·琼斯以一个招牌的擦板中投，带凯尔特人 109 比 107 取胜。4 比 3 淘汰，再一次，凯尔特人进了总决赛。

那年的凯尔特人继续新老交替：比尔·沙曼已经退役，库西每场只打 28 分钟出头，球队组织后卫更多由缄默强硬的控卫 K.C. 琼斯担当；海因索恩成为首席得分手，拉塞尔场均 18.9 分次之，代替沙曼的萨姆·琼斯成了球队第三号得分手。凯尔特人缓慢地过渡，单季完成了 60 胜 20 负。

以及，用团队之力，又一次遏制住了张伯伦的通神之力。

最让后世议论纷纷的，是拉塞尔以场均不到 19 分 24 篮板的数据，却超越了张伯伦、贝勒和大 O 这些数据狂魔，被选为了当年的常规赛 MVP。是张伯伦不招球员们喜欢？是球员们更在意团队胜利和无私？这将是一个漫长的话题了。

那个系列赛还有个插曲。

22 岁的俄亥俄少年、196 公分高的约翰·哈弗里切克，体能无限、运动全能，当时刚从俄亥俄州大毕业，之后他将被凯尔特人请去打篮球，并被国家橄榄球联盟（NFL）的克里夫兰布朗队请去打橄榄球。

他决定去波士顿花园看一场季后赛，再决定是否打 NBA。他去了，发现凯尔特人更衣室的天花板，一边三米高，一边一米八，没有衣箱，只在钉子上挂着那些伟大名字的球衣。他去球场看球，恰好赶上张伯伦对决拉塞尔。他看见盖伊·罗杰斯、萨姆·琼斯和张伯伦在打架，仿佛天神对战——那个系列赛，萨姆·琼斯开始了一个狡猾的习惯：每次他在张伯伦面前出手投篮，都会嘲讽一句："晚了！"

张伯伦不敢冲出禁区去补位，那会放空拉塞尔；但琼斯如此折磨他，张伯伦当然受不了。终于张伯伦爆发了，追着萨姆·琼斯去了，于是发生了斗殴。哈弗里切克当时想："我的上帝啊，我做错了什么?!"

当然，这不妨碍他那年夏天来到凯尔特人，并成为后来队史上最伟大球员之一。

那个系列赛的斗殴非只这一次。另一场比赛，张伯伦被主教闹得要发疯，一度愤怒地朝场边去，打算跟主教动手：他比主教高了 40 公分，体重是主教的两倍。拉塞尔拦在了俩人之间："你想揍他，得先跨过我。"张伯伦震惊了："你看见我的胳膊了吗? 知道我能用这胳膊对你做什么吗?"

"我不在乎。把我撂倒前，你别动他。"

因为拉塞尔的坚持，张伯伦转身走开了。终于，凯尔特人击败费城勇士，连续第六年晋级总决赛，对手乃是三年前交过手的洛杉矶湖人。

只是这一次，湖人除了三年前初出茅庐的贝勒，又加上了杰里·韦斯特。

以及湖人的另一个球员：也曾单场得到过 100 分——只是并非在 NBA——的弗兰克·赛尔维。

1954 年，22 岁的弗兰克·赛尔维在南加州的福尔曼大学读到大四。眼看他将光荣毕业去 NBA，主教练李列斯·阿列觉得无以为报，琢磨想给他来个欢送宴会。倒霉的纽贝里学院被挑来当了陪衬。

福尔曼大学 vs 纽贝里学院，这是南加州历史上第一场电视直播的比赛——虽然电视上也都是灰蒙蒙一片。教练特意把赛尔维全家请到现场来看比赛，以便一起享受荣光，然后吩咐全队：

"把所有的球都传给赛尔维投篮！"

到比赛最后一秒钟，赛尔维已经投了 65 次篮，中了 40 次；罚了 22 球中 18 次。98 分。时间趋终，赛尔维在中场随手一抛，球砰的一

VIII

声砸入篮筐。全场观众如释重负地欢呼：100 分！100 分！！

很多很多年后，赛尔维还会不时唠叨：我投中的 41 个球有多少是在三分线距离啊，可惜那年代没有三分线啊，不然我得分就 100 分开外啦……

这就是赛尔维：1954 年的 NCAA 得分王、全美第一阵容选手，理所当然地成为了 1954 年状元。可惜，他的传奇经历都留在了大学，以及他壮丽得犹如闹剧的告别赛上。他在 NBA 进过两次全明星，转了五个队伍，但一直不算个巨星。

来到 1962 年总决赛了。韦斯特在他的第一场总决赛只有 22 投 5 中，但第二场立刻 23 投 13 中得到 40 分，带湖人抢下一场胜利。双方 1 比 1。第三场最后时刻，萨姆·琼斯的界外球被韦斯特断下，完成制胜一击：湖人 117 比 115 取胜，2 比 1 领先凯尔特人。但凯尔特人赢下了第四场，2 比 2。

第五场，憋了一整年的埃尔金·贝勒爆发了：各种角度的上篮、在边角跳投、在空中悬停抛射得手，随心所欲。他的对手是联盟最好的外围防守者之一桑德斯，桑德斯身后是史上最伟大防守中锋拉塞尔。但拉塞尔的封盖、桑德斯的滑步，都无法阻止记分员不断添加着数据。

61 分，22 个篮板球。贝勒带领湖人拿下第五战。湖人 3 比 2 领先。桑德斯承认：" 那场比赛，贝勒就像台得分机器！"

总决赛 61 分，至今是总决赛得分纪录。

但越到绝境，拉塞尔越是不可战胜。第六场他打满 48 分钟，拿到 19 分 24 篮板 10 助攻的三双，琼斯则轰下 35 分，带领凯尔特人获胜。湖人双子星各得 34 分，但凯尔特人的防守，终究胜过一筹。

3 比 3，又是第七场了。

第七场的贝勒得到 41 分 22 篮板，韦斯特也取下 35 分。但拉塞尔也所向无敌——30 分 40 个篮板球。双方僵持到最后，赛尔维成为了故事主角。

最后一分钟，湖人一度落后4分。赛尔维跳出来，在拉塞尔虎口中强拔两颗獠牙，两个篮板到手，投中两球，100平。

湖人队最后一回合发球时，持球者是罗德·亨德利。多年后，亨德利说，他曾经无数次梦见自己投中决定冠军胜负的一球：是的，只要投中这一球，就能干掉凯尔特人了，湖人就能夺冠了——但是，他看见了空位的赛尔维。然后，他就把球，连同终结凯尔特人的荣耀，一起传给了站在底线的赛尔维。

赛尔维出于投篮。他事后说："那本该是一个我投一百次都不会失手的投篮！"

如果那个球进了的话，凯尔特人的王朝、第七场神话，一切都将灰飞烟灭，但是——

球弹筐而出。比尔·拉塞尔控制了篮板。双方100平进入加时。

随后，湖人107比110败北，3比4输给了凯尔特人，丢掉了1962年总冠军。

这就是韦斯特与贝勒初次合战拉塞尔的结局。湖人七场败北，凯尔特人得到连续第四个冠军。

很多年后，赛尔维说："我愿意用我人生所有的分数来换取那个球。"可惜，也许他的所有幸运，都寄托在大学告别赛时，那记成就100分的半场投篮中了。

很多年后，亨德利还会不时打电话给赛尔维。他只对赛尔维说一句话，便会挂断。千情百感，都在这句话中。

"投得好！"

VIII

第九章　八连冠

(IX)

79 - 98

1962 年的夏天充满了告别。首先,鲍勃·库西提前宣布,他将在 1963 年夏天退役:毕竟他 34 岁了。锡拉丘兹民族的大将多尔夫·谢伊斯本欲在 1962 年就直接走人,但球队说服他留下来,继续指导格里尔与科尔再战一年。

芝加哥包装工队换了名字——芝加哥风队,大概是为了配合芝加哥的风城之名。勇士则告别了费城:格特列布老板将球队打包,以 85 万美元卖给了旧金山以马蒂·西蒙斯为首的一群商人,于是球队整个搬到了西部,教练也换成了鲍勃·菲里克。两届得分王保罗·阿里津厌倦了搬迁:他已经在费城的 IBM 找了份工作,不想再拖家带口去人生地不熟的旧金山。他选择了退役。而队友汤姆·戈拉不愿离乡,也要求球队交易他。

所以勇士队——现在该叫旧金山勇士队了——失去了两个得分手,只余下了张伯伦和给他传球的盖伊·罗杰斯。于是 1962-1963 季,勇士队常规赛 31 胜 49 负,连季后赛都没进。当然,张伯伦还是以场均 44.8 分 24.3 个篮板惊世骇俗,压着场均 34 分的埃尔金·贝勒。

与此同时,洛杉矶湖人前锋贝勒的"最全能球员"头衔,以及"非中锋最佳球员"的头衔——毕竟张伯伦和拉塞尔两大中锋对比赛的影响力无人可及——正被大 O 和韦斯特威胁着。

1963 年季后赛,大 O 带领皇家 3 比 2 险胜联盟进攻第一名锡拉丘兹民族队。虽然民族队天才前锋李·沙菲尔在后三场纵横无敌,第五场更得到 45 分,但大 O 还以 32 分 19 篮板 13 助攻的表现。

东部决赛,皇家队更吓到了凯尔特人:大 O 在第一场拿到 43 分 14 篮板 10 助攻,在波士顿花园强取一城,第二场,刚完成常规赛 MVP 三连霸的比尔·拉塞尔——这也是 NBA 历史上第一个 MVP 三连霸——拿到 26 分 24 篮板,带队赢回一场。第三场奥斯卡引导全队九人得分上双,让皇家队取胜。2 比 1。

红衣主教有个习惯：喜欢在比赛稳操胜券时抽雪茄。从此人们都将篮球赛中的雪茄叫作胜利雪茄。对手当然恼恨这个习俗。所以一般传说，第四场前，辛辛那提皇家队给主场球迷发了五千根雪茄：如果赢了，拿到 3 比 1 领先，就点燃雪茄，气气主教。主教得知此事后，在更衣室里对球员们说："赢不下这场比赛，我杀了你们！"

结果第四场拉塞尔 26 分 21 篮板 7 助攻，还让库西说出了"也许拉塞尔是比我更好的组织者"这句话。凯尔特人击败皇家，追到 2 比 2 平。

第五场天王山之战，大 O 与拉塞尔分别打满全场，前者 36 分 12 篮板 10 助攻，后者 24 分 26 篮板 5 助攻，全场最惊人的却是海因索恩：28 分钟里他出手如风得到 34 分，而且完全压制了杰克·特维曼。凯尔特人不知疲倦的新秀约翰·哈弗里切克得到 23 分。桑德斯言简意赅："他根本不知道何谓紧张何谓疲倦。"

大 O 在第六场拿到 36 分 15 篮板 14 助攻，队友大铁柱恩布里则抓到 22 个篮板，让球队赢下比赛，于是进入第七场。

凯尔特人在第七场采取了一种奇怪的策略：他们不再夹击大 O，允许他得分，只是锁死皇家队其他人。结果是皇家队球传不起来，全队仅 11 次助攻。

相反，即将退役的库西打出 21 分 16 助攻，拉塞尔则打出 20 分 24 篮板，凯尔特人全面开花。

最关键的一点：大 O 独挑大梁轰下 43 分的同时，凯尔特人派出了冷酷的杀手，擦板投篮王萨姆·琼斯。

大 O 全场依靠招牌的突破和背身，要到了 22 个罚球，轰下 43 分；但萨姆·琼斯 27 投 18 中得到 47 分。结果凯尔特人在这场飙分速攻大战中 142 比 131 取胜，4 比 3 淘汰皇家队，晋级 1963 年总决赛。

在西边，湖人与鹰同样打了七场大战。贝勒与佩蒂特照旧你来我往。但贝勒身边，还有常规赛场均 27.1 分 7 篮板 5.6 助攻的韦斯特。第

IX

七战佩蒂特 31 分 13 篮板，但湖人这边贝勒 35 分 15 篮板 7 助攻，韦斯特 27 分 11 篮板 7 助攻，佩蒂特终究双拳难敌四手，湖人 115 比 100 取胜，4 比 3 晋级总决赛。值得一提的是，这个系列赛，湖人队 27 岁的左手将迪克·骷髅·巴内特崭露头角：这个投篮时习惯双腿一蹬的全能后卫，让鹰队中规中矩的组织者雷尼·威尔肯斯颇为头疼。

  1963 年总决赛，巴内特成为湖人的第三把利器。第一场贝勒 30 分、韦斯特 28 分，而巴内特 20 分，还拿到了 10 次罚球：他妖异的突破，让凯尔特人难以应付。然而拉塞尔拿下 16 分和总决赛第二纪录的 38 个篮板球，库西则拿到 18 分 11 助攻，凯尔特人赢下第一场。第二场库西又是 11 次助攻，而拉塞尔拿到 25 分 29 篮板。凯尔特人第四节最后依靠前场篮板稳住胜局。2 比 0。

  洛杉矶媒体表达不满，说红衣主教在场边絮絮叨叨，花样百出，很是烦人。主教认为这是因为手下败将们嫉恨他，然而韦斯特却对主教很是认可："我甚至觉得他是个有趣的人呢……他的球员都很尊敬他，这说明他自有一套本事。"

  贝勒第三场得到 38 分 23 篮板，巴内特依靠突破分球送出 7 次助攻，韦斯特虽然对红衣主教充满敬意，手上却狠辣地得到 42 分，湖人第四节摧毁凯尔特人，大胜 20 分，追到 1 比 2。但凯尔特人第四场依靠海因索恩的 35 分 14 篮板压倒了贝勒的 31 分 19 篮板，第三节结束时已经领先 15 分，最后 108 比 105 取胜。3 比 1。

  第五战，波士顿花园。球迷在鼓噪"把湖人包装好送回家吧！"可是凯尔特人没把握住机会。一场双方大开大阖的血战：第一节，凯尔特人 25 比 22 领先；第二节，湖人加速，单节 33 比 27 反超。第三节库西驾驭全队，与对面双子星血战，单节 40 比 35，凯尔特人再度取回领先。第四节库西被罚下，湖人 36 比 27 反超。最后湖人以 126 比 119 赢回一阵，追到 2 比 3。双方下半场合计 138 分和第三节合计 75 分，都是总决赛史上第二的纪录。

这场比赛之后,凯尔特人的年纪再次被媒体提起。他们老了吗?他们跑不赢湖人了吗?贝勒43分、韦斯特32分,湖人无法阻挡双子星的闪电战了吗?库西14次助攻但是6次犯规被罚下场,他跟不上对面的年轻人了吗?

第六场,洛杉矶。

似乎意识到退役近在眼前,库西将最后的投篮手感使出来了。他驾驭着凯尔特人在第二节打出33比17的高潮,进入第四节时,凯尔特人还以92比83领先。此时即将年满35岁的库西摔倒,左踝扭伤。洛杉矶球迷兴奋起来了:他们看着库西坐上板凳,看着湖人将分差追到只差一分:99比100。有希望!可以翻盘!

然后,库西带伤归来了。

最后5分钟,库西让凯尔特人凌乱的进攻重回正轨。靠着海因索恩的罚球,凯尔特人重新稳住了分差。最后时刻,时间不够了,湖人开始满场追着犯规。库西最后一次在总决赛舞台施展他的神技:穿花蝴蝶般运球穿梭、躲避湖人队的围追堵截,将时间耗尽。凯尔特人112比109结束比赛,4比2击败湖人,拿到1963年总冠军,也是连续第五个总冠军。比赛结束后,库西将球高高抛起:他的第六个总冠军,他不朽的NBA生涯,以他的招牌运球结束。

他的八届助攻王纪录,要到33年后由约翰·斯托克顿去破了。他的不看人传球、华丽运球,曾经很不招红衣主教喜欢,但启蒙了第一代的花式篮球手们。三十年后库西承认"现在连13岁的孩子都会玩我的动作",但是他的确是NBA历史上所有组织后卫的先声。

1963年夏天,芝加哥风队告别了芝加哥,迁去了巴尔的摩,改名

IX

为子弹队；老牌劲旅锡拉丘兹民族则搬到了费城，起名为费城 76 人队——那是为了纪念 1776 年，在费城公布的美国《独立宣言》。民族队的主帅阿列克斯·"秃鹫"·汉纳姆去了旧金山勇士，于是老将多尔夫·谢伊斯接过了民族队——现在是费城 76 人队了——的主帅职位。

1963-1964 季的湖人没能延续前一季的卓越：韦斯特与贝勒依然所向披靡，巴内特也经常提供漂亮的突破，但他们缺少张伯伦、拉塞尔那样的伟大中锋，也没有佩蒂特那么卓越的内线存在，许多时候，196 公分的贝勒得去担当中锋。

有球队崛起了。一是辛辛那提皇家队：他们得到了 203 公分的篮板狂魔杰里·卢卡斯。他大学时本是中锋，但皇家队已经有了大墙一般的韦恩·恩布里，逼迫他去站前锋位置，但卢卡斯很快适应了：新秀年场均 17.7 分 17.4 篮板球，以及联盟第一的 53% 命中率，轻而易举当选了年度新人。

大 O 身边有了助手：灵活全面如卢卡斯，敦实厚重如恩布里，手感精确如特维曼，于是顺风顺水。他继续打出全 NBA 最全面的数据，场均 31.4 分 9.9 篮板 11 助攻，成为了 1963-1964 季常规赛 MVP：这是自鲍勃·库西之后，NBA 第一个后卫常规赛 MVP。常规赛皇家队得到 55 胜 25 负，离凯尔特人只有 4 场之远。许多人在耳语：前一年皇家队将凯尔特人逼到第七场，今年的皇家更强了，而凯尔特人失去了库西，皇家是不是能终结凯尔特人王朝呢？

季后赛，当皇家连续第二年终结原锡拉丘兹民族、如今的费城 76 人，大 O 在第五场决胜战 15 投 10 中得到 32 分 10 篮板 18 助攻，催动全队六人得到 15 分以上时，世界相信：

没有任何球队可以阻挡皇家的多点进攻，包括凯尔特人。

可是结果出人意料：

东部决赛，大 O 完全被锁死。皇家队被凯尔特人 1 比 4 淘汰，大

O 五场比赛只休息了 5 分钟，场均 28 分 9.6 篮板 5.6 助攻。但面对拉塞尔的恐怖统治，大 O 整个系列赛场均命中率不到 40%，恩布里 34%，卢卡斯 27%。拉塞尔整个系列赛场均 15 分 29 篮板：卢卡斯与恩布里根本不在他眼里。

当然，凯尔特人的强大，不只在拉塞尔。

库西的离去让凯尔特人少了组织大师，但顶替他的沉默后卫 K.C. 琼斯，为凯尔特人带来另一种风格。他与拉塞尔仿佛双重盾牌，可以随时在凶猛夹击与强硬单防之间变化。凯尔特人逼迫皇家减少流畅的传切，让他们一对一进攻，而拉塞尔用他分身术一般的补防控制一切。第五战，凯尔特人上半场就以 61 比 41 摧毁了皇家的信心，拉塞尔全场得到 20 分 35 篮板，以及全队最高的 7 助攻：他是防守大闸，他是进攻轴心，他是凯尔特人的灵魂。

于是凯尔特人连续第八年跨入总决赛，可惜，这次的对手不是洛杉矶湖人。

且说先前 1963 年夏天，旧金山勇士在选秀会上，招来了 211 公分的巨人内特·瑟蒙德与张伯伦搭档。这少年高大雄伟，防守霸道。很多年后，另一位伟大中锋卡里姆·阿卜杜勒·天勾·贾巴尔会形容瑟蒙德"打球时不停冒汗，而且逼迫别人跟他一起冒汗"。

瑟蒙德缺乏张伯伦那样的攻击力，但防守端他是张伯伦的学徒、跟班和影子。

1963-1964 季，张伯伦继续他的得分王表演，而每场比赛有一半时光，瑟蒙德会站在张伯伦的身旁，组成双塔巨人。当时凯尔特人还在任用 201 公分的海因索恩做大前锋，皇家队的内线则是 203 公分的恩布里和卢卡斯。相比起来，勇士这对 216 公分 +211 公分的巨人，简直像金门大桥俯瞰海洋一样，让对手绝望。

IX

那年圣路易斯鹰依靠鲍勃·佩蒂特的神勇表现 3 比 2 解决湖人，但在西部决赛被勇士干掉：每当佩蒂特迈开那轻盈的路易斯安那舞步冲向篮筐时，总发现两个高大的巨人在俯视他那早谢的秃顶，包裹住他的手脚。张伯伦在第五场得到 50 分 15 篮板——同一场瑟蒙德也抓了 15 个篮板——在第七场则是 39 分 30 个篮板。勇士 4 比 3 击败鹰，跨入 1964 年总决赛：这是张伯伦人生第一个总决赛。

但是很可惜，他的处境与皇家队的遭遇一样。

凯尔特人在第一场依靠速度打垮了双塔：哈弗里切克一度连得 14 分，全场得到全队最高的 28 分。凯尔特人 108 比 96 取胜。第二场发生了斗殴：第四节张伯伦一个右直拳干倒了洛维雷特，但凯尔特人还是稳稳赢球。2 比 0。第三场张伯伦得到 35 分，但勇士真正的功臣是射手汤姆·梅斯切里，第一节他投中 8 球让勇士领先凯尔特人 19 分，早早锁定胜局。勇士追到 1 比 2，但，又输掉了第四场：虽然张伯伦得了 27 分 38 个篮板。

第五场，波士顿。勇士一直落后到比赛剩 10 分钟，才由张伯伦一个后仰投篮取得领先，但凯尔特人立刻反超；最后 30 秒，勇士 99 比 101 落后 2 分。而且守住凯尔特人一个投篮。瑟蒙德跳起，指尖将要触及那个后场篮板时——抓到这个篮板球，他们还有希望——却发现一只手先于自己。

那是比尔·拉塞尔。他从张伯伦与瑟蒙德双塔中间起跳，将球劈扣进筐，锁定胜局。4 比 1，凯尔特人击败勇士拿到 1964 年总冠军，完成了六连冠。多年后人们提及 1964 年总决赛时，总不忘说拉塞尔的著名事迹：

"他先盖掉了瑟蒙德，再盖掉了张伯伦……接着，又盖掉了瑟蒙德……"

然而，1964 年影响深远的事，发生在 1964 年 1 月 14 日的波士顿：那天本该是 1964 年全明星赛。开赛前两小时，更衣室里云集了一堆巨星：拉塞尔、张伯伦、韦斯特、贝勒、罗伯特森、卢卡斯、海因索恩、雷尼·威尔肯斯、格里尔……当然还有红衣主教。

海因索恩、拉塞尔与威尔肯斯三人带头倡议：

"咱罢工吧！"

是的，他们不去打球了。虽然外头球迷买票入场了，但他们拒绝出赛。他们对联盟专员沃尔特·肯尼迪宣布：如果 NBA 还不和球员们就退休金问题达成一致——这事儿已经扯皮许多年了——球员们将拒绝出赛。他们选择了一个狡猾的节点：大电视台 ABC 负责当晚直播，如果球员们不出赛，NBA 将永远失去跟 ABC 的转播合同。完美的谈判时机。

当然有球员不想搞这么绝。有球员并不想就此拿职业生涯冒险，于是嘟囔："要不打完比赛再谈？"恰在此时，湖人老板鲍勃·肖特做了件蠢事：他派人进更衣室对湖人的韦斯特与贝勒吼，"你们快准备出赛！"——火上浇油，更衣室里集体不干。终于肯尼迪在比赛开始前 15 分钟答应了：

"我去跟联盟谈，你们先比赛！"

球员们胜利了。NBA 从此有了退休金，以及一些其他保障。与此同时，NBA 在 ABC 那里保住了面子，于是得到了五年 400 万美元的转播合同。

1964 年夏天，办妥此事的沃尔特·肯尼迪代替了波多尔科夫，成为 NBA 第二任总裁。而张伯伦出于无聊，跑去纽约的街头篮球圣地洛克公园，打得街头明星们鸦雀无声。据说，就在那个夏天，他认识了一个小他十岁、时年 17 岁的大个子——那是纽约本地男孩卢·阿尔辛多。

至于阿尔辛多此后改名为卡里姆·阿卜杜勒·贾巴尔，与张伯伦开始漫长恩怨，终于这两人与拉塞尔一起并列为 NBA 史上三大巨人……

IX

那是后话了。

1964-1965季，NBA出了两件大事。

其一，1965年全明星赛前，勇士只有11胜33负。张伯伦在出赛的38场里场均还是得到38.9分23.5篮板，但球队的进攻太差了：全NBA都知道，他们就是全队无精打采地围观张伯伦得分。张伯伦自己也厌倦了旧金山，开始思念故乡费城。

与此同时，旧金山勇士的老板马蒂·西蒙斯也在惴惴不安。有医生告诉他，张伯伦心脏有问题，随时可能完蛋。一旦张伯伦砸手里了，岂不是球队的大损失？如果可以在他价值最高时脱手的话……

另一方面，锡拉丘兹民族搬去费城改名为76人后，也需要一个本地明星。而费城出过最大的明星？张伯伦嘛！

76人方面跟西蒙斯老板谈了谈，具体情节不为人知，但是1965年全明星赛期间，协议达成了：

旧金山勇士队抛出维尔特·张伯伦，得到费城76人队的保罗·纽曼、康尼·迪尔金、李·沙菲尔，以及15万现金。

保罗·纽曼，185公分的后卫，职业生涯总得分比张伯伦1961-1962季4029分的成绩只多了900分上下。

迪尔金，在那个时代算是大高个子，十年中只有三季得分超过了1000。

沙菲尔，直接在25岁就结束了NBA生涯。

如此平凡的筹码，只能显出西蒙斯老板的确急着抛售张伯伦。

回到费城的张伯伦在下半赛季场均34.7分22.9篮板，并带领76人在季后赛3比1击败皇家队。有趣的是，在季后赛，张伯伦认可了球队后卫哈尔·格里尔的攻击力。

格里尔也许是当时除了韦斯特与大O外最杰出的后卫，与凯尔特人的萨姆·琼斯不分轩轾。结果是首战皇家，格里尔得到37分，带领76人加时获胜；大O第二场的40分和卢卡斯的22分21篮板，为皇家扳回一城，但格里尔第三场30分，张伯伦第四场38分26篮板，费城晋级。

张伯伦肯让出进攻权，部分原因也可能是：1965年春天，NBA将三秒区再度扩大，从12英尺变成了16英尺。他们没有明说，但一般认为，这是为了限制张伯伦——一如当年，他们为了限制麦肯而扩大三秒区。

1965年东部决赛，费城76人vs波士顿凯尔特人。张伯伦vs拉塞尔。

又是一如既往：拉塞尔与张伯伦战得昏天黑地，一直到第七场。张伯伦第七场30分32篮板，拉塞尔15分29篮板8助攻。凯尔特人依靠萨姆·琼斯的37分，一直拖到最后——他还是习惯每次在张伯伦面前出手投篮，就喊一声："晚了！"

比赛最后一分钟，张伯伦两个罚球一个扣篮，让费城109比110只落后1分，还有5秒。拉塞尔发界外球，结果出了他篮球生涯最重大的失误：费城76人反而获得界外球球权。

5秒钟，只要投中这个球，76人就有机会终结凯尔特人的王朝了。

76人主帅多尔夫·谢伊斯叫了暂停，让格里尔负责最后一传，球传外围去。为什么不给张伯伦？因为凯尔特人会果断对张伯伦犯规，请他去罚球。

另一边，据说拉塞尔因暂停憋红了脸，只能跟凯尔特人的队友们嘟囔：

"看来我们得干点什么……"

接下来，就是波士顿传奇解说员约翰尼·莫斯特的经典解说：

IX

"（平静地）格里尔把球传出，他把球给得很深……（忽然上扬，尖锐地）哈弗里切克断球! 给到萨姆·琼斯! 哈弗里切克断球! 比赛结束了!! 约翰·哈弗里切克断到了球!!!"

凯尔特人勤勉的 17 号、NBA 体能最好的怪物、据说肺部大到需要两张 X 光底片才能拍全的哈弗里切克飞身而出，抄到了传球，拯救了凯尔特人，摧毁了费城 76 人。凯尔特人就此晋级 1965 年总决赛。

波士顿花园的球迷疯狂了。他们涌入球场，将哈弗里切克身上的球衣撕扯殆尽，最后哈弗里切克几乎一丝不挂地跑回更衣室去了。

对张伯伦而言，这是人生里最惨烈的一次败北。被淘汰后他接受了《体育画报》的采访：若依照当日刊登的版本，他将费城 76 人自上到下批评了一遍，以至于全队都对他不爽。许多年后张伯伦说，他的公共形象，都被这篇文章毁了。

1964-1965 季的另一件大事是：

1965 年西部决赛首场，洛杉矶湖人对巴尔的摩子弹。埃尔金·贝勒膝盖受伤倒下。他开始不知道自己伤得多重，爬起身，居然还能挪几步：事后医生说那简直匪夷所思，因为他的左髌骨的前三分之一完全脱离了膝盖骨的其余部分。

贝勒下场后，杰里·韦斯特席卷 49 分，为湖人赢下第一场。比赛结束后，湖人知道了噩耗：贝勒伤太重，赛季报废了。那时杰里·韦斯特当然没高瞻远瞩到此地步，能猜出贝勒的伤还要困扰到下季，乃至整个下半辈子。他只是在琢磨：怎么办？四顾无人，那就只好独自向前了。

韦斯特次战取下 52 分，带湖人再胜一场。巴尔的摩子弹队在第三、第四场取回两阵，踩倒了湖人，但是踩不倒韦斯特——那两场韦斯特还是得到 44 分与 48 分。韦斯特的存在令巴尔的摩球迷恐慌。

第五场，韦斯特 43 分；第六场，韦斯特 42 分。湖人 4 比 2 晋级总决赛。韦斯特的表现被写入历史：季后赛系列场均 46.3 分，成就空前绝后的季后赛传说。

当然，没人相信韦斯特独撑大局的湖人能击倒凯尔特人。因此，1965 年总决赛显得悲壮而平淡。

总决赛首战，拉塞尔的 18 分 28 个篮板、琼斯的 32 分轻松解决了湖人。142 比 110，韦斯特只得 26 分。赛后琼斯接受访谈时，自称已掌握了对付韦斯特的方法。结果次战韦斯特轰下 45 分。然而凯尔特人的海因索恩、桑德斯、拉塞尔、琼斯和哈弗里切克五人得分上 20，再下一城。拉塞尔更有 23 分 25 篮板 10 助攻的三双表现。

0 比 2 落后，湖人回到主场。韦斯特在第三场再揽 43 分，第一节湖人就奠定胜势，再未被追上。当然，这还多亏他的队友们：勒罗伊·埃里斯和简·威利合计 44 个篮板球和 9 次犯规。可是第四战，琼斯的 37 分、拉塞尔的 23 个篮板再次让湖人败北。第五战回到波士顿，湖人一度将分数按在 36 平，然后凯尔特人开始加速摆脱了湖人。第四节，凯尔特人投中 21 球创下联盟历史纪录，以一波 20 比 0 彻底埋葬湖人，让韦斯特的 33 分徒劳了。

五场比赛，湖人 1 比 4 败北，但韦斯特合计 169 分、场均 33.8 分的演出，也算足够有尊严。

这一年韦斯特孤胆英雄式的演出，有个奇妙的后果：

在 1965 年之前，大 O·奥斯卡·罗伯特森，一直被认为是篮球史上前所未有的最好后卫。但在 1965 年韦斯特这一系列不朽演出后，越来越多的人开始对韦斯特表达钦佩了。

作为对手，拉塞尔、哈弗里切克们都表达了对韦斯特的敬爱之情。湖人经理卢·莫斯说："韦斯特用了不知多少小时的苦练，改变了自己的投篮姿势。"约翰·昂德伍德说："你看到那次全明星赛，韦斯特晃开大 O 后的跳投了吗？他做这一切举重若轻。"

IX

连击败了韦斯特的红衣主教也说:"你其实没法真正阻挡韦斯特。你紧逼他,靠远防他,不让他接球,他每场还是拿 30 分。"

最后,阿列克斯·秃鹫·汉纳姆如此做了对比总结:

"大 O 的身材更高,决策更好,传球和运球都更出色,但我更爱韦斯特。因为韦斯特的个人进攻给你制造更多问题,他的远投让人激动。"

换言之,到 1965 年,这对同年入行的伟大后卫,终于肩并肩了。

1965 年,凯尔特人拿到他们连续第七个总冠军,但阴影也悄然浮现。

夏天,首席射手汤姆·海因索恩宣布退隐——如果他不是抽烟过量,也许还能多打两年。如此一来,1957 年第一个冠军队的首发库西、沙曼、海因索恩与罗斯科托夫都走了,只余下了拉塞尔。

留下来的诸位,也不年轻了:两个琼斯(K.C. 和萨姆)外加拉塞尔都过了而立之年。在辛辛那提打比赛时,有记者听到波士顿更衣室里的抱怨声:

"周日下午要比赛。周六晚上要比赛。太折磨人了。"

拉塞尔在 1965 年拿到自己八年里第五个常规赛 MVP。但他也终于有些显老了。实际上,连红衣主教这样的绝代枭雄,都开始琢磨点温柔乡日子:不用每天暴君般怒吼挥皮鞭,可以舒舒服服夹着雪茄喷云吐雾。实际上,1964-1965 季期间,凯尔特人老板沃尔特·布朗逝世,这对主教打击很大。加上年复一年的压力,主教觉得,太累了。

1965-1966 季中段,主教放出风声:

赛季末,我就退休!

多年后,许多人觉得,这是主教对全 NBA 的挑衅:"我就要走了,你们没机会击败我了——来把握最后的机会吧!"然而,当时 NBA 能挑

战凯尔特人的，依然只有张伯伦的费城 76 人与西边的洛杉矶湖人。但那个赛季，他们在忙着各自的事呢。

1965-1966 季，张伯伦场均 33.5 分 24.5 篮板，连续七年得分王，并带领费城打出 55 胜 25 负的战绩，拿到自己第二个常规赛 MVP。他挺喜欢队里的新人比利·康宁汉姆，一个 201 公分、弹跳如袋鼠的前锋。康宁汉姆也时时夸赞张伯伦，比如他说过下面这个故事：

赛季末尾，76 人对阵巴尔的摩子弹。对面的古斯·约翰逊，198 公分 104 公斤的肌肉怪物，轻松推开康宁汉姆，在张伯伦头顶扣篮。张伯伦眉头一皱。比赛后半段，古斯快攻，面对张伯伦，他又想扣一个了：起跳，举球，张伯伦也跳起，单手抓住了球，轰的一声，将古斯·约翰逊盖倒在地。古斯·约翰逊被担架抬出场了：他的肩膀被张伯伦的神力盖脱臼了。

但张伯伦的神力，依然无法带队夺冠。上赛季末他的访谈惹恼了其他队友。加上张伯伦自己住在纽约，又爱睡懒觉，影响了费城全队的训练：多尔夫·谢伊斯教练只好将训练安排到每天下午 4 点："别无他法！"

张伯伦自己的律师，也是费城 76 人的两个老板之一伊克·里奇曼在赛季中途过世，另一位老板伊尔夫·科斯洛夫试图说服张伯伦搬回费城住，张伯伦拒绝了。

就是在这样的氛围中，1966 年东部决赛，55 胜的费城 76 人面对 54 胜的波士顿凯尔特人——后者刚刚 3 比 2 险胜了大 O 的皇家，第五场决胜战大 O 轰下 37 分，但琼斯得到 34 分继续与他针锋相对，而拉塞尔取下 16 分 31 篮板 11 次助攻的三双纪录，保证了凯尔特人的晋级。

东部决赛，第一次，张伯伦对拉塞尔时，有了主场优势。然而凯尔特人反客为主，轻取费城两个主场，2 比 0 领先：张伯伦横勇无敌，但队友投篮命中率不到 40%，名记者乔·麦金尼斯说："凯尔特人打得仿佛冠军，76 人就……打球而已。"

IX

第三场，张伯伦轰下 31 分 27 篮板，让 76 人扳回到 1 比 2，谢伊斯教练宣布次日要训练时，张伯伦却说他太累了，要缺席训练；谢伊斯请求张伯伦至少出席一下训练，假装投几个罚球也行，"不，我太累了"。

在这种氛围下，凯尔特人当然取下了第四场，3 比 1 领先。第五场前，张伯伦缺席训练，完全消失。谢伊斯只好跟外界说"张伯伦请过假了"，但队友们当然不满了。

第五场比赛张伯伦还是出场了，轰下 46 分 34 篮板，但凯尔特人依然取胜了，就此 4 比 1 扫灭了费城 76 人。多年后，一向为张伯伦歌功颂德的传记作者罗伯特·切瑞也只好承认，这个系列赛，是张伯伦的贡高自慢摧毁了 76 人全队的更衣室氛围。

西边，1965-1966 季的湖人，遭遇重大变革。肖特老板经历了 1964 年 1 月的全明星罢工，加上贝勒的大伤，也开始支撑不住了：他将球队卖给了杰克·肯特·库克。

埃尔金·贝勒的膝盖重伤恢复了，用他自己的话说，"75% 的水平吧"。全赛季打了 65 场，场均得分跌到 16.6 分：这次的创伤对他的伤害几乎是永久性的，之后直到 1970 年，贝勒依然是联盟顶尖的前锋，但是比起前期纵横天下的境界，终究要次了一筹。

湖人招来了名校 UCLA 的两位后卫沃尔特·哈扎德和左手将盖尔·古德里奇，另摆速攻阵容。杰里·韦斯特全赛季撑起了湖人，场均 31.3 分 7.1 篮板 6.1 助攻，甚至还客串过前锋。塞翁失马的是，湖人完成了年轻化，全队除贝勒外，最高龄不过 28 岁。西部决赛，湖人七场解决了圣路易斯鹰：优雅的鲍勃·佩蒂特已经退役，带领鹰的变成了哈根。哈根当然是西部最全面的攻击手之一，但毕竟不是佩蒂特。

1966 年总决赛，又是凯尔特人 vs 洛杉矶湖人。湖人赢了第一场，在波士顿花园太岁头上动了土：他们第一节一度落后 14 分，却成功逆转，贝勒 36 分，韦斯特 41 分，二人在加时赛合计得 9 分，让湖人 133 比 129 取胜。湖人老板库克欣喜若狂，可是这场比赛后，主教把他的杀手锏甩了出来。

先前，主教一直在思考谁来接他的班。他的首选是老牌第六人弗兰克·拉姆西，但拉姆西太忙了：他当时经营着三家疗养院呢。那么，库西呢？库西拒绝了，"我不能去指挥我的老队友们"。主教转向海因索恩，但海因索恩说，"我搞不定拉塞尔"。

然而，海因索恩提了个建议，再次证明他与拉塞尔的微妙关系。他不喜欢拉塞尔，但是，"拉塞尔是最合适的主帅人选"。

主教去问了拉塞尔，拉塞尔点了头。

于是在总决赛第一场败北后，主教通知了全世界：

波士顿凯尔特人的新主教练，会是比尔·拉塞尔。NBA 史上，第一个黑人主教练。拉塞尔信心十足地说：

"主教给我这个职位，并不因为我的肤色，而因为，我确实能当好教练！"

湖人发现，他们赢了首场，可是世界根本不在意。大家忙于讨论凯尔特人新帅这个大事件了。湖人主教练弗雷德·绍斯一哂摸：这都是红衣主教这老家伙的奸计！

下任主帅拉塞尔在第二场大发神威，拿到 19 分 24 个篮板球。凯尔特人半场 71 比 47 提前锁定胜局。拉塞尔的替补约翰·汤普森也终于趁垃圾时间上场遛了个弯，算是打过了总决赛——本来，做拉塞尔这种铁人的后备，等于在板凳上买了张球票而已。

很多年后，约翰·汤普森在乔治城大学当主教练，培养了三位和拉塞尔一样铁硬的巨人——帕特里克·尤因、迪肯贝·穆托姆博和阿朗佐·莫宁。以及阿伦·艾弗森：一个不知道何为畏惧的精灵。这是后话了。

IX

总决赛第三场，萨姆·琼斯的 36 分压倒了韦斯特的 34 分，凯尔特人 2 比 1 领先。以及，凯尔特人发现了湖人的破绽。

洛杉矶没人搞得定拉塞尔，所以他们和凯尔特人斗快；而主教知道，他有联盟历史上最不知疲倦的外线之一，约翰·哈弗里切克，可以和湖人斗快。

196 公分，他本来是被选去打橄榄球的，但是来到了凯尔特人。跟后卫比，他体格更大；跟前锋比，他快得多。绍斯教练说：

"哈弗里切克的位置，应该单独起个名字，'快速小前锋'。"

第四场，利用和湖人的快节奏比赛，哈弗里切克奔袭往返，射落 32 分。凯尔特人取胜，3 比 1。

在这种绝境之下，湖人打出了壮丽的两战：为了跟得上哈弗里切克的速度，他们派上了三后卫，派拉鲁索首发保护篮板（而他也不过 201 公分而已），和凯尔特人拼速度。贝勒的 41 分和韦斯特 31 分为湖人扳回第五场。第六场双方多点开花：桑德斯、哈弗里切克、拉塞尔、琼斯、贝勒、拉鲁索、韦斯特、古德里奇，八人得分上 20。湖人 123 比 115 取胜，拖进第七场。

然后，湖人双子星的光芒，终于暗淡了。

第七场上半场，贝勒 9 投 1 中，只得 2 分。凯尔特人得以大比分领先，随后是韦斯特领衔的疯狂追赶。哈弗里切克和拉塞尔撑满 48 分钟不敢稍懈，然而湖人依然狂追不休。比赛余 25 秒时，湖人眼看要逼成一次 24 秒限时，萨姆·琼斯一记压秒跳投，让湖人心脏直沉大海。湖人 93 比 95 败北。韦斯特拿到悲壮的 36 分，可惜湖人的小个子内线，不敌对面拉塞尔 25 分 32 篮板的演出。

如此拿下 1966 年总冠军后，波士顿凯尔特人完成了空前绝后的八连冠。NBA 历史上从未有过，此后也没再出现的传奇旅途。红衣主教点了八次冠军雪茄，连续八年。

"我们差点把那该死的雪茄掐灭了。"湖人队的绍斯教练说。

"我恨不能把那雪茄烟塞进那家伙的嗓子眼里。"另一位失败的教练说。这样的语录你可以列三天三夜。在NBA的其他人眼里,红衣主教是魔鬼,是邪恶的化身。他就像一个科学怪人一样复制着胜利和冠军。从1959年夏天开始,连续八年。凯尔特人队征服着一切。拉塞尔、琼斯、海因索恩他们像机器的零件,各司其职、年复一年地蹂躏着对手们。他们传递、协作、防守、投射、控制篮板、投中关键球,夺冠,倒香槟。他们除了胜利外什么都不想。

枯燥的数字背后是令人瞠目结舌的八座冠军奖杯,以及无数的第七场生死战。对于凯尔特人而言,在那八年时间里,失败这两个字是不存在的。红衣主教奥尔巴赫大声吼叫,驱动着凯尔特人惯性般不断夺冠。波士顿花园像被魔咒印封过,完全没有失败的可能。对其他队而言仿佛走钢丝一般的第七场,对凯尔特人来说就像胜利的普通过场一般容易。

约翰·哈弗里切克回忆起他第一次去到凯尔特人队的球馆训练时,紧张得说不出话来。而当时已经满手戒指的比尔·拉塞尔,走过来拍着他这个新人的肩与他交谈,并且约定训练结束后陪他一起去买辆汽车。主教不知疲倦地向媒体记者——那些只知道鼓吹库西、沙曼这类白人球星的家伙们——宣传拉塞尔这样的黑人巨星,宣传拉姆西这样的第六人,宣传凯尔特人队所有的球员。久而久之,凯尔特人队的任何一个人都没有感觉到冷落和偏颇。他们意识到自己是团队的一部分,并且深深为自己的冠军成员身份而骄傲。

如此成功的红衣主教奥尔巴赫,只在1965年当选过一次NBA的年度教练。在教导一些新入行的教练时,他又直言不讳地训诫说,要尽量站得靠近技术台,要尽量大声地对裁判发出不满的声音,最大程度地影响裁判。

由于他的胜利、顽固、粗暴和桀骜不驯,所有败在他脚下的人都渴

IX

望着击败他。然而，一年过去，两年过去，三年过去，八年过去。波士顿花园的冠军旗帜一面连着一面高高挂起。每当有人来到花园比赛，抬起头就能看到那些冠军的象征——那是至高无上、屡屡征服世界的战利品，也是所有那个时代的强者们灰溜溜败北的刺眼伤疤。

1966年，红衣主教就此卸任主教练职务，开始在幕后策划各种计谋了。哈弗里切克也就此展开了他此后十多年凯尔特人进攻王牌的历史使命。

而比尔·拉塞尔，作为球员兼主教练的旅程，开始了。

第十章　王朝中断

(X)

99-108

1966 年夏天，洛杉矶湖人在等候韦斯特的左脚痊愈。底特律活塞在操练跑轰打法，并寄希望于新后卫戴夫·宾：他是个全能枪手，在闪电战中所向无敌。

芝加哥公牛加入了 NBA，成为 NBA 的第 10 支球队。然而他们全队最高的是主教练约翰尼·红·科尔，206 公分；最重的是老板迪克·克雷恩，130 公斤。

担当了凯尔特人主教练的比尔·拉塞尔在季前赛时，坐镇板凳不出战。听到波士顿球迷不满的嘘声时，拉塞尔一如既往地冷峻：

"我是做教练的，不是来抚慰球迷的！"——他不在时，拜利·霍威尔负责篮板＋投篮，唐·尼尔森与皇家队来的恩布里，一起构成防守组合。凯尔特人必须依赖防守了：K.C. 琼斯与萨姆·琼斯都老了。

失去了恩布里的辛辛那提皇家，正指望大 O 和卢卡斯的挡拆配合能起效：毕竟贝勒受伤后，卢卡斯正接近 NBA 第一前锋的宝座。

纽约尼克斯则在琢磨呢：1964 年入行的左手将中锋威利斯·里德是个强悍的少年，但他们要迎来巨人沃尔特·贝拉米了。里德没让球队担心：他答应去打前锋，并为此花了一夏天练习跳投。他就是这么个勤奋的少年。

但最有趣的故事主角，还是张伯伦。

之前，张伯伦拿到了十万美元年薪的合同。后来拉塞尔跟凯尔特人要了十万零一美元的年薪——没错，他就是故意跟张伯伦较劲。但 1966 年夏天，张伯伦的确开始改变了。

1957—1966 这十年间，凯尔特人拿了九个总冠军，包括一个八连冠。若非 1958 年圣路易斯鹰拿走一冠，凯尔特人就要十连冠了。从凯尔特人手里虎口拔牙的是谁呢？是鹰队主帅阿列克斯·"秃鹫"·汉纳姆教练嘛！于是 1966 年，费城 76 人请走了对张伯伦无可奈何的多尔夫·谢伊斯，请来了秃鹫，当球队新主帅。

老秃鹫和张伯伦，早在 1963 年就有恩怨。当时二人还同在勇士，秃鹫对张伯伦摆老资格：

"你一场得 100 分，也拿不了冠军！多传球多防守，少投篮！"

这一招多少有些效果：先前两季场均 50 分与 45 分的张伯伦，在 1963-1964 季场均还不到 37 分，而且 1964 年，他确实打了生平第一次总决赛。因此，张伯伦对汉纳姆是有几分服气的。

1966 年，二人在费城重逢，老秃鹫重提旧调：少得分，多传球，防守！——换言之，学学人家拉塞尔！

在更衣室里当着全队训斥了半天，被张伯伦投以鄙视之眼神后，秃鹫大怒："不服气吗？出球馆，咱俩单练去！"按照 76 人前锋切特·沃克的回忆，当时队员们一拥而上，以免他俩打起来：秃鹫 201 公分，很是魁梧，但跟张伯伦一比，显然云泥之别。

但这招居然有奇效：秃鹫得到了全队，尤其是张伯伦的尊重。秃鹫告诉张伯伦，想拿冠军，"你们场上场下都得像个爷们！"怎么像个爷们呢？"为了胜利，不惜一切代价！"

1966-1967 季的费城 76 人，除了张伯伦外，还有明星后卫哈尔·格里尔，有北卡来的袋鼠前锋比利·康宁汉姆，有强悍的卢克·杰克逊，有全能的切特·沃克和外围防守专家威利·琼斯。秃鹫的战术变化如下：

以往费城更多半场进攻，落半场先找张伯伦，主要轮换阵容是六个球员；如今，主要轮换阵容扩到七位，上场时间更平均；打法变成张伯伦抓到后场篮板时，直接长传疾攻让队友反击：队友们从围绕着张伯伦的侍从，变成了快打游击队。

张伯伦减少得分负担，更多负责防守。切特·沃克如此吹嘘："防守端我们就是朝翼侧逼迫,等张伯伦协防,看他们够不够胆在张伯伦头顶投篮。"张伯伦把力气留在了防守端,进攻端就是全队的事了。吉米·沃克得意洋洋地表示:"我们的进攻好比挤牛奶,看谁手热了奶涨了就把球给他,让他挤两把。"

赛季第一场,张伯伦只投篮 14 次,中了 12 次:28 分 21 篮板,倒送出了 6 个助攻。他的 14 次投篮基本是接队友空接扣篮,或是前场篮板得分。1966 年 10 月 29 日对阵凯尔特人,张伯伦全场只投篮 7 次,得到 13 分 31 篮板,但是多达 9 次助攻。76 人以 138 比 96 大破凯尔特人。张伯伦仿佛在跟拉塞尔证明:

"你会做的,我都会!"

张伯伦忘记了得分,迷上了传球。11 月 26 日对底特律活塞,他 14 次投篮得到 26 分 24 篮板 15 助攻。四天后,23 分 13 篮板 10 助攻。12 月,他连续三场打出三双:三场比赛加起来投篮 33 次,但送出 33 次助攻。实际上 12 月下旬的十天里,他打出五场三双来。

场外,张伯伦也变成了好好先生。他夸卢克·杰克逊是"终极大前锋",吹嘘格里尔是最致命的跳投手,组织后卫琼斯是个卓越防守者。他请全队下馆子吃饭并且买单。虽说他工资是一般队友的十倍,但连格里尔这样以前看他不顺眼的队友,都承认了:

"这大家伙要出发时,所有人都会跟着他!"

1966-1967 季,张伯伦进入 NBA 以来第一次失去了得分王。场均只有 24.1 分——因为他每场只投 14.2 个篮——但是场均 24.2 个篮板、68% 的命中率,以及全 NBA 第三的场均 7.8 次助攻。费城 76 人的进攻从前一赛季的 NBA 第六变成 NBA 第一,常规赛是创纪录的 68 胜 13 负。张伯伦失去了得分王,却得到了一切:赞美、战绩、胜利,以及,他的第三座常规赛 MVP。

但这意味着他不会得分了吗? 非也。

季后赛对辛辛那提皇家，第一场张伯伦就轰下 41 分 22 篮板，只是对面 33 分 16 助攻的大 O 带皇家赢了球。第二场张伯伦打出 37 分 27 篮板 11 助攻，简直无所不能，而对面的篮板大魔王杰里·卢卡斯全场只有 8 分 11 篮板，完全无法进占篮下。第三场张伯伦有点走火入魔了，打出 16 分 30 篮板 19 助攻的大三双，76 人第一节就将皇家抛在身后。第四场，张伯伦专心堵塞大 O 的突破路线：他自己打出 18 分 27 篮板 9 助攻，甚至让卢卡斯得到了 25 个篮板球，但大 O 每次突破都面对张伯伦的巨手，全场 15 投 4 中 12 分而已。

很有趣：张伯伦得 41 分，费城反而输球；张伯伦得到 16 分、18 分，76 人反而赢球？

带着这种心态，1967 年东部决赛，张伯伦迎来了波士顿凯尔特人。这也是比尔·拉塞尔作为主教练兼球员，第一次会战张伯伦。

第一场比赛前，拉塞尔惯例去跟张伯伦握手：他俩场下关系并不坏，经常赛前一起吃饭。但这一次，张伯伦恶狠狠地不理会拉塞尔，让他一时错愕。因为秃鹫告诉张伯伦：要击败凯尔特人，就不能心软。

"拉塞尔跟你拉关系，是为了让你心软；你必须憎恨他；你必须像个混球似的对待拉塞尔。"

格里尔在第一场拿下 39 分，而张伯伦得到 24 分 32 篮板 13 助攻，外加传说中无人可以证实的 12 次封盖，76 人击败凯尔特人。第二场，张伯伦的存在让凯尔特人无力突击篮下，76 人加时获胜，赛后连拉塞尔都表扬了张伯伦的神威。第三场，张伯伦得到 20 分 41 篮板 9 助攻，让 76 人 3 比 0 领先。

所有人都意识到了：凯尔特人王朝要完了！

凯尔特人赢回第四场，而且第五场一开始就启动传奇的波士顿快攻。哈弗里切克全场 38 分，所向披靡。但第二节，76 人稳住了阵脚。

X

张伯伦在下半场不停发动长传让队友反击，格里尔无所顾忌地投篮，全场 32 分。张伯伦自己得到 29 分 36 篮板 13 次助攻，用憎恨干掉了拉塞尔。费城 76 人在第四节远远甩开了凯尔特人，赢下第五场，4 比 1 淘汰凯尔特人。费城球迷高声欢呼，直达云霄：

"凯尔特人死了! 他们终于死透了!!"

这是一个如此意味深长的故事：张伯伦放弃了得分王，放弃了独断专行，成为了拉塞尔那样的防守灵魂与好队友，然后就……击败了拉塞尔与凯尔特人？结束了凯尔特人王朝？

K.C. 琼斯说："费城打的正是我们的篮球，换言之，团队篮球。"

赛后，拉塞尔去了更衣室找张伯伦。这对宿命的对手彼此凝望。传说拉塞尔摸了摸张伯伦的脸，说："干得好。"张伯伦答："是的，宝贝儿。"拉塞尔又说了遍"干得好"，而后转身离去。

当然还没完呢，1967 年总决赛，费城 76 人遇到了张伯伦的老球队旧金山勇士。勇士的中锋，是三年前跟着张伯伦一起打总决赛的小弟内特·瑟蒙德。而勇士的头牌，正是二年级前锋里克·巴里：本季，他拿走了张伯伦放弃的得分王。

里克·巴里是个 201 公分的天才白人前锋，拥有极高的投篮出手点与精确的手感，用一手妖异的端尿盆手势罚球，却能领跑 NBA 罚球命中率。他敏锐、聪明、娴熟，当然也尖酸刻薄、独断专行。他常规赛场均 35.6 分成为得分王，但队友也议论说：

他宁可给队友献血，也不肯给队友传球。

勇士与 76 人的另一个渊源：76 人的主帅秃鹫汉纳姆，前一年正是勇士的主帅。如果还嫌不够巧的话，勇士本季的主帅是比尔·沙曼：凯尔特人的老牌射手。

新仇旧恨，都在一起了。

结果1967年总决赛一开场就提速奔驰。76人首场第一节轰下43分，巴里则单节投篮16次，只有3中。好在他之后慢慢找回了手感，与此同时，瑟蒙德拼命肉搏张伯伦。第四节勇士一度追到128平——他们开始故意对张伯伦犯规逼他罚球了。最后时刻，巴里一记绝妙传球找到瑟蒙德，本以为可以绝杀终结比赛，但张伯伦一巴掌拒绝了这次尝试，最后76人将比赛拖进加时，终于取胜：格里尔、琼斯和康宁汉姆三人投篮78次合计得到88分，而张伯伦只投篮8次，16分33篮板10助攻；对面瑟蒙德24分31篮板，巴里37分8篮板7助攻。

死里逃生之后，费城控制了第二场。张伯伦统治禁区，让勇士第一节26投6中。瑟蒙德全场14投3中只得7分，被张伯伦打晕眩了。当然，张伯伦全场17罚2中只得10分很糟糕，但依然拿下38篮板10助攻，格里尔30分，康宁汉姆28分。最后76人126比95大破勇士。2比0。

第三场巴里惊人地射出48次投篮投中22发，得到55分12篮板，勇士130比124取胜扳回一城。第四场，勇士主场15117张球票全数卖出：旧金山球迷想看他们干掉张伯伦。目击者说巴里这一场太激动了，全场只传了11个球，余下的都用来投篮了，41投17中轰下43分，瑟蒙德8分25篮板。切特·沃克在第二与第三节打出了费城所谓的"奶牛打法"，趁着手热，接过张伯伦的传球，两节得到29分。格里尔得到38分。而张伯伦则无欲无求全场只投篮6次，10分27篮板8助攻，以及传说他全场盖帽15次。费城76人在旧金山获胜，3比1领先了。

第五场，费城。

巴里上半场就得到25分，但第三节开始乏力。第三节后半段，沃克与杰克逊轮番进攻，76人开始拉开分差，一度领先13分，但第四节体力垂尽。最后4分钟，勇士105比107落后。瑟蒙德从张伯伦手中强抓前场篮板，巴里突破得分加罚球：勇士反超到110比106。此时比赛还剩2分钟，本指望目睹球队夺冠的费城球迷失望了，他们朝球场中扔鸡蛋，扔到比赛必须中止。最后比赛重开，76人也没能追回，勇士扳回一城，2比3。

于是第六场，还是回到旧金山。

双方第一节合计轰下84分。张伯伦终于开始得分，他不想再等了：76人第一节43比41领先，张伯伦首节就轰下17分。半场结束，勇士的杰夫·穆林斯连续投中，勇士72比68领先：他们一直领先到94比82，进入比赛最后10分钟。

然后费城的反击来了：马特·果卡斯大胆地在瑟蒙德头顶上篮，沃克突破上篮，76人108比106领先；二年级的康宁汉姆连得6分。此后是张伯伦与巴里你来我往。

比赛最后46秒，76人123比122仅领先1分。巴里与瑟蒙德企图打一个挡拆：前者想吊传后者，但张伯伦的防守迅疾凶猛，仿佛拉塞尔一般，瑟蒙德没有空位，巴里被迫自己投篮，不中；双方跳球；杰克逊把球点给切特·沃克，76人得到球权，罚球，比赛结束。76人取胜了。

张伯伦24分23篮板4助攻，全队六人得分超过13分。巴里得到44分，整个总决赛六场场均40.8分是为历史纪录，直到1993年才被乔丹打破，但无所谓了：张伯伦看看巴里，仿佛看到以前的自己——独揽得分，但最后输掉。

费城76人4比2解决旧金山勇士，拿到1967年总冠军。这是1959年以来，第一个凯尔特人之外的球队夺冠。

张伯伦整个总决赛得分只排球队第五，但场均28个篮板球7个助攻。他和秃鹫教练汉纳姆成全了彼此。他推翻了凯尔特人王朝，而秃鹫成了1957年以来仅有的，带队击败过凯尔特人的主帅——还是两次。

一如凯尔特人的K.C.琼斯所言：

"他们打的就是我们过去十年的篮球。"

这意思是：团队、防守、反击。

这年夏天，张伯伦还专门上电视，现身说法教导小朋友：

"当一个队大多数投篮集中于一个人时，就很难取得胜利了！"

他终于可以扬眉吐气了。

接下来的故事有点荒诞：

里克·巴里在这次总决赛败北后，暂时离开了NBA。

话说，前一年夏天，巴里跟旧金山勇士的老板富兰克林·缪利谈判。缪利老板提出给他每年2.5万美元，巴里说他要3万，缪利接受了，还提出每多赢一场，就加5%奖金。巴里还要一辆6千美元的保时捷，老板也答应了。于是1966-1967季，巴里一共得到了4.3万美元工资、5千美元季后赛奖金，以及一辆价值6千美元的保时捷。

1967年5月12日，缪利老板跟他谈新合同："还是跟去年一样，只是基础工资从3万提到4万，如何？"但高傲的巴里觉得自尊受挫，严词拒绝。五个星期后，他跑去了新成立的美国篮球联盟（American Basketball Association, ABA），得到了一年7.5万美元的年薪，以及橡树队15%的股份。这就让旧金山勇士的辉煌昙花一现，西部重新让给了洛杉矶湖人。

X

第十一章　恩怨一朝了结

1967 年夏天，193 公分的组织后卫沃尔特·弗雷泽与 191 公分的得分后卫厄尔·珍珠·门罗进了 NBA，同时进来的还有长臂卷毛前锋菲尔·杰克逊。这时他们当然不知道几年后自己将成就何等伟业，只是各自在纽约尼克斯与巴尔的摩子弹玩耍。

新秀年的弗雷泽还只是展现出了可怕的防守，与同在纽约的那位身材不高但足够勤奋的威利斯·里德相处得不错。倒是门罗在子弹队迅速崭露头角：他新秀年场均 24.3 分，对湖人一战取下恐怖的 56 分，一入行就奠定了自己 NBA 顶尖单挑手的姿态。

当然，这一年，他俩还不是主角。

西雅图超音速与圣迭戈火箭加入了 NBA，让 NBA 扩展到 12 支球队；常规赛扩展到 82 场，并且半永久地定型；里克·巴里加入的 ABA 开始运作，成为 NBA 的对头；圣路易斯鹰决定一年后搬迁去亚特兰大；底特律活塞从西部搬到了东部。

费城 76 人以光谱球场为主场，洛杉矶湖人搬去了西部大论坛，而纽约尼克斯搬去了新的麦迪逊花园。

里克·巴里去了 ABA 后，张伯伦还是没取回之前垄断七年的得分王：这个头衔归了大 O，当然他也拿到了助攻王，货真价实的 NBA 第一进攻主导者。当然，大 O 因伤只打了 65 场常规赛，所以这一年 NBA 一般认定场均 27.1 分、总得分 2142 分的底特律活塞后卫戴夫·宾是得分王。这是 1948 年以来，NBA 第一位后卫得分王。也是从这年开始，宾开始早早谋划退役后的商业计划：他后来成为了底特律钢铁大老板，这是后话了。

张伯伦不在意得分了，却完成了另一个恐怖的纪录：去年助攻第三的他再接再厉，在 1967-1968 季场均 8.6 助攻，仅次于大 O；整个赛季多达 702 次助攻，全 NBA 第一。

至此，篮板、得分与助攻，他都称雄过 NBA 了。所以 1968 年，他拿到连续第三个、个人第四个常规赛 MVP，费城 76 人赢下 62 场。

看上去，一切仿佛前一年的翻版：张伯伦无私地拼防守、肯传球，继续压倒拉塞尔，而费城继续压倒波士顿？

没那么简单。

1965 年，张伯伦曾与 76 人两位老板之一里奇曼商定，到他退役时，得到 76 人 25% 的股权。这协议只停在口头，并无证据，但 76 人的前主帅多尔夫·谢伊斯与律师阿兰·列维特都是旁证。

然而里奇曼逝世后，76 人唯一的老板科斯洛夫当然不肯认了。张伯伦大怒，扬言与巴里一样，要跳槽去 ABA。最后科斯洛夫与张伯伦勉强凑出了一个协议，签了个一年合同：价值 25 万美元。

1967-1968 季，张伯伦在这样不太开心的情况下继续。能刺激他的，也就是追求助攻王，以及得到生涯第 25000 分了——两年前他得到生涯第 20000 分时，曾经感叹："我的单场 100 分纪录早晚会被破，但 20000 分还是很难破的"。得到第 25000 分之夜，他将比赛用球送给了队医斯坦·罗尔贝当纪念。

1968 年季后赛，76 人对阵年轻的纽约尼克斯。康宁汉姆手腕受伤，而张伯伦、格里尔与杰克逊分别受困于脚痛、膝伤与大腿拉伤。

以及，这是张伯伦第一次在季后赛遇到威利斯·里德。

第一场比赛，里德在张伯伦面前拿到了 38 分 23 篮板 4 助攻，张伯伦还以 37 分 29 篮板 7 助攻。但他大概有些诧异：这个矮他 10 公分的小子，一点都不怕自己？

双方前四场打成 2 比 2 后，第五场张伯伦 26 分 21 篮板 7 助攻，格里尔 38 分；第六场张伯伦 25 分 27 篮板，格里尔 35 分。4 比 2 淘汰了尼克斯后，张伯伦忙着去下一轮对付拉塞尔了。他并不知道两年后，里德、比尔·布拉德利、菲尔·杰克逊这些纽约少年，会怎么来跟他磨烦。

XI

1968 年东部决赛，又是费城 76 人对阵波士顿凯尔特人。前一年 4 比 1 的经验让秃鹫教练觉得："我们可以不用七场就搞定凯尔特人！"

的确，拉塞尔与萨姆·琼斯都已 34 岁了。

但在系列赛开始前一天，发生了历史性事件：著名黑人平权运动领袖马丁·路德·金于 1968 年 4 月 4 日遇刺，费城与波士顿两队十名首发里八个是黑人，因此惊悼不已。结果 4 月 5 日的比赛，在费城主场，76 人 118 比 127 败北：哈弗里切克得到 35 分 11 助攻，琼斯 28 分，霍威尔 24 分，拉塞尔 33 分 25 篮板 5 助攻，但费城的外围琼斯与格里尔集体失准了。

此后费城重整旗鼓：他们连赢三场，3 比 1 领先。凯尔特人屡屡让皇家队来的韦恩·恩布里去防守张伯伦，让张伯伦相信拉塞尔已经无力对抗自己，费城媒体更直白："拉塞尔的体力已不足以对抗张伯伦！"毕竟，拉塞尔 34 岁了。

到第四场结束，凯尔特人看来大势已去：他们 1 比 3 落后，而 NBA 历史上，此前从未有球队从 1 比 3 的绝境中翻盘。

可是第五场，拉塞尔抖擞精神。他不再用恩布里死扛张伯伦，自己出战，得到 8 分 24 篮板，哈弗里切克 29 分，琼斯 37 分。张伯伦 28 分 30 篮板 7 助攻，但他的队友加起来 80 投 26 中：拉塞尔重新控制了禁区。凯尔特人取胜，追到 2 比 3。第六场，凯尔特人再变策略：他们允许 76 人其他人得分——格里尔 40 分——但全队缠死张伯伦，并不停对他犯规。全场张伯伦 21 投 6 中，22 罚 8 中，76 人节奏被毁，而拉塞尔打满全场，17 分 31 篮板 5 助攻。双方打到 3 比 3。

他老了吗？那是幻觉。

第七场，15202 名费城球迷赶到现场，想看 76 人灭掉凯尔特人，可是他们没看到。

76 人全队 108 投 38 中。张伯伦自己 9 投 4 中，15 罚 6 中，14 分

34 篮板 5 助攻；拉塞尔 12 分 26 篮板 5 助攻，而且在比赛最后时刻，他的防守让沃克和格里尔们无功而返。

当晚最诡异的，是张伯伦下半场无一投篮；以往平均每场低位接球 60 次的他，这一场只接球 23 次。赛后，张伯伦责怪汉纳姆没给他设定战术，汉纳姆也认了错，但很多年后，传记作者罗伯特·切瑞说，张伯伦当时似乎自己并没向队友提出更多的要求——第四节他只接到两次传球，但并未跟队友伸手要球。

与 1962 年那个每晚投篮 30 次开外的张伯伦比，1968 年的他似乎走了另一个极端。

拉塞尔却显然从前一年的败北中汲取了养料：每逢第七场就变身怪物的拉塞尔，在第七场最后一分钟投中罚球、封盖、后场篮板，一记助攻，完成了大逆转。

秃鹫汉纳姆则赞美了拉塞尔的另一面："拉塞尔今年的教练工作很出色。他对各类情况的觉察更敏感了。去年他做的一些——呃，让人挠头的傻事，今年一点都没有了。"

于是凯尔特人 4 比 3 击败 76 人，成为 NBA 史上第一支 1 比 3 落后还能连扳三城的铁军，来到了 1968 年总决赛，不知道第多少次了：

波士顿凯尔特人 vs 洛杉矶湖人。

1967-1968 季湖人赢了常规赛后 38 场中的 30 场，是因为他们做了许多改革：换了新教练布奇·范·布雷达·科尔夫，主场搬到了西部大论坛球场，用韦斯特 + 贝勒 + 古德里奇打速度战。

于是 1968 年总决赛，又是典型的凯尔特人 vs 湖人式恶战。

凯尔特人靠全队六人上双和第四节的防守取下第一阵，湖人靠韦斯特的 35 分赢回第二场；凯尔特人靠哈弗里切克、拉塞尔、席格弗里德和琼斯四人合计 98 分取回第三阵，湖人靠贝勒、韦斯特双子星合计

XI

68 分赢第四场。2 比 2。

第五场，双方合计 7 人上 20 分，包括贝勒 24 分、韦斯特 35 分、梅尔·康茨 20 分、霍威尔 20 分、哈弗里切克 31 分、拉塞尔 22 分、尼尔森 26 分。凯尔特人在第一节领先 19 分，但韦斯特不肯认输。常规时间余 12 秒时上篮追平比分打加时，加时再次投中关键球，打到 117 平。最后时刻，哈弗里切克射中跳投让凯尔特人领先。贝勒左翼单打尼尔森。招牌的假动作后，贝勒正待起手，看到拉塞尔劈头盖脸的一帽正朝他飞来。

拉塞尔盖掉了贝勒。凯尔特人赢了天王山之战。3 比 2。

第六战，湖人主场，西部大论坛 17500 个座席全满，创了当时的上座率纪录。

科尔夫教练派 185 公分的盖尔·古德里奇和韦斯特搭档后场，结果凯尔特人派哈弗里切克、霍威尔和席格弗里德第一节就肆意攻击湖人后场，28 比 13 领先。第二节始，古德里奇催湖人起速，三记上篮将分差拉近。

然后，萨姆·琼斯出阵。

1968 年总决赛时，琼斯已近 35 岁。十年前那个每天写日记计算自己每天几点到队的擦板投篮好青年，如今必须把进攻王牌的任务交给哈弗里切克了。琼斯的速度已经无法让他突破。第六场，他无力得分，直到拉塞尔安排哈弗里切克负责策动，让琼斯主攻内线。

这是拉塞尔身为教练的一招妙棋：他知道古德里奇 185 公分的身高，在禁区无法遮蔽 193 公分的琼斯。

在琼斯亮出招牌的擦板投篮后，科尔夫教练只得换下古德里奇。韦斯特脚踝带了伤，于是湖人的进攻发动机停转了。

凯尔特人 124 比 109 赢下第六场，4 比 2 压倒湖人，取下了十二年里第十个总冠军，在西部大论坛17500名观众眼皮底下。哈弗里切克40分，霍威尔30分，拉塞尔12分19个篮板，而且——出人意料地——9罚8中。六战下来，拉塞尔创纪录地打了292分钟：六场比赛包括一个加时赛，拉塞尔只缺了其中1分钟。他34岁了。他是主教练。但他只休息了1分钟。

"说实话，有好久我都用不着跟任何人证明任何事儿了。"拉塞尔说，"我知道我是谁。"

的确，如他所言：截止到1966年，十年职业生涯，他拿了九个戒指。1966年开始，他需要证明的是，自己能够兼任冠军球员和冠军教练。1968年，他做到了，在他34岁的时候。作为球员，第十个冠军；作为教练，第一个冠军。

"他是个不可思议的家伙。"韦斯特在第六场后如是评说拉塞尔，"说实话，是我们给了他们冠军。我们拱手送出了第一场和第五场，却没从他们那里抠回任何东西。今晚，拉里·席格弗里德两次倒地飞身救球——不只是救球，是倒地飞身救球。这就是凯尔特人的风骨。教不出来的。"

以及，被拉塞尔打败过多次后，韦斯特依然潇洒地承认：

"是的，拉塞尔是NBA最好的球员。"

凯尔特人的拜利·霍威尔说，前一年被费城干掉后，许多人都跟他念叨来得不是时候，凯尔特人王朝已死。但霍威尔表示：

"他们越这么说，越坚定了我的斗志！"

1968年夏天发生了许多事。凤凰城太阳与密尔沃基雄鹿的加入让NBA扩展成14支球队，另两个超级新人入行了：

——休斯顿大学206公分的天才前锋埃尔文·海耶斯，去了圣迭戈火箭。他能跑能跳，有一手优美的后仰投篮，早在休斯顿大学里，他

XI

就被称作航空母舰,有了"大E"的绰号。1967年NCAA四强战面对美国大学历史上最伟大的巨人卢·阿尔辛多(也就是多年后的天勾贾巴尔),他得了25分24篮板;1968年,他更在一场"世纪之战"里得到39分15篮板,打破了天勾和UCLA的47场连胜。

事实是,入行NBA第一年,海耶斯就在出场时间、出手次数上领衔联盟,还是得分王:新秀年场均45.1分钟得到28.4分17.1个篮板!

然而,他居然不是年度新人?!

因为那年的榜眼、巴尔的摩子弹队选中的韦斯·昂赛德,比他更出色。

韦斯·昂赛德身高201公分,体重111公斤——当然他自称"我加上头发也就198公分"。他下盘如钢铁,凶恶如绞肉机,左右手都能传球,抓篮板仿佛永动机,以及,有一手激光炮般准确的长传反击。新秀年,昂赛德场均13.8分18.2篮板2.6助攻,在他的防守+长传下,球队双后卫凯文·卢赫里与珍珠门罗都打出优秀的得分表现,子弹队打出全NBA最高的57胜25负。结果赛季末,昂赛德拿到了年度新人,以及常规赛MVP——除了张伯伦,这是NBA历史上仅有的一个新秀年MVP。当然,比起张伯伦炫彩夺目的新秀年,昂赛德配上的是扎实与沉稳。

至于昂赛德与海耶斯这一个沉稳一个华丽的两位新人,会在十年后搭档夺冠的事,当时自然是谁也猜想不到。

1968年的另一件大事,是纽约尼克斯放弃了211公分的巨人沃尔特·贝拉米,招来了198公分的戴夫·德布歇。德布歇是NBA最全面的前锋之一:198公分,跑位、中投、袭篮、篮板都出色,最卓越的莫过于他的聪慧与防守。他1964年就开始担当底特律活塞的教练兼队员,而且常年被认为是NBA最卓越的防守者。实际上,他在1962-

1963 季，还为棒球大联盟的芝加哥白袜队打过球呢。

198 公分的德布歇与 206 公分的威利斯·里德组成了纽约的完美锋线，这两个勤勉的前锋，加上前一年入行的独行大盗沃尔特·弗雷泽，就让纽约尼克斯变成了一支常规赛 54 胜的强队。

但是，1968 年最大的新闻，依然属于张伯伦与洛杉矶湖人。

1968 年春天费城 76 人输给凯尔特人后，秃鹫汉纳姆累了，他想回到西海岸，方便跟家人团聚。他去了 ABA 的奥克兰橡树队——里克·巴里一年前签约的那支球队。

与此同时，张伯伦也要离开费城了。体育记者罗兰·拉森比说，此事主因是张伯伦与老板科斯洛夫关系破裂，但 76 人总经理杰克·拉姆西则说，是张伯伦自己要求交易的，"不送我走，我就签约 ABA！"罗伯特·切瑞提供了另一种说法：张伯伦觉得自己是大明星，该去洛杉矶这样的大都市。在那里，黑人球员可以约会白人姑娘，他可以约会好莱坞明星们——而在费城，这是不可能的。

于是 1968 年 7 月 9 日，张伯伦被交易去洛杉矶湖人，换回了达雷尔·伊姆霍夫、阿奇·克拉克和杰里·钱伯斯。

张伯伦 + 韦斯特 + 贝勒，分别是截止到当时，篮球史上最强中锋、最强后卫与最强前锋。NBA 历史上最恐怖的三巨头就此诞生了。

湖人老板杰克·肯特·库克立刻给了张伯伦税后 25 万美元的年薪——先前的全队第一工资，是韦斯特的税前 10 万美元。

但世界最顶级的华丽阵容，并不意味着完美。

当时的湖人阵容除了张伯伦、韦斯特与贝勒这样的传奇，还有替补中锋梅尔·康茨、前锋凯斯·埃里克森与汤姆·霍金斯，以及 180 公分的后卫约翰尼·艾根。锋线过剩，后卫短缺。教练布奇·范·布雷达·科尔夫很头疼：

XI

"艾根个子不高,防守时挨欺负,但我若不用他,我们就笨重得像卡车了……"与此同时,科尔夫教练为张伯伦而头疼。

张伯伦与韦斯特关系还算融洽——韦斯特与任何人都处得来——却与贝勒关系紧张。很多年后张伯伦承认过,他和贝勒不算仇敌,但是吧:

"在黑人文化里,你不能让别人压你一头。"

张伯伦和科尔夫教练的问题更大。多年后,科尔夫教练声称,张伯伦从不尊重他,且训练偷懒,只在意数据;而张伯伦则恼怒地说过,科尔夫教练是"最愚蠢最糟糕的教练"。旁观的一种说法是,科尔夫教练更迎合贝勒与韦斯特,张伯伦显然不喜欢这一点。

一个孩子气的细节:1968年的湖人队,更衣室里只提供水做饮料,而张伯伦嚷嚷,非要七喜可乐大量供应喝个够。恼得湖人原来的当家巨星埃尔金·贝勒嚷起来:

"如果张伯伦有七喜喝,我就要喝苏打葡萄汁!!"

根据36年不间断直播了3338场NBA比赛的传奇解说员"湖人之声"奇克·赫恩的说法,某次中场休息,张伯伦张开巨口,硬生生吃掉了一整只鸡——当然,搁现在看来,这种行为很不健康,但张伯伦这样天赋奇才的体格,没法以地球人方式推论就是了。老板告诉张伯伦,中场休息,再也不许叫鸡肉外卖了,张伯伦颔首称是。然后,下一次,众人发现张伯伦派出去的外卖小弟,抱回来整一打十二个热狗。张伯伦施施然都吞下去了——反正老板说的是不要吃鸡嘛!

因为缺少后卫,以及年龄老化——张伯伦32岁,贝勒34岁,韦斯特30岁——1968-1969季的湖人成了NBA第二慢的球队。他们的进攻卓越,篮板凶猛,但防守一般。

常规赛,张伯伦场均20.5分21.1篮板4.5助攻,贝勒24.8分10.6篮板5.4助攻,韦斯特25.9分4.3篮板6.9助攻,算是各自做出了牺牲。但张伯伦不太高兴：球队给他的机会并不稳定，他有 1969 年 2 月 9 日轰下 66 分 27 个篮板的夜晚，也有 1968 年 12 月 17 日只得 2 分的经历。根据梅尔·康茨的说法，贝勒也不喜欢张伯伦爱出风头的样子。当然，因为三大巨星太强大，湖人还是打出了 55 胜西部第一、NBA 第二的战绩，但失去张伯伦的费城，也拿到了 55 胜：失去了张伯伦，比利·康宁汉姆成了明星前锋，哈尔·格里尔还是进了全明星。

  1969 年季后赛，湖人被旧金山勇士打了个下马威：湖人 0 比 2 落后勇士，老弟弟瑟蒙德居然压着张伯伦打，第一场 15 分 27 篮板，第二场 27 分 28 篮板。第三场，张伯伦愤怒了：打出 22 分 28 篮板 5 助攻，而且压制了瑟蒙德；第四场韦斯特轰下 36 分。加上之后张伯伦完全杜绝了瑟蒙德的前场篮板和禁区威胁，韦斯特又无人可敌，湖人连翻四局，第六场更是大胜 40 分血洗了勇士，4 比 2 晋级。西部决赛，湖人没给亚特兰大鹰什么机会：4 比 1，搞定。

  三大巨星来到了 1969 年总决赛，遇到的依然是……波士顿凯尔特人。

  先前的 1968 年夏天，凯尔特人看起来已经灯尽油枯。拜利·霍威尔 31 岁，萨姆·琼斯 35 岁，汤姆·桑德斯 30 岁，比尔·拉塞尔 34 岁。曾经体力无限的约翰·哈弗里切克也 28 岁了。他们的组织后卫从库西变成 K.C. 琼斯再变成拉里·席格弗里德，他们的首发阵容平均年龄全 NBA 最大。以及，拉塞尔真的老了，从身体到精神。

  当时拉塞尔为越南战争不爽，且自己与妻子罗丝在闹离婚。他觉得美国一片乱七八糟，自己何必还费神打什么篮球呢？常年保持健美体型的他在 1968 年夏天超重了 7 公斤，灰心丧气，根本不去参加 NBA 教练例会。

XI

但他还是带着伤痛，在 1968-1969 季打了 77 场常规赛，场均 9.9 分是生涯最低，好在还有 19.3 个篮板和 4.9 个助攻。然而凯尔特人常规赛 48 胜 34 负东部第四。没有人觉得他们还能夺冠。

东部季后赛首轮，凯尔特人对阵 76 人。费城拥有当年冠军队除了张伯伦之外的所有老首发，但凯尔特人更均衡。4 比 1，凯尔特人过关。次轮，凯尔特人遇到了东部新贵纽约尼克斯。弗雷泽第一场轰下 34 分，展示了他在季后赛胆大包天的本色，里德则在第二场得到 28 分——然而凯尔特人依靠全队，2 比 0 领先。

"好像一到季后赛，这帮老家伙就会打球了似的。"尼克斯的老后卫、当年跟韦斯特一起大战拉塞尔的迪克·巴内特悻悻地说。

第三场，弗雷泽在纽约麦迪逊花园，施展他华丽的翻身中投得到 26 分，尼克斯扳回一城；但第四场拉塞尔奋勇得到 21 分，并在最后时刻锁住篮下，凯尔特人 97 比 96 险胜。3 比 1。第五场尼克斯在第三节结束就领先 18 分，于是拉塞尔果断让老头子们第四节休息，直接放弃了比赛。尼克斯追到 2 比 3。第六场波士顿花园，里德手感奇佳得到 32 分，但前一场只得 3 分的萨姆·琼斯醒来了：29 分。凯尔特人又是最后时刻守住了，1 分险胜。

4 比 2，凯尔特人十三年里，第十二次晋级总决赛。

于是终于，又迎来了波士顿凯尔特人 vs 洛杉矶湖人。终于，拉塞尔对面，张伯伦、韦斯特与贝勒，一个不少，老冤家凑齐了。

恩恩怨怨，一朝解决吧。

三巨头的复仇剧本进行得很完美：第一场赛前，韦斯特去跟拉塞尔抱怨："太累了，我们都老了。"这对冤家彼此尊重，知道彼此的辛苦。拉塞尔作为主帅决定不包夹韦斯特，结果韦斯特刚喊完累，就在总决赛第一场电闪雷鸣地取下 53 分。凯尔特人挣扎着与湖人交错领先 21 次，张伯伦最后给拉塞尔顶门拍了一钉：余下23秒时，一球锁定胜局。湖人获胜，1比0。

次役，拉塞尔继续不包夹韦斯特，于是韦斯特再取41分。最后时刻，埃尔金·贝勒投中湖人最后12分，全场31分。凯尔特人只有哈弗里切克的43分独撑场面了。湖人拿下第二场，2比0。

到此为止，一切都是恩怨轮回的剧情：韦斯特、贝勒、张伯伦衔十年之恨，轮番在拉塞尔身上下刀。

但是，拉塞尔和凯尔特人不肯退却。

拉塞尔在第三场决定包夹韦斯特，于是韦斯特终于失准，或者，他终于累了：全场24分。连续作战令韦斯特疲倦，甚至在比赛中自己要求下场休息。结果波士顿花园中，好一场血战，哈弗里切克被凯斯·埃里克森打伤眼睛后反而斗志高扬，全场34分。最后一节，贝勒和韦斯特合计14投1中，湖人被凯尔特人的坚韧和身体对抗压垮了，凯尔特人扳回一城，追到1比2。

第四场比赛，再一次出现令洛杉矶痛恨的场面：凯尔特人取得"丑陋的胜利"。厮杀、拼争、后场篮板、倒地救球、失误、篮板球。双方合计50次失误，命中率极低。最后7秒，湖人88比87领先，保有球权。

距离3比1领先凯尔特人，只差这7秒。

然而哨声响起，贝勒被判踩线出界。凯尔特人得到球权。

最后一回合，哈弗里切克、席格弗里德和霍威尔摆了一个史称"俄亥俄"的战术：三人叠罗汉堆墙造起掩护，萨姆·琼斯，史上最精于打板投篮的大师之一，一记跳投越过张伯伦指尖，附带一声"晚了！"球打前筐、弹后筐，然后坠进了篮圈。89比88，凯尔特人取胜，将分差拉平到2比2。

湖人赢下第五场天王山，即便张伯伦一只眼睛被碰肿了。但是命运的伏笔在比赛末出现：最后时刻，埃姆·布莱恩特从韦斯特手中断球。

XI

韦斯特好胜成狂,飞身扑球,伤到了自己的脚腱。这伤会伴随他接下来的系列赛。

第六场,又一场"凯尔特人的丑陋胜利",韦斯特和贝勒各得26分,但在凯尔特人下半场手感丢失时,二人谁都没能站出来。张伯伦被拉塞尔纠缠到只中8分。凯尔特人获胜,3比3。

于是进入第七场。

湖人老板库克是个风雅人。为了庆祝湖人主场夺冠,打破凯尔特人独裁一洗旧冤,他在球馆顶棚挂了数千气球,以备取胜时一起放下。他雇好乐队,安排夺冠采访事宜。此举令韦斯特相当生气——韦斯特一向刚正,尊重对手、队友和比赛,好胜成狂,对这类杂耍玩意,极不顺眼。

拉塞尔在赛前去到球馆,在观众席捡了份节目单回更衣室,念给凯尔特人队员们听:气球、乐队、庆祝,等等。

凯尔特人诸将全被湖人的傲慢激怒了。拉塞尔随后,做出著名动员:"世上万事皆有可能,除了一件——湖人不可能击败我们!不可能!"

第七场,针对湖人队只有两个纯后卫(韦斯特和埃甘),且韦斯特带伤的情况,拉塞尔下令凯尔特人抓住任何机会快攻。凯尔特人依靠第三节唐·尼尔森的12分和一波11比0的高潮,第四节初一度91比74领先,顺便令张伯伦第5次犯规,随后张伯伦膝盖受伤,第四节最后5分钟,只能作壁上观。

湖人依靠韦斯特的孤胆神勇,在比赛只余3分钟时追到102比103。但随后湖人开始失误。比赛关键时刻,凯尔特人前锋唐·尼尔森用一记匪夷所思的跳投敲开了分差——球弹篮筐后沿,弹起到几乎高过篮板上沿,然后鬼使神差地直落篮筐。那个球熄灭了韦斯特与贝勒的追击。凯尔特人108比106取下第七场。4比3,凯尔特人夺下1969年NBA总冠军。

韦斯特带伤打满全场,拿到42分13篮板12助攻。赛后他荣膺

NBA 历史上第一个总决赛 MVP，也是唯一一个败北者总决赛 MVP，但是，凯尔特人终究夺冠了。庆祝气球被送往了儿童医院。韦斯特赛后难过得无语凝噎。作为对手，哈弗里切克于心不忍，过去跟他说：

"我爱你，杰里，你比任何人都配得上冠军。我希望你得一个冠军。"

赛后，拉塞尔气喘吁吁回到更衣室。他把忙着采访的记者们赶出去，说自己要与队友们享受这最珍贵的一刻。"我们每个人都是朋友。"之后，拉塞尔答应给 ABC 的杰克·特怀曼做一个简短的采访，特怀曼问："比尔，这场胜利一定对你很重要吧？"

拉塞尔喘着气笑着说："杰克……"

然后，他无言了。

他笑着，但说不出话；身为左撇子的他用右手擦脸，依然想不出一个词来，只剩喘气和微笑。很多年后，拉塞尔说："我如此自豪，为我的队友，为我自己。"

没人比他更有资格说这句话了。他老了，他锈迹斑斑，他疲倦，他痛苦，但他以 36 岁高龄，拿到了十三年里第十一个 NBA 总冠军，作为球员，作为教练，作为一个终极赢家。

很多年后，韦斯特如是说："以往凯尔特人与湖人相遇，都是他们更强。但是 1969 年，我们更强，却依然输了。"原因是什么呢？没有原因。比尔·拉塞尔作为赢家，自己也无话可说。这就是终极赢家的精神。

就此结束了比尔·拉塞尔与凯尔特人王朝，NBA 历史上最伟大的团队赢家传奇。

XI

第十一章　恩怨一朝了结

前一年,六年里第三次输掉总决赛的J博士说:"只有你敢于站到舞台中心,敢于继续尝试去成就伟大,你才能成就伟大。我会继续尝试的。一如我过去不停尝试,将来也是如此。"

第十二章　雄鹿、湖人、尼克斯：三国志

(XII)

125-156

虽然下面介绍的这位先生从没在 NBA 执教过,但他配得上一个篇章的介绍。

约翰·伍登老爷爷 1910 年 10 月 14 日生在印第安纳,到 2010 年故世时离百岁寿诞还差四个月。他和篮球很早就有了因缘,8 岁时就迷上了弗兰克林高中的名篮球手范迪维尔。自己上高中时,带着马丁斯维尔连续三年进州决赛,拿到 1927 年州冠军,自己连续三年进了州全明星。18 岁毕业那年,他去了普度大学,师从著名的瓦德·兰伯特教练——这位先生 1932 年出版了早期篮球的经典著作《实践篮球》。

伍登老爷子在大学时文武全才,文是读的英语文学,武则人称"印第安纳橡胶男",因为他老人家年少轻狂,飞扑救球的劲头像要自杀。他是第一位连续三次被提名全美第一队的篮球选手,1932 年大学毕业那年,他领着普度大学得了全国冠军。

也就是那年,他娶了自己六年前在嘉年华认识的姑娘,内利·莱利。

1930 年代,世上还没 NBA 这玩意。美国各种小篮球组织林立,伍登就在 1937 年成立的 NBL 里打球。1942 年二战起了,国家兴亡匹夫有责,他去参加了海军,三年后挂着"伍登上尉"的名头退役。那时他 35 岁,作为篮球手的时光就这么结束了。靠这些成就,1961 年,他进了篮球名人堂。

当然,这不过是他对篮球这项运动伟大改革的开始。

参军之前,他就开始兼做篮球教练。他去肯塔基的代顿中学教孩子打篮球,顺便教点英语,如此一直干了十一年。当兵回来了,他觉得做篮球教练这行当不错,于是去了印第安纳师范学院(后来的印第安纳州大),带队打 NAIB(学院篮球国家联盟),当了两年教练,带着球队连续两年获得区冠军。1948 年他还带队进了全国冠军赛,被路易斯维尔击败了。

那时谁都不知道:这是他这辈子输掉的,唯一的一场决赛。

1948 年，他和太太在两份合同间犹豫：加州大学洛杉矶分校（UCLA），还是明尼苏达大学？伍登夫人希望居留在中西部，不喜欢洛杉矶，于是伍登准备去明尼苏达。结果苍天有意帮洛杉矶一把，明尼苏达的糟糕气候导致电话故障。等他们气急败坏拨通号码时，老爷子抱歉道："我没接到你们的电话，以为你们不打算请我了，所以接了 UCLA 那边了。反悔？不行，我答应了他们的。"

于是，历史性的转折开始了。

他到来前一个赛季，UCLA 打出了 12 胜 13 负；他上任后首季，22 胜 7 负，UCLA 队史最高纪录。下一年，24 胜 7 负；1956 年，UCLA 区内不败，一度 17 连胜，直到输给比尔·拉塞尔领衔的旧金山大学。于是伍登教练得了个自己不大喜欢的雅号——"韦斯特伍德（UCLA 所在地区）的巫师"。

从 1963 年起，伍登教练开始所向无敌。1963-1964 季，伍登教练带领 UCLA 30 战全胜，决赛击败杜克，取下第一个全国冠军。1964-1965 季，UCLA 拿到 28 胜 2 负，决赛盖尔·古德里奇独得 42 分干掉密歇根，蝉联冠军。1966-1967 季，首发是四个二年级加一个大三生，30 胜 0 负，夺冠。1967-1968 季，29 胜 1 负，唯一的一场败局来自 1968 年 1 月：在 NCAA 当时最高观众纪录（52693 人）眼皮底下，航空母舰级前锋大 E 海耶斯引领休斯顿大学，2 分险胜了 UCLA。在此之前整一年半，UCLA 完成了 47 连胜。之后 1968 年半决赛，UCLA 以 101 比 69 血洗休斯顿大学复仇，决赛再大破北卡，夺得冠军。1969 年，UCLA 打出 29 胜 1 负夺冠。

直接说吧：1964—1975 这十二年间，只有 1966 和 1974 两年，UCLA 没有夺冠。

伍登老爷爷创制了一整套篮球哲学。首先是他的 UCLA 进攻。这个进攻套路建筑在强弱侧平衡、拉开空间、掩护、高低位传递、投篮

XII

这些最纯正、最团队的路数上。不需要明星级的能力，只要你认真、聪明、正确地打篮球，就能打好这套进攻。

当然，也不只是战术。

UCLA 球员们入队首件事，就是学习穿袜子；第二件事，学习系鞋带。一切从细节开始。伍登老师将训练内容安排得细到每一分钟。每一天的训练都让球员受益良多。所以 UCLA 可以常年不败。他们走上球场看对方热身时，不禁摇头：对面那些家伙玩的，那也叫篮球？

伍登要求所有队员：

"过好自己的生活。你要当个好人，然后才能打好篮球。"

"重要的不是胜或者败，而是打得好或不好。"

"要学习如何思考，如何决策，如何去梦想，如何创造一些大场面。"

伍登教练当教练的年薪从来没超过 3.5 万美元，而且他从没要求过涨薪水。洛杉矶湖人的老板杰克·库克曾开出十倍于 UCLA 的工资请他去湖人队执教，他拒绝了。实际上，他一辈子都没有进入职业篮球。

就是这么一位伟大的教练，孕育了大学篮球史上第一人。1969 年夏天，35 岁的比尔·拉塞尔离开 NBA 之际，伍登教练最得意的门生，UCLA 最卓越的球员，也是美国大学篮球第一人，22 岁的卢·阿尔辛多，大学毕业，来到了 NBA。

卢·阿尔辛多——全称费迪南德·刘易斯·阿尔辛多——1947 年生在纽约，出生时就有 57 公分长 5.75 公斤重，9 岁已经有 173 公分，14 岁 203 公分。进入 NBA 时他 218 公分，104 公斤，一棵参天大树。

他在高中时就带队打出了 71 连胜，整个高中 79 胜 2 负。当时他的绰号是"力量塔"，因为他居高临下俯视一切对手。

他有一手傲视天下的投篮：起跳，伸直手臂，手指在最高点如拨弦般勾动，球几乎在篮筐以上飘动。这招勾手投篮被称为"天勾"，从此也

成为了他的绰号:

"天勾"。

1965年他高中毕业时,全美国大学都想要他。天勾象征性地转了四个学校,就定了洛杉矶的UCLA。探问理由,天勾说了:"早在1961年,我就成了UCLA的球迷。1963年那会儿我在上学,看不了电视,我又是UCLA大学沃尔特·哈扎德和古德里奇这二位的拥趸。怎么办呢?只好到处找数据,然后凭空幻想古德里奇的远射和哈扎德的突破。1964年全美大学决赛,我还是蹭了一个朋友的生日宴会,三个哥们一起扎到他房间里看的电视。UCLA大学伟大的约翰·伍登教练啊,他那种速度、灵巧和以小打大的套路太让我着迷了。那时我还特别瘦,就想着,能为这个队打球多好啊!"

结果他为UCLA校队打了三年球(一年级他不能代表校队出战),88胜2负。三年大学冠军。三年全美第一队。三年全美最佳球员。三年四强赛最佳球员。货真价实的美国大学篮球第一人。因为他的缘故,1967年开始,NCAA甚至规定不许扣篮。

1969年夏天,哈林篮球队给天勾开价100万美元——须知张伯伦当时在湖人拿的年薪也就25万美元,韦斯特不过7万美元。天勾拒绝了,要去打NBA。密尔沃基雄鹿得到状元签,选中了天勾。与此同时,NBA的竞争对手ABA的纽约网队也选中了他。双方竞价,雄鹿先给出140万美元的合同,天勾点头了,网队赶紧补上325万美元的条件,但天勾拒绝了:

"竞价只会让参与者们丧失尊严,让我觉得自己像个肉贩子,我不喜欢。"

他的性格就是这么执拗。

1969-1970季,新秀年的天勾场均得到NBA第二的28.8分和第三的14.5篮板,拿到年度新人。前一年27胜55负的雄鹿被他带到

XII

56 胜东部第二。与十年前的张伯伦一样，从跨进 NBA 一开始，他就走在了天顶。

但这一年，还不属于他。

拉塞尔 1969 年退役，带走了凯尔特人王朝，前一年的东部次席纽约尼克斯趁势抢班夺权。主教练红头·霍尔兹曼与红衣主教一样信赖防守至上。

前一年，尼克斯放弃了 211 公分的巨人贝拉米，得回 198 公分前锋德布歇；这一年，198 公分的德布歇、206 公分的里德和 196 公分的比尔·布拉德利构成了锋线，同为 193 公分的后卫弗雷泽与迪克·巴内特撑起后场。他们的攻防风格都独树一帜。

防守端，里德的灵活、德布歇的全面，加上弗雷泽，足以扼杀对手的对球防守；进攻端，杰里·韦斯特形容他们，"每个人都能从 15 英尺外投篮"，团队、无私、快速传递和多点投篮是纽约的招牌。

弗雷泽在这年成为 NBA 的顶尖后卫。他是 193 公分的防守魔王，如蜜蜂般蜇人。他的手如闪电，预判如魔鬼，能从背后整个裹住对手，从他们手中强行抄球。他的进攻与防守一样凶恶：反击时传球大胆，在客场面对对手嘘声时喜欢用背靠住对手，然后一个翻身强投。他留起了 NBA 最著名的大胡子，而且因为帽子酷似名电影《邦尼与克莱德》里的大盗所戴，所以获得了"克莱德大盗"的绰号。

与此同时，威利斯·里德当年为了改打大前锋所练习的中投，也获得了回报：这一年他成为尼克斯的中流砥柱，防守端他靠凶猛弥补身高，进攻端他依靠中投让巨人们无所适从。他与弗雷泽、德布歇互相成全，让尼克斯的防守如铁锁连舟。他们打着 NBA 历史上最早的压迫式防守。霍尔兹曼教练倾向于简化一切，他经常念叨：

"打篮球又不是火箭科技！打篮球的是人！搞定人就好了！"

纽约尼克斯就在这样的融洽气氛里团队作战。1969-1970 季常规赛 60 胜 22 负全 NBA 第一。赛季末，威利斯·里德获得常规赛 MVP。可是在东部季后赛首轮，他们就遇到了问题。

里德遭遇了前一年的 MVP 昂赛德带队的巴尔的摩子弹队：昂赛德与里德同为凶恶的绞肉机型内线，子弹队又有古斯·约翰逊这样的猛兽。尼克斯前两场 2 比 0 领先，随后被追平到 2 比 2。第五场里德得到 36 分带队取胜，但第六场古斯·约翰逊得到 31 分扳回。第七场，老将巴内特突出奇兵突破得到 28 分，一向不爱进攻的德布歇得到 28 分，尼克斯提速才堪堪取胜，4 比 3 晋级。

这个系列赛让弗雷泽脸上无光：对面的厄尔·珍珠·门罗第一场 39 分，第四场 34 分，第七场 32 分。

众所周知，门罗与弗雷泽同样 1967 年入行，但风格不同。门罗大四时打出匪夷所思的场均 41.5 分，在 NBA 第一年也顺风顺水成了年度新人，二年级时他场均 25.8 分，位列得分榜第二——仅次于埃尔文·海耶斯。门罗 191 公分，跳不高跑不快，可是球感绚丽精熟。队友昂赛德说："有时我真恨不得停下来看他打球算了。"一年后，门罗会说："我不知道自己下一个假动作或转身是啥⋯⋯当然，对手就更不知道了。"所以弗雷泽虽然胜了，还是怒气冲冲：

"门罗就是个恶梦！我最不愿意防他！他不仅会在你面前得分，还会耍你，让观众觉得你是个傻瓜！"

搞定门罗与子弹队之后，尼克斯就轻松多了。东部决赛，他们 4 比 1 解决了密尔沃基雄鹿。他们无人可以阻挡天勾——天勾场均 34.2 分，五场里有四场得分领跑全场——但第五场最明显不过了：天勾独得 27 分，可是尼克斯这边，里德 32 分、巴内特 27 分、布拉德利 25 分、德

XII

布歇 16 分……天勾固然是无敌巨人，但尼克斯拥有团队。

"团队才是不可战胜的。"弗雷泽很得意。

然后，1970 年总决赛，纽约尼克斯迎战洛杉矶湖人。

1970 年的湖人与前一年境况大大不同。前一年，他们是三巨头初会，气势凌人，磨刀霍霍要干掉拉塞尔报血海深仇。但 1969-1970 季，出事了：

——他们换了新主帅乔·穆莱内，但张伯伦在赛季第九场右膝重伤倒下：这是他生涯唯一的一次重伤。贝勒也因为膝伤，常规赛只打了 54 场。于是，杰里·韦斯特站了出来：场均 31.2 分成为了 NBA 得分王，这也是他仅有的一个得分王。他带领湖人打出 46 胜，入选 NBA 第一阵容，以及这年增设的 NBA 第一防守阵容。说句题外话：年度第一防守阵容里，除了韦斯特外，另有多达三人——德布歇、弗雷泽和里德——是纽约尼克斯的成员。

季后赛，湖人先是 4 比 3 干掉了太阳：太阳拥有年度第一阵容前锋康尼·黑鹰·霍金斯，许多人认为他代表新派前锋的风格。但太阳无人可以阻挡韦斯特场均近 30 分 10 助攻的神勇。关键的第七场，张伯伦奋起神威得到 30 分 27 篮板，韦斯特 19 分 15 助攻，贝勒 25 分 14 篮板 7 助攻，让太阳明白了何谓老牌巨星。

西部决赛，湖人 4 比 0 横扫亚特兰大鹰：贝勒打出他最后的华丽系列赛，场均 23 分 12 篮板，但韦斯特更可怕：面对同级生雷尼·威尔肯斯，他场均轰下 34 分 6 篮板 8 助攻。

于是来到了 1970 年总决赛，这一次，对面终于没有波士顿凯尔特人了。

可是，一切并不轻松。

里德拉出空间，弗雷泽的突破随心所欲，尼克斯的多点中投：依靠这些套路，总决赛第一场第二节，尼克斯就一度领先湖人20分。韦斯特不要命地突击，全场制造17次罚球，合计得到33分，但尼克斯以一波31比12终结了比赛：最后时刻，弗雷泽抄球上篮，锁定胜局，尼克斯1比0。里德37分16篮板，贝勒21分20篮板，张伯伦17分24篮板但10罚1中。韦斯特在第一场后感叹：

"他们如此聪明，里德如此活跃，他们运用里德如此成功，他们所有人都能投篮，他们全队都能依靠传切跑位找出15尺空位，并准确投进。"他没有说自己，但纽约媒体看明白了：湖人完全依赖韦斯特的进攻，以及张伯伦的防守。

第二场最后时刻，韦斯特与张伯伦将分差追到101平。湖人的迪克·加雷特边角中投，让湖人领先2分。还剩46秒，张伯伦不想再看里德威风了，盖掉他的上篮，湖人103比101取胜，双方打成了1比1。张伯伦19分24篮板，韦斯特34分。对面弗雷泽11分12篮板11助攻，里德29分15篮板。

湖人在第三场上半场56比42领先，但随后韦斯特手腕受伤，尼克斯顽强追上。韦斯特的老队友巴内特不停突袭韦斯特。比赛最后打到100平时，布拉德利依靠德布歇的掩护，中投得手，102比100领先，只给湖人留了3秒。

张伯伦底线发球，韦斯特接球后场推进，从半场55英尺之外，在比赛结束前瞬间，一个扬手远射：球从中场飞起，划过一道彩虹，直落篮心。NBA历史上最传奇的远射之一。102平，双方加时。湖人解说员赫恩大吼：

"好球！如果这样的球还不能挽救湖人的话……天哪！"

然而湖人加时赛乏力。德布歇盖掉了贝勒的投篮，自己用跳投为尼克斯锁定胜局。于是尼克斯2比1领先。

XII

第四场，韦斯特抖擞神威，26 投 13 中轰下 37 分 18 助攻，带湖人挽回一城，2 比 2。贝勒 30 分 13 篮板，张伯伦 18 分 25 篮板 7 助攻，但贝勒赛后，还有点神不守舍，他觉得总决赛中没有比尔·拉塞尔和凯尔特人，总有点不对：

"这真有点不真实。我们是在打总决赛对吧？但我总觉得，我们赢了尼克斯，凯尔特人还在哪里等着我们。"

第五场天王山之战，湖人前 15 个投篮投中 12 球，一度 25 比 15 领先，半场领先 13 分，而且里德打了 8 分钟比赛就受伤下场了；那时看来，尼克斯似乎要完蛋。但尼克斯的外围防守开始露出獠牙：全场比赛，尼克斯逼迫湖人出现了 30 次失误。结果湖人全场投篮 66 次罚球 40 发，而尼克斯是 19 次罚球，却多达 103 次投篮。尼克斯全队六人得分超过 12 分，107 比 100 取胜，3 比 2 领先。

可是第六场，没有了里德，尼克斯禁区无力。张伯伦随心所欲，27 投 20 中轰下 45 分 27 篮板，完全统治比赛，加上韦斯特的 33 分 13 助攻，湖人 135 比 113 取胜，3 比 3。

第七场于是成为传奇。比赛开始前，纽约麦迪逊花园的球迷惴惴不安，痛苦挣扎，觉得张伯伦即将再次践踏没有了里德的禁区。

然后，当他们看见威利斯·里德一瘸一拐从球场过道里走出来时，当时新闻记载如下："The crowd went wild"——球迷疯狂了。

虽然很多年后，弗雷泽说，全队已提前知道了里德的出场——"我去到更衣室，他已经缠好绷带了"——但这个王者归来的神奇瞬间，的确点燃了麦迪逊花园的球迷，也给了湖人当头一闷棍。

比赛开场，里德面对张伯伦，以两个中投得到了尼克斯的前 4 分，更让全场球迷发狂：看着里德一瘸一拐地防守张伯伦，似乎连湖人队都整个精神崩溃了。

结果是，弗雷泽、布拉德利和德布歇们的前 21 发投篮射中 15 次，尼克斯上半场就 69 比 42 领先。弗雷泽面对韦斯特得了 36 分 19 个助攻（虽然有媒体认为 19 个助攻是统计员统计错误），包括一个传奇的抄球反击得手。许多年后，这场比赛被誉为最伟大的第七场演出之一。而湖人这边呢？韦斯特还是得到 28 分，贝勒还是得到 19 分，张伯伦还是 21 分 24 篮板，但他们被尼克斯的节奏冲垮了：在比赛最激烈的时刻，张伯伦被不停送上罚球线，罚丢，罚丢，罚丢，罚丢，罚丢，罚丢，罚丢……那一夜张伯伦一共罚了 11 个球，中了 1 个。无敌的霸王被纽约的气势压垮了。两军相逢勇者胜，就是如此。当里德瘸着腿在张伯伦面前晃荡、张伯伦不断罚丢时，两队的命运就此决定。

113 比 99，尼克斯第七场击败湖人，4 比 3 夺下 1970 年总冠军，纽约尼克斯队史上第一个总冠军。威利斯·里德成为总决赛 MVP，并成为 NBA 史上第一个同一年包揽常规赛、全明星赛和总决赛 MVP 的全料 MVP。赛后在更衣室，美国名体育记者霍华德·卡塞尔，眼含热泪，对带伤作战王者复出的里德说：

"你体现了人类精神中最美好的一切！"

1970 年夏天的选秀大会，NBA 来了三个怪才。

——状元鲍勃·兰尼尔，211 公分 117 公斤。当初他进圣波拿文都大学时，已是全国闻名的巨人，可是大二、大三他都只是全美第二中锋，因为在他前头有 UCLA 的天勾。兰尼尔崇拜比尔·拉塞尔，每天念叨"想去凯尔特人"。可惜没遂愿，1970 年夏天，底特律活塞拿状元签选走了他：即便选秀前他刚动了膝盖手术，可是不妨碍他出战。实际上，他在 NBA 前四年一共缺席了四场比赛。他如此总结：

"上帝没给我速度和弹跳。不打得强硬些，我根本就没法活在联盟里。"

XII

——凯尔特人没得到兰尼尔,却得到了戴夫·考文斯,一个206公分、不高不壮的白人中锋。红衣主教说他"是一个勇于奉献的孩子,能干许多事"。这个新秀穿上了吉姆·罗斯科托夫(1964年退役的划时代蓝领恶汉)的18号球衣。他的任务是接替不朽的比尔·拉塞尔。

　　考文斯来之前一年,凯尔特人靠约翰·哈弗里切克撑局,1969-1970季不过34胜。考文斯来了,初生牛犊,拉着凯尔特人狂驰:他没天分,秘诀只有勤奋无私拼命这些老掉牙的口号,担当起了凯尔特人的发动机。他抓篮板、防守、跳投、传球、掩护,一个赛季拿下350次犯规。

　　——以及,亚特兰大鹰选走了路易斯安那的天才皮特·手枪·马拉维奇。许多年后,他被誉为NBA最华丽优美的球员。196公分的组织后卫,无边无际的射程,妖异华美的传球。实际上,他的第一场大学篮球赛就得到了50分14篮板11助攻,大学三年场均要得到44分。他的大学教练、路易斯安那州大主帅戴尔·布朗宣称,如果那时候篮球就有三分线的话,马拉维奇每场要得到57分。如果您觉得这是吹牛的话:他在NBA第一年场均23.2分,而且身为组织者,他成全了球队的另一位得分大师,大胡子神射手卢·哈德森——场均26.8分。

　　除了三大天才新秀,1970年NBA又多了三支球队:波特兰开拓者、布法罗勇士与克里夫兰骑士。NBA多到了17支球队,是该分区了。先前NBA还只是划分为东西部,如今东西部也细分了:东部分为大西洋区与中区,西部分为中西区与太平洋区。至于东部又多出了东南区、西部又多出了西北区,是后来的事了。

　　值得一提的是,就在1965年,NBA是9支球队,108个球员。但1971年,NBA多到了17支球队、204个球员。球队的增多,球员的分流,都让一切变得复杂多变、难以预测了。

而 1970 年夏天最大的新闻，是大 O·奥斯卡·罗伯特森的去向。

1970 年秋天，大 O 已近 32 岁了。他为辛辛那提打了十年 NBA，场均 29.3 分 8.5 篮板 10.3 助攻，手握七个助攻王和一个得分王。他常年主导着联盟顶级的进攻，他与杰里·韦斯特总被赞颂为联盟最好的后卫，以及最强的非中锋巨星。他的队友恩布里和杰里·卢卡斯都承认，大 O·奥斯卡·罗伯特森如此杰出又如此苛刻，"他会挑剔你，但如果你跟得上他的步伐，你就能成为全明星"。

可是年复一年，辛辛那提在季后赛无所作为。1963 年第七场输给凯尔特人还可以说只差一步的话，1965-1967 年就是年年首轮被淘汰，1968—1970 这三年，皇家队索性没进季后赛。实际上到 1960 年代结尾，辛辛那提请来了伟大的鲍勃·库西做主帅，但依然救不了皇家队。

1970 年秋天，皇家队做了个震惊篮球界的举措：他们将大 O 送去了密尔沃基雄鹿，换回了弗林·罗宾逊与查理·波尔克。他们从未透露原因，也许是辛辛那提厌倦了连续十年的失意，也许是他们觉得大 O 老了，许多人相信，是库西教练与大 O 的紧张关系促成了这笔交易。奥斯卡自己的说法：

"我觉得库西错了，我永远不会忘记这事。"

大 O 的自尊在这次交易中大大受损，不只在于皇家队对他的态度，还在于皇家队此前跟湖人问过价："用大 O 换韦斯特或张伯伦，肯不肯？"湖人拒绝了。大 O 带着一腔被忽视的怨愤，去到了密尔沃基：队里是 27 岁的射手麦克格洛克林、23 岁的全能前锋鲍勃·丹德里奇、23 岁的灵活大前锋格雷格·史密斯，以及 23 岁的天勾。

有射手，有翼侧，有拼抢，有攻防两端统治一切的超级巨星，有厚度。只缺一个掌稳船舵的老将了。

XII

雄鹿在 1970-1971 季头两场比赛 1 胜 1 负，然后就是浩浩荡荡的 16 连胜。在卫冕冠军尼克斯身上两连败后，他们继续所向披靡。1971 年 2 月 5 日在洛杉矶，他们输给了湖人，吃下赛季第 11 场败北，然后他们一直连胜到 3 月 8 日。赛季末尾，他们吃了一波 1 胜 5 负，但依然拿到了 66 胜 16 负。

大 O 甚至将自己对周遭的愤怒，传递给了天勾。1971 年 3 月 13 日输给尼克斯那天，天勾得到 34 分 16 篮板，大 O 得到 28 分，天勾赛后怒不可遏。

"我以前还挺喜欢在纽约打客场的。"毕竟他出生在纽约，可是，"现在我不喜欢了。观众们总是玩命嘘我，辱骂我，诅咒我。我厌倦了，不想每次都当歌利亚了！"

1970-1971 季结束，雄鹿 66 胜领跑全 NBA。天勾成为得分王，场均篮板第四，并且拿到了 MVP。大 O 拿到场均 19.4 分 5.7 篮板 8.2 助攻，按他以往的标准是低了，但他很满意。密尔沃基媒体的说法是：奥斯卡主导着球队的进攻，"他总是知道如何恰到好处地将球给到天勾，如何让队友们做好一切"。

以及，大 O 将自己郁郁不得志的愤懑，分享给全队，成为了继续求胜的斗志。

1971 年季后赛首轮，雄鹿遭遇旧金山勇士。天勾遇到了全 NBA 最顶级防守者内特·瑟蒙德。用天勾自己的说法："瑟蒙德不停地流汗，却也让对手流汗。"瑟蒙德与天勾肉搏，一如 1967 年总决赛肉搏张伯伦似的。

然而大 O 何等聪明! 季后赛第一场天勾被防得只有 25 分，但大 O 得到 31 分，带队取胜，一点都没给勇士的大前锋、自己的皇家队老哥们杰里·卢卡斯面子，旧金山媒体半开玩笑地念了句："无论是队友还是对手，大 O 都不对卢卡斯微笑。"

之后雄鹿轻松地以3比0领先勇士,第四场卢卡斯奋起得到32分让勇士扳回一城,第五场勇士夹击天勾:结果大O指挥得当,雄鹿射手麦克格洛克林第五场21投14中射落28分,雄鹿136比86大破勇士,4比1晋级西部决赛。

就在与勇士交战之际,天勾已经展望到总决赛了:他摩拳擦掌,想给纽约尼克斯好看。他对纽约球迷表达了不满。他说纽约尼克斯的前锋厚度惊人。他也谈到了大O与他的交情:

"我第一次跟他搭档时,跑错了路线,他大吼一声'跑错了!'下一回合,我跑对了,他就把球传给了我。于是我发现,大O很容易轻视不努力的人,但如果你努力了,他就会尊重你。"

以及,"我不再焦虑了,因为我发现,有了大O,我不用包揽一切了——他也知道,有了我,他不用包揽一切了"。

西部决赛第一场,雄鹿与湖人纠缠到第四节,然后大O开始策划:他自己全场19分7篮板10助攻,从各角度喂球给天勾,结果天勾32分22篮板。对面的张伯伦22分20篮板,但他没人帮忙:贝勒和韦斯特都受伤了。雄鹿获胜,1比0。

第二场张伯伦辛苦地得到26分22篮板,防到天勾22分,但雄鹿继续大破湖人。2比0。第三场张伯伦拿到24分24篮板,带湖人扳回一城,但第四场,天勾拿到31分20篮板,大O拿到19分6篮板6助攻,让洛杉矶球迷鸦雀无声:在大O的策划下,雄鹿六人得分上双,前三节就92比74领先,以至于洛杉矶球迷呼喊起了韦斯特的名字。雄鹿3比1领先。第五场,大O送出12次助攻,雄鹿116比98取胜,4比1淘汰湖人,晋级1971年总决赛。

可是,对面来的居然不是卫冕冠军纽约尼克斯,而是巴尔的摩子弹。

那年东部决赛,厄尔·珍珠·门罗让尼克斯的弗雷泽防不胜防,而

XII

韦斯·昂赛德钢铁般的肌肉让尼克斯的锋线头疼。关键的第七场，纽约麦迪逊花园，门罗 26 分，而昂赛德 17 分 20 篮板：卫冕冠军尼克斯就此输了。

1971 年总决赛，雄鹿 vs 子弹。全世界都觉得雄鹿稳操胜券——也许只有雄鹿的主教练拉里·科斯特洛是个例外。

科斯特洛教练是个严酷的人。当记者问天勾，素来被认为严酷的大 O 是否让人害怕，天勾笑笑："还好，跟我们教练差不多。"

科斯特洛教练很认真。他让助理教练细心准备每一场比赛，并让大 O 和天勾一起参与决策。"别相信那套有了巨星就随便赢球的鬼话！有了明星还输球的球队多了去了！"

1971 年总决赛第一场，子弹队大胆地用 201 公分的韦斯·昂赛德对抗天勾：1969 年常规赛 MVP 昂赛德虽然比天勾矮了半个头，却比他重了 6 公斤。子弹希望昂赛德的肌肉可以将天勾推离篮筐，结果是总决赛开始 2 分钟，昂赛德已经 2 次犯规。当然，昂赛德与天勾的摔跤还是有效的：天勾很快吃了 2 个进攻犯规，早早下场了。然而他不在时，大 O 稳稳地主导进攻，雄鹿半场领先 8 分。下半场天勾归来，第三节轰下 18 分，全场 33 分钟里 16 投 13 中 31 分 17 篮板，大 O 得到 22 分 7 篮板 7 助攻。雄鹿 98 比 88 取胜。1 比 0。

从此开始，子弹放弃了单防天勾，开始夹击。然而没用：第二场，大 O 得到 22 分 10 助攻，天勾 27 分 24 篮板。雄鹿再次取胜，102 比 83。这一场，让子弹绝望的，是天勾的防守。珍珠门罗第一场得到 26 分，但第二场被防到 18 投 4 中 11 分。子弹队左撇子小前锋杰克·马林道破天机，说除了大 O 穷追猛打的防守之外，还有天勾：

"他们完全不给我们上篮的机会，我们每次看向篮下都发现天勾在那里；我们上篮，就好像在树林子里打高尔夫似的，总是会被树枝挡下来！我试了几次，然后告诉自己：算了吧，没戏。"昂赛德努力地得到 13 分 20 篮板 4 助攻，但无济于事。

第三场门罗继续被天勾封杀：15 投 5 中而已。昂赛德 20 分 23 篮板 4 助攻，但天勾 23 分 21 篮板。大 O 继续运筹帷幄，20 分 12 助攻，让队友鲍勃·丹德里奇射落 29 分。雄鹿 107 比 99 取胜。3 比 0 领先。赛后子弹后卫凯文·罗杰里直截了当：

"天勾是比尔·拉塞尔之后，最伟大的防守者！"

雄鹿的第一个总冠军近在咫尺——大 O 的第一个总冠军近在咫尺。

第四场前，已经有记者按捺不住，跑去问大 O 是否欣喜若狂。大 O 的自尊心让他保持着沉静："我打篮球又并不完全为了冠军。如果冠军来了，那就来吧。"

话虽如此，第四场，冠军已在指尖，大 O 的渴望展现在行动上：他早早带队领先，第二节雄鹿将分差拉开到 19 分。大 O 全场 15 投 11 中，得到全场最高的 30 分，天勾 27 分 12 篮板 7 助攻。子弹队那边，昂赛德 11 分 23 篮板 10 助攻的三双，然而子弹队全队 112 投 46 中：天勾控制了禁区，子弹无从入手。第四节还剩 2 分 54 秒，雄鹿已经领先到 17 分，然而暂停时，拉里·科斯特洛教练还在战术板上画战术图。此前只休息了 2 分钟的天勾静静靠在板凳上，默默地喝了一口可口可乐，嚼着口香糖。

比赛结束。雄鹿 118 比 106 取胜，4 比 0 拿下 1971 年 NBA 总冠军。大 O 拿到了他的第一个戒指。天勾在这一年包揽了常规赛 MVP、得分王与总决赛 MVP。并且，在 23 岁的年纪，已经拿到了高中、大学与 NBA 三个年龄段的总冠军。

好玩的是，赛后在雄鹿更衣室，大家并没那么狂热。大 O 的替补，后卫卢修斯·阿伦解释说：

"也许因为大家都说我们会赢，真赢了，大家也就不意外了……也有

XII

一种可能是，我们全队的性格都不是很情绪化吧。"

的确，严酷的主帅拉里·科斯特洛，沉静的大 O，以及年少老成、23 岁已经赢下了世界的天勾。这就是雄鹿。

似乎害怕不够戏剧性似的，就在夺冠之后第二天，1971 年 5 月 1 日，天勾卢·阿尔辛多宣称，此前在大学里就皈依了穆斯林的他，要改名为卡里姆·阿卜杜勒·贾巴尔了——从此，他就叫作贾巴尔了。

1971 年的雄鹿是如此伟大，伟大到下个赛季开始时，《体育画报》都在拿他们跟历史上的伟大球队比较：常规赛胜率 81%，仅次于 1966-1967 季张伯伦那支费城的 82%；进攻 NBA 第一，防守 NBA 第三，而且命中率高达 51%。他们有灵活的转移球和远射，让你无法夹击天勾；而不受夹击的天勾当然所向无敌。

可就在这片赞颂声中，另一支历史级的伟大球队崛起了。

1971 年夏，圣迭戈火箭搬去了休斯顿，从此成为了休斯顿火箭；旧金山勇士搬到了奥克兰，成了金州勇士队。

而洛杉矶湖人请来了一位新主帅：当年凯尔特人的冠军神射手比尔·沙曼。

杰里·韦斯特很欢迎沙曼，毕竟，早在 1958 年，沙曼就回答过投篮和罚球的要诀，让当时还在上大学的韦斯特受益匪浅：

"右手托球，左手只是辅助，罚球与投篮时都该遵守这点……而且，投篮犹如高尔夫球挥杆和棒球击球，重要的是流畅……再正确的手型，一旦僵硬也就完蛋了。"

另一方面，沙曼自己当年和比尔·拉塞尔及鲍勃·库西合作开创了凯尔特人王朝，所以极为推重"巨人防守、双后卫投篮"的模式，而韦斯特也认为，沙曼的风格很适合这个时代。

"现在的防守像一场战争。1960 年代初那种全 NBA 有五六个人可以场均 30 分的时代结束了。"韦斯特说,"这是个防守时代了。"

沙曼一到任,就开展了一整套方略:要求全队把握防守细节;让韦斯特作为主导进攻,让快枪手盖尔·古德里奇分担得分任务;安排细致的训练时间表;球队到客场比赛时要先适应球馆;要提前准备战术套路并演练;老将要经常做单独训练维持身体状况;要在赛前集体看录像做细节分析。

35 岁的张伯伦和 33 岁的韦斯特接受了,37 岁的埃尔金·贝勒却不习惯:他的膝伤也在拖累防守。于是 1971-1972 季打了 9 场比赛后,埃尔金·贝勒退役了。

就在贝勒退役之后,湖人开始连胜。

湖人 143 比 103 大破费城拿下第 5 场连胜后,张伯伦承认,他不喜欢沙曼教练的技术细节,但是,"我们的战绩是 11 胜 3 负,所以我也没啥好抱怨的"。

连胜到第 8 场,张伯伦对波士顿 31 分钟内抓了 31 个篮板,投篮次数为 0。如果你了解之前的张伯伦,就知道这有多反常了。

实际上,湖人从 1971 年秋天一直赢到 1972 年 1 月 9 日,才终于在密尔沃基,输给了天勾神勇的 39 分 20 篮板。那场比赛,天勾做了周密的计划:他放弃了自己喜欢的左腰背身要位,选择去右翼落位。上半场他只进了两个招牌勾手,但下半场,他用转身中投,屡屡在张伯伦头顶得手。赛后他说,他比赛时毫不激动,但是赛后?"哇,我激动极了!"毕竟,他结束了湖人传奇的 33 连胜。

但比尔·沙曼教练很冷静。他不气馁,"总会遇到这样的夜晚,连胜早晚会中止"。但他也不太乐观:"我们还有将近 40 场比赛要打,接着还有季后赛。我跟其他教练没什么两样,随时操心下一场呗!"

于是,湖人又开始默默前进了。

XII

赛季推进，沙曼教练举重若轻地表示："做教练没什么难的。就是确定谁对位谁，然后确定谁什么时候上场谁什么时候下场。"古德里奇则半开玩笑地谈论湖人的日程：

"到客场时，我们全队按例 10 点半去球馆，跑一遍当天要跑的战术；10 点 45 开始投篮练习和热身。11 点，我们就一起回酒店——去叫张伯伦起床。"

常规赛结束，赛季中途完成了 33 连胜的洛杉矶湖人，最后拿下创纪录的 69 胜 13 负。张伯伦成为了篮板王，韦斯特成为了助攻王，古德里奇是全队得分王。代替贝勒的吉姆·麦克米兰场均接近 19 分全队第三，前锋"快乐"海斯顿则有场均 13 分 13 个篮板开外的表现。湖人极为均衡，圆润完美。全队有多无私呢？一个例子：海斯顿此前一个赛季场均 18 分，而且习惯在防守时无视自己负责的对象，好乘机快速反击偷分，但沙曼教练让他改了这个习惯：

"连张伯伦都放弃投篮了，你自己考虑一下！"

1972 年西部决赛，69 胜的湖人对 63 胜的雄鹿。韦斯特对战大O。张伯伦对决蝉联了常规赛 MVP 的天勾。后卫对后卫。巨人对巨人。世纪对决。

湖人输掉了第一场：72 比 93，第三节被雄鹿打出了一个惨不忍睹的 31 比 8 的高潮。天勾得到 33 分 18 篮板，大 O 与韦斯特都投不中球：韦斯特 19 投 4 中，大 O 则 16 投 4 中。张伯伦面对天勾怎么都投不进，12 投 3 中得到 10 分 24 篮板。赛后杰里·韦斯特自责："我投篮时手翻得过，简直像打高尔夫似的在投篮。"可是湖人诸将却抱怨起了电视台：ABC 电视直播在西部大论坛球场里安了许多怪灯，"闪得我们眼睛都快瞎了"。

第二场，调整了球场灯光之后，双方的进攻全都开了。天勾得到40分。张伯伦11分17篮板。湖人立功的是二年级前锋、代替埃尔金·贝勒的吉姆·麦克米兰。这个196公分107公斤，每天自卑"我太胖了"的前锋，25投16中得到42分：大半来自韦斯特的助攻。比赛最后时刻，湖人133比132领先1分。韦斯特中场持球，遭遇大O和天勾的夹击，遮天蔽日，球失手落下，眼看要违例时，却撞到了裁判索科尔的大腿，被韦斯特捡了回来。湖人最后135比134险胜第二场，1比1平，避免了0比2落后的惨剧。赛后韦斯特还心有余悸："我觉得天勾简直有两米四那么高！"

第三场前，双方都做了计划。湖人训练时意外地放松：韦斯特跟古德里奇开玩笑地打赌，"10万美元，你没法连中8个跳投！"——差不多是韦斯特半个赛季的工资——结果古德里奇连中了10个。而张伯伦则在训练中一口气29罚28中：对第二场16罚4中的他而言，他觉得是个好兆头。

张伯伦第三场打了47分钟只投了3个篮，得到7分14篮板，还让天勾得了33分21篮板——但天勾足足用了37个投篮才得到这么多分数。张伯伦的策略很简单：贴住天勾的左肩，不许他翻身使出招牌的勾手；当天勾右侧翻身投篮时，张伯伦就全力封盖。结果第三场第二节中到第三节中，张伯伦盖了天勾5次，直到天勾用头部假动作晃开，连中四球后，张伯伦再次恶狠狠地遏住天勾：结果比赛最后11分11秒，天勾只能靠罚球得分了。湖人在最后时刻稳住了：108比103，古德里奇30分，麦克米兰27分，韦斯特22分8助攻。湖人2比1。

然而湖人立刻输了第四场：张伯伦5分11篮板8罚1中，对面天勾31分18篮板，与此同时，库尔蒂斯·佩里19个篮板，鲍勃·丹德里奇24分15篮板。雄鹿全场篮板87比51，压倒性的优势。赛后天勾说这是一场"粗暴的胜利"。2比2，雄鹿与湖人打成平手，而且拉里·科

XII

斯特洛教练信心十足:

"他们赢我们的两场分别胜了1分和3分,我们赢的两场可是赢了26分和21分!"

第五场,天王山之战。

杰里·韦斯特与张伯伦竭尽了全力。前者一开场就强攻大O,让大O早早犯规:全场大O只打了29分钟得到9分,最后还受伤下去了;而韦斯特11次罚球8次得手,22分10助攻,并在第二节和第三节掀起反击波澜。后者继续死扛天勾:张伯伦让天勾33次投篮只得28分16篮板,自己12分26篮板6助攻,最神奇的是,张伯伦8罚8中。当比赛最后时刻张伯伦罚球连续得手时,场边的比尔·沙曼转过头摸摸额头:

"我在做梦吗?"

115比90,湖人大破雄鹿,3比2领先。用麦克米兰的话说:"我觉得我们打灭了他们所有的信心。"

第六场,密尔沃基。大O只打了7分钟便退场。天勾打满全场,37投16中得到37分25篮板8助攻;对面张伯伦打满48分钟奉陪到底,20分24篮板。韦斯特25分8篮板9助攻,第四节,韦斯特带领麦克米兰、海斯顿和张伯伦打起最后的反击,湖人连续获得罚球,逆转分差。104比100,湖人4比2拿下雄鹿,晋级1972年总决赛。

而对面,正是两年前总决赛七场血战的对手纽约尼克斯。

这一年,他们没有了两年前的英雄威利斯·里德(养伤),却加上了大O的老战友杰里·卢卡斯,以及前一年子弹队的得分魔王"珍珠"门罗。用天勾对尼克斯的描述:"他们是全NBA最坚韧、最深厚的球队。"

尼克斯赢了1972年总决赛第一场:他们依靠第一节匪夷所思的72%的命中率,用无休止的跳投领先,上半场湖人就49比67落后,再未能追回。湖人无可奈何,古德里奇悻悻地念叨:"他们前 20 个投篮中了 16 个!"杰里·卢卡斯 11 投 9 中,比尔·布拉德利 12 投 11 中,弗雷泽防得韦斯特 15 投 3 中,然后自己得到 14 分 12 篮板 11 助攻的三双。湖人下半场的反扑,被尼克斯的板凳球员大胡子菲尔·杰克逊阻止了:他 10 分钟内得了 13 分。

——当时谁都不会想到,这个第一次打总决赛的菲尔·杰克逊,会在日后成为 NBA 历史上最成功的主教练之一。

可是尼克斯的好运全都留在了第一场。第二场打了 20 分钟,尼克斯的王牌全能防守者戴夫·德布歇已得了 7 分 10 个篮板,却受伤下场了。湖人急速取得领先:张伯伦无人可防,在第二场轰下 23 分 24 篮板 4 助攻,韦斯特 13 次助攻,古德里奇 18 投 14 中 31 分。湖人取胜,1 比 1 平。第二场后,洛杉矶湖人去到纽约,预备第三场。麦克米兰满怀信心地跟朋友约了在洛杉矶打网球的日程:"我们会在五场内夺冠!"而杰里·韦斯特,温柔地对纽约记者说:

"我也不知道如果真夺冠了,会怎么表现;大概我会微笑个不停吧。"

第三场,德布歇带伤上阵打了 20 分钟,6 投 0 中。而张伯伦 10 投 9 中 26 分 20 篮板,甚至罚球都有 11 罚 8 中。加上古德里奇的 25 分和韦斯特的 21 分 8 助攻,湖人再度取胜:2 比 1 领先。第四场,韦斯特的神射让湖人不至于在上半场被击溃,并在最后时刻射中关键罚球,将比赛拖入加时。常规时间 48 分钟内,张伯伦已经犯规 5 次,而且众所周知,张伯伦从未被罚下过,所以每逢他 5 次犯规时,防守会有所顾忌。尼克斯看准这点,在加时赛朝张伯伦攻来,然而张伯伦发了性子,大胆防守:卢卡斯晃过他投篮,张伯伦从身后跃起,一巴掌将球劈了下来;之后,张伯伦再一个封盖,尼克斯崩溃了——张伯伦像一座巨塔一样守在篮下,令他们无可奈何。韦斯特 28 分,张伯伦 12 分 24 篮

XII

板，古德里奇 27 分，湖人 115 比 111 取胜。3 比 1。

1971-1972 季前，发生过另一件事：NBA 有了自己的 logo，那是一个男子的运球剪影，沿用至今。一般说法是，设计师阿兰·锡格尔在许多张照片里挑了一个球员，觉得很美，便以此为标本，设计了这个 logo。当时锡格尔如此描述这个 logo：动态、立体、抓住了篮球运动的本质。

而这张照片，来自当时 NBA 最受尊重的球员杰里·韦斯特。

前一年的 1971 年 3 月，洛杉矶湖人为韦斯特办个活动。有人自掏腰包到现场来，说了段话：

"杰里，我曾经写过成功是一段旅程，而一名球员所能得到的最高荣誉则是和他同时代球员的尊敬和友谊。而你，比我认识的任何人都拥有得更多。杰里，无论从哪个角度来说，你都是一名真正的冠军。如果我能够有一个愿望可以保证实现，那么我希望你能够一直快乐。"

说这段话的，恰好是从韦斯特手里，抢走了无数个总冠军的比尔·拉塞尔。

所以 1972 年总决赛，大半个美国都希望韦斯特能够最终夺冠。终于 1972 年总决赛第五场，韦斯特的冠军就在指尖了。赛前却出了件事：张伯伦右手重伤。洛杉矶人民被这个消息吓坏了。队医罗伯特·柯兰赛前拿了个篮球到更衣室，抛给张伯伦："能接住吗？"张伯伦伸手接住，把玩了一下："可以。"

右手裹满胶布的张伯伦带伤出场了。从第二场到第四场，张伯伦一分钟都没休息过。第五场，年已 35 岁的他也只休息了一分钟。他用僵硬的右手统治了篮板球，全场 24 分 29 篮板 4 助攻。比尔·沙曼教练让全队五个首发里四人打满 42 分钟："我们就在今天解决他们！我们不等了！"湖人在第二节拉开分差，再未回头。114 比 100，洛杉矶湖人在西部大论坛球场 17505 名球迷面前，击败纽约尼克斯，4 比 1 拿下 1972 年总冠军。

这是湖人队自 1954 年以来第一个总冠军，是搬迁到洛杉矶以来第一个总冠军，是杰里·韦斯特第八次总决赛，第一个总冠军。赛后，如他所述，他微笑个不停。洛杉矶湖人全队则很冷静：他们喝冠军香槟，但不是泼洒在彼此身上，而是用葡萄酒杯，像真正喝庆功酒一样优雅。韦斯特说：

"去年秋天，我还在想，我们过不了芝加哥公牛或者密尔沃基雄鹿。是比尔·沙曼教练告诉我们，按他说的方式打球，我们就能夺冠。他一整年都没有对我们大吼大叫，他做的最大动作，也就是把毛巾往地上扔过一次……我们遵从了他，而将我们引领到这里来的，是维尔特。"

所以，维尔特·张伯伦拿到了他的第二个冠军戒指，以及第一个总决赛 MVP。最让他满意的是，他终于甩脱了关键时刻熄火的恶名，并且在全世界嚷嚷"拉塞尔之后最伟大的中锋是天勾"的声音里，证明了自己：巨人永远是巨人。

之后的 1972 年夏天，密尔沃基雄鹿险些完成了一件神奇的运作：他们差点就得到了朱利叶斯·J 博士·欧文。

欧文 1950 年生于纽约，在高中打球时有个好朋友莱昂·桑德斯。他叫桑德斯"教授"，桑德斯喊他"博士"。他自己在纽约洛克篮球公园打球时，轻易就震惊了纽约人。他有 201 公分，长臂长腿，一双可以挥舞篮球的大手，然后，他能飞。他可以用长腿迈出闪电大步，起跳，悬空，用大手抓球在空中飞舞躲避防守，然后完成投篮。纽约球迷朝他尖叫，"黑摩西！""胡迪尼！"而欧文对球迷说：

"如果你们要给我起绰号，就叫博士吧！"

于是他得了"朱利叶斯博士"的绰号，然后是"J 博士"。

XII

J 博士在马萨诸塞大学的两个赛季，场均 26.3 分 20.2 篮板，大学篮球史上仅有的六个场均 20 分 20 以上篮板的球员之一——考虑到他是个小前锋，这就很可怕了。

他没等到大学毕业就想打职业篮球，当时的 NBA 规定高中毕业四年之后的球员才允许进 NBA，而竞争对手 ABA 放宽了条件：J 博士于是跟弗吉尼亚上校队签了四年 50 万美元的合同，去 ABA 打球。

在 ABA 的第一年，他场均 27.3 分，带着上校队杀进 ABA 东部决赛，输给了纽约网队——哦，对了，纽约网队的当家球星，正是我们的老熟人、从 NBA 跳槽到 ABA 的里克·巴里。

1972 年夏天，他 22 岁了，密尔沃基雄鹿选中了他：如果他真去了雄鹿打 NBA，就将组成大 O+J 博士 + 天勾的惊人阵容。然而在选秀大会前，J 博士自己和亚特兰大鹰签了个合同：价值百万美元，外带 25 万奖金。

情况变复杂了：他的律师史蒂夫·阿诺德还被弗吉尼亚上校队雇了。他去亚特兰大鹰训练营，跟皮特·枪手·马拉维奇搭档了两场表演赛，然后被喊停：NBA 总裁肯尼迪确认，J 博士不能为亚特兰大打球。他回到了 ABA。很多年后，他跟另一位巨星乔治·格文说，他很享受自己在亚特兰大的短暂岁月，喜欢和马拉维奇打球。

没能完成 J 博士的签约，雄鹿依然强大，但多少受了影响：大 O 老了，34 岁了。天勾与丹德里奇依然卓越，让雄鹿在 1972-1973 季完成常规赛 60 胜。但天勾没能完成常规赛 MVP 三连霸。

在东部，波士顿凯尔特人完成了令人瞠目结舌的常规赛 68 胜 14 负。凯尔特人的汤姆·海因索恩教练大胆地用了十人轮换，跑出全 NBA 第三快的节奏，意图拖垮对手。因为哈弗里切克 32 岁宝刀不老，依靠无休止的跑动和老辣的技术引领球队；因为球队有个超级蓝领保罗·西拉斯，前一年在凤凰城太阳以 28 岁的年纪初次进全明星赛的钢铁肌肉男；因为老尼尔森和钱尼都还能打；因为乔乔·怀特依然是东部最全面的后卫之一。

当然，关键还是二年级的永动机中锋戴夫·考文斯。

二年级的考文斯以 206 公分的身高站在中锋位。他不算敏捷，也跳不高——他自己说自己跳不过一个烛台。他仅有的优势就是勤勉。"联盟里大多数中锋都比我高。我只能尽量跑得比他们快，拼命卡位，不然他们会生吞了我！"

他卡位、抓篮板、运球到前场，传球、上篮、中投。他的身影遍布球场每个角落。他随时都预备换防对方任何一个球员。

考文斯骨子里极为固执，很是老气：他进 NBA 时都不买汽车，却拥有一辆马车；他总琢磨着存钱，留给自己老家的农场。海因索恩教练认为他仅有的缺点是经常打得太兴奋。对阵洛杉矶湖人，他面对张伯伦，拿到了 36 分 22 篮板，洛杉矶媒体这么说他：

"他的内在动力，让他可以在每个回合都将自己的天分压榨到 100%。"

红衣主教曾考虑是否让他打中锋，于是给拉塞尔打了电话。拉塞尔回答："让他打他喜欢的位置吧。没人吓得倒这孩子。"于是考文斯就这样打了他的二年级：82 场，每场 42 分钟 20.5 分 16.2 篮板 4.1 助攻的数据，将凯尔特人带到全 NBA 第一的 68 胜 14 负。于是他拿到了常规赛 MVP——二年级，24 岁而已。

这一年常规赛的另一位传奇：

三年级的内特·精灵·阿奇巴尔德，为堪萨斯国王队打球——嗯，就是原先的辛辛那提皇家队。他既矮（号称 185 公分，实际上也就 180 公分出头）又瘦，学院又很一般。所以，即便是史上最伟大控卫之一的鲍勃·库西，1970 年夏天也看走了眼。当届选秀大会，第一轮没人注意德州大学分校的阿奇巴尔德。辛辛那提皇家队第二轮摘了他，然后

XII

让他去孟菲斯的旅馆拜见库西教练。库西在旅馆走廊乍见这小家伙时一愣：

"你是旅馆服务生？"

二年级时，阿奇巴尔德场均 28 分 9.2 助攻，三年级时场均 34 分 11.4 次助攻，成为联盟史上空前绝后仅有的一位同季包揽得分王、助攻王的双王。他自称打球方式很简单：他比全 NBA 任何人都快，所以只要突破造罚球（每场得到近 10 个罚球），或者给队友分球。费城 76 人的凯文·罗杰里说："我宁可让他投篮，也不敢贴近他防守。"此外，他还有匪夷所思的顽强：他只有 72 公斤，一遇到冲撞就像稻草般飞出去，但他自嘲说"我掌握了摔倒的技巧"，总能避免伤病。而且，他每场打足 46 分钟。用国王队主帅库西教练的话说：

"我理解他，他没法坐在场下看队友被对方压制，他必须自己出去掌握一切！"

可惜，那年季后赛，没有阿奇巴尔德的戏份：他拼尽全力，也只能让国王队拿到 36 胜，进不了季后赛。

1973 年季后赛的惊奇，属于另一个人：从 ABA 回到 NBA 的里克·巴里，以及他所在的金州勇士队。

六年之前，巴里与瑟蒙德一攻一守带勇士进了 1967 年总决赛，败给了张伯伦的费城 76 人；此后巴里闯荡 ABA 纵横无敌，到 28 岁回归 NBA，依然与瑟蒙德搭档。

1973 年季后赛首轮，巴里与瑟蒙德带领 47 胜 35 负的勇士对抗 60 胜的雄鹿。第一场，雄鹿 110 比 90 轻取勇士。巴里的 22 分徒劳无功。但内特·瑟蒙德却有点想法：他让天勾得了 22 分 24 篮板，但天勾全场 24 投 10 中。勇士主帅阿尔·阿特尔斯告诉队员们：

"别紧张，大 O 老了！"

两周后，勇士果真以 4 比 2 击败了雄鹿。

——除了第三场独得 34 分外，大 O 在另外四场分别得了 10 分、24 分、19 分、18 分。他的确已不再是所向无敌的奥斯卡了。

——整个系列赛，天勾场均 23 分，命中率 43%。瑟蒙德如此总结：

"我知道自己盖不到他的勾手；但我自己偶尔也用勾手，所以明白其中道理。他投篮时，我高举双手朝他身上扑去，即便盖不到他的投篮，也能降低他的投篮弧度！"

就是如此，瑟蒙德扛住了天勾。加上勇士的篮板魔王克莱德·李，勇士死死守住了雄鹿。第四场，巴里轰下 38 分，李拿到 21 个篮板球；第五场，李 21 分 18 篮板。雄鹿无力回天。

是的，大 O 老了。虽然天勾依然可能是 NBA 最强者，但大 O 的老去，意味着雄鹿的黄金时代结束了。

当然，勇士并没走远：1973 年西部决赛，他们遇到了张伯伦和他的湖人。1973 年的张伯伦已经放弃了投篮：对勇士的五场比赛，他只投篮 18 次，场均 7 分 24 篮板 4 助攻。任务交给湖人的多点进攻：麦克米兰第一场 37 分，韦斯特第二场 36 分，古德里奇第五场 44 分。湖人多点进攻，4 比 1 干掉勇士，进入 1973 年总决赛。

四年里第三次，他们遇到了纽约尼克斯。

尼克斯这趟来得并不容易。东部决赛，他们与凯尔特人大战七场才获胜，而且胜得侥幸：哈弗里切克状态大勇，季后赛第一场对亚特兰大鹰就轰下了 54 分。对尼克斯前三场，他场均得到 25 分 8 篮板 9 助攻，但在第四场他右肩受伤，错过了第五场。第六场和第七场，他带伤出阵，合计只得了 13 分。尼克斯大感庆幸。杰里·卢卡斯说，凯尔特人的当届 MVP 考文斯"简直像个 206 公分高的韦斯特，他那么快，一会儿出现在你面前一会儿已经到篮下了。他出现在所有地方"。

XII

这番话也证明，1973年总决赛前，尼克斯诸将内心对韦斯特的敬畏——也许只有弗雷泽除外。1970年总决赛第七场后，他觉得自己永远不会输给韦斯特了，即便1972年湖人夺冠了，也没动摇弗雷泽的信心。他觉得自己猎鹰般的防守可以遏制韦斯特。"能再在总决赛看到杰里，真是太好了。"弗雷泽冷笑道，"我们之间就是一场尊严之战。"的确，1973年总决赛，他28岁，正在巅峰，而韦斯特35岁了。

"我现在的确有些事力不从心了，尤其是进攻端。"韦斯特说，"我以前可以随时找到好的出手机会，现在也可以——但可能机会没之前那么好了。"

1973年的纽约尼克斯最可怕的地方是：他们没有韦斯特或张伯伦这种跨越时代的伟大巨星，但是，戴夫·德布歇、威利斯·里德、沃尔特·弗雷泽、厄尔·珍珠·门罗和杰里·卢卡斯五人，在二十多年后都被评进了NBA 50伟大球员。更何况他们还有全能的比尔·布拉德利和蓝领菲尔·杰克逊。弗雷泽和门罗都可以打两个后卫位置，德布歇和布拉德利可以从后卫打到前锋。而且用天勾的说法，纽约尼克斯队如此全面：

"他们每个人都能跳投得分。你不知道该防哪个。他们还拥有全联盟最雄厚的锋线。"

1973年总决赛第一场，湖人第三节一度93比73领先。但此后尼克斯的霍尔兹曼教练用布拉德利打后卫，全队打起了大阵容，最后一分钟时尼克斯一度追到只差3分。终场时湖人的凯斯·埃里克森抓到篮板，助攻比尔·布里奇斯上篮锁定胜局，湖人1比0领先：张伯伦12分20篮板6助攻，韦斯特24分，古德里奇30分，尼克斯27分。但对面尼克斯六个人得分上10。

虽然输了，但通过这一波疯狂追分，尼克斯知道如何对付湖人了。

尼克斯第二场摆大阵容，用锋线绞肉机轮番对付湖人。张伯伦全场得到 20 篮板但只有 5 分。韦斯特抖擞精神轰下 32 分，但无济于事：对面尼克斯全面开花，99 比 95 击败湖人。1 比 1。

第三场湖人第二节一度 39 比 28 领先，但尼克斯下半场依靠嬉皮士蓝领菲尔·杰克逊的肉搏大展神威。比赛最后时刻，里德抓到关键篮板球，让弗雷泽罚中球锁定胜局：87 比 83，尼克斯打得不好看，但他们赢了，2 比 1 领先湖人。里德 22 分 10 篮板，而张伯伦 5 分 13 篮板 5 助攻。韦斯特比赛中途受伤得了 16 分，弗雷泽 14 分。弗雷泽赛后继续冷笑：

"我觉得我找到杰里的问题了。"

第四场双方继续僵持。韦斯特与古德里奇各得 23 分，比赛最后时刻，德布歇抓到前场篮板打三分得手——全场 33 分 14 篮板，里德 21 分 11 篮板，弗雷泽 19 分 8 篮板 8 助攻——让尼克斯赢球。3 比 1。

第五场韦斯特体力用尽，以 17 投 5 中 12 分结束了他传奇的总决赛生涯。张伯伦打满全场得到 23 分 21 篮板，但毫不意外地 14 罚 5 中。尼克斯五人得分上双，里德 18 分 12 篮板 7 助攻，门罗 23 分。尼克斯 4 比 1 解决湖人复仇成功，拿到 1973 年总冠军。里德拿到自己第二个总决赛 MVP。张伯伦在比赛最后时刻以一个干扰球展示了他恐怖的弹跳力，以及他的不甘：拉塞尔退役四年，他却只拿了一个总冠军，坐看威利斯·里德和尼克斯从自己手里，拿走两个总冠军。

然后，一个时代结束，一个时代开始。

XII

第十三章　老去的光荣

(XIII)

157-176

1973 年夏天，ABA 的圣迭戈征服者队给张伯伦开了价码：球员兼教练，一年 60 万美元。张伯伦愉快地签了约，跳槽过去了；然而洛杉矶湖人不答应，指出张伯伦违反合同。最后张伯伦只好在圣迭戈当了一年篮球教练。他的助理教练斯坦·阿尔贝克后来说：

"张伯伦对职业篮球很有感觉，但日复一日的执教让他无聊，他没有耐心。"于是张伯伦将主要执教工作交给阿尔贝克，还曾经为了给自传开签售会而错过了一场比赛。一年下来，他带领的征服者队 37 胜 47 负，每个主场只招来 1843 名观众。张伯伦大为不满，1974 年他就此离开了职业篮球，开始拍电影，过起了好莱坞的名人生活。

离开张伯伦后，杰里·韦斯特独自在湖人又打了一个赛季：场均 20 分 4 篮板 7 助攻，以及 2.6 个抢断与 0.7 次盖帽，证明他的防守依然是联盟顶尖。但他因伤只打了 31 场常规赛，湖人也不复强大。一年后的 1974 年夏天，他跟湖人老板库克谈续约的事。他还想继续打球，但库克老板直接对韦斯特的经纪人说不。韦斯特觉得自己被辜负了。他又不想为其他球队打球，于是 1974 年夏天韦斯特退役：留下了为洛杉矶湖人出战 932 场比赛拿下 25192 分的纪录，以及他铭刻在 NBA 招牌 logo 上的伟大身影。

1973-1974 季，大 O 也打了自己最后一个 NBA 赛季。他辅佐雄鹿打出了 59 胜的常规赛，让天勾拿到自己四年里第三个常规赛 MVP，但用他自己的话说，"一切都变得越发沉重"。有类似想法的不只他一个：纽约那边，里德因伤只打了 19 场常规赛，仿佛他的一切力量都用在了 1970 和 1973 两届总决赛，用在了张伯伦身上。当张伯伦离去，里德也就慢慢垮了；而德布歇在赛季中途宣布退役，尼克斯的夺冠旅程也结束了。

拉塞尔、贝勒、韦斯特、张伯伦、奥斯卡……这鏖战了一整个 1960 年代的人们渐次离去了，新时代到来了。

1973 年夏天，巴尔的摩子弹队搬去了华盛顿，更名为首都子弹队——后来变成了华盛顿子弹队，新主教练变成了前凯尔特人后卫 K.C. 琼斯，而且他们从火箭队迎来了埃尔文·海耶斯，这个当时 NBA 最好的大前锋，配上子弹的中锋韦斯·昂赛德，组成了 NBA 最诡异的双塔：206 公分高、张扬跋扈、才华横溢的大前锋，201 公分高、低调缄默、扎实沉稳的中锋。

与此同时，NBA 开始正式统计抢断与封盖这两项数据，并且跟 CBS 广播公司合作，开始了十七年的转播合作。

1973-1974 季，东部常规赛依然是凯尔特人称雄：哈弗里切克、考文斯与怀特的三叉戟所向无敌。西部这边，张伯伦的离去和韦斯特的衰老，令湖人不复为雄鹿的对手。而三支年轻球队在缓慢崛起：

——底特律活塞，依靠着他们的老牌后卫戴夫·宾，以及年轻的大脚怪巨人鲍勃·兰尼尔。兰尼尔的防守无比凶恶，即便经常受伤，却不肯缺席比赛。毕竟他时时念叨那句："上帝没给我速度和弹跳。不打得强硬些，我根本就没法活在联盟里。"

——联盟防守第一的芝加哥公牛。他们有天才后卫诺姆·范里尔，有十五年后将成为优秀主教练的里克·阿德尔曼，有跟随张伯伦闯荡过的老前锋查特·沃克。但他们最神奇的角色，是老牌前锋杰里·斯隆。

杰里·斯隆四岁时父亲逝世，留下他自己、他母亲和他的九个哥哥姐姐，外加一个伊利诺伊州麦克林斯伯勒郊外的破农场。年少时他外出谋生做童工，给人家除一天草，挣两美元。高中时他爱上了篮球，于是早上四点半摸黑起床，收拾完农活，再步行两英里去学校，赶早上七点的训练。很多年后，他总结："我就学到一件事——工作努力点又不会死！"

1966 年 NBA 扩军，斯隆被芝加哥公牛选中，得到了"最初公牛"的绰号。他的教练迪克·莫塔后来如此回忆他："斯隆曾说，他希望任何

XIII

一场比赛后都不必有愧悔遗憾。他打完一场比赛，回家就可以像小孩儿一样睡得心安理得——可是在一场比赛前，他会在更衣室里像个疯子似的。"在他的 NBA 生涯里，斯隆是个防守怪物。他打 NBA 的方式，一如他高中时的人生：四点半起床，劳作直至天黑。骨子里，他就是个凶恶、严酷、硬朗、信奉老学院派的伊利诺伊农民。他在 NBA 有两个绰号："盖世太保"、"电锯"。他成为了那支公牛的灵魂人物。

——再便是金州勇士：他们重新拥有了全能高傲的里克·巴里，以及老来依然防守坚毅的内特·瑟蒙德，这对 1967 年曾带队进总决赛的搭档。

结果在 1974 年季后赛首轮，公牛就与活塞七场血战，涉险过关。雄鹿则 4 比 1 终结了湖人，也就此送走了杰里·韦斯特。

东部则充满了戏剧性：

尼克斯用了七场才险胜子弹，前六场呼风唤雨的海耶斯在第七场只有 12 分，而尼克斯那边，子弹旧将门罗第七场射落 30 分让球队过关。

而凯尔特人则遇到了布法罗勇士：考文斯遇到了 NBA 当季第一得分手，投篮如丝滑、速度如前锋的天才中锋鲍勃·麦卡杜。

结果常规赛命中率 55% 的麦卡杜，在对凯尔特人的六场比赛中被防到命中率 48%。在关键的天王山之战第五场，麦卡杜 20 投 5 中而已。如果您看比赛场面，会注意到每场比赛开始，麦卡杜总在他喜爱的禁区左侧要位，然后在比他矮、比他瘦、比他慢的考文斯头顶跳投。考文斯瞪着他那双吸血鬼般的眼睛，用肘、膝、前臂、手掌持续扛住麦卡杜。到第一节中段，麦卡杜的要位范围会远到禁区外一米。到第四节，麦卡杜就会跑到六米开外去拿球了。一整个系列赛下来，华丽的麦卡杜被坚韧的考文斯磨垮了。

就是这种精神，让凯尔特人在第二轮遭遇纽约尼克斯时毫不留情。整个系列赛，考文斯场均 19 分 15 篮板：尼克斯已经没有了里德，无人可以与考文斯肉搏篮板球。与此同时，33岁的哈弗里切克无人可挡：第四场他在麦迪逊花园取下36分，第五场33分，没让尼克斯喘气——去年右肩受伤断送的系列赛，被他重新夺回来了。

但西边，雄鹿更可怕：他们在西部决赛4比0横扫了芝加哥。于是1974年总决赛，凯尔特人将遇到密尔沃基雄鹿。

考文斯击败了得分王麦卡杜，但他能对付高他半个头的当世第一人天勾贾巴尔吗？

1974年总决赛开始前，雄鹿遭遇意外：替补控卫卢修斯·阿伦膝伤缺阵。如此，组织后卫位置，他们只剩35岁的大O了。而他的对手，却是27岁正当年的乔乔·怀特。

于是在1974年总决赛第一场第一节，大O就遭遇凯尔特人的残忍压迫，失误不断。凯尔特人第一节后半段打出22比6的高潮，再未失去过领先优势。第四节，雄鹿两度追近，但哈弗里切克一个上篮、一个中投，稳定了局面；考文斯助攻西拉斯得分，再从天勾手里抓到前场篮板打三分：分差被锁定。全场哈弗里切克26分，考文斯18分17篮板7个助攻，怀特19分，而且防得大O只有13投2中。天勾35分14篮板5助攻3封盖纵横无敌，但雄鹿除他之外，全队只得了45分：凯尔特人98比83取胜，1比0领先，83分也是雄鹿队史上季后赛最低。

但天勾终究是当世第一人。第二场，拉里·科斯特洛教练决定，球队由天勾作为轴心来进攻，于是天勾得到36分15篮板及6次助攻：他的牵制让丹德里奇得到25分。雄鹿第三节一度领先到11分，但哈弗里切克奋起神威，连得10分。第四节，考文斯防得天勾11投2中，但他自己也被天勾封杀：双方90平时，考文斯跳投被天勾盖掉，双方进入加时。战到94平时，雄鹿一个交叉掩护，逼得哈弗里切克换防高他22公分的天勾，天勾得分，96比94，此后雄鹿再未落后，101比96

XIII

第十三章　老去的光荣

取胜。双方 1 比 1 平。

凯尔特人知道无力在禁区阻挡天勾,所以第三场,考文斯外围跳投:全场得到 30 分。凯尔特人第一节逼出雄鹿 11 次失误,32 比 13 领先,再未让分差逼近。98 比 83 取胜,2 比 1。但第四场,大 O 找到了凯尔特人的空隙:他全场送出 9 次助攻,让麦克格洛克林为首的射手们得益,天勾更得到 34 分 14 篮板 6 助攻。雄鹿第二节打出高潮,最后 97 比 89 取胜。2 比 2。

关键的第五场,凯尔特人的首节压迫继续发力:雄鹿第一节 24 投 6 中,当第二节天勾与大 O 发威时,凯尔特人只能依靠保罗·西拉斯的前场篮板球维持生机。第三节开始前 8 分钟,凯尔特人的施压再次发作:压得雄鹿只得 7 分。第四节天勾轰下 13 分,但考文斯也靠跳投得到 11 分:凯尔特人以 96 比 87 取胜,3 比 2。

第六场,凯尔特人是如此希望在波士顿花园夺下拉塞尔退役后的第一个总冠军。双方鏖战到最后,哈弗里切克和考文斯各一个中投,让凯尔特人追上比分,拖进加时赛,然后是第二个加时赛,双方交替领先达 10 次之多,哈弗里切克有 9 分都在第二个加时。当时间垂尽,凯尔特人主帅海因索恩在场边喊要暂停时,哈弗里切克充耳不闻,底线面对天勾,哈弗里切克一个中投,球如彩虹入筐:他得到了他全场第 36 分。凯尔特人 101 比 100 领先 1 分,比赛还剩 8 秒。

如果就这样结束,凯尔特人就 4 比 2 夺冠了。

但神奇的事情发生了:

雄鹿最后一攻,已得 34 分的天勾,本来该给麦克格洛克林掩护让他拿球,但麦克格洛克林无法摆脱。天勾被迫右边线拿球,运球冲向底线,起跳。比赛还剩 2 秒时,天勾将球举到最高点,手指轻拨:他居然从 5 米开外、一般人只能中距离跳投的距离,挥出了一记勾手投篮。球进。102 比 101，雄鹿绝杀取胜。3 比 3。

终于到了总决赛第七场，海因索恩与整个凯尔特人已经看明白了：雄鹿老了，跑不动了。

第七场第一节，天勾得到 14 分，但第二节，凯尔特人对他采取了双人甚至三人夹击，以至于天勾有足足 18 分钟未能得分。天勾最后还是得到了 26 分 13 篮板，但大 O 在他最后一场 NBA 比赛里，13 投 2 中 6 分而已。考文斯得到 28 分 14 篮板 4 助攻，而且在第四节最后与哈弗里切克联手锁定胜局：102 比 87，凯尔特人击败雄鹿，4 比 3 夺下 1974 年总冠军。

曾经的凯尔特人超级第六人约翰·哈弗里切克，作为领袖，拿到了自己第七个冠军戒指——凯尔特人队史上第一个没有拉塞尔参与的戒指。34 岁的年龄，他拿到了自己第一个总决赛 MVP。保罗·西拉斯如此说哈弗里切克：

"当比赛一切顺利时，我们甚至会忽略约翰；但当逆境来到时，全队都看着约翰，希望他做点什么改变局势。他就是这么一个人：可以让比赛从坏变好。"

实际上，哈弗里切克早年跟凯尔特人训练时，经常跟当时 NBA 第一打架糙男罗斯科托夫对位。罗斯科托夫经常被他跑到腿软，总对他吼："没人像你这么跑的! 慢点!"哈弗里切克回："你别再那么推我，我就跑慢点!"

34 岁时，1974 年总决赛，哈弗里切克还是全队的冲刺王。波特兰开拓者的吉奥夫·佩特里说，"我老想把他解剖了，看里面是什么"。

老哥们拉塞尔很直接地说，"他就是我见过最全面的球员"。韦斯特认为，"他 196 公分，但打法强悍，更像个内线球员"。勇士的冠军教练阿特尔斯，明明队里还有里克·巴里在，却说，"要投关键球时，哈弗里

XIII

切克就是最好选择"。

夺冠之后,哈弗里切克跟自己的大学教练弗雷德·泰勒说:"我终于为自己赢到了一点什么了。"——意思是,他第一次在没有拉塞尔时赢下了冠军。

泰勒震惊了:"你一辈子都在赢啊! 你有没有搞错!!"

打完这场比赛后,奥斯卡·罗伯特森随即退役,也就此带走了密尔沃基雄鹿的冠军岁月:下一年即1974-1975季,雄鹿常规赛只有38胜——当然,也跟天勾受伤只打了65场有关。但西部的王座就此空了出来:先是湖人的韦斯特与张伯伦,再是雄鹿的大O。伟人们离去了,西部空下来了。

1974年夏天,东部多出了新奥尔良爵士队:这是NBA的第18支球队。他们招揽了天才的皮特·枪手·马拉维奇,让他自由奔驰。

西部,波特兰开拓者获得了状元签:于是他们选了UCLA大学的比尔·沃顿。

比尔·沃顿,211公分的白人中锋。他是个嬉皮士:在大学里爱穿天鹅绒衬衫,戴彩条头带,哼迷幻摇滚乐。大三时他参加反战集会,公开抨击总统,还因为闹事被警察扯进过局里。

他的大学教练、培养出过天勾的伍登先生说:"在篮球场上,我不担心沃顿;但他一离开球场,我就得担心他被抓起来,担心他引起交通堵塞,担心他旷课去发表反战宣言。"

这对师徒在篮球场上所向无敌。伍登教练赞赏沃顿的好奇和求知欲,沃顿则对伍登言听计从。大学头两年,沃顿不知道什么叫败阵:赛季30战全胜,带队拿下全国冠军。第三年,26胜4负。他在1972—1974这三年包揽全美第一中锋的位置。唯一不完美的是,1974年夏天大学毕业前,他没拿到全国冠军三连冠:当时号称"天行者"的飞人后卫大卫·汤普森带领北卡州大,击败了 UCLA。

但这不妨碍沃顿成为 1974 年状元,并在新秀年为开拓者拿下场均 13 分 13 篮板 5 助攻 3 封盖。唯一美中不足的是:他在大学里就习惯性带伤,新秀年也只打了 35 场。于是开拓者没能成为西部的主角。

1974 年夏天,西部另一出大戏:金州勇士放弃了 33 岁的内特·瑟蒙德,这位与张伯伦和天勾鏖战了十年的巨人在勇士的最后一年还是进了全明星,每场可以打 40 分钟得到 13 分 14 篮板 3 封盖,但他老了。勇士用瑟蒙德去换了芝加哥公牛的克利福德·雷、一个首轮签和 50 万美金——许多人相信,50 万美金才是勇士队的真实目的。

于是许多记者认定:勇士完了!前一年常规赛只有 44 胜,还丢了瑟蒙德,估计接下来一年,都进不了季后赛了!

——他们的理由听来也顺理成章:虽然 1973-1974 季勇士进攻全 NBA 第二,但防守只是中游而已;失去瑟蒙德,勇士的防守必然断崖式下跌。他们唯一的巨星里克·巴里长期为脚趾伤烦恼,而且已经 30 岁了。何况,大家都说巴里是个傲慢的混蛋巨星。很多年后,当他的队友们可以讨论他时,大家这么说——

罗伯特·帕里什:"他总是轻蔑地看着你。"

迈克·邓利维:"如果把巴里送到联合国,他会挑起第三次世界大战。"

勇士的总经理肯·迈克尔说得更直白:"里克的老队友从来不会聚在一起回忆他。他的队友和对手统讨厌他。"

连巴里的主教练阿特尔斯都只能无奈地说:

"里克是个超级巨星,超级巨星嘛,那跟我们就是不同……"

1974 年夏天,失去了瑟蒙德、得到了雷后,勇士还有个收获:他

XIII

第十三章 老去的光荣

们选到了198公分的前锋贾马尔·威尔克斯。很多年后，他被洛杉矶人叫作"娃娃脸威尔克斯"，或者"丘比特洋娃娃"。他是个性格合群的好孩子。他爸爸文图拉这么说：

"在贾马尔的家庭氛围里，我们总鼓励他多沉思……我们那里的街头球场有许多价值观，但每个价值观都很欣赏贾马尔——他跟哪个球队都合得来。"

在大学时，威尔克斯也是UCLA的成员：他跟着沃顿拿了全国冠军，有一手号称"如雪落在竹叶上"的漂亮投篮。到了勇士，他成了里克·巴里的锋线搭档，勇士的首发于是成形：

——191公分的布奇·彼尔德，188公分的查尔斯·约翰逊，198公分的威尔克斯，201公分的巴里，206公分的雷。

——似乎矮了点儿? 没错，勇士全队只有两个人达到206公分。

但阿特尔斯教练让勇士效仿凯尔特人，打出了全NBA第二的进攻，以及凶恶的防守：他们积极突破、冲击前场篮板、防守端快速夹击、抢断起来仿佛疯子。一旦比赛陷入僵局，就让巴里来解决。

1974-1975季，里克·巴里80场常规赛场均得到30.6分5.7篮板6.2助攻的成绩，外加全NBA第一的场均2.9个抢断，"我的手很活跃!"——他自己如是说。那年的常规赛MVP属于得分王鲍勃·麦卡杜，但许多行家都啧啧称赞，认为巴里才是当季最佳球员。许多媒体事后暗示：都怪巴里的臭脾气，球员们不乐意选他当MVP。

但无所谓了：巴里带领勇士打出了常规赛48胜的战绩，在湖人与雄鹿相继凋零的西部，拿到了第一。

1975年季后赛首轮，勇士遭遇西雅图超音速。他们的侵略式夹击，让超音速的明星前锋斯班瑟·海伍德不知所措，找不到篮筐。巴里前三场场均轰下33分让勇士2比1领先，但第四场西雅图夹击巴里让他只得 11 分，赢回一城。第五场，巴里做了个奇怪的决策：

他依然找不到手感，但他不停暗示威尔克斯跑出空位。全场巴里 10 次助攻，5 个抢断，威尔克斯得到全队最高的 24 分：他只是个新人，但巴里信赖他。

"他们都说里克不是个和善的人，但他在场上总是用传球让我感到善意。"威尔克斯温柔地说。

第六场，勇士变阵，让球队唯一的巨人乔治·约翰逊保护篮筐：全场"大乔治"18 分 15 篮板 5 助攻 8 封盖，让西雅图无力攻击。巴里自己轰下 31 分 8 篮板 5 助攻，勇士 105 比 96 取胜，4 比 2 晋级。

勇士的第二轮很是尴尬：他们遭遇了芝加哥公牛——前一年夏天，两队刚互换了中锋。而如今，勇士要证明：他们用瑟蒙德去交换克利福德·雷，是正确的。

而里克·巴里要面对联盟最好的防守者，杰里·盖世太保·斯隆。

巴里在第一场轰下 38 分，带勇士取胜，但第二场公牛调上了比瑟蒙德更大一号的巨汉汤姆·博尔温科尔以便阻塞篮下，扳回一城，然后拿下第三场。1 比 2 落后的困境下，第四场巴里轰下 36 分，带球队第四节反败为胜：勇士打得太快了，瑟蒙德和博尔温科尔两个巨人合计 11 次犯规。

公牛用绞肉机般的防守，89 比 79 拿下第五场：两大中锋合计拿下 23 个篮板，巴里只有 26 投 8 中，勇士 2 比 3 落后。

第六场，悬崖边上的里克·巴里抖擞英雄本色，全场轰下 36 分 8 篮板，外加 7 个抢断：队友们则争先恐后地拼命防守，让巴里接管比赛。勇士 86 比 72 取胜，进入第七场。

然后，与上一轮类似的戏码来了：

第七场，公牛死守巴里，但年轻的威尔克斯站了出来。全场他 19

XIII

投 10 中得到 23 分。勇士在第三节结束还落后 6 分,但第四节,巴里和威尔克斯联手解决了比赛:公牛这边,杰里·斯隆拼命拿到了 14 分 11 篮板,还守得巴里 23 投 8 中,但于事无补,就此打完了斯隆最后一场季后赛。勇士 4 比 3 晋级,进入 1975 年总决赛。

勇士上一次进总决赛,已是八年前了:那时,二年级的巴里带着瑟蒙德,一起去总决赛,败给了当时正如日中天的张伯伦与费城 76 人。

只是这一次,对手换成了华盛顿子弹。

四年前,昂赛德带领子弹进 1971 年总决赛输给天勾后,励精图治。1975 年,子弹拥有了昂赛德与海耶斯这对神奇双塔。201 公分朴实无华只顾掩护与传球的中锋昂赛德,以及 206 公分、比巴里性格还要别扭恶劣的航空母舰大前锋埃尔文·海耶斯。东部决赛,子弹就靠这对双塔终结了卫冕冠军凯尔特人。海耶斯系列赛场均 25.3 分 10.3 篮板,昂赛德则场均 10 分 16.7 篮板 3.8 助攻。

从任何一个角度看,常规赛 60 胜、拥有双塔的子弹,都比常规赛 48 胜、巴里带着一群少年的勇士,更适合夺冠。

至少在 1975 年总决赛第一场是如此:第三节,子弹领先到了 16 分之多。但之后,情况变了。

勇士依靠他们的替补球员,乱枪打鸟,多点出击。第三节,勇士命中率达到 57%,子弹只有 22%。比赛最后一分钟,勇士已经 97 比 94 反超了。海耶斯二罚一中,球给了勇士。里克·巴里在比赛还剩 35 秒时一个高点投篮,得到自己的第 24 分:勇士 99 比 95 领先。子弹试图反击,但勇士施展招牌的压迫防守,替补德里克·蒂奇抢断得手,勇士赢球:1 比 0。

第二场,勇士施展了一个奇怪的防守策略:他们让 198 公分、85

公斤的新生威尔克斯，对位 206 公分 108 公斤的航空母舰海耶斯——居然效果不错。子弹按例领先，第二节一度领先到 46 比 33，但巴里连续四个跳投追近分差：勇士上半场 46 分里，巴里得到 23 分。第三节，子弹继续体力不济，而勇士的替补厚度再次获得优势。比赛最后一分钟，子弹 91 比 90 领先。里克·巴里争取到罚球：常规赛罚球率超过 90% 的他用招牌的端尿盆式罚球，两罚得手。之后乔治·约翰逊阻挡了海耶斯的前场篮板：勇士 92 比 91 取胜，2 比 0 领先。威尔克斯自己得到 14 分，防得海耶斯 15 投 3 中。昂赛德轰下了 20 个篮板球，但勇士这边六个人超过 8 个篮板球：板凳厚度体现无遗。

如此这般，48 胜的勇士居然 2 比 0 领先 60 胜的子弹，回到了主场。里克·巴里当然不想错过这个机会了。

第三场上半场，巴里轰下 25 分。当下半场勇士的体能照例占上风后，子弹毫无办法了。第三节，巴里带领四个替补打出了一波 15 比 6 的高潮。全场比赛结束，巴里轰下 38 分，勇士所有替补十二人全部出场，全队六人得分过 10。109 比 101，勇士拿下第三场，3 比 0 领先。

第四场，子弹用了最后的招数：从来不喜欢得分的昂赛德，本场得到了 19 分。子弹第二节一度领先 14 分，而且勇士的主帅阿尔·阿特尔斯还出了乱子：子弹队的迈克·利奥丹 3 分钟内吃了 3 个犯规，还试图对巴里动手动脚。阿特尔斯教练护犊心切，暴跳如雷，被裁判里奇·鲍尔斯逐出球场，只能靠助理教练乔·罗伯茨解决问题。子弹因此一直领先勇士，直到比赛还剩 5 分钟：他们还领先 8 分。

但勇士比子弹想象中坚强得多。

巴里率队发动了最后一波反击。比赛剩 1 分钟，布奇·彼尔德打出了生涯最精彩的表现：先是上篮让勇士 94 比 93 反超，然后抓到关键篮板，罚球锁定胜局。96 比 95，勇士击败子弹，4 比 0，得到 1975

XIII

年总冠军。

很多年后，阿特尔斯教练提及这场胜利，依然感动不已。前一年夏天，当勇士放走瑟蒙德时，全世界都以为他们会缺席季后赛，然而他们夺冠了：以如此轻盈小巧的这个阵容，击败了肉搏战能手公牛，压倒了拥有双塔的子弹。杰夫·穆林斯则认为，对公牛的七场血战很有意义："那个系列赛让我们彼此信任，让我们相信自己可以靠厚度熬过一切磨难。"

在那个夏天，球队信任里克·巴里，而巴里也信任了他的队友们。结果就是巴里以 31 岁的年纪，得到了自己第一个 NBA 总冠军——以及生涯仅有的一个总决赛 MVP。巴里当然免不了自吹一番："这必然是 NBA 史上最伟大的一次下克上！"但随后，他也多说了几句："这个赛季仿佛童话，一切都恰到好处。我会在余生珍视这一年的。"

1975 年夏天，勇士再接再厉：他们选中了 188 公分的闪电组织后卫古斯·威廉姆斯，善用了得分后卫菲尔·史密斯的天才，结果 1975-1976 季，勇士常规赛赢了全 NBA 最高的 59 场，所有人都觉得他们会卫冕冠军。可是 1976 年西部决赛第七场，离总决赛一步之遥时，勇士却被 42 胜 40 负的凤凰城太阳终结了。

有个传说是这样的：

对太阳的系列赛前两场，巴里还分别得到 38 分和 44 分，状态神勇。但第七场上半场，他卷入了一场斗殴。中场休息时，巴里想到他与对手打架时队友不来帮忙，心头火起。下半场他打得温温吞吞，结果太阳下半场打出了 52 比 38 的高潮，就此终结了勇士的卫冕之路。

究竟巴里怎么想的呢？只有天知道了。但凤凰城的确就此进了 1976 年总决赛：一半靠他们的硬气，一半靠的是 1975 年夏天，震惊 NBA 的两桩大交易之一。

1975 年夏最轰动的交易，莫过于天勾离开了密尔沃基雄鹿。1974-1975 季前，天勾的眼睛受伤，从此开始戴护目镜。也就在差不多时间，他说自己很感谢密尔沃基球迷的热爱，但他不喜欢中西部的文化氛围。1974 年 10 月他提出了交易要求：他想去纽约或者洛杉矶。就像当年的张伯伦似的：伟大巨人都会想去洛杉矶。

1975 年夏天，湖人送出了艾尔莫·史密斯、布莱恩·温特斯、戴夫·梅耶斯和小布里吉曼，得到了天勾。1975-1976 季，身披湖人队 33 号的天勾场均得到 27.7 分，以及冠绝 NBA 的 16.9 篮板与 4.1 封盖，并拿到他第四个常规赛 MVP 追平了张伯伦，但洛杉矶湖人太羸弱了，甚至没进季后赛。

1975 年夏天的另一桩交易乍看不大：波士顿凯尔特人送走了三年级后卫保罗·韦斯特法尔。这个 193 公分的 25 岁后卫身穿 44 号球衣：因为他崇拜湖人的 44 号杰里·韦斯特，连打球风格都极力效仿。他左右手都能投篮，运球、传球都够出色。当被问及他是组织后卫还是得分后卫时，他简单地回答：

"我就是个后卫。"

25 岁的韦斯特法尔去了凤凰城太阳。球队还有新人中锋阿尔文·亚当斯、蓝领前锋库尔蒂斯·佩里和壮硕的前锋加·赫德。值得一提的是：韦斯特法尔的替补是湖人来的 30 岁老将，同样 193 公分高的帕特·莱利。他 1972 年跟着韦斯特拿过一个总冠军，如今将在凤凰城度过自己最后的职业球员时光。

就是这样一支凤凰城太阳，常规赛 42 胜，季后赛首轮 4 比 2 击败西雅图超音速，西部决赛 4 比 3 击败里克·巴里的勇士。第七场固然有巴里发挥失常的因素，但全场韦斯特法尔 12 投 9 中 21 分 5 篮板 4

XIII

助攻，佩里 12 分 10 篮板，赫德 21 分 12 篮板，亚当斯 18 分 20 篮板：全联盟都说，太阳靠一个天才（韦斯特法尔）和三块肌肉（三大锋线），硬生生闯进了总决赛。

而 1976 年总决赛的对手，正是先前放弃了韦斯特法尔的波士顿凯尔特人。

这是凯尔特人的最后一搏了：考文斯和怀特依然能打打，但保罗·西拉斯将满 33 岁，唐·尼尔森已经 36 岁，伟大的哈弗里切克在常规赛已经只有场均 17 分了：1976 年总决赛时，他 36 岁了。

1976 年总决赛第一场，哈弗里切克甚至没有首发：海因索恩教练担心他的脚跟伤势。但第一节打了 4 分半，太阳 10 比 7 领先后，哈弗里切克上场，从此一直打到比赛结束：40 分钟里得到 16 分 6 篮板 6 助攻。考文斯则打满 48 分钟，25 分 21 篮板 10 助攻。怀特 22 分。这三大巨头让太阳无力招架，凯尔特人 98 比 87 取下第一场。

第二场韦斯特法尔轰下 28 分，亚当斯 19 分 15 篮板，但哈弗里切克 23 分，考文斯 16 分 12 篮板：凯尔特人 105 比 90 取下第二场，2 比 0。

亚当斯的 33 分 14 篮板让太阳拿下第三场：他在第四节最后 2 分钟时送出关键助攻，让韦斯特法尔上篮锁定胜局。然后是第四场：双方缠斗到最后 58 秒，赫德点进前场篮板，让太阳 109 比 105 领先。考文斯勾射得分将分差追到 2 分，但此后太阳守住了：韦斯特法尔 28 分 9 助攻，亚当斯 20 分 6 篮板 7 助攻——赛后他得到了表扬："身为中锋，亚当斯也许是全队最好的传球手。"

2 比 2 平局后，双方迎来了号称"NBA 史上最伟大比赛"的第五场。

凯尔特人第五战上半场一度领先 22 分，看着要将太阳卷回家。但下半场，年轻的太阳死缠着老去的凯尔特人，终于完成 95 比 94 的反超。但问题来了：亚当斯对哈弗里切克犯规，6 次犯规离场；哈弗里切克站上罚球线，若两记罚球得手，他就可以终结太阳，但他只罚中一球。双方打平。最后时刻保罗·西拉斯抓住篮板球，双方 95 平进入加时。

第一个加时赛，双方缠斗不休。打到 101 平手，双方彼此奈何不得：于是，第二个加时。

波士顿花园的 15320 名球迷全体起立，凝望着比赛。双方体力垂尽，只靠意志在奋斗。第二个加时最后半分钟，凯尔特人 109 比 106 领先。太阳的迪克·范阿斯代尔跳投，让太阳 108 比 109 只落后 1 分，随后又断球得手。佩里投篮不中，但强硬地抓到前场篮板——他当场唯一的一个前场篮板——补中，太阳 110 比 109 领先。还剩 5 秒。

凯尔特人暂停后，球交给了全场最老资格的传奇。哈弗里切克侧身运球，跑动，起跳，出手：球打板而进。111 比 110，凯尔特人反超，比赛还剩 1 秒。

——凯尔特人球迷疯狂了。他们误以为比赛结束了，于是风卷潮涌，扑上球场，庆祝胜利。凯尔特人全队则直回更衣室，预备庆祝胜利。但太阳队不答应，他们围住裁判，指着计时钟：

"比赛还有一秒！还没结束！"混乱之中，裁判里奇·鲍尔斯差点挨拳头。但比赛还是重新开始了：太阳底线发球，还有 1 秒了。

此时韦斯特法尔故意叫了个暂停，因为太阳已无暂停可叫，他自己吃了个技术犯规，凯尔特人罚中一球，112 比 110 领先，但太阳由此利用规则，获得了中场发球的机会。佩里高高地挥出传球，太阳队的加·赫德在离筐 6 米外接球，立刻单手抛出：出手哨响。球如彩虹飞起，落入篮筐。

112 平。第三个加时赛。

到此地步，考文斯、斯科特、亚当斯、奥特雷已全被罚出。凯尔特人只好派出基本不上场的格伦·麦唐纳。结果麦唐纳在第三个加时连续得分，让凯尔特人 128 比 122 领先。韦斯特法尔在比赛最后抢断上篮，

XIII

将分差缩小，但来不及了：乔乔·怀特最后持球将比赛拖完。凯尔特人 128 比 126，结束了这场不朽之战，3 比 2 领先。

太阳那边，佩里打了 52 分钟 23 分 15 篮板，赫德 61 分钟 17 分 12 篮板，韦斯特法尔 25 分，索伯斯 25 分，亚当斯 20 分 9 篮板。而凯尔特人这里，哈弗里切克打了 58 分钟 22 分 9 篮板 8 助攻，考文斯打了 55 分钟被罚下，26 分 19 篮板。怀特打了 60 分钟，拿下全场最高的 33 分。

两天后，第六场。双方都没力气再打。上半场双方都投不中球，合计得到 71 分，哈弗里切克上半场 8 投只有 1 中。到第四节，考文斯和哈弗里切克使出最后的力气连得 11 分，刷开分差。斯科特第四节得到 9 分，并且在篮板上压倒了佩里和亚当斯。最后 10 分钟，考文斯已经带了 5 次犯规，但海因索恩教练拒绝放他下场："大不了被罚下！"结果凯尔特人五大首发都打足 42 分钟开外，考文斯 21 分 17 篮板。最后凯尔特人 87 比 80 取胜，4 比 2 击败太阳，拿到 1976 年总冠军。

波士顿凯尔特人完成了三年里第二个总冠军。乔乔·怀特拿到了总决赛 MVP。赛后哈弗里切克一如当年的拉塞尔一样，气喘到无法言语：他拿到了第八个戒指，以 36 岁的高龄，在比尔·拉塞尔退役七年之后。在这个张伯伦、韦斯特、奥斯卡纷纷退役的时代，哈弗里切克是最后的、老去的光荣。

有个传说是这样的。总决赛第五场，太阳的某个年轻人问哈弗里切克："约翰，你们波士顿花园顶棚上那些球衣都是你们的传奇呀？"哈弗里切克不动声色地答：

"是啊，那都是我的队友。"

韦斯特这么说哈弗里切克：

"我不喜欢超级巨星这词。联盟里总是有人，看哪个谁做胯下运球了,就说那是超级巨星;哈弗里切克风格这么质朴,但他就是超级巨星;其他都只是体育记者的幻觉。"

1976 年,另一个联盟 ABA 走到了尽头。在 ABA 的最后一年,留下了如此传奇:

先前,为了跟 NBA 争夺观众,ABA 用尽了方法:他们在球场上设置了三分线,在三分线外投篮可得 3 分,此举大大改变了远射能手们的命运,并将永久改变篮球战术。他们用蓝白红三色篮球。他们鼓励新鲜热辣的杂耍表演。他们推崇缤纷多彩的个人技巧,以及华丽的扣篮。

1976 年 ABA 全明星赛,甚至举行了专门的扣篮大赛:ABA 最有名的表演家们云集于此。包括:

——193 公分的大卫·天行者·汤普森。他是个能飞的闪电怪物,在美国大学篮球普及了"空中接力"这个词。1975 年他同时被 ABA 和 NBA 点为状元,选择去了 ABA。

——203 公分的乔治·冰人·格文。201 公分却只有 83 公斤的瘦削得分手。篮球史上投篮手感最妖异的球员之一。他能够在一些极其狭窄的范围,用手指拨出那传奇的绕指柔上篮。快、薄、轻盈、柔和,难以捕捉。

——218 公分的巨人阿蒂斯·火车头·吉尔摩,被认为是当时最接近张伯伦的钢铁巨人。

这一晚,乔治·格文展示了 360 度大风车扣篮,吉尔摩使出的底线战斧扣篮,汤普森使出了 360 度转身扣篮。

但最后,光荣属于朱利叶斯·J 博士·欧文。

许多人说,ABA 属于 J 博士。可能的确如此。他拥有 ABA 最招牌的爆炸头发型。他可以随意飞翔。他 201 公分,双腿颀长,有一双可以挥动篮球的大手,可以从三分线起步上篮。他无所不能。他在比赛中的

XIII

一个扣篮能让球迷疯狂，逼得对手教练暂停比赛来让观众热情逝去。就在扣篮大赛这一夜，J博士送出双手反扣、小回环滞空扣和回拉反扣。最后，J博士退到球场另一端，助跑，从罚球线起跳，飞翔，扣篮。

那是篮球史上最辉煌的时刻之一。在这一晚，篮球不再只是比赛了：虽然在NBA，珍珠门罗和枪手马拉维奇也让篮球华丽耀眼，但J博士让篮球变成了一项3D飞翔运动。

当然，J博士的伟大，不只是扣篮而已。

1976年，ABA总决赛，以J博士为代表的纽约网队对阵汤普森带领的丹佛掘金，前四场比赛，J博士拿下158分，抓到51个篮板，得到22次助攻7次盖帽8个抢断。而防他的人是鲍比·琼斯——这位先生后来打了十年NBA，八次进入NBA第一防守阵容，一次第二防守阵容，换言之，他是NBA历史上最卓越的防守者之一。但琼斯完全被J博士摧毁了。

"我知道他会飞向篮筐，就是不知道他会怎么飞。他跳投、切底线、飞中路，随便。可是我真的喜欢看他打球，因为他随便耍一招，就是我再也看不到的花式。"

这就是J博士。世界习惯用公式与战术图解释篮球，而他如同一个绘画者。篮球从他之后，再也不同了。1976年他带领网队拿下ABA总冠军，也就此结束了一个时代。

那年夏天，ABA与NBA正式合并，4支球队——纽约网队、印第安纳步行者队、圣安东尼奥马刺、丹佛掘金——加入了NBA。于是NBA有了22支球队。

巨星们自有下落：J博士去了费城76人，格文去了马刺，吉尔摩去了公牛，汤普森留在了掘金。

最后，一个当时还不算出名的年轻人，21岁的年轻人摩西·马龙，先去布法罗，打了两场比赛，便被抛去了休斯顿火箭。那时布法罗当然不知道，他们做了NBA历史上最愚蠢的一笔买卖。

第十四章　疯狂与阴影

(XIV)

177 - 192

1976 年夏天，ABA 与 NBA 合并，不只多出了四支球队。整个时代都被推动了。

一方面，凯尔特人、太阳、勇士等强队纷纷老去。一方面，ABA 的新星为 NBA 带来了新东西：热血、速度、华丽的表演，以及分散到全 NBA 的 28 位前 ABA 球员。

1976-1977 季，全 NBA 没有顶级强者（常规赛最高的洛杉矶湖人也不过 53 胜），却也没有弱者（只有纽约网队常规赛没到 30 胜）。

即，在 30 胜到 52 胜之间，NBA 挤了 20 支球队之多。

1977 年全明星双方出场 24 人中，有 9 人是原 ABA 球员。而 NBA 最激动人心的球员，更是原 ABA 扣篮大赛的四大天王：天行者汤普森、冰人格文、火车头吉尔摩，当然还有篮球界的摇滚明星 J 博士。

1976-1977 季常规赛 MVP 属于天勾：他带着湖人拿到 53 胜，自己在 82 场比赛里拿到场均 26.2 分 13.3 篮板 3.9 助攻和 3.2 封盖。当然，也得归功于湖人请到了一个合适的主帅：杰里·韦斯特，湖人传奇。作为曾经的对手，他知道天勾的可怕；作为曾经跟张伯伦合作过的后卫，他知道如何哄好巨人。

在西部季后赛首轮，天勾七场比赛有四场轰下 40 分开外，场均 37 分 19 篮板 4 助攻 4 封盖，并在第七场拿下 36 分 26 篮板 4 助攻 5 抢断的神奇表现，让湖人干掉了金州勇士。第二轮，天勾还是拿到场均 30 分 16 篮板 4 助攻 4 抢断的表现，但湖人被波特兰开拓者 4 比 0 横扫：

对面阻碍他的中锋，正是他 UCLA 的嬉皮士师弟比尔·沃顿。四场比赛，沃顿场均 19 分 15 篮板 6 助攻 2 封盖。

1977 年的波特兰开拓者很是年轻。首发是 24 岁的后卫莱昂内尔·霍林斯、27 岁的后卫戴夫·托德契克，锋线是 24 岁的鲍勃·格罗斯，然后是王牌内线：同为 25 岁的马柳斯·卢卡斯和比尔·沃顿。卢卡斯是前 ABA 球员，一手优美的中投，速度奇快。霍林斯手如闪电，也擅长突破。格罗斯与托德契克的空切了得，后卫线还有全能后卫拉里·斯蒂尔。但全队真正的中轴，是三年级的比尔·沃顿。

沃顿不具备师兄天勾那样超凡脱俗的得分能力，但他防守端能坐镇禁区，进攻则是个完美大轴。他的传球神出鬼没，站在罚球线附近，可以舒服地给全队送出传球。当然他不脱嬉皮士本色，特别没谱。此前两个赛季，他脚踝扭过，手腕折过，手指脚趾脱臼更是不计其数；他甚至被洒水车撞脚趾，被吉普车撞伤了腿——还喜欢躲着记者！

幸好，杰克·拉姆西教练从布法罗赶来，执教开拓者了。

拉姆西教练树起了以沃顿为核心的战术——此举要冒相当大的风险，因为这个家伙太容易缺席比赛了。且沃顿因口吃、轻度自闭而带来的狂妄性格，并不那么令人愉快，他会在拉姆西赞美他"不错呀"时，回一句"废话"。多年后拉姆西承认："我之前都没遇到过这种个性的家伙。"

但就是这样的大轴，将开拓者带出了常规赛 49 胜。西部季后赛，沃顿带队 4 比 2 干掉了汤普森带的丹佛掘金。第六场，汤普森企图绝杀沃顿，未遂，被沃顿一帽盖飞。赛后沃顿很得意：就在三年前，汤普森的北卡州大终结了沃顿 UCLA 大学的连霸，如今他报仇了！

与湖人之战前，大家都在讨论沃顿与天勾的师兄弟对战。沃顿说：

"跟天勾对战，我很激动；他年纪渐长，越发聪明，我觉得他正在黄金年华。"

天勾则说："沃顿并不跟我拼肌肉，而靠技术试探我。"

整个系列赛，天勾的得分都压制着沃顿，而沃顿靠传球引领着全队。但也有那么些时刻，比如：系列赛第三场，湖人一度 81 比 77 领先，此时沃顿被天勾防到只得 8 分。但接下来 5 分钟，沃顿投中 7 个球：打板、前场补进、左右手勾射。开拓者一口气领先到 93 比 84，最

XIV

后 102 比 97 拿下湖人，3 比 0。

这就是 1977 年的沃顿：他指挥着全队，只在需要时才得分。开拓者 4 比 0 横扫湖人后，来到 1977 年总决赛，沃顿的开拓者遭遇了 J 博士带领的费城 76 人。

开拓者迅速 0 比 2 落后了：总决赛第一场，J 博士轰下 33 分，让防守他的格罗斯与斯蒂尔合计 10 个犯规，费城取胜。第二场，J 博士 20 分，射手科林斯 27 分。但最招人瞩目的，是替补上场的费城中锋，年轻的达里尔·巧克力闪电·道金斯：他在比赛中盖掉沃顿、独自带球突破，助攻亨利·毕比上篮；之后，跟开拓者的格罗斯扭打成一团，一肘子砸到了卢卡斯，赛后他怒气满胸，还把更衣室洗手间给砸了。

这就是费城：他们火爆凶猛，快如闪电。

拉姆西教练决定调整战略。托德契克被替下，188 公分的约翰尼·戴维斯首发，与 191 公分的霍林斯配对，替下组织后卫托德契克，以加强防守。

进攻组织？篮下防守？一切都交给沃顿了！

第三场第一节，开拓者一波 32 比 12 完全击溃费城 76 人。全场比赛 J 博士还是拿下了 28 分 11 篮板，但球队另一个 ABA 明星前锋麦金尼斯在篮下被沃顿压制。卢卡斯为开拓者拿下 29 分 12 篮板，而沃顿统辖全场：20 分 18 篮板 9 助攻 2 抢断 4 封盖，让全队六人得到 13 分开外。1 比 2。

第四场，开拓者一个 19 比 4 闪电开局，前 10 投 9 中，再次大破费城。J 博士得到 24 分，但沃顿 12 分 13 篮板 7 助攻 4 封盖。开拓者 130 比 98 大胜。2 比 2。

第五场，大家都在讨论开拓者前景多艰难：76 人已经连败两场，而整个赛季，费城从未三连败过，且第五场在费城主场：他们一定会强势反弹的。

上半场,开拓者命中率 38%,76 人 29%。双方互相死守。但第三节,沃顿连续抓到篮板后传球,发动快攻反击,开拓者一波 31 比 13 的高潮,将分差拉开。第四节,费城 76 人放了一个奇怪的阵型:

——亨利·毕比、道格·科林斯、J 博士、乔·布莱恩特和卡德维尔·琼斯,一个无中锋五人组,逼出开拓者 7 次失误,J 博士连得 13 分,将分差逼近,好在卢卡斯和霍林斯两个投篮,为开拓者解决了问题。全场比赛,卢卡斯 20 分 13 篮板,格罗斯 25 分,而沃顿 14 分 24 篮板 3 助攻 2 封盖,挡住了对面 J 博士 37 分 9 篮板 7 助攻的神勇表现。开拓者 110 比 104 取胜。3 比 2 反超了。

J 博士在第六场轰下了 40 分,甚至在第六场上半场结束前,打出了 NBA 总决赛史上最漂亮的入球之一:后场拿球,一条龙奔袭,越过罚球线,起跳,在比尔·沃顿大手遮挡下扣篮。实际上,费城 76 人也的确将比赛拖到了最后时刻:107 比 109 落后时,他们有三次机会在篮下得分,但都没得手。因为沃顿坐镇篮下:全场比赛,沃顿 20 分 23 篮板 7 助攻 8 封盖。

于是就这样了:开拓者 0 比 2 落后,随后连扳四局,4 比 2 击败 76 人拿下了 1977 年总冠军。三年级的比尔·沃顿举起了总决赛 MVP,为这个疯狂的赛季画下了结局。开拓者队史上第一次常规赛过 40 胜,居然就夺冠了?被波士顿、洛杉矶、纽约这样的大城市,或是里克·巴里这样的老巨星控制的总冠军,被波特兰这么个普通城市、沃顿这么个嬉皮士明星,拿下了?!

——一个小小的插曲。费城 76 人的前锋乔·布莱恩特,会在一年后拥有一个儿子:科比·布莱恩特。两年后,乔去到圣迭戈快船,成为比尔·沃顿的队友;他的儿子科比·布莱恩特,将来会与比尔·沃顿的儿

XIV

子卢克·沃顿成为洛杉矶湖人队队友。

当然，这是将来的事了。

1977年夏天，疯狂在延续，全联盟大洗牌。勇士放贾马尔·威尔克斯去了湖人，雄鹿将鲍勃·丹德里奇送去了子弹，古斯·威廉姆斯去了超音速。

1977–1978季，比尔·沃顿为开拓者打了58场比赛——其间开拓者48胜10负——然后受伤了。他不在的24场，开拓者10胜14负。他巨大的影响力令赛季结束时，养着伤呢，还是被评为常规赛MVP。但开拓者的辉煌，连同沃顿自己的健康，也就此结束了。

倒霉的不只沃顿。他的师兄天勾在赛季开始那天，就遭遇了厄运：

客场对阵密尔沃基雄鹿，开场2分钟，雄鹿的中锋肯特·本森对天勾使了阴招，一肘砸中天勾的肚子——这小子是1977年状元，那是他第一场NBA比赛，是他职业篮球生涯的头两分钟，大概他想给天勾留下点纪念。天勾大怒，扬手一拳，废了本森的下巴；自己也右手骨折。这一拳过后，天勾被停赛了20场。

事情还没完。1977年12月9日，天勾刚复出，又遭遇闹心事：湖人对阵火箭，比赛下半场，湖人的科米特·华盛顿与火箭的凯文·昆内特打了起来。天勾抱住昆内特试图拆解开，结果华盛顿一拳把昆内特打跪在地。华盛顿回身，正看见火箭的全明星前锋鲁迪·汤姆贾诺维奇奔来。汤姆贾诺维奇是为了劝架，华盛顿却认定他要来动手，于是挥出了NBA历史上最重的一拳，正中汤姆贾诺维奇的脑袋：

汤姆贾诺维奇面部骨折，骨头移位了近一厘米，当即昏厥，遍地是血；事后汤姆贾诺维奇承认，自己简直尝到了脑浆的味道。那个赛季他再未出场：四度全明星的历程也就此中止。华盛顿则在两周后被湖人交易给了波士顿凯尔特人：他们也不想留着这个祸害。

汤姆贾诺维奇的受伤令全联盟震惊：NBA已经变成了一个暴力联盟了吗？

这恐怖的事件，却有一个奇怪的后续：火箭队22岁的中锋摩西·马龙，得到机会了。

摩西·马龙13岁前打橄榄球，之后他身高长得太快，举动笨拙，他的哥们大卫·佩尔说："我们都嘲笑他，打他，看他尴尬的样子。"但到18岁，当地没人肯跟他打街头篮球了，除非他允诺"我不进禁区"：他太凶暴了。1974年，全美有超过250个大学想要摩西。那时他代表彼德斯堡高中，统治了弗吉尼亚州高中篮球界，大四时，场均36分26篮板10封盖。

他注册身高208公分，不算高，但移动快到匪夷所思。北卡大学的球探报告说他"太快了，只要一动念，就能瞬移到那里"。有人误会他很笨，因为他少言寡语，声音低厚，好像从脚底升到口腔来的。当然事实并非如此。"我不问很多问题，只是观察周围，然后得出结论。"

他的母亲要求"别让我的儿子去哈佛"。他自己则认为："对，大学篮球对我来说太简单了。我想打职业篮球。"

1974年，他被ABA的犹他星队选中，成为史上首位高中毕业生职业篮球手。1976年NBA与ABA合并，他到了休斯顿火箭队。刚打上职业篮球时，他得到的评价是，"他比后卫还快"。他漠无表情地面对肘子、膝盖、推搡和捶打，而且对队里的老将们说："你们可以继续说我是菜鸟，但我绝对是你们见过最他妈强悍的菜鸟。"

他的胳膊短，双手很小，一点都不像个天然的篮板手。他赖以生存的，是专注，是恶狠狠地用大屁股顶住对手，是恐怖的反应速度，是预判与斗志。他并不是个高效的攻击手，传球一般，射程不算远，不够聪明，但他勤奋、活力十足，随时都能从15英尺外向篮筐滚去，不断从巨

XIV

人们的身侧晃过,卡住位置,嵌进对手的骨头里。在"滚进篮下、出手、被干扰、二次起跳、三次起跳,补进或造罚球"方面,NBA 历史上没有人能和他相比。

于是他成了 NBA 历史上最好的前场篮板球手。

1977-1978 季,汤姆贾诺维奇受伤后,摩西·马龙成为火箭队首席内线:场均得到 19.4 分 15 个篮板球——其中 6.4 个前场篮板——并入选了全明星,开始冉冉升起。

1977-1978 季就这样混乱地继续着,到 1978 年春天,沃顿受伤了,天勾在努力让湖人进季后赛;到赛季尾声,又出了两档子事。

其一,约翰·哈弗里切克结束了他不朽的 16 年 NBA 生涯,宣布退役了。他带走了八枚 NBA 总冠军戒指,以及当时 NBA 历史上最多的 1270 场常规赛出场纪录,总得分 26395 是当时的历史第三:仅次于张伯伦与大 O。在他这最后一季,每随凯尔特人到一个客场,球迷都闹腾得仿佛欢送会。

其二,得分王之争。

ABA 过来的四大巨星——J 博士、汤普森、格文、吉尔摩——都是打法华丽,令人迷醉。汤普森与格文在 1978 年 4 月,得分领跑全联盟。为了一个年度得分王头衔,俩人玩了出邪门的:

1978 年的 4 月 9 日,丹佛掘金当季常规赛最后一场第一节,汤普森在活塞头顶砍了 32 分,创了 NBA 新的单节得分纪录,让张伯伦 1962 年 3 月 2 日百分之夜的单节 31 分褪色。当晚,汤普森合计得了 73 分,成为 NBA 历史上第三个得到单场 70 分的人——此前只有张伯伦和贝勒做到过。

就在汤普森得到 73 分后 6 小时,他的对手、圣安东尼奥马刺的乔治·格文,在对阵新奥尔良爵士的第二节,用他经典的绕指柔上篮单节得到 33 分，全场 63 分，并压过了汤普森，得到了 1977–1978 季得分王。

这场华丽又混乱的得分大战，就此结束了这戾气横生的 1978 年 NBA 常规赛。

1978 年季后赛更加混乱。费城 76 人在东部决赛输给了华盛顿子弹：J 博士还是所向无敌，但子弹队除了埃尔文·海耶斯和韦斯·昂赛德这对怪异双塔，还有雄鹿当年的冠军功臣，辅佐天勾与大 O 的全能前锋丹德里奇。这锋线三头怪，让费城无可奈何。

而西边：西雅图超音速先干掉了天勾的湖人，再击败了失去了沃顿的开拓者。

西雅图是当季 NBA 最诡异的球队：他们全队有六人场均得分在两位数，但没有一个真正的王牌，甚至没一个全明星。他们的中锋是 ABA 过来的巨人马文·橡皮擦·韦伯斯特，组织后卫是勇士过来的绞肉机古斯·巫师·威廉姆斯。他们有新秀白人中锋杰克·西克玛——他拥有 NBA 历史长人里顶尖的罚球手感和优美步伐，他的"背身接球转身面筐"被后世命名为"西克玛步"——以及二年级后卫、脸色阴森的防守专家丹尼斯·约翰逊。球队经验最丰富的，是凯尔特人过来的老蓝领保罗·西拉斯，以及年过而立的前锋约翰·约翰逊，而场上负责喊话的则是全能后卫、30 岁的弗雷迪·布朗。

西雅图超音速没有明星，进攻也平淡无奇，但依靠厚度与防守，他们在季后赛一路顺利。西部决赛他们击败掘金：常规赛还能单场 73 分的大卫·汤普森，被他们封杀了。

于是，华盛顿子弹和西雅图超音速会战 1978 年总决赛。

1978 年总决赛第一场，约翰·约翰逊亲自防守丹德里奇，让他 12 投 3 中。好在子弹队还有海耶斯与后卫格雷维，第三节，子弹一度 84 比 65 领先。但随后超音速连得 12 分，第四节，弗雷迪·布朗远射、急停中投、突破打三分、右翼远射，一口气将分差追到 88 平：全场他轰

XIV

下 30 分，第四节得到 16 分。丹尼斯·约翰逊接过来将比赛解决：106 比 102，超音速取胜。海耶斯第四节熄火，全场 21 分。而子弹的篮板魔王昂赛德全场 6 分 7 篮板 4 助攻而已。超音速这边，约翰逊、韦伯斯特、西拉斯和西克玛合计 45 个篮板球，完全压倒了子弹。

第二场，子弹一度领先 16 分，但再度被超音速追到只差 2 分：好在这一次，海耶斯撑住了。子弹扳回一城。超音速全队六人得分过两位数，而子弹这边丹德里奇轰下 34 分，海耶斯 25 分 4 封盖，昂赛德 2 分 15 篮板 5 助攻：锋线三叉戟控制了禁区。

双方 1 比 1 进入第三场，最后时刻，昂赛德篮下投中全场仅有的一球，让子弹追到 90 比 93，比赛还有 12 秒，子弹的汤姆·亨德森抄球上篮，92 比 93，差 3 秒。然后戏剧性的事来了：西拉斯发球，裁判判定他违例。子弹获得球权，但丹德里奇投丢，超音速 93 比 92 险胜。海耶斯勇猛的 20 分 20 篮板、丹德里奇的 21 分 9 篮板 6 助攻就此虚掷。

第四场，丹德里奇关键时刻的得分，让比赛剩 20 秒时子弹领先 2 分。弗雷迪·布朗射中中投，双方进入加时。子弹队替补查尔斯·约翰逊加时赛得到 8 分，而最后时刻，昂赛德抓到个人第 11 个篮板球，锁定胜局。超音速那边丹尼斯·约翰逊轰下 33 分，但子弹这里昂赛德 15 分 11 篮板、海耶斯 20 分 13 篮板、丹德里奇 23 分 7 助攻：三叉戟没输。于是打成了 2 比 2。

然后是第五场，比赛再次磨到最后时刻。丹德里奇 21 分 10 篮板，昂赛德 13 分 14 篮板，但海耶斯全场 17 分，下半场只得 5 分。更糟糕的是，子弹全场 31 罚 18 中，被超音速精准地干掉。超音速 3 比 2 领先，眼看冠军在望。可是第六场，子弹在主场奋起反击：117 比 82 大破超音速。3 比 3。

于是进入第七场。

丹尼斯·约翰逊的手感忽然消失，全场 14 投 0 中。子弹则放弃让海耶斯单挑了：全场海耶斯只投了 10 个篮。子弹决定依赖全队。比赛最后 18 秒，超音速 99 比 101 落后，昂赛德两个罚球得手，为子弹锁定胜局：105 比 99，华盛顿子弹 4 比 3 击败超音速夺冠。

——韦斯·昂赛德，总决赛七战场均 9 分 12 篮板 4 助攻的昂赛德，拿下了总决赛 MVP。而不是他的同年生、场均 21 分 12 篮板的海耶斯。为什么呢？一方面是，如当时许多人所说，海耶斯的人缘奇差，连本队工作人员都承认，"跟这家伙相处就像在受水刑"，而昂赛德从 1968 年入行拿到常规赛 MVP，就一路支持着子弹。虽然 1971 年总决赛输给了天勾，但他不屈不挠，一直熬到了七年后的这个冠军。

另一方面：1978 年总决赛七战，海耶斯一共得到了 145 分，但其中 123 分来自前三节，换言之，一到第四节他就消失。比起总决赛第七场悍然得到 15 分的昂赛德，海耶斯显然差了一点点狠劲。

一年后，1979 年，这场总决赛又重演了一遍：还是华盛顿子弹 vs 西雅图超音速，只是结局变了。第一场子弹 99 比 97 险胜，但第二到第五场，超音速的防守让子弹喘不过气来。丹尼斯·约翰逊打出了如此的表现：第二场 17 分 11 篮板 6 助攻 3 抢断；第三场 17 分 9 篮板 9 助攻；第四场 32 分 10 篮板 3 助攻 4 封盖，以及最后时刻给格雷维一个封盖锁定胜局（他只有 193 公分而已）；第五场 21 分 4 篮板 5 助攻 2 抢断 1 封盖。用西克玛的话说："他打球的架势好像这是他这辈子最后四场球似的！"没有王牌的西雅图超音速 4 比 1 击败子弹，复仇成功，夺冠了。而丹尼斯·约翰逊拿到了 1979 年总决赛 MVP。

但除了西雅图与华盛顿的冤仇，1978-1979 季的 NBA，没什么好消息。

1978 年夏天，布法罗勇敢者搬去了圣迭戈，成为了圣迭戈快船队；

XIV

底特律活塞从中西区转到了中区。但 NBA 整体情况很糟糕：

——NBA 的黑人球员与白人球员人数变成了 3 比 1。对那个种族歧视概念并未完全厘清的时代而言，许多白人球迷不喜欢看这样的篮球：尤其是，韦斯特与哈弗里切克这样的白人骄傲先后离开了，导致球迷锐减。

——ABA 球员们带来的不只是爆炸头与街头风格，还有许多不良习惯，比如可卡因。大卫·汤普森，依靠着他飞扬飘逸的球风与单场 73 分的超级攻击力成为明星，却在 24 岁的年纪就开始走下坡路。两年后，当他被质疑吸毒时，汤普森说了句大实话：

"我并不比联盟里其他人吸毒更多，但也不比他们糟糕。"

——伟大如 J 博士这样的巨星，在 NBA 打得不错，但并不如他在 ABA 那么逸伦超群，多少让球迷们有些失望。理由有很多：NBA 球队都打联防，收缩篮下，不让他飞翔；NBA 的对手犯规更凶猛，裁判也对他缺乏保护。实际上，1977—1979 年，NBA 最顶级的二位巨星 J 博士和天勾都不太如意，沃顿则在持续养伤。NBA 有许多优秀得分手，但没一个能成为真正的大明星。

于是，在外界看来，NBA 布满了一群打架斗殴、吸毒酗酒、打法粗野、没有明星的流氓。

——1978-1979 季，NBA 的常规赛 MVP 是 24 岁的摩西·马龙。他为火箭出赛 82 场，场均全 NBA 最多的 41.3 分钟，得到 24.8 分和 17.6 个篮板球——包括每场匪夷所思的 7.2 个前场篮板。但如我们所知：一个粗鲁沉默、打法凶猛的高中生球员成为 NBA 的门面，在商业上不是好事。

在这一片死水中，波士顿凯尔特人和洛杉矶湖人出了点新闻。

早在 1977 年，布法罗勇敢者队老板约翰·布朗与合伙人哈里·曼

伊赛亚·托马斯:"你想赢我可以,但没法让我不加抵抗。"

古里安寻思，趁凯尔特人内忧外患，跟凯尔特人当家埃尔文·列文老板商量：咱俩换支球队如何？——你可以把我这支球队搬到你家乡加州去！

列文拍板，此事遂成。勇敢者搬去圣迭戈，也就是后来的洛杉矶快船了。

但是布朗老板到凯尔特人，自揽大权，狂搞交易：他用包括第八位选秀权在内的筹码，换来了被伤病折磨的前得分王+助攻王"精灵"阿奇巴尔德，尤其让波士顿人民生气。

好在波士顿当家管事的，还是红衣主教。主教平淡地问老板："换出去的第八位选秀权能否换成第六位？"布朗以为自己已慑服了主教，欣然允可，还让主教继续留任球队主席兼总经理。

1977–1978赛季中，布朗老板并不知会红衣主教，自己拿三个首轮签换来了被伤病困扰的鲍勃·麦卡杜。主教于是施展了苦肉计：他对媒体宣称，自己不喜欢这交易，却又故作委婉："我没法和老板对着干。"如此，布朗老板在波士顿已人神共愤。趁此时，主教给了致命一击：他摸出纽约尼克斯递来的邀请，表示老板这么搞法，我只好去纽约啦——当然，要我不走，也行，但是吧……

于是布朗老板放弃了自己在波士顿的股份，哈里·曼古里安成为凯尔特人老板。红衣主教将麦卡杜送去了底特律活塞，换回了两个选秀权。而他先前保留下来的1978年第六号选秀权，则拿去选了当时还在印第安纳大学读三年级的拉里·伯德：他知道伯德要1979年大学毕业才肯进NBA，但他决定赌一下子。

拉里·伯德，1956年12月7日生在印第安纳西北一个穷困的小镇，镇上满是抽烟酗酒的穷白人。他父亲乔·伯德和他母亲乔治娅生了十二个孩子，自己酗酒成瘾。拉里·伯德自小没有玩具：除了一个二手篮球。他每天训练打球八个小时，多年后他承认：

XIV

"我总是有一种我练习得还不够的罪恶感,我永远觉得肯定有谁比我练习得更勤奋。"

乔·伯德跟乔治娅离婚后,无法控制自己。1975 年 2 月,他给乔治娅打电话时举枪自杀。那年夏天,拉里·伯德去了印第安纳大学。

不难想象,伯德想尽一切办法来纾解自己的痛苦,包括穷困的童年,包括酗酒父亲的自杀记忆。他在大学里就结过一次婚,然后迅速离婚。之后他完全沉浸于篮球之中。1976-1977 季,他在 NCAA 场均 33 分 13 篮板 4 助攻;下一季,场均 30 分 12 篮板 4 助攻:然后他被红衣主教挑走了。1978-1979 季,伯德场均 28.6 分 15 篮板 6 助攻,并且带领印第安纳大学赛季前 33 场全胜,直抵 NCAA 大学决赛。

伯德身高 206 公分,不算能跑,不算能跳,但他的投篮、传球、判断力、聪慧都是篮球史上顶尖的存在。他少年时的自卑成为了他的动力:他在篮球场上傲慢又刻薄,用滔滔不绝的垃圾话羞辱对手,用传球串联队友。1978 年被凯尔特人选中后,他给队友们买礼物,却不时来两句:"哎,你们别对我太狠。我这手指值 50 万美元哟。"

"如果我们夺了冠,我给全队每人买辆车,再给我队友迈利买一手跳投技巧——他就缺这玩意。"

1979 年的 NCAA 四强赛包括:伯德的印第安纳大学,密歇根州大、迪波尔大学和宾夕法尼亚大学。半决赛第一场,密州大屠杀了宾夕法尼亚,半场 50 比 17 领先时,密州大学生集体唱歌:

"我们要伯德!我们要伯德!!"观战的印大学生立刻唱了回去:"你们会遇到伯德的!"

而当时带领密歇根州大的,是伯德的宿命对手:厄文·魔术师·约翰逊。

魔术师 1959 年 8 月 14 日生在密歇根。他的父亲老厄文打两份工,虽是贫民区工人,却把家里所有的七个孩子都送上了大学。他们一家关系良好,所以魔术师自小性格开朗,爱打篮球。13 岁时,魔术师长到了 183 公分高;15 岁时,他长到 196 公分高,已经是当地名人了。高中二年级,他得到了"魔术师"的绰号。他与伯德一样有 206 公分高,与此同时,他手长脚长、弹跳出色、灵敏聪慧、左右手都有漂亮的运球和上篮技巧。

最匪夷所思的,是他的全场视野与传球。这很诡异:一个 206 公分的球员该在 NBA 打前锋甚至中锋。但魔术师却是一个天生的组织后卫。1979 年,他在密歇根上大二。他灵动,快活,全能,还喜欢咧嘴微笑,他的传球想象力新鲜、热辣、匪夷所思,他与大学队友格雷格·凯塞尔每场都要玩出点燃全场的空中接力扣篮。

某种程度上,魔术师与伯德是如此分明。前者是典型的黑人少年,年轻,活泼,华丽,有想象力。后者是白人小镇传奇:早熟、老辣、技艺精纯、执拗。

1979 年的 NCAA 决赛,密州大对垒印第安纳,魔术师 vs 伯德,于是创下了当时全美收视率纪录。

比赛的过程,用密州大教练海斯科特的话形容:他们用一个"区域防守 + 一个半人的盯防"来对付伯德。魔术师后来在自传里概括为:"伯德无球时,区域联防加一个人特别看防;伯德拿球时,两个人夹击。"全场比赛,伯德 21 投只中 7 球,个人进攻被压制。当然,伯德的传球才是他最大的利器,但决赛前,密州大打了次特别训练:让魔术师扮演伯德,用他的传球淬了遍全队的防守。比赛最后密歇根州大 75 比 64 获胜,魔术师 24 分,连带他的搭档凯塞尔 19 分。伯德的全胜神话折在最后一刻。

很多年后,魔术师如此形容赛后的情景:"我看着伯德在板凳上用毛巾捂着脸哭泣。我当时就感觉,有一天,我总会再遇到他的。"

XIV

1979年夏天，洛杉矶湖人与芝加哥公牛获得了一个掷硬币的机会：胜者得到状元签，败者得到五年后的探花签。湖人赢了，于是立刻以状元签签下了魔术师，给了他50万美元的史上最高新秀年薪。而伯德结束了大学生涯，去了凯尔特人：年薪60万。在当时的NBA，年薪超过伯德的，只有J博士、天勾、沃顿、大卫·汤普森等寥寥数人。

他俩在1979年夏天接受的访谈，简直在描绘彼此未来的命运。

魔术师快乐地说："打NBA没那么困难呀！只要找四个能跑的人，然后我给他们传球就好啦！"

而伯德被问到"有四个人工资比你高，拉里，你准备怎么办？"伯德冷酷地回答："我会让他们所有人吃苦头！"

1979年，NBA的最低谷，两位救世主就此出现了。

第十五章　黎明前夕

(XV)

193 - 236

1979-1980 季开始，NBA 迎来了魔术师与伯德，以及一项新事物——三分球。

在球场上，以两个篮筐为中心各画一个半圆，底角离筐 22 英尺，三分线弧顶离筐 23 英尺 9 英寸，在三分线外投中篮算三分。

这三者将永久改变 NBA——当然，三分球的影响，来得稍微慢一点。1979 年 10 月 12 日，波士顿凯尔特人主场对阵休斯顿火箭。凯尔特人的后卫克里斯·福特投中 NBA 历史上第一个三分球，之后火箭的替补前锋、年已 35 岁的里克·巴里——他是前一年夏天到火箭来的，将在这个赛季后退役——也投中了一个三分球。

然而那场比赛，世界瞩目的是：卫冕常规赛 MVP 摩西·马龙在波士顿花园拿下 31 分 16 篮板，而凯尔特人的新秀拉里·伯德在 28 分钟内得到 14 分 10 篮板 5 助攻。那时，伯德并不知道他跟马龙将来会有怎样的仇怨。他只是被自家主教练比尔·费奇吓得不轻：怎么有这么凶狠的主帅呢？之后，队友悄悄告诉他，比尔·费奇教练原本是个海军陆战队教官，伯德恍然大悟：

好吧，以后的日子不会太好过了。

同一天，圣迭戈，魔术师随湖人出赛对战圣迭戈快船。他全场 26 分 8 篮板 4 助攻 4 封盖，湖人的王牌老大哥天勾 29 分 10 篮板 4 助攻 3 抢断，而且带队最后 1 分险胜。比赛结束后，魔术师发挥他此后延续一生的热血性情，大笑大叫，一把抱住了天勾，让老大哥喘不过气来。天勾对他嚷：

"小子! 我们还有 81 场常规赛呢!"

美中不足的是：魔术师那场被快船的后卫、当年被 J 博士打趣"他从赛前训练时就看不见队友、只看得见篮筐"的沃尔德·弗里，轰下了 46 分。他的防守不够好。

此外，湖人还有个问题。

——湖人当年的首发是：206公分的魔术师，198公分的前锋威尔克斯，188公分的组织后卫诺姆·尼克松，203公分的斯班瑟·海伍德以及218公分的天勾。

——魔术师无所不能，但他该打哪个位置呢？

1979年夏天，库克老板退去，湖人由杰里·巴斯家族接手。巴斯老板想要湖人打得好看，于是请来了杰克·马基宁教练。马基宁教练大手一挥：

"魔术师就该打组织后卫！——哪怕他206公分，还是组织后卫！"

结果1979年11月8日，湖人9胜4负后，马基宁教练骑自行车时摔倒，头部受伤。他的助理教练保罗·韦斯特赫德接任。新教练上任，继续解放魔术师的才华，结果第一场魔术师就轰下31分6篮板8助攻4抢断。又两天后，魔术师对骑士拿下24分16篮板12助攻3抢断的表现——当然也有10个失误。用湖人队传奇解说员奇克·赫恩的说法：

"魔术师有时太激动——嗯，他还年轻嘛！"

也就在同一天，费城76人在堪萨斯对阵国王队的比赛中，达里尔·巧克力闪电·道金斯弄碎了一块篮板——扣篮时扣碎的。

达里尔·道金斯生在南方的奥兰多，一辈子脾气都热辣辣的。1975年他不小心成了史上第一个进NBA的高中生（前一年摩西·马龙高中毕业开始打职业篮球，但进的是ABA）。道金斯长了211公分115公斤。他是嬉皮士先驱，公开声称自己勾搭过的姑娘过千；但他又是个冥思者，留下了"虚无代表着无，但它不代表什么都没有，因为无只是代表有的反义"这句格言。他还是科幻天才："我女朋友住在拉夫斯特隆星球，地球上只有我拥有去那儿的飞船。"与此同时，他是NBA暴力美

XV

学扣篮第一人,双手举火烧天扣、反扣、金刚式砸扣这些都是他发扬光大的。他还酷爱给自己的扣篮起名字。1979年这一扣,他起名叫:

"巧克力闪电飞起,玻璃飞扬,罗宾兹尼(当时颇为有名的街球手)哭了,婴儿们哭了,玻璃还在飞,猫吓哭了,烤屁股,烤面包,谢谢大家观赏。"23天后,他又扣坏了一块。从此NBA开始加固篮筐:可不能让这样的怪物再瞎折腾了。

1979-1980季,J博士就是带着道金斯这个大孩子,以及他的费城76人,继续奔驰。

1979-1980季就这么改朝换代着。那个赛季结束时,里克·巴里在休斯顿退役,沃尔特·弗雷泽与皮特·马拉维奇这对冤家也离开了NBA——前者以防守著称,可后者却在前者头顶砍下过68分,让弗雷泽终生恨得牙痒痒。

走得最诡异的,是凯尔特人永动机戴夫·考文斯。先是1976年,他的好哥们保罗·西拉斯离开了波士顿,考文斯心头不爽,一度打算去当出租车司机。1979-1980季,他陪着拉里·伯德打完新秀赛季,然后,仿佛是觉得完成了自己的任务似的,离开了凯尔特人。有个传说是:他某天在球馆里独自练习罚球,一口气罚中若干个后,他点点头,离开球馆,再也没回来。

当然,1982年考文斯又复出,在密尔沃基雄鹿打了40场比赛,然后又神秘地消失了。

当然,考文斯走得没什么遗憾:1979-1980季,他看着伯德带波士顿凯尔特人取下了61胜21负——前一年是29胜。

1979-1980季常规赛,伯德打满82场,场均得到全队最高的21.3分10.4篮板和1.7抢断,全队第二高的4.5助攻。他获得了年度新秀——颁奖那天他穿了件短袖保龄球衫,一副无所谓的表情,接受了这项荣誉——并且神奇地被选进年度第一阵容：就在新秀年，他已被认定是 NBA 最杰出的球员之一了。

即便在三分球这个新领域，伯德也有全 NBA 第五多的 58 发命中。值得一提的是：里克·巴里在退役的这年，整个赛季射中 NBA 第二多的 73 发三分球，罚球率 94% 领跑 NBA。再次验证了他多年来不停吹嘘的：

"没有我不会的技术！"

当然，伯德离巅峰还差了一点。

常规赛 61 胜的凯尔特人季后赛 4 比 0 横扫了火箭——整个系列赛，伯德场均 20 分 8 篮板 6 助攻，摩西·马龙场均 25 分 11 篮板，他们当时不知道，第二年他们要血战一番——然后 1 比 4 输给了费城 76 人。常规赛 MVP 选票第四的伯德大战常规赛 MVP 选票第二的 J 博士，败北了。费城 76 人事隔三年再进总决赛。

在西部，1980 年常规赛 MVP 天勾——他创纪录的第六个 MVP，至今依然是 NBA 最高——带领的洛杉矶湖人，用两个 4 比 1 解决了韦斯特法尔的太阳，以及卫冕冠军超音速，杀进总决赛。对超音速的系列赛，天勾所向无敌，场均 31 分 12 篮板 4 助攻，让西雅图那边感叹：

"他今年眼里只有冠军，横扫在他视线里的一切。"

就这样，1980 年常规赛 MVP 选票前两位天勾与 J 博士，带着各自的球队，在 1980 年总决赛相遇了。

1980 年的费城 76 人已与三年前不同：1977 年总决赛输给开拓者后，费城明白了，不能靠华丽单挑夺冠。他们换了当年的名将比利·康宁汉姆当主帅，放弃了乔治·麦金尼斯与沃尔德·弗里这些只在意投篮的得分手，招来了在 ABA 就声名大噪的防守专家鲍比·琼斯，选到了

XV

闪电手后卫马柳斯·奇克斯,加上J博士、道金斯和顾长的防守天才卡德维尔·琼斯:这就是1980年的76人。

但这样的阵容,进攻依然不稳定。

1980年总决赛第一场开始,76人一度39比30领先,但第三节,他们20投3中。道金斯这个不稳定的扣篮魔王连续犯规,而魔术师第三节带领湖人打出31比17的反击。最后湖人109比102取胜:天勾轰下33分14篮板5助攻,尼克松23分,威尔克斯20分。而魔术师在他第一场总决赛40分钟里12投8中,得到16分9篮板10助攻3抢断:比起威尔克斯和天勾这些总决赛老手,他一点都没问题。

第二场,康宁汉姆做了个调整:他毕竟跟张伯伦打过球,知道怎么对付天勾。他用顾长的琼斯防守天勾,让道金斯去防守湖人的蓝领吉姆·科恩斯。天勾依然轰下了38分14篮板3助攻5封盖,但道金斯省下力气,得到25分;奇克斯23分10助攻,J博士则取下23分10篮板7助攻。湖人半场落后达18分之多,第四节一度追到只差1分,但费城的防守专家鲍比·琼斯中投得手,为76人锁定胜局,1比1。赛后,湖人主帅韦斯特赫德宣布球队前锋斯班瑟·海伍德停赛:据说他的存在有碍球队的氛围——其实,就是他吸毒了。

这招立竿见影,第三场湖人111比101击败费城,第三节一度领先到19分。天勾得到33分14篮板4封盖,魔术师16分11篮板5助攻,威尔克斯19分,尼克松22分。对面J博士24分7助攻,但无法阻挡湖人的冲击。第四场,琼斯与道金斯夹击天勾,让他27投11中只得23分。J博士带头冲击内线,让天勾早早就陷入犯规麻烦。双方又鏖战到最后时刻,J博士施展出他生涯最著名的一个进球:

J博士右底线突破,面对湖人天勾为首的三人夹击,J博士起跳,整个人已到底线之外篮板之后,浮空飞翔,那只巨大的右手抡起篮球,划了一个海底捞月，滑翔着，抬手，御空滑行，从篮板的另一侧上篮得分。

多年之后，魔术师承认，他和天勾呆呆地看着那个球穿越他们的防守得分。他回头问天勾：

"我们是继续打球，还是请他再来一遍？"

鲍比·琼斯最后时刻断球，让费城 105 比 102 锁定胜局，取下第四场。2 比 2。

于是进入惨烈的第五场。

天勾与 J 博士都知道，第五场几乎是冠军决定战。天勾开场连得 12 分稳住分差，前两节半，天勾独自轰下 26 分，但在一个上篮得分时，他扭伤了脚，蹒跚下场。第四节，天勾归来，与 J 博士大战：第四节 J 博士包揽了 76 人最后 19 分中的 15 分，但他每次飞翔上篮，天勾都还以颜色。比赛剩 43 秒，J 博士投中，双方 103 平；天勾还以一个扣篮加罚球，106 比 103，还剩 33 秒。费城的亨利·毕比失误，湖人锁定胜局：108 比 103。大比分 3 比 2 领先。

J 博士轰下 36 分 9 篮板 6 助攻 4 抢断 2 封盖，道金斯 23 分；魔术师 14 分 15 篮板 10 助攻，而天勾则结结实实得到了 40 分 15 篮板 4 封盖，阻挡了费城的追杀。终于洛杉矶湖人离 1980 年总冠军只有一步之遥。

但天勾的身体，只够支撑他打完第四节与 J 博士的对决。第六场，他没法打了——他的右脚肿得厉害，甚至无法坐飞机去费城。

于是韦斯特赫德教练找到了魔术师。

"你能代替天勾，去负责开场跳球吗？"

"好啊！"

1980 年总决赛第六场，费城光谱球馆。年方 20 岁、206 公分的魔术师走到中圈，代替天勾，与对方 216 公分的顽长前锋卡德维尔·琼

XV

第十五章　黎明前夕

斯跳球。他花了一分钟才确定站姿:"我不知道该右脚站前还是左脚站前。"

费城一直恐惧着天勾。康宁汉姆教练说:"除非比赛结束,不然我不相信他不来。湖人也许会派个私人喷气机啥的送他来。"费城球迷都在念叨:"天勾也许就在费城的哪个地方!一定是!"

天勾自己在洛杉矶待着,却并不觉得有问题。"研究对手要花时间。费城花了五场总决赛读懂了湖人。但现在,我不出场了。他们一定会愣神。"

魔术师跳球输给了琼斯,但他决定用速度奔走。他先是像比尔·沃顿似的,在高位送出传球给防守专家迈克尔·库珀,然后,他像戴夫·考文斯似的,抓到一个后场篮板,一条龙奔袭到前场,罚球线跳投得分。之后,他又突破J博士,来了一个摩西·马龙式的打板上篮。下一次突破,他看见道金斯过来了,"我决定玩一点魔术",滞空,伸手,上篮得分,加罚。

湖人7比0领先,然后是11比4。

上半场,魔术师轰下了22分。费城76人茫然无措:湖人摆出的阵势——尼克松、库珀、威尔克斯、科恩斯和魔术师——让他们不知道谁该对位谁。第二节,J博士亲自轰击没有天勾坐镇的内线,76人领先到52比44,韦斯特赫德教练叫了暂停。之后,湖人的替补中锋霍兰德防守篮下,湖人打出两次快攻。

看电视的天勾承认:"我在出汗,我很紧张,我把电视声音都关掉了!"

下半场一开始,湖人连得14分。贾马尔·威尔克斯出场了。

五年前跟随金州勇士夺冠时,威尔克斯还是个新秀。如今他在湖人,已是个老牌射手。韦斯特赫德教练后来说:

"贾马尔把刀子扎进你身体,表达了他的情意,拔出刀来,消失在夜色里，去到下一个城市。他如此循环往复，一次又一次，永远不会有哪次投篮是狼狈的。所以嘛，哪天我们队迈克尔·库珀来了一个漂亮得分，球探就会说：啊啊啊，试图挡住天勾，还有小心库珀！——然后，要想一下，他们才会补一句：对了，威尔克斯投篮也很了得！"

——威尔克斯投篮时脚尖几乎不离地，只是象征性地脚趾尖一踮；他双臂构成一个大弹弓，球端到右耳，然后双手把球推将出去；如果不是他手型温柔如丝，这姿势简直像个大投石机。但对韦斯特赫德教练来说，情人眼里出西施："他的投篮像轻雪缓缓落在竹叶上。"

第三节，威尔克斯用雪落竹叶的投篮得到 16 分。湖人甩开分差。第四节，J 博士再次带队追赶，比赛剩 5 分 12 秒时，湖人只以 103 比 101 领先。韦斯特赫德教练再次暂停，给魔术师和威尔克斯训话。暂停之后，魔术师点进一个前场篮板，威尔克斯突破上篮得分加罚：湖人领先了 7 分。天勾说：

"电视上看到贾马尔打三分成功，我冲到庭院里大声咆哮！——然后回来，疼得咬住枕头。"

比赛最后 2 分 22 秒，魔术师独得 9 分。湖人 123 比 107 取胜，4 比 2 夺下 1980 年总冠军。

天勾调大了电视音量，听见魔术师在电视上对他说：

"我知道你很疼，大佬；但我们希望你今晚能起来跳个舞！"

20 岁的新秀后卫魔术师，在 1980 年总决赛第六场，代替受伤的中锋天勾跳球，全场打了 47 分钟得到 42 分 15 篮板 7 助攻，带领洛杉矶湖人拿下 1980 年总冠军，自己成为了 NBA 历史上第一个新秀总决赛 MVP。

——当然，这个奖稍微有点争议。1980 年总决赛 MVP，共有 7 位投票者，其中之一的比尔·利文斯顿，后来出了本书。他说他和其他

XV

投票者，当时被要求改选票，不能选天勾，要选魔术师。因为负责电视直播的 CBS 说，天勾因伤没在现场，而魔术师在现场，应该颁奖给魔术师。毕竟：

"我们不能把奖颁给一个空椅子。"

当然，因为魔术师第六场的表现过于传奇，所以拿这个奖，大家问题也不大。

韦斯特赫德教练说，对魔术师而言，他习惯了，"他从小赢到大，他一直觉得打篮球就是传传球、跟队友一起玩，然后夺冠的历程"。天勾则相信一切是命中注定：

"我注定要留在洛杉矶，魔术师注定要打出这样的比赛。这让我想到当年奥斯卡告诉我，他在大学里曾经一个人单场得到 56 分 18 助攻 15 篮板，像一个人打一群孩子——而魔术师却是一个孩子对一群成年人！"

在回洛杉矶的飞机上，魔术师欢天喜地。他自己玩起了词汇游戏："我是从 EJ（厄文·约翰逊的缩写）变成了乐队 DJ！哇！一个赛季 97 场比赛！刺激、疯狂、好玩！伟大体验！我们是世界冠军！！"天勾在机场迎接他们，拥抱了所有队友，最后假装生气：

"嘿！你们都没等我！"

天勾与 J 博士依然是 NBA 最杰出的人物，但魔术师与伯德在新秀年，就分别开创了新纪元。

当然，那年也有点阴影。哪位会问了：1980 年总决赛，湖人为什么中途停赛了斯班瑟·海伍德呢？

答：他因为吸毒，在训练时昏过去了。

1980 年总决赛结束后一周，犹他爵士的特里·弗洛因车祸死去。他的血液中被检出了可卡因。讽刺的是，前一年犹他爵士刚接过了新泽西网送来的天才得分手伯纳德·金——在新泽西的头两年场均 23 分 9 篮板 3 助攻——这年夏天又送他去了金州勇士。为什么呢？因为金也多少嗑点儿药。

NBA 继续在阴影中前进。1980 年夏天达拉斯小牛（如今中文队名被翻译成独行侠）进入 NBA 成为第 23 支球队，同时联盟做了微调：密尔沃基雄鹿与芝加哥公牛去了东部的中区，圣安东尼奥马刺与休斯顿火箭被调整到了西部。

1980-1981 季，NBA 得分榜前十四里有多达八个小前锋。背身单打天才伯纳德·金、投篮优美的贾马尔·威尔克斯、清瘦利落的阿列克斯·英格利什、J 博士、冰人格文他们纷纷得其所哉。得分王则是阿德里安·丹特利。

丹特利是个奇怪的小前锋：他身高 196 公分，身材更像个后卫。他拥有闪电第一步，招牌的晃脑袋假动作，试探步，投篮假动作，还有手中投。他总能耐心地磨蹭到篮下，依靠假动作骗到犯规或找到投篮空档。最吓人的是他的心理战术。当年拉塞尔喜欢开场五分钟连送对方几帽做见面礼，给对方造成心理阴影；丹特利则反其道而行，喜欢让对手盖掉自己的第一个投篮吃点甜头，然后开始用假动作哄得对手满天乱跳。

凯尔特人那里则有个小问题：他们似乎有两个小前锋。

拉里·伯德的锋线搭档是塞德里克·麦克斯维尔。此人身高 203 公分，有一手背身技能，兼有小前锋的敏捷。他一辈子没练会远射，酷爱钻营篮下，背打、假动作、勾手的天才。他在夏洛特大学打了四年，1977 年进了凯尔特人，第二年命中率 58%，每场罚球 9 次。第三年伯德入行。麦克斯维尔后来承认：

XV

"我挺怕他把我前锋位置抢了!"

1979 年训练营,新秀伯德迎上麦克斯维尔。二人互相飙分加垃圾话,斗得火炽,结果不打不相识,惺惺相惜成了好哥们。二人明确了分工:进攻端,麦克斯维尔主打篮下,伯德偶尔玩右翼背身单打,但更多负责外围投篮游走。所以进攻时,伯德更像小前锋,麦克斯维尔更像大前锋;防守端,伯德步子偏慢,所以防大前锋,麦克斯维尔则去扛小前锋。他俩默契无私,1981 年伯德自己说:

"如果我跑出一机会,麦克斯维尔没来得及传球,他会跑来道歉:哥们,抱歉啊,我看漏了。"

当然,凯尔特人不满足于此。

1980 年夏天,凯尔特人的枭雄红衣主教,跟金州勇士玩交易:他明明手握 1980 年状元签,却将这个签连同 13 号新秀送了出去,得到金州勇士队的中锋罗伯特·帕里什,以及 1980 年探花秀。勇士自然乐意了:3 号签加个中锋,换状元签和 13 号新秀,合算啊!——结果勇士用状元签选了乔·巴里·凯罗尔,然后这位先生在 NBA 打了十一年,就以一个默默无名的状元身份退役了。

凯尔特人则得到了 216 公分的罗伯特·帕里什,以及 1980 年的探花签——于是主教选来了前锋凯文·麦克海尔。

帕里什生在 1953 年,12 岁时已有 188 公分高。到伍德劳恩高中读书时,他对自己身高太羞愧,总是缩肩低头,逼得教练赛前总是捶他的背:"精神点!"

在圣塔利大学打球时,因为当时大学篮球严禁扣篮,帕里什也打得谨小慎微。但 1976 年大四时,他场均 25 分 18 篮板,进了全美第二阵容。1976 年,他第 8 位被金州勇士选中,进了 NBA:那时,一切看上去都不错。可是新秀年,他场均 18 分钟内 9 分 8 篮板 3 次犯规。勇士球迷内部一直有个传说：帕里什不喜欢打篮球，他经常会故意犯规，让自己下场，这样就能稳坐板凳、避免上场了。1977 年西部半决赛，勇士被湖人淘汰——那也是帕里什初次遇到湖人的中锋、当时如日中天的天勾。

他们俩谁都不知道，这是宿命对决的开始。

帕里什在勇士低头缩身，不想让自己 216 公分的身躯太显眼。1978 年，他年方 25 岁、打了两年 NBA，就动了退役的念头："我可不需要这么大的负担……"然后，一个无名英雄拯救了他：克里福德·雷，勇士 1975 年冠军队中锋，一辈子没当过明星，却是条热血的好汉。他提携帕里什，训教帕里什，鼓励帕里什。很多年后，帕里什会回忆起那么段对话：

帕里什：你知道，如果我有你的热血，我可以变成个伟大球员。

雷：你可以热血啊！

帕里什：啊，我是个懒汉……

雷：你不懒。你只是没个确定的目标。

帕里什：我不懂。

雷：一个中锋得在意一件事——比赛的结果，"我们能赢球吗？"这就是一切。赢球就够了，人们会说你是赢球的原因。你总能遇到明星球员，遇到华丽天才，但赢球最不可或缺的，是那些抓篮板、防守、把队友凝聚在一起的人。

帕里什：可我没你这么大嗓门有号召力……

雷：你可以成为一个不开口的领袖！

1978-1979 季，帕里什苏醒了，场均 17 分 12 篮板 3 封盖。下一年，场均 29 分钟内 17 分 11 篮板 2 封盖。1980 年他到达凯尔特人，接下来一个赛季，他场均 28 分钟里 18.9 分 9.5 篮板 2.6 封盖命中率 55%，并进了他人生第一次全明星。

XV

凯文·麦克海尔则是个奇怪的白人前锋：生于 1957 年，身高 208 公分，《体育画报》的记者杰克·麦卡勒姆说，麦克海尔"胳膊超长，肩膀跟脱臼了一样"。长手长脚，怪模怪样，但他拥有堪称篮球史上最丰富的花式步伐。与此同时，他的长手长脚，可以防守锋线三个位置。在 1980 年，他暂时是凯尔特人的第六人。

这就是 1980-1981 季凯尔特人的锋线了：伯德、帕里什、麦克斯维尔、麦克海尔。而他们的后场是克里斯·福特这样的射手、年轻的杰拉德·亨德森，以及当年曾经包揽过得分王 + 助攻王的"精灵"阿奇巴尔德。

——1973 年阿奇巴尔德曾包揽得分王 + 助攻王，下一季他就受了伤。他曾让他的弟弟戒掉了毒瘾，但自己生性疏懒散漫，他的天赋开始消逝。全联盟都不敢接受他，生怕他一进更衣室就给每个队友发支大麻。1978 年他因为缺训超重了 10 公斤——好在他遇到了红衣主教。主教把他拉到凯尔特人，勒令他比其他球员多一倍训练时间，于是阿奇巴尔德复活了：他不再是那个天下无对的攻击手，但依然是个稳定的组织后卫。

如此这般，1980-1981 季，凯尔特人常规赛拿到 62 胜。拉里·伯德在他的二年级又是 82 场全勤，场均 21 分 11 篮板 6 助攻 2 抢断，常规赛 MVP 选票爬到了第二位：这次，他输给了 J 博士。

费城 76 人同样是 62 胜，J 博士打出场均 24.6 分 8 篮板 4 助攻 2 抢断 2 封盖的全面表现。值得一提的是，费城得到了新秀安德鲁·托尼——一个 191 公分的杀手后卫，多少解决了此前费城只有 J 博士一个王牌攻击手的问题。而且 J 博士在这一年专注防守，让费城成为联盟第三好的防守球队。因为康宁汉姆教练也明白了：费城每场拿到越多的后场篮板、抢断和封盖，就越利于 J 博士飞奔反击。

1980-1981 季，NBA 改变了投票规则。以往是球员们投票选出常规赛 MVP，而这年由记者投票。J 博士以而立之年、翩翩风度、卓越表现、积累已久的声名，拿到了常规赛 MVP。

但这年季后赛，费城走得不容易。东部半决赛，费城七场险胜密尔沃基雄鹿，J 博士大战雄鹿的马奎斯·约翰逊。第一场 J 博士拿到 38 分，费城获胜，第四场马奎斯拿到 35 分让雄鹿扳到 2 比 2。双方你来我往，到第七场马奎斯轰下 36 分，J 博士还以 28 分，费城最后靠琼斯板凳上的 21 分才险胜晋级。

东部决赛，连续第二年，费城 76 人遇到了波士顿凯尔特人。

同样常规赛 62 胜，谁拿主场优势呢？就由此前 1981 年 3 月常规赛尾声来决定：凯尔特人对 76 人最后一场常规赛，谁赢谁拿到主场优势。凯尔特人主帅比尔·费奇玩了个花招：他跟裁判吵架，被罚进更衣室。76 人主帅康宁汉姆正在得意，忽然发现凯尔特人的进攻变幻无方，专门针对自己。怎么回事？赛后费奇承认了：他在更衣室里看 CBS 电视台的直播，每到暂停，他就盯住电视屏幕上 76 人的战术板不放，思考相应对策，然后派人去球场上，指挥队员跑针对性的战术。终于让凯尔特人赢下这场，拿下了主场优势。

双方的斗智斗勇，远在那时就开始了。

1981 年东部决赛第一场，伯德轰下 33 分 10 篮板，而对面 J 博士 25 分 9 篮板，安德鲁·托尼替补出场轰下 26 分。比赛末尾麦克斯维尔的犯规送给托尼罚球绝杀的机会，费城赢球，1 比 0，麦克斯维尔自责："我他妈就是条狗！"第二场他奋然出击，盯到 J 博士只得 12 分。他宣称："我他妈再不会打烂球了！"凯尔特人靠他的防守，以及伯德的 34 分 16 篮板 5 助攻，赢下第二场，但托尼依然得到 35 分 7 篮板 7 助攻：凯尔特人无人可以防他。

第三场，费城，伯德 22 分 13 篮板，但帕里什内线受阻。琼斯 5 个封盖，让帕里什 14 投只有 1 中。J 博士 22 分，托尼 19 分：76 人

XV

110 比 100 取胜，2 比 1。第四场双方鏖战到最后时刻，J 博士 20 分，伯德 18 分 17 篮板 6 助攻：他被欧文和两个琼斯（鲍比·琼斯与卡德维尔·琼斯）的防守控制了。托尼又用 17 分解决了比赛。费城赢下第四场，凯尔特人 1 比 3 落后。

此前 NBA 历史上 34 年，有 68 支球队曾经 1 比 3 落后。其中只有 12 支撑到了第七场，只有 3 支球队反败为胜——其中第一支就是 1968 年，比尔·拉塞尔的那支凯尔特人：他们曾 1 比 3 落后费城 76 人，最后逆转了。原因是？当时费城 76 人的前锋康宁汉姆手腕受伤休战。

巧合的是，康宁汉姆如今正是费城 76 人主帅，正在对战凯尔特人。

传说第五场前，红衣主教走进凯尔特人更衣室，平静地说：

"1 比 3 落后怕什么？只要接下来三场都别输掉就行啦！"

第五场最后 1 分 51 秒，凯尔特人还落后 76 人 6 分。随后凯尔特人一波 8 比 0，终结了比赛，将分差扳到 2 比 3：伯德 32 分 11 篮板 5 助攻，阿奇巴尔德 23 分 7 助攻，麦克海尔替补出战得 12 分。有匿名球员（一般认为是麦克斯维尔）说：

"凯尔特人拒绝死去。"

但第六场很要命：在费城主场打，凯尔特人此前在这里已连输 11 场。J 博士承认，"这就是实际上的第七场生死战。我们没必要再回去波士顿花园了"。

的确如此。第六场第二节，76 人已经领先到 35 比 18。凯尔特人主帅费奇教练赛前用了很多心理暗示，都没起效果。第三节，费城球迷全部起立，喧腾欢闹，有球迷朝麦克斯维尔扔了一杯啤酒，麦克斯维尔没忍住，跟球迷起了冲突，双方球员纷纷上前解劝，达里尔·道金斯靠他扣碎篮板的力量，分开众人，将场面平息了。赛后，凯尔特人诸将却表示：

"这么一闹，我们却团结起来了！"

凯尔特人一路追分。比赛最后剩 14 秒，托尼上篮准备终结凯尔特人时，麦克海尔起飞挥长臂，送出全场第四个封盖，再抓到篮板，递给麦克斯维尔，麦克斯维尔拿下稳稳的两个罚球，凯尔特人 100 比 98 取胜。3 比 3。伯德 25 分 16 篮板 4 助攻 2 封盖，帕里什 21 分 10 篮板，阿奇巴尔德 19 分，麦克斯维尔 17 分，而且，他们让 J 博士只有 17 投 5 中。

于是，终于，第七场来了。

J 博士承认："我全身疲倦酸痛。"但第七场，他的骄傲让他上半场轰下 11 分，第四节得到 10 分。他让帕里什陷入犯规问题，他与琼斯一起防伯德。上半场 76 人 53 比 48 领先，但 J 博士中场休息前说："我们下半场要仿佛 0 比 0 那样继续拼命。"下半场，76 人一口气领先到 67 比 56。麦克海尔事后说，他当时抬头看了看计分板。

"我真希望能一回合得 11 分啊！"

麦克斯维尔领衔，凯尔特人发动一波 8 比 0 的反击。第四节初，凯尔特人终于靠阿奇巴尔德一个远射，77 比 75 反超。但 J 博士开始接管比赛：打板投中，飞过麦克海尔上篮，一个快攻扣篮，再一个中投，一个滑翔上篮：一口气连得 10 分，76 人已经 89 比 82 领先。

但凯尔特人耐心地稳扎稳打：他们知道 76 人必须跑起来打，耐心地打阵地战才有机会。伯德用他敏锐的意识连续断球助攻，分差追到 87 比 89。帕里什盖掉道金斯，伯德罚中：89 平。

从此开始，双方展开了肉搏。J 博士上篮被伯德阻挡，道金斯投丢后，为了争抢篮板球，地上倒了四个人。伯德在乱军中捡到篮球，运球推进。

"最后时刻，我要球在我自己手里！不在别人手上，不在世上其他地方，我知道我们可以赢。"他赛后说。

伯德运球到前场，12 英尺外起跳，球出手打板进筐。凯尔特人 91

XV

比 90 领先。波士顿花园沸腾了。

但接下来的一幕，更令波士顿感动。伯德，入行一年多来长期压抑自己，让波士顿人民以为他不好相处的伯德，做了个夸张的挥臂手势。波士顿球迷明白了：伯德终于对球迷释放了自己。于是全场发出地动山摇的欢呼，就像当年为拉塞尔、为考文斯、为哈弗里切克欢呼一样。凯尔特人赢了，4 比 3 完成大逆转：

1 比 3 落后，然后连翻三局。三场比赛他们一共赢了 4 分。无所谓了。J 博士拿走了常规赛 MVP，但伯德进了总决赛。

赛后，凯尔特人全队花了足够长的时间才出更衣室——有人开玩笑说他们想申请赛后洗澡的吉尼斯世界纪录——伯德一露面，就说了一句尽显他骄傲与刻薄的话：

"我不理解，为啥费城 76 人总是让我们追上来呢？"

哪位问了：魔术师呢？

可能是 1980 年过于幸运，1980-1981 季，魔术师做了膝伤手术，常规赛歇了 45 场，在此期间诺姆·尼克松担当球队主控，很是顺利。季后赛前夕魔术师复出，尼克松明白自己又得让出球权，不太高兴。洛杉矶媒体唯恐天下不乱，到处宣扬"其实魔术师这么红，湖人队有人心怀嫉妒的……"类似事一扯皮，湖人人心浮动了。

西部季后赛首轮，湖人遇到了常规赛不过 40 胜 42 负的火箭，但火箭却拥有 1979 年常规赛 MVP 摩西·马龙。

这时的马龙已成长为 NBA 历史上仅见的前场篮板狂魔。他这时已开始念叨那两句著名语录：

"我爱抓篮板。得分手可能会有起伏的夜晚，篮板则永远在那儿。"

"我屠戮对手的狠劲，恰如阿尔·卡彭（20 世纪上半叶的芝加哥著名黑帮）。"

系列赛第一场，马龙直冲天勾，全场轰下 38 分 23 篮板，火箭全场篮板 55 比 46 压倒湖人，让湖人推不起快攻来。火箭取胜。第二场天勾 27 分 17 篮板，魔术师 15 分 18 篮板 8 助攻，湖人扳回一城：但马龙还是得到 33 分 15 篮板。他对位天勾的诀窍，是依靠速率和低重心，闪开空间或强行一扛，在天勾愣神失位的瞬间，从下蹲压重心的状态猛然拔起，直冲篮筐。第三场，马龙用这套肉搏战继续欺负天勾：他自己只有 21 投 8 中，但有 6 个前场篮板，得到 23 分 15 篮板；对面天勾轰下 32 分 18 篮板 4 封盖，但比赛最后体力垂尽：对年已 34 岁的天勾而言，马龙实在是太劲爆了。而且，湖人又无人顶得住 175 公分的灵巧后卫卡尔文·墨菲。

于是湖人大爆冷门，输给了火箭。

击败湖人后，火箭又用七场干掉了马刺——对面的"冰人"格文场均得到 27 分，但马龙回以每场 28 分 12 篮板。第七场火箭的墨菲穿梭自如，得到 42 分，球队晋级。之后火箭遭遇堪萨斯国王：五场比赛马龙场均轰下 27 分 15 篮板，搅得国王禁区天翻地覆。第四场马龙 42 分 23 篮板，打得国王三个内线加起来 13 次犯规。

于是就这样：粗鲁沉默的黑帮篮板魔马龙，带着他 40 胜的火箭队，进入了 1981 年总决赛。

好在，凯尔特人有罗伯特·帕里什。

1981 年总决赛六战下来，帕里什防到马龙 119 投只有 48 中。总决赛第三场，他 13 分钟里得了 11 分，然后和马龙碰撞受伤，缝了五针；下一场，他带伤得到 18 分 12 篮板 6 封盖，丝毫不为伤病所动。

他把克里福德·雷的话藏在心底，默默成为了凯尔特人的大山。凯尔特人需要他跑、抓篮板、封盖。帕里什对这些心满意足。"我只需要

XV

跟进上篮、点进前场篮板。我不必再每晚 25 分 15 篮板了。"

他又补充了一句：

"我可以每晚 25 分 15 篮板，但我没必要了。"

当然，伯德也被火箭防得不善：火箭用罗伯特·雷德死缠伯德，马龙也不时补位。结果 1981 年总决赛六战，伯德 93 投 39 中，场均只有 15 分。但他积极参与篮板争夺，场均有 15 个篮板和 7 个助攻。1981 年总决赛，前两场是马龙和伯德对战——前两场伯德合计 37 分 42 个篮板，马龙 59 分 30 个篮板。第一场，伯德甚至投出了生涯最经典一球：18 英尺外他一个中投出手，立刻觉得不对，于是飞速移动，在底线起跳，空中抓到自己投丢的前场篮板，换到左手，轻抛，人滑出底线，球进了。

如此神奇的一球，红衣主教说："这是我看了这么多年比赛里，最神奇的一球！"

但第三场后，麦克斯维尔开始抢镜，成为凯尔特人的主攻点。

第三场，麦克斯维尔的 19 分带领凯尔特人赢球。第五场天王山之战，他赛前对本队后卫杰拉德·亨德森说："伯德投篮手感不大对。我得来解决问题！"

——然后就拿下了 28 分 15 篮板，带凯尔特人 3 比 2 领先。每次他篮下投中，马龙都恶狠狠地说："小子，你再也不可能投进了！"然后麦克斯维尔总是回敬一球，答："我还会得分的，摩西。"

第六场，伯德终于摆脱了火箭罗伯特·雷德的防守，下半场得到 16 分，全场 26 分 13 篮板 5 助攻。麦克斯维尔 19 分，帕里什 18 分。凯尔特人 102 比 91 取胜，4 比 2 夺下 1981 年总冠军。

赛后，谈到队史上第十四个冠军，红衣主教说：

"在所有我没参加执教的冠军球队里（即 1966 年之后的五个冠

军），我最喜欢这支。夺冠的这些，可都是孩子啊！"

的确。24岁的二年级生伯德。23岁的新秀麦克海尔。25岁的四年级生麦克斯维尔。福特和阿奇巴尔德固然老了点，但亨德森也不过25岁，帕里什27岁。麦克海尔站在桌上喝人生第一杯香槟，抽着主教递给他的冠军雪茄，尖叫：

"谢谢你，主教！谢谢你没让我去意大利打球！！"

阿奇巴尔德默默微笑着。他拿到过得分王和助攻王，但一辈子都在为弱队打球，冠军对他而言，太美好了。他的后卫搭档福特则满眼泪花：

"冠军是我的终极目标。我入行时他们都说我是白人，而且又老又慢。但现在我身为凯尔特人夺冠，成为历史的一部分了。"

比尔·费奇教练说："过去两年，我一直看着天花板上悬着的13面冠军旗，我现在知道每个球队都得经历什么才能夺冠了：拼命，仅此而已。"

就是这样：魔术师和伯德入行的头两年，各拿了一个冠军。J博士和摩西·马龙成了他们的牺牲品。但这就是命运？

1981年夏天，印第安纳大学的二年级后卫伊赛亚·"微笑刺客"·托马斯以榜眼身份被底特律活塞选中。

他身高185公分，1961年生在芝加哥。他四岁时爸爸就跑路了。他是家里四个孩子的老幺。他被老妈宠爱着，所以一直保持着一种"我只要跟家里人好就好了，别的管他娘"的脾气。

他拥有NBA历史上最精纯的组织后卫技艺，娴熟、优美、精确又坚韧，只是才华有些过剩。1979年他刚进印第安纳大学时，因为风格太恣肆，一度被传奇教练鲍勃·奈特怒吼：

"你就该去德保罗大学！伊赛亚，你他妈绝对不可能在印第安纳打这种风格！"托马斯更一度被教练赶出训练场，因为："没有哪个球员的

XV

天才可以凌驾于奈特的篮球哲学!"

结果俩人互相妥协了。托马斯更专心融入球队,而奈特教练也允许他时而放浪。大学二年级时,奈特教练让托马斯当了队长,允许他统领全队。他俩感情亲昵,以至于某场比赛,普度大学有人给了托马斯一拳,奈特教练赛后站出来捍卫托马斯;19 天后,托马斯给了爱荷华的某球员一下子,但奈特却护犊子,不肯批评他。

托马斯如此回报教练的这份信任:他带领印第安纳拿到了 1981 年的大学冠军,拿到了 NCAA 四强赛最杰出球员奖,光彩地去了底特律活塞。他迅速获得了全联盟的爱:1982 年,身为新秀,他就被选进了全明星首发。活塞的教练说,托马斯为了赢球,不惜一切代价——包括许多肮脏的小动作。而且他从来不知道畏惧。

"哪怕对手是天勾(天勾比托马斯高 35 公分),他也会去跟天勾拼抢篮板球;天勾当然会赢,但总得跳一跳。"

这就是托马斯的作风,"你想赢我可以,但没法让我不加抵抗"。

另一件事是:1981-1982 季,NBA 修改了一条防守规则,大意是为了限制联防。结果导致那年 NBA 排名前五位的得分手中,四个是锋卫摇摆人(格文、丹特利、阿列克斯·英格利什与 J 博士),摩西·马龙打出了生涯得分最高的场均 31.1 分,加上领跑 NBA 的 14.7 个篮板球,虽然火箭只有 46 胜西部第四的成绩,他还是拿到了 1982 年常规赛 MVP——人生第二个常规赛 MVP。伯德则连续第二年常规赛 MVP 选票排第二。

联盟局势依然那么回事,东部是凯尔特人与 76 人领跑,只是多了个挑战者。密尔沃基雄鹿先前靠全能前锋马奎斯·约翰逊撑局,但前一年 1980 年全明星赛上,马奎斯跟底特律的大脚怪巨人鲍勃·兰尼尔说:

"哥们,上船吧。"

于是兰尼尔来到雄鹿。他事后承认:"我上飞机去密尔沃基时像个孩子一样哭了。我要求了交易,但我的心属于活塞。"他老了,但还是用肌肉威慑保护自己的队友,"谁都他妈别想碰我的哥们"。在场下,他因为和善宽厚,得过沃尔特·肯尼迪公民奖。他教孩子打球时总提醒"别用肘子,那会让人受伤"。他是有名的大脚怪,湖人队的解说员开过一个玩笑:"兰尼尔压根不用把鞋子晒起来,他只要把鞋子送去洗车店过一遍。"到达雄鹿的兰尼尔已经老了,但雄鹿队友认为:"你能看到对手中锋对他的敬畏。"有了兰尼尔,雄鹿成为东部第三强:常规赛 55 胜。但是 1982 年东部半决赛,雄鹿还是输给了 76 人:J 博士依然全能,而托尼成长为 76 人的第二号杀手了。

东部决赛,连续第三年,76 人 vs 凯尔特人。

凯尔特人首战 121 比 81 血洗 76 人。但第二场,托尼轰下 30 分,76 人第四节跑出速度,逆转比分。从此托尼获得了"波士顿杀手"的称号。之后费城险胜了第三场,又靠托尼的 39 分轰下第四场。连续第三年,费城 3 比 1 领先了。

但是……还记得去年 1 比 3 落后时,凯尔特人的追杀逆转么?

第五场凯尔特人在主场 114 比 85 血洗 76 人扳回一城,第六场在费城,凯尔特人拼命控制 76 人的速度:J 博士得到 24 分,但其他队友加起来才得 51 分而已。凯尔特人 88 比 75 获胜,再度进入第七场——而第五、第六场,托尼被防到加起来一共 31 投 7 中。

第七场开始前,J 博士抬头看着波士顿花园上空高悬的旗帜——那是他们往昔的 14 面冠军旗,以及拉塞尔、琼斯、哈弗里切克他们的名字。

"那时我有些害怕。波士顿花园里像是有幽灵。"

达里尔·道金斯试图让队友们高兴起来:"我知道这场面很严肃,但即便在葬礼上,听见个笑话,你也得笑啊!"而组织后卫奇克斯在赛前去了托尼家安慰他,让他放松。

XV

于是第七战，托尼与 J 博士奔跑起来：第一节托尼 16 分，J 博士 9 分。第三节，76 人 64 比 54 领先时，伯德连续得分，助攻 M.L. 卡尔上篮：只差 2 分了。托尼一个跳投终结了凯尔特人的追击。凯尔特人用当选年度第二阵容的拉里·伯德防守托尼，但无法阻挡。奇克斯赛后说："当托尼进入状态时，谁防他都没用！"

全场比赛，托尼 34 分，J 博士 29 分。奇克斯 19 分 11 助攻。76 人 120 比 106 取胜。4 比 3 晋级 1982 年总决赛。J 博士说："我好像摆脱了波士顿花园的幽灵。"凯尔特人主帅费奇则摇摇头：

"康宁汉姆教练大概累掉了 100 磅体重吧？"

比赛最迷人的瞬间，是比赛最后 1 分 6 秒。费城赢球晋级大局已定，波士顿球迷集体为费城 76 人鼓掌：他们知道要输了，他们对赢家费城表达尊敬与庆祝。然后，他们朝费城高呼：

"打败湖人（BEAT LA）！打败湖人！！打败湖人！！！"

——这是职业体育最有趣的时刻。凯尔特人球迷在即将败北时，仿佛是叮嘱费城 76 人似的：去总决赛，替我们打败湖人吧！！

而 1982 年总决赛，费城 76 人的对手，的确是洛杉矶湖人——只是，这一年，稍微有点不一样。

1981 年夏天被摩西·马龙的火箭干掉后两个月，湖人老板杰里·巴斯先生砸出重磅消息。他给了魔术师 25 年 2500 万美元的合同：1984 年开始，直到 2009 年。须知当时 NBA 只有两个人年薪过百万，这份合同，从年薪到长度，都匪夷所思。

然而 1981-1982 季开始后，魔术师并没太高兴。韦斯特赫德教练准备了 30 套新战术，大多数是为天勾的内线单打服务的。揭幕战全国直播，湖人双加时一分惜败火箭：摩西·马龙 36 分 10 篮板 4 封盖，天勾 33 分 10 篮板 4 封盖。魔术师得到 27 分 14 篮板 12 助攻的三双，而且在常规时间最后一刻打三分追平了分差，但他并不满意。11 天后，湖人 102 比 128 惨败给马刺，战绩到了 2 胜 4 负。巴斯老板愤怒了：

"进攻中缺少我想看到的激情！我要看到流畅的进攻！我要看到表演时刻（SHOW TIME）！"

魔术师很不高兴。"我在这儿是为了打篮球、找乐子。可是我得不到快乐！"

1981 年 11 月 11 日，湖人赢下火箭，赛后，魔术师走到媒体记者面前，就地坐下。队友防守专家迈克尔·库珀问他怎么了，魔术师说："我不高兴。"

库珀："我们就是遇到了点挫折。"

魔术师："不，这他妈一点都不好玩，我要给巴斯博士打电话。"

于是杰里·韦斯特和比尔·沙曼——1972 年那支 69 胜湖人的两位灵魂人物——被叫去了巴斯老板的办公室。老板表示了对韦斯特赫德教练的不满。沙曼和韦斯特都认为，韦斯特赫德理该获得更多时间证明自己。韦斯特说：

"至少一周！"

一周后的 11 月 18 日，湖人赢下了犹他爵士，但韦斯特赫德和魔术师在场边吵起来。于是魔术师赛后对守在更衣室前的媒体宣布：

"我要求湖人交易我！"

一天后，11 月 19 日下午三点，湖人的助理教练，37 岁的帕特·莱利去到杰里·韦斯特家。韦斯特告诉他，韦斯特赫德教练下台了：

"你是湖人的新主教练。"

韦斯特赫德教练事后认为自己没做错：他只是想灌输给球队更多战术。帕特·莱利认为教战术确实有必要，"依靠中锋低位进攻的球队，半场进攻的确会缺少套路"。但湖人其他球员也确实不爽，一个球员

XV

（不是魔术师）说："我们打球被迫深思熟虑，考虑这么打对不对，合不合战术；我们都没法直接上场去，尽自己所能。"

魔术师则直接说："我们就是联盟里战术最枯燥的队伍！我自己看打球的录像，都觉得恶心！"

莱利教练上台后的第一战，湖人主场对此前 9 胜 1 负的马刺。开场时魔术师挨了球迷的嘘声：的确，赶走教练是挺过分的。他也有心理准备："我只是说出真心话，我没想让教练被炒。"

但在魔术师一个后场篮板、推进到中场、送出 12 米长传给库珀空中接力扣篮时，球迷开始鼓掌。第二节他得到 14 分 4 篮板 5 助攻。下半场，魔术师奔行无忌，连天勾都被感染了，多次参与快攻，甚至亲自带球过了两次半场。

湖人全场轰下了 136 分，30 分来自快攻。天勾很舒服：30 分 8 篮板 5 助攻 6 封盖。魔术师自己 20 分 10 篮板 16 助攻 3 抢断。而能跑的大前锋米切尔·库普切克全场 11 投全中得到 25 分 17 篮板。湖人全场投篮 100 发命中 58 次。

赛后，莱利教练这么描述：

"我让他们飞起来。"

24 年后，帕特·莱利的名字出现在《光荣之路》这部电影中，电影记录了一个远在 1965 年的故事：高中女篮教练唐·哈金斯带领得克萨斯西部大学（UTEP），以七个黑人球员为核心，带领球队直杀到 NCAA 决赛。面对种族主义者的暴力威胁、舆论的轻视，击败伟大的肯塔基大学，以及传奇教练阿多尔夫·鲁普，赢下了传奇的 1965 年冠军。在这个电影中，莱利的出场伴随着以下对白：

"肯塔基大学有两位全国知名的选手，一位是 193 公分的帕特·莱利……"

莱利是个著名的大学篮球手，但他的 NBA 生涯不算辉煌：1972 年，他为 69 胜 13 负的 1971-1972 季湖人打替补后卫，身披 12 号球衣。1976 年他退役于凤凰城太阳，目送着球队被凯尔特人击败。他领略过冠军的滋味，可是没有扮演过主角。他在球员时期就明白严酷态度的必要性，知道唯有偏执狂才能在竞争中生存的道理。于是，当他成为教练时，便成了一个好走极端的男子。

他拥有华丽的发型，西装笔挺，风度翩翩。但骨子里，莱利性格酷烈。很多年后，大家都说他放任球员给他们自由："我们的队员都很有天分，所以我让他们施展出来了。"但他也好出风头，好走极端。所以，睿智的杰里·韦斯特宣布，自己不跟莱利做双主教练，而是退居幕后，让他主导一切。

1981 年 12 月 9 日库普切克受伤，赛季结束。湖人招来了前任 MVP+ 得分王鲍勃·麦卡杜：这是他六年里第六个球队了。全 NBA 都觉得他是个失败者，但湖人无所谓。

那年常规赛，湖人最后打出了 57 胜 25 负的战绩，进攻效率全 NBA 第二。天勾的场均得分跌到了 23.9，但效率不减。而魔术师场均 18.6 分 9.6 篮板 9.5 助攻，以及全 NBA 第一的 2.7 抢断：他获得了近乎无限的自由。

湖人从韦斯特赫德时代天勾为主、魔术师辅佐、半场攻防为主的球队，变成了魔术师引领、天勾作为箭头、狂飙突进的球队。

1982 年季后赛，湖人继续高速飞行。头两场季后赛，他们加起来赢了太阳 38 分。然后是在凤凰城两连胜，横扫太阳晋级。西部决赛对马刺，又是一波横扫：乔治·冰人·格文第一场 34 分，天勾还以 32 分，魔术师得到 13 分 16 篮板 14 助攻的三双，湖人 128 比 117 取胜，全队拿下惊人的 40 次助攻。第二场天勾 5 个封盖，魔术师 5 个抢断，外加 19 分 11 篮板 9 助攻，再次取胜。赛后，马刺的阿尔贝克教练哀叹：

XV

"从没见过这么快的队伍,除了录像带里二十年前的凯尔特人!"

魔术师第三场的又一个三双,天勾的 26 分,压倒了格文的 39 分 15 篮板。湖人的第六人、前任 MVP+ 得分王鲍勃·麦卡杜得了 22 分 13 篮板 4 助攻:他的跳投、掩护切出和面筐打法,与魔术师的速度很投契。然后是第四场:尼克松 30 分 10 助攻,魔术师 22 分 9 篮板 6 助攻 4 抢断,天勾 22 分,麦卡杜 26 分。格文的 38 分再次被压倒。湖人 4 比 0 横扫马刺晋级总决赛。对马刺的整个系列赛,湖人压迫防守、抢断、救地板球、快攻,人人奋发。一如 1979 年入行时魔术师所说,给他一群能跑的队友,他就能解决问题。这年的马刺曾经在常规赛对雄鹿打出 171 比 166 的创当时纪录的比分,但他们跑不赢湖人。莱利教练已经开始张扬了:

"湖人唯一的问题,是人们总说我们有问题!"

他们似乎真的没问题。1982 年总决赛第一场在费城,上半场湖人 16 次失误,费城 61 比 50 领先:J 博士开场连得 6 分,托尼第一节得了 10 分。第三节费城一度 83 比 68 领先。然后帕特·莱利一个暂停,摆出招牌的区域压迫防守:湖人在 11 分钟内轰出了一波匪夷所思的 40 比 9,贾马尔·威尔克斯第三节轰下 16 分。湖人最后 124 比 117 反败为胜:威尔克斯 24 分,天勾 23 分,尼克松 24 分 10 助攻,而魔术师 10 分 14 篮板 9 助攻。麦卡杜 14 分,库珀 17 分,湖人的七个球员人人分数上双。而对面,只有 J 博士的 27 分 9 篮板在支撑大局。

第二场,费城全队冲击篮下,抓到 19 个前场篮板,控制湖人的速度反击。J 博士身先士卒抓到 4 个前场篮板,得到 24 分。湖人这边被迫依赖天勾的 23 分救场:最后费城 110 比 94 取胜,1 比 1。

总决赛回到洛杉矶后,贾马尔·威尔克斯对媒体提到了他的女儿:就在赛季前,他的女儿在出生 8 天后夭折,这是他第二个夭折的孩子了。

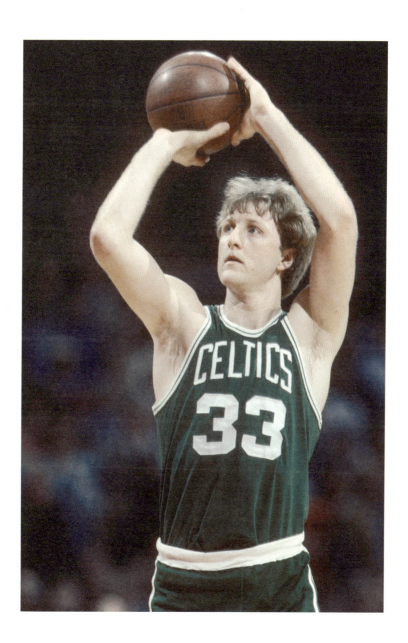

他一度觉得自己快要放弃篮球了，但莱利劝住了他。

"我们支持你。"

整个赛季下来，威尔克斯场均 21.1 分，命中率 53%。总决赛第三场前，魔术师给他比划了一个手势。

"我们支持你。"

第一节，威尔克斯和魔术师各得 9 分。第二节，湖人五次送出快攻机会，五次都得分，分差扩大到了 20 分。魔术师的眼睛睁大了：

"对我而言，这是篮球里最美好的部分。你身处球队之中，预备创造机会，仿佛随音乐起舞。"湖人最后 129 比 108 大胜：费城的托尼轰下 36 分，但魔术师还以 22 分 9 篮板 8 助攻，尼克松 29 分，威尔克斯 17 分。湖人 2 比 1。第四场，J 博士第二节一度断球反击，但魔术师一个站位逼迫他进攻犯规，之后湖人一口气打出 18 比 2 的高潮拉开分差：J 博士 15 投 11 中 25 分，托尼 28 分，但是魔术师起舞带节奏，24 分 8 篮板 7 助攻；天勾则 22 分 11 篮板 3 封盖，威尔克斯 24 分。湖人 111 比 101 取胜。3 比 1。

莱利教练很得意："费城应对夹击的方式，正中我们的下怀。"的确。因为费城 76 人擅长奔袭，却不擅远射。莱利发现了："如果托尼无法按战术跑位，他就只会一对一投篮，不会传球了。"

与此同时，在费城的前两场，J 博士抓到 23 个篮板球。但在洛杉矶的两场，魔术师控制到 J 博士只抓到 6 个篮板。莱利说魔术师的新秀年，"好像每天打比赛都是去迪士尼乐园"。现在呢？"他冷静多了，像个老将了，但他依然是我们的开心果。全队每个人都想变成他那样的激情分子。"用魔术师自己的话：

"我是音乐 DJ 嘛！"

第五场，康宁汉姆教练施展了区域夹击，并且对天勾下手：开场 1 分 36 秒，天勾已经 2 次犯规，全场因此只打了 28 分钟，被夹击到只

XV

得了 6 分。托尼找到了传球目标，射落 31 分得到 8 次助攻。天勾被犯规困扰，费城冲击内线随心所欲：J 博士 23 分，鲍比·琼斯 21 分，道金斯 20 分。最后费城 76 人 135 比 102 击破湖人，追到 2 比 3。

第六场前，莱利回忆起了自己那年常做的一个梦：他梦见自己带湖人打总决赛第七场，最后需要一个投篮决定冠军。每个梦里，投篮手都不同。其中一个梦，居然是助教杰克·库兰来投篮，莱利在梦中大叫：

"不！杰克!! 住手!!"

莱利承认，虽然表面彪悍霸道，但他一直很神经质。他太太克丽丝攻读心理学学位时，一度想拿他做案例。莱利说："我的动力是恐惧。我一直害怕自己会被篮球世界抛弃。"

第六场那天，莱利早上 5 点半就起床，带队去训练：训练很不顺，天勾头疼没来，尼克松迟到。训练草草结束，莱利回家预备了发言稿，然后带了两套西装：如果拿了冠军，其中一套被庆祝的香槟弄脏了，他可以换第二套。

带着头疼的天勾开场就封阻禁区，费城 76 人前四个投篮甚至没沾到篮筐。湖人 9 比 0 领先。达里尔·道金斯用他的爆发力得到 10 分，将分差追近到 26 比 30。但第二节湖人跑了起来：上半场湖人 8 个快攻无一失手，加上还有第二节威尔克斯的神射。实际上，放威尔克斯远射是费城的策略。但第二节过半，威尔克斯看到 J 博士后退阻挡他突破时，有一点气恼：

"他们居然敢让我远投？"

威尔克斯底角射中，然后又一个 17 尺跳投，再一个 20 尺投篮：湖人半场领先了 9 分。

下半场开始，J 博士 2 分钟不到连得 8 分，追上了分差。当他一个上篮眼看要反超比分时，麦卡杜从他身后赶到完成封盖，然后，又一个。

比赛还有最后 4 分钟，湖人 103 比 100 领先。天勾完成一个 2+1 后，朝场边自己的孩子阿米尔欢呼：湖人 106 比 100 领先。麦卡杜抓到后场篮板——他全场 16 分 9 篮板 3 封盖——送给威尔克斯，让后者得到自己全场第 27 分。

湖人 114 比 104 取胜。4 比 2，洛杉矶湖人拿到 1982 年总冠军，三年里第二个总冠军。夺冠之战，威尔克斯得到全队最高的 27 分。天勾得到 18 分 11 篮板 5 封盖。魔术师打出 13 分 13 篮板 15 助攻 4 抢断 2 封盖的全面表现，以及，拿到了他第二个总决赛 MVP。

就在赛季初，当他赶走韦斯特赫德教练时，魔术师的媒体形象是个地道的混球。但当帕特·莱利上任后，莱利、魔术师与天勾合作，完成了湖人的伟大转型。他们打出了速度、活力、激情，水银泻地。赛后，当湖人在更衣室泼洒香槟庆祝总冠军，当莱利换上他备用的庆祝西装时，有一位女士进了更衣室，来找魔术师。她的话可以完美概括这一年的湖人：

"我是赛季初期嘘过你的人。我特来告诉你，我为当初嘘你感到抱歉，我永远不会再嘘你了。我觉得我该告诉你这个，你也应该知道。"

另一边，得到 30 分却依然丢了冠军的失意者 J 博士，在更衣室接受采访时，轻柔地叹了口气。

"只有你敢于站到舞台中心，敢于继续尝试去成就伟大，你才能成就伟大。我会继续尝试的。一如我过去不停尝试，将来也是如此。"

实际上，他的命运的确太诡异了：1977 年输给开拓者、1980 年和 1982 年输给湖人，这是他第三次 NBA 总决赛失利。1980 年输给湖人的第六场和 1981 年七战输给凯尔特人，他都仿佛是输给了魔术师与伯德的天生好运。如今他 32 岁了，但 NBA 总冠军似乎总在跟他开玩笑。

就在对战费城 76 人之前，莱利这么说："如果有任何球队让我害

XV

怕，那就是火箭。他们有大个子，打法凶悍，不让我们跑起来打。"实际上，他暗指的正是 1981 年淘汰掉湖人的摩西·马龙。

1982 年夏天，火箭来了个新老板查理·托马斯，他觉得摩西·马龙的 200 万年薪太高了。于是火箭先给了马龙六年 1320 万美元的合同，然后拿他去费城 76 人交换了卡德维尔·琼斯和一个首轮签。于是，1982 年夏天，摩西·马龙签约了费城 76 人。

就在湖人欢庆冠军的 1982 年夏天，魔术师、天勾和伯德的两位宿敌，摩西·马龙和 J 博士，终于携手了。

当时湖人在欢庆另一件事：

1979 年，湖人用唐·福特交换了克里夫兰骑士的首轮签。1981-1982 季，骑士战绩 15 胜 67 负联盟垫底，湖人幸运地得到了 1982 年 NBA 状元选秀签。

冠军？状元签？同一年？湖人真是魔幻般地好运。1982 年选秀大会，湖人不假思索地以状元签拿下了北卡罗来纳大学的前锋，206 公分的詹姆斯·沃西。

沃西早在中学时就名满全国。他身高 206 公分却速度飞快，可以打两个前锋位置，有一手优美的背身单挑技术、移动飘忽，能从各角度袭击篮筐。在阿什布鲁克高中时，他入选了全美最佳阵容，声名在外。主教练拉里·罗德斯先生胳膊肘朝自家拐，把沃西推荐往师父迪恩·史密斯的北卡大学。1982 年夏天，湖人拿到 NBA 总冠军之前，沃西刚成为大学年度最佳球员，而且带领北卡拿到了 1982 年大学冠军——所以，他与 1979 年的魔术师一样：拿到大学冠军，被湖人选为状元签。

当然，1982 年 NCAA 决赛，值得再多说几句。

迪恩·史密斯教练从 1961 年开始执教北卡，1967—1969 这三年连进全国四强赛，1968 年甚至进了决赛，败北。1972 年，全国四强赛败北。1977 年，全国亚军。1981 年夏天，北卡又输掉一次全国决赛，被印第安纳大学的精灵后卫伊赛亚·托马斯干掉了——那年托马斯能拿到 NBA 的榜眼签，也与此战有关。

1981-1982 季，上届全国亚军北卡保留了上季的王牌阵容：中锋萨姆·帕金斯、前锋詹姆斯·沃西和马特·多尔蒂、四年级后卫吉米·布莱克，

以及，一个当时 196 公分高的 23 号一年级后卫。

那年北卡校队 27 胜 2 负，进入 1982 年春天的 64 强锦标赛。他们险胜了詹姆斯·麦迪逊大学，干掉了阿拉巴马。击败维兰诺瓦大学后，他们晋级四强。半决赛，北卡遭遇了休斯顿大学。

休斯顿大学的王牌是三个人。一个是休斯顿本地的篮球王子、斯特林高中出来的 201 公分后卫克莱德·滑翔机·德雷克斯勒，二年级生。他在 12 岁前是个胖男孩，为了排除这种自卑，他脚踝绑沙袋跑步，跳绳，终于拥有了匪夷所思的飞翔能力。饶是如此，他在大学里依然是个冷静温和的青年。所以，他才能跟两个性格火爆的队友——拉里·麦寇斯和罗伯特·威廉姆斯共存。

但对北卡来说，最麻烦的是休斯顿那个大个子：尼日利亚来的巨人哈基姆·大梦·奥拉朱旺。

奥拉朱旺 1963 年生在尼日利亚，1980 年秋天，他从尼日利亚飞到纽约，然后去了休斯顿。他在尼日利亚时什么都干——打手球、当足球门将，也偶尔打篮球，于是成长为篮球史上最灵活的巨人之一。他在休斯顿一边学习篮球，一边每天从德雷克斯勒送的冰箱里掏冰淇淋出来吃。

1982 年的半决赛这一晚，北卡以华丽的 14 比 0 开局。詹姆斯·沃西意气风发，来了一个神龙摆尾式奔袭：半场后转身晃过一人，杀到禁区前再过一个，罚球线起跳，滑空抛篮得分。多年后，奥拉朱旺在传记

XV

里描述这划在记忆里的一刀:

"沃西比其他同样 206 公分的人要快两倍。"

最后北卡 68 比 63 取胜,进了 1982 年全国决赛。对手是华盛顿来的乔治城大学:教练是约翰·汤普森先生,在这里当教练已有十年。球员时期,他是比尔·拉塞尔的替补,为凯尔特人拿过 1965 年和 1966 年的两个总冠军。他信奉红衣主教的凯尔特人篮球哲学。坚硬、扎实、迅速、窒息的防守、灵活变通、不择手段。他是个善于控制队员情绪的教练。而他手下,是当年最强大一新生,七尺巨人帕特里克·尤因。

尤因 1962 年生在牙买加,13 岁长到 185 公分才开始打篮球。过早长高,他总被周围的人当怪物。高中时他常低着头,为自己觉得尴尬。高中毕业时他已有 213 公分,体重 103 公斤,是个巨人了。他从小说话时就有习惯性的嘲讽调子。打球时挥舞铁肘,怒目圆睁。

1982 年 3 月 29 日,全国决赛开始。尤因在禁区像电风扇扇叶,劈碎一切圆形物。北卡前 8 分全部是尤因挥巨灵掌在篮筐以上干扰所得,鉴于他满头喷火,汤普森教练只得把他换下,让他稍微冷静一下。比赛到第 8 分钟,北卡才投进第一个球,然后沃西开始提速,得分随心所欲。上半场沃西就得到 18 分。双方打成 32 比 31。

下半场,最后时刻,北卡那个 23 号新人优美如彩虹的左手上篮让北卡 61 比 58 领先,但尤因还以一记翻身跳投,加上乔治城的弗洛伊德再来一记挑篮,乔治城以 62 比 61 反超北卡。比赛还有 32 秒。

北卡需要投中一个球来拿到冠军,问题是谁来出手。沃西已 17 投 13 中得到 28 分,但显然,尤因的双眼正恶狠狠凝望着他——如果沃西能吸引尤因的注意力,帕金斯就空出来了。但汤普森教练显然会料到这一招。

史密斯教练做了决定。

北卡开球。乔治城用了区域联防,以控制北卡的突破。布莱克做出传球假动作，看似要把球传给低位的帕金斯，却将球传向左翼：离筐 17 英尺远，北卡的 23 号新人无人看管。接球，起跳，投篮出手。他赛后自己说：

"我没看到球进，我都没敢去看。我只是祈祷。"

然后，他听到了祈祷的回声：球进篮筐的"唰"声。北卡 63 比 62 反超。

之后沃西断球锁定胜局，北卡 63 比 62 击败乔治城。迪恩·史密斯教练终于拿到自己第一个 NCAA 全国冠军。

而这个一球定胜负的北卡 23 号新人，就是时年 19 岁的迈克尔·乔丹。

迈克尔·乔丹生在 1963 年 2 月 17 日。他是家里第四个孩子，上头有两个哥哥一个姐姐。他家在北卡罗莱纳威明顿一带。他爸爸詹姆斯·乔丹说："如果我们告诉他炉子很烫，不要碰。他就会去碰碰看……他老是在考验我们。"

大概迈克尔·乔丹就是这么个"不让我干什么，我偏干什么"的孩子。他喜欢自己的哥哥拉里。多年后乔丹说起他哥哥时一脸敬仰："他能做 360 度扣篮，而他只有 170 公分！他总是给我打球的灵感！"拉里穿 45 号，乔丹就要穿 23 号："23 号是 45 号的一半！"

那时侯，拉里和迈克尔当然都不知道，这个孩子气的选择会如何影响"23"这个数字在职业体育界的地位。

高二时乔丹只有 178 公分，一度被裁出校队。于是他每天早上六点就起来训练，一天训练六个小时。从此以后，乔丹变成了一个魔鬼般的"报复者"。一年后，他身高猛蹿 13 公分，长到 191 公分，入选校队，从此成为高中明星，然后去到了北卡，直到 1982 年他 19 岁这一刻，以一个制胜球得到全国冠军。

XV

那时他当然并不知道,自己与沃西、尤因、奥拉朱旺、德雷克斯勒这些人将来会有怎样的恩恩怨怨。他只是看着队友们嚎啕大哭抱成一团,满心疑问——这些疑问,他八年后讲给了《体育画报》听:

"为什么沃西、布莱克、帕金斯这些老大哥们夺冠后,哭得这么稀里哗啦涕泗滂沱?我们打球、夺冠,不就是这样吗?"

且回到 NBA。

1982-1983 季,摩西·马龙来到费城 76 人后,迅速融入了球队。

——费城缺少统治级篮板手?摩西是 NBA 史上最好的篮板手之一。

——费城需要跑起来打,发挥 J 博士的飞翔能力?摩西能够抓到后场篮板、送出闪电般的快传,自己则能够急速跟进。

——费城的突破需要有人补前场篮板?这么说吧:1981-1982 季,费城两大内线道金斯和琼斯加起来,整个赛季抓到了 232 个前场篮板;摩西则在 1982-1983 季的第 40 场比赛,就抓到了自己赛季第 232 个前场篮板。实际上,他整个赛季抓到 445 个前场篮板,合计 1194 个篮板球,他自己的 NBA 生涯最高。

但最可怕的,还是摩西·马龙坚如磐石的稳定。康宁汉姆教练说他"从没有哪一夜会失常"。因为如摩西自己所说:"投篮可能会没有手感,篮板却永远在那里。"

J 博士说,对胜利的饥渴是伤人的。"我们比湖人或凯尔特人更饥渴。我上次拿冠军是 1976 年(指 ABA 总冠军),七年了。摩西和鲍比什么都没赢过。安德鲁和马柳斯也是。痛苦是我们的动力。"

于是 1982-1983 季常规赛,费城 76 人打出 65 胜 17 负:甩开了 56 胜的凯尔特人和 51 胜的雄鹿,东部第一。

当然,那年雄鹿也挺倒霉:他们的后场,联盟最好的外围防守者西德尼·蒙克利夫，被伯德誉为"联盟最全面的球员之一"，成长起来了；中锋兰尼尔却因伤缺阵了一半常规赛，而且没有组织后卫。万般无奈，主教练唐·尼尔森让小前锋马奎斯·约翰逊打了段组织后卫。后来马奎斯开玩笑：

"我就是个组织前锋嘛！"

一语成谶。这句话给了老尼尔森灵感。两年后，他手下196公分的前锋保罗·普莱西成了NBA历史上开拓性的组织前锋——比之前的哈弗里切克和里克·巴里组织得更出色。当然，那是后话了。

在西部，丹佛掘金狂野的道格·莫教练放弃了大卫·汤普森——前一季他被强制进了戒毒所——反而让战绩回升。马刺那边"冰人"格文在1982年拿到他第四个得分王后，也等来了帮手：小前锋迈克·米切尔与前ABA巨人阿蒂斯·吉尔摩的到来，让马刺继续西部第二。

当然，他们依然不是湖人的对手。很大程度上，这跟性格有关。格文性格冷峻，有他"冰人"的绰号为证：他总能优雅地得分，但串联球队？似乎非他所好。而吉尔摩呢？马奎斯·约翰逊说，他在加州联赛和张伯伦玩过，说"吉尔摩和张伯伦有点像"。吉尔摩巨大敦实，你企图去扣篮，"他就像摘衣架上的帽子一样把你盖掉"。但是，吉尔摩性格有些过于温和。约翰逊说，"尽人皆知，如果你飞起来，道金斯会直接把你撞倒，但吉尔摩不会"。

针对全世界"你不如贾巴尔"的指责，吉尔摩只是低眉顺眼地说，"贾巴尔有无敌的天勾，我可没有"。针对芝加哥人所说的"218公分的身体里装了188公分的灵魂"，他反问："为什么大个子必须得凶恶呢？"

于是没有人能阻挡1982-1983季的湖人稳稳前进：魔术师以场均10.5助攻拿到自己第一个助攻王；天勾将出场时间缩减到每场32分钟，场均22分。新秀沃西作为球队第七人，场均得到13.4分5.2个篮

XV

板。季后赛首轮，湖人对开拓者 4 比 1 过关，天勾场均 31 分。西部决赛连续第二年遭遇马刺，湖人多打了一会儿。他们输掉了第二场和第五场：第二场格文轰下 32 分，吉尔摩 20 个篮板；第五场天勾 30 分，魔术师 16 分 11 篮板 19 助攻，但吉尔摩 25 分 14 篮板，马刺全队 21 个前场篮板球，湖人后场篮板只有 26 个。

终于在第六场，魔术师 2 分 15 篮板 16 助攻，天勾千辛万苦得到 28 分，才算磨赢了马刺，4 比 2 晋级总决赛。但即便败北，吉尔摩还是得到 24 分 18 篮板：赛后，天勾说自己感觉全身酸痛。

的确，他 36 岁了。跟强悍的对手们肉搏篮板球，他有些力不从心了。

东边，情况比较复杂。

费城 76 人一骑绝尘，但伯德并不甘心："我们依然是凯尔特人。去问问洛杉矶和费城，他们怕谁？我打赌他们会说是我们！"

但凯尔特人的后场已经老了：阿奇巴尔德 34 岁了，新后卫丹尼·安吉则过于年轻。季后赛首轮，凯尔特人艰难地 2 比 1 击败亚特兰大鹰。鹰队效仿湖人，用凶恶的夹击吞噬凯尔特人。他们的天才新人、201 公分的小前锋多米尼克·威尔金斯，屡次施展 NBA 历史上仅见的爆发力——后来他将获得"人类电影精华"的绰号，意思是他一举一动都像是比赛精华集锦。当他大步飞向篮筐时，凯尔特人有点承当不住。但伯德在第三场封杀了他，并施展了自己的口才：

"你回板凳坐着吧，好好度过你的夏天。你是个新人，有机会投篮再说吧。"

但第二轮，凯尔特人笑不出来了：他们被雄鹿 4 比 0 横扫。四场比赛分别得了 95、91、99、93 分，合计被逼出 59 次失误，命中率低到 45%。最糟的是阿奇巴尔德：四场比赛他命中率低到 31%。曾经的

得分王 + 助攻王，在雄鹿的绞肉机防守面前，无所适从。

在费城，那年季后赛前，当被问及如何看待季后赛时，摩西·马龙回答："4！4！4！"

他的意思是：球队会一路横扫。

费城 76 人的确首轮 4 比 0 干掉了纽约尼克斯。第一场摩西轰下 38 分 17 篮板，打得尼克斯的中锋 1979 年探花比尔·卡特莱特七荤八素。费城 112 比 102 取胜。第二场尼克斯依靠大前锋卡车罗宾逊的肌肉，一度上半场领先——罗宾逊全场 22 分 14 篮板——但第三节，费城打出 24 比 9 的高潮：奇克斯和摩西快手如电地断球，罗宾逊屡次冲击篮筐却被 J 博士盖掉。最后 76 人反败为胜，2 比 0：摩西 30 分 17 篮板 4 抢断 3 封盖，J 博士 20 分。第三场，摩西 28 分 14 篮板，J 博士 20 分 11 篮板 5 助攻，奇克斯 24 分 7 助攻：费城最后一分钟险胜，3 比 0。第四场，尼克斯的天才得分手伯纳德·金终于爆发，依靠他招牌的翻身跳投得到了 35 分，但摩西·马龙的 29 分 14 篮板和 J 博士的 18 分解决了尼克斯：4 比 0。横扫。

东部决赛，费城也是迅速 3 比 0 领先雄鹿：第一场摩西被防到只得 14 分，但奇克斯 26 分、J 博士 19 分、托尼 22 分。双方篮板大战肉搏到加时赛，76 人稳住了大局，1 比 0。康宁汉姆教练说："毕竟我们当家的几位，都是成年人了嘛！"摩西第二场以 26 分 17 篮板带队取胜。第三场，摩西 25 分 14 篮板，J 博士抖擞精神得到 26 分 8 篮板，带队第四节展开大反击。雄鹿赢了第四场，但赛后出了事。摩西·马龙在酒店前台跟人结账、预备回费城时，跟前台吵了起来：

"怎么这么贵?! 我是要买单，不是要买下酒店！"

于是第五场，费城 76 人愤怒了：摩西·马龙刚蝉联了常规赛 MVP——也是自己第三个 MVP——于是轰下了 28 分 17 篮板 4 封盖；

XV

J 博士 24 分 10 篮板 3 封盖，托尼 30 分。雄鹿从头到尾没有过机会。

4 比 1，费城 76 人杀进总决赛，连续第二年，也是四年里第三次对决洛杉矶湖人。

只是这一次，不只是 J 博士与天勾及魔术师的冤仇了：摩西·马龙，1980 年和 1981 年与湖人大战西部季后赛的冤家，与天勾再度见面了。

1983 年总决赛第一场开始 2 分钟，湖人就甩出了 5 次快攻：他们想靠速度压倒费城的防守。然而全都没得手：第一节，湖人失误 8 次，20 比 30 落后。

——J 博士说，他记得去年的总决赛首战，湖人第三节靠反击快攻轰下了 41 分。他记得这点创伤，所以要扼住湖人的咽喉。

这场比赛，每次摩西·马龙在湖人禁区投篮，费城就已有三人回防。他们会阻止魔术师抓篮板，同时全场扼守他的反击。第三节，湖人一度领先 5 分，但第四节，他们不行了。

天勾忽然真的显老了：下半场 22 分钟，他的 5 发勾手投篮全都失手，一个篮板球都没拿到。原因是什么呢？我们当然明白：莱利一直忌惮着的摩西·马龙。

第四节，费城 76 人用克林特·理查德森上场锁死魔术师：他自己全场 15 分 4 抢断。面对湖人招牌的区域夹击，费城 76 人不停传球，找到空隙，直轰篮筐。奇克斯说："湖人的防守，反而成了我们的优势了呢！"

费城 76 人 113 比 107 取下第一场，马龙 27 分 18 篮板包括 7 个前场篮板，J 博士 20 分 10 篮板 9 助攻以及 5 个封盖。外加托尼的 25 分。湖人那边，魔术师 19 分 9 篮板 11 助攻，天勾 20 分，但他俩下半场都被扼杀了。莱利教练第二天对队员指出：

"你们才是卫冕冠军，但他们的自尊胜过你们。他们胜在从你们手里抢走冠军的心气!"

天勾听着这番训示,在回酒店的路上买了本武术杂志。结果第二场,天勾17投11中得到23分3封盖。

可惜,这还不够。

第二场莱利用大前锋科特·兰比斯防守摩西·马龙,赛后马龙嘲笑了兰比斯:"我不知道他们干吗用他来防我。没有任何一个203公分的小子防得住我。他们让那个小子来对付我,简直是让我敞开打嘛!"的确:第二场马龙10投8中24分12篮板。最重要的是,他看明白了:

"湖人被迫调整阵容来迁就我们,我们则不必迁就他们。"

湖人第二场一度领先过9分,但第三节过半,天勾第4次犯规后只得下场,于是费城一串进攻直击湖人心脏,反超4分。第四节,天勾归来,但费城76人封锁湖人其他球员:整节湖人其他首发9投0中。最后费城76人103比93取胜,2比0。

康宁汉姆教练说,他得感谢查克·戴利的一些建议:这位先生时年52岁,1978—1981年间是他的助理教练,1983年夏天,戴利转任费城76人的场边解说员。当助教时,戴利在战术上极为细密,引为乐事。比如,出去吃饭时,戴利会拿起勺子朝康宁汉姆比划:

"把这当作球员,我来给你演示几个对付湖人的战术……"

总决赛第三场还剩4分40秒时,费城76人90比84领先。摩西加速冲过天勾,起跳,出手。天勾犯规,球进筐,加罚。天勾退后两步,叹口气。摩西自己赛后说:"我们队好比火车,一旦启动,只会越加凶猛。"76人93比84领先。一分半后,摩西再一次撞开天勾,打三分得手。

费城76人111比94击败湖人,3比0。这一次,冠军真的稳了。

XV

但就在赛后，J 博士不肯展望夺冠之后的事："我不知道。也许会有什么事发生呢？比如我被卡车撞了？"

实际上，摩西·马龙的这份凶恶和 J 博士的这份谦退，完美地塑造了 1983 年的费城 76 人。曾经陪 J 博士打了 1977、1980 和 1982 年三次总决赛的卡德维尔·琼斯有过以下看法：

"J 博士需要一个教练来确立他的核心位置，他不喜欢自己开口，来张扬自己是老大。"J 博士是个绅士，是个吐属斯文的好人，是个优美的飞翔者，却不是个大权独揽的老大哥型领袖。所以他和摩西·马龙反而非常合拍。康宁汉姆教练承认：

"摩西让我们的每个环节都增加了侵略性。"

费城经理帕特·威廉姆斯则认为：

"之前，我们挑战波士顿，如同大卫挑战歌利亚；但现在有了摩西，我们自己变成了歌利亚。"

但是，谦谨的性格，不意味着 J 博士缺少雄心。

前一年，六年里第三次输掉总决赛的 J 博士说："只有你敢于站到舞台中心，敢于继续尝试去成就伟大，你才能成就伟大。我会继续尝试的。一如我过去不停尝试，将来也是如此。"实际上，就在 1982-1983 赛季初，为了不打扰摩西·马龙的王牌地位，J 博士甚至跑去问防守专家鲍比·琼斯怎么适应角色球员位置。"球队的第一进攻点必须是摩西，然后是托尼，然后是我。"

1983 年总决赛第四场第一节，摩西 8 投 2 中，湖人第二节一度领先到 16 分。到第四节开始时，湖人还领先 11 分。但 3 分钟内，费城 76 人打出了 10 比 2 的高潮。马龙在第四节抓到 10 个篮板球——全场 23 个——"我看到他们紧张了，他看到我们的火车启动了！"

比赛剩 2 分钟，76 人 104 比 106 落后。于是，J 博士来到了舞台中央。

——小半年前的 1983 年 1 月，费城 76 人主场对湖人的常规赛，出现过这样一个镜头：

湖人传球，33 岁的 J 博士飞出，凌空一点，抄球得手，将球点到前场。迈开大步，奔行如风，用他篮球史上无可比拟的大手抡起篮球，回环风车，一个巨大的圆弧，甩开追来的迈克尔·库珀，起飞，完美扣篮。

——直到如今，这依然被认为是 NBA 历史上比赛中完成的最美扣篮之一，也是 J 博士生涯最美的三个球之一：与 1977 年跨越全场扣沃顿、1980 年凌空滑翔满月大回环上篮并列。

——1983 年总决赛第四场最后时刻，类似的场面出现了。天勾企图回传给库珀，J 博士飞出，将球点到前场，大步流星，直奔篮筐：一个用 J 博士自己的说法就是"确定无疑能得分"的双手扣篮。

一分钟后，奇克斯助攻 J 博士：上篮得分，加罚。76 人拿到 109 比 107 的领先。天勾的罚球将分差追到 1 分，比赛还有 6 秒，J 博士弧顶拿球，湖人全队在等他起飞。J 博士起跳：一个 18 尺中投。

"我没找到那个投篮，是它找到了我。"

投篮命中。J 博士连得 7 分，锁定了这个总冠军。"我当时有些恍然，不知道发生了什么。"

费城 76 人击败了湖人，4 比 0 拿到了 1983 年总冠军。J 博士的第一个。摩西·马龙的第一个——他还拿到了总决赛 MVP。康宁汉姆教练认为，摩西给予了 76 人内在的安全感："天勾给湖人多少安全感，摩西给我们的更多。"但摩西自己说：

"这个冠军是献给 J 博士的，我一直希望自己能跟 J 博士一起拿到个冠军。"然后，他笑了笑：

"这是我第一次觉得累。"

失败的苦痛是他与 J 博士的动力，而今他们用一连串横扫——季

XV

后赛 12 胜 1 负——兑现了摩西之前的"4！4！4！"他们也用冠军治愈了自己的创痛。连落败的湖人都有球员表示，这一年败北，对他们而言很糟糕，但如果还有一点好处的话：

"J 博士是个绅士，是个好人。如果我们输掉了，那么，想到他能夺冠，至少还让我们能开心一点。"

这是摩西·马龙与 J 博士各自光辉的顶点。前者在 1979—1983 这四年里拿了三个常规赛 MVP，后者在 1977—1983 年四次进了总决赛，最后俩人终于在 1983 年夺冠了。

但当时没有人想到的是：他俩与伯德及魔术师的鏖战，到此已近尾声。

下一个时代，即将到来了。

第十六章 魔术师vs伯德,湖人vs凯尔特人

(XVI)

237-276

1983年夏天，鉴于NBA球队已经太多，NBA将季后赛扩容了：东西部各八支球队进季后赛，首轮五战三胜制，之后照样七战四胜制。

与此同时，弗吉尼亚大学224公分的拉尔夫·桑普森被休斯顿火箭选中，成为1983年状元。《体育画报》封面赞美道：

"女士们先生们! 我们来介绍世上仅有的一个拉尔夫·桑普森! 他扣篮! 他封盖! 他背后运球! 他有224公分，而且还在长!!"

在所有人眼中，桑普森移动如拉塞尔，传球如张伯伦，潜力可敌天勾，而且224公分! 实际上，桑普森刚打完大一，红衣主教就去他家说了：

"你可以来为伟大的凯尔特人打球。"那是1980年，但桑普森决定：读完四年大学。

1983年选秀大会前，休斯顿人民本渴望拿下201公分的摇摆人克莱德·滑翔机·德雷克斯勒：他是休斯顿大学的王子，跟尼日利亚来的巨人哈基姆·奥拉朱旺珠联璧合，是当地人民的挚爱。但火箭的新主教练比尔·费奇——嗯，凯尔特人的前主帅——却秉持了红衣主教的爱好：他喜欢大个子。于是火箭选了桑普森，波特兰开拓者选走了滑翔机。桑普森进了NBA，1983—1984年新秀季为火箭打了82场，场均21分11篮板2助攻2.4封盖，而且每个月都当选联盟最佳新人，最后也的确拿到了年度最佳新人。

1983年夏的另一件大事是：湖人的新经理杰里·韦斯特大手一挥，将球队组织后卫诺姆·尼克松送走了。尼克松为湖人效力的六年场均16分8助攻拿到两个总冠军，他是1982年季后赛湖人的得分王——还多过天勾。他是洛杉矶人民的至爱。

但他还是走了。

韦斯特壮士断腕，有他自己的考虑。

他用尼克松换来的选秀权，拿下了22岁的191公分双能卫拜伦·斯科特：比起 28 岁的尼克松，斯科特年轻些，更适合湖人的闪电打法。与此同时，湖人将球权完全交给了魔术师。韦斯特总结：

"当他不拿球时，他是厄文·约翰逊；他拿球时，就是魔术师约翰逊。"

1983-1984 季，去到快船的尼克松 82 场场均 17 分 11 助攻。但魔术师在湖人拿下助攻王：场均 13.1 个助攻领跑全 NBA。与此同时，沃西与斯科特两个年轻人，跟着魔术师跑得欢快：沃西每场不到 30 分钟里拿到 15 分 6 篮板 3 助攻，斯科特每场 22 分钟里得到 11 分。湖人还是稳稳地拿到常规赛 54 胜，西部第一。天勾则在 1984 年 4 月 5 日，以一记天勾，让自己的总得分超过了张伯伦的 31419 分，成为史上第一：张伯伦退役时 37 岁，此后一直跟天勾在媒体上时不时吵两句；如今 37 岁的天勾得分已然追上，但手里比张伯伦多一个总冠军、多两个 MVP。真是称心如意。

东边也没什么新奇的，自然也有新崛起的势力：费城的解说员兼前助理教练查克·戴利去带底特律活塞了，第一年带出 49 胜，并与丹佛掘金打出了一场至今犹为 NBA 历史纪录的 186 比 184 的大战。

可惜季后赛，活塞首轮输给了伯纳德·金的尼克斯。

伯纳德·金这个 201 公分的得分天才，自从 1977 年入行后，虽有嗑药传闻，但基本每年都有场均 20 分开外。1983-1984 季在纽约，他拿下场均 26.3 分。虽然不及犹他爵士的效率之王阿德里安·丹特利，但金堪称是 NBA 爆发力最好的进攻手：烈马快刀，凶猛刁钻。他的招牌技巧是背身要球，翻身，或高难度后仰中投，或一个大转身欺入篮下。他总能够灵活要到位，近筐接球完成进攻，以及经典的前场篮板补扣入筐。1984 年季后赛对活塞第一场，他轰下 36 分，带队险胜。第二到第四场，46、46 和 41 分。第五场大决战，伊赛亚·"微笑刺客"·托马斯不肯干休：比赛最后 1 分 33 秒内，刺客狂刷 16 分，将比赛拖入加时。

XVI

最后活塞惜败：刺客 35 分 12 助攻，金 44 分 12 篮板。尼克斯 3 比 2 晋级。

东部半决赛，金继续在七场大战里场均轰下 29 分。

但这次，他遇到了对手：对面的波士顿凯尔特人，可没活塞这么好欺负。

1983 年夏天，凯尔特人主帅比尔·费奇去了火箭，主教让当年跟随拉塞尔南征北战的组织后卫 K.C. 琼斯顶上。针对凯尔特人老化的后卫线，主教做出了英明举措。

四年前的 1979 年，丹尼斯·约翰逊随西雅图超音速拿到总冠军，自己拿到总决赛 MVP。下一季他带队杀到了 56 胜，自己入选联盟第二阵容，然而 1980 年夏天，超音速拿约翰逊与太阳名将保罗·韦斯特法尔对换：结果自己从 56 胜跌到 34 胜。而丹尼斯·约翰逊让太阳称霸太平洋区，自己入选了年度第一阵容。

1983 年，凯尔特人因为后卫老化，被雄鹿欺负。于是主教做了交易。将替补中锋里克·罗贝送去太阳，得到了丹尼斯·约翰逊：波士顿人民习惯叫他 DJ。DJ 几乎立刻获得了拉里·伯德的爱。很多年后，伯德吹嘘 DJ:

"他是我合作过的最好球员！"

数据上，DJ 从来不算出众。但 193 公分的他可以防守任何外线球员。他翘着屁股伸着脑袋的防守姿势配着那矮短的身材，观赏效果相当不佳，只有被他盯防的家伙才对他的可怕心知肚明。他善于揣测：进攻方全部队员的跑位意图，他都可以猜得八九不离十。他的传球配合伯德的跑动，珠联璧合。

1983-1984 季，因为后卫线的加强，伯德打出生涯迄今最好的一季：79 场比赛，场均 38 分钟里得到 24.2 分 10.1 篮板，外加作为小前锋而言匪夷所思的 6.6 助攻，带着凯尔特人打出 62 胜。过去四季，他的常规赛 MVP 选票排名第四、第二、第二与第二，这次终于无可挑剔了：他拿下了 1984 年常规赛 MVP。然后首轮带凯尔特人 3 比 1 干掉华盛顿子弹。四场比赛他送出 31 次助攻，让对面的巨人里克·马洪感叹：

"我不知道他到底长了多少双眼睛！"

伯纳德·金的纽约尼克斯，遇到的就是这样的伯德。

凯尔特人对尼克斯系列赛第二场，伯德轰下 37 分 11 篮板 4 助攻 2 抢断，让凯尔特人拿到 2 比 0 的领先。当时纽约尼克斯的胡比·布朗教练老辣绝伦，针对凯尔特人的球员，做了一整套的球探报告——可能是 NBA 当时最精密的球探报告：

——塞德里克·麦克斯维尔：卓越的低位球员，喜欢左侧进攻，不错的右手勾射，跳投有进步，卓越的前场篮板手；靠假动作骗犯规；防守好，喜欢绕前防守；总是冲快攻机会，必须跟他一起跑；擅长靠假动作争取 2+1 机会。

——凯文·麦克海尔：必须肉搏阻挡他的背身单打，限制他的前场篮板得分，长臂、善跳、时机把握好，是 NBA 最顶级封盖手；卓越的翻身投篮；喜欢挡拆；非常凶狠，别让他抓篮板；与伯德一侧时经常打二人转配合；比赛早期会持球观察夹击；后仰跳投时必须干扰他。

——丹尼·安吉：优秀的外围射手，防守努力，但我们可以用持球突破他，擅长快攻，极为敏捷。

——罗伯特·帕里什：奔跑积极，快攻时也能背身单打；灵活机动，传球有进步；篮板与封盖能手；容易犯规；防守移动不算迅速，应始终与他肉搏。

——拉里·伯德：必须全场注意他。射程远达三分线。快攻，背身，可以担当后卫，两个底角都是危险区域；超级传球手；善于捕捉自己投丢的前场篮板；非常强硬；防守脚步略慢；喜欢自己抓后场篮板推

XVI

快攻；当他推快攻时注意盯防自己的人；别让他突破中路；擅长投篮假动作后突破。

依靠如此精密的研究，尼克斯扳回两场：他们挡不住伯德，但拦得住其他人，第四场金轰下 43 分。2 比 2 平。

第五场在波士顿花园，金又拿下 30 分，但伯德还以 26 分 9 篮板 10 助攻，让全队六人得到 14 分以上：第六人麦克海尔得到 22 分。凯尔特人取胜，3 比 2。第六场伯德轰下 35 分 11 篮板 7 助攻 3 抢断，但金轰下 44 分：尼克斯最后 2 分险胜。3 比 3。

于是进入第七场。

拉里·伯德在波士顿花园的高歌声中所向无敌。金依然得到了 24 分，但伯德用背身、用抄球、用三分、用无球走位、用传球带动所有人。他全场 39 分 12 篮板 10 助攻 3 抢断，用一个三双终结了金壮阔的 1984 年季后赛，凯尔特人 4 比 3 晋级。

随后的 1984 年东部决赛，去年横扫凯尔特人的雄鹿也不再是对手了：凯尔特人 4 比 1 晋级总决赛。值得一提的是，上季被雄鹿吞噬的后卫位置，在这个系列赛发挥不错：DJ 和杰拉德·亨德森都有场均 15 分以上的表演。当然最伟大的依然是伯德：全系列赛场均 27 分 10 篮板 6 助攻，随心所欲。

于是 1984 年夏天，终于：时隔十五年，波士顿凯尔特人遇到了洛杉矶湖人——上次两队相遇，已是 1969 年总决赛了。时隔五年，拉里·伯德遇到了魔术师——上次他俩相遇，是 1979 年 NCAA 决赛了。

全世界拭目以待的决战，终于到来。

——您也许会问一句：卫冕冠军费城 76 人哪里去了？
——1983-1984 季常规赛，J 博士和马龙依然是全明星状态，"波士顿扼杀者"托尼和抢断大师奇克斯都在巅峰。但费城首轮被新泽西网搞定了。纽约媒体如此形容那轮系列赛：

"迈克尔·雷·理查德森一个人摆平了费城。"

迈克尔·雷·理查德森是个奇怪的家伙：这人在 NBA 打了八年，四年在纽约，三年半在新泽西。1978 年他第四位被纽约选中，被认为是"弗雷泽二世"——对，就是那个七度进入 NBA 第一防守阵容，1970 年总决赛第七场面对韦斯特的 36 分 19 助攻，为纽约取下 1970 年和 1973 年两座冠军的弗雷泽。

理查德森高达 196 公分，毒舌，快手，凶恶绝伦。魔术师和微笑刺客都忌惮他。新秀时的拉里·伯德都承认：

"理查德森是我见过最吓人的球员。"NBA 第二年，理查德森打出场均 10.1 助攻成为助攻王，3.2 抢断拿到抢断王：这是 NBA 历史上，首位单季助攻王 + 抢断王。

当然啦，天才都有一身毛病，理查德森尤其过分。他一辈子没肯好好练跳投和罚球，他的失误常年领先联盟，他跟人吵嘴，急了就会开始玩一对一。

可是 1984 年季后赛首轮，他带着新泽西网，迎上了费城。网队除了他，还有 J 博士的老熟人扣篮怪道金斯，有年轻的篮板魔王巴克·威廉姆斯。之前 1981—1983 这两年，巴克的前场篮板都仅次于摩西·马龙，列 NBA 第二；1983-1984 季，他更是超越摩西，成了 NBA 前场篮板王。

结果新泽西第一场就靠速度 116 比 101 击败了费城：巴克·威廉姆斯 25 分 16 篮板，压得摩西只得 20 分 11 篮板，理查德森则 18 分 9 助攻 5 抢断，带队打出反击。第二场，理查德森 32 分 9 助攻 4 抢断，新泽西网领先到 2 比 0。费城依靠 J 博士的 27 分和摩西的 21 分 17 篮板抢回第三场，然后是第四场。但第五场，巴克的 17 分 16 篮板和理查德

XVI

森的 24 分 6 助攻 6 抢断完全打乱了费城的节奏：第四节，76 人跑不起来了，终于败北。新泽西网就这样，3 比 2 淘汰了卫冕冠军。

当然，他们很快就在次轮被干掉了。理查德森也在两年后因伤病和嗑药凋零：

仿佛他这璀璨一生，都是为了给 1984 年的费城搅局来的。

且说回 1984 年总决赛。

总决赛前，魔术师承认："全世界都想看我和伯德决战。我们是世上两个最好的传球手。"与此同时，伯德说："我们做同样的事，但类型不同。我经常用得分影响比赛，他则用传球。他打得更华丽。我认为他是个完美的球员，是当世最好的三个球员之一——也许是最好的。"

波士顿的记者鲍勃·莱恩耸耸肩："不可避免地，所有人都会认为这是魔术师 vs 伯德。这对天勾、麦克海尔和帕里什不太尊重，但没办法。"湖人大当家韦斯特却更喜欢伯德："他传球如此出色，绝不犯错。魔术师持球更多，犯错也会多些，而且他太独特了，难以效仿。伯德嘛，我更希望年轻球员以他为榜样。"

于是 1984 年总决赛，终于开始了。

湖人仰仗贾巴尔上半场的 23 分先声夺人，在波士顿花园抢赢第一场总决赛。而且，差点顺手把第二场也拐走：第二场终场前 18 秒，湖人领先 4 分，麦克海尔拿到罚球机会，莱利吩咐魔术师等麦克海尔罚中第二球后暂停，魔术师误会了。于是麦克海尔两罚失手后，湖人白白给凯尔特人叫了个暂停，给了对方喘息之机。暂停结束，还领先 2 分的湖人后场发球，年轻的沃西在后场，送出人生最痛悔的一记传球：凯尔特人杰拉德·亨德森一记——用莱利所言，"在我眼中都成为慢动作了"——断球，上篮，打平比分，进入加时。最后凯尔特人胜出，险峻万分地将比分拉成1比1。伯德赛后承认：

"说实话，如果没那个抢断，我们已经被横扫了。他们本有机会4比0干掉我们的。"

回到洛杉矶，第三场湖人以18比4开局。凯尔特人一波36比17逆击后，湖人再还以18比0。第三节魔术师催动反击，湖人轰下47分，让比赛直接失去悬念。魔术师送出21次助攻，湖人全场奔袭，跑出51次快攻机会，137比104血洗凯尔特人。至此，湖人2比1领先，而且已经偷回主场优势。唯一的遗憾，也就是第二场被亨德森断球偷回一场而已。

拉里·伯德愤怒了。

第三场后，伯德痛骂所有队友"打得像群娘们"，后来他承认，"得在这群家伙屁股底下点把火才行"。第四场，凯尔特人打得很是硬朗——甚至，太硬朗了一点。

湖人第四场前11投10中，但凯尔特人执拗地追着比分。第三节凯尔特人70比76落后时，麦克海尔对湖人的科特·兰比斯用了个著名的"晾衣绳犯规"，拦腰撂翻兰比斯，宣布了这个系列赛转折点的到来。

有些波士顿媒体后来也承认，大分1比2落后、第四场70比76落后，当是时也，凯尔特人岌岌可危。但在麦克海尔这记蛮横犯规以及稍后的骚乱中，凯尔特人醒过来了，他们仿佛明白了："对了，就是要硬和狠。"就在这次犯规之后，不到两分钟，伯德和天勾差点拳脚相加。

凯尔特人进入了热血节奏，最后时刻取回领先。天勾被罚下，比赛在双方一片罚球不中的叹息中进入加时。伯德在加时余16秒时，一个翻身跳投让球队取得领先，就此定下胜局，2比2。伯德全场29分21篮板，帕里什25分12篮板，和32分的天勾一样拼到6犯规下场。魔术师得到20分11篮板17助攻的华丽三双，但是波士顿球迷却在这场后，送了他"悲剧师"的绰号，因为他全场7失误，包括两个关键失误：

XVI

被帕里什断球,最后时刻两罚不中。

是谁让魔术师如此束手束脚呢?那是凯尔特人的琼斯教练安排的:从第四场开始,由 DJ 丹尼斯·约翰逊来防守魔术师。

第四场凯尔特人死里逃生,2 比 2,然后就是第五场的高温之战。

当日波士顿室外 35 度高温,波士顿花园球场又没有空调,热得仿佛沸腾。天勾和沃西暂停时需要吸氧,解说员休·埃文斯到半场差点中暑。酷暑之中,伯德身先士卒,第一节拿到 8 分 9 篮板。麦克海尔第二节开打三分钟就领到第四次犯规,然而伯德独撑大局。下半场,麦克斯维尔挑动得分高潮,湖人追近比分后,伯德用三分球还以颜色。第四节,伯德连发投中,轰到湖人暂停,凯尔特人满板凳白毛巾飞舞——拉里·伯德全场 20 投 15 中 34 分 17 个篮板,带领凯尔特人 121 比 103 赢下天王山之战。3 比 2。之后洛杉矶媒体抱怨说,波士顿太热了,红衣主教反唇相讥:"是啊,只有你们那边热,我们这边半场开了空调呢!"

第六场,伯德热度不减,11 投 8 中,13 罚 12 中,28 分 14 个篮板,外加亨德森和丹尼斯·约翰逊各 20 分开外的演出,但魔术师 21 分 10 助攻的策动,外加天勾全场的 30 分,令湖人取下第六场。3 比 3。

于是进入 1960 年代的招牌戏码,"凯尔特人 VS 湖人,第七场"。

1981 年总决赛 MVP 塞德里克·麦克斯维尔在第七场开始前,对着更衣室里的凯尔特人队友说:"跳到我背上来吧,伙计,我们回家。"

第七场 32 度高温下,双方都手感不佳。于是上半场,麦克斯维尔疯狂突击篮下,13 罚 11 中。第三节湖人一度将分差反超至 72 比 71,然后伯德两记跳投、帕里什一次打三分,再将湖人甩开。最后时刻,丹尼斯·约翰逊和麦克斯维尔连续封阻,用凯尔特人式的硬朗防守,敲定了胜负。这是典型的第七场:大量犯规、命中率低下、双方合计 113 个篮板球、分数纠结,死战。但是凯尔特人毕竟赢了,而且是,被动了三场半之后的逆转。111 比 102,凯尔特人赢下了第七场。

于是凯尔特人 4 比 3 压倒湖人，得到 1984 年总冠军。拉里·伯德拿到了自己首个常规赛 MVP 后，又加了自己首个总决赛 MVP。他赢了 NBA 版"魔术师 vs 伯德"的首回合，他让凯尔特人又一次击败了湖人：延续了拉塞尔的光荣。波士顿花园成了欢乐的海洋。

赛后，红衣主教与伯德一起接受采访时，记者恭维主教。主教谦虚地说："赢球的是球员，我只是看着罢了。"此时，伯德转过身来，模仿主教的口吻，来了句古灵精怪的俏皮话：

"所以，给你的工资给高啦！"

就在凯尔特人夺下 1984 年总冠军前后，NBA 发生了另两件大事。

1984 年 2 月，42 岁的大卫·斯特恩上任，成为 NBA 新总裁。这个小个子生在纽约一个犹太人家庭，毕业于哥伦比亚大学法学院。1980 年他开始为 NBA 工作时，提出了两项措施：药物检查与工资帽。前者用来对付吸毒的球员，后者让 NBA 各球队的工资总额有章法可循。1984 年他上任时，谁都猜不到，他会带领 NBA 开始史上最辉煌的岁月。

后世记忆深刻的，一般是 1984 年夏天进行的 NBA 选秀大会。

很多年后，世界依然把 1984 年选秀大会定为 NBA 史上最神奇的时刻之一。那时，1984 年全美最佳球员、北卡的大三学生迈克尔·乔丹，正在备战夏天的洛杉矶奥运会。

就在 1984 年选秀大会之前的春天，NCAA 全国决赛，两位巨人相遇了：休斯顿大学的哈基姆·奥拉朱旺对决乔治城大学的帕特里克·尤因，结果是乔治城 84 比 75 胜出，奥拉朱旺就此结束了大学生涯。当时他与尤因一定想不到，十年后，他们会在 NBA 总决赛相遇。

选秀大会前，奥本大学的查尔斯·巴克利，心情很躁郁。他、乔丹和奥拉朱旺同样生在 1963 年，但巴克利命途坎坷得多。出生时太瘦，输了半年的血；被父亲抛弃，从小靠外婆养大。到高三才 170 公分，只

XVI

好拼命在后院跳篱笆,还要被外婆扯着嗓子喊:"小心扯到裤裆!!"高中四年级时他还不想打职业篮球,"就找份工作老死家乡吧"。在大学,他遇到一个残酷的篮球教练索尼·史密斯。师徒俩争吵了两年,最后史密斯屈服于巴克利的天才:他只有号称198公分(实际并没有)的身高,但拥有火焰般的热情、炸弹般的爆发力、魔鬼一样的篮板球功夫。选秀前,他像个娱乐明星一样,每天被问俩问题:

A. 他198公分的身高是不是注了水?

B. 他体重究竟有多少?是不是传说中的130公斤?

冈萨加大学的后卫约翰·斯托克顿则有些惴惴不安。他185公分高,一个唱诗班男孩似的普通白人。他聪明但瘦小,他的小学教练相信他能当个国际象棋冠军,但"他能打职业篮球"?他是个自我控制的狂人,很少微笑,外表谦和,但骨子里有一种可怕的骄傲。他打着最合理、最精确、最无私、最教科书、最朴实无华的篮球,但却可以为了赢球不择手段。

1984年6月19日,选秀大会到来。手握状元签的休斯顿火箭队,上一年刚选了223公分高的拉尔夫·桑普森。其他球队或者会想:

"内线有了桑普森,那我们来选个外围球员吧……"

可是火箭的思维方式是:

"如果桑普森身边再配一个巨人……我们可以让别的队没活路!"

于是哈基姆·大梦·奥拉朱旺走上台,和大卫·斯特恩握手,成为了1984年NBA状元,去了休斯顿火箭。打尼日利亚远道而来的父母热泪盈眶。奥拉朱旺说:

"这是我一生中最快乐的日子。"

随后,发生了NBA历史上最著名的"如果上天再给我一个机会,我一定要如何如何"的时刻:手握榜眼签的波特兰开拓者,选择了……肯塔基大学的萨姆·鲍维。

萨姆·鲍维是个不错的白人中锋。大学二年级,他场均17分9篮板3封盖。他能得分、抓篮板、封盖、传球,罚球也不错。当然,他左腿受过伤,动过手术。但开拓者给他体检7小时,觉得问题不大。开拓者对巨人有天生的钟爱:他们希望鲍维能代替当年的比尔·沃顿。

实际上,1984年美国奥运队主帅鲍勃·奈特曾对斯图·因曼——当时为波特兰开拓者工作——说:"选乔丹!"

"我们需要鲍维做中锋。"因曼回答。

于是斯特恩宣布:芝加哥公牛队,用1984年第三号选秀权,选择了迈克尔·乔丹。

但乔丹不在现场,没法来和总裁握手。第四位达拉斯小牛选择了萨姆·帕金斯,但他也不在——帕金斯和乔丹都在参加奥运会的美国队集训呢,他们之后为美国队拿下了1984年奥运会男篮冠军。

费城在第五位选择了查尔斯·巴克利。马刺在第六位选择了阿肯色大学的阿尔文·罗伯逊。如此一路流淌……

巴克利为他被费城76人选中而心头不爽。此前,费城已告诉他:"我们给你的合同是一年7.5万美元。"而且,"下次体检前你最好控制在122公斤以下"。巴克利直截了当地回答:"见鬼去!"为了让费城不选他,巴克利特意把自己吃到132公斤,奔赴体检前在飞机上,他还不忘一路狂啃披萨……结果:他还是被费城抓走了。

斯托克顿第16位被犹他爵士队选中。他心潮起伏地接电话,听到电话那头一片呜呜声。他问爵士的工作人员:"球迷在嘘(Boo)我吗?"对方赶紧回答:"不不,他们只是在问:这是谁(Who)?"

1983-1984赛季乔丹到来前,公牛常规赛27胜55负,每个主场只有6365个观众,连续第三年缺席季后赛。他们队最好的球员是206

XVI

公分、能跑能跳的前锋奥兰多·伍尔里奇，但他有个不太好的习惯：有事没事，会跑去技术台那里，溜一眼自己的技术统计。

选中乔丹时，公牛总经理罗德·索恩说："我们想要个中路霸王，希望他有七尺高，但他没有。乔丹不是来拯救公牛的，我们也不会这样要求他，不想给他施加这样的压力。"

北卡的迪恩·史密斯教练则认为，指望乔丹像魔术师或 J 博士一样，一夜间让公牛脱胎换骨，太难为他了。

"这对迈克尔不公平，他更像西德尼·蒙克利夫那类型。"

——西德尼·蒙克利夫，阿肯色大学出产的双能卫，1980 年入行。NBA 史上最好的外围防守者之一，1980 年代 NBA 最全面的后卫之一。1983-1984 季，他刚为雄鹿打出场均 21 分 7 篮板 5 助攻的漂亮表现，而且蝉联了 NBA 年度防守球员。

如此这般，1984-1985 季开始了。

常规赛第一战，公牛 109 比 93 轻取华盛顿子弹。乔丹在他的 NBA 出道战拿下 16 分 6 篮板 7 助攻。第二天，对垒东部豪门密尔沃基雄鹿，对位乔丹的人正是联盟最佳防守球员西德尼·蒙克利夫。

开场，乔丹右侧后场鬼魅般断球，游到前场，踏进三分线就起步，从两人之间滑过，上篮得手。然后是一记左翼底线突破，仿佛化身成一片纸，划过底线，反身上篮。接下来是左翼拿球，一步晃过对手突到篮下，起飞，空中低头，浮在空中，滑过防守者，继续浮在空中，到达篮筐另一侧，起手擦板上篮——这是雄鹿第一次见识到乔丹之后在 NBA 纵横无敌的凌空挪移。下一回合，乔丹从身后摘走蒙克利夫的投篮。解说员一片惊呼："你看到了吗?! 你看到了吗?!?!"再下一回合，乔丹空中接力扣篮得分后，解说员开始怒吼：

"乔丹先生驾临 NBA 了!!"

这一场，乔丹得了 21 分，公牛最后输了 2 分。两天后，公牛再战雄鹿。乔丹全场 37 分 4 篮板 5 助攻，其中第四节得到 22 分。

这仅仅是乔丹第三场 NBA 比赛。

常规赛第九场，公牛对阵圣安东尼奥马刺，乔丹对位的是乔治·冰人·格文，四届 NBA 得分王，史上最好的得分后卫之一。第四节关键时刻，乔丹切出后中投得到第 41 分打破僵局，再快攻上篮，用冰人最擅长的绕指柔上篮得到第 43 分，让公牛 115 比 111 领先基本锁定胜局。两记罚球后，他得到第 45 分。

全美国都轰动了。

在洛杉矶，乔丹得了 20 分，带领公牛干掉了湖人。有趣的是：前两天，在乔丹击败洛杉矶快船那晚，到场球迷多到了 14366 人；而湖人，"表演时刻"的湖人，王者之师，主场对国王的观众人数是 12766。

公牛队医马克·普菲说：

"乔丹在底特律打比赛时，当众在特里·泰勒头顶扣了个球——底特律那些穿西装的球迷，平时道貌岸然，这时都跳起来，孩子似的，为他击掌庆祝！"

底特律的伊赛亚·微笑刺客·托马斯，史上技术最灵异的控卫说："乔丹……也许他能发明一个新位置。"

迈克尔·乔丹有 198 公分高。他有匪夷所思的灵巧、速度和运球，他大学时 40 码内 4 秒 3 的冲刺速度，他大一到大二那年暑假练出的"试探步＋突破"，他大二时几吨汗水苦练的控球能力，左右手均衡的运球。他喜欢伸出一步作为试探，或是向右侧做一个极细微的、三米外看不清的突破假动作，然后是向另一侧起步。压重心，第一步快如闪电，你回过身，他已经起飞了。他可以在空中随心所欲地做各类动作。

1984 年 12 月，21 岁零 10 个月的乔丹，被记者问到他的职业生涯会如何结束。他回答：

XVI

"我希望我到时候能说,我尽了自己的努力,完成了许多事情,拿到冠军。"然后他斟酌了一下——他那时根本不知道,今后自己会有多么伟大的职业生涯,只是琢磨着自己的愿望,又补了句:

"我希望,自己至少打一届全明星赛。"

他立刻如愿以偿。乔丹被球迷选进了 1985 年 NBA 全明星首发:在全明星前 49 场,他场均得到惊人的 27.4 分。但那场全明星赛,他不算愉快。有个传说:当时乔丹穿着一身艳丽的红色,还戴着金项链,就像个刚发财的乡下青年;乔丹在电梯里看见了伊赛亚·托马斯,却没跟对方打招呼。

"微笑刺客"是个顽强、坚韧、技艺完美、好胜如狂、锐利、灵动,爱微笑,然而连他的队友都承认他是个表里不一的人。于是 1985 年全明星赛,刺客故意不给乔丹传球,乔丹被刻意孤立,22 分钟内 9 投 2 中 7 分 6 篮板,就此结束了他第一次全明星之旅。

但刺客低估了乔丹的好胜心。1985 年 2 月 12 日,全明星后第一场,公牛就在主场对阵底特律活塞。比赛第三节末,刺客运球突破,乔丹低头俯冲把球抄掉,第四节开始又是一记快攻,身上挂着一个防守者,上篮得分兼造犯规,回头对刺客冷笑。加时赛最后时刻,乔丹抓到自己全场第 15 个篮板球,锁定胜局。公牛 139 比 126 加时取胜,而乔丹轰到 49 分 15 篮板 5 助攻。刺客则 15 投 5 中 19 分,6 次犯规出场。最微妙的是,芝加哥本是刺客的故乡,但他这天却听到家乡球迷为乔丹击败他而山呼海啸。

这段冤仇,算是就此结下了。

1984-1985 季结束,公牛 38 胜 44 负,较前一季进步了 11 场。乔丹出战全部 82 场,场均 28.2 分联盟第三,仅次于纽约的伯纳德·金和 1984-1985 季常规赛 MVP,凯尔特人的拉里·伯德。场均 2.4 抢断联盟第四,此外每场还有漂亮的 6.5 篮板、5.9 助攻。全面完美的数

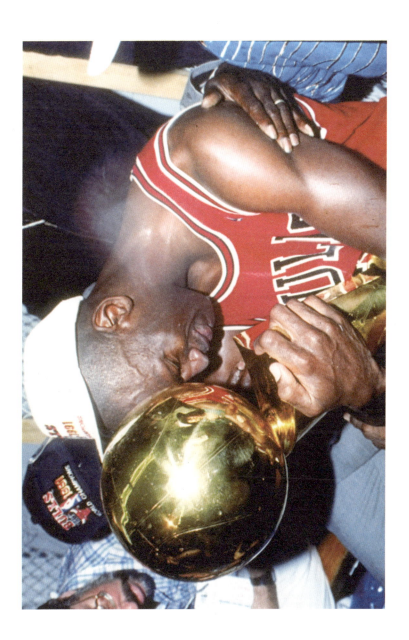

据。此外，因为金和伯德都有缺阵，乔丹总得分 2313 分联盟第一。

虽然休斯顿那边，奥拉朱旺也有伟大的场均 21 分 12 的篮板表现，但乔丹还是当选了年度新秀。

实际上，乔丹还入选了联盟第二阵容，和蒙克利夫并列联盟第二阵容后卫。第一阵容则有魔术师、伯德与刺客——那年刺客以场均 13.9 助攻封王。

乔丹正式踏上了 NBA 舞台。

回到 1985 年的主角：伯德与魔术师。

1984-1985 季，凯文·麦克海尔成为凯尔特人首发前锋兼二号攻击手。1985 年 3 月 3 日，麦克海尔在对底特律活塞的比赛中不小心 28 投 22 中得到 56 分，刷新了凯尔特人队史得分纪录：而伯德那天得了 30 分 15 篮板 10 助攻。9 天之后，在亚特兰大，伯德好像是无意的，得到了 60 分，打破了麦克海尔的纪录。那天伯德打得如此随心所欲，到比赛最后，亚特兰大的球员都在为他喝彩。

1984-1985 季常规赛，伯德场均轰下 28.7 分全 NBA 第二——仅次于伯纳德·金，恰好压着迈克尔·乔丹——然后场均 10.5 篮板和 6.6 助攻。这年他开始乐意投三分球了：命中率 43%。他带领凯尔特人打出 63 胜的常规赛战绩，自己蝉联了常规赛 MVP。东部季后赛首轮对骑士的三场，他得到 40 分、30 分和 34 分，让骑士 3 比 0 完蛋。

次轮对决底特律活塞，第二场他轰下 42 分 10 篮板 6 助攻，压倒了对面刺客的 28 分 9 篮板 15 助攻，让凯尔特人 2 比 0 领先。但第三与第四场，刺客分别得到 26 分 16 助攻与 21 分 10 助攻，带队扳回：这两场里，伯德被防到合计 43 投 18 中。于是第五场前，他气哼哼地独自练习投篮：335 发中了 274 次。

"投篮出手后，你别无办法，所以只能尽量在出手前就做好一点

XVI

咯。"然后，他高傲地说："我只是投丢了一些我该投进的球而已。"

第五场上半场，伯德 12 投 7 中。下半场，伯德开始席卷比赛：全场他轰下了 43 分。活塞换了四个球员防他——208 公分的肯特·本森，206 公分的厄尔·库雷顿，198 公分的凯利·特里普卡，最后是 203 公分的丹·朗德菲尔德，但没有用。凯尔特人取下第五场。实际上，就在比赛中段，当刺客带队反击时，伯德问他：

"你完了没？"

"没有。"

"好吧，你现在完了，因为轮到我了。"于是伯德一波攻击，结束了比赛。

第六场，刺客轰下了 37 分 12 篮板 9 助攻，但伯德在最后一节得到 9 分 5 篮板，锁定胜局：凯尔特人 4 比 2 淘汰活塞，进了东部决赛。对手正是老冤家费城 76 人。

但这次，却不像先前那么惨烈了。

费城 76 人输掉前两场，第二场"波士顿扼杀者"安德鲁·托尼在波士顿花园，居然 17 投 3 中：因为凯尔特人用 DJ 来对位他，非常有效。此后两场，托尼找到了思路，连续两场得到 26 分，新秀查尔斯·巴克利靠着大屁股和闪电般的爆发力，两场合计轰下 38 分 31 篮板，但无能为力：凯尔特人领先到 3 比 0。

14 年的篮球生涯，终于让 J 博士飞不起来了。第三场，J 博士 10 投 1 中。虽然伯德赛后很给面子地说："他第四节没来防我，所以我才能爆发（第四节伯德得了 10 分锁定比赛）。"

凯尔特人的优势，原因很多：

DJ 的加入让托尼不再为所欲为，凯尔特人的锋线过于雄厚显得 J 博士、摩西·马龙与巴克利都很矮小。最重要的是，针对费城 76 人的收缩策略，凯尔特人预备了一群外围射手：丹尼·安吉、斯科特·威德曼，以及拉里·伯德自己。费城扳回了第四场，但第五场，凯尔特人102比100取胜，4比1淘汰费城76人进了总决赛。连续第二年，对手是洛杉矶湖人。

前一年，红衣主教和NBA总裁大卫·斯特恩商定了总决赛2-3-2的赛制：先在A城市打两场，再去B城市打三场，之后回到A城市打最后两个主场。理由是主教大人不大喜欢"总决赛期间还经常飞来飞去"。本来，主教一代枭雄算无遗策，为队员们着想，免他们长途劳顿，也是好事。但他忽略了一小点：免了频繁往复旅行，对敌方的老将们也挺有利。

比如说，1985年总决赛时已经38岁的贾巴尔。

1984-1985季的湖人，在赛季中期放弃了贾马尔·威尔克斯，让詹姆斯·沃西成为首席前锋，常规赛他们打出了62胜，魔术师与沃西的快攻连线成形，拜伦·斯科特则成为湖人的翼侧杀手。他们一路兵不血刃到了1985总决赛，结果第一场总决赛就挨了下马威。

凯尔特人向来不沾荤腥的素食主义者，第七人射手斯科特·威德曼，这一天大开杀戒，单场11投全中得到26分。湖人第二节就落后了30分。全场比赛湖人114比148惨败，波士顿媒体称之为"纪念日大屠戮"。38岁的天勾上半场犯规多没机会打，下半场分差太大不用他上场了：全场比赛，天勾只打了22分钟得到12分。

之后两天，天勾只做了两件事：看比赛录像，外加马拉松式训练。他迈开38岁的老腿成小时地加速跑，吓得帕特·莱利教练连劝他保重。

带着这份气势，第二场，湖人半场就领先18分，之后一直掌握着比赛。天勾全场30分17个篮板8助攻3封盖，包括第四节12分，其中5个教科书般的天勾得手。湖人1比1平回到主场，打算连战三

XVI

城——这回轮到主教后悔了，湖人极大可能 4 比 1 直接解决凯尔特人。要知道，1985 年 2 月之后，湖人在主场可是见神杀神遇佛弑佛，25 胜 1 负。

天勾在第三场为湖人打了个好开局，随后是魔术师、沃西和麦卡杜的奔袭。魔术师 17 分 16 次助攻 9 篮板，滋养了沃西的 29 分和麦卡杜的 19 分。天勾 13 投 10 中 26 分 14 个篮板，凯尔特人 111 比 136 遭血洗。湖人 2 比 1 领先。第四场，天勾稍微熄灭了一下，凯尔特人抢回一分。伯德最后一节独得 11 分，杀到湖人风声鹤唳。比赛最后一球，湖人包夹伯德，忘了当年蒙克利夫大学时就有的训言："伯德最可怕的是他的传球。"结果 DJ 丹尼斯·约翰逊一记中投，刺倒湖人，浪费了魔术师的三双。2 比 2。

贾巴尔只好再次出动。

第五场，湖人的最后一个主场。双方第一节五度交替领先四次打平，杀得眼红。天勾又是第一节 12 分。直到第二节末，湖人才靠沃西领一波高潮劈开分差。下半场凯尔特人教练 K.C. 琼斯大动肝火被罚下，将士们上下用命，一波 29 比 12 的狂野高潮将分差逼近，然后天勾用四记勾手谢绝了凯尔特人的追击：谢谢，不用送了。湖人击败凯尔特人，3 比 2。

湖人全场 120 分，天勾（36 分）加上沃西（33 分）和魔术师（26 分）三人就合计 95 分，几乎是三人赢下了天王山之战。

第五场打完后，世界议论纷纷：从总决赛第二场起，伯德的跳投手感就很不像话。究竟是因为他右肘发酸，还是湖人的防守专家迈克尔·库珀对他防守有效？

无论如何，回到波士顿后，伯德在第六场拼满 47 分钟，虽然手感不佳 29 投 12 中，但还是得了 28 分。加上麦克海尔 32 分 16 个篮板外加拼到 6 犯下场，凯尔特人不可谓不努力。可是世事最怕对比。天勾以 38

岁的身躯不要命地飞扑地板救球时，莱利教练总括了："这就是激情！"

激情的老天勾在第六场，又是第一节就得到 11 分。湖人在第二节靠前锋米切尔·库普切克的篮下死扛撑住分差，第三节跑出快攻将分差拉开。凯尔特人双后场被防到 31 投仅 6 中，内线三大将战到天昏地暗却无人支援。魔术师三双、沃西 28 分，天勾 29 分拼到 6 次犯规下场。终于湖人拿下第六场，4 比 2 拿下了 1985 年总冠军：

而且是击败了波士顿凯尔特人、在波士顿花园夺冠。

一页新的历史在这晚展开：湖人此前总决赛每遇凯尔特人必败的经历，就此结束。湖人老板杰里·巴斯扬眉吐气：

"英语中最让人作呕的句子'湖人从来没干倒过凯尔特人'，终于可以滚蛋了！"

天勾以 38 岁高龄取下自己第二个总决赛 MVP，距离他 1971 年在雄鹿荣膺此奖已有 15 年，从毛发茂盛变成了秃头眼镜大叔。但他承认，这是他最甜美的一个总冠军：

"因为，这是在波士顿花园拿的奖，当着波士顿人的面拿的！"

1985 年夏天，乔治城大学的巨人帕特里克·尤因终于来到 NBA，毫无悬念地成为状元，加盟纽约尼克斯，此后新秀年，他也的确不负众望得到年度新秀。

另两个当时名气略小的新秀则是：

底特律活塞队选择了沉稳早熟的 191 公分后卫乔·杜马斯。

而犹他爵士队，选中了路易斯安那州的肌肉前锋：206 公分的卡尔·马龙。

卡尔·马龙和乔丹一样生于 1963 年。他母亲谢里尔是个伟大的女性：被自家丈夫抛弃后，独自在伐木厂开叉车、在禽类加工厂砍鸡肉、为邻居做饭，养活了八个孩子。她干活时嚼烟草，亲自钓鱼打猎，活得

XVI

威武雄壮。她拒绝领社会福利,"照顾孩子是我的责任,这是我分内的事"。她另嫁了个男人,开个日用品店兼餐馆过日子,做了条皮鞭恐吓孩子们。

在这样刚毅霸悍的环境里,卡尔变成了一个篮球铁汉。他拿了三次高中州篮球冠军。高中成绩太差,他延了一年才上了路易斯安那理工大学。三年级时,206公分的他离开了学校想进NBA,指望被达拉斯选中——那样离家近——可是他被犹他州的爵士队选中了。当着全国观众的面被采访时,他哭了。

很多年后马龙说,刚去到犹他爵士的主场盐湖城时,他曾环视周围,仰天一叹:"天哪,我做错了什么……"他的叹惋不无道理。爵士队最初在爵士乐故乡新奥尔良,搬到这西北苦寒、民风喧厉的盐湖城,真是名不副实。这里犹如初得开辟的天地,万物都很缺乏:娱乐、传媒、灯红酒绿,一律没有。十二年后,亚特兰大的电视评论员迈克·格雷恩补充说:"我还在打球时,教练们经常威胁球员:'不好好打,就把你扔犹他去。'"

在这里等候卡尔·马龙的,只有早他一届来的1984届第16位白人后卫,约翰·斯托克顿。

1985年夏天的另一件事是:

芝加哥公牛发生了一些意义深远的变动。新老板杰里·雷恩斯多夫,雇了一个肥胖的芝加哥土著、前棒球手、篮球球探作为公牛总经理:这家伙时年46岁,名叫杰里·克劳斯。

从此开始,公牛的"两个杰里"管理团队架起了班子。这俩人一拍即合的原因在于:他们都是控制狂。

1985年9月,输掉了总决赛的波士顿凯尔特人送出1981年总决赛 MVP 塞德里克·麦克斯维尔加一个选秀权，从洛杉矶快船换回了 33 岁、因为多伤导致此前七年一共只打了 169 场比赛的比尔·沃顿。许多人都在质疑：凯尔特人疯了？

结果是：

1985-1986 季，凯尔特人输掉揭幕战后，一波 8 连胜；输给步行者后，又一波 9 连胜。

具体怎么玩的呢？

防守端，他们有帕里什和沃顿两个巨人全场镇守禁区；麦克海尔以 208 公分的身高对付对手的小前锋，遮天蔽日；伯德防守对手大前锋，保护篮板，并且时不时游弋扫荡，担当防守端自由人。DJ 则锁定对方的外围王牌。一旦凯尔特人转换球权，无论是伯德、DJ 还是安吉都能发动快攻，麦克海尔与帕里什则快速跟进。

实际上，那年凯尔特人每场有多达 29 次助攻：伯德、沃顿、DJ 都是同位置上的顶级传球手，全队又没一个人黏球。他们打得如此随心所欲，到进入赛季后半程时，凯尔特人的比赛简直已成狂欢。

进入 1986 年 3 月，全 NBA 都成了伯德的球迷，变着法子吹捧拉里·伯德。亚特兰大鹰的多米尼克·"人类电影精华"·威尔金斯——这年他成了常规赛得分王——说："看伯德的眼神，你就觉得他是个杀手。"约翰·伍登教练用了个别扭的说法："我之前总觉得大 O 是篮球史上最好的球员，现在，我没法确定伯德不是最好的。"湖人老大韦斯特说："伯德在每项篮球技巧都近乎于你可以达到的极限完美。"而红衣主教这么说，虽然伯德场均得到 26 分 10 篮板 6 助攻，但是：

"谈论伯德时你别谈数据，他的存在本身就影响着比赛。"

1986 年情人节，在波特兰面对开拓者，伯德得到 47 分 14 篮板 11 助攻：那天他莫名其妙心情不错，14 个投中的球里，7 个是左手，仿佛在玩杂耍似的。五天后，伯德对金州勇士拿下 36 分 12 篮板 11 助

XVI

攻,勇士主教练约翰·巴赫说"伯德就是个大综合体"。步行者主教练乔治·埃尔文说伯德是个"完美球员,再没有更好的了"。子弹队教练杰恩·苏说:"他肯定是史上最好的前锋。"

首先,1986年伯德肯定是当世最好的投篮手。1986年全明星赛的三分球大赛,他三分球25投18中夺冠。因为他的投篮如此出色,所以他能轻松用投篮假动作晃开对手,施展突破,或者来个撤步投篮。

然后,他是当世除了魔术师之外,最好的传球手:比起魔术师狂飙推进的快攻传球,伯德更擅长用轻轻一点的触传、背身时的脑后背传、无球走位后的单手挥传。他擅长从对手胯下、耳边、腋下送出妖艳的传球:因为他有无可比拟的双手。这双手也让他成为了篮板大师,用他自己的说法:"我跳得没那么高,但大多数篮板球都在篮筐以下,我就能搞定了。"

但也在那年,麦克海尔说了这么句话:

"支持拉里的是他的高傲,他不会打到第15年,然后每场打个20分钟。他会在自己依然是国王之时离开。"

优秀的不只是他的个人技艺,还有他的领导才能。丹尼·安吉说:"伯德对所有球员期望值都极高,像对待自己那么高。"这可以多少解释,他一直对麦克海尔颇为挑剔,因为他相信麦克海尔的才华不只于此。当然,他的确能让全队为他奋战,安吉说,全队打球的动力是,"不希望让伯德失望,希望伯德的努力不会被浪费"。这就是伯德的魅力。

1985-1986季结束了。在伯德的率领下,凯尔特人打出队史纪录的67胜15负。主场成绩是史上最高的40胜1负,波士顿球迷心满意足。拉里·伯德拿到自己连续第三尊常规赛MVP:此前,只有拉塞尔与张伯伦完成过类似壮举。

就是这样传奇的凯尔特人，在 1985-1986 季首轮遇到了点意外。

1985-1986 季常规赛第三战，芝加哥公牛的二年级生迈克尔·乔丹左脚舟骨受伤。CT 检查证实有骨裂。公牛队很谨慎，让他休养。1986 年 2 月，乔丹回了北卡州，说是回去读学位，其实是自己搞恢复性训练。1986 年 3 月乔丹回到芝加哥，要求出战。那年 4 月，公牛以东部第八进了季后赛：首轮对手正是凯尔特人。

4 月 17 日，在 NBA 的传说之地波士顿花园——头顶挂着 14 面冠军旗，常规赛 40 胜 1 负——公牛 104 比 123 大败给凯尔特人。但乔丹无可匹敌：他扣篮，他抛射，他远射，他轰下了 49 分。凯尔特人主帅 K.C. 琼斯感叹：

"我只能站那儿惊叹：哇！——这是场不朽的演出。"

凯尔特人替补后卫杰里·西奇汀多年后回忆说，防守乔丹的丹尼斯·约翰逊，如此高傲不凡的防守者，赛后默默洗完澡，把数据单钉在墙上，看着乔丹的 49 分发呆，最后说：

"好消息是，我们赢了。迈克尔不会再来这么一场比赛了。"

可是，伟大的防守者 DJ，没想到命运会怎么戏弄他。

三天后，第二场。

公牛的策略很直接：乔丹第一节就直接运球过半场，靠队友的高位掩护，雷发电闪，直刺凯尔特人内线。他的队友戴夫·科兹尼 25 年后总结：

"我们就是全场在玩掩护挡拆！"

公牛以 33 比 25 领先第一节，第一节末，丹尼·安吉替 DJ 去对付乔丹。波士顿媒体后来认为安吉任务完成得不错："至少乔丹上半场只得了 23 分！"安吉自己后来开玩笑："我防乔丹的策略，只是对他犯规，然后等我犯规够多了，就会有其他人来替我干这苦差啦！"

XVI

上半场，公牛 58 比 51 领先。下半场凯尔特人开始追分，同时 DJ 已经完全把其他公牛球员置之度外，面朝乔丹，只守他一人——哪怕他手里没球——同时凯尔特人其他大个子随时注意，一旦乔丹拿球，立刻补防。伯德一看见乔丹翼侧拿球，就会过来对他包夹。可是乔丹依然能够鬼影飘荡地撕开防守，找到投篮机会。第三节乔丹得到 13 分，至此已得 36 分。第四节一开始，伯德一记三分让波士顿花园沸腾。比赛剩 7 分钟时，公牛声势尽失：约翰·帕克森被盖，安吉上篮，公牛 100 比 104 落后。

但是乔丹发怒了。

乔丹突破，逼到比尔·沃顿 6 犯罚出。单挑麦克海尔，乔丹运球，下一秒就消失不见。麦克海尔转身，看到乔丹已到底线，一记扣篮。比赛走向最后 3 分钟。乔丹空降，盖掉 216 公分的帕里什，在比赛剩 2 分钟时投篮得到自己第 50 分。公牛反超 1 分。

剩 27 秒时，凯尔特人重新 116 比 114 领先。伯德右翼投失，帕里什抓到前场篮板，乔丹忽然出现敲掉帕里什手中的篮球。还剩 6 秒，帕克森击地球传给乔丹，乔丹造麦克海尔犯规，并在波士顿球迷的鼓噪声中稳稳罚中。125 平，加时。

第一个加时结束时，乔丹得到 59 分。双方战平，进入第二个加时。乔丹享受到了前所未有的待遇：他在后场拿球时，就遭遇凯尔特人双人包夹。剩 1 分半，乔丹在安吉头顶跳投得到第 61 分。至此，他平了 1962 年总决赛第五场埃尔金·贝勒的 NBA 季后赛单场 61 分纪录——那还是乔丹出生前近一年的事。之后乔丹晃过麦克海尔，面对补防的帕里什投中。双方 131 平。乔丹得到个人第 63 分——NBA 史上季后赛最高单场得分纪录。

——随后发生的一切通常被历史遗忘。西奇汀跳投得分，乔丹投失，伯德助攻帕里什射中跳投，乌尔里奇一记三不沾远射宣布比赛结束。凯尔特人经历两个加时，135 比 131 险胜公牛。

但 23 号迈克尔·乔丹，面对当季 NBA 防守第一、主场 40 胜 1 负的凯尔特人，在波士顿花园，拿下了旷世无对的季后赛单场 63 分纪录。

丹尼斯·约翰逊赛后平静地说："如你们所见。没人能防住乔丹。"

"这场比赛呈现了：篮球与体育可以有多么伟大。" 25 分钟内得到 10 分 15 篮板的比尔·沃顿在很多年后说，"乔丹能够对那支如此强大的凯尔特人，打出如此的表现。你知道，我们能赢所有类型的比赛：速度之战，力量之战，投篮之战，防守之战，肌肉之战，智慧之战。这支凯尔特人够平衡，有深度，有天才，执教得法，有伟大领袖，由红衣主教那样伟大的人物执掌，还有拉里·伯德这样已成为传奇的人。"

言下之意：这一切还是对付不了乔丹。

那一场，伯德自己得了 36 分 12 篮板 8 助攻，伟大的表现，但伯德说乔丹：

"他外围投篮，突破上篮。我们用了队里所有的人防守他。他用一个又一个匪夷所思的投篮支撑公牛。我们无法阻挡他。我们尝试把他逼向补防，我们动用一切手段。他是另一种全然不同的天才。"

最后，伯德做了篮球史上最著名的总结之一：

"今晚，是上帝假扮成了乔丹。"

就在乔丹得到 63 分前一天，亚特兰大鹰的得分王多米尼克·"人类电影精华"·威尔金斯，对底特律活塞得到了 50 分。之后第四场他得到 38 分，带鹰 3 比 1 击败活塞晋级了。

但淘汰了公牛的凯尔特人，对付威尔金斯可比对付乔丹简单多了：东部半决赛，凯尔特人 4 比 1 解决了鹰。威尔金斯四场比赛场均 24 分，命中率不到 40%。实际上第三场，亚特兰大企图靠速度取胜，威尔金斯得到 38 分，但伯德优雅地以 28 分 9 篮板 12 助攻带队取胜。第五

XVI

场,凯尔特人在波士顿花园,第三节打出 36 比 6 的大高潮,伯德以 36 分 10 篮板 5 助攻带队取胜,4 比 1 晋级。

东部决赛,凯尔特人对老冤家密尔沃基雄鹿,面对组织前锋保罗·普莱西、凶猛的前锋特里·卡明斯、射手克雷格·霍奇斯,以及伯德自己夸赞的联盟最全面球员之一防守大师蒙克利夫,凯尔特人果断地打了一个 4 比 0。尤其是第三场,当雄鹿夹击伯德时,伯德得到 19 分 16 篮板 13 助攻的表现,让麦克海尔得到 29 分、帕里什得到 28 分。蒙克利夫赛后感叹:

"你无法阻挡伯德,他有无数种方法可以击败你。"

连续第三年,伯德带队进入 1986 年总决赛。

可惜,对面来的不是洛杉矶湖人。

1985-1986 季,休斯顿火箭拥有三年级的 224 公分巨人拉尔夫·桑普森和二年级的巨人"大梦"奥拉朱旺。这两个怪物都能得到场均 20 分 10 篮板 2 次封盖。他们完全控制了禁区。他们还有刘易斯·罗伊德、米切尔·维金斯和阿伦·利威尔三个强硬的外围。

那年他们还有 32 岁的老后卫约翰·卢卡斯,一个强硬的指挥官,但常规赛后半段他受伤了。火箭的比尔·费奇教练决定:让 203 公分的前锋罗伯特·雷德当首发组织后卫。他去跟雷德谈了谈。

"你要当首发组织后卫了。"

"OK。"

"但你会没法当选今年最佳第六人了。你明年会损失百万美元的合同。"(这个奖项后来归了凯尔特人的比尔·沃顿,NBA 历史上仅有的一个曾包揽年度常规赛 MVP 和年度第六人的球员)

"教练,说实话,如果我当控卫,你觉得我们可以夺冠吗?"

"可以。"

"好!"

火箭还是打出常规赛 51 胜的战绩,然后在季后赛迈过了萨克拉门托国王与丹佛掘金。季后赛开始时,桑普森在更衣室战术板上写:"我们要拿第一!"

雷德如此鼓动队友:"现在我们打季后赛首轮,挣 7.5 万美元;下一轮,10 万;下一轮,15 万。而且全归你,这笔钱,你们的经纪人连碰都没法碰。我们去挣钱吧,孩子们!"

西部决赛,火箭对阵洛杉矶湖人。系列赛前,费奇教练做了个调整:他让前锋罗德尼·麦克雷负责当传球手。

湖人赢下了第一场:天勾 31 分,魔术师 26 分 18 个助攻。但大梦奥拉朱旺还是 14 投 10 中得到 28 分 16 篮板 4 封盖,以及 8 个前场篮板。洛杉矶媒体念叨:大梦真仿佛又一个摩西·马龙,而 39 岁的天勾无法控制他。

第二场火箭拿下:大梦和桑普森双塔无敌,合计 46 分 29 个篮板 11 次封盖。麦克雷 16 分 11 助攻,罗伊德 24 分 7 助攻。天勾被防到 26 投 9 中,而且只有 4 个篮板:他被火箭双塔压制了。魔术师还是得到 24 分 8 篮板 19 助攻,但火箭的内线优势太大了。双方 1 比 1。第三场天勾得到 33 分 5 封盖,魔术师 17 分 20 助攻,沃西 29 分。但大梦轰下 40 分 12 篮板,火箭全队 20 个前场篮板,麦克雷和雷德合计 22 个助攻。第四场,大梦 35 分 4 封盖,桑普森被犯规所困但还是得到 12 分 8 篮板 4 助攻 4 抢断,火箭再胜:3 比 1 领先了。

第五场,洛杉矶。罗伯特·雷德在场边等候上场时,场边看球的好莱坞影帝杰克·尼克尔森朝他嚷:"罗伯特,你干吗不让我们赢这场呢?"

雷德回答:"杰克,你下部电影给我五分钟戏份,我就让你们赢!"

实际上,湖人的确接近胜利了。大梦在 36 分钟里得到 30 分,但他被湖人派上的硬汉米切尔·库普切克惹怒了,俩人动起手来。裁判杰

XVI

斯·科西一把抱住大梦的腰，没让事态扩大。大梦被罚下场，火箭助理教练汤姆贾诺维奇——当年在这个场地被科米特·华盛顿打到头骨崩裂的那位——拉着大梦回了更衣室。

比赛继续进行，魔术师中投得分，雷德投中三分球，比赛剩1秒，双方112平。火箭界外球。麦克雷送出一个神奇的传球：直接抛向罚球线224公分的桑普森。桑普森起跳，举起双臂，空中转身，将球一托——天勾因为怕犯规，没逼近他——球直飞篮筐。哨响。

后来湖人大前锋科特·兰比斯形容"这就是那种狗屎运进球，不可能会进的球"——可是这个投篮，真的进了。

火箭于是绝杀湖人，4比1晋级1986年总决赛。湖人的迈克尔·库珀瘫倒在地：他不敢相信。湖人老板杰里·巴斯和火箭老板查理·托马斯在10米外看着这一切。比赛结束。巴斯转身，优雅地对托马斯说："祝贺你，查理。"

而洛杉矶的工作人员则对托马斯老板大吼：

"查理!替我们干掉波士顿!!"

于是1986年总决赛，凯尔特人遇到了年轻的火箭。火箭的主帅比尔·费奇，五年前曾带着伯德拿了1981年总冠军，他说：

"我对伯德的了解胜过任何球员。但那不意味着你能阻挡伯德。"

大梦在1986年总决赛第一场轰下33分12篮板3封盖，但桑普森被防到13投1中只得2分。另一边，伯德神出鬼没：他轰下21分8篮板13助攻，让麦克海尔、帕里什和沃顿三大内线35投24中。凯尔特人112比100取下第一场。用大梦自己的话来说："我习惯封盖，但他们用假动作和传球骗我到处落空。"

第二场，伯德亲自参与夹击大梦，结果大梦第一节过半才投了第一个篮：全场21分10篮板而已。伯德轰下31分8篮板7助攻4抢断带队取胜。2 比 0。赛后，大梦说："伯德出现在每个角落。"桑普森则在稍后说："我从没见过任何球员像我这样被围猎。我任何时候拿球都有两三个人围过来——大梦也是这个待遇。"

回到休斯顿，火箭第二节一度领先 9 分，但第三节麦克海尔带队反击。费奇教练使了绝招：他用罗伯特·雷德防守伯德——那正是 1981 年总决赛，火箭用来对付凯尔特人，让费奇自己头疼的招数。好在伯德还能传球，全场伯德 25 分 15 篮板 11 助攻，但火箭最后靠罚球锁定胜局：106 比 104。他们追到了 1 比 2。

第四场被波士顿媒体誉为"过去十年来最佳总决赛"。双方你来我往，凯尔特人弹无虚发，第二节 16 投 13 中，而火箭靠上半场的 12 个前场篮板和凯尔特人的 9 次失误维持分差。第四节，双方分差始终在 3 分之内，全场 13 次平局 19 次交替领先。比赛到最后 2 分钟，101 平，凯尔特人的琼斯教练决定让比尔·沃顿代替帕里什打完比赛——虽然帕里什全场 22 分 10 篮板，但只有沃顿能对付大梦。伯德一个三分球，凯尔特人 104 比 101 领先；麦克雷还以一个中投。凯尔特人一球投丢，但比尔·沃顿撑着受伤的膝盖起飞，补扣得分，106 比 103，麦克海尔和安吉两个抢断终结比赛。凯尔特人 3 比 1 领先。伯德拿下 21 分 9 篮板 10 助攻，DJ 拿下 21 分。大梦再次遭遇夹击：20 分 14 篮板而已。

第五场，桑普森与西奇汀发生斗殴，DJ 劝架时眼睛出血。斗殴之后，火箭被激发出了血性，一波 20 比 8 锁定胜局。麦克海尔全场 33 分，但大梦还以 32 分 14 篮板 8 封盖，单场 8 封盖平了 NBA 总决赛纪录：这纪录正是九年前比尔·沃顿创造的。2 比 3，火箭还没死。

第五场的斗殴让波士顿球迷对桑普森满怀憎恨。第六场，波士顿花园的球迷集体嘲笑桑普森，结果他确实也打得缩手缩脚。火箭全靠大梦支撑，用记者杰克·麦卡伦的说法，"没有大梦，火箭怕要输 70

XVI

分"。伯德上半场就得到 16 分 8 篮板 8 助攻，全场 29 分 11 篮板 12 助攻。凯尔特人一度领先到 97 比 67，最后 114 比 97 取胜。4 比 2 夺下 1986 年总冠军。

拉里·伯德拿到自己第二个总决赛 MVP：三年里第三个常规赛 MVP、第二个冠军，六年里第三个冠军。美好的职业生涯。

很多年后，这支凯尔特人被誉为史上最好的球队之一。火箭队输给他们也不丢人：毕竟大梦才二年级，桑普森才三年级，他们还年轻。那时大梦当然不知道，他再次进总决赛，要八年之后了。

一个传说是：赛后，比尔·沃顿到伯德家里，默默坐下，喝酒。你可以了解他的心情：大学篮球的不败魔王，三年级 25 岁就带开拓者拿到总冠军的巨人，此后无休止的伤病，终于以 34 岁高龄，在凯尔特人拿到年度第六人，并且重夺冠军。他经历了多少天堂地狱之间的波折呢？按照伯德的说法："我睡着了，到醒来时，沃顿还在默默地喝酒。"

对凯尔特人而言，1986 年夏天如此美好。他们夺冠，伯德拿到 MVP 三连霸和第二个总决赛 MVP，而且主教又玩了神奇操作：他们得手了 1986 年选秀大会榜眼！

用这个榜眼，凯尔特人选择了马里兰大学的前锋、203 公分的莱恩·比阿斯。他弹跳出色、体格健壮、技术全面，被认为是 1986 年全美最全面的前锋。凯尔特人的球探艾德·巴杰尔说："他可能是最接近乔丹的存在。我不是说他有乔丹那么好，但他的爆发力与打法的漂亮程度，很接近了。"

但不幸发生了。

1986 年 6 月 17 日，凯尔特人选中了比阿斯。次日，比阿斯与他的父亲从华盛顿飞去波士顿参加欢迎仪式。6 月 19 日凌晨 2 点，他回马里兰参加一个校外聚会。接下来的三四个小时，据说，他与朋友布莱恩·特雷布尔及其他几个朋友在宿舍吸可卡因。之后，据说，凌晨 6 点 25 到 6 点 32 期间，他突发癫痫。救护车来了，没用。早上 8 点 55 分，比阿斯死去了。

比阿斯不只断送了自己，也断送了凯尔特人的王朝。他本可以加入伯德、麦克海尔、帕里什与沃顿的群体，让凯尔特人的辉煌延续。相反，他让凯尔特人，尤其是年近古稀的红衣主教遭受了巨大打击。

接下来的 1986-1987 季常规赛，凯尔特人还是打出了东部第一的 59 胜 23 负，但比尔·沃顿在 1986-1987 季因伤只打了 10 场：仿佛他最后一点力气，都用在 1986 年总决赛对付大梦了。

1986 年比阿斯的死，促使 NBA 加紧了药物检查。结果是迈克尔·雷·理查德森等嗑药天才被清出了 NBA。新科西部冠军休斯顿火箭则有几位明星球员被禁赛：维金斯与利威尔各只打了半个赛季，约翰·卢卡斯更直接被请出球队。更可怕的是，拉尔夫·桑普森开始受伤了：1986-1987 季，他只打了 43 场。大梦独自支撑着火箭：他这年进了 NBA 年度第一阵容和年度第一防守阵容，真正成了 NBA 第一中锋。但是，他的球队跌入了低谷。

大梦的同届生巴克利，这年为费城 76 人拿到了场均 23 分，以及全 NBA 第一的 14.6 个篮板。他一直说摩西·马龙是他精神上的父亲，结果他的确在摩西·马龙离开费城后，成为了费城的王牌。也就在这一年，J 博士打完了他辉煌生涯的最后一个赛季，最后在 1987 年夏天以 37 岁高龄退役：他到老都保持着尊严。在他最后一场主场常规赛里，他还得到了 38 分，仿佛是对费城人民最后的祝福。J 博士离开后，巴克利，一如大梦扛起火箭似的，开始扛起了费城 76 人。

XVI

另一个同届生是：迈克尔·乔丹。

1986-1987 季，三年级的乔丹继续震惊 NBA。全世界感叹他的滑翔扣篮，感叹他在空中变换一次、两次甚至三次的动作，感叹他可以单手抓球像拿苹果哄小孩般戏耍对手，感叹他可以有华丽的转身、在空中腾挪过三个人。他总是在扣篮时伸舌头？乔丹于是还得解释："我爸干活时习惯伸舌头，我遗传了这个。史密斯教练让我别这么干，但这可没法改……"

公牛总经理杰里·克劳斯说：

"他有点像埃尔金·贝勒，还有点像厄尔·门罗……贝勒有那种飞腾能力和紧凑，而没人比门罗更能让观众欢乐了。"

爆发力。速度。迅疾。轻灵。柔滑。细腻。加上飞翔。乔丹把篮球变成了立体 3D 的故事。全世界都相信，乔丹起跳，在空中决定如何腾挪。乔丹则说：

"我起跳前，都没有计划……我做的那些动作，之前都没有练习过。我只是随机应变。"

1986 年冬天，在两星期里，公牛打了 9 场比赛，包括 8 个客场，其间乔丹完成了连续 9 场得分 40+。

1987 年 2 月，他第二次出战全明星赛。很多年后，这会被公认为史上最伟大的全明星赛之一：J 博士的全明星告别战得到 22 分；摩西·马龙得到 27 分 18 篮板；刺客 16 分 9 助攻；魔术师 13 次助攻；罗纳德·布莱克曼 29 分；比赛最后时刻，西雅图本土明星钱伯斯完成经典罚球，全场 34 分揽得全明星赛 MVP。

这一届全明星赛，三年级的乔丹是东部首发，而西部首发则是同年入行的大梦奥拉朱旺。加上东部替补席的查尔斯·巴克利，三年级的 1984 年明星在这里相遇了。

全明星赛前一天，乔丹参加了扣篮大赛。波特兰开拓者的德雷克斯勒——这时他已经叫响了"滑翔机"的绰号——再次和他会面。首轮，乔丹扣得一般：一记低难度扣篮，满分 50 只得 41 分，一记弹地砸球接扣到第二次才完成，勉强进半决赛。但是：

半决赛第一扣，乔丹退到了另一侧篮筐下，开始做长途助跑。观众看得明白：类似例子，只有 1976 年扣篮大赛，J 博士完成的那记罚球线扣篮。鼓噪声中，乔丹踏到罚球线，起跳，横空凌越，在空中做出经典的滑翔，扣中，49 分。第二扣，乔丹右侧篮下起跳，大手持球，在空中转体腾挪 180 度，目视篮筐，一个风车扣，再次 49 分。第三扣，乔丹从左侧起跳，双手持球，身体倾斜几乎与地板平行。他飞成了一条横线，直接切向篮筐，好像一记重重的亲吻——"亲吻篮筐"，50 分。决赛，"亲吻篮筐"再次奏效。于是乔丹得到了 1987 年的扣篮王。

1987 年 1 月 8 日，滑翔机随开拓者来访芝加哥：他表现出色得了 27 分，但乔丹得了 53 分。开拓者主教练迈克·舒勒赛后说："乔丹在场上，随时都在制造麻烦。全联盟都在想法子防他。你问我怎么防他最好？——科林斯教练把他换下场去的时候！"

2 月 26 日，新泽西网来芝加哥打球，又一次成了牺牲品。下半场，一次快攻中，乔丹伸长舌头，把扣篮大赛的"亲吻篮筐"玩到了现实比赛里。他用一记招牌的"起跳，身上挂着 206 公分的本·科尔曼，滞空，抛球，得分，加罚"结束了比赛，全场 25 投 16 中，27 罚 26 中，58 分。

3 月 4 日，公牛去底特律打比赛。又看见刺客了。又看见 NBA 史上首席大坏蛋比尔·兰比尔了。二年级后卫乔·杜马斯也打上首发了。活塞第二轮摘来的新人 10 号丹尼斯·罗德曼则在板凳上盯着乔丹看。这些漫长恩怨是将来的事，当晚，乔丹只是想让刺客难堪。全场他 39 投 22 中，61 分。这年稍后，乔丹承认，这是他私人最爱的一场比赛。

"因为我们赢了。因为我在最后时刻去换防了阿德里安·丹特利。"

XVI

第十六章 魔术师vs伯德，湖人vs凯尔特人

——效率魔王丹特利这场得了 32 分。但比赛最后时刻，乔丹防守他的成果是：

"我断了三次球，而且在我防他期间他一个篮都没进。这是防守的胜利。"

1987 年 4 月 12 日乔丹对步行者得到 53 分，第二天对雄鹿，50 分。赛后，雄鹿主帅、NBA 史上最热情奔放的主教练之一唐·尼尔森，把他著名的鱼形领带呼啦一声扯将下来，唰唰写上"伟大的赛季，伟大的人"，然后递送给乔丹。三天后对鹰，乔丹再次拿下 61 分。

1986-1987 季常规赛结束时，乔丹打满 82 场，场均 37.1 分成为得分王。与此同时，乔丹单赛季得到 3041 分，历史第三高。

连魔术师都如此赞美："人们都说是我和伯德在对垒，但 NBA 现在只分为两种人：迈克尔·乔丹与其他人。"

当然，魔术师谦虚了：乔丹很好，但他自己才是 1986-1987 季的最大赢家。

1986 年 12 月 12 日，湖人做客波士顿花园，117 比 100 取胜：魔术师轰下 31 分。1987 年 2 月 15 日湖人主场击败凯尔特人：魔术师 39 分 7 篮板 10 助攻。赛后凯尔特人主帅 K.C. 琼斯承认：

"湖人是当下联盟最强队。"

区别何在呢？魔术师自己说：

"我准备好变成一个得分手了。"

魔术师从来就能得分。20 岁那年新秀赛季，他就能在总决赛第六场拿下 42 分带队夺冠。但常年以来，他都热衷于传球组织。1986 年西部半决赛目睹了天勾老去后，魔术师决定接过得分任务：他迅速、高大、强壮，有背身技巧可以欺负小个子后卫，左右手都能上篮，还练出了一手中投。

"前两年拉里夺得 MVP 实至名归。今年？也许轮到我了。"魔术师如是说。

的确如此。

1986—1987 季，魔术师场均 12.2 助攻称王，然后是生涯最高的场均 23.9 分，带领湖人打出了 65 胜。他拿到了自己第一个常规赛 MVP，然后，西部季后赛三轮比赛，湖人只输了一场：跨过丹佛掘金、金州勇士与西雅图超音速，直抵 1987 年总决赛。

这一年，不再有休斯顿火箭来搅局了。

东部那边有点波折。

凯尔特人首轮过了公牛——DJ 努力防到乔丹场均 36 分，公牛没其他人了——然后以七场跨过雄鹿：伯德在第七场轰下 31 分 10 篮板 8 助攻，麦克海尔 26 分 15 篮板，帕里什 23 分 19 篮板。东部决赛，他们遭遇了底特律活塞。前四场，双方打到 2 比 2。

第五场的最后一刻：

活塞落后 1 分。微笑刺客托马斯弧顶持球。原地左右拉球，转身。就在对面高举的双臂上，起手投篮，球进。活塞 107 比 106 领先。

下一回合：已得到 36 分的伯德三分线外持球，面对活塞的里克·马洪。试探步，晃动，左手运球切向篮下，起手投篮。砰，活塞双人补防篮下，叠罗汉一样把球盖飞。活塞守住了：他们即将赢下这关键的第五场。

刺客后场发后场边线球。NBA 公认的最大恶人比尔·兰比尔在手指即将触到球时，忽然发现身旁闪出一个影子：伯德飘忽出现，一手将球截断。跌出界外前，伯德回身，看到了已经飞向篮筐的丹尼斯·约翰逊。伯德传球，DJ 接球上篮。一秒钟前还双手抱头的比尔·沃顿，在场边举手欢呼：凯尔特人依靠伯德的神偷反败为胜，108 比 107 逆转。3 比 2。

XVI

第六场伯德轰下 35 分 8 篮板 9 助攻，但活塞赢回一场：他们的替补厚实得多。替补维尼·约翰逊 27 分钟里得到 24 分。赛后，活塞坚韧的前锋丹尼斯·罗德曼对 DJ 咆哮。结果第七场，DJ 模仿罗德曼，在头顶转手指进行讽刺：他得到 18 分 11 助攻，伯德轰下 37 分 9 篮板 9 助攻，麦克海尔 22 分 10 篮板。凯尔特人最后一节顶住了活塞的追杀，117 比 114 取胜，4 比 3 进了 1987 年总决赛。

与西边以逸待劳的湖人比起来，凯尔特人悲壮得多了。

之前 1986 年夺冠后伯德承认："只要比尔·沃顿还能打，我们就还有希望夺冠。"天不遂愿，第六人沃顿和第七人威德曼这年都已 34 岁，撑不动了。凯尔特人的首发衰老了：前场三大将，加上首席后场丹尼斯·约翰逊，合计超过 120 岁。

走上总决赛赛场时，凯尔特人刚经过两个七场血战，连伤带老。雪上加霜的是，1987 年 3 月底麦克海尔右脚已带了骨伤。医生告诫说，此伤会威胁他的职业生涯，麦克海尔摆出凯尔特人式宁死不退的脾气，带伤作战（当年夏天，给脚伤动手术，导致他缺席了下一个赛季第一个月的比赛）。

可是凯尔特人在 1987 年总决赛头两场所能做的，只有追逐魔术师的奔袭尘烟。第一场一度 30 比 51 落后，追到差 15 分后再被拉开；伯德一度 7 投连中，追到差 14 分，却再被一个 11 比 2 的小高潮拉开。沃西和魔术师合计 64 分 17 个篮板 23 次助攻，湖人取下首局。

第二场照旧：库珀在第二节、魔术师在第三节，各自送出平历史纪录的单节 8 助攻。魔术师全场 24 分 20 次助攻，策动湖人 141 比 122 大胜，让伯德、麦克海尔和约翰逊第三节的追分化为泡影。第三场起初依然：湖人第一节领先 9 分，波士顿花园隐约觉得 3 比 0 的阴影正窜来，嗣后凯尔特人第二节 21 投 17 中取回分差。第四节，凯尔特人在垂老的贾巴尔眼皮底下偷得 5 个前场篮板。109 比 103，凯尔特人取回一城。典型的花园反扑。1 比 2。

于是第四场成为经典。

湖人不想让凯尔特人扳成平局——以 2 比 2 在花园打第五场？简直是下地狱，而凯尔特人也知道 1 比 3 落后意味着什么，他们已没有 1981 年那股热血，可以逆转费城了。

第四场，斯科特和麦克海尔互相扭打、双方防守犬牙交错，湖人最后时刻一波 9 比 0 拉回分差，魔术师和天勾在比赛还余 30 秒时，一记空中接力配合取回领先：湖人 104 比 103。一如这个系列赛诞生的某句经典解说词：

"拉里·伯德 vs 魔术师，一对一，一击解决时代归属！"

伯德在左底角，沃西先是和伯德四手交缠，有一瞬间沃西离开了伯德，企图截断传球，未遂。于是伯德在边角接球。湖人前锋 A.C. 格林正朝他飞来，然后看着伯德的三分球垂虹般从自己指尖越过：球入筐，106 比 104，凯尔特人领先，余 12 秒。

天勾罚中一球，湖人争到球权，还落后 1 分。魔术师左翼接边线球，转身面对麦克海尔。右手运球，前倾，收球，错动麦克海尔的重心，然后低头向中路切去……帕里什从天勾身后绕出，伯德自弱侧跟来，三将合围魔术师。丹尼斯·约翰逊卡住詹姆斯·沃西准备抓篮板，然后，魔术师抬手：

一个勾手投篮出手，命中。湖人反超 1 分。

伯德后来说：

"我预料到会被天勾打败，只是没想到，那记天勾来自魔术师。"

湖人 3 比 1，嗣后的两场，也无非是凯尔特人取下一个主场，湖人终结胜利：于是湖人 4 比 2 拿下 1987 年总冠军。魔术师拿下第四个总冠军，再拿下个人第三个总决赛 MVP，登上了时代的高峰。

XVI

也就在这一年的夺冠庆祝仪式上，帕特·莱利教练抖出了他的豪气，对洛杉矶人民大喊：

"我要告诉这里的每一个人……我们明年要卫冕！"

顺便，这也是魔术师和伯德最后一次在总决赛相遇。就在魔术师那记小天勾后，伯德还有 2 秒的时间来投篮扳回，射失了。很多年后，莱利教练说，他还时常梦见这个球投进了，然后被吓醒。他如此形容伯德当时的表情：

"我总觉得他要对我说，'先生，你怎么能给我留出投篮机会呢？不过，你们今天很幸运就是了'。"

第十七章 乔丹vs坏孩子

(XVII)

277·314

1987年夏，乔丹指望公牛总经理杰里·克劳斯能把他的北卡旧友乔·伍尔夫和肯尼·史密斯搞来，结果克劳斯为公牛选来了一个阿肯色州青年：斯科蒂·皮彭。

皮彭生于1965年，小乔丹两岁。南部乡村出身，家境贫寒，上面还有十二个哥哥。美国南方的种族歧视比北方残忍，老皮彭只能在造纸厂拼死劳作，然后在斯科蒂高二时，老爸中风瘫痪。到高中三年级，斯科蒂还只是个175公分、腿细如铅笔的孩子。那时他最远大的理想是：成为一家造纸厂厂长，再有辆二层房车！

他在中阿肯色大学读大一时，校队两个球员受伤，他才候补入队。之后命运垂青，大二的他比高中时长了15公分，多了36公斤体重——201公分，99公斤，且有后卫出身的技巧、速度和灵活。大三时，他场均23分。杰里·克劳斯经理派助理比利·麦金尼去阿肯色观察他。大四赛季，皮彭场均24分10篮板4助攻，命中率59%，每场还有3个抢断。他的大学此前此后都没出过NBA球员，但他的确是个奇才。

1987年选秀大会，杰里·克劳斯和西雅图超音速谈妥了。超音速第五位选择皮彭，然后拿来交换公牛第八位选中的奥尔登·波洛尼斯。

皮彭接受了公牛的33号球衣，签了一份六年510万美元的合同。他把大多数薪水寄回老家，剩下的小心翼翼存进银行。他看中了一辆保时捷，但他没敢买。首次参加公牛训练时，皮彭主动要求去防乔丹。第一次训练后，皮彭说：

"迈克尔没在其他人身上干成的事……在我身上也没干成嘛。"

一点儿试图压制骄矜之意的谦虚，一点儿试图获得认同感的炫耀。33号斯科蒂·皮彭与23号迈克尔·乔丹并肩作战的岁月开始了。

1987年选秀会，公牛还第10位收获了大前锋霍勒斯·格兰特。这条大汉生在佐治亚州，在克莱姆森大学读了四年。他能传球，会控制犯规，有208公分的身高和宽骨架。

也是这年，公牛多了个助理教练：42 岁的菲尔·禅师·杰克逊——1973 年，跟纽约尼克斯拿过总冠军的那个嬉皮士大前锋。

杰克逊出生在 1945 年 9 月，父母都在福音教会任职。进了北达科他大学后，20 岁的杰克逊长到 203 公分，胳膊长如猿猴。1967 年大学毕业，他去了纽约尼克斯，身披 18 号。他喜欢飞身鱼跃救球、冲撞、蹦跳、贴身防守、凶猛犯规。每场比赛前飞驾摩托车气势汹汹杀入球馆。他深受尼克斯主帅雷德·霍尔兹曼影响：

"篮球有啥麻烦的，又不是火箭科技。进攻时找空位队友，防守时盯着球，可以了。"

1987-1988 赛季开始。第一战公牛对费城 76 人：没有了 J 博士，这里已是查尔斯·巴克利的天地。乔丹 25 投 15 中拿到 36 分，巴克利则回以 34 分 10 篮板 7 助攻。皮彭在他的第一场比赛里发挥一般：4 次罚球中了 2 次；助攻了 4 次但也失误了 4 次。

这场比赛乔丹最可怕的并非得分，而是惊人的 6 次抢断和 4 次封盖。毕竟，"乔丹只会得分"之类的话题，他听腻了。一星期后，公牛胜纽约。乔丹在 36 分 7 篮板 5 助攻外，又顺手送上 6 次抢断。一天后对步行者，37 分 4 抢断。11 月 20 日对鹰队，33 分 7 篮板 7 助攻 4 抢断 4 封盖。11 月 21 日，公牛遭遇底特律活塞。乔丹照例抖擞精神，砍了 49 分 6 篮板 8 助攻 6 抢断。

他开始展现自己除了得分之外的才能了。

1987 年 12 月 2 日，公牛打客场到了盐湖城，遇到了犹他爵士队，遇到了盐湖城的首发大前锋 32 号卡尔·马龙，首发组织后卫 12 号约翰·斯托克顿：这也是他俩腾飞的赛季。

此前一季，爵士队主帅弗兰克·雷登要求马龙做爵士的领袖。马龙以他老妈那样的刚直承担了下来。练举重、跑步，他逐步成为 NBA 史

XVII

上最健美的肌肉怪,他强壮、快速、粗暴、凶恶。二年级的他场均 21.7 分 10.4 篮板。三年级,他正在成为明星前锋。

与此同时,1987-1988 季的斯托克顿已坐稳爵士首发组织后卫。雷登教练发现,斯托克顿＋马龙是绝配:他俩一个聪慧精确,一个粗暴凶猛。斯托克顿传球,马龙终结,完美的挡拆组合。

就在这晚,斯托克顿送出 11 次助攻仅 1 次失误,马龙轰下 33 分,获得 15 次罚球机会,外加 14 个篮板。公牛第三节结束时还落后 3 分,全靠乔丹救场赢球。这一晚乔丹 27 投 17 中轰到 47 分 9 助攻 3 抢断 3 封盖,而且留下了声传后世的一球。

当 198 公分的乔丹在 185 公分的斯托克顿头顶扣完一记篮后,盐湖城球迷大叫:"迈克尔,有种的去扣个大个子!"

乔丹在下个回合飞龙在天,朝 211 公分高的长人梅尔文·特宾当头一记扣篮,熄灭全场鼓噪声。然后他朝场边球迷放话:

"这家伙个子够大了吗?"

这是斯托克顿、马龙、乔丹和场边替补凳上的皮彭第一次彼此凝望。在场边,爵士的助理教练、前芝加哥公牛伟大球员杰里·斯隆,当然也想象不到,公牛的助理教练菲尔·杰克逊,多年后会成为自己的宿敌。

1988 年全明星赛在芝加哥:虽然站在乔丹身旁的东部首发控卫是微笑刺客,但刺客也不能太不给面子。全场比赛,乔丹 23 投 17 中得 40 分,最后半节,他在芝加哥的山呼海啸中腾飞,一口气飙到 16 分,东部队 138 比 133 取胜,乔丹当选全明星赛 MVP——单场 40 分,也是 NBA 全明星史上第二高的成绩。

更美妙的,是前一天发生的事。

1988 年全明星三分球大赛,拉里·伯德完成了三分球大赛三连霸,而且是以一种匪夷所思的套路:他穿着外套上场投篮夺冠,以表达自己的骄傲。在最后关键时刻他连续投中，球在空中时他就抬手指宣布胜利——与两年前他一到现场，就对其他人放话"你们准备好拿第二名了吗"，异曲同工。

世界为伯德欢呼，但比起稍后的扣篮大赛，伯德的伟大表现，又稍逊一筹：

1988年扣篮大赛上，多米尼克·人类电影精华·威尔金斯和迈克尔·飞人·乔丹，打出了传奇对决。

扣篮大赛首轮，170公分高的1987年扣篮王斯巴德·韦伯发挥失常被淘汰；次轮，德雷克斯勒不负滑翔机之名，最后一击完成360度回转扣获得满堂彩，但他的第二记"打板空中接力双于扣"相当普通。论视觉效果，比不过威尔金斯雄浑壮丽的风车扣篮、力拔山兮的空中360度回转砸扣，也不及乔丹的"亲吻篮筐"扣和"俯视篮筐"扣。

于是进入了决赛，威尔金斯 vs 乔丹。

威尔金斯持球，丈量步伐，起跑，抛球打板，罚球线前一步起跳，接到弹回的球，以恐怖的腰腹力量身体对折，一记飞鹰凌空滑坠的轰然砸扣。50分。毫无疑问。

乔丹出场，左翼助跑，侧面踏进禁区，起跳，侧身，把球往篮筐放去，收缩身体，然后，他停了一下，收球，把身体完全打开，张腿，再一次挥双臂砸去——一记空中收球拉伸版本的"亲吻篮筐"。这一扣漂亮到这种程度：第一次扣完，太快了，球迷甚至没来得及看清发生什么。大屏幕第二遍重播时，全场才开始山呼海啸的二次赞美。50分。

威尔金斯第二扣，底线助跑，踏进禁区，起跳，挥臂、送肩，先把球举到头顶，然后收回，下垂，从肩后抡起，完美的满月风车，从天而降居高临下一扣劈落——又是50分。

乔丹第二扣前犹豫良久，最后右翼起跑。侧面滑过篮筐，空中右转体，张开双腿前后摆，双手扣篮——他跑过威尔金斯身旁时，威尔金

XVII

斯甚至紧张得没回头看他扣篮的细节。47分。两轮下来，威尔金斯领先3分。

最后一扣。

威尔金斯左翼起跳，双手抡圆篮球，上升中把球扭到身体右侧，继续朝篮筐滑翔，把球挥出满月风车到最高点，一砸劈下——依然漂亮，但只得45分。于是最后一扣，乔丹必须扣到49分以上，才能在主场夺冠。

乔丹在中场拍球。芝加哥全场球迷陆续起立。乔丹后退，再后退，再后退，直到另一侧底线。球迷明白了：世界上只有一种扣篮需要全场助跑。乔丹助跑，过半场后加速，四大步迈到罚球线，左脚起跳，起飞。在空中，他拉了一下举球的右臂，迈动双腿，斜斜向篮筐横空坠去，在空中踩着不可见的台阶，飞翔——

球扣进。评委毫不犹豫给出50分。1988年扣篮王，迈克尔·乔丹。

1988年全明星赛把世界上所能想象的荣耀、赞美和华彩都演出一遍后，乔丹心满意足了，但2月13日，活塞82比73击败了公牛，乔丹22投9中27分。那场最让人震惊的不是活塞的防守，而是他们的凶狠做派。乔丹一次上篮时，大前锋里克·马洪横空一挥把乔丹砸倒，恶意犯规。马洪之后被罚了5000美元，停赛一场。乔丹赛后说："活塞是联盟最脏的球队之一。对他们来说，一记狠的犯规就能伤到你。"

为了这事，媒体吵开了。一部分人认为明星球员理该得到保护，不能任他人对他们拳打脚踢；另一部分人——比如，活塞的总经理杰克·麦克科罗斯基——就说："我觉得马洪被停赛太荒谬了，如果他犯规对象不是乔丹，根本没事嘛！"鹰队的著名铁汉大树罗林斯也说："我觉得马洪放倒乔丹的架势挺温柔的。"

于是公牛下一次对决活塞时，第四节最后关键时刻，乔丹连封盖带抢断破坏活塞进攻，自己两记罚球锁定胜局：112 比 110。公牛险胜，乔丹 27 投 21 中，得到赛季最高的 59 分。复仇成功。

——但这次复仇，造成了另一个深远的影响。活塞主教练查克·戴利老爹受够了：

"我们决定了，不能再让迈克尔·乔丹独自周而复始地打败我们！我们要搞定他！"

——当然，乔丹那时还不知道，底特律的阴影正朝他而来。

1988 年 3 月底到 4 月 19 日，芝加哥公牛打出一波 12 胜 2 负，其间乔丹在纽约尼克斯身上砍了两次 40+。赛季收尾，他在凯尔特人身上砍了个 46 分，称心如意地结束了 1987-1988 季。82 场全勤。场均 40.4 分钟联盟最多。场均 35 分蝉联得分王，论得分不及上季，但其他极尽完美：命中率 54% 比之前的 48% 进步了；场均 5.5 篮板 5.9 助攻的成绩也令人侧目。以及，他场均 3.2 抢断 1.6 盖帽，全季合计 259 抢断 131 盖帽。

于是，1988 年，乔丹拿到了得分王、抢断王、年度防守球员。

以及，他去年没能获得的常规赛 MVP 奖。

——实际上，这一年，乔丹的对手依然强劲：

同年入行的巴克利在 J 博士退役后接掌费城，场均 28 分 12 篮板 3 助攻——虽然 76 人只有 36 胜。

威尔金斯扣篮大赛和常规赛得分都只输乔丹而已，场均 31 分 6 篮板 3 助攻，鹰队 50 胜。

大梦继续把持当世第一中锋的地位，场均 23 分 12 篮板 2 助攻 2 抢断 3 封盖，火箭 46 胜。

卡尔·马龙和斯托克顿则是爆发之年：犹他爵士队 47 胜，马龙场均 28 分 12 篮板，斯托克顿则在第一年正式首发就场均 15 分 14 助

XVII

攻——还夺走了魔术师把持多年的助攻王。

从这一年开始的漫长岁月，乔丹和斯托克顿这 1984 届的两个后卫，一飞扬一冷静、一得分一助攻，将长期把持得分王 + 助攻王的位置。

魔术师照例是场均 20 分 6 篮板 12 助攻的稳定表现，湖人 62 胜。

伯德宝刀未老，依然场均 29.9 分 9 篮板 6 助攻，凯尔特人 57 胜。

但最后，选票还是排山倒海地倾洒给了乔丹。他的数据始终出色，这一年很大程度上，是因为公牛最后 17 场赢了 13 场，最后 50 胜 32 负的成绩帮了忙，使联盟许多批评家也得承认"乔丹表现出色，同时还能为球队赢球"。

1988 年季后赛首轮，公牛对阵的是克里夫兰骑士队。

这年的骑士，和公牛一样年轻。1987 年他们在选秀大会上摘得了白人后卫马克·普莱斯，但到 1988 年 2 月，他们觉得阵容有问题：有擅长远射、组织和罚球的普莱斯，后场又有射手德尔·库里和小乔丹罗恩·哈珀，堪称人满为患，手握 7 号新秀闪电控卫凯文·约翰逊，实在无处安置。内线方面，自家中锋布拉德·多尔蒂又不够硬朗。

于是，他们将 185 公分的凯文·约翰逊送去凤凰城太阳，得到了 1984 年扣篮王、208 公分的风车怪物拉里·南斯，一条纯粹的西部好汉：爱车，爱速度，爱狂飙，爱扣篮和封盖。看到骑士这档交易完成后，魔术师都惊叹：

"骑士是属于 1990 年代的球队！"

公牛 vs 骑士第一场，乔丹 35 投 19 中，50 分。第二场，骑士依然不包夹乔丹。好吧——乔丹 45 投 24 中，55 分。公牛 106 比 101 再胜，2 比 0。

第三场，埃洛和伤愈的哈珀轮番死缠乔丹，终于让乔丹只得了 38 分，虽然有 9 次助攻，但他背部、膝盖都因疲倦而酸痛。骑士赢球。第

欢快的、直爽的、热情的巴克利,赛后说了这段掷地有声的话语:"我说过,世上没有任何篮球运动员强过我,但如果必须有个人,我必须输给他,那么乔丹是唯一我愿意输给的人。"

四场，乔丹 44 分，但骑士五首发得分上双，哈珀更飙到 30 分，骑士再胜，2 比 2。一个信号是：这两场，乔丹无一扣篮。

就在这场后，奥卡利生气了。他公开嚷："我拼命打球，可是球队不给我叫战术。我是联盟最好的篮板手，我每晚在篮下泼命，我肯为球队做任何事，但球队对我毫无回报！"

第五场，生死之战。公牛的道格·科林斯教练做了个重要调整：33 号斯科蒂·皮彭首发。

乔丹开场依然显得体力不佳，失误不少。骑士挟连扳两城的气势，第一节反客为主，一度领先 18 分，35 比 23 进入第二节，公牛主场一片恐慌。当第二节进行到骑士 39 比 29 领先时，乔丹生气了，突破上篮，造罚球两罚全中，随后是后门内切，再被犯规，再罚中两球。下一回合，再突破，再罚中两球。19 秒后再来一次，连续 8 记突破罚球，公牛的血气被一点点振起。接下来，皮彭一记高抛，乔丹空中接力扣篮成功，芝加哥球迷猛然站起来欢呼：骑士只以 41 比 37 领先了。

第三节，乔丹体力下降，他连续三回合失误，最后投了一记三不沾。公牛知道情况不妙，把乔丹换下来休息。骑士看见希望：公牛队没有乔丹了！打垮他们！

但是，公牛还有 33 号皮彭。

第三节还剩 27 秒，皮彭伸出他匪夷所思的长臂，断掉哈珀的球，迈开长腿，上篮，公牛 78 比 77，全场首次领先。22 秒后，文森特上篮失手，皮彭凌空飞起，展示了选秀时所有人赞美的弹跳、长臂和爆发力，补扣得分，公牛 80 比 77。第四节还剩 3 分钟时，皮彭完成了连续华丽演出：一记跳投，一记篮下得手。

皮彭全场 20 投 10 中 24 分 6 篮板 5 助攻 3 抢断，最后拼到 6 次犯规毕业。奥卡利虽然嘴上抱怨，但 8 分之外还有 20 个篮板和 5 次助攻。老将科兹尼 14 分 8 篮板，加上乔丹第四节补足体力后发威，全场

XVII

39 分，公牛 107 比 101 击败骑士，3 比 2，晋级东部半决赛。

这是皮彭第一次为乔丹撑腰。乔丹说：

"现在我们知道，我们不再是一人球队了。"

但是，乔丹乐观得稍微早了一点。就在淘汰骑士十天后，公牛被淘汰了：他们被底特律活塞 4 比 1 搞定。这五场比赛，乔丹只有一场得分超过 30。

1988 年的底特律活塞，由查克·戴利老爹执教。五年前的 1983 年夏天，查克·戴利 52 岁，来到底特律。当地媒体议论纷纷：不是说新帅会是杰克·马基宁吗？为什么是这么一个老头儿？他做大学教练时不错，在费城做比利·康宁汉姆的助理教练，还做过电视解说员……但在 NBA，他只有半季主教练经验：1981–1982 季，他带骑士打了糟透的 9 胜 32 负。

"我觉得，"接到聘书时还是费城解说员的戴利说，"活塞是支'未来俱乐部'。"

戴利讨厌繁文缛节。提出问题，解决问题。看日程，打比赛，赢下，输了也别找理由。他每天工作 16 个小时，准备每场比赛，制定计划，和助理教练沟通。他是个疯狂的完美主义者。活塞队员叫他"富翁老爹"，因为他的打扮总是电影中百万富翁的煊赫派头，细致华丽又不失品位；饮食和家居，他都精挑细选，深通享受之道。

里克·马洪总结说："如果不知道他五十开外了，我会以为他 32 岁……不但他表现得年轻，那衣服派头也是！"

他上任时，活塞队浑浑噩噩：刺客托马斯、比尔·兰比尔、约翰·朗、维尼·约翰逊，这些人都有才华，但却赢不了球。戴利来了。宣布了他那三条赢球秘诀。他说，球员做好三件事就能赢球：找准好机会投球、快速回防、卡位。

他命令队员们尽自己的本分。至于赢球,"那是教练的思考范围"。

戴利老爹在高中和大学当了超过 25 年教练,他了解如何应对青春期少年的逆反心理。活塞队没有老迈昏聩的球皮,于是,他可以像教导学生一样对付他们。当活塞队开始赢球时,那些惊喜无比的年轻人信任了他。这种信任与不断到来的胜利,形成了良性循环。结束他的第一个赛季后,活塞队的青年就完全依附在他周围,令行禁止。

很多年后,刺客说:

"那时我们都是小孩子,努力寻找着,想挖出一个洞来透进一点阳光……查克来了,用他的胳膊把我们拢在一起,教我们如何赢球,教我们竞争,教我们站直了别趴下。"

戴利介入到了队员们的生活之中,和他们推心置腹。他说他当年做地理老师时曾经无比严格,但教学成果却比不过另一个貌似闲散、与学生亲密无间的教师。他在训练时有连珠不断的玩笑,穿着大短裤和队员们一起练投篮,他让活塞队员们放松了戒备之情:他并不只是一个拿了合同、穿着西服在场边吼两嗓子的教练,他愿意和队员们交朋友,他是一个很好的朋友与老师,他不想比队员高一等。他制定无数严密的战略,然后在某些时候却放任伊赛亚·托马斯们自主去完成一些任务。

当时活塞有许多坏孩子:

——笑里藏刀的刺客托马斯。

——绰号"蜘蛛"、下手狠毒、每半节来次凶狠犯规的约翰·塞利。

——之前已和乔丹结过梁子的里克·马洪。

但最有名的,是以下两号人物:

比尔·兰比尔,211 公分的白人中锋,公认的 NBA 史上第一恶人。出色的篮板手,能投篮,同时是一切邪恶动作之王,包括假摔、威吓、挥肘、下绊、戳眼。他是拉里·伯德最恨的人,最著名的故事是某次全明星周末,他上大巴,企图和伯德打个招呼:"你好,拉里。"伯德直接

XVII

回一句:"去你妈的,比尔。"

但兰比尔并不讨厌这个角色。他很聪明,懂得这个恶名可以给自己当鬼脸面具,恐吓其他人。他把他这套蛮横、凶残、恶劣的招数,倾囊教授给了底特律活塞的其他队友。比如活塞的另一蓝领:丹尼斯·罗德曼。

很多年后,丹尼斯·罗德曼会成为 NBA 史上最著名的嬉皮士,但在 1988 年,他还是个普通的悍恶蓝领。他生在 1961 年,25 岁才进 NBA,从小无父,被俩姐妹和老妈嘲弄,进高中时才 168 公分,连上篮都不会。草根大学出身,毕业了没工作,一度被迫去看飞机场,还偷过手表。他从小缺爱,长期觉得自己可能是双性人,有过不只一次自杀念头。所以,当他遇到戴利老爹时,就此获得重生。他依靠防守和篮板绝活在 NBA 立足,擅长撒泼玩赖、善使小动作、假摔天才、表演大师。1988 年夏,他和乔丹还不知道未来他们会站在同一战壕里,他只是聆听老爹的训诫:要干掉乔丹。

1988 年 3 月,被乔丹在那场全国直播的比赛中拿下 59 分后,戴利再也忍不住了:

"我们决定了,不能再让迈克尔·乔丹独自周而复始地打败我们! 我们要搞定他!"

于是,戴利老爹用他的细致和完美主义,制定了一套规则:

A. 当乔丹一对一时,防守者尽量逼他朝左移动,因为根据录像带研究,乔丹的右侧突破更为可怕。

B. 当乔丹试图打挡拆时,就直接包夹他,利用身高限制他的传球,其间切记保持身体接触。

C. 当乔丹背身单打时,用三人包夹,杜马斯在后,托马斯在前,内线巨人封锁底线。

D. 当乔丹依靠掩护无球跑动摆脱时,杜马斯贴身紧逼,兰比尔上步逼迫乔丹远离篮筐。

E. 当乔丹被迫在翼侧接球时，托马斯与杜马斯上前双人包夹。

F. 当底特律运用乔丹规则时，托马斯会在外线来回跑动，用积极跑动来掩盖活塞用联防对付乔丹的事实。

戴利对付乔丹的方法并不只是残暴的身体接触，还包括活塞的整体联动，对防守策略的细致执行，快速轮转。这一切套路的非官方名称，叫作"乔丹规则"。

这就是1988年活塞等待乔丹的策略。这就是活塞4比1淘汰公牛的手段。

之后的东部决赛：活塞4比2干掉了波士顿凯尔特人。实际上，那年的凯尔特人也老了：东部半决赛，他们花了七场才击败亚特兰大鹰。第七场甚至上演了惊世传奇：威尔金斯全场47分，但伯德第四节20分，全场34分。第四节这对巨星敞开单挑，你来我往，以至于解说员在场边怒吼：

"你正在观赏伟大这个词的全部含义！"

但伟大如1988年的伯德，也无法带老去的凯尔特人跨过1988年的活塞。活塞淘汰了凯尔特人，晋级1988年总决赛。查克·戴利教练后来为自己辩白："有人认为我们的策略是肮脏的，不是如此……我们仅仅是保持身体接触。"这一年的活塞在很多年后，被认为是史上最好的防守球队之一，最团结、最凶悍、最像机械的团队之一。

1988年总决赛，活塞遭遇湖人。第一场，他们靠强硬的防守让天勾只得8分。活塞这边，丹特利16投14中得到34分，活塞上半场就领先了17分。湖人依靠魔术师的23分11助攻和沃西的26分挽回第二场，然后是第三场。但第四场，活塞111比86大破湖人：第四节，刺客突破时被魔术师一肘子撂倒，俩人差点打起来。天晓得，总决赛第一场开始前，俩人还互吻腮帮呢：

XVII

"我们有兄弟般的感情!"

当活塞104比94取下第五场,3比2领先湖人,洛杉矶媒体紧张了——去年夏天,莱利教练还张扬地宣布呢:"我保证我们明年会卫冕!"怎么办?

1988年总决赛第六场第三节,湖人领先到56比48,然后刺客出现了:"微笑刺客"伊赛亚·托马斯,第三节先是一口气轰下14分,然后扭伤了脚,被扶下场。

于是湖人乘势领先活塞8分;刺客孤注一掷,一瘸一拐地带伤归来,打算在脚踝彻底断掉前拿下总冠军。接下来就是经典镜头:

刺客单腿飘移投篮。失去平衡的投篮。超远三分;快攻上篮。底角一记完全不讲道理的转身跳投——第三节,刺客射落了总决赛纪录的单节25分。当他投中球后,咬牙切齿,忍着痛一瘸一拐跑回半场时,所有人都为之动容。

靠着刺客的血气,活塞到最后一分钟,都还领先湖人3分:冠军就在眼前了!活塞板凳上的球员都站起来大喊:

"还有一分钟!"

湖人的后卫拜伦·斯科特中投得手,剩52秒,湖人落后1分。此后刺客终于用尽体力,射丢了中投,41岁的天勾在关键时刻,用他丰富的经验,骗到了比尔·兰比尔的犯规——底特律媒体普遍认为,当时裁判会吹哨,是因为兰比尔恶劣动作声名在外,裁判都相信他下了黑手——于是天勾两罚得手,反超。之后湖人防守成功,103比102取胜:3比3。

于是第七场了。魔术师是活塞的防守重点,天勾已经没力气了。于是,乔丹的大师兄詹姆斯·沃西站出来了。

第一节,沃西射落11分。天勾已被全面压制,湖人队自埃尔金·贝勒以来,第一次在决胜时刻,将希望完全放在一个前锋身上。魔术师不断寻觅沃西,而沃西则在人丛中大步穿梭:第三节,他一口气连得 7 分使湖人反超比分,第三节,沃西再落 11 分。脚踝带伤的刺客没有能够再次振出奇迹,湖人依靠着沃西不断的上篮、跳投和篮板度过了呼吸幽微的时刻,直至最后,由沃西的罚球、A.C. 格林的上篮以及刺客的投失,湖人解决了比赛:魔术师 19 分 14 助攻,而沃西作为奇兵主攻手,轰下 36 分 16 篮板 10 助攻的三双。湖人 108 比 105 取胜,4 比 3 险险划过活塞,拿下 1988 年总冠军:这是魔术师和天勾九年里第五个总冠军,他们也成为 1969 年凯尔特人以后,第一支卫冕的球队,圆了帕特·莱利去年的"我保证我们明年会卫冕"这个诺言。詹姆斯·沃西,靠着第七场 36 分 16 个篮板 10 次助攻,拿下了 1988 年总决赛 MVP。

很多年后,当记者丹·帕特里克问起刺客:1988 年总决赛第六场,当你脚受伤时,为什么还要坚持拼下去?

刺客答不出来,他语无伦次地重复了几遍:"嗯,那种情绪,那种感觉,当你这么打球时,你真的想一直这样下去,你把心、灵魂都放进去了……我们的球队,我们这些人和友谊……你不懂的。"

1988 年夏天,夏洛特黄蜂和迈阿密热加入了 NBA。与此同时,芝加哥公牛送走了乔丹最信赖的蓝领查尔斯·奥卡利,得回了 31 岁的巨人比尔·卡特莱特。后者肩不宽手不大步伐不算快,优点主要是聪明、216 公分实打实的身高,以及"努力工作,把嘴闭上,为球队奉献一切"的信条。乔丹为此颇为不快。

1988 年圣诞节后,皮彭进了公牛首发;1 月初,白人后卫约翰·帕克森进了首发。至此,公牛形成了:

约翰·帕克森 + 迈克尔·乔丹 + 斯科蒂·皮彭 + 霍勒斯·格兰特 + 比尔·卡特莱特的首发。

那时他们谁都不知道,这个首发将成就王朝。

XVII

1989 年 2 月，全明星周末又来了。

这是变革的一年，魔术师和伯德双双因伤没出席全明星——伯德的背伤尤其严重，全赛季只出席了 6 场比赛，就此告别了他的巅峰时代，也带走了凯尔特人的辉煌时光。

41 岁的天勾最后一次出席全明星得了 4 分，但西部已经改朝换代。乔丹一眼望去，发现西部都是年龄相仿的熟人：

1984 年入行的约翰·斯托克顿、1985 年入行的卡尔·马龙、1984 年入行的大梦奥拉朱旺、1983 年入行的滑翔机德雷克斯勒、1984 年奥运会队友克里斯·穆林、1982 年入行的北卡大哥詹姆斯·沃西。加上东部 1984 年入行的巴克利和 1985 年入行的尤因：

乔丹这代人的时运，真的要到来了。

但芝加哥自己出了点问题：主教练道格·科林斯被总经理杰里·克劳斯认为是个"非常情绪化的年轻教练"。球员们也私下摇头："这是个一天一战术的教练啊……"

与此同时，前嬉皮士大胡子助理教练菲尔·禅师·杰克逊，以及年已 66 岁的老助理教练特克斯·温特，静静地在旁看着这一切。

1989 年 3 月，科林斯教练试图让乔丹打组织后卫，结果乔丹连续两场送出合计 26 次助攻——尤其是 3 月 21 日做客洛杉矶，对面魔术师 20 分 8 篮板 12 助攻，乔丹则还以 21 分 8 篮板 16 助攻。

也从这晚开始，恐怖的竞赛开始了。

由于伯德的背伤，1988-1989 季常规赛 MVP 真正的热门，其实只有乔丹和魔术师二人。魔术师在此前，全季已经打出了 13 场三双。败北公牛后两天，魔术师 25 分 10 篮板 14 助攻带队击溃国王。而乔丹则开始了表演：

1989 年 3 月 25 日，乔丹在西雅图对超音速送出 21 分 12 篮板 12 助攻的三双，取胜。第二天魔术师 34 分 10 篮板 18 助攻三双，带湖人推倒太阳。

3 月 28 日公牛回主场，乔丹 33 分 12 篮板 11 助攻 4 抢断，三双。同一天魔术师对太阳 10 分 3 篮板 14 助攻。

3 月 29 日乔丹在密尔沃基 32 分 10 篮板 10 助攻，连续第三场三双，公牛再胜。第二天魔术师对马刺 8 分 9 篮板 10 助攻，又差了一筹。

3 月 31 日乔丹对骑士 37 分 10 篮板 10 助攻，连续第四场三双。第二天，魔术师在丹佛 20 分 17 篮板 15 助攻，回了一个三双。

4 月 2 日，乔丹对网 27 分 14 篮板 12 助攻，连续第五场三双。然后是两天后对黄蜂，33 分 10 篮板 12 助攻 6 抢断，连续第六场。美国轰动了。乔丹像在打电子游戏一样垄断数据榜。4 月 6 日在底特律，乔丹 31 分 13 篮板 10 助攻连续第七场三双。

第二天再战活塞，乔丹终于没再打出三双：40 分 7 篮板 11 助攻。之后，乔丹又顺手连打三场三双——对鹰的 40 分 10 篮板 12 助攻，对步行者的 47 分 11 篮板 13 助攻，对网的 29 分 10 篮板 12 助攻，然后就偃旗息鼓了——魔术师早已退出了这场半闹剧式的数据表演，但乔丹还是在连续 11 场里打出 10 场三双。

很多年后，乔丹这么认为：

"我可以看到整个球场，对手不再能把防守精力集中到我一个人身上。那是我职业生涯第一次，我们队有了其他的得分选择，对手必须尊重我的队友。"

常规赛结束，公牛 47 胜，乔丹场均 32.5 分继续成为得分王，同时场均 8 篮板 8 助攻 2.9 抢断，无可争议地继续进入联盟第一阵容和第一防守阵容。但魔术师同样打出伟大赛季——22.5 分 7.9 篮板 12.8

XVII

助攻，湖人 57 胜。于是，魔术师成为常规赛 MVP，乔丹票数次之。

而在 MVP 得票的第三到八位，则是四年级的卡尔·马龙、四年级的尤因、五年级的奥拉朱旺、五年级的巴克利、五年级的斯托克顿、二年级的凯文·约翰逊。

伯德受伤后，真的到了他们这一代人改朝换代的时刻了。

这个赛季的小尾声是：

乔丹怀念远走的哥们奥卡利，不喜欢新来的卡特莱特，所以他犯了个小心眼。他在更衣室里拿卡特莱特笨拙难看的罚球姿势逗乐，他让队友别给卡特莱特传球。赛季尾声时，卡特莱特找到了乔丹，说：

"我不喜欢你说我的内容……如果我再听到你对别人说不能把球传给我，你就永远也打不了篮球了。"

他俩从来不是太好的朋友，但从此之后，他们似乎达成了——很难描述的——一种奇妙的和解。乔丹对卡特莱特产生了一种依然不爽，但多少有些敬佩的感情：

这家伙，至少是条硬汉子。

与此同时，1988-1989 季中的另一件队友龃龉是：

底特律活塞决定把前锋阿德里安·丹特利——前得分王，曾在爵士连续四季场均 30 分的超级得分手——交易去达拉斯，换来同样位置的得分能手马克·阿奎利。丹特利认定这一切都是微笑刺客的阴谋，当他率达拉斯小牛回底特律打球时，曾盯着伊赛亚·托马斯道：

"我知道是你干的。"

这次交易，乍看很是诡异：阿奎利和丹特利都是小前锋得分手，阿奎利交易来活塞后，还被检出体重超重了 5 公斤。但这交易确实让活塞强大了起来。因为丹特利"每次进攻都要球单打"的打法，已令刺客够恼火；阿奎利相对无私些，而且阿奎利和刺客，恰又是死党铁哥们。于是交易之后，活塞能够多给蓝领前锋丹尼斯·罗德曼一点上场时间，且不影响队内团结——结果这年，罗德曼就进了年度防守第一阵容。

活塞如此移了丹特利，招了阿奎利，串联了他和刺客的友谊，又激活了罗德曼，于是铁军铸成了。

1989年季后赛，公牛首轮再次遇到骑士。这年的骑士，常规赛战绩57胜联盟第二，防守效率联盟第二——第一自然是底特律活塞——而且火力分布均匀：

马克·普莱斯，全明星控卫，场均19分8助攻，许多人认为他是联盟第一射手。

布拉德·多尔蒂，全明星中锋，场均19分9篮板4助攻。

罗恩·哈珀，入行时就被认为像乔丹的得分后卫，场均19分5篮板5助攻。

拉里·南斯，前扣篮王，全明星前锋，年度第一防守阵容成员，场均17分8篮板3封盖。

内外线阵容均匀整齐，攻守传投各有所长，常规赛从未三连败以上，可以排出九人轮换的靠谱阵容，而且比公牛多出10场常规赛胜利。

乔丹听腻了"骑士可能横扫公牛"的口号，于是给了媒体一个声势浩大的宣示：

"公牛会击败骑士，四场内。"

公牛95比88取下第一场。皮彭22分6篮板，格兰特13分13篮板。乔丹——全场31分11助攻4抢断——在第三节走到记分桌旁，看着那几位"骑士可能3比0横扫公牛"的芝加哥记者：

"横扫？去他妈的。"

骑士96比88赢回一局。1比1。公牛全队穿着"会带来好运的黑

XVII

第十七章　乔丹vs坏孩子

鞋"打第三场，101 比 94 取胜：他们是凯尔特人之后，第一个在季后赛换黑鞋的球队，从此这个风气开始流行。乔丹第三场 44 分 7 篮板 10 助攻 5 抢断，第四场又暴风骤雨般得到 50 分，但出了点事故：比赛结束前 9 秒，乔丹站上罚球线，公牛 98 比 97 领先，两记罚球就能基本锁定胜局。但乔丹 2 罚 1 中，公牛 99 比 97，被多尔蒂翻身两记罚球，99 平进入加时。加时还剩 12 秒时，公牛 105 比 107 落后，公牛中锋卡特莱特失误，被多尔蒂抄到球。骑士赢了，2 比 2。

全芝加哥都在屏息凝神，等乔丹痛骂卡特莱特。

"我不责怪比尔。我不责怪任何人。"乔丹说，"我不能责怪任何人——除了我自己。"

第五场上半场，乔丹不停给卡特莱特传球：结果卡特莱特半场得到了 12 分。乔丹自己半场只得了 14 分。比赛最后时刻，骑士 98 比 97 反超。乔丹在右翼 45 度角，面对拉里·南斯，射中他下半场第 28 分、本场第 42 分。公牛 99 比 98 领先。还有 6 秒。骑士的埃洛发界外球给南斯，急速内切闪过霍奇斯。南斯传球，埃洛接到，上篮。骑士 100 比 99 领先公牛 1 分。

成王败寇，还剩 3 秒。

传说，科林斯教练想给骑士一个意外，安排老中锋戴夫·科兹尼投篮。但乔丹一拳砸在战术板上，怒吼一声："把那个该死的球给我！"又走过去对克雷格·霍奇斯——他刚漏防了埃洛让他投中了球——说：

"别担心，我会把球投进的。"

开球。骑士没人去拦边线球，而是全力围剿乔丹。208 公分的南斯绕前防乔丹，埃洛在乔丹身后。乔丹先给卡特莱特做了个背掩护，挡开多尔蒂。埃洛后来承认："有一秒我觉得那可能是个诱饵。"——但不是。乔丹变向，闪开南斯，奔向边线，接到了塞勒斯的传球，随即以闪电般的速度向左爆发，埃洛在那一瞬错误地选择了伸手抄球，抄空。乔丹抢出一步空间，来到罚球线正面，起跳。南斯在乔丹右侧鞭长莫及，埃洛急飞而起，从右侧企图封盖乔丹，克里夫兰球迷看见埃洛的手抹过乔丹身前。

但直到埃洛开始下落，乔丹依然没有落地。时间还在走。埃洛从侧面滑过了乔丹，克里夫兰几万双眼睛看着公牛的23号摆脱重力浮在空中，弯腿，屈臂，然后，把球投了出去。

"我没有看见球最后怎么了。"乔丹说，他投完那球后失去平衡，身体滑向左侧，"但看见球迷的反应，我知道球进了。然后我就做了一些我不该做的动作。"

乔丹完成了绝杀——很多年后，这个球被温特教练称呼为"天使的飞舞"，或者更著名的，"The Shot"即"那一球"。101比100，公牛击败骑士，连续第二年3比2淘汰骑士进入东部决赛。乔丹挥臂，狂吼，失去理智地咆哮："结束了!!"塞勒斯扑上来，然后是其他公牛队友。他们像拥抱神一样拥抱乔丹。

埃洛沮丧地倒地，而且几乎永久地成为了乔丹最伟大的背景之一。很多年后，他的孩子都经常边看录像回放边问："爸爸，你当时在做什么？"

1989年东部半决赛，公牛对阵纽约尼克斯。自1982年NCAA大决战以来，这是乔丹第一次与帕特里克·尤因打生死战。纽约纸面实力仍在公牛之上，但经过公牛下克上干掉骑士后，没人敢小觑公牛了。

第一场公牛在最后一节8比0将比赛逼进加时。乔丹全场都在传球，到加时猛然苏醒，连得9分。公牛120比109取胜，乔丹全场34分10篮板12助攻，格兰特19分9篮板，皮彭15分9篮板6助攻，霍奇斯4记三分球全场24分。但卡特莱特才是功臣：自己18分14篮板4助攻，而且逼得尤因20投9中22分10篮板，老哥们奥卡利则受

XVII

第十七章　乔丹vs坏孩子

制于犯规，28 分钟内 2 分 3 篮板就被罚下了。公牛 1 比 0。

第二场，纽约 115 比 97 大破公牛。但后卫马克·杰克逊做了件错事：他从乔丹手里断球后，玩了个典型的纽约后卫嘲讽。他回身朝乔丹玩了个以彼之道还施彼身：亮舌头。结果第三场，愤怒的乔丹全场轰下 40 分 15 篮板 9 助攻 6 抢断。公牛第二节轰出 42 比 26 的大攻击波，上半场已领先 20 分，全场 111 比 88 血洗纽约。唯一不妙的是：乔丹在上半场伤到了腹股沟。尼克斯主教练皮蒂诺贸然质疑：

"乔丹真的伤了吗？"

然后他就后悔了。

第四场，乔丹带伤连续冲刺纽约防线，罚球 28 次罚中 23 球，全场 47 分 11 篮板 6 助攻。更要命的是，卡特莱特自己 21 分 6 篮板不说，还逼得尤因 15 投 5 中只得 10 分。公牛 106 比 93 再胜，3 比 1 领先尼克斯。赛后，乔丹追究起了皮蒂诺。

"我受伤后，不会多去想我的伤势。这是季后赛，疼痛是赛前赛后的事。"

第五场，尤因终于发威，32 分 11 篮板 4 封盖，加上奥卡利的 18 分 13 篮板，纽约挡住了乔丹 38 分 8 篮板 10 助攻 5 抢断的攻击波，121 比 114 取胜。但第六场，乔丹系列赛第三次得分上 40，加上 10 助攻和 4 抢断。皮彭 19 分，卡特莱特 16 分 8 篮板，纽约苦战到最后时刻，111 比 113 败北。公牛 4 比 2 淘汰纽约，直抵 1989 年东部决赛——一支东部第六的队伍，杀到了东部决赛。

然后，东部决赛，公牛又一次遇到了底特律活塞。

前两场双方 1 比 1。第三场还剩 9 秒。乔丹接过皮彭的界外球，在三分线弧顶持球，朝防守他的罗德曼冲去，背靠到离筐 8 英尺处，刺客过来补防，晚了：乔丹一记擦板投篮，公牛 99 比 97 领先，并夺下胜利，2 比 1。乔丹 46 分 7 篮板 5 助攻 5 抢断，而对面刺客虽然有 11 次助攻，但只有 8 投 2 中，5 分。

但活塞的主教练，毕竟是查克·戴利老爹。

戴利在 1989 年季后赛前，已经叫停了"乔丹规则"。他很忌惮格兰特和皮彭，知道如果全力封阻乔丹，这两个二年级生可能会兴风作浪。但这一晚后，戴利再次坐不住了。

结果是，第四场乔丹遭遇罗德曼和杜马斯轮番伺候，15 投 5 中只得 23 分。罗德曼依靠 203 公分的身高，紧逼防守乔丹的投篮，允许乔丹突破篮下，然后就是围追夹击。乔丹承认罗德曼脚步飞快，而且"他能够贴我那么紧，却做到不犯规"。

而杜马斯的风格则是另一种。

杜马斯 191 公分，一个诚实、厚道的老好人。他没有伟大天分，却是一个意识绝对完美的防守者。他的预判、横移、与队友的联络、细节调整，都如国际象棋大师般精准。活塞依靠全队来防守乔丹，而他是这组防守中的舵：他和乔丹在玩斗智游戏。

有趣的是：因为杜马斯性格端正，所以每场比赛前，乔丹和杜马斯总会互相问候人是否安好。乔丹也承认"十四年对局中，我们从来没彼此递过一句狠话"。甚至当乔丹被底特律匪徒们撞飞时，杜马斯会过来问："你 OK 吗？"后来乔丹承认，杜马斯是他最难对付的两位防守者之一：

"杜马斯强壮、稳狠、扎实。他不做特别的事，但是他能完成任务。"

第五场，乔丹只出手 8 次，8 投 4 中 18 分，送出 9 次助攻。借着他的传球，卡特莱特 9 投 5 中 16 分 12 篮板，格兰特 19 分。但活塞靠替补维尼·微波炉·约翰逊 23 分钟内的 22 分，外加逼出公牛 24 次失误的防守，94 比 85 取胜。3 比 2 领先了。第六场，乔丹竭尽全力 26 投 13 中得到 32 分送出 13 次助攻，但公牛不行了：卡特莱特 8 投 1 中，皮彭只打了一分钟就被兰比尔"无意地"用手肘击中，脑震荡下场。

XVII

而活塞那边，刺客 33 分，兰比尔 11 分 10 篮板，全队五人得分上双。

活塞 103 比 94 击败公牛，4 比 2 晋级 1989 年 NBA 总决赛。

然后，他们没再让机会错失：1989 年总决赛，魔术师带伤。底特律活塞干脆利落，4 比 0 横扫湖人，拿下队史上第一个总冠军。

那个系列赛，湖人有许多失算之处：

他们把球队最佳防守者迈克尔·库珀用来对付刺客，于是活塞另一门重炮乔·杜马斯开火了。

魔术师只打了三场，每场 25 分钟。他受伤的脚，令湖人没有后场可以制约杜马斯。

在魔术师无法出赛的后两场，杜马斯先是在第三场打出单节 21 分的神勇表现，然后是在第四场用不断的突破制造了 17 个罚球。最后两场他合计得到了 62 分，而且，在第三场最后时刻，杜马斯盖掉了道格·里弗斯企图绝杀的投篮，确保了胜利。

活塞夺下 1989 年总冠军的那晚，获得总决赛 MVP 的杜马斯独自把毛巾搁在头顶，坐在板凳上。

"那时我心绪平静如湖。我只想，噢，我们是冠军了。"

他承认："我打得不华丽，但活塞已经有许多华丽的球员了。刺客像闪电，兰比尔像炸弹，我？我就像一支箭吧。"

很多年后，刺客曾在不同场合，不断回忆起 1989 年的活塞。某个场合，他说，"篮球的秘诀，在于篮球之外"；另一个场合，他会眼睁睁看着自己不断跌倒、持续奋斗的情景，泪流满面，然后哽咽着对采访者说："你们不会理解……真的，你们不会理解……"底特律活塞在 1989 年，完成了他们最伟大的胜利：他们压倒了统治 1980 年代的凯尔特人与湖人，压倒了魔术师和伯德，击败了最璀璨的新星乔丹。

实际上，1988-1989 季，夺冠赛季，微笑刺客打出了自己七年来最差的数据:这个以往年年场均 20 分 10 助攻、1984-1985 季甚至打出场均 21 分 14 助攻的精灵,在 1988-1989 季,不过场均 18.2 分 8.3 次助攻——比起场均 32.5 分 8 篮板 8 助攻 2.9 抢断的乔丹,比得上得三双如探囊取物的乔丹,刺客的个人星光黯淡得多。但他们能得冠军。

1989 年,世界用梦幻、天才、迅速、优美、灵感来形容乔丹和魔术师,但他俩都输给了底特律:防守、凶悍、残忍,以及,团队。

1989 年夏天,卡里姆·阿卜杜勒·贾巴尔宣布退役,结束了二十年的传奇生涯,留下了 38387 分的常规赛历史第一高分、六个总冠军、六个总决赛 MVP,江湖从此不见天勾。

自 1987 年夏天 J 博士退役、1988 年秋天伯德重伤、1989 年夏天天勾退役,以及摩西·马龙年满 34 岁,1980 年代前半段的英雄豪杰们渐次退场。

1989 年夏天,明尼苏达森林狼与奥兰多魔术加入了 NBA。与此同时,拉里·布朗为主教练的圣安东尼奥马刺,迎来了四个新人;

——49 岁的拉里·布朗教练。年轻时他就读北卡,师从于传奇教练迪恩·史密斯。大学毕业时他去打 NABL。后来他的球员生涯主要在 ABA 度过:ABA 联盟历史上前三年,布朗都是助攻王。31 岁退役之后,拉里·布朗立刻成了主教练。到 36 岁,还是少帅年纪,布朗已经是三度 ABA 年度教练了。之后,他又在大学篮球闯出了名堂,1988 年,他带领堪萨斯,拿下了 NCAA 全国冠军。1989 年,他带着 29 岁的助理教练罗伯特·坎特布里·布福德,来到了圣安东尼奥。

在这里,他遇到了 40 岁的芝加哥人,曾在空军服役的格雷格·波波维奇:他的新任助理教练。

拉里·布朗可能是篮球历史上最重视细节的教练。他的意志坚不可摧,为人近乎顽固。他要求把每个细节都做到最精确,一如他永远

XVII

不变的绅士打扮：短发、眼镜、西服，甚至西服左胸口袋里那永远的白手帕。

波波维奇和布福德对布朗，始终敬而且畏：空军出身，波波维奇很重视纪律，所以在他看来，布朗就是个完美的教练形象。

——那年夏天，马刺迎来了一个新秀：24 岁的中锋大卫·罗宾逊。

罗宾逊 1965 年生在佛罗里达。他父亲安布罗斯·罗宾逊是个海军军人，素来严格。罗宾逊自小对音乐、科幻小说、工程、电脑、数学、作曲、电子游戏这些东西都有兴趣。到 16 岁，虽然跑得飞快，垂直起跳超过 90 公分，但只有 170 公分高。然而高中毕业时，罗宾逊飞长到 198 公分，因为成绩优异获得了海军学院的青睐。在大学二年级，他再次身高暴长。20 岁那年，罗宾逊长到了 211 公分。1986-1987 季大学四年级时，大卫·罗宾逊在 NCAA 的 32 场比赛里场均 28 分 12 篮板，拿下了所有年度最佳球员奖，身高长到了 216 公分，拥有了搁到 NBA 都屈指可数的健美肌肉。大学四年，他拿到了数学和计算机的学位。1987 年，马刺队以状元签选到了他，然后罗宾逊给出了一个独特的决定：

当时马刺队打算付给他每年 100 万美元的工资，可是他却决定去为国效力，去服海军役。

之后 1988 年，罗宾逊代表美国男篮参加了 1988 年奥运会。过程不算愉快：美国队主教练，乔治城大学名帅约翰·汤普森，曾经培养出帕特里克·尤因的教练，被罗宾逊称为独裁者。美国队在 1988 年奥运会上输给了苏联，罗宾逊输给了苏联巨人，号称 NBA 之外世界第一中锋的世界屋脊阿维达斯·萨博尼斯。

也就是 1989 年 9 月 17 日，波波维奇和拉里·布朗考虑着罗宾逊终于要来马刺的时候，加勒比海上的美属维京群岛，13 岁的当地孩子蒂姆·邓肯在海岸边，站在潮汐水线上，傻傻地看着蔚蓝的海水：那天雨果飓风突袭了岛屿，摧毁了岛上唯一的符合奥林匹克标准的游泳池。出生在 1976 年 4 月 25 日、酷爱游泳的蒂姆·邓肯，从此没法游泳，只好去打篮球了。

1989-1990 季揭幕战，大卫·罗宾逊——他很快会获得"海军上将"这个绰号——代表马刺打了他第一场 NBA 比赛：面对失去了天勾的西部霸主洛杉矶湖人，罗宾逊的第一场得了 23 分 17 个篮板。魔术师赛后说：

"有些人从来就不是新手。"

在场外，拉里·布朗被另一个细节吓到了。罗宾逊跟队里商量，要求减少加练，让队员们放松点儿。"教练，咱们来打个赌？"

"什么？"

"我可以倒立着，绕球场一周。"

布朗看着 216 公分大卫·罗宾逊的健美上肢和只有 84 公分的腰围，不太相信："好，你做得到，我就给全队放假。"

然后他们就看着罗宾逊倒立着，用双臂支撑着 107 公斤的巨大身躯，绕训练场转了一圈。布朗教练一声不吭，给全队放了假。

1989-1990 季，罗宾逊带领马刺打出 56 胜 26 负，比前一年的 21 胜进步了 35 场，理所当然地成为年度新人。紧跟着马刺的是中西区的新贵犹他爵士：在新教练杰里·斯隆治下第一个完整赛季，爵士打出 55 胜。实际上，1989—2003 年，斯隆将和他麾下的约翰·斯托克顿与卡尔·马龙一起，年年进季后赛。

这一年，斯托克顿拿到了他第三个助攻王：场均 14.5 助攻。前一年他的 13.6 助攻和 3.2 抢断分别称王，让他成为 NBA 历史上第二个同年包揽助攻王 + 抢断王的男子。但爵士的头牌，还是卡尔·马龙：前一年他进了 NBA 年度第一阵容，并将一路维持这个荣誉。这一年，马

XVII

第十七章　乔丹 vs 坏孩子

龙靠他的肌肉与手感拿下场均 31 分 11 篮板的佳绩，而且在得知自己全明星票数居然输给了湖人大前锋 A.C. 格林后，他在面对密尔沃基雄鹿时轰下了 61 分来泄愤。

另外一边，芝加哥。

1989 年夏天，道格·科林斯教练终于离开，44 岁的菲尔·杰克逊成为了公牛主教练。

杰里·克劳斯教练心满意足：合作了两年，他觉得自己对杰克逊有提携之恩，而且，"菲尔是我的人"。公牛老板雷恩斯多夫给比尔·布拉德利打了电话——十五年前，布拉德利和杰克逊同在纽约尼克斯效力，拿了 1973 年总冠军。对前队友的教练前景，布拉德利回答："杰克逊考虑团队，但又能关注到个体。"

杰克逊在 1989-1990 季，给公牛搞了些新花样。比如，训练时，他会让乔丹和皮彭各带一队对抗。皮彭队当然总还是会输给乔丹队，但每一天，公牛的训练都像是场战斗。

比如，他开始增加皮彭的持球：皮彭年少时打过后卫，有一个指挥官的大脑；他有 203 公分的身高与蜘蛛般的臂长，能俯视对手阵线，担当指挥官。球队多一个大脑，总是好的。

1989-1990 季，公牛依然不是支防守强队，但在进攻端，他们焕然溢彩。皮彭成为一个全面的前锋，格兰特的前场篮板和中投都很出色，卡特莱特也不像刚来时跟乔丹那么不和，帕克森稳稳射进跳投，命中率高到 52%，替补后卫克雷格·霍奇斯是联盟里最顶尖的三分手之一。

而乔丹达到了游刃有余的境界。六年级，他的跑跳能力依然在巅峰，投篮的成熟让他随时随地可以开火。他拥有当世无对的速度，有全方位投篮的进攻火力，快如鬼魅，动如游龙。

1990年3月28日，公牛客场对老冤家骑士。乔丹上半场就15投11中得到31分7篮板3抢断。下半场，骑士18号罗德·威廉姆斯当乔丹一个快攻扣篮即将完成时，野蛮地将已经起飞的乔丹横肩拽倒在地。乔丹在场上躺了两分钟，听见克里夫兰球迷的欢呼声。他愤怒了。公牛队助理教练马克·普菲听到乔丹说：

"他们会为此付出代价的！"

他右翼要球，翻身跳投得手；借掩护突破对方两人后突破造罚球，两罚得手，至此已得到51分；运球急停超远三分得手，第54分；左翼切出接传球跳投，56分；左翼绕掩护跳投，第58分；右翼绕掩护晃过两人跳投得手，第60分。靠罚球得到第61分后，公牛105比102领先3分，但骑士射进三分球，双方拖入加时。加时赛，乔丹中路跳投得到自己第63分，随后造成拉里·南斯第6次犯规两罚全中，得到自己第65分。最后靠4记罚球得到4分后，胜局锁定：公牛117比113击败骑士，乔丹全场打了50分钟，37投23中、23罚21中，得到职业生涯最高的69分，外加职业生涯最高的18个篮板，以及6助攻4抢断。赛后，骑士的克雷格·埃洛——之前一年季后赛刚被乔丹在头顶完成"The Shot"的防守专家——对乔丹说：

"我们已用尽不同的战术和球员来对付你了。"

1989-1990季结束，公牛55胜27负。乔丹场均33.6分，连续第四年成为得分王，外加场均6.9篮板和6.3助攻，此外，他场均2.8抢断得到自己第二个抢断王，被选入第一阵容也理所当然。只是，常规赛MVP还是被魔术师蝉联了：

那是魔术师第三个常规赛MVP，至此追平了他的老对手拉里·伯德。

XVII

1990 年季后赛首轮，公牛遭遇密尔沃基雄鹿。蒙克利夫已经归隐，但媒体无所不能，又找到了新话题：

　　"迈克尔·乔丹 vs 阿尔文·罗伯逊！"

　　三度抢断王罗伯逊，191 公分，蛇入草中般的速度，杂技演员级的平衡能力，闪电手。然而季后赛第一场，公牛无惊无险 111 比 97 轻取雄鹿，乔丹 27 投 15 中 38 分 8 篮板 7 助攻，而皮彭完成了 17 分 10 篮板 13 助攻的三双。第二场，乔丹 36 分 9 篮板 11 助攻 5 抢断，皮彭 32 分 7 篮板 8 助攻，公牛再胜。第三场雄鹿虽胜，但乔丹砍出 48 分。第四场，公牛 110 比 86 血洗了雄鹿，3 比 1 迈过首轮。

　　又一个"乔丹封杀者"倒下了，公牛晋级。

　　东部半决赛对费城 76 人，乔丹遇到了好朋友查尔斯·巴克利：这一年，巴克利打出生涯代表作，带领费城 53 胜称雄大西洋区，自己拿下场均 25.2 分 11.5 篮板和 3.9 助攻的全面成绩。他自己很得意："我能够轻松要到低位，因为我能把屁股坐在别人腿上。"他的壮硕身躯、巨大屁股和恐怖的弹跳力，让他无可匹敌。实际上，他的前队友麦科尼克请他"两周后来我家吃饭吧"。麦科尼克的妈妈听说这消息大惊："巴克利两周后要来我家吃饭？那我现在就要开始煮饭了！"费城 76 人的里克·马洪更认定，巴克利天赋绝佳：

　　"昂赛德的身体，J 博士的弹跳。"

　　这年巴克利已成为 NBA 第一前锋，以至于费城媒体都在鼓噪："为什么巴克利不是 MVP，而是魔术师？"

　　首战巴克利席卷 30 分 20 篮板，乔丹还以 39 分 5 篮板 6 助攻 5 抢断，而皮彭送上 18 分 8 篮板 12 助攻。公牛依靠防守 96 比 85 取胜。第二场巴克利 16 分 19 篮板，下半场他只得 2 分：公牛祭出了恐怖的全场紧逼，而且用皮彭来对位费城中锋格明斯基。乔丹自己射落 45

分，公牛 2 比 0 领先。

第三场前，巴克利聚集全队鼓励："殊死搏斗！"费城做到了，至少比赛前 40 分钟，他们完美压制公牛。巴克利全场 34 分 20 篮板，大多数时候举着他旷古绝今的大屁股和公牛的双人包夹搏斗。公牛一度落后到 69 比 93。

但是，比赛最后 10 分钟，公牛发威：杰克逊放上乔丹＋尼利、金、阿姆斯特朗、霍奇斯这四替补阵线，用乔丹的话形容，"四个快速的家伙，加一个硬汉"。公牛第四节得到 45 分，其中乔丹 24 分，全场比赛，乔丹 49 分，公牛险些完成大逆转，最后仅以 112 比 118 惜败 6 分。第四场，乔丹 45 分，第四节 18 分，公牛第三节一度 66 比 80 落后，但最后终以 111 比 101 击败 76 人，依靠的依然是他们捕鼠夹似的全场紧逼。杰克逊描述说：

"这是我们的基本战术：上弦紧绷式防守。"

以及：

"比赛末尾时，没人能和迈克尔相比。奥斯卡·罗伯逊也是伟大后卫，但乔丹能在攻防两端都终结比赛。"

第五场，乔丹没把比赛耗到最后时刻。公牛 117 比 99 解决了 76 人，乔丹 37 分，把霍金斯防得 10 投 4 中只得 11 分。公牛 4 比 1 击败 76 人，连续第二年晋级东部决赛。

然后连续第三年，公牛遇到了命中宿敌：卫冕冠军底特律活塞。

熟悉的场景再现了：公牛 VS 活塞第一场第一节，乔丹突破篮下，然后倒地，是时也，他身边密不透风水泄不通，布满了乔·杜马斯、罗德曼、约翰·塞利这些敌人。活塞的大恶人兰比尔如此形容他撂倒乔丹的动作：

"他倒地？那只是万有引力嘛！"

中场休息时，戴利教练发现乔丹已得了 26 分，于是叫过来罗德

XVII

曼："忘记皮彭吧，完成你的工作！"活塞根本不在乎公牛其他人，他们就是要干掉乔丹。当晚，皮彭 14 投 7 中 16 分，乔丹得了 34 分，但用了 27 次投篮，下半场只得 8 分。公牛全队 82 投仅 31 中，只得 77 分。活塞那边同样手感冰冷：刺客 12 投仅 3 中，爱德华兹 11 投 4 中，只有乔·杜马斯射中 27 分，但够了。活塞 86 比 77，用与以往毫无二致的方式——残忍、凶狠、专注、团队和"乔丹规则"，击败了公牛。

第二场，乔丹带着受伤的右腕和腰背打球。他上半场只投了 8 次篮，只得 7 分，试图用传球把全队串联起来。但是公牛无人响应。活塞半场就领先 15 分，全场 102 比 93 取胜。公牛 0 比 2 落后，两个客场全输。赛后，乔丹发怒了。芝加哥的媒体交头接耳，说乔丹在更衣室里踢翻了椅子和饮水机，大吼：

"我们打得像群白痴！！"

第三战前，乔丹提前 20 分钟到了球场。他哥们阿道夫·西弗感到："迈克尔今天很不一样。"

乔丹的确准备好了。上半场，他独得 16 分，而且让公牛首节领先 5 分，但第二节，活塞反超，公牛以 43 比 51 落后进入半场。中场时，乔丹大发雷霆。芝加哥名记者萨姆·史密斯后来透露，他中场吼了如此决绝的句子：

"如果你们不想玩了，那也应当按照我的方式结束！"

"我想，迈克尔给了我们当头棒喝。"皮彭赛后说。

下半场，乔丹暴风席卷般得了 31 分。第四节前 8 分半，乔丹独得 16 分，一口气把分差拉开，全场 47 分 10 篮板。虽然刺客得到 36 分、阿奎利得到 22 分与他分庭抗礼，但皮彭终于站了出来，29 分 11 篮板 5 助攻。再加上格兰特的 10 分 11 篮板，公牛依靠 21 个前场篮板，107 比 102 取胜，1 比 2。兰比尔全场 0 分 6 次犯规，但他一贯输人不输阵：

"这场是蒙的！"

可是第四场就不再是蒙的了。虽然罗德曼 20 分 20 篮板、刺客 26 分 8 篮板 8 助攻、杜马斯 24 分，但乔丹 42 分 9 助攻 4 抢断 3 助攻，格兰特 11 分 13 篮板，皮彭 14 分 6 篮板 4 助攻，帕克森 17 分 7 助攻，公牛 108 比 101 再胜一局，2 比 2。

到此为止，乔丹的怒吼似乎起作用了。但是，活塞没有溃。剩下三战，他们有两个主场。而且，他们没丢掉自己的精神。助理教练布兰登·苏尔说：

"当比赛很好看时，我们通常赢不了。"

第五场，活塞让场面难看起来。刺客第三节把皮彭搡倒在地。乔丹被活塞诸将围攻，全场只得 22 分，虽然送出 8 次助攻，但皮彭 20 投仅 5 中，格兰特 12 投 5 中。公牛 83 比 94 败北，活塞 3 比 2 领先。第六场，乔丹 20 投 11 中得到 29 分并抓到 10 个篮板，皮彭 19 分，格兰特 10 分 14 篮板，替补射手霍奇斯成为奇兵，9 投 7 中包括三分球 4 投 4 中 19 分，公牛 109 比 91 大破活塞。3 比 3。

于是，进入第七场生死战。胜者去总决赛对决波特兰开拓者，败者鞠躬下台。

这是乔丹第一次在 NBA 打第七场。他无愧为一个战士。全场比赛，他 45 分钟里 27 投 13 中，得到 31 分 8 篮板 9 助攻。他在活塞的渔网里独自游弋，等候他的队友给一个生还信号。没有。格兰特 17 投 3 中。霍奇斯 13 投 3 中。卡特莱特 6 分 5 篮板。公牛败北。3 比 4 被淘汰。

这场比赛，最大的话题是皮彭。开赛前，他站在格兰特旁边，忽然问了一句："灯光怎么突然变暗了？"他开始拼命眨眼："我不能集中精神。"他吃了两片阿司匹林，然后感到脑袋里像有炸弹炸开一般——他发了偏头疼。整场比赛，皮彭 10 投 1 中。

帕克森描述活塞的防守："他们总在阻拦你，总在朝你飞来，许多

XVII

时候是他们最能跳的，比如罗德曼，比如塞利，所以他们就给你足够的心理阴影。"

但杰克逊的看法却是另一般：活塞没有一个伟大如乔丹的天才，但他们有车轮战法。比如第七战，乔·杜马斯和爱德华兹各得 7 分和 6 分，但阿奎利 15 分 10 篮板，刺客得到 21 分，罗德曼 13 分 9 篮板，塞利 14 分 5 封盖。刺客在一、二、五场合计只有 31 投 8 中，但他发挥黯淡时，杜马斯总能补他的班；第三、四场兰比尔合计 13 投 1 中，但第五场他 13 投 7 中。戴利教练总结说，活塞的策略就是：

"随时找匹可以骑的马。多数时候，我都不知道下一匹会跳出的马是谁。"

连续三年，公牛输给了活塞，尤其是，乔丹输给了刺客。连续两年，活塞踩着公牛进了总决赛。底特律主场球迷举起的牌子，尤其刺人：
"也许明年吧，迈克尔！"

第七场败给活塞这晚，乔丹走出底特律奥本山球馆，在停车场，他遇到了活塞总经理杰克·麦克洛斯基。根据一些传说，当时对答如下。

乔丹："先生，我们能赢活塞一次吗？"

麦克洛斯基："迈克尔，你的时代就要到了，很快了。"

击败乔丹后，底特律活塞去到了 1990 年总决赛：这次，对手终于不再是洛杉矶湖人了。1990 年西部半决赛，湖人被凤凰城太阳淘汰，而闯出西部的，是波特兰开拓者。

他们早前就拥有克莱德·"滑翔机"·德雷克斯勒这个明星，但这年，他们成功的关键，是主教练里克·阿德尔曼。

1968 年，阿德尔曼还是火箭队的一个白人后卫。两年后，他被送去波特兰，当了开拓者队首任队长，28 岁时退役。1983 年他回开拓者，当主教练杰克·拉姆西的助手，六年后他上任开拓者主教练。手里的牌除了滑翔机与神射手后卫特里·波特，还有一群蓝领：1984年对抗过摩西·马龙的篮板铁汉巴克·威廉姆斯、巨人凯文·达克沃斯，以及杰罗姆·科西这个硬朗的前锋。球队阵容里还有欧洲历史上最伟大的球员之一，曾在欧洲单场得过112分的德拉赞·彼得洛维奇，但他并不受重用。

阿德尔曼的打法是狂飙突进：他每晚把蓝领内线堆满禁区，用肌肉砍切对方的每次进攻，放滑翔机和科西快攻前场，波特负责用远射朝对手伤口撒盐。开拓者常规赛打出59胜，还一路杀进了1990年总决赛。

但他们不是活塞的对手。

总决赛第一场最后时刻，开拓者一度领先14分，但活塞打出一波23比4。最后时刻，刺客用罚球、三分球和中投连得7分，压倒开拓者，拿下第一场。全场刺客轰下33分，而兰比尔11分15篮板稳住了局面：活塞全场抓到匪夷所思的73个篮板球。第二场双方打到加时，兰比尔一个三分球让活塞领先1分，但滑翔机两罚得手，全场33分，带开拓者106比105险胜，1比1。

第三场比赛前，活塞队长刺客和球队经理麦克洛斯基得到消息：乔·杜马斯的父亲去世了。他们隐瞒了这消息。结果第三场杜马斯奋勇得到33分，刺客21分8助攻。活塞以121比106取胜。赛后，杜马斯接到家里的电话，得知了父亲的死讯，于是对母亲说："我今晚回家。"

母亲回答："你们2比1领先，拿下周二和周四的比赛，拿下总冠军，周六回来还赶得及你父亲的葬礼。"

于是杜马斯决意了：五场解决问题。

第四场第三节，刺客一度连得16分。比赛最后1分16秒，杜马斯中投得手，活塞领先1分。之后是滑翔机与刺客你来我往。最后在一片混乱中活塞取胜：刺客32分，杜马斯26分，兰比尔12分12篮板。滑翔机轰下了34分8篮板10助攻，但最后时刻被扼杀了。活塞拿到3

XVII

比 1 的领先。

第五场,丹尼斯·罗德曼为活塞首发,他与杜马斯联手防得滑翔机与科西合计 25 投 10 中只得 31 分:毕竟杜马斯与罗德曼是连乔丹都防得住的人。又是到比赛最后剩 36 秒,刺客的夺命中投让双方 90 平。波特失误,活塞的维尼·微波炉·约翰逊射中压哨 17 尺投篮:92 比 90,活塞取胜,4 比 1 解决开拓者,蝉联总冠军。刺客得到了总决赛 MVP。而乔·杜马斯得以带着冠军荣耀,回去为他的父亲奔丧。

兰比尔说,这是他最满意的一个冠军:"我们不是为了证明给别人看,是为了我们自己。"而刺客睥睨天下:"你们可以说我这不好那不好,但你们没法说我不是个赢家。"

这就是属于底特律活塞的坏孩子时代。1990 年 6 月,活塞击败公牛后,轻取开拓者,蝉联 NBA 总冠军。

前一年被活塞击败时,乔丹已经受够了被底特律坏孩子们的肌肉碾压体罚。1990 年夏天,乔丹决定增重。此前,在北卡,大一到大三,他曾给自己加过 5 公斤体重,提升肩部肌肉。现在,他明白了:在 NBA 生存,飞鸟过于轻逸。想从活塞的血盆大口里夺食,你也得让自己牙尖嘴利、刀枪不入才行。

他找到了训练师蒂姆·格拉弗,制定了详细的训练计划:让自己的体重从 90 公斤提升到 98 公斤左右,脂肪比率则从 5% 减到 3.5%。格拉弗认为,最后乔丹完成训练时,肩膀、胸肌、三角肌、二头肌和背肌理当会更强健。他提醒乔丹,不能求短时间的提升,得思谋循序渐进:

"如果让你身体膨胀得太快,你会失去许多东西。"

1980 年代的 NBA,大多数球员们依然把自己当成"篮球手",而非"运动员"。练健身、拼力量,似乎该是田径运动员或橄榄球运动员的事。针对乔丹增重,他的朋友里就颇有反对意见:增加体重,意味着乔丹的看家法宝——他的飞翔能力——会被削弱。但乔丹反驳：

"得了吧，被活塞撞得死去活来的又不是你们！"

于是，随着乔丹的坚毅决心，1990年代到来了。

另一件事是：

虽然1990年总决赛第七场，乔丹独臂难支，队友表现糟糕，公牛败北，但乔丹却将责任揽到自己身上。这个细节影响深远。公牛后卫B.J. 阿姆斯特朗后来承认："他自己承担了责任，他为一切事负责。这种态度让我们有了前进的动力。"格兰特后来也说，是乔丹这种姿态，让他们理解了何谓真正的斗志。

XVII

第十八章　迈克尔·乔丹：三连冠

(XVIII)

315 - 378

1989-1990 季，帕特·莱利拿到了人生第一个 NBA 年度教练：因为他让失去天勾的湖人拿到了 63 胜。但季后赛败给太阳后，莱利下台了：此后他将在纽约尼克斯重起炉灶。传说他下台时，湖人球员内部甚至有人窃喜：毕竟，莱利那神经质的酷烈性格，并没几个人受得了。

湖人新主教练迈克·邓利维上台后，要求球队减速固防，增加更多战术跑位。对 1990 年，年届而立的魔术师与沃西而言，这不失为好选择。

NBA 当然还是有速度痴迷者：先前带领密尔沃基雄鹿打出坚强防守的唐·尼尔森教练，在金州勇士重新打造了一个逆流而动的团队。他麾下有三员大将：

——身高 183 公分，大四拿到奈史密斯奖的全国第一后卫蒂姆·甲虫·哈达维。他拥有天才的组织能力，以及当时几乎无人可敌的运球过人。在他之前，变向运球（crossover）这招，是由大 O 在 1960 年代推广的。甲虫将这招升华了：右左右、左右左，利用身体与头部的晃动，配合快速的不停顿的胯下运球华丽摆动，控制对方的重心，然后随心所欲地突破。

——身高 196 公分的摇摆人米奇·里奇蒙德。1988 年他被选进勇士时，老尼尔森教练断言："这孩子以后能确保两件事：每晚 20 分；每分钟都努力。"的确如此。几年后，道格·里弗斯说里奇蒙德："他的进攻端没有破绽，而且他超级无私，还肯防守。他就是这么一个让你感觉超级难对付的球员。"实际上，乔丹后来说，他觉得最难对付的两个对位者，一个是乔·杜马斯，另一个就是里奇蒙德。

——身高 201 公分的白人小前锋克里斯·穆林。号称"上帝的左手"。他曾因酗酒差点自毁人生，但从 25 岁戒酒后，他连续五年打出场均 25 分 5 篮板 4 助攻的表现，投篮精准无比，以至于许多人都认为他是拉里·伯德的继承人。

1990-1991 季,这支金州勇士队狂飙突进,每场拿下 117 分丢掉 115 分。穆林场均 26 分 5 篮板 4 助攻,里奇蒙德场均 23 分 6 篮板 3 助攻,甲虫场均 23 分 4 篮板 10 助攻:他们就打得这么欢乐。老尼尔森教练认定:

"自由、速度和投篮,才能解放球员的天性!"

在芝加哥,1990 年夏天,主教练菲尔·"禅师"·杰克逊不断给乔丹电话留言,陈述他对球队的想法。1990 年 10 月,他面见乔丹时说:"我们需要队友融入团队;你要更信赖队友;活塞就是依靠团队打败了我们……你可能得减少上场次数……可能得放弃得分王。"

然后,禅师开始推广"三角进攻"。

这战术并不新潮。公牛助教特克斯·温特早在 1962 年就把这套路整理干净,出版成书,只是书名叫作《三重背身战术》:

靠近边线,三位球员,翼侧一人,底线一人,围绕内线背身攻击手,展开一个三角,每人拉开一定间距形成三角,以便让对方无从包夹;另一侧另两个队友站位接应。这套战术核心思想是:拉开空间,球尽量在强弱侧转移,避免被对手淤塞和包夹。战术要求每个参与其中的球员,都具有阅读进攻的能力,有全面的传、跑、投的能力,最忌讳的就是一人长期持球。

这战术有些复杂。公牛控卫约翰·帕克森跟芝加哥记者解释这战术,最后说:"算了我也说不好,你还是看温特的书去吧。"

连禅师自己都承认:

"乔丹不需要三角进攻,毫无疑问,这东西限制了他。但我们得搞这战术,让别的队员得到进攻机会。"

1990-1991 季,公牛开局三连败。但禅师不急:他信奉禅宗,爱跟队员玩心理游戏。赛季开始不到两周,他给队员送书看。乔丹得了本

XVIII

《所罗门之歌》。

《所罗门之歌》，作者托妮·莫里森（后来她得了1993年诺贝尔文学奖）以"黑人会飞"这传说为主线，讲述了主人公与父母、姐姐之间的冲突。主旨是：人类在充满压迫的环境中，会如何自我变异。

这个赛季，禅师叫暂停越来越少。无论对方如何追近，如何反超，他都坐在板凳上，一言不发，莫测高深。他自己的解释是：

"我要让你们自己学着解决问题！"

1990年11月15日，公牛到了奥克兰，会战金州勇士。就在那天，乔丹听说了：湖人现任二当家，1988年总决赛MVP，他的北卡老大哥詹姆斯·沃西被捕了。

话说，在洛杉矶这个声色犬马的城市，沃西一向犹如苦行僧。在魔术师这样的花花公子眼里，沃西的打扮和言行，简直像殡仪馆的工作人员。当日湖人去休斯顿打比赛，沃西不知怎的动了邪念，在酒店打电话，要找姑娘到他房间服务。等沃西一开门，迎来的是休斯顿警察。

大概被沃西的事影响了情绪，公牛输给勇士后，乔丹怒气冲冲。克劳斯经理发现不对，打算亲自和乔丹谈，但禅师没让克劳斯进更衣室，同时在记者到来前拉住乔丹：

"不要说错话。"

于是乔丹说："我猜，他们觉得在我最初的六年中，我们没有取得他们希望的成功，所以他们认为，必须每一个人参与进攻，我们才能成功。"

离开奥克兰，公牛去到西雅图，客场对决超音速。超音速的控卫是1990年榜眼，俄勒冈大学的天才加里·佩顿。这个193公分的后卫天生反骨，背身进攻一流，视野出色，运球突破凶猛，还拥有NBA史上最毒的嘴和最顶尖的防守。他曾对《今日美国》夸下海口：他能防住任何人。

"迈克尔？他包括在内。"

在他们的对决中，佩顿朝乔丹嚷："老子也买法拉利了！"

乔丹答："得了吧，我的法拉利是赞助商双手奉上的。"

公牛第三节结束，已经 83 比 66 甩开超音速。乔丹 27 分钟里得了 33 分 7 抢断，而佩顿 21 分钟里只得 2 分。乔丹本拟乘胜追击，给佩顿留下永恒的心理阴影，但禅师把他换下了。离开西雅图往波特兰走时，禅师要求球队别坐飞机，而坐大巴：

"你们可以看一看周围的景色！"

之后在洛杉矶对阵快船时，禅师叫来皮彭，叮嘱他"别在意投篮的事，你更应当做个组织者，而非得分手"。皮彭遵从了，全场 13 分 13 篮板 12 助攻，三双。这一晚之后，皮彭终于开始明白自己的角色。

之后到丹佛，乔丹，以往习惯在更衣室坐着，并声称"我希望自己鲜龙活跳地踏上球场"的乔丹，在赛前练习投篮。结果这晚乔丹 24 投 14 中 38 分 7 篮板 12 助攻，公牛祭出华丽攻势，151 比 145 取胜，末节完成 42 比 25 的大反击。回到主场对华盛顿子弹，乔丹首节 15 分，公牛 39 比 26 第一节就奠定胜局，最后 118 比 94 大胜，乔丹最后 27 分钟里得了 24 分 7 助攻，效率是惊人的 15 投 11 中；对步行者，乔丹 19 投 15 中 37 分，包括首节 20 分，公牛再度首节就 41 比 24 领先，最后血洗了步行者 29 分。对骑士，乔丹 18 投 13 中 32 分，公牛首节 37 比 20 领先，最后 120 比 85 大胜。

而这两场，皮彭收获了合计 28 次助攻。

1990 年 12 月中旬，乔丹说：

"球队输掉那些比分接近的比赛时，我觉得是球队体系妨碍了我们，相比我们为之牺牲的……我们赢球的时候，球队运作很好；但问题是，这进攻需要时间来磨合，我们还会犯许多错误。问题在于替补阵容，他们没太多时间演练磨合。"

12 月 18 日，公牛对迈阿密热，热的两个新人——新秀威利·伯顿，

XVIII

第十八章　迈克尔·乔丹：三连冠

二年级射手格伦·莱斯——跟乔丹打嘴仗，乔丹大怒：全场 36 分钟内 39 分 9 篮板 6 助攻 3 抢断 2 封盖，比赛最后时刻抄伯顿的球、盖凯斯勒的帽、掐断道格拉斯的出球，攻防两端统治了比赛。这一晚，皮彭同样高效：30 分 4 篮板 6 助攻 6 抢断。迈阿密媒体哀叹出声：

"我们遇到了蝙蝠侠和罗宾！"

不知不觉，皮彭正成为乔丹可靠的帮手。

又两天后，公牛主场应战湖人。皮彭 17 投 13 中 28 分 11 篮板 9 助攻，乔丹则 33 分 15 篮板 9 助攻。公牛 114 比 103 击败湖人。

禅师曾对 1970 年代杰里·斯隆领衔的芝加哥公牛念念不忘，他描述当时的公牛防守为：

"芝加哥通过自己的脚步移动，封堵对手的传球路线，使得对手必须打半场进攻。他们孤立持球人，迫使对手必须走底线。和芝加哥这样的球队打比赛，不得不放慢速度，对自己的传球特别警惕，如同在和一只章鱼比赛。"

如今他有乔丹和皮彭这两个章鱼怪。从 1990 年 12 月起，公牛开始展现一种堪称经典的防守套路。每逢战到难解难分，他们会忽然间摆出以下套路：边线夹击，对球施压，钳制对手，逼对手走底线自寻死路，或者传到空位去中远投。为了训练这套压迫空间的防守套路，杰克逊的方略是：

每次训练，都尽量练四打四的攻防，逼迫全队——尤其是乔丹和皮彭——去大量移动、挤压空间。1991 年 1 月，在圣安东尼奥，面对二年级的超级中锋大卫·海军上将·罗宾逊，媒体又找到话题了：

乔丹 VS 罗宾逊，谁是联盟的 MVP 呢？

罗宾逊没有乔丹的杀气。依马刺那边格雷格·波波维奇的看法，罗宾逊用了太多的时间思考，而拒绝用直觉去杀戮。但这让他成为了一个——用媒体的说法——更谦和的队友。大学读了四年、海军服役两年的罗宾逊温柔地说：

"迈克尔看上去总是很棒，但如果你对篮球比赛理解深入些，就会欣赏我多些……我做的更多是篮球的基本工作。"

这一晚，公牛输了：乔丹 36 分，但 6 次犯规出场，罗宾逊 31 分 17 篮板 3 助攻。下一场在达拉斯迎战小牛前，公牛助教巴赫发现乔丹独自坐在更衣室，一言不发。而且，他听见了乔丹这么说：

"我不想看这个世界。"

但世界，并不像乔丹想象得那么糟糕。

1991 年 2 月，乔丹惯例首发出席全明星，随便得了 26 分收尾，妙在皮彭也首次入选全明星了，虽然全明星只得了 4 分；乔丹的好哥们查尔斯·巴克利拿了 1991 年全明星 MVP，也让人开怀。此后，公牛开始一波美妙的 11 连胜。1991 年 2 月 7 日在底特律 95 比 93 击败活塞，尤其令人振奋：乔丹 30 分 9 篮板，皮彭 20 分 8 篮板，全队在活塞主场投出了 51% 的命中率。

"乔丹定律"被破解了。

1991 年春天正逢海湾战争，禅师又跟全队玩起了头脑风暴。3 月 5 日，对密尔沃基雄鹿前，禅师又开始念叨了：战争很残忍；战争意味着总有人丧失亲人；大家想象一下战争的后果吧，比如，恐怖分子窜到美国来搞轰炸怎么办……好了，打比赛。

那晚，公牛打了一场均衡完美的比赛：他们在客场 104 比 86 大破雄鹿，他们把雄鹿的命中率压制到 41%，逼出 20 次失误；乔丹 30 分，皮彭 17 分 10 篮板 5 助攻 2 抢断 4 封盖，球队送出 28 次助攻。

那段时间，禅师又想出了新招。他这么跟乔丹灌输：三角进攻，建立在中国的道教思想之上；实际上呢，就是平衡对方的力量，躲开对方

XVIII

的强势，攻击对方的弱项……你明白了吧，迈克尔？这就是五人太极！

三天之后，公牛主场战犹他爵士。格兰特带伤上阵，逼得卡尔·邮差·马龙 21 投 8 中 19 分；斯托克顿依然高效地送出 13 次助攻得 17 分，但失误 5 次。皮彭 19 分 6 篮板 11 助攻，但故事依然属于乔丹：第四节，他独得 17 分，全场 37 分。公牛第四节完成 33 比 16 的大逆转，99 比 89 取胜。赛后更衣室，乔丹当着全体队友的面，对禅师说：

"这是因为，你相信我。"

乔丹后来总结：

"最初，三角进攻几乎杀了我，我只能靠跳投进攻；但在这场，我感到了三角进攻的自由……我有空间，我能移动，三角进攻提升了每个人的自信。"

他们和解了。不只是乔丹和禅师，还有整个芝加哥公牛队。他们在漫长的冷战、试探、猜测、议论中，依靠胜利和体验，最后获得了一致的价值观。1991 年 4 月 21 日，公牛主场对底特律活塞，108 比 100 取胜。这是一个赛季的最完美结局：刺客被防得 8 投 1 中，公牛拿到破队史纪录的单季第 61 胜。

乔丹在 1990-1991 季出场 82 场，每场只打 37 分钟——职业生涯以来第二少——但依然第五度拿到得分王，场均 31.5 分。这的确是他五年来得分最低的赛季，但是：他 54% 的命中率职业生涯最高，他场均还有 6 篮板和 5.5 助攻 2.7 抢断及 1 封盖。

皮彭则完成了大飞跃：他场均 17.8 分 7.3 篮板 6.2 助攻 2.4 抢断 1.1 封盖，命中率 52%；他取代乔丹，成了公牛的助攻王和封盖王，以及次席篮板手。他开始成了这么个角色：防守端，他可以和发挥乔丹类似的效果；进攻端，他能够分球、组织、偶尔突击，来让乔丹自由控制比赛。

这是第一次，乔丹 + 皮彭，他俩完成了一个"蝙蝠侠与罗宾"般的赛季。加上场均 12.8 分 8.4 篮板的霍勒斯·格兰特，公牛的铁三角正经成了形。

1991 年季后赛首轮概无意外：首战公牛 126 比 85 大破纽约尼克斯，乔丹 32 分钟内 28 分，皮彭 25 分，比赛在上半场就没有悬念了。第二场，公牛 89 比 79 轻取，乔丹 26 分。第三战，纽约麦迪逊花园，乔丹没留机会：33 分 7 助攻 6 抢断，加上皮彭的 21 分 11 篮板 5 助攻 4 抢断 3 封盖，公牛 103 比 94 取胜，晋级。纽约媒体一片哀怨，主教练约翰·麦克劳德随即卸任。巴赫助教私下里跟禅师这么评论尼克斯：

"他们是支没激情的球队，没有灵魂，没有愤怒，没有仇恨……他们应当找一个合适的教练，我觉得帕特·莱利会在纽约取得成功。"

那时候，公牛完全料想不到，巴赫一语成谶。

东部半决赛，公牛连续第二年遇到费城，对面又是巴克利，和他天下无敌的屁股。禅师给这个系列赛准备了一段话，来自美国开创者之一托马斯·杰弗逊：

"如果一个人拥有正确的态度，那么，什么事情都不能阻止他达到自己的目标；如果这个人拥有错误的态度，那么，什么事情都无法帮助他达到自己的目标。"

对费城第一场第一节，乔丹叫了几个针对卡特莱特的战术，公牛首节 34 比 20 领先茫然无措的费城，之后乔丹在第二节高效率地锁定胜局，最后，乔丹只打了 31 分钟，稳稳得了 29 分就休息：公牛首战 105 比 92 无惊无险，让 34 分 11 篮板的巴克利徒呼奈何。第二场，霍金斯抖擞精神 30 分，但公牛全队行云流水，112 比 100 取胜。76 人取回了第三场——虽然乔丹带着左膝伤独得 46 分，但费城统治了内线。然而第四场，皮彭 20 分、乔丹 25 分 12 助攻、格兰特 22 分 11 篮板，

XVIII

公牛取胜，3 比 1。当乔丹为了救一个球飞上二层看台时，所有人都明白了：别从迈克尔嘴里夺食——哪怕你是查尔斯·巴克利!

这一晚，巴克利尽其所能了：15 投 11 中 25 分 14 篮板 6 助攻，鏖战 44 分钟，但是双拳难敌四手。乔丹为之恻然："他们处境尴尬；媒体都指望他们阻止我们夺冠……查尔斯好像，怎么说呢，少了些帮手。"

乔丹对此格外敏感，因为他自己，曾经就像此时的巴克利一样，必须独自对抗一个团队。

第五场比赛，在芝加哥，巴克利又一次感到了孤单。皮彭上半场就得了 24 分，全场 28 分；乔丹下半场接管比赛，全场 38 分，而且拿下个人职业生涯最高的 19 个篮板，外加 7 个助攻，压倒了对面 30 分 8 篮板的巴克利。比赛进入最后一节，76 人大反扑，乔丹掌握局面，包揽球队最后 12 分。最后公牛 100 比 95 取胜。4 比 1，与去年一样，击败 76 人晋级东部决赛，对手正是底特律活塞。

这是芝加哥公牛自 1988 年以来，第四次遇到底特律了。

就在这个系列赛前，皮彭的经纪人和公牛老板谈过了，原则上达成了五年 1800 万美元的新合同协议，但老板还没落笔签字：

"那个，库科奇的事儿还没定呢。"

欧洲之王托尼·库科奇，是皮彭心头的阴影。传说这个巴尔干少年还小皮彭三岁；传说他身高有 211 公分；传说他能打五个位置；传说他英俊潇洒风度翩翩；传说他还有"白人魔术师"、"欧洲魔术师"、"巴尔干乔丹"的种种绰号；传说他虽然是左手将，但左右手都能投篮、运球、传球。19 岁时，库科奇代表南斯拉夫拿到了世界青年锦标赛冠军，决赛对美国青年队，他三分球 12 投 11 中；1988 年，他代表南斯拉夫拿到了奥运会男篮亚军；1990 年，他带领南斯拉夫拿了世锦赛冠军，而 22 岁的他，是那届世锦赛的 MVP。这时库科奇已经和意大利联赛的贝纳通签约，每年挣 400 万美元，而公牛对他依然垂涎三尺，想给他六年 1530 万美元的合同。

这让皮彭和乔丹成了同盟：他们都恨杰里·克劳斯那个死胖子经理，禅师感受到了这点。

乔丹渴望着 1991 年东部决赛与活塞的对垒。助教巴赫说："我们要抓住活塞，杀了他们，把他们彻底终结。这是唯一让我们重获尊严的办法；这是唯一能让我们觉得自己是赢家的方法。"乔丹自己知道为了击败活塞，他牺牲了多少。他不惜让自己变得和活塞一样，甚至更残忍。1991 年东部决赛第一场，乔丹给了乔·杜马斯胸口一肘，把杜马斯打倒在活塞的板凳前。

禅师很知道活塞的策略，活塞的习惯：一开场就用试探性的粗野动作，探测裁判的底线。"如果某一下大动作裁判不吹，之后他也不会吹——我们就是要如此奠定比赛的基调，让对手知道，比赛的节奏是我们的！"

乔丹变成了一个恶魔。在赛前，乔丹杀气腾腾地告诉队友们：

"冠军不冠军的另说，我一定要杀掉活塞！"比赛中，他对杜马斯甩了肘子，他跟罗德曼对骂，甚至需要队友拉开。他逼近罗德曼的脸吼："我们就是要踢你们的屁股！"乔丹命中率不佳 15 投 6 中，但突破篮下发了疯，造了 13 次罚球，活塞全队犯规达到 28 次之多。公牛抓到 43 个篮板，远胜活塞的 26 个，加上皮彭的 18 分和卡特莱特发挥出色的16 分，公牛 94 比 83 击败活塞，1 比 0。

第二场开始前，联盟颁出 1990-1991 年度常规赛 MVP：乔丹举起了自己第二尊常规赛 MVP。乔丹领奖时赞美了队友，但也说：

"我不是保姆，你们必须自己努力来赢得尊重。"

然后乔丹 35 分 7 助攻，皮彭 21 分 10 篮板。公牛第二节初一波 14 比 2，将分差拉开到 41 比 24。前三节结束时，公牛 74 比 61 领先

XVIII

13 分,第四节,活塞大反扑未遂:刺客对乔丹一次恶意碰撞,被吹了故意犯规。

活塞诸将并不慌张:他们毕竟是两届冠军,他们还有底特律奥本山宫殿的主场。公牛在这里的历史战绩是 2 胜 13 负,1990 年东部决赛,活塞也曾在芝加哥输掉所有比赛,但总能在主场找回场子。然而,活塞的约翰·塞利,还是咂摸出了一点滋味:

"去年此时,一旦我们反击,公牛就会心慌意乱。今年,他们似乎很有信心,并不总是依赖迈克尔。"

禅师知道,只要征服奥本山,公牛将无敌于天下,所以他提醒公牛诸将,在去底特律的路上,用了心理学家卡尔·荣格的话:

"完美仅属于上帝,我们追求的是卓越。"

第三场第三节,活塞的爱德华兹撞倒了格兰特,乔丹告诉格兰特:"别让他觉得你伤了,赶快回到你的岗位去!"

第四节剩二分半,公牛 103 比 98。马克·阿奎利不甘心,他抄了皮彭的球,活塞的"微波炉"约翰逊接球快攻,乔丹如从天而降般紧追约翰逊,而乔·杜马斯正从后掩杀而来:乔丹一防二。

乔丹后来解释他当时的想法:

"我不打算犯规,我打算让维尼上篮……但基本上,我得迷惑他。"

乔丹的阴影笼罩着约翰逊,直入禁区,约翰逊胆怯了,他转身,把球传给了后插上的杜马斯;这正在乔丹的计算中,他不仅控制住了约翰逊的出手机会,还堵住了后排跟上的乔·杜马斯的空间,杜马斯投篮,被乔丹干扰,不进,乔丹抓到篮板:一次完美的一防二,活塞最后一缕呼吸被他拔出体外,禅师赞美这是"史上最优秀的个人防守之一"。公牛 113 比 107 取胜,乔丹 33 分,皮彭 26 分。

公牛 3 比 0 领先活塞。乔丹说,干掉活塞可不只是解决公牛的私怨,而是:

"如果净化了比赛、去除坏孩子形象,球迷会很高兴。球迷不喜欢如今的篮球——打得脏,违背体育精神,这对篮球很有害。"他顺便夸起了当年拉里·伯德的凯尔特人,阐明他们如何更配得上总冠军:"凯尔特人打的是高贵的篮球。"最后,这几句话点到了底特律人的心口:

"恶魔偶尔会赢,但他们绝不可能征服世界!"

第四场第二节,罗德曼先把皮彭扔上了看台,又把他推倒在地板上。皮彭的下巴开了口子,为此缝了6针。

但末日的狂野,并未能阻挡公牛。活塞被公牛带着节奏跑闪电战。在公牛115比94取胜后,活塞诸将——比尔·兰比尔、马克·阿奎利,以及他们的领袖刺客,一言不发离开球场,从公牛板凳前走过,走进过道,一去不回。他们没等到比赛结束就提前退场。他们拒绝向公牛给予任何一点点的庆祝。他们以这种地道的反派方式,走完了底特律坏孩子的最后时代。

此战一年之后,活塞没迈过东部第一轮,查克·戴利教练离任。两年后,活塞连季后赛都没进。三年后,刺客与兰比尔退役,底特律进入下一个时代。没有握手,没有告别,没有祝福,一如他们的球风一样决绝而粗野,他们用这种独特的方式,和芝加哥公牛,和乔丹,说了再见。霍勒斯·格兰特长出一口气:

"我们把恶魔的头砍下来了!"

公牛4比0横扫活塞。乔丹带公牛来到了1991年第一次总决赛。

而对手乃是魔术师,以及他的洛杉矶湖人:这是魔术师第九次总决赛了。

1991年6月,篮球世界两个最大的名字被放进了一个句子里:MJ对MJ,Michael Jordan对Magic Johnson,迈克尔·飞人·乔丹VS厄文·魔术师·约翰逊。

"魔术师vs乔丹,这样的对决,再怎么赞美都不过分。"湖人替补

XVIII

米凯尔·汤普森说,"试试描述他俩?简直不可能,天分、领导才能、胜利——魔术师和乔丹是这一切的终极:他们就是这些词本身。"

1991年,乔丹与魔术师都已脱出NBA的球场,成为了传奇:他们属于电视、传媒、电子游戏和海报,他们是流行文化的一部分。

1991年,乔丹是这个星球上最受欢迎的球员:这很正常,他轻盈、迅速、华丽、优美,而且能飞。但在球员里,魔术师更受推崇:他总是很热情,他是完美的团队成员,他总是面带微笑,永远在洛杉矶乐呵呵地闹派对,对任何人敞开怀抱。

"对联盟来说,这对决很好。"乔丹说,"两个最好的球员对决。"

"这是我个人意见,不过,嘿,总决赛里,我和迈克尔·乔丹对决,你们不就想看这个么?"魔术师比乔丹口气更大。

几年前,这场对决势必充满仇恨:刺客跟乔丹有仇,魔术师跟刺客是哥们。且1987年前后,传闻魔术师曾试图让湖人换走乔丹尊敬的老大哥沃西,乔丹认定魔术师不喜欢北卡出身的球员。但1988年后,魔术师一直试图跟乔丹打好关系。他直率地对乔丹说:

"我们不能这么生疏,我很尊敬你,我确定你也很尊敬我,像我们这样酷的两个人,怎么能够当敌人呢?"

到1991年,乔丹和魔术师彼此惺惺相惜。一年之后,乔丹这么形容魔术师:

"他能搞定地球上的一切生物。"

1991年总决赛,就是这样的命运相聚。爱与恨、得分王与助攻王、飞翔与指挥、年轻与成熟。好像还怕不够热闹似的,1991年夏天的湖人还有另两个乔丹的熟人,詹姆斯·沃西与萨姆·帕金斯:当年在北卡,一起出生入死的兄弟们。

1991年6月2日，芝加哥迎来队史上第一场总决赛。在18676名球迷——其中包括皮彭特意从老家接来的十一个兄弟姐妹——注视下，乔丹与魔术师的不朽对决开始。

　　开场，乔丹耐心给格兰特喂了喂球，但"第一场总决赛"这念头鼓涌着他的热血。当他发现格兰特明显紧张——比赛前夜，他没睡着觉——导致传球失误、上篮不进、湖人10比5领先时，乔丹急不可耐地接管了比赛：12分钟内，他得了15分3篮板5助攻，公牛30比29领先。

　　整个第二节，魔术师没有出手投篮，但他给队友一个个地传球，让沃西和帕金斯屠杀公牛前场。上半场结束，沃西和帕金斯已各得14分。湖人的内线优势，在抵消乔丹纵横无敌的攻击力。上半场，公牛53比51领先，乔丹和皮彭合计包揽29分，但第三节，魔术师的传球见了回报：

　　他在上半场让全队都找到了节奏，而公牛第三节只得15分。禅师暂停时怒吼："在进攻中体现出执行力！"乔丹发力过猛，体力不足，第三节主动要求休息。而魔术师自己，在第三节尾声，不鸣则已、一鸣惊人地来了两记三分球：湖人75比68领先进入第四节。

　　乔丹在第四节开局带出一波10比0，公牛78比75反超。双方缠斗，乔丹第四节合计得13分，击退湖人每一次反击。皮彭背着5次犯规，搏到犯规，罚中，公牛91比89完成反超：那时节，比赛还剩1分2秒。之后，两队各一次进攻失手，湖人掌握球权，来一决胜负。魔术师做了选择：他把球交给了三分线外的萨姆·帕金斯。

　　——萨姆·帕金斯，208公分的前锋，他和乔丹一样是纽约布鲁克林人，家庭毁败，被祖母养大，因此离家上学，死都不肯回纽约一步。记者问他："思念故乡吗？"

　　他答："思念什么？我他妈没任何人需要思念。"

　　他和乔丹在北卡当同学时一起拿下1982年全美冠军。1984年选

XVIII

秀大会：乔丹探花，帕金斯第四。

——1983 年，北卡的迪恩·史密斯教练说："萨姆和迈克尔……他们是让比赛升级的球员。"同年，乔丹接受访谈时说："萨姆使比赛变得容易。"

回到 1991 年总决赛第一场最后时刻。乔丹看到哥们帕金斯站稳，起手三分球。球入篮筐。湖人 92 比 91，反超公牛一分。

——实际上，此前湖人暂停布置时，不是由帕金斯来投这一发。但帕金斯自己说："我觉得，我无论如何都得投这个球。"

最后公牛 91 比 93 败北。0 比 1。

乔丹的第一场总决赛，24 投 14 中 36 分 8 篮板 12 助攻 3 抢断。湖人控制了节奏，全队出手 66 次是总决赛历史最少，三大前场帕金斯 22 分、沃西 22 分、中锋迪瓦茨 16 分 14 篮板，魔术师自己仅出手 5 次，4 中，得到 19 分 10 篮板 11 助攻的三双。

但禅师没死心。他发现，第一场第二节和第四节，魔术师坐板凳上休息时，公牛两度打出 10 比 0 的高潮。禅师说：

"当迈克尔和魔术师都在场下休息时，我们的答案比他们多。"

禅师认定：湖人没有速度型突破手。如果提早夹击魔术师，湖人就没有第二进攻发起点了。

第二场总决赛之前，杰里·克劳斯和皮彭续签了合同，1991–1992 季，皮彭的工资将从不到 77 万美元腾飞到接近 280 万美元。禅师派给皮彭一个任务：乔丹去防湖人 216 公分的巴尔干中锋迪瓦茨，皮彭去防魔术师。第二场赛前，禅师让全队看他编辑的《神秘的勇士》+ 总决赛第一场剪辑，结论是：

"我们得协作，给空位球员机会！"

第二场前 20 分钟，乔丹只得 2 分。他不断分球，让卡特莱特和格兰特融入进攻，第一节，两大内线得了 18 分。上半场，格兰特一个人就独得14分,公牛58比53领先,控制了局势。

下半场,乔丹接管比赛。左翼、突破、右翼换着点地开火,当他一记右路突破、滞空、被湖人后卫拜伦·斯科特犯规、依然出手投中后,斯科特长吁了一口气,抬头看了看球馆顶。就在这个球后,乔丹飞进禁区吸引四人夹击,再分给帕克森,空位得手。这场比赛,帕克森25分钟内8投8中,得到16分。

第四节,乔丹做了一个传奇动作:他突入禁区,罚球线前起跳,飞向篮筐,悬浮,似乎打算右手扣篮;但他浮在空中换了个主意,把球从右手交到左手,沉下左肩,徐徐下落,把球轻柔地舔进了篮筐。乔丹落地时,狠狠挥了一拳,芝加哥球迷则山呼海啸:这是NBA总决赛史上,最如梦似幻的进球之一。最后公牛107比86取胜,1比1。后发制人的乔丹全场18投15中33分7篮板13助攻,包括第二节后半段开始的13投连中。皮彭20分5篮板10助攻,格兰特13投10中20分5篮板,卡特莱特9投6中12分。湖人方面,魔术师被皮彭限制,虽然有10次助攻,但13投仅4中14分,沃西的24分虽然漂亮,但无济于事。公牛全队命中率62%,创总决赛历史纪录。

"好吧,"禅师说,"现在我们准备去洛杉矶,赢下两场比赛。"他希望公牛拿下洛杉矶三场客场中的两场,然后带着3比2的分差回芝加哥解决胜负。但乔丹的野心更大。

"三场,菲尔。"

公牛去到洛杉矶,预备总决赛第三、四、五场。乔丹找到了个机会,哄队友们开心:迪士尼公司给乔丹和魔术师一个邀约,"不管总决赛谁赢了,请你们宣布一句要去迪士尼玩——我们付10万美元!"乔丹允诺了,但要求是:

"由我们队五个首发上镜,每人酬金2万美元吧。"

总决赛第三场过半,公牛48比47领先;下半场,魔术师连续和

XVIII

216 公分的迪瓦茨打挡拆，湖人以一波摧枯拉朽的 18 比 2，67 比 54 领先公牛。但魔术师 31 岁了，总有疲惫之时：第四节初，公牛把疲惫的湖人拖垮了，打出一波 20 比 7，把分差扳到 74 平。

赛季前加盟公牛时满嘴怨怅的克里夫·利文斯顿忽然发威。他盖了帕金斯，抄了魔术师的传球，一记补篮让公牛 88 比 84 领先。随后，格兰特一记上篮，公牛 90 比 87 领先。比赛还剩 1 分 7 秒。

帕金斯与迪瓦茨先后得分，湖人 92 比 90 反超。皮彭 6 次犯规下场。比赛还剩 10.9 秒。

公牛发球：他们没选择在中圈，而是在后场。

乔丹面对拜伦·斯科特。他右手运球，缓缓溜到中线附近。一个换手运球，溜过中线，轰鸣而起：刚踏过罚球线，时间还剩 5 秒，乔丹收球，急停，拔起。巴尔干巨人迪瓦茨在乔丹面前升起——216 公分的身高，加上他颀长的胳膊，几乎遮住了所有视野，但乔丹滞空，抬手，让球越过迪瓦茨指尖。

球进了，还剩 3.7 秒。公牛 92 比 92 追平湖人。双方进入加时。乔丹加时赛继续接管，让公牛 104 比 98 取胜：乔丹 29 分 9 篮板 9 助攻，被罚下的皮彭 19 分 13 篮板 5 助攻，格兰特 22 分 11 篮板，奇兵利文斯顿 5 投 5 中 10 分 4 篮板。公牛拿到了第三场，2 比 1。

然而第三场末尾，乔丹那记投篮，为了躲避迪瓦茨，他失去了平衡，落地时挫伤了大脚趾。队医约翰·海弗隆和训练师奇普·沙菲尔打算给乔丹弄个改装版球鞋，以保护大脚趾。乔丹试了试：脚趾痛感确实消失了，但跑动的感觉也没了。乔丹重新换上了普通球鞋：

"就让我疼吧。"

第四场比赛前，湖人特意封馆，来了堂训练课。第四场开始，湖人率先进入状态：第一节湖人冲抢到 7 个前场篮板，28 比 27 领先。但第二节，魔术师刚往板凳上一坐，公牛迅即打出 19 比 9 完成 46 比 37 的领先。魔术师再回来时，已经按不住眼睛血红的公牛了：第二节，湖人命中率 25%，仅得 16 分，公牛 25 分，其中乔丹 11 分。

詹姆斯·沃西和拜伦·斯科特在下半场退出了战斗。乔丹当年的老大哥，1988 年总决赛 MVP 沃西，湖人的首席利刃，扭伤了脚踝，就此退出了 1991 年总决赛。斯科特则是肩伤。公牛毫不留情地拉开分差，第二到三节逼得湖人合计 41 投 12 中。第三节末，公牛 74 比 58 领先；一向以甜美微笑著称的魔术师按捺不住了，对湖人诸将吼：

"难道你们都他妈不想打了吗?!"

最后公牛 97 比 82 取下第四场：82 分也是 24 秒限时规则以来，湖人的总决赛单场最低分。这一晚，帕金斯 15 投仅 1 中，魔术师虽然得到 22 分 6 篮板 11 助攻，但无济于事：湖人全队命中率只有 37%。而公牛方面，乔丹 28 分 5 篮板 13 助攻。最妙的数据是：当晚，公牛只失误 5 次，创总决赛单场纪录。

公牛 3 比 1，命运的天平开始倾倒了。赛后，在回酒店的大巴上，乔丹说：

"我不想去白宫!"

——NBA 总冠军惯例得去访问白宫，但乔丹不喜欢老布什总统。

——乔丹的心思，已经去了白宫：在他心中，冠军已在指顾之间。

第五场，魔术师浓缩了他过去五个冠军的经验。湖人年轻内线埃尔登·坎贝尔威风凛凛，全场 21 分，其中上半场独得 13 分。湖人上半场 49 比 48 领先公牛，第三节结束双方 80 比 80 平。第四节近半，坚韧的湖人还以 91 比 90 领先。禅师叫了暂停，他问乔丹：

"谁有空位？"

"约翰·帕克森。"

"那就找到他!"

比赛最后四分钟，帕克森得了 10 分：空位跳投，空位跳投，空位

XVIII

跳投。如他后来所说："我只是在空位站着，把传给我的球都投进去，而已。"

比赛还剩一分钟，公牛 103 比 101 领先。乔丹运球突到罚球线，变向，吸引湖人五双眼睛的注意，然后传球：帕克森射进本场个人第 20 分。禅师把背靠在座椅上，长出了一口气。

比赛结束了，公牛 108 比 101 取胜。魔术师打出了 16 分 11 篮板 20 助攻的三双，但无济于事：乔丹 30 分 10 助攻 5 抢断，皮彭得到全场得分最高的 32 分 13 篮板 7 助攻 5 抢断，帕克森 20 分。公牛 4 比 1 干掉湖人，拿到了 1991 年总冠军。

"漫长的七年! 漫长的七年!!"乔丹冲向更衣室，"我不敢相信!!"

"1987，1987!"格兰特和皮彭紧紧拥抱，嚷着这个老笑话。这是他俩的暗语密码，皮彭后来解释过："1987 年，我和霍勒斯被公牛选中，然后，"他微微一笑，"公牛的命运才开始改变的。"

五场比赛，乔丹场均 31.2 分 6.6 篮板 2.8 抢断，以及创 NBA 总决赛纪录的五场内送出 57 次助攻——场均 11.4 次，命中率高到 56%。当第五场后，NBA 官方给场边评委发选票，让他们投票裁决谁是 1991 年总决赛 MVP 时，评委们纷纷瞪眼：

"你认真的吗?! 这还有疑问吗?!"

赛后，在更衣室，乔丹双臂紧抱、额头紧靠着冠军奖杯，嚎啕大哭，泪花横飞，就像个孩子。他打 NBA 七年了，他 28 岁了。这是他人生第一次站到世界之巅。

更衣室外，魔术师，刚打完自己第九次总决赛的魔术师，气度雍容地接受了采访。他说他理解乔丹。当记者问到魔术师，1980 年他初次夺冠时，是否也如此激动时，魔术师答说：

"不，我没那么激动，但我和迈克尔不同是有理由的。"

他继续说：

"1980年，我初夺冠时，太年轻了，才20岁，天真未凿，完全不知道夺个NBA总冠军，需要付出什么……晚些时候，我再夺冠后，才明白需要流多少汗、付出多少努力，才能夺个冠军——所以我完全知道，迈克尔此刻的感受。"——他显然在暗示1987年，当他终于拿到自己第一个常规赛MVP、以联盟第一人身份带领球队夺冠时的心情。

乔丹说，魔术师描述得很对。乔丹提到九年前，他那记跳投让北卡成为1982年NCAA冠军时，他心中的疑惑。当时他想：

"为什么沃西、布莱克、帕金斯这些老大哥们夺冠后，哭得这么稀里哗啦涕泗滂沱？我们打球、夺冠，不就是这样吗？"

现在，他明白了。就像魔术师经历过无数奋斗夺冠后体会弥深似的，乔丹说：

"在NBA打球后，我看到了另一面。所有的挣扎，所有人说'他赢不了的'，所有那些你对自己的怀疑。你得把这些都抛开，拼命往积极方面想。我能赢！我是个天生赢家！——然后你赢了，好吧，这感觉真奇妙！"

他终于站在了世界之巅，成为了世界冠军——而且，他知道了，自己是世界冠军。而此前统治1980年代的魔术师，仿佛是专门为了来一次1991年总决赛，将冠军交托给乔丹似的。

然后1991年秋天，魔术师迎来命运转折。

前因是：1992年巴塞罗那奥运会，美国男子篮球队的组建事宜。

1990年代之前，NBA球员并不参加美国国家男子篮球队。因为美国篮协钟爱业余体育，忙于维护"篮球运动的纯洁性"，跟NBA这个商业组织合不来。

1988年奥运会上，约翰·汤普森——当年率领乔治城，与乔丹的北卡大战1982年全国决赛的那位教练——担当美国队主帅，不敌拥有

XVIII

欧洲首席中锋阿维达斯·萨博尼斯的苏联队。一年后，美国男篮只拿到友好运动会亚军；1990年世锦赛，美国男篮只得了季军。

美国篮协颜面扫地，急于挽回世界篮球霸主的形象，终于放下架子，去和NBA商量了。NBA总裁大卫·斯特恩，心里则自有打算。

那时NBA正经历伯德与魔术师黄金年代的尾声，乔丹正踏上帝王宝座，加上巴克利、尤因、马龙、皮彭这些天才。斯特恩希望NBA球员能够有个大舞台，完全征服世界，告诉地球人，篮球可以打成什么样子。斯特恩企图组织一支最伟大的球队：不仅够强大，而且够有名。

但说服起来有些困难。魔术师倒是愿意去，但拉里·伯德的背伤极重；巴克利正逼费城76人交易自己；尤因在和纽约尼克斯闹不愉快；滑翔机和皮彭愿意去，但不够有名；微笑刺客和乔丹水火不相容；威尔金斯太华丽但不够实用；伯纳德·金依然是NBA最好的得分手之一，但他34岁了且防守堪忧；凯文·约翰逊、蒂姆·哈达维和约翰·斯托克顿这几个组织后卫都在鼎盛期，选谁去给魔术师当替补呢？活塞那几位好汉，比如兰比尔，比如罗德曼：没人喜欢他们。

先从教练选起吧。

美国队需要这么个教练：控得住史上最伟大的球队，但又得哄着他们。他得在短时间内组成一套篮球体系，发挥巨星们的能力，同时不让他们觉得憋屈。

1977年开拓者冠军主帅杰克·拉姆西？太老了；1978年子弹队冠军教练迪克·莫塔？太老了；带着波士顿拿了三个冠军的比尔·费奇和K.C.琼斯？太老了；1990年带着开拓者进总决赛的阿德尔曼？1989年刚上任公牛主帅的菲尔·杰克逊？太年轻了。

最后，在以下候选人中——好莱坞明星般的帕特·莱利、当时已在NBA拿下近一千胜的雷尼·威尔肯斯、统治大学篮球界的拉里·布朗、带领雄鹿纵横天下的老尼尔森、带领活塞拿了两个冠军的查克·戴利——脱颖而出的，是戴利老爹。他带领的活塞让全联盟头疼，但他本身人格魅力出众。

随后，在确定球员时，出了件震惊世界的大事。1991年秋天某日，乔丹在开车时接到了个电话，魔术师打来的：魔术师说，他被检查出了携带HIV病毒。他没法再在NBA打球了。

——当时魔术师31岁，状态依然在巅峰。但花天酒地的浪荡生活，让他染上了这毛病。1991年11月，魔术师宣布退出NBA，成了那年的头号新闻。

他没法打NBA了，但他依然想去奥运会。

忽然之间，魔术师成了美国队最大的助力：他宁可冒着生命危险去奥运会，因为这是他最后一次在世界顶端打球的机会。他说服了乔丹，随后一切顺理成章：巴克利、尤因、皮彭、卡尔·马龙、斯托克顿们被一一选入。刺客没有入选：他是当世仅次于魔术师的组织后卫，但选拔委员会很清楚，既然乔丹已经入选，没必要节外生枝惹恼他。

1991-1992季开始时，媒体急不可待，讨论起以下问题："乔丹是否已是史上最好了呢？"

时论以为，论远距离投篮，乔丹当然不及伯德；但中近距离，乔丹已浸浸然可与伯德媲美，乔丹自己也不反对这点。1991年12月，他说："我的投篮手型、出手选择和出手控制，感觉越来越流畅了。"

他的传球，当然不能和魔术师比，但1991年总决赛的五场57次助攻已经证明，他也已是当世最好的传球手之一，尤其在突破、吸引包夹、分给空位队友这一环节，几乎是当世最佳。

他一直是后卫里最出色的篮板手之一；他的无球走位、上篮、滞空投篮、试探步突破、垫步反向突破、变速突破、压重心变向、中距离背身之后翻身底线突破，无一不是联盟顶尖。

XVIII

用当时快船队后卫，多年之后的凯尔特人冠军教练道格·里弗斯的话来说："乔丹的每场球，每个回合，都好像在打自己最后一次篮球似的。"他的热情，他的好胜，他的穷凶极恶，他无限的创造性，随时都能让人跳出座椅来，而且他还能飞——J博士也能飞，但他没有乔丹那样无限可能的进攻手段。

"迈克尔……他是最好的。"拉里·布朗教练说。"我和康尼·霍金斯一起成长，我见过J博士的巅峰期，我见过大卫·天行者·汤普森单场拿73分，我爱魔术师和伯德，但是迈克尔……"布朗摇了摇头，"我愿意花钱看他打球。我甚至愿意花钱看他训练。"

与此同时，1991-1992季，整个NBA改朝换代。魔术师退役，湖人为之减色；活塞垂老，退出冠军圈子；伯德背伤，赛季只打了45场，之后在1992年夏天退役了。费城内忧外患，巴克利思谋走人。先前1991年夏天，夏洛特黄蜂用状元签摘到了一个很像巴克利的前锋，201公分的拉里·约翰逊，绰号是"大妈"，与巴克利一样爆发力十足的篮板狂魔，在篮下肆无忌惮，反击起来奔走如风：他也的确拿到了1991-1992季年度最佳新秀。然而黄蜂也就只有他、强壮的后卫肯达尔·吉尔和160公分的怪才后卫蒂龙·博格斯比较有名，还不足以动摇东部局势。

倒是乔丹的命中冤家克里夫兰骑士，正日益崛起，如魔术师所说，这支"属于1990年代的队伍"，找到了感觉。

然而东部最大的变数，还是签下了帕特·莱利教练的纽约尼克斯。

一如莱利自己在1982年说过的：他的驱动力是恐惧。由于他的神经质，他很少获得如罗德曼们对戴利教练那样"来自球员的热爱"。莱利习惯用高压来折磨弟子们。他的这一特质，让他失去了执教1992年美国队的机会。

就是这样一个人,来到了纽约尼克斯,并将他的防守思路,灌输到了尼克斯身上。

1991-1992 季,公牛开季习惯慢热,1 胜 2 负之后,是一波 14 连胜。乔丹平平静静地赢着球。这是他职业生涯最得心应手的时节。蒂姆·格拉弗的训练计划让他体能充沛,他举手投足的技巧无可挑剔,他和公牛的团队间也了无拘碍。特克斯·温特教练很惊讶,他发现乔丹刚打了一年多三角进攻,但俨然已是此道高手。

老温特教练,一如许多体育心理学家,相信巨星们都是伟人的学习者:他们能用图像、逻辑、视觉、听觉、动作来学习。比如,格兰特擅长通过动作来学习,约翰·帕克森习惯看战术板来学习。而乔丹是天才中的天才:他可以同时做到这三样。而且他有一种自己独有的状态——一种匪夷所思的精神状态。

这一年,乔丹总试着在比赛前不要兴奋起来,试着放松,试着让比赛变得好玩。乔丹说,他在赛前就能感受到对手要做什么。他认为,只要专注于打球,他就能进入那种随心所欲的状态,仿佛进入另一种空间,他将拥有无比的力量,统治一切。那时,他将停止思考,运用本能。每一个瞬间都全神贯注,了无其他。每当这种时刻到来时:"我离开地面,在空中停留着,我就感觉自己在飞翔,并且拥有无尽的创造力。"

打篮球对他来说,意味着什么呢?乔丹在 1992 年到来时说:

"类似于心理治疗。"

他也的确承当着一切。他的乐趣就是胜利。赢球,然后随时随地跟队友打赌。赛季递进,他又听说哥们巴克利出事了:巴克利在密尔沃基打客场时,跟个球迷争了起来。乔丹认为媒体误解了巴克利。

"有时候,查尔斯说出了我们很多人都想说的话。每个人的左肩都

XVIII

坐着一只小魔鬼，而查尔斯的那只比较大而已，而且它总是不停劝查尔斯说点什么——但他其实是个好人。"

"我对他的忠告是：让篮球成为医治一切的药物。站到场上，好好出一身汗，然后下场去处理你的那些问题。这就是这些年来我处理事情的方法。我总是回到我对篮球最初的热爱，把所有的一切都放在一边。"

这就是乔丹所谓的"心理治疗"。篮球治愈了他，让他能逃离一切纷扰是非。

1991-1992 季的西部，克莱德·滑翔机·德雷克斯勒正带领波特兰开拓者领跑西部；马刺的大卫·罗宾逊仅仅三年级，但凭借他的优雅、快速和中投，可能已是 NBA 最好的中锋；卡尔·马龙依然是 NBA 最稳定的得分手之一，每晚贡献 28 分 12 篮板，此外，他还在对垒活塞之夜，给了刺客一肘子，差点给他开了瓢；金州勇士吸引了大家的目光，因为那里的三剑客——拥有"上帝之左手"的神射手克里斯·穆林，许多人相信他是拉里·伯德再世；蒂姆·甲虫·哈达维，180 公分的小个子，正用招牌的胯下运球晃过全联盟的后卫；米奇·岩石·里奇蒙德，可能正成为 NBA 第三好的得分后卫，仅次于乔丹和滑翔机。

底特律活塞的丹尼斯·罗德曼，连续两年被选为年度防守球员，这个赛季忽然鬼神莫测地找到了自己的篮板球天赋，两年前，他还是个场均 29 分钟里抓 9 个篮板球的家伙；而这个赛季，他开始疯狂刷篮板，1992 年 1 月 23 日，他单场抓了 27 个篮板! 五天之后，单场 32 个。

在休斯顿，大梦奥拉朱旺不太开心。距离 1986 年击败湖人挺进总决赛已过去快六年，大梦年近三十，却发现自己和火箭队，离冠军越来越远。1991-1992 季初，他心律不齐，休息了半个月，复出后发现球队战绩一塌糊涂。他在去客场的飞机上大发雷霆，指斥球队管理层，球队则认为大梦的受伤是出工不出力。

相比较而言，到 1992 年春天，最快乐的大概是斯科蒂·皮彭。

1991 年总决赛，皮彭悄然无声拿下场均 21 分 9 篮板 7 助攻的漂亮数字，而且还成功防守了当世第一指挥官魔术师。

1990-1991 季之前，皮彭在训练中发挥出色，但比赛里却发挥不出来。但 1990-1991 季后半程，在乔丹接受了三角进攻后，皮彭成为了公牛队的实际控球前锋。与此同时，皮彭也理解了乔丹：乔丹对他的批评并非虐待或侮慢，而是恨铁不成钢。于是，他也慢慢朝巨星进步了。

1992 年全明星前，皮彭场均 21.4 分 7.7 篮板 7 助攻，当时 NBA 最均衡的数据。前巨星比尔·沃顿认为："想一想，皮彭可能是 NBA 第二好的球员。除了乔丹，谁比他更好？谁做的活比他多？"

他跳得够高，跑得够快，运球好到足够担当组织前锋，有足够的背身单打技巧，能突破，是个不错的中投手。许多人认为，皮彭像 J 博士。

禅师则认为："皮彭正在成长。你看得到他的可能性。他能抓篮板，能运球穿越全场，能背身单打，他有些电光火石的迅疾动作。你知道他会成为一个非常好的球员，但你不知道他能多好。"

随着与乔丹日复一日的对垒，皮彭正在成为 NBA 最好的——可能是 NBA 史上最好的——外围防守者。他有身高，有长臂，有匪夷所思的判断力，有惊人的平衡。他能单防任何位置的球员，而且，用活塞主帅查克·戴利后来的说法，"皮彭是个完美的填空者"，他能够封死一切空间。

1992 年全明星，魔术师带病复出，打了一场给 NBA 的告别赛。那一晚，魔术师最后一个走出过道、踏进球场，伴随着掌声和巨大的广播声："魔术师——约翰逊！"根据刺客的提议，每个队员都走上去拥抱了魔术师。

那一晚，东部的所有球员都打得心不在焉：他们不想打扰魔术师

XVIII

的好日子，他们安静地看着西部明星队发威，看着魔术师和滑翔机左出右入的舞蹈。当比赛结束时，魔术师拿了全明星赛 MVP：他最后连续三记三分球，全场独得 25 分，让全场球迷欢呼与感叹。魔术师，在他 NBA 生涯最后一个辉煌之夜，这么总结：

"我感到我是在一个梦里，我不愿意醒过来。"

1991-1992 季常规赛结束，这一年，滑翔机打出了职业生涯最好的一季，场均 25 分 6.6 篮板 6.7 助攻，带领开拓者称雄西部。大卫·罗宾逊场均 23.2 分 12.2 篮板之外，还以可怕的 2.3 抢断和 4.5 封盖成了年度防守球员。约翰·斯托克顿连续第五年拿到助攻王，而且还顺便拿了抢断王。1991 年状元拉里·约翰逊成了年度新人，而丹佛掘金的新人中锋迪肯贝·穆托姆博——一位刚果来的 218 公分大汉，喜欢盖完帽后摇手指，号称 26 岁但实际年龄不明，乔治城大学出身，是尤因的师弟，与师兄一样是座禁区大山——每场得到 16.6 分 12.3 篮板外加 3 个封盖。

最大的惊奇，还是丹尼斯·罗德曼神话般的场均 18.7 篮板——这简直是当年张伯伦与拉塞尔才打得出的数据。

但常规赛最大胜利者，依然是芝加哥公牛。

他们取下队史空前的 67 胜 15 负，全联盟第一。乔丹场均 30.1 分 6.4 篮板 6.1 助攻 2.3 抢断，命中率 52%，连续第六届得分王，连续第六年 NBA 第一阵容，连续第五年 NBA 第一防守阵容。最后，他卫冕了常规赛 MVP——他的第三个常规赛 MVP。

此外，皮彭亦够出色。1992 年，他第二次进全明星，而且是首发。这意味着，球迷都开始认识他了。常规赛，他场均 21 分 7.7 篮板 7 助攻 1.9 抢断 1.1 封盖，进了 NBA 年度第二阵容，而且进了 NBA 第一防守阵容——从此开始，他将和乔丹并列霸占这个席位。

这一年，霍勒斯·格兰特也打出了生涯最好表现：场均35分钟里得到14.2分10篮板2.7助攻，命中率是可怕的58%。他的中投日益精纯，他的防守也足够到位，足以弥补卡特莱特老去下滑的负面影响。此外，B.J.阿姆斯特朗作为替补控卫表现精悍，已代替约翰·帕克森，成为公牛队第四得分手。

1992年季后赛首轮，公牛遇到迈阿密热：这也是热队史上第一次打季后赛。203公分的格伦·莱斯和史蒂夫·史密斯这对锋卫组合，前者长于急速出手远射，后者除了一手三分球，还有NBA最顶级的后转身。乔丹素来记仇，还记得前一年格伦·莱斯跟他打过嘴仗。于是：

第一场，乔丹46分11篮板9助攻。公牛113比94大破热队。

第二场，公牛上半场就64比41领先，最后120比90完成屠杀。乔丹打了35分钟33分13篮板，皮彭30分。第三场，迈阿密迎来队史上第一个主场季后赛，大发神威：第一节就33比19领先公牛。乔丹第一节仅得2分，迈阿密球迷欢腾了：他们有可能扳回一场了！

但之后，用热队中锋罗尼·塞卡利的话说：

"乔丹就像个没有引线的手榴弹。"

乔丹在第二节独得17分，包括左翼跳投、抄球快攻单人蛇形突破扣篮、右翼负角度跳投、面对两人阻拦滞空调投得手、在四人包围中上篮得手，加上皮彭的8分，两人第二节合计25分。第四节过半，双方96平时，乔丹一记大幅度后仰投篮，公牛98比96领先：这是他第44分。而后，余下的5分半里，乔丹又得了12分。全场比赛，乔丹34投20中，56分。公牛119比114取胜，3比0淘汰热。

罗尼·塞卡利总结道：

"乔丹想得多少分都可以，只要他想。他可以得100分，如果他想。"

XVIII

就是这样强大的公牛,在东部半决赛遇到了纽约尼克斯。1992年5月5日,东部半决赛第一场结束时,世界震惊了。帕特·莱利带领的尼克斯,居然在芝加哥击败了公牛:94比89。帕特里克·尤因34分16篮板5抢断6封盖,而且他牢牢控制禁区:公牛全场只有一次扣篮。

次日,禅师招呼公牛队早起,6:30就集中在训练营观看录像。他没多说,但全队都感受到了他的意思。第二场,乔丹第一节就泼洒了15分,让公牛27比24领先,此后比赛进入僵持。最后的比分是公牛86比78取胜。1比1。

皮彭脚踝有伤,而禅师认为:"乔丹可能是累坏了。"乔丹不太领情,"菲尔可真会给我找借口"。

第三场,纽约麦迪逊花园,双方的肉搏角力无休无止。头两场没机会扣篮的乔丹,在第一节就愤然飞身拔扣,上半场,公牛前赴后继地冲击篮板,抓到26个篮板球,半场结束,公牛51比50领先,然后是第三节的狠辣防守。第四节,乔丹杀进禁区,前有尤因,后有麦克丹尼尔,乔丹没选择传球或滞空上篮:他疯狂的好胜心膨胀,强行一记劈扣,劈倒对方两人。

公牛94比86取胜,2比1领先,乔丹32分9篮板,皮彭26分5篮板,格兰特10分13篮板,大功臣是替补中锋威·普度:16分钟内6分7篮板,而且以硕大身躯,挡住了尼克斯对篮筐的侵袭——当然,也没法阻止尤因的26分11篮板4助攻2封盖。

但第四场,尼克斯再次扳回:全队抓了52个篮板,多公牛19个;他们逼乔丹用了26次投篮才得到29分,他们把皮彭限制在13投4中。禅师第三节朝裁判迪克·巴维塔怒吼:"你怕他们不让你回家吗?"自己被罚下场。

乔丹很是不忿:"尼克斯这打法,和底特律活塞没有区别!"

但纽约的硬汉安东尼·梅森认为:"如果裁判给我们点面子,我们现在会 3 比 1 领先芝加哥。或者，我们已经 4 比 0 晋级了！"

1992 年的纽约尼克斯拥有帕特里克·尤因：霸王龙一般的牙买加籍中锋；十年前带领乔治城与乔丹决战全国决赛的大猩猩。他在纽约过得并不愉快：虽然他年年场均 20+10，是东部首席中锋，但纽约人总是嫌他笨、嫌他不华丽、嫌他太凶神恶煞、嫌他不够硬气。于是他总怀着愤恨打球。

他们拥有马克·杰克逊：一个地道的纽约后卫，一个喜欢用屁股拱人的滚地虫，一个滑不溜手的好控卫。很多年后，他会成为 NBA 史上第三个总助攻超过一万的人——第一个是约翰·斯托克顿，第二个是魔术师。

他们拥有约翰·斯塔克斯：他是个斗牛犬一般的射手，当时 NBA 最大胆的三分球手之一。桀骜不驯的眼神，动辄拉短裤摆防守造型的表情。当然，他也是当时最不稳定的球员。

查尔斯·奥卡利：乔丹的好哥们，老保镖。1991 年，尼克斯对垒超音速时，他一个人单挑对方的肖恩·坎普、加里·佩顿，与麦斯维尔动手，1992 年，又在玫瑰花园打伤克利福·罗宾逊。

杰拉德·威尔金斯：他是多米尼克·人类电影精华·威尔金斯的亲戚，拥有与兄长类似的体格，以及远超兄长的勤奋防守意志。

夏维尔·麦克丹尼尔：他的名头一向是"无可比拟的敬业"、"刚烈凶猛的防守者"，以及最可怕的，"蜘蛛人"。

安东尼·梅森：身长 201 公分，体重 114 公斤的铁汉。他出身寒微，选秀大会上只列 53 位，一度沦落到去土耳其打球。但靠着凶狠、努力和无私，他成了纽约的打手团的先锋猛犬。

乔丹评价说，纽约尼克斯的风骨与活塞并无二致，这不奇怪：主帅帕特·莱利，当年带湖人与活塞百战余生，最知道活塞怎么碾压全联盟。

XVIII

他让尼克斯对公牛使尽狠招：全场领防；紧逼压迫；堵塞篮下；随时上手；乔丹无论走到哪里，杰拉德·威尔金斯都将手粘在他身上。偶尔还得这里挨一拳、那里挨一肘。公牛的替补内线斯科特·威廉姆斯总结："前臂、肘子、双手按你背上——你走到哪里，身上都离不开这些。"

麦克丹尼尔认为这很正常："如果其他人付出了 200%，好，你就要付出 400%！"

第五场，乔丹全场 23 投 11 中，而且扑击篮下，势若猛虎，全场 17 次罚球，37 分 5 篮板。每次乔丹被尼克斯按倒，总是会回头瞪视对他犯规的家伙。公牛 96 比 88 赢下第五场，3 比 2。但第六场，乔丹被纽约尼克斯祭出双人包夹：他全场 25 投 9 中 21 分。虽然有 8 次助攻，但公牛外围乏力。尼克斯在第四节打出 32 比 16 的大反击，100 比 86 取胜。3 比 3。

于是要迎来第七场了：乔丹职业生涯以来，第二次第七场。

第七场前，裁判杰克·奥东纳特意去找尼克斯前锋蜘蛛人麦克丹尼尔：

"给我看看你的手指甲。"

"为什么？"

"看是不是长到超标。"

这是外界对尼克斯的印象：似乎他们这伙黑帮真会全身上下插满利器，拿来对付公牛似的。

第七场开始第一球，乔丹奋不顾身地扑进禁区，造犯规，两记罚球；此后乔丹突破不休，第一节 8 罚 8 中，还跟麦克丹尼尔闹了起来，额顶额，眼瞪眼，奥东纳裁判急忙圆场，给这俩人各一个技术犯规。第三节，乔丹面对尼克斯的三个球员完成一记飞翔上篮。然后，当麦克丹尼尔抄掉他的球后，乔丹飞速回防，反将球抄了回来。

第七战，乔丹完美结合了飘逸和凶狠：他残忍而偏执，完全控制了尼克斯的神经。他得了 42 分，29 投 15 中，而且完成 2 抢断 3 封盖；皮彭打出 17 分 11 篮板 11 助攻 3 抢断的三双；格兰特 14 分 4 抢断 4 封盖；阿姆斯特朗 7 投 5 中 12 分。尼克斯下半场仅得 30 分，命中率被压制到 38%。杰拉德·威尔金斯心服口服：

"乔丹推动全队前进。这就是超级巨星的所作所为。"

比赛结束后，公牛更衣室来了个意外的客人：禅师的恩师，曾经带领纽约尼克斯拿了 1970 年、1973 年两个总冠军的雷德·霍尔兹曼。他和禅师一起表扬了莱利。最后，霍老爷爷看着禅师说：

"菲尔，你也是一个好教练了。"

1992 年东部决赛，老对手克里夫兰骑士出现。乔丹认为，此前对纽约的七战，于他着实有利：

"纽约把我们叫醒了。我们整个系列赛都在梦游。直到第七场，我们没退路了，才做出回应——这是我们应该有的样子。"

比起 1989 年那支遭乔丹绝杀的队伍，1992 年的骑士有所不同。布拉德·多尔蒂是东部屈指可数的好中锋，马克·普莱斯是全明星后卫，32 岁的前扣篮王拉里·南斯依然能平均每场得 17 分 8 篮板，外加 3 记封盖，外加乔丹尊敬的防守者克雷格·埃洛、当年惹恼过乔丹的威廉姆斯，以及射手斯蒂夫·科尔。

然而首战骑士未加抵抗就缴械，公牛 103 比 89 取胜。乔丹 33 分 6 篮板 7 助攻，格兰特 12 分 10 篮板 7 助攻，皮彭 29 分 12 篮板 9 助攻。可是次战，乔丹嗓子不适，膝盖也酸痛，于是前 6 投全失，全场 22 投 7 中；皮彭和格兰特则随着乔丹一起沉默。公牛第一节就 14 比 30 落后，上半场落后到 34 比 59，全场 81 比 107 遭血洗。

禅师感叹："有时候，我们太依赖迈克尔带来的动力了。"

XVIII

第十八章 迈克尔·乔丹：三连冠

乔丹确实是风向标。第三场来到克里夫兰，他 36 分 6 篮板 9 助攻，于是公牛猛醒：皮彭 23 分 9 篮板 7 助攻，格兰特 15 分 11 篮板。公牛上半场就 57 比 37 领先，下半场骑士猛追，为时已晚，公牛 105 比 96 取胜。第四场第一节，骑士的丹尼·费里就被罚出场，但这事激起了骑士的血性：全场比赛，乔丹独得 35 分，但公牛其他人黯淡无光，公牛 85 比 99 败北。

又是 2 比 2。公牛中锋威尔·普度说："简直是角色倒错！"

第四场后，乔丹和禅师都觉得不妙。他们都或多或少地对媒体聊起了公牛的替补们。结果第五场，公牛三大替补利文斯顿、斯科特·威廉姆斯和阿姆斯特朗齐刷刷站了起来。威廉姆斯 7 投 6 中 12 分 8 篮板 2 封盖，阿姆斯特朗 12 分 4 助攻，利文斯顿 12 分。加上乔丹的 37 分 5 助攻 4 抢断、格兰特的 13 分 14 篮板和皮彭的 14 分 15 篮板 6 助攻，公牛末节发力，112 比 89 大破骑士。3 比 2。公牛内部有位先生，如此评价禅师这种激发替补的法子：

"虽然迄今为止本季很成功，但其实，菲尔他教导球队比以往艰难，他得处理这样那样琐碎的事，比去年麻烦得多……"

第六场第四节，乔丹 7 投 5 中，独得 16 分。公牛进入招牌的"大家防守，然后乔丹带我们回家"模式，公牛 99 比 94 击败骑士，4 比 2 晋级 1992 年总决赛。

这一次，作为西部冠军前来挑战公牛的，是波特兰开拓者，以及他们的 22 号克莱德·滑翔机·德雷克斯勒。

十年之前的 1982 年，乔丹的北卡与乔治城决战于美国大学篮球之巅前，曾在半决赛跨过了休斯顿：那是乔丹和滑翔机第一次对决。

十年之后，他们在总决赛重逢了。他们各自带领着联盟最好的两支球队。乔丹是常规赛 MVP，而滑翔机则排在第二。

不妨说，魔术师退役后，他俩就是联盟最好的两个后卫了，还是联盟里两个最能飞的人。但他们的性格，却截然不同。

12 岁前的滑翔机是个胖男孩，为了消解自卑，他脚踝绑沙袋跑步，跳绳，拥有了匪夷所思的飞翔能力。他在大学里是个冷静温和的青年。到了 NBA，他很绅士，他是个好队友，他很全面。但一位教练匿名说过他的缺点：

"他的天赋如此伟大，他注定在比赛中得到不凡的数据。但季后赛，他总失败。要么因为他感到无聊，要么因为他感到挫败，要么因为比赛变成了阵地战，不知道下一次是因为什么。他总是在关键时刻消失。"

先前的 1990 年总决赛，开拓者输给活塞。1991 年，滑翔机带领开拓者打出队史最高的 63 胜，可是球队却被垂老的湖人击败。1991-1992 季，他是联盟第二好的球员；在季后赛对湖人第三场，他打出 42 分 9 篮板 12 助攻；在西部半决赛对凤凰城太阳，最后三场他拿到 37 分、33 分、34 分，终结对手；西部决赛对爵士，第二场他打出 36 分 12 助攻——类似于此的漂亮表现。

但 1992 年总决赛第一场，面对乔丹，滑翔机就遇到了大麻烦。赛前，有媒体列举滑翔机比乔丹强的地方，提到了常规赛，"乔丹的远射不如滑翔机"。

也许乔丹注意到了这一点。

开拓者的替补后卫丹尼·安吉是乔丹的老熟人。当年他在凯尔特人时，亲身经历了乔丹那传奇的"今晚上帝穿了 23 号球衣"之夜。1992 年总决赛第一场，他又产生了类似的幻觉：乔丹面对他一记投篮得手，射中上半场第四个三分球。

XVIII

下一回合，滑翔机接球，乔丹如幻影般闪过滑翔机身旁，抄球在手。安吉翻身急追，企图对乔丹犯规，却追不上。整个开拓者都只看得见乔丹的背影。

乔丹单挑滑翔机，突破，传球；格兰特在篮下接到，轻松上篮得手。下一回合，乔丹故技重施，格兰特接球，开拓者轮转补位，格兰特把球传给三分线外的乔丹；乔丹出手，射中半场第五记三分球。

又一次，乔丹在三分弧顶接球，开拓者的克里夫·罗宾逊朝他扑来。晚了。乔丹射进半场第六记三分球，半场35分——这两项全都是总决赛纪录。

于是乔丹做了个标志性动作：耸耸肩，扬扬眉毛，摊开手掌。那表情可以这么解释：

"我也不知道我是怎么做到的。"

因为上半场已经66比51领先，乔丹得到其中35分，下半场，乔丹象征性打了会儿就休息了，全场39分外加11助攻，皮彭24分9篮板10助攻。公牛上半场66比51领先，第三节结束时分差已经到了104比68，全场122比89大屠杀。滑翔机16分5篮板7助攻：他不是不努力，只是，他赶上了乔丹发怒的夜晚。

第二场，第四节剩4分36秒时，滑翔机6次犯规下场，公牛92比82领先，眼看2比0在握，但神奇地：开拓者完成了一波15比5的反击，其中控卫神射手特里·波特得到7分；双方97平进入加时，安吉在加时赛独得9分，包括最后一分钟的6分，开拓者115比104取胜。滑翔机26分7篮板8助攻，乔丹39分5篮板10助攻，对决上，滑翔机输了。但开拓者的其他人——巴克·威廉姆斯19分14篮板、科西12分8篮板、波特24分、达克沃斯14分8篮板——为开拓者赢了比赛。

总决赛第三场前，霍勒斯·格兰特说起件往事：两年前，助教巴赫录了波特兰的篮板怪兽巴克·威廉姆斯两小时的集锦录像，让格兰特学习，"少投篮，多篮板，打团队，挑衅人，打硬点"。

"巴克就是这么打球的。我现在也就这样。"格兰特如是说。

第三场，格兰特主导了公牛的风骨：拼身体，拼防守。全场他18分8篮板6助攻，逼到自己的偶像巴克·威廉姆斯5投1中6分9篮板5犯规。滑翔机得到32分9篮板，但开拓者全队除了他外，命中率只有32%。乔丹26分7篮板4助攻3抢断，而且与皮彭、格兰特联手完成了第一节到第二节之间30比13的高潮奠定胜局，第三节的12比3则彻底埋葬了开拓者：在长达6分57秒的时间里，公牛没让开拓者投中一个篮。

2比1。

第四场最后，里克·阿德尔曼主教练为开拓者找到一个有效的小阵容——滑翔机、波特、安吉、杰罗姆·科西和克里夫·罗宾逊。开拓者第四节反超到83比82，此后是皮彭4罚1中，开拓者93比88取胜，2比2。

稍微有点讽刺的是：即便开拓者赢了，这一晚乔丹依然领先滑翔机，32分5篮板6助攻，而滑翔机21分6篮板9助攻。很多年后，乔丹说：

"当滑翔机开场手感好时，我反而不担心，因为他会开始跳投，拒绝突入篮下拼命。"

《今日美国》的专栏作家彼得·维西如是说：

"滑翔机还是把好好先生的形象保留到总决赛之后吧。你不可能一边保持着容忍和尊敬的态度，一边打败乔丹。"

第五场前，巴克·威廉姆斯就宣布了：

XVIII

"第五场,会是第四次世界大战!!!"

——芝加哥记者忍不住掩嘴偷笑,恨不得去问威廉姆斯:"都第四次了,那第三次是什么时候打的呀?"

第五场的前 7 分钟,公牛得到 23 分,其中 19 分来自乔丹和皮彭;防守端,他们俩遍布每个角落,早早锁定胜局。最后公牛 119 比 106 取胜,3 比 2。全场滑翔机 30 分 10 篮板,但 21 投仅 9 中,最后还被罚下;乔丹造了 19 次罚球,外加 23 投 14 中,46 分 5 篮板 4 助攻——他也有 5 次犯规,但狭路相逢勇者胜。皮彭 24 分 11 篮板 9 助攻,也付出 4 次犯规的代价。

费城的记者比尔·林恩,如此形容乔丹和滑翔机的区别:

"他们之间的差距不在天赋,而在性格。乔丹的天性就是要掌握一切。他会鞭挞队友、责骂队友、羞辱队友。而滑翔机,他的天性更加被动。他会做好自己分内的事,同时也假设队友们会恪守本分地跟随他。"

第六场前 11 分钟,乔丹没有得分;第一节,开拓者 25 比 19 领先;第二节过半,开拓者领先到 43 比 28;第三节后半段,开拓者居然领先到 75 比 58;第三节结束时,开拓者 79 比 64 领先。

皮彭前三节 12 投 4 中;乔丹第三节有两个上篮不进,还有一记被滑翔机盖掉。

禅师看公牛落后 15 分,派上了个怪阵:皮彭带四个替补——斯科特·威廉姆斯、斯泰西·金、阿姆斯特朗和鲍勃·汉森。

然而这个怪阵,神奇地奏效了。

科西对金犯规,金罚球得分。

皮彭突破,开拓者不想犯规,任其上篮得分——70 比 79,还差 9 分。

开拓者的罗宾逊投了个三分球,没进。下一回合,滑翔机面对皮彭,运球失误:乔丹在板凳上挥舞拳头。

开拓者板凳上，气氛慢慢凝重起来。安吉赛后承认：

"从那时起，我们想的不是赢球，而是怎么能不输。"

开拓者声势渐落，当他们仅以81比78领先时，乔丹归来。他单挑滑翔机，他抄掉威廉姆斯的球上篮得分。公牛89比87领先。

阿德尔曼教练连续叫暂停。无济于事。滑翔机上篮把分差追到89平，但皮彭一记跳投再让公牛领先。乔丹接管了一切：一记跳投，一记妖异绝伦的右底线突破上篮，两记罚球。针对他那记上篮，滑翔机说：

"打总决赛前，我以为乔丹有两千个招数。我错了。他有三千个。"

比赛结束，公牛完成了超级大逆转：末节落后15分，结果97比93反败为胜。乔丹33分，皮彭26分，滑翔机24分8篮板，但他依然不是乔丹的对手。公牛4比2击败开拓者，拿下1992年总冠军，卫冕成功。总决赛场均35.8分4.8篮板6.5助攻的乔丹，拿到第二个总决赛MVP——这也是NBA史上，第一次有人蝉联总决赛MVP。

这一次，乔丹没有如去年般嚎啕大哭。他带领着队友在体育馆中心来了趟舞。他跳上记分台，先比划了一下高尔夫的挥杆动作，然后比划了一个"八"字手势：

"下周一，又到了夏季茶点时间！"

对乔丹来说，这个赛季，他需要面对无数场外事件。有媒体抨击他赌博；一本揭露他许多隐私的书——《乔丹法则》出版热卖；他拒绝去白宫见总统引发的争议；美国男篮的选拔；他和美国篮协的斗争；一切的一切，最后画上了句号。他赢了1992年总冠军，篮球治愈了他。

在身旁看着一切的禅师，这么总结：

"如果说去年夺冠之旅是蜜月旅行，那今年……就是一段《奥德赛》般的史诗旅途。"

接着，乔丹、皮彭和滑翔机，要一起去奥运会了。

XVIII

很多年后，你会这么记下 1992 年美国男篮，也就是所谓梦之一队的名单：

乔丹、伯德和魔术师，是 20 世纪 NBA 最伟大的六位球员之三（只有拉塞尔、张伯伦和天勾跟他们等量齐观）。巴克利和卡尔·马龙堪为 20 世纪最好的两个大前锋。帕特里克·尤因和大卫·海军上将·罗宾逊是 20 世纪 90 年代最伟大的四位中锋之二（另两位是大梦和 1992 年要入行的沙克·鲨鱼·奥尼尔）；乔丹和魔术师是当时最好的后卫，伯德是当时最伟大的前锋；乔丹和斯托克顿到退役时合计有 10 个得分王、9 个助攻王，而且他俩是当时史上抢断最多的球员。

1992 年夏天，就是这么支队伍，去打了巴塞罗那奥运会。

在各种传说中，这支球队的捏合并不容易。美国篮协的官僚主义、媒体的无孔不入、各自境况的不同、赛季积累的宿怨，都让诸位明星难以同心同德。然而魔术师的热情和查克·戴利教练的人格魅力，使这支球队慢慢融洽起来。内向的尤因和毒舌的伯德成了好朋友；大大咧咧的巴克利和沉静羞涩的大学生球员克里斯蒂安·雷特纳成了忘年交。外界的质疑，让他们同仇敌忾起来。

魔术师，这支球队实际的黏合者，一直在试图挑起乔丹的斗志。传说中，球队飞到欧洲、在蒙特卡洛开训时，他挑战了乔丹。那是一场不为人知的训练赛：乔丹与尤因、邮差、皮彭结伴，魔术师和罗宾逊、巴克利、滑翔机。传说中，魔术师们那边打出 14 比 2 的开局，巴克利咧开大嘴，说了些招牌的垃圾话，然后乔丹大怒，开始把梦之队的队友当公牛的小弟们训。他亲自去追防魔术师，像打 NBA 总决赛一样全力以赴。

这场比赛的恐怖程度，当时担任助理教练的杜克大学名帅迈克·沙舍夫斯基——现在世界一般管他叫老 K，多年之后的 2008—2012 年，他将率领美国男篮拿下两届奥运会冠军、一届世锦赛冠军，而且成为美

国大学篮球史上最伟大的教练之一——如是描述:

你待在屋子里,听见外面的风暴,深觉恐怖;但你打开门,亲眼望见,才知道比你想象得更可怕。

这场可能是史上最高水准的比赛,没留下任何现场录像,只有传说中的最终比分——36 比 30,以及乔丹的那句话:

"我愿意尝试着……不去对每场比赛过于较真。"

1992 年夏天的巴塞罗那,梦之队所获待遇仿佛众神下临。他们下榻豪华宾馆,而不住在奥运村;他们每次出行都遭到拥堵、围观和尖叫。但随后,争议就来了。比如,巴克利头天刚说,"我对安哥拉一无所知,只知道他们将有大麻烦了",第二天就被媒体评论为"傲慢的美国人"。斯托克顿只是平淡地说,"我们不住在奥运村,并不违反奥运精神,对我来说,奥运精神就是在场上打败其他地方来的运动员,而不是跟他们住在一起",第二天媒体就认为"美国人对奥运精神缺乏尊重"。

可是随后不久,对美国人的口诛笔伐,变成了恐慌和惊叹:

梦之队对安哥拉之战,一度打出 46 比 1 的豪华高潮。

对德国,美国队完成了 40 分的大屠杀:背伤沉重的拉里·伯德复苏,得到了 19 分。

他们血洗了巴西与西班牙;他们击败了拥有萨博尼斯的立陶宛,报了 1988 年的奥运会一箭之仇;他们在决赛重遇克罗地亚,赢了 32 分。冠军。

题外话,克罗地亚拥有公牛一直想签下的欧洲魔术师托尼·库科奇,皮彭击败克罗地亚后,没忘了跟公牛管理层隔空发难:"库科奇可以成为一个伟大的球员,但他现在所处的联赛才是他该待的地方,他还没准备好进入 NBA。"乔丹则说:"我很肯定,斯科蒂想要一卷比赛的录像带,寄给杰里·克劳斯看。"

XVIII

整个奥运会期间,梦之队真正够格的对手,乃是美国奥组委的官僚:他们在叨叨不休,逼美国队上领奖台时穿戴有赞助商 Reebok 标志的服饰。对乔丹他们这些每年从 Nike 那里拿成百上千万美元的人来说,这事显然是砸他们饭碗。末了的解决方案:乔丹他们可以穿 Reebok 的服饰,但用国旗遮住了 Reebok 标志了事。

梦之队在巴塞罗那奥运会的表现,像外星高科技君临地球。世界列强甚至没有抵抗的心思,而忙于赛前赛后获取签名合影。

当初,巴尔干巨人弗拉德·迪瓦茨初去湖人打球,见到魔术师时,就说过以下的话:"我 12 岁在训练营里,每天和德拉赞·彼得洛维奇、托尼·库科奇他们幻想。我们做的最多的梦,就是能在奥运会上遇到你们,打败你们。"

而梦之队的确兑现了这种伟大。在目睹他们的表现后,时年 12 岁的巴塞罗那少年保罗·加索尔——多年后他会是西班牙历史上最伟大的篮球手——说:"我开始梦想成为魔术师那样的球员!"

1992 年奥运会结束后,拉里·伯德退役,结束了他不朽的球员生涯:1988-1989 季后,因为背伤,他已经无法奔跑了。但即便在生涯最后一年,他也打出了尊严。用麦克海尔当年的话说,伯德会在他依然是王的时候离去。的确。伯德退役,加上两年后刺客与麦克海尔们的离去,1980 年代的传说也结束了。

而就在伯德离去之际的 1992 年夏天,NBA 来了个新怪物:奥尼尔。

1972 年 3 月 6 日,沙奎尔·奥尼尔生在新泽西的内瓦克,他妈妈叫露西尔·奥尼尔。他亲爹约瑟夫·托尼,是个典型的美国社区黑人小混混。小奥尼尔尚在襁褓中,亲爹就因药犯事进监狱了。34 年后,奥尼尔这么说自己的出身："我是外星人,我是在一辆火车上被捡到的。"

奥尼尔的后爸菲尔·哈里森是个军队中士。1985年,哈里森在西德威尔德弗莱肯驻防。路易斯安那州立大学的篮球教练戴尔·布朗来欧洲出差,看见198公分膀阔腰圆的奥尼尔,两眼发直。

"士兵,你军衔是什么?"

"我没军衔。"奥尼尔答,"我才13岁。"

奥尼尔喜欢大大咧咧的玩笑,自我夸饰的行动。很多年后,他承认自己小时候遇到过许多孩子的恶意,"让我渴望强大"。1989年秋,奥尼尔去了路易斯安那州立大学。戴尔·布朗教练在那里等他。在大学里,大家开始叫他鲨鱼。

1990年秋天,鲨鱼长到了216公分134公斤的怪兽体格。起跳时手指可以够到篮筐以上75公分。那年11月,路州大与澳大利亚来的纽卡斯尔打练习赛。鲨鱼一记扣篮,路州大的马拉维奇中心(以伟大的皮特·马拉维奇命名)的篮筐支架移了13公分,篮筐支撑杆断裂。一个月后,路州大打败全国第二的亚利桑那。鲨鱼打了28分钟,29分、14个篮板、6记封盖。对手中锋布莱恩·威廉姆斯赛后第一句话是:"他没把我们队坐的大巴给吃了吧?"

这一晚,天勾到现场看了比赛,说道:

"别说鲨鱼是下一个谁谁谁,让他做鲨鱼一世吧。"

比尔·沃顿认为:

"鲨鱼不像任何中锋。非得找个模版,我觉得他像个大一圈的查尔斯·巴克利。他有巴克利那种不讲道理的快速和爆发力。这种粗暴蛮横的劲头,力量房里练不出来,是他与生俱来的。这小子的体格和天分,足以让他成为史上最好。不过,我以前告诉过他,重要的不是数据,而是他如何控制比赛。"

鲨鱼当选了1990-1991季全美大学年度AP球员,年度第一阵

XVIII

容。1991年12月，东南路易斯安那大学全体队员感叹：

"我以为这家伙很胖。看到他，我才发现，他一点都不胖。他就是216公分长的一堆肌肉。一个肌肉怪。"

"金刚。"

"哥斯拉怪兽。"

"216公分高、140公斤重的迈克·泰森。"

"我觉得要搞定他只能拿支枪。"

"只要能让他的得分在40以下，我们就成功啦。"

1992年春天，鲨鱼的经纪人，洛杉矶的莱纳德·阿马托说："他会成为NBA赚钱最多的家伙之一。"因为，"魔术师退役了，拉里·伯德职业生涯已近末期。这是乔丹的时代，可是得有一些新人物踏上一步。鲨鱼，可能可以成为那个人……比如说，如果他在洛杉矶打球，那里的媒体会把他捧到最高点"。

鲨鱼宣布他要来NBA了：

"NBA很艰难，可是，那是爷们的运动。推、撞、对抗，爷们对爷们。我打篮球是为了找乐子。NCAA已经没乐子好找了。我得往前走。我不想再和什么密西西比州大学的三五个小子玩游戏了。我想去和大卫·罗宾逊或者大梦奥拉朱旺一对一。"

就这样，1992年夏天，NBA状元产生了：

"奥兰多魔术以第一位选秀权，选择了路易斯安那州立大学的沙奎尔·奥尼尔。"

选鲨鱼之前，奥兰多魔术打了第三个NBA赛季，21胜61负。这球队底蕴甚浅，此前的王牌是三年级摇摆人尼克·安德森，以及二年级射手丹尼斯·斯科特。他们还有个不错的组织后卫：斯科特·斯基尔斯，185公分的白人控卫，1990-1991季打了自己人生最好的一季球，场均17.2分8.4助攻，1990年12月30日打出了神话般的单场30次助攻——NBA有史以来的单场助攻纪录。现在，他们有鲨鱼了。顺便，1992年的榜眼，是夏洛特黄蜂挑选的乔治城大学中锋：尤因与穆托姆博的师弟，208公分的铁汉阿朗佐·莫宁。

1992年1月，鲨鱼第一次到芝加哥挑战乔丹。全场鲨鱼只休息了三分钟，29分24篮板5封盖6次犯规下场，而对面，乔丹取下64分——这是他职业生涯最后一次得分上60，但鲨鱼在内线的统治让整个公牛呼吸困难，魔术也赢下了公牛。这仿佛是个伏笔：鲨鱼逼得出乔丹的64分，而且还能赢他的公牛。

又过了段时候，1993年2月7日，奥兰多魔术做客凤凰城。第一节，鲨鱼一记惊天动地的扣篮。离场近的观众听见脆声，看到玻璃篮板瞬间布满了细纹，然后——粉碎：这是NBA历史上，第二次有人扣碎篮板。

这就是鲨鱼的新秀季。赛季结束，他场均23.8分13.8篮板球，毫无疑问的年度新人。一年级，他就跟大梦、尤因、罗宾逊打得不分上下了。全联盟都确认：这家伙是个怪物。

另一方面：在1990—1992年，乔丹常规赛都没得到过50分开外——因为他身处三角进攻之中，不需要亲自出手。为何对鲨鱼一战，会单场64分呢？

因为那年的公牛有许多问题。

1991年和1992年的两届冠军，霍勒斯·格兰特都是公牛的首席内线。1992年夏天，他心情有些变了。乔丹随时随地被聚光灯簇拥，格兰特与皮彭只能旁观。1991年，皮彭还能自嘲。当记者问皮彭："你想成为迈克尔吗？"皮彭半开玩笑地答：

"不想，我只想拥有他的银行账户。"

到1992年夏天，皮彭也已经成了全明星、进了梦之队，跻身天之

XVIII

骄子。而格兰特是个性子鲁直的人。1992-1993 季开始前,格兰特公开表达了不满。与此同时,球队首发做了调整:阿姆斯特朗为首发。降为替补的约翰·帕克森顾全大局,亲自去找阿姆斯特朗聊天:

"哥们,这事不会影响我们的关系,真的!"

禅师稍微变了一下训练制度:此前若干年,公牛总是一天两次训练;1992-1993 季,一日一练。禅师很明白:卡特莱特 35 岁,帕克森 32 岁;乔丹和皮彭在过去五年里每季都有逼近 4000 分钟的出场时间,1992 年夏天,他们去打奥运会了,没休息。格兰特不太高兴。阿姆斯特朗要习惯首发。一切都很艰难。

此前 NBA 历史上完成过三连冠的,只有麦肯的湖人与拉塞尔的凯尔特人。三连冠?太难了。魔术师提醒乔丹,"如果蝉联冠军已经很难了,三连冠就是你们遇到的最艰巨的任务"。

1992-1993 季前 8 场,公牛 7 胜 1 负。11 月 20 日在洛杉矶,公牛 118 比 120 加时输给湖人。乔丹当晚 39 投 21 中 54 分 13 篮板,皮彭 28 投 12 中 25 分,但湖人三大前场了控制比赛:帕金斯 26 分 15 篮板,迪瓦茨 19 分 11 篮板,沃西 23 分 8 次助攻。两天后,在凤凰城,乔丹 27 投 16 中 40 分,皮彭 9 投 8 中 18 分,格兰特 10 投 5 中 12 分,公牛 128 比 111 击败了太阳。又两天后,公牛 101 比 92 击败了勇士,乔丹 30 投 18 中 49 分,而格兰特、阿姆斯特朗、皮彭合计投篮 32 次,得了 37 分。

芝加哥的媒体嗅到了一丝不对:乔丹连续三场得分 40+?

11 月 28 日,公牛去纽约麦迪逊花园,乔丹 20 投仅 4 中,17 分;尼克斯 112 比 75 把公牛打到体无完肤。帕特·莱利又得意了:

"我猜我们的防守奏效了。"

四周后,公牛与纽约打圣诞大战,乔丹在芝加哥主场 34 投 15 中 42 分 8 篮板 5 助攻,公牛 89 比 77 取胜,报了一箭之仇;但这晚,又一次，除了皮彭得到 16 分外，公牛无一人得分过 8。此前两天，乔丹面对华盛顿子弹队 37 投 22 中得到 57 分时，公牛其他人加起来也就得了 50 分。

仅仅两个月，乔丹已经两次得分单场 50+ 了——而 1990-1991 季，乔丹一场 50+ 都不用得。

所以才有了 1993 年 1 月 16 日，奥兰多魔术和鲨鱼首次造访芝加哥，乔丹那 49 投 27 中得到的 64 分。这是乔丹 1990 年以来，第一次单场拿到 60 分以上，实际上也是乔丹最后一次得单场 60+。他与鲨鱼的初次相遇，就以这华彩无比的对决结束。那时，他们谁都想不到，之后会有如何的恩怨。

助教巴赫认为，公牛有点"晕船"。

乔丹自己没什么问题：他根据蒂姆·格拉弗的建议，每周练六次举重。他的体能很好。他依然可以每场得五六十分，但球队进攻策略变了。禅师让公牛打得更慢些，再慢些。乔丹和皮彭对此不满。乔丹嘲讽道："我们从来不寻找反击机会，因为我们忙着组三角呢！"

1993 年 1 月 24 日，公牛客场对马刺。乔丹把皮彭和格兰特拉到一边，私自决定提速。那晚乔丹得了 42 分 11 篮板，但公牛依然输给了罗宾逊的神勇。之后，禅师默认了球队提速。因为乔丹都抱怨了：

"我们的半场进攻不太流畅，每次 24 秒倒计时，队友只好把球传回我手里。"

乔丹想尽一切法子鼓舞每个人。那个赛季他最常用的口号是："加油，百万富翁们！"

平心而论，1992-1993 季是乔丹个人的第二个竞技高峰。他不如 1989 年那么飞天遁地、随心所欲了，但依然是全 NBA 最迅猛的球员。他与蒂姆·格拉弗的合作，给了他一副钢铁般的肌肉体格，足以碾压联盟九成的后卫；他可以更随意地在接近篮筐处要位，然后施展各种技

XVIII

艺；随着赛季递进，他的体能不降反升，在 1993 年 3、4 月间，达到自己的高峰；他已经对自己的技艺达到烂熟的地步，在"如何"与"何时"选用自己眼花缭乱的进攻武器上，他把握得极其完美。

但公牛队与他，无法同步而进。格兰特和他的关系淡漠了。卡特莱特和帕克森老了。皮彭依然在进步，但依然不足以与乔丹相比。那个赛季，每隔两周，乔丹会和北卡的恩师迪恩·史密斯打电话，倾诉打球的烦恼。而对公牛其他球员而言，乔丹高不可攀，他们为之苦恼的都不是一个级别的问题。那年的一个雪弗莱汽车广告，是当时乔丹形象的最完美说明：

雪天郊外，阿姆斯特朗和皮彭车陷雪中，无从措手；此时，皮彭望一眼身旁，两道清晰的车轮印潇洒地指向远方。皮彭说：

"看，那是迈克尔的轨迹。"

1992-1993 季常规赛结束，公牛 57 胜 25 负，比前一年退步了十场。乔丹出赛 78 场，场均 39.3 分钟，是他 1989 年以来最多的。场均 32.6 分——实际上是他所有夺冠年份里，得分最高的一季——连续七届得分王，追平了张伯伦在 1966 年创造的纪录。场均 2.8 抢断，个人第三个抢断王，此外还有场均 6.7 篮板和 5.5 助攻。皮彭场均 18.6 分 7.7 篮板 6.3 助攻 2.1 抢断。两人联手成为 1993 年全明星首发和年度防守球员。乔丹理所当然地进了年度第一阵容，皮彭进了第三阵容。

但这年，乔丹没能三连霸常规赛 MVP：公牛的战绩逊色于死对头纽约尼克斯，而全联盟战绩第一的，是西部的太阳。

这多亏了从费城 76 人过来太阳的查尔斯·巴克利：他拿下场均 25.6 分 12.2 篮板 5.1 助攻，并拿下了常规赛 MVP。

但是，用芝加哥媒体的话说：在总冠军决出之前，这一年的赢家是谁，还没尘埃落定呢。

也在这一年,休斯顿火箭的大梦打出了生涯最好的赛季之一。场均得到 26.1 分 13 篮板,以及生涯新高的 3.5 助攻,外加 4.2 封盖拿到个人第三个盖帽王。

但乔丹更在意别的。1993 年 4 月常规赛结束前夕,在电话里,北卡的迪恩·史密斯教练静静听乔丹倾诉了苦恼。他听到乔丹说出"我觉得我需要休息"。他对乔丹说:"这是一段伟大的旅程,你已经完成了很多。"

然后,他听见乔丹说:"是的,结束了。"

那时没有人知道,乔丹心里下的那个决定。

1993 年季后赛首轮,公牛平静地 3 比 0 轧过了鹰队。乔丹首战 29 分钟 35 分,公牛 114 比 90 大胜。第二场,年已 33 岁的多米尼克·人类电影精华·威尔金斯得到 37 分,但公牛打出华丽的全面攻势,全队 33 次助攻,117 比 102 打散了鹰,乔丹 29 分。第三场,乔丹 39 分,公牛 98 比 88 取胜,晋级。

东部半决赛,又是阴魂不散的克里夫兰骑士。这一年,骑士从纽约招来了杰拉德·威尔金斯。

这位仁兄是多米尼克·威尔金斯的弟弟。他有不下其兄的运动能力和杰出防守,前一年,东部半决赛,他是纽约得分后卫。公牛被尼克斯逼到第七场,乔丹全系列场均"只有"31 分,所以纽约媒体把他夸成了"乔丹封杀者"。

东部半决赛第一场,乔丹一开场就是个切出接球跳投,然后是连续三次强行突破上篮;第二节,他面对双人防守一个翻身跳投打板球得分,然后是一记倚在威尔金斯身上的滞空跳投得分加罚——落地时,他还在唠唠叨叨,龇牙咧嘴,满脸恨意。

公牛 91 比 84 取下第一场,乔丹全场独得 43 分,赛后撂下一句:

"嗯,我猜'乔丹封杀者'今晚过得很不愉快。"

XVIII

之后的一切了无悬念：公牛 4 比 0 横扫骑士晋级。第三、四场在克里夫兰，乔丹照例得到 32 分和 31 分。

东部决赛，纽约尼克斯决定也来封杀乔丹试试——实际上，似乎还挺成功。

前一年，帕特·莱利用钢铁绞肉机对付公牛，虽未胜，但拖到第七场，尝到了甜头；这一季，莱利还嫌球队肌肉不够强力，特意招来了得分后卫罗兰多·布莱克曼。显然，他知道布莱克曼当年在小牛时，可以凭自己的身高、敏捷、步伐和进攻能力，与乔丹来上几个回合。

东部决赛首战，乔丹被封，27 投仅 10 中；皮彭 19 投 8 中 24 分。当然，纽约忙于包夹，漏了阿姆斯特朗和格兰特：这两位合计 18 投 11 中得了 27 分，但纽约不在乎。尤因统治内线 25 分 17 篮板，斯塔克斯三分 7 投 5 中 25 分 5 篮板 4 助攻，奥卡利 4 分 14 篮板，板凳上的布莱克曼和梅森合计 20 分。纽约 98 比 90 取胜。1 比 0。两天之后，纽约再胜：96 比 91，2 比 0 领先。乔丹 36 分，但用了 32 次投篮。

在比赛最后一分钟，纽约人看见了队史上最经典的进球之一。

向来没头没脑、没遮没拦、满头冒火、不计后果的纽约得分后卫 3 号约翰·斯塔克斯，在右翼运球，尤因过去给他打掩护，斯塔克斯根本没借掩护，而是直冲底线。补防的霍勒斯·格兰特慢了一步，斯塔克斯奋然起飞，左手擎球，狠狠砸下。乔丹回身补防时，斯塔克斯已把球劈进篮筐。纽约球迷沸腾了：斯塔克斯干掉了公牛！干掉了乔丹！——虽然乔丹甚至都没靠近斯塔克斯，但纽约球迷不管：

斯塔克斯扣了乔丹！公牛 0 比 2 落后了！他们完了！！

只有一个人发现了不妙。板凳上，帕特·莱利的年轻助教杰夫·范甘迪，一个眼神如吸血鬼般阴沉、多年后会成为 NBA 防守大师的矮小教练，在麦迪逊花园的沸腾人浪中独自思索。后来他说：

"这是我在 NBA，第一次看到这样的防守战术。第四节尾声，防挡拆时，公牛还把对手往底线逼迫?!"

他很敏锐。他发现，在那个全世界都还崇尚单防与协作压迫的时代，公牛是第一支关键时刻依然设置防守陷阱的球队。格兰特的补防慢了一步，但他们的协作依然没有停止。

0 比 2 落后，第三场的公牛已入绝境。但第二场末尾帕特·莱利那句"公牛被他们自己掐死了"，显然触到了乔丹的内心。乔丹鼓动所有人：格兰特有踝伤？你想就这样显示你是个怕伤病的懦夫吗？皮彭，你想再次被人嘲笑关键时刻缩头吗？帕克森，你愿意被人认为你已经不行了吗？

纽约媒体另点了把火。他们说，东部决赛第二场前夜，乔丹没在纽约的酒店养精蓄锐，而是去了新泽西州的大西洋城！凌晨两点半还有人在那儿看见他，据说他输了 5000 美金。

——乔丹喜欢赌。更确切地说，他喜欢赢。他会和皮彭他们赌投篮。他会在赛前赛后跟队友打纸牌。传说中他跟人赌高尔夫，曾经一下午输掉 16 万美元。甚至某次去波特兰打客场，下了飞机等托运行李，他跟队友赌：

"我的行李会第一个出来！"

他的确赢了：他偷偷给机场工作人员塞了点钱。乔丹病态地喜欢胜利。

——纽约媒体想毁掉乔丹的形象。但他们显然没想到，惹恼乔丹的后果是什么。

第三场，纽约尼克斯的查尔斯·史密斯赛前拒绝和乔丹握手：当

XVIII

初,活塞的大恶人兰比尔就用这方法表示倨傲。但范甘迪注意到的公牛压迫诱导式防守,在第三场出现了:尼克斯被逼出 20 次失误,上半场就被公牛 62 比 43 打了个落花流水。全场公牛 103 比 83 大胜。

然后,第四场。

乔丹开场就强力挤压斯塔克斯,后仰跳投得手;然后让过斯塔克斯的抢断,三分命中;之后是面对尤因的跳投得手,以及连续两次用运球假动作晃倒斯塔克斯后出手。斯塔克斯的确能凭年轻、补防和敏捷,阻挡乔丹往篮下渗透,但乔丹的跳投出手太快,斯塔克斯跟不上。下半场,乔丹连续用试探步原地晃开空间后跳投得手;当裁判给了乔丹一次犯规后,乔丹大怒,然后就是一记三分球和一记急停跳投。比赛最后剩一分半,乔丹突破,急停,把斯塔克斯晃飞出三米远,一记跳投锁定胜负,拿到自己第 52 分。加上两记罚球,乔丹得到 54 分。公牛 105 比 95 取胜,2 比 2。这是乔丹第六次季后赛单场过 50 分。

纽约感受到了绝望。纽约媒体念叨说,即便最后乔丹已疲惫不堪,身背 5 次犯规,他还是可以让纽约绝望。有位匿名球员说:

"他是迈克尔·乔丹,而我们不是。"

第五场,纽约尼克斯和麦迪逊花园的观众预备乔丹再来一次大接管。但皮彭赛后承认:

"他让我在前面多担待些。他会留到下半场。"

乔丹开场不断传球,尤其是找准了皮彭的弧顶内切,皮彭前 5 投全中。第三节打到剩 4 分钟,乔丹还只出手 14 次,得到 12 分,但已送出 12 次助攻,帮助皮彭和格兰特演出若干次反击奔袭、突破扣篮。此时转折点出现:尼克斯的后卫里弗斯突破时膝盖顶到了乔丹胸口。乔丹倒地,许久才爬起身来。

之后,乔丹连续包揽了公牛的 17 分。

比赛最后一回合,公牛 95 比 94 领先。剩 14 秒,尤因倒地前把球传进禁区，206 公分的尼克斯前锋查尔斯·史密斯接球，篮筐就在头顶。史密斯起身，格兰特在他面前飞起，把球捅掉；史密斯起身跳，抓到球，晃动，让过格兰特，再起手，乔丹从身后斜飞而至，将球抄掉；史密斯再次捡到球，起跳上篮，球出手瞬间，另一只手从身后飞来，这次是皮彭，球被敲在篮板上。史密斯再次拿球，乔丹和皮彭合围住他，史密斯最后一次跳起，皮彭将球盖掉，格兰特将球点给乔丹，乔丹飞步而走，还来得及助攻阿姆斯特朗再来一次上篮：比赛结束，公牛 97 比 94 取胜。尤因本场 33 分，但无济于事。皮彭 28 分 11 篮板，格兰特 11 分 10 篮板；乔丹则 29 分 10 篮板 14 助攻 2 抢断 1 封盖——他职业生涯季后赛第二次三双。帕特·莱利完全呆住了：

"我满眼都是挥舞着的手掌和手臂！"

——这是公牛的防守。他们没有巨人，但有一群能蹦能跳、覆盖空间、协作扼杀对手的蜘蛛侠。《纽约每日新闻》说：

"你可以想象，查尔斯·史密斯次日一大早，回到麦迪逊花园，在篮下，就他一个人，想投进球，乔丹和皮彭还是会从某个地方忽然飞出来，把他盖掉。"

第六场，尤因抖擞精神，26 分 13 篮板，无可挑剔，但公牛不会给他机会了。公牛 96 比 88 取胜，4 比 2 淘汰尼克斯，连续第三年晋级总决赛。乔丹依然在生纽约媒体的气，不愿对媒体张口。记者们只好去找皮彭：

"斯科蒂，你觉得你有必要证明自己吗？"

皮彭，在自己职业生涯的第六年时，也已经学会了表达高傲。他看着记者，平静地说：

"我有两个总冠军戒指。我想，我没什么需要证明的了。"

西部，大梦带领的火箭 3 比 2 险胜快船——大梦在第五场轰下 31

XVIII

分 21 篮板 3 助攻 3 抢断 7 封盖——然后在次轮 3 比 4 败给西雅图超音速。大梦遭遇超音速的夹击，西雅图超音速的乔治·卡尔教练评价道：

"当大梦学会传球时，将会不可阻挡。"

他不知道，这句话将唤醒一个怎样的怪物。败北的大梦走出西雅图钥匙体育馆的大门，回头望了一眼，对记者说：

"我们就从这里出发。"

于是西边的英雄，还是常规赛 MVP 查尔斯·巴克利。

1992 年夏，巴克利已在费城 76 人经历了糟心的八年。他初来时 J 博士和摩西·马龙还在辉煌的尾声，但马龙没两年就离去，J 博士则在 1987 年退役，留下巴克利独自支撑费城。1992 年夏巴克利来到凤凰城太阳时，这里有闪电后卫凯文·约翰逊，有神射手丹·马尔利，有灿烂的阳光，适合巴克利奔放的脾气。

太阳的老总菲茨西蒙斯告诉巴克利："我们已经打好了房屋底子，现在就看你能把天花板造多高了！"

巴克利表面上依然是个恶汉，但如教练保罗·韦斯特法尔所言："全世界都是企图装成好人的坏人，查尔斯却是个大好人，想扮成个恶汉。"

1993 年夏天的太阳是支伟大的球队：常规赛，王牌后卫凯文·约翰逊缺阵 32 场，但他们依然完成 62 胜。他们缺身高，轮换阵容里没人高过 208 公分，最靠谱的长人是 206 公分、号称 126 公斤但实际体重无人知晓的大肥球奥利佛·米勒——巴克利曾说："米勒想扣篮？把个汉堡包放篮筐上就行啦！"——但他们的进攻联盟第一。他们有 NBA 最快的闪电后卫凯文·约翰逊，有精干勤恳的白人射手丹·雷公·马尔利，有扣篮怪塞德里克·塞巴洛斯，有体格健硕、客串 3 号位和 4 号位皆能的爆炸机器理查德·杜马斯。当然，他们的核心，依然是伟大的查尔斯·巴克利：

这个球形闪电，这个号称 198 公分实际可能只有 196 公分的死胖子，这个 NBA 史上最强屁股的拥有者，这个曾经成为史上最矮篮板王的魔怪，这个天生斗士，这个笑口常开的空中飞猪，这个敢和兰比尔打架、1990 年引发"费城群殴"的混世魔王。因为有他的存在，太阳的比赛随时炽热。

1993 年季后赛，太阳打出令人惊佩的血气：首轮对湖人，他们连丢两个主场 0 比 2 落后，但之后连胜三场。

西部半决赛，太阳对决马刺。太阳队无人挡得住罗宾逊，而马刺也没人对付得了巴克利。双方平分了前四场——第二场巴克利得到 35 分，第四场罗宾逊 36 分 16 篮板。第五场，太阳第四节起速席卷马刺，巴克利全场 36 分 12 篮板。第六场落后 7 分进入第四节，但比赛末尾双方 100 平，巴克利面对高他 20 公分的罗宾逊，一个远射制胜，结束系列赛：巴克利 28 分 21 篮板 4 助攻 4 抢断。

"我们要去西部决赛啦！"

西部决赛，太阳对决西雅图超音速。那年的超音速常规赛 55 胜，而且已有两个王牌崭露头角：

——1989 年入行的高中生，时年 23 岁的肖恩·雨人·坎普，208 公分的肌肉怪物，堪称 NBA 历史上最为暴力美学的球员。他能从各个角度轰击篮筐，完成恐怖的扣篮。

——1990 年入行、时年 24 岁的加里·佩顿，193 公分的组织后卫，多年后他会成为史上防守最狠辣的组织后卫留名于世，风格仿佛纽约尼克斯巅峰时期的沃尔特·弗雷泽。

西雅图超音速被乔治·卡尔教练调教出了一套凶狠的夹击策略：他们全队身材颀长，却又轮转飞快，善于夹击。佩顿和他的替补内特·麦克米兰都是历史上屈指可数的外围防守专家。他们的其他首发是 206 公分的德里克·麦基、208 公分的坎普、193 公分的里奇·皮尔斯和

XVIII

206 公分的萨姆·帕金斯。他们没有巨人，但每个人都够灵活：他们可以夹击干掉大梦的火箭，也能在先输太阳一场后，第二场夹击得巴克利 19 投 9 中，并赢下一场，追到 1 比 1，然后是 2 比 2。

第五场，巴克利愤怒了：他挡不住坎普——后者得了 33 分——但也不让超音速任何人阻挡他。巴克利轰下 43 分 15 篮板 10 助攻——当西雅图单防他，他毫不犹豫轰击篮筐，当西雅图夹击他，他传球。神射手丹·马尔利射中 8 个三分球得到 34 分。太阳赢下第五场，3 比 2。超音速靠里奇·皮尔斯的神勇赢下第六场后，第七场来到凤凰城。巴克利发了狂：他无休止地轰击篮筐，不停跟跄地被犯规，却咬牙不退。坎普被打到 6 次犯规下场。巴克利自己全场只休息了 2 分钟，轰下 44 分 24 篮板。队友凯文·约翰逊靠速度得到 22 分 9 助攻 4 抢断。当韦斯特法尔教练劝巴克利休息时，巴克利怒吼：

"别把我换下去! 我死了有的是时间休息!"

太阳 123 比 110 击败超音速，4 比 3 淘汰对手，杀入 1993 年总决赛，决战芝加哥公牛。

1993 年总决赛前，禅师有些紧张。他跟队员们念叨："我们一定得在凤凰城偷一个主场!"

乔丹纠正禅师："不，两个。"

芝加哥媒体找到个话题：1991 和 1992 年总决赛，乔丹都是常规赛 MVP，他对垒的魔术师与滑翔机，都是常规赛 MVP 票数排行第二。那两次，乔丹都赢了。

可是 1993 年总决赛，是巴克利作为常规赛 MVP，来迎战前任常规赛 MVP 乔丹。以乔丹的好胜，心里不定会多少次念叨：

"这死胖子，居然拿了我的 MVP?"

1993 年总决赛首战，公牛客场出奇兵：格兰特担当主攻，首节 11

分，公牛 34 比 20 领先首节，再未落后。第二节过半，公牛一度领先到 46 比 26，令凤凰城球迷全场哀叹不绝。公牛的防守策略是不包夹巴克利，压制太阳其他人；但针对巴克利，堵塞他突击篮下，只放他跳投。结果巴克利全场手感不佳，25 投仅 9 中。凯文·约翰逊被压到 13 投 4 中。比赛剩 4 分半时，太阳一鼓作气，追到 85 比 88，但乔丹忽然出现：此前，他不温不火，只得 17 分；但最后 4 分半钟，乔丹连取 14 分，全场 31 分 7 篮板 5 助攻 5 抢断——加上皮彭的 27 分 9 篮板 5 助攻、威廉姆斯 23 分钟内的 10 篮板，公牛 100 比 92 取胜。

次战，公牛继续用精确的协作防守，控制了凯文·约翰逊的闪电突破分球。太阳能依赖的，只剩查尔斯·巴克利了。于是，王对王的决战开始：

巴克利开场就是单挑格兰特，一记试探步跳投得分，乔丹还一记追身中投；乔丹助攻皮彭一记空中接力扣篮，加一记右翼跳投后，巴克利还一个压弯篮筐的扣篮，造格兰特犯规；格兰特不久就被犯规打晕，公牛只得换皮彭来防巴克利，然而以皮彭防守之佳，依然阻拦不了巴克利的大屁股要位撤步跳投；乔丹以牙还牙，连续还以机关枪扫射般的跳投。巴克利第二节刚一记扣篮，乔丹就穿越双人防守，面对第三人助攻格兰特，自己再行上篮得分。上半场末尾，乔丹在巴克利面前点进前场篮板后，边往回跑边回头盯巴克利。巴克利大怒，下一回合从公牛两大内线手里强取篮板，上篮得手，然后是一记强行突破，身上挂着两个公牛球员，仿佛卡车披着彩绸般上篮打三分成功——半场结束，乔丹 19 分，巴克利 25 分。公牛 59 比 53 领先。

下半场一开始，乔丹跳投得手后，露出了他招牌的横眉冷视：没完呢，查尔斯。巴克利继续虐待公牛内线：挂着格兰特，撞倒斯科特·威廉姆斯，上篮打三分得手，还不忘回头瞄乔丹一眼。乔丹先助攻格兰特

XVIII

扣篮，然后是突破马尔利，面对太阳的钱伯斯强行上篮。

比赛在第四节完全癫狂了：巴克利连续将性命置之度外地强行上篮，倒地，爬起，回防；乔丹还之以飞翔上篮、左翼跳投和快攻中上篮造犯规。比赛不到半节时，巴克利得到自己第 42 分，但乔丹还没完：突破马尔利两次跳投得手，再两次罚球，同样是 42 分。比赛最后时刻，公牛 106 比 105 领先，丹尼·安吉——没错，前一年开拓者的射手，这一年又在太阳了，仿佛是命中注定他跟公牛作对似的——起手三分球。在出手瞬间，他看见一道黑影如闪电般掠过。

那是皮彭一记横空封盖。

公牛锁定胜局，111 比 108 取胜。格兰特 13 投 10 中 24 分 8 篮板——实际上，乔丹很注意给格兰特传球，他知道，格兰特的进攻手感与防守巴克利的热情，是成正比的。皮彭 15 分 12 篮板 12 助攻。太阳方面，安吉 14 投 8 中 20 分，马尔利被乔丹防到 14 投 4 中 13 分，凯文·约翰逊 8 投 2 中只有可怜的 8 分。

而王对王的两个人：巴克利 26 投 16 中 42 分 13 篮板 4 助攻，乔丹则是 42 分 12 篮板 9 助攻。公牛 2 比 0，太阳两个主场全破。欢快的、直爽的、热情的巴克利，赛后说了这段掷地有声的话语：

"我说过，世上没有任何篮球运动员强过我，但如果必须有个人，我必须输给他，那么乔丹是唯一我愿意输给他的人。"

但巴克利毕竟是 NBA 史上最杰出的勇士之一。

总决赛第三场，太阳顽强得匪夷所思，凯文·约翰逊到了客场，反而找到了感觉。一个细节是：太阳开场移走了马尔利，而用 185 公分的凯文·约翰逊来防乔丹。

第四节，约翰逊的防守见了效。他的策略是，紧贴乔丹，卡住下盘身位，把乔丹往底线逼迫，然后双人包夹。靠着这个，太阳在比赛剩 7

分半钟时领先到 99 比 88。但公牛使出防守绝技,以一波 15 比 4 的反击,追到 103 平,把比赛逼入加时。首个加时赛,双方体力用竭,谁都攻之不开,107 平再战。第二个加时里,公牛有三次领先到 4 分,但巴克利和马尔利的跳投又追平了比分:114 平,第三个加时。

——太阳主教练保罗·韦斯特法尔,当时势必一阵眩晕:NBA 总决赛上一次发生三加时,还是 1976 年。那是 1976 年总决赛第五场,实际上,那天,韦斯特法尔也在场:他那时是太阳队的球员,亲身经历了那个号称"史上最伟大比赛"的夜晚。

但 1993 年,命运还了太阳一场。凭借马尔利的一记三分和两个罚球,巴克利的打三分,太阳赢了:129 比 121,三个加时。

这是场地道的血战,巴克利全场打了 53 分钟,24 分 19 篮板 4 助攻;凯文·约翰逊创总决赛纪录地出赛 62 分钟,25 分 7 篮板 9 助攻,马尔利 28 分,三分球 8 投 6 中。乔丹打了 57 分钟 44 分 9 篮板 6 助攻,但用了多达 43 次投篮。赛后,凯文·约翰逊太得意了:

"我找到了对付乔丹突破的法子。"

总决赛第四场,乔丹从一开始就杀神附体。空切走位接球跳投,底线走位接球跳投,根本不给凯文·约翰逊逼住他步伐的机会;然后是一左一右,两记翻身后仰跳投,明摆着用身高和后仰欺负约翰逊的身高。太阳再换 198 公分的马尔利来防,乔丹先是一记跳投,然后就是四次突破:换手上篮、扣篮、左手上篮,逼太阳再用凯文·约翰逊来对付他,于是他继续用跳投来惩罚太阳。上半场结束前,乔丹快攻中流水般绕过马尔利,直扑篮筐一记扣篮,然后是一记跳投:

上半场,乔丹 20 投 14 中,33 分。

下半场,太阳无法可想,只好用理查德·杜马斯来对付乔丹,乔丹还以一个三分线火箭突破,一过罚球线就起飞,空中腾挪过六条手臂,

XVIII

完成上篮。比赛最后剩半分钟,公牛 106 比 104 领先,公牛断球,太阳杯弓蛇影,双人夹击乔丹,乔丹一个左手加速,离弦之箭般飞出,摆脱凯文·约翰逊,让过没来得及补位的马尔利,朝篮下起飞。巴克利跃起,伸双臂阻挡。乔丹在空中,迎面撞上巴克利。他侧身,滞空,身体向右飞,将球从腰间托起,指尖将球抛出。巴克利仰天倒地,听见裁判吹他犯规,看到球正从篮网穿过。得分,加罚。巴克利懊恨得双手击地。而乔丹双手握拳高举,跳了一跳:他完成了这一击,解决了比赛,干掉了巴克利。胜利的示威。

然后,芝加哥 18676 名球迷的欢呼轰然响起。

乔丹罚中一球,得到本场第 55 分,锁定胜局。公牛 111 比 105 取胜,3 比 1 领先太阳。乔丹全场 37 投 21 中 18 罚 13 中 55 分 8 篮板 4 助攻,NBA 史上总决赛第二高分,仅次于 1962 年总决赛埃尔金·贝勒的 61 分。

保罗·韦斯特法尔教练有些语无伦次了:

"我没说我们能防住乔丹。根本没人能防得住乔丹。连乔丹自己都防不住乔丹……他是史上进攻最好、防守最好的组织后卫;他是史上进攻最好、防守最好的得分后卫;他是史上进攻最好、防守最好的小前锋。哪怕他去打大前锋和中锋,他也能排名前五。"

魔术师认为:

"我觉得,迈克尔更希望处于我和伯德的处境。你看,我和伯德都不需要去找动力来自我促进。他在波士顿寻思挑战我,我在洛杉矶琢磨挑战他。可是迈克尔,他没有那种动力。"

公牛 3 比 1,冠军已在指尖。芝加哥人预备第五场夺冠,然后大肆庆祝。但太阳再次败坏了宴席。第五场凯文·约翰逊 20 投 10 中 25 分 8 助攻,巴克利 24 分 6 篮板 6 助攻,但最大的奇兵是杜马斯:30 分钟内 14 投 12 中 25 分。太阳 108 比 98 取胜，扳到 2 比 3。乔丹唯一的收获是凭借全场 29 投 16 中 41 分 7 篮板 7 助攻，成为 NBA 史上首位连续四场总决赛得到 40 分以上的人物。

38 年前代表锡拉丘兹民族队夺冠的约翰尼·科尔，说公牛众将去凤凰城的飞机上，"安静得就像太平间"。

只有乔丹例外。他登机时穿得五颜六色，戴墨镜，叼雪茄，提前进入了假期。他以此表达了必胜的乐观情绪：

"世界冠军们，我们去凤凰城踢他们的屁股吧！"

1993 年总决赛第六场，凤凰城。乔丹首节得到 13 分，三分球 4 投 3 中。公牛首节命中率 64%，37 比 28。但次节，太阳的防守奏效，上半场，公牛 56 比 51 领先。第三节，皮彭发威，得到 10 分，公牛 87 比 79 领先进入第四节。

太阳的坚韧，在第四节初展现无遗。整整 7 分钟，公牛只靠罚球得了 1 分。丹·马尔利一记三分得手，然后双手握拳，如英雄般跑回半场：太阳反以 91 比 88 领先——12 比 1 的高潮。比赛还剩 5 分半，太阳在主场领先，只要取胜，就能在凤凰城决第七场胜负！

乔丹看了看大屏幕。乔丹对队友们做了个简单说明。乔丹要接管之后的一切进攻。

乔丹弧顶试探步后，一记中投得手。与此同时，约翰·帕克森，乔丹最老的战友，在场边做准备活动，预备上场。

凯文·约翰逊还了一记抛射，太阳队板凳席集体跪倒赞叹，但乔丹还了一记右翼翻身跳投。比赛剩 44 秒，乔丹抓到后场篮板，顿了一顿，开始起跑：横贯全场，直抵篮筐，一记最简单的上篮得手，公牛 96 比 98 落后 2 分。禅师奋力鼓掌：还有机会。

公牛防下了太阳的进攻，掌握球权，比赛还有最后一击的机会。全世界都知道：公牛第四节只得了 9 分，全部是乔丹投中，还有其他可能

XVIII

吗？太阳全队望着乔丹后场运球，推至前场，离三分线近了——忽然间，乔丹传球给皮彭，太阳全队错愕。皮彭再给禁区的霍勒斯·格兰特。

巧妙的转移球，但还没完。

格兰特接到球时，太阳的安吉已补防到位。格兰特不作停留，将球一下挥到左翼三分线外。乔丹最老的队友约翰·帕克森，在那里等着。

——两年前的 1991 年总决赛第五场，他曾经 8 投 8 中。那年夺冠后，他轻描淡写地说：

"我只是在空位站着，把传给我的球都投进去，而已。"

此时，帕克森扬手，一记三分球。保罗·韦斯特法尔教练事后说："我觉得那球在空中停了一小时之久。"

球进了。

——"帕克森总会击穿你的心脏。"乔丹赛后说，"他总是擅长关键时刻射中跳投。当我看见他无人防守时，就知道这球必进。"

——"接受安排，从首发降为替补，其实还挺艰难的。我太老了，太慢了，带替补们打球，颇有不足，很让人头疼。但现在，一切艰难时刻，都像古代史一样了。"帕克森说。

公牛 99 比 98 领先，剩给太阳 3 秒。凯文·约翰逊的最后抢投被格兰特盖掉，比赛结束。公牛 4 比 2 击败太阳，拿到 1993 年总冠军。辉煌的三连冠。

乔丹六场系列赛场均 41 分 8.5 篮板 6.3 助攻，其中场均 41 分和连续四场得分 40+，全都是总决赛纪录，理所当然获得了总决赛 MVP，这是 NBA 史上第一个三度总决赛 MVP——这纪录要在 21 世纪，才由蒂姆·邓肯、鲨鱼和勒布朗·詹姆斯来追赶。

公牛三连冠：魔术师与伯德，以及乔丹憎恨的刺客，都没完成这般伟业。

成就了古往今来鲜有的霸业，将自己的名字刻在了时代之上的迈克尔·乔丹,在比赛后,躲进了一间安静的房间。他接受完 ESPN 一个小采访,然后手持一瓶香槟酒、一支未点燃的雪茄,对采访他的丹·帕特里克说:

"OK。我能在这里坐一分钟吗?外面都疯掉了。"

在繁华的最顶点,30 岁的最黄金年纪,他想独自待一会儿。

1993 年 7 月,1970 年、1973 年两次带领纽约夺冠的伟大中锋,纽约尼克斯队史第一人威利斯·里德说乔丹:

"说乔丹是第一人,我觉得没问题。比尔·拉塞尔赢了所有冠军(11 次),你无法否认,但如果你只谈论比赛本身,你必须说,迈克尔是最好的。这家伙拿到无数得分王,还是史上最好的防守球员之一。就这样。"

七届助攻王,组织后卫的开山祖师爷鲍勃·库西,以拉塞尔队友的身份评述:"迈克尔的天分,凌驾于所有人之上。拉塞尔是我见过最高效的中锋,他补足了我们球队需要的一切天分。但你可以说,比如,他投篮不算好之类。迈克尔没有那类缺点。"

最后总结的是多米尼克·人类电影精华·威尔金斯。他的原话斩钉截铁:

"没人比迈克尔做得更好了!"

可是被谈论的中心,已经成为神的乔丹,却在考虑另一件事。早在 1993 年 4 月,他就对迪恩·史密斯教练说过:

"是的,结束了。"

1993 年的夏天枯燥而漫长,NBA 到处出事。新泽西网后卫、欧洲史上最伟大后卫之一德拉赞·彼得洛维奇因车祸去世——仅仅一年前,奥运会决赛,他还代表克罗地亚,和梦之队的乔丹对攻来着;随后,又因为车祸,迈阿密热后卫布莱恩·肖的父母双亡。凯尔特人后卫雷吉·刘易斯在训练中猝死。

然后，1993年7月23日，迈克尔·乔丹的父亲詹姆斯·乔丹去世了。当时他在自己的雷克萨斯车里小睡；两个人——一个叫拉里·马丁·德默西，一个叫丹尼尔·格林——劫持了汽车，谋杀了老人家。

很多年后，乔丹回忆父亲时说，父亲是他最好的朋友。"他教会了我人生当中的很多东西，其中一课就是：一切的发生，都是有原因的。"

所以乔丹觉得，哪怕是父亲的死亡，也是上帝的指示。

"我意识到，我必须开始独立地做决定。我依然询问建议，我也会听别人的建议，但责任是我自己一个人的。我必须做那种男人该做的决定，我必须自己做决定，没有谁的肩膀可倚靠。"

1993年10月6日，30岁的迈克尔·乔丹召开新闻发布会，宣布从NBA退役。

"我失去了打球的欲望。"他没忘了用这最后的机会，表达对媒体的恨意，"你们这些人可以上别处挖掘故事了。"

于是他就这样走了。将23号球衣当作旗帜亲手升起，然后宣布退役。九年NBA生涯，七个得分王，三个常规赛MVP，三个总冠军，三个总决赛MVP。巅峰期的迈克尔·乔丹——签约了芝加哥白袜队，去打棒球了。

第十九章　四大中锋·冠军的心

(XIX)

379-408

1993 年夏天，前一年刚得到鲨鱼的奥兰多魔术手气奇佳，再得状元签。他们有机会挑另一个未来巨星，与鲨鱼合璧。

当年众望所归的状元，是密歇根大学的前锋克里斯·韦伯。韦伯自己在 1993 年 6 月便公开开玩笑，念叨自己如何喜欢和鲨鱼联手——

"跟鲨鱼联手的好处是，哪怕我投个篮外空心，大家也会觉得是个妙传——因为鲨鱼会把这球凌空直接扣进去。"

1991 年，韦伯就是密歇根大学"密歇根五虎"的领袖。1992 年他带队杀进 NCAA 总决赛，败给了格兰特·希尔与克里斯蒂安·雷特纳带队的杜克大学。1993 年又一次全国决赛，他惜败给了北卡。但这两次惜败，除了 1993 年决赛一次误叫暂停断送比赛的错误外，更多人愿意视韦伯为悲剧英雄。他 208 公分，运动能力出色，技巧娴熟，后来被证明是 NBA 历史上屈指可数的大个子传球手之一。

可是，魔术却选了另一个人：

安芬尼·"便士"·哈达维。

1971 年夏天，哈达维生于田纳西州孟菲斯。他的祖母对他关怀备至，称呼他"漂亮男孩"(pretty boy)。因为祖母的南方口音，这个绰号以讹传讹，大家都以为他叫"penny"——"便士"。1992–1993 季他大三时才陡然爆发，进了全美第一阵容。魔术看中的，就是这样一个 201 公分、技术全面、清瘦秀雅、可以打控球后卫的天才。

1993 年 NBA 选秀大会，奥兰多魔术和金州勇士互换了选秀权。魔术用状元签换了勇士的探花签，以及未来的三个第一轮选秀。勇士摘走了克里斯·韦伯。

1993 年 10 月乔丹退役后，空出了 NBA 的王座。查尔斯·巴克利接受采访时大嘴一张，说道：

"现在能称为人物的，只有大梦、鲨鱼、罗宾逊和尤因（这四位中锋）……至于我？我是超级巨星。"

1993—1994 季，NBA 有了这么个特色：

随着乔丹造就的不朽传奇，全 NBA 都觉得，该围绕超级得分手建队。于是，全 NBA 都习惯这么个打法：

围绕超级巨星，发挥个人能力得分；如果对手不夹击，就靠巨星打倒对手；如果对手夹击，就依靠队友的空位三分球。如此，对手面临着两难：是被对手王牌单打至死呢，还是放对手投三分呢？

于是拥有四大中锋的火箭、魔术、马刺和尼克斯，几乎不约而同地用了这个打法：大梦、鲨鱼、罗宾逊和尤因这些伟大巨人，主导攻防两端的得分，球队的其他射手，负责捡空位。

于是，继当年张伯伦 vs 拉塞尔、天勾 vs 沃顿之后，巨人之战重新成为了话题中心。四大中锋开始你来我往地递话。

1994 年 2 月 6 日，纽约尼克斯击败魔术，尤因 32 分，鲨鱼 22 分。当夜，尤因说：

"鲨鱼觉得他是个爷们了？我觉得他还没到那境界呢。"

西边的圣安东尼奥，大卫·罗宾逊的话更过分些。生性好静的他每天被人问鲨鱼如何出色，被问得心中不快了，于是：

"谁是鲨鱼？为什么我得为了琢磨他在想什么而失眠？鲨鱼说那些谈论他的人是嫉妒他？可他没什么值得我嫉妒的。"

鲨鱼回答：

"你告诉大卫·罗宾逊，下次和我对战，我会贴着他的屁股一秒不放松。如果有一天罗宾逊可以压倒我，那是因为他有帮手。他永远不可能和我一对一。他需要的不是说大话，而是去教堂祈祷祈祷。"

XIX

相对而言，大梦和鲨鱼似乎是一边的。大梦说：

"鲨鱼是如今最好的球员。他所做的事让人无法相信。我真想知道，几年之后他会干点什么。当他在篮下接球时，我只好祈祷他自己失手。因为他太巨大了，他无法阻挡。"

鲨鱼则说：

"如果有人拿我和别的球员比，我希望，拿我去比大梦——他是那种我愿意比较的人。"

四大中锋一边打嘴仗，一边各自带队纵横天下。1994年3月末，鲨鱼发现，他的得分排在联盟第二，第三是大梦，第一则是"他没什么值得我嫉妒的"大卫·罗宾逊。于是，竞赛开始了。

4月1日，鲨鱼在新泽西得到17分，第二天在印第安纳，20投13中36分。罗宾逊在另一边还以对勇士的29分和对太阳的33分，鲨鱼在4月9日得了17分，4月11日23分，然后就是对黄蜂的37分和对凯尔特人的42分。4月17日，他再得32分。4月20日那天，鲨鱼在对森林狼之战中刷新了自己的职业生涯得分：31投22中，53分。他场均得分已到29.3分，与罗宾逊齐头并列。4月22日，罗宾逊对超音速得了29分。鲨鱼4月23日得27分，结束了自己的1993-1994季常规赛：

81场比赛，2377分，场均29.34分。

罗宾逊则是：79场，2312分，29.27分——这两个怪物的区别如此之细微，需要精算到小数点之后两位了。

但是，罗宾逊还剩下一场比赛要打。

鲨鱼6岁那年，即1978年的4月9日，大卫·汤普森和乔治·格文为了抢常规赛得分王，分别在赛季最后一场打出单场73分和单场63分。这一次，历史重演了：1994年4月24日，大卫·罗宾逊打了常规赛第 80 场。从一开场，马刺全队就开始给他喂球，让他施展招牌的试探步跳投。快船无从抵御，只好犯规，偏巧罗宾逊是个以投篮见长的中锋。这夜，罗宾逊 41 投 26 中，25 罚 18 中，71 分。赛季总得分 2383 分，80 场，场均 29.8 分。罗宾逊加冕了 1993-1994 季得分王，挤掉了鲨鱼。

鲨鱼当时并不知道，这是他和圣安东尼奥马刺漫长恩怨的开始。

微妙的是：1993-1994 季，NBA 得分榜前五名里，除了老当益壮、但被亚特兰大鹰中途请到洛杉矶快船的多米尼克·威尔金斯外，其他四个都是中锋，罗宾逊、鲨鱼、大梦和尤因，正是四大中锋。

但常规赛最大的赢家，还是大梦。

三年之前，大梦开始从自己的信仰——他是个穆斯林——之中寻找慰藉。"篮球不再是个职业了，这是一种义务。"他当年的暴躁性格变得沉静平和了。火箭队后卫马里奥·埃利说，大梦常安慰大家：

"一切终将回归正轨。别着急。"

与此同时，火箭主教练鲁迪·汤姆贾诺维奇制造了一套靠谱的进攻。他用狡猾老辣的老后卫肯尼·史密斯、狂野的射手弗农·"疯子"·麦斯维尔和 191 公分的新秀萨姆·卡塞尔——他因为容貌实在怪异，得了"外星人"（ET）的绰号——组成后卫线。他们负责策动进攻，并接应大梦被夹击时的传球，投中远射。

大梦的锋线搭档则很奇妙：一个是大他一岁、206 公分的瘦长大前锋奥蒂斯·索普，能策应，能防两个中锋位置，有一手中投，前场篮板嗅觉出色，每场贡献两双，曾经在 1992 年进过全明星；一个是小他七岁、206 公分的前锋罗伯特·霍里：能投三分、会抢断、能抓篮板、能补位，什么都能干一点。1994 年 2 月，火箭一度想用霍里作为筹码，交换马刺的全明星小前锋西恩·埃利奥特，但临时叫停了。事后证明，这么做是对的。

XIX

一如前一年西雅图的乔治·卡尔教练所言，大梦只要学会传球，就所向无敌。大梦为中轴，火箭的锋线负责帮助防守、抓前场篮板、投空位中投；后卫线负责策动反击、射空位远投和突击。

在罗宾逊入行前，大梦曾经是篮球历史上最灵活的巨人之一。到1993年年届而立，大梦已拥有篮球史上最如梦似幻的步伐与手感。寻常长人背身攻击，无非是左腰背身时，左肩翻身右勾手（天勾的绝技），底线翻身后仰投（海耶斯的杀招）；右腰背身时，右肩翻身跳步投篮（尤因的拿手好戏），底线翻身后仰投篮（乔丹和伯德均擅长）。鲨鱼和韦伯在左腰还擅长做底线翻身。

大梦之可怕在于：他这些招数样样俱能，而且步伐轻盈、步幅奇大、重心极低，这让他可以轻松卡位，快速翻转，以他的"梦幻步伐"，晃得你头晕目眩。大梦自己说，幸好他年轻时踢过足球，所以他擅长重心摇摆，能用华丽的翻身耍弄对手，控制对手。

1993-1994季，休斯顿火箭拿下常规赛58胜；大梦当选了常规赛MVP。与此同时，他成为NBA年度防守球员：真正在攻防两端都统治一切。上一个包揽MVP与年度防守球员的，是1988年的乔丹。

1994年，季后赛第一轮，火箭遭遇波特兰开拓者。大梦与滑翔机相遇了。

十一年前，他俩还是休斯顿大学的哥们，同在盖伊·刘易斯教练麾下。据说当时滑翔机为了给大梦补充营养，特意去买个小冰箱，放在奥拉朱旺宿舍里。之后几年，大梦长了30公斤体重。当奥拉朱旺练习罚球时，滑翔机会不断提醒他：

"刘易斯教练希望你能罚进。"

奥拉朱旺和滑翔机总会在深夜的球馆里加练到凌晨两点，然后在球馆地板上躺倒，谈论乔治城的尤因，谈论北卡的詹姆斯·沃西，谈论球队的前程。1982、1983 年，他们都打入了 NCAA 四强。然后 1983 年滑翔机去了波特兰开拓者，1984 年大梦留在了休斯顿火箭。

自从 1992 年总决赛输给乔丹后，滑翔机的开拓者就出了问题。1993 年，几个盐湖城的未成年少女在某次性爱派对后，证明某几位开拓者队员——比如杰罗姆·科西——在球场之外还有如狼似虎的一面。这事让开拓者内部濒临崩溃。1994 年季后赛首轮对火箭，双方火药味十足：大梦在第二场砍得 46 分，麦斯维尔在第三场指关节受伤，卡塞尔在第四场给了科西一拳而遭禁赛。但在大梦罚球时，滑翔机会面带微笑朝他念叨："刘易斯教练希望你能罚进。"大梦忍不住笑出来，随即罚球失准。

最后火箭 3 比 1 击败开拓者晋级，里克·阿德尔曼教练因此下台。而滑翔机优雅地赞美着大梦：

"他理应获得常规赛 MVP，毫无疑问。"

西部首轮的另一个传奇是：

三年前的 1991 年，丹佛掘金选中了 218 公分的非洲巨人迪肯贝·穆托姆博·莫普兰多·穆卡姆巴·简恩·杰奎·沃恩托比——简称穆托姆博。他是尤因的师弟，莫宁的师兄，有一手冠绝 NBA 的防守能力，能击落禁区上空一切飞行的东西。1993-1994 季他是 NBA 盖帽王，带着丹佛掘金打到西部第八，季后赛首轮迎战西部第一、前一年刚干掉大梦与火箭、跟巴克利战到第七场的西雅图超音速。这年常规赛 63 胜的超音速先是 2 比 0 领先掘金。掘金第三场狂胜扳回，第四场加时险胜，2 比 2。穆托姆博第三场 13 篮板 6 封盖，第四场 16 篮板 8 封盖。此中秘诀，穆托姆博一语道破：

"我并不喜欢粗鲁。但这是季后赛，没人会主动投降，你得学会主动，让自己更舒服。"

XIX

第五场生死战，掘金的心胆犹如铁打。后卫肯达尔·吉尔关键上篮得手，让超音速将比赛拖进加时，但大山穆托姆博统治了比赛末尾，全场16个篮板8个盖帽，最后掘金击败超音速，穆托姆博躺在地上举起球，仰天大笑。

第八名干掉了第一名，是所谓黑八。

掘金黑八了超音速，然后，半决赛和犹他爵士血战七场——先以0比3落后，然后穆托姆博三场比赛送出18记盖帽，带掘金连扳三城。第七场掘金惜败，离西部决赛一步之遥止步了。爵士的巨人，224公分的马克·雷神·伊顿与穆大山大战七场，赛后也不由擦拭汗水：

"他们太顽强了，仿佛不会因疲倦或情绪低落而失常……"

西部半决赛，火箭那边也不轻松：他们遇到了去年西部冠军凤凰城太阳，而且输掉了头两场，0比2落后。

太阳的战略很简单：他们知道守不住大梦，所以放大梦单打，锁死火箭其他人；进攻端，他们多点突击，避开大梦的防守。第一场大梦36分16篮板，但全队三分球19投5中，太阳赢球；第二场大梦31分17篮板，但太阳这边巴克利34分15篮板6助攻3抢断2封盖，凯文·约翰逊27分，马尔利22分，太阳全队射中12个三分球，再次赢球。

汤姆贾诺维奇教练决定进行调整。

第三场，大梦只得26分但有6次助攻6封盖，火箭用第六人卡塞尔主打组织，得到12分10助攻。同时火箭锁死了巴克利的内线进攻和马尔利的远射，放任凯文·约翰逊（KJ）进攻：KJ得到38分12助攻，但他无法带起太阳的整体攻势。

第四场KJ又是38分，但巴克利和马尔利被锁到31投9中。大梦继续发挥传球本事，得到28分12篮板8助攻，火箭全队三分球16投8中取胜。双方战成2比2。第五场巴克利终于发威轰下30分，但火箭全队用多点突击，五人得分上双：109比86大破太阳，反超到3

比 2 了。

巴克利的背伤在第六场发作，被迫注射止痛针上场：第六场他 18 分 15 篮板，KJ 得到 28 分 13 助攻。太阳依靠替补阵容的追击取回一城，3 比 3。第七场，巴克利还是得到 24 分 15 篮板，KJ 25 分 11 助攻，但是马尔利手感冰冷。而大梦抖擞神威，37 分 17 篮板 5 助攻 3 封盖，新秀卡塞尔则依靠大心脏得到 22 分 7 助攻，尤其是两个夺命三分球。

火箭 104 比 94 击败太阳，4 比 3 过关。

西部决赛遇到犹他爵士，火箭就轻松多了：第一场大梦轰下 31 分，肯尼·史密斯则射中 6 个三分球得到 27 分。火箭上半场就领先到 20 分，轻松取胜。第二场前，总裁大卫·斯特恩赞美大梦"优美典雅"，发给他常规赛 MVP 奖杯。大梦招呼全队一起走上前领奖，火箭的助理教练卡罗尔·道森为之感动："这是我所见过最高贵的举动。"大梦拿到 MVP 奖杯后，人逢喜事精神爽，第二场得到 41 分 13 篮板 6 助攻。比赛最后，他亲自防守卡尔·马龙：他俩在 2 分钟内对轰了 15 分。马龙全场得了 32 分，而大梦在三人夹击下，一个翻身后仰投篮，让球队 104 比 99 锁定胜局。

"我并不是为了展示自己，只是为了赢球而表现，一切都来得自然而然。"

火箭 2 比 0 领先后，犹他爵士的中锋费尔顿·斯班瑟公开朝队友征求意见：如何防守大梦？没得到回应。斯班瑟说："我猜大家不想发现自己提的意见失效后，还得为此负责任。"他在前两个系列赛对付过罗宾逊和穆托姆博，但对大梦？"我看他的步伐都会觉得头晕！"

第三场，斯班瑟试图把大梦逼到底线：结果的确让大梦前 8 投全失，爵士也赢了，但大梦全场依然得到 29 分。斯班瑟第四节被罚下了，但自觉有趣："我让大梦得了 29 分，可大家都称赞我，说我干得好。"

XIX

第四场，大梦亲自防守马龙：结果马龙 23 投 9 中。大梦 5 个封盖，而且不停给史密斯传球。"我告诉肯尼，如果他们夹击我而不守你，对你是种侮辱。"史密斯全场 25 分全队最高，火箭 80 比 78 取下第四场，3 比 1。

第五场，马龙得到 31 分 10 篮板 7 助攻，斯班瑟努力地得到 15 篮板，但大梦 22 分 10 篮板 6 助攻 4 抢断 7 封盖，索普 11 分 16 篮板，麦斯维尔和霍里合计得到 41 分，投中 8 个三分球。火箭 94 比 83 取胜，4 比 1 晋级总决赛。

赛前被问到"这场火箭谁会站出来"时，大梦答他不知道。

"冠军球队，就得有许多种武器，才能应对一切状况。"

于是，事隔八年之后，大梦又一次来到 NBA 总决赛。1986 年他去到总决赛时还是个二年级生，年方 23 岁。经历漫长波折后，他终于重归此处了。

东部季后赛，则是另一番传奇。

芝加哥公牛那边，乔丹退役，卡特莱特和帕克森老去。皮彭、格兰特、阿姆斯特朗依然在球队，球队也引进了其他人：

218 公分的澳大利亚巨人卢戈·朗利，25 岁，一个中投、卡位、传球出色，性格温和的大白个子。

213 公分的加拿大巨人比尔·温宁顿，31 岁，一个掩护出色的巨人。

191 公分的白人射手斯蒂夫·科尔，在太阳、骑士和魔术待过。1992 年，他说过一句可爱的俏皮话。当乔丹说"骑士只有埃洛配得上防守我"时，科尔接了话茬："迈克尔这话太欺负人了！放马过来呀！我保证防到你得不满 65 分！"

最后，就是皮彭念兹在兹的托尼·库科奇：这个 211 公分、英俊秀雅、据说无所不能的欧洲魔术师。他初到 NBA 时很谦和："你们知道，美国人在欧洲开车时，得花好久时间来习惯，才能确定自己该开个什么车速，对吧？这就是我现在在 NBA 的感受。"格兰特很欣赏库科奇，1993 年 11 月，库科奇一记三分绝杀雄鹿后，格兰特说："库科奇很靠谱。他比赛里有许多闪光点。一旦他找到感觉了，等着瞧吧！"但科尔有点犹豫：

"那些说他能打四个位置的，夸张了。在 NBA，他打不了控卫，他打不了得分后卫。他是个运球很好的小前锋。"

失去了乔丹，公牛的进攻大跌到了联盟中游水平；但新加了几个巨人，公牛防守提升。1994 年 2 月，格兰特第一次也是最后一次，入选了全明星。但当晚的主角是皮彭：之前打了三届全明星、两次首发，合计只得 18 分的皮彭，在 1994 年全明星之夜大显神威。29 分，5 记三分球，11 篮板，4 抢断，全明星赛 MVP。1994 年 3 月，皮彭甚至开始朝媒体喊话。他说巴克利"只是在亲吻乔丹、魔术师这等级巨星们的屁股"，他抱怨公牛不做交易，以便让球队四连冠；他批评芝加哥主场观众会嘘黑人球员，却对白人球员网开一面。

实际上，乔丹走后，皮彭打出了职业生涯最好的一季：带领公牛完成常规赛 55 胜 27 负，自己场均 22 分 8.7 篮板 5.6 助攻 2.9 抢断。生涯第一次，他入选了 NBA 年度第一阵容，外加年度第一防守阵容。而且在 MVP 选票榜上，他排到第三。

但季后赛，皮彭显得力不从心。公牛首轮 3 比 0 淘汰了骑士，但在次轮，公牛连续第三年遇到了纽约尼克斯。头两场，皮彭合计 34 投 12 中，公牛两连败。第三场，打到最后 1.8 秒，公牛与尼克斯 102 平。禅师叫暂停安排最后一击。皮彭等着禅师叫他的名字，但禅师抬头，找了库科奇。

"你来投这一球。"

皮彭愤怒了，拒绝出场为库科奇做嫁衣。公牛发球，库科奇罚球线

XIX

接球，转身，出手，球进，104 比 102，库科奇高举左手：他绝杀了纽约尼克斯。

然而最后，公牛还是 3 比 4 输给了纽约尼克斯：在半决赛第七场与公牛的生死战，帕特里克·尤因怒吼着，下半场得到 18 分 11 个篮板，让纽约 87 比 77 惨胜晋级。尤因终于迈过了公牛——虽然公牛不再有乔丹，但他终于赢了一次。

尼克斯东部决赛的对手，是印第安纳步行者。

那年的步行者，主教练是老牌学院铁帅拉里·布朗，他麾下有 224 公分的荷兰中锋施密茨，有 201 公分的米切尔、206 公分的安东尼奥·戴维斯、211 公分的戴尔·戴维斯和 208 公分的德里克·麦基这群铁汉。而麾下王牌，是 NBA 联盟历史上最胆大包天的射手：雷吉·米勒。

米勒 201 公分，身材瘦长。运球一般，弹跳一般，但临场的聪明、大胆与他的神射技巧相辅相成。他跑动不休，接球就能高效率出手见血封喉。从 1988 年入行开始，他就是个不可捉摸的射手。

1994 年季后赛首轮，步行者对奥兰多魔术。第一场，米勒 24 分；第二场，32 分。这就是步行者：米勒跑动、牵制、远射；他的队友则防守，并负责搞定鲨鱼。安东尼奥·戴维斯讲解：

"我把鲨鱼拼命往外推，不让他到禁区；一旦他接到球，我就转身叫哥们一起上！"

步行者 3 比 0 淘汰了魔术，然后 4 比 2 解决了亚特兰大鹰。东部决赛对纽约尼克斯，尤因前两场合计得到 60 分，带尼克斯 2 比 0 领先，但步行者扳回两城：第四场米勒 31 分。

第五场，纽约麦迪逊花园，第三节结束，尼克斯 70 比 58 领先步行者 12 分。然后，传奇出现了：

前三节得到 14 分的米勒，在第四节轰下创 NBA 历史纪录的 25 分，包括 5 个三分球。他全场 39 分，带步行者 93 比 86 反超。纽约的老铁汉奥卡利懊悔不已:"我就该给他来个犯规,让他清醒清醒!"

帕特·莱利如此夸奖:"米勒打出了一场乔丹级的演出。"考虑到此前两年乔丹对尼克斯的所作所为,这是莱利能想到的最高褒奖了。

尼克斯无人可以防住米勒。第六场米勒 27 分,第七场米勒 25 分。但尼克斯有自己的进攻手段:第六场,他们用第六人安东尼·梅森得到 11 分 7 篮板 3 助攻 5 抢断,斯塔克斯射中 5 个三分球得到 26 分。第七场,帕特里克·尤因打出一场辉煌的比赛:24 分 22 篮板 7 助攻 5 封盖,统治了内线,他在终场前 27 秒将约翰·斯塔克斯投失的球补扣进筐,解决了比赛。尼克斯 94 比 90 搞定步行者,4 比 3 晋级。

终于,纽约尼克斯进了总决赛——在没有了乔丹的东部。

事隔十年,帕特里克·尤因与大梦奥拉朱旺,再次相遇了。

1982 年,尤因与大梦是美国大学篮球最热门的话题。他俩生日差四个月,都来自海外(尤因来自牙买加,大梦来自尼日利亚)。他俩学习篮球都很晚——大梦 15 岁,尤因 13 岁。他们都被标以 213 公分(七英尺)的身高,他们都是攻防两端的巨人统治者,虽然风格不同。他们都代表着中锋位置可以提供的理想素质:进攻、防守、策应、禁区统治者、坚定的领导者。

甚至他俩的相识都很传奇:

1983 年夏天,凤凰城的某宾馆,休斯顿大学的大梦正在听雷鬼音乐传奇彼得·陶许的磁带。与他一起同为 NCAA 反禁药宣传队队员的乔治城大学的帕特里克·尤因推门进来。他介绍了自己,并且说,自己——作为牙买加人——也喜欢家乡流行开的、会令他怀念起童年的雷鬼音乐。大梦请他进来,俩人坐下,开始聊加勒比的音乐。那天的房间里没有篮球的话题,只有加勒比的乐曲。

那时,大梦和尤因,谁都不会料到,他们会成为彼此的对手。

XIX

1984 年，休斯顿与乔治城相遇于 NCAA 冠军决赛。大梦得到 15 分，压过了尤因的 10 分，但乔治城的整体更胜一筹。84 比 75，于是大梦的两次 NCAA 决赛都以败北告终。

之后大梦成了 1984 年状元，尤因成了 1985 年状元。他们分别为休斯顿与纽约作战。他们都有过厌倦情绪：1991 年，换过五任教练的尤因一度想过走人，最后还是答应下了一份两年合同；1992 年，奥拉朱旺对管理层不满，但却被新教练汤姆贾诺维奇说服留驻。

1993-1994 季，在这空前残忍的一季，走到最后的是十年前那对冤家。

"当我看大梦时，我看到他和我有同样的取胜欲望。他是个伟大的球员，我也是。我们都已经做足了一切，除了冠军。我们如今有同样的眼神，我们都想赢。"

1994 年总决赛，是 NBA 历史上最残忍的绞肉机之战。第一场，大梦第一节 5 投全中，尤因则上半场得到 12 分。第三节，纽约 17 投仅 2 中，任火箭筑起 11 分的领先，第四节，两队合计创下联盟最低的 28 分纪录，但纽约却用一波 13 比 4 把悬念留到了最后 2 分钟。

最后 27 秒，尤因绝望的赌博三分球未中，比赛告终——大梦 28 分 10 篮板，尤因 23 分 9 篮板。火箭 85 比 78 赢下第一战。

次战，火箭三分球 22 投 6 中，纽约则 11 投 7 中，最后 6 分钟纽约再次打出高潮，15 比 4，91 比 83 解决了火箭——尤因 16 分 13 个篮板 6 次盖帽，大梦 25 分 7 篮板 4 次盖帽。

第三场，二人各自拍出 7 记盖帽，大梦 21 分 11 篮板，尤因 18 分 13 个篮板。卡塞尔在余 32 秒时射中三分让火箭反超 1 分，随后连续罚球得手，93 比 89，火箭再胜一场。

第四场，纽约 17 比 2 开局，第四节 18 比 7，一头一尾两次高潮，让大梦的 32 分 5 个盖帽毫无价值——尤因则拼到 6 犯毕业，16 分 15 个篮板。尼克斯 91 比 89 取胜。

第五战下半场，两队六次交替领先，三次打平，大梦 27 分，尤因 25 分，并拿下平总决赛纪录的 8 次盖帽——此前的纪录，正是 1986 年的大梦所保持的。最后尼克斯 91 比 84 取胜。

3 比 2，尼克斯领先。离冠军一步之遥。

第六场，纽约第一节 15 比 8 领先，尤因激情咆哮，预感到冠军不远。但第二节火箭的奔袭逆转比分，第三节火箭，一度领先 12 分，但尤因奋力回击，还以 9 分 6 个篮板。约翰·斯塔克斯开始其一生最戏剧性的时刻：第四节单节射落 17 分，使纽约追赶着火箭。大梦在终场前 6 分钟已身背 5 次犯规，但命运没有为尤因拔掉这根眼中刺。比赛最后 1 分 17 秒，火箭 84 比 82 领先，此后大梦一记神妙抢断外加两次罚球得手，86 比 84。

此时比赛仅剩 2 秒，约翰·斯塔克斯三分线外出手：如果那记投篮坠入篮筐，尤因将在事隔十年后再次击败大梦夺冠。

但一只手阻止了这个球。

大梦送出全场第 4 记盖帽，挽救了自己 30 分 10 篮板的努力。火箭 86 比 84 取下第六场，从悬崖边爬起。3 比 3。

第七场第一节，尤因接不到传球，大梦则投不进——前者 2 投 1 中，后者 10 投 3 中。纽约在第二节达成全场最后一次领先。火箭照例在第二节高潮领先，尤因继续在第三节得到 8 分，但纽约在第四节哑火了。大梦的后仰跳投和麦斯维尔的三分球，让火箭取得领先。斯塔克斯在第四节再次成为纽约赌博的对象：他的三分球可以挽回一切吗？——然而他全场三分球 11 投 1 中，合计 18 投 2 中。90 比 84，火箭赢下第七场。

七场比赛，双方没有任何一战单场得满 100 分，双方七战分差都

XIX

不到 10 分。绞肉机一般的大战。但火箭终于 4 比 3 击败尼克斯，夺下了 1994 年总冠军。大梦成为史上第一位同年包揽常规赛 MVP、总决赛 MVP、年度防守球员的巨星。

"看看这支球队！"麦斯维尔说，"肯尼（史密斯）被交易过许多次，索普被交易过许多次，马刺放弃了我，我们三个首发都是流浪汉球员。现在，我们是冠军了。鲁迪教练是关键。"

汤姆贾诺维奇教练认定，简单就是一切，只要不走捷径。"我只是不要求球员们比我更努力。"

多么热血的故事——只有一个坏消息：

NBA 总决赛的电视收视率，自 1983 年后稳步上扬，1989 年达到巅峰，但 1990 年，活塞二进总决赛时，收视率暴跌；但 1991—1993 年，公牛三连冠时期，收视率重回巅峰，1993 年，NBC 的"收视率尼尔森水准"，达到前所未有的 17.9。但 1994 年总决赛，收视率跌回 12.4，一夜倒退十年。

当然不能怪大梦与尤因的巨人硬汉风格，只能说：

NBA 还是需要乔丹。

有鉴于此，1994 年夏，NBA 开始寻找"乔丹接班人"。他们需要一个天使，拯救这被巨人统治的联盟。

1994 年选秀大会，密尔沃基雄鹿选择了普度大学大三场均得到 30 分的全能得分手格伦·大狗·罗宾逊，但他很快因为一句话被全 NBA 嘲笑了：

"我要成为 NBA 首位有 1 亿身价的男子！"

最后在赛季开始前，他签了 10 年 6800 万的合同了事，但他的名声就此受损。那年选秀大会的榜眼与探花，成了媒体的新宠。

达拉斯小牛用榜眼签拿走了 193 公分、1973 年生的组织后卫贾森·基德。两年前，加州大学的教练卢·甘帕内利说贾森·基德："基德跑起快攻来，会让你情绪失控！"

底特律活塞用探花签挑走了 203 公分、1972 年生的小前锋格兰特·希尔。1992 年他帮助杜克大学拿到全美冠军时，杜克的老 K 教练道："希尔是我们打开一切的钥匙。"而希尔自己说：

"你有个目标，你竭力追寻，你得竭力到让自己变得脆弱不堪、不留余力。"

格兰特·希尔急速成为了全 NBA 的宠儿。他秀雅斯文，微笑甜美，吐字清晰，讲话得体，还会弹钢琴。他将自己突破时闪电般的第一步归功于在雷斯顿中学时踢过足球。他的父亲是橄榄球名将，而母亲跟希拉里是同学：这让他拥有良好的教育。

希尔与 J 博士一样，擅长攻守转换中的奔袭。他能拉开巨大的步幅奔走，依然保持平衡。他擅长挺直腰杆运球，引动对方节奏后，体前变向，急伸交叉步，重心陡沉；运球跟进，从底线强行抹过。这来自于他双手的均衡运球，他卓越的协调性和惊人的爆发力。他又格外理智。老 K 教练回忆说，希尔把打篮球当作下棋，他经常跟教练念叨：

"只要我们这一个转移对了，四记传球之后，投篮机会就出来了。"

结果就是 1994-1995 季新秀年，刚打了半年 NBA，希尔就被球迷投票选进了 1995 年全明星，而且票数第一。他身穿 33 号球衣，但为了向公牛的 33 号皮彭致敬，他在全明星赛上改穿了自己父亲打橄榄球时穿的 35 号。难怪球迷们热爱他。毕竟，那些年球迷每天听到的消息是：

1990 年状元德里克·科尔曼被球队罚款时直接扔出一张空白支票，1993 年状元克里斯·韦伯和教练老尼尔森在飞机上吵架，1994 年多伦多男篮世锦赛，代表美国队出阵的鲨鱼和肖恩·坎普龇牙咧嘴吓坏了孩子们……

XIX

球迷们需要一点新形象。

1994-1995 季，除了全能的希尔，球迷们的新宠是奥兰多魔术的便士哈达维。魔术围绕着便士和鲨鱼，组建起了阵容。尼克·安德森和丹尼斯·斯科特在两翼辅佐。为免板凳无力，首发小前锋用了勤勉的多纳德·罗亚尔，斯科特第六人。从热队招来了 28 岁的后卫布莱恩·肖。从公牛招来了霍勒斯·格兰特：公牛三连冠的三当家，防守与篮板都拿手，还有一手好中投。

这一年，便士开始了他短暂的巨星生涯：他小前锋级别的身高、飞走如风的速度、联盟历史上罕见的柔韧性，配以他那天生的节奏感、宽广的视野，举手投足无不张弛有度。轻灵秀雅如他，再配上鲨鱼这庞然大物，东部无人可挡。1995 年 2 月，魔术的布莱恩·希尔教练说：

"我们能在东部领先，一部分理由，可能最大的理由，是便士的表演。"

因为有了便士，鲨鱼不再只担任禁区强攻。他也开始勤于跑快攻，接便士想落天外的传球，暴虐篮筐。鲨鱼在内，射手群在外，便士时不时变点魔法，谁能抵挡他们联盟第一的进攻效率？

与此同时，1994-1995 季，四大中锋的对决白热化了。

1995 年 2 月 28 日，魔术主场对尤因的纽约；3 月 2 日，魔术做客大梦的休斯顿；3 月 3 日，魔术去海军上将的圣安东尼奥。你可以读出 NBA 排这赛程时，用心何其良苦：

"都想知道巨人谁胜谁负……那就让鲨鱼去跟他们一个一个对决呗。"

1995 年 2 月 28 日，过去四场连续得分 30+ 的尤因带着尼克斯，来到了奥兰多。尤因底气很足：

"这次，我会赢鲨鱼的。"

魔术替补中锋大树罗林斯提醒鲨鱼：

"尤因会针对你，你得小心。他喜欢用投篮假动作欺骗，所以别让他把你晃跳起来。别让他用招牌的大跨步突进去，不然他会造成打三分。"

鲨鱼用勾手与翻身投篮左右开弓，28 投 16 中 41 分 10 篮板。尤因也足够出色，28 投 13 中 32 分 15 篮板，但纽约输了。便士的 12 次助攻和格兰特的 14 个篮板 4 抢断为魔术补了台。118 比 106，魔术轻取尼克斯。鲨鱼在赛后旧话重提：

"那，现在谁才是爷们哪？"

两天后，魔术去了休斯顿。鲨鱼大呼：

"大梦是联盟最好的中锋。世界最好的中锋。除了他之外，别拿任何人来和我比较。"

大梦则说："我庆幸在 1994 年赢了冠军戒指和 MVP 奖杯。接下来的都归鲨鱼了，我赶了个早。鲨鱼是当下最好的。看他成长的过程都让人难以置信。"

至于怎么对付鲨鱼？"在他身后堵住，让其他队友来协防。两人，甚至三个人。"

这一晚鲨鱼 17 投 9 中 19 分，抓到 20 个篮板，但送出 6 次助攻：他给队友传球了。便士乘隙开火，射落 30 分。大梦 22 分 9 篮板 6 助攻 5 抢断，但 23 投仅 9 中——鲨鱼和格兰特的反包夹，让他挺头疼。魔术 107 比 96 击败卫冕冠军火箭。鲨鱼说：

"我俩今晚都没尽兴。电视观众没看到我和大梦的最好状态。"

鲨鱼只在夸大梦时才抖开大嘴天花乱坠。到了圣安东尼奥，被当地

XIX

记者问"你认为罗宾逊是啥水平"时，鲨鱼答：

"我不给球员评级别。"

魔术让大前锋格兰特去对付罗宾逊，以应对他的面筐进攻，让鲨鱼去防马刺大前锋，联盟篮板王，史上最妖异的防守怪物之一丹尼斯·罗德曼。这招成功了：罗宾逊全场 24 投仅 7 中。但是，马刺依然在第四节领先 14 分。鲨鱼生气了，第四节他得到 12 分。某一回合，他内线得球，背靠罗宾逊强压进内线，前转身跳勾手得分；下一回合，他再次把罗宾逊压到同一位置，前转身假动作，连一个底线翻身勾手投中，将分数追到 109 平。罗宾逊赛后摇头：

"如果他一直这样，防他根本不可能。"

终场前 3 秒，马刺后卫道格·里弗斯抓到一个诡异的前场篮板，上篮得手。马刺 112 比 111 险胜魔术。罗宾逊 24 分 14 篮板 5 封盖，鲨鱼则 36 分 12 篮板 2 封盖。

但鲨鱼没法阻挡罗宾逊带领马刺打出了 62 胜 20 负，也没法阻挡他拿到 1994-1995 季常规赛 MVP。

以及，1995 年春天，新闻属于另外两个大人物。

先是 1995 年 2 月，卫冕冠军休斯顿送出冠军大前锋索普，从波特兰开拓者换到了 32 岁的滑翔机。

非常奇怪的一次交易。火箭敢这么做，只因为大梦对管理层确认说，他跟滑翔机私下沟通过了："为了夺冠，他什么都愿意做。"

另一个消息：1995 年 3 月 18 日，退役打棒球的迈克尔·乔丹说了句地动山摇的话：

"我回来了。"

许多年后，有无数论文陈述：当日这句话，如何影响了道琼斯指数，如何耸动了整个华尔街，如何让 Nike 的高管们血涌脑袋。有无数记者分析：乔丹为什么复出，是出于对篮球的爱，还是商业利益，抑或是他的好胜心……

总之，乔丹回到了当时 34 胜 31 负的公牛。他并没把 23 号球衣从球馆天棚放下来，而改穿了 45 号球衣。1995 年 3 月 19 日，公牛去印第安纳客场挑战步行者。全美国都疯了。电视台一路安排镜头，从公牛大巴到达球馆就开始追拍。乔丹坐私人飞机晚一天到达印第安纳，住进了另一个旅馆。比赛当日，步行者主教练拉里·布朗看着找他来的记者们，微微一笑：

"你们真善良。披头士和猫王都归来了，你们还来访问我？"

复出后一周，公牛去亚特兰大，乔丹全场 32 分，终场前 5.9 秒，公牛 97 比 98 落后。乔丹面对 1994 年美国梦之二队后卫，203 公分高的史蒂夫·史密斯，右手运球，推进前场。踏进三分线后，乔丹一个晃动，侧步，起跳，中投。史密斯来不及封盖，球直落篮筐：99 比 98，乔丹的绝杀。

当场 16378 名亚特兰大球迷，半数举手欢呼，好像根本不管乔丹绝杀了他们的主队似的。球迷高举"欢迎回来，迈克尔"的字样尖叫，乔丹回身，握拳，抿嘴，然后单膝跪地，用右手轻轻敲了敲亚特兰大的木地板。

又三天后，麦迪逊花园。第一节乔丹 11 投 9 中，公牛的 31 分里他包揽 20 分；上半场结束他 19 投 14 中，35 分。最后时刻乔丹骗过尤因，助攻温宁顿扣进制胜球，公牛 113 比 111 击败尼克斯。乔丹全场 55 分。常规赛结束，乔丹出赛的 17 场，公牛 13 胜 4 负，比先前的 34 胜 31 负大有提升，但 47 胜 35 负，也只在东部第五而已。

1995 年季后赛首轮，公牛对垒夏洛特黄蜂：对面有 1991 年状元，

XIX

拉里·大妈·约翰逊，有三年级却已成为联盟最顶级中锋之一的阿朗佐·莫宁，以及前费城 76 人的赫西·霍金斯。但是第一场，夏洛特球迷就目瞪口呆：

皮彭受犯规所困，27 分钟，只得 8 分；库科奇表现全面，17 分 7 篮板 9 助攻。但乔丹大发神威，前三节得到 28 分，第四节和加时赛合计 20 分，全场 32 投 18 中 11 罚全中，48 分 9 篮板 8 助攻。莫宁虽然独得 32 分 13 篮板 7 封盖，到此也无可奈何。霍金斯作为乔丹的老对手，做了个完美总结：

"当迈克尔把你撂倒后，他不只是要按住你，他还要刺穿你的心。"

公牛 3 比 1 击败黄蜂晋级。第二轮，他们遇到了鲨鱼的奥兰多魔术。

1994-1995 季常规赛，鲨鱼夺回了得分王，常规赛 MVP 选票第二。惊人的是，二年级的便士哈达维，场均 20.9 分 4.4 篮板 7.2 助攻 1.7 抢断，外加惊人的 51% 的命中率，入选联盟第一阵容。加上尼克·安德森和拜伦·斯科特这两位射手，加上老格兰特，加上替补控卫布莱恩·肖——总而言之，东部首席中锋+联盟最好的后卫之一，魔术年轻气盛，才华横溢。

公牛 VS 魔术第一场最后时刻，出了件事：

乔丹运球，但被尼克·安德森抄掉。当魔术双人快攻直飞前场时，乔丹因为失去平衡跟跄倒地。这镜头被传送到全世界，令人错愕。尼克·安德森大胆说出了意见：

"45 号乔丹，不再是 23 号乔丹了。23 号可以随意飞过你，就像飞机轰然起飞似的；45 号会加速，但是并不真的起飞。"

一周后，双方打成了 2 比 2。魔术明白了：尽管乔丹离开篮球场 17 个月，他依然是这个星球最可怕的篮球手之一。魔术 94 比 91 赢下第一场，公牛 104 比 94 赢下第二场，乔丹 38 分。魔术取下第三场，但无法阻止乔丹得到 40 分。第四场，乔丹变换套路，21 投 9 中 26 分 7 篮板 4 抢断，公牛队皮彭 24 分、库科奇 13 分 9 助攻 7 篮板、阿姆斯特朗 18 分，将分数追至 2 比 2 平。

但公牛也发觉，魔术不再是个菜鸟了。鲨鱼对乔丹倍感敬意："他是超人，我是超男孩。"但他打球毫不留情。一向罚球奇差的鲨鱼，在前四场面对公牛朗利、温宁顿等中锋的围击，56 罚 40 中，而且在关键的第三场上半场得到了 20 分，提前奠定优势。"我妈，我外婆，所有人都让我朝篮筐移动时快点儿，所以啦！"

最让公牛头大的，是乔丹和皮彭的老队友霍勒斯·格兰特。公牛忙于包夹鲨鱼，格兰特可以游刃有余地找到空位进攻机会。前四场他平均 20 分 12 篮板：毕竟，他是最熟悉公牛防守的人了。

关键的第五场，乔丹依然无敌，28 投 15 中 39 分，鲨鱼则 20 投 7 中 23 分，但魔术赢了：鲨鱼 22 个篮板、4 次助攻和 5 次封盖，加上便士的 19 分 11 助攻、格兰特的 24 分 11 篮板，魔术 3 比 2 领先。第六场，乔丹终于失准：19 投 8 中 24 分的他，无法挽回大局。鲨鱼 27 分 13 篮板，带领魔术 108 比 102 取胜。4 比 2，奥兰多魔术淘汰了芝加哥公牛。

乔丹上一次输掉系列赛，还是 1990 年的夏天。进入 1990 年代之后的 13 个季后赛系列赛，他战无不胜。三连冠，高处不胜寒，退役，复出。他上演过太多的神话，所以直到乔丹败北的一刻，世界才敢小心翼翼地谈论：

乔丹是不是真的在走下坡路了？

安德森的那记断球，成了 1995 年夏季被播放最多的镜头：他断球，乔丹倒地，魔术快攻得分。那一幕，仿佛是魔术击败公牛系列赛的缩影：年轻的巨人击败了老去的飞人。

东部半决赛的另一边，印第安纳步行者队再次遭遇纽约尼克斯。第

XIX

一场最后 16.4 秒，步行者落后 6 分。然后雷吉·米勒施展神奇：三分、罚球、断球、三分，8 秒内得到 8 分，完成神话逆转。以此为契机，步行者 4 比 3 击败尼克斯，复仇成功。米勒很骄傲：

"看看我们经历过的这些吧。你永远不会看到我们放弃或松懈，无论我们领先还是落后。"

于是 1995 年东部决赛，步行者连续第二年遭遇魔术。米勒连续第二年遭遇鲨鱼。

东部决赛第一场，魔术一度落后 18 分，然后斯科特连续射中三分：三分球 11 投 5 中，全场 19 分。加上便士的 20 分 14 助攻、安德森的 16 分，魔术外围很争气。鲨鱼纵横无敌，16 投 11 中外加 12 罚 10 中，32 分 11 篮板。魔术 105 比 101 取胜。

第二场，鲨鱼开场奔袭荷兰巨人里克·施密茨，以迅雷不及掩耳之势让他陷入犯规麻烦，只好举手投降。步行者被迫收缩，魔术射手得其所哉，开始投篮练习。便士 19 分三分 5 投 3 中，安德森 17 分三分 6 投 2 中，斯科特三分 15 投 7 中 25 分，三大外围合计 61 分，鲨鱼自己 21 投 15 中 39 分。魔术 119 比 114 取下第二场，2 比 0 领先步行者。

米勒努力了：第一场 26 分，第二场 37 分。第二场大局已定时，米勒一记三分命中，奥兰多观众依然杯弓蛇影地尖叫"NO!!!"0 比 2 落后时，米勒对拉里·布朗教练苦笑：

"教练，不如我们让鲨鱼得 50 分，封杀他们的射手试试看？"

布朗教练不信邪。

"如果魔术的三分能一直这样准，他们必然夺冠。"但是他又愿意赌一下，"问题是他们能一直这么准么？"

第三场，魔术射手依然火热：26 投 13 中，外围三人组合计 10 记三分球，便士 29 分。但鲨鱼这一晚被围得只有 12 次出手机会，16 分。最耻辱的是，他 8 罚 0 中，还 6 次犯规出场了。第四场，步行者再胜。

于是第五场前,鲨鱼剃光了脑袋和胡子,满头锃亮,一脸杀气。他在更衣室里吼:

"为什么冠军不能是我们?为什么不能是今年?"

"说实话,我以前是公牛队的。"格兰特说,"所以,我都没想到我们能击败公牛。可是,真赢了之后,我就觉得:天空才是极限。"

第五场,鲨鱼21投13中19罚9中,35分13篮板。虽然荷兰中锋施密茨的中投仍让他不爽——11投9中,20分——鲨鱼还是轰塌了步行者。3比2。第六战,米勒排山倒海地得到36分,步行者123比96血洗了魔术。

于是回到主场,第七场。

"只要我们做正确的事,我们今年就能夺冠。就今年。"鲨鱼说,"这样我23岁就能退休啦!"

第七场,鲨鱼还是罚不进球:11罚只有3中。但是他15投11中,25分11篮板。因为他的可怕威慑力,魔术的外围活了。便士、斯科特、格兰特合计29投21中,神准无比。斯科特11投7中,三分7投5中19分。而且,他防到米勒13投5中,12分。

"我这辈子唯一忍受不了的事,就是投丢空位跳投。如果我来得及瞄准,我觉得我能射中所有的球。"米勒苦恼地说。魔术105比81大破步行者,4比3晋级。鲨鱼在魔术队史第二次季后赛,就带队进到了1995年总决赛,而且有主场优势。他们和冠军之间,只有一个对手了:

卫冕冠军休斯顿火箭,以及统领他们的大梦。

就在1995年总决赛前,鲨鱼又加了句:

"今年MVP选票,大梦排第几?第五?呃,我觉得他才是今年的MVP。"

这是为了嘲讽当届常规赛MVP大卫·罗宾逊。但罗宾逊的确没心

XIX

思和鲨鱼唇枪舌剑。1995 年西部决赛，他与马刺被大梦彻底羞辱了。1995 年常规赛 MVP 颁奖礼那天，大梦在罗宾逊头顶得了 41 分。整个西部决赛，47 胜西部第六的火箭把 62 胜西部第一的马刺修理成 4 比 2。大梦第二场 41 分，第三场 43 分，最后两场分别是 42 分和 39 分，顺便留下了 NBA 史上一个传世神球：大梦左翼持球，突破到篮下，对防守他的罗宾逊，像一个举着苹果骗孩子的叔叔，晃一次，晃两次，直到那个孩子满天乱跳后，大梦才轻松把球舔进了筐。

实际上 1995 年季后赛开始前，没几个人相信火箭能卫冕：47 胜西部第六的成绩勉强混进季后赛，后卫们不断受伤，大梦患上贫血。滑翔机中途到来后，甚至没机会和其他主力配对。他们仅有的法宝：合计 65 岁的大梦和德雷克斯勒这两大老明星、三分射手群，以及卫冕冠军的经验。

他们迈过第一轮的犹他爵士，很是幸运：第二场肯尼·史密斯三分球 8 投 7 中，全队 19 个三分球，莫名其妙赢下一场；第四场，滑翔机和大梦分别得到 41 分和 40 分，他们自称是"一场计划外的胜利"。打成 2 比 2 后，第五场最后 4 分钟，爵士还领先火箭 7 分，淘汰卫冕冠军近在眼前——但 4 分钟过去之后，火箭完成逆转，爵士反被淘汰了。

"别和他们拖到最后时刻。"爵士后卫杰夫·霍纳塞克说。

西部半决赛，老对手太阳。火箭 1 比 3 落后，第五场赛前滑翔机感冒，比赛前半小时才赶到球场。第五场最后半分钟，太阳还领先 2 分，火箭眼看要倒，大梦一记勾手把比赛带进加时。加时赛，罗伯特·霍里一记远射把分差拉开。火箭取下第五场，随后火箭抢回第六场，3 比 3。第七场第二节，太阳领先 15 分，但火箭不屈不挠地追赶。终场前 7 秒，112 平。火箭的马里奥·埃利在左底线三分线外举球投篮。嗖。

"这是死亡之吻。"埃利如此吹嘘自己这记绝杀球。

火箭 4 比 3 解决太阳完成大逆转。巴克利说：

"火箭就是只德州蟑螂。你一脚踩下去,以为踩扁了他们,没想到他们就这样爬走了。"

西部决赛再干掉马刺后,火箭来到了 1995 年总决赛。

和魔术一样:火箭依靠一个伟大巨人(大梦),一个全能外围(滑翔机),一群射手。当记者问鲨鱼:"如果你是超人,大梦是什么呢?"鲨鱼答:

"那他就是海王!因为他太太太太太滑了。"

魔术助理教练"大树"罗林斯总括:

"谁胆敢去阻止这些动作,大梦会把他玩得像个白痴。所以,让他当头扣你一个还轻松点——总比他已经得分了,你还傻看着另一个方向好多了。"

便士认为,魔术挺有希望。

"鲨鱼爱挑战。他知道这是一个巨大的挑战。他看到了大梦季后赛以来的伟大表现。我们都看到了。但是挑战越大,鲨鱼会打得越好。"

直到 1995 年总决赛首场结束前一分钟,魔术都一切顺利:他们 110 比 107 领先 3 分,尼克·安德森要上罚球线了。这一晚,他 18 投 9 中,三分球 10 投 4 中,22 分 11 篮板 3 抢断,威风八面;他是常规赛三分率 42% 的大心脏射手,他的罚球也有 70%。

然后怪事发生了。

第一罚,不中。第二罚,不中。

又一次轮到他罚球。

第三罚,不中。第四罚,不中。

之后马里奥·埃利一记三分,火箭追平比分进入加时,取下第一战,死里逃生。大难不死必有后福:火箭赢下第二场,奥兰多两个主场

XIX

全破，0 比 2 落后火箭。

第一场，大梦指尖略一沾球，魔术全队包夹而来，于是火箭外围乘虚开火，三分球 32 投 14 中，大梦 7 次助攻，自己另得 31 分。第二场，魔术留鲨鱼自己对付大梦，逼得火箭外围只中 5 记三分。但大梦自己得了 34 分。火箭队肯尼·史密斯沾沾自喜。

"魔术得做个选择题：包夹大梦，我们拿三分烧他们；不包夹，大梦可能得五六十分。"

鲨鱼很努力了：第一场，他 16 投 10 中 9 罚 6 中，而且有 9 次助攻；第二场，22 投 12 中 14 罚 9 中，33 分 12 篮板 7 次助攻。大梦在第二场后也承认："跟鲨鱼打太累人了，我现在只想回家睡倒。"

糟糕的是魔术其他人：安德森第一场罚丢球后一蹶不振，心理大受影响，第二场 13 投 4 中，三分 5 投 1 中。丹尼斯·斯科特第二场 10 投 3 中。两大射手的沉寂，让魔术外围一败涂地。

第三场到休斯顿，两大射手继续梦游。斯科特 11 投 2 中，安德森 14 投 4 中。鲨鱼所向无敌，便士则得到 19 分 14 助攻，格兰特 13 投 9 中 18 分 10 篮板，强行扭住战局，虽然大梦 31 分 14 篮板 7 助攻、滑翔机 25 分 13 篮板 7 助攻令人震惊，但魔术至少在前三节拉住了……到第四节，罗伯特·霍里站出来了。

就在总决赛第一场，尼克·安德森四罚不中后，火箭、魔术开打加时。火箭队以小前锋出身打大前锋的罗伯特·霍里，开局就是两记三分加一个抢断，让火箭气势振作起来。第三场，霍里继续改变比赛。前三节，霍里只得 6 分，第四节，他先是单节 11 分，然后是终场前 14 秒，他一记三分球越过格兰特的指尖：火箭 106 比 103 击败魔术。3 比 0 领先。

大梦固然神勇，滑翔机也尽职尽责：第三场第四节最后时刻，滑翔机一记奔袭全场的飞行扣篮让全场震撼。埃利说:"当他抓到篮板、低头、起飞时,他让你想跟着他一起跑。他好象年轻了10岁,飞过所有年轻人。他想要个冠军戒指。他太想要个冠军戒指了。"

卡塞尔认为,火箭赢球的理由不只是大梦和滑翔机。

"我们有许多人来帮大梦和滑翔机,每场都有新亮点。可他们?只有鲨鱼和便士。"

大梦的稳定发挥,滑翔机的求胜意志,火箭外围的胆大包天,以及他们的老辣——第一场胜利后,汤姆贾诺维奇教练厉声喝止了火箭队的庆祝;第三场胜利后,埃利说"提前庆祝太早了"。

第四场结束,大梦和滑翔机的右手终于在空中高高相握。大梦30投15中35分15篮板6助攻,滑翔机15分9篮板8助攻,霍里21分13篮板4记三分球。鲨鱼25分12篮板4封盖,便士25分,但直到最后一场,安德森也没找回手感。火箭113比101取胜,4比0横扫魔术,蝉联总冠军。大梦蝉联总决赛MVP:这是乔丹之后,第一个做到这点的人。

火箭完成了一个神奇纪录:他们自己常规赛47胜,却一路干掉了邮差的爵士、巴克利的太阳、罗宾逊的马刺和鲨鱼的魔术这四支常规赛50胜以上的球队。他们坚韧无比,匪夷所思地完成了下克上。鲁迪·汤姆贾诺维奇教练在火箭夺冠后,留下一句传世名言:

"永远永远,不要低估一颗冠军的心。"

XIX

NBA75年 1946–2020 篮球群星闪耀时 下

张佳玮 —— 著

华东师范大学出版社
·上海·

第二十章 72胜

1995 年 NBA 选秀大会上，明尼苏达森林狼队用第 5 位选择了凯文·加内特。

1976 年 5 月 19 日，凯文·加内特出生于南卡罗来纳的格林维尔，被妈妈雪莉·加内特带大，到 1989 年，他已经是街区最有名的篮球手。他继承了母亲的好嗓门，喜欢大声怒吼。高中最后一年，他远走芝加哥，带着法拉古特高中拿下了 28 胜 2 负的恐怖战绩，场均 25.2 分 17.9 个篮板 6.7 个助攻 6.5 个封盖，命中率 66.8%。《今日美国》把他评为 1995 年全美最佳高中生球员。1995 年夏天高中毕业时，加内特长到了 211 公分，奔走如风、能跑能跳。他去参加了麦当劳全美高中生全明星赛，在那里遇到他的好朋友、正要去佐治亚读大学的后卫斯蒂芬·马布里，并认识了南加州英格伍德高中、小加内特一岁的前锋保罗·皮尔斯。

截止到 1995 年，明尼苏达森林狼队的历年 NBA 常规赛战绩：22 胜、29 胜、15 胜、19 胜、20 胜和 21 胜。那年 5 月 11 日，森林狼雇了凯文·麦克海尔来当球队副主席。他被加内特的经纪人埃里克·弗雷舍请去看试训：当时 NBA 拥有前 13 位选秀权的球队当家云集芝加哥。他们看到凯文·加内特，211 公分 99 公斤、年方 18 岁，右手运球跨越全场；跳投；左手运球跨越全场；另一个跳投；左侧后转身；右侧后转身；胯下运球；三分弧顶投篮；底线投篮。加内特——当时他的昵称是 KG——打得兴起，忍不住开始怒吼：

"啊！啊啊!! 啊啊啊啊!!!!"

麦克海尔和森林狼经理菲利普·桑德斯出门坐进汽车，沉默良久。最后麦克海尔说：

"哇，我们要用首轮签选个高中生球员啦!"

若干年后，麦克海尔说：

"当时我和桑德斯都是刚上岗。这是我们第一次选秀。我们老板也是个 NBA 新手。我们决定，如果选糟了，我们就说，'嘿老板，这是我们第一次选秀。我们都不知道我们干了啥！'"

1995 年 6 月，KG 被森林狼选中了。就在他被选中前一小时，他的高中教练威廉－内尔森先生恭喜他，"你的 SAT 通过了，970 分，你可以去读大学了"。

KG 说："好吧，已经太迟了。"他不会读大学了。他要去 NBA 了。

当然，KG 开始对 NBA 产生重大影响，是后来的事了。

1995 年新进 NBA 的除了 KG，还有两支新球队：多伦多猛龙与温哥华灰熊。NBA 有了多达 29 支球队。当然与其他新球队类似：他们的第一个赛季都战绩不佳，一个 21 胜，一个 15 胜。猛龙在向大众公开征集球队名字时，还险些被投票叫作"多伦多猪队"——因为多伦多养猪业颇为发达。

1995 年夏天帕特·莱利教练离开了纽约尼克斯，去到了迈阿密热。第一件事就是送走射手格伦·莱斯，从夏洛特黄蜂招来了铁面中锋、尤因的师弟阿朗佐·莫宁。洛杉矶和纽约这种大城市的主教练已经无法满足莱利了：迈阿密这种新兴球队，可以让莱利铁腕独裁，更适合他的审美。

1995 年夏天，32 岁的迈克尔·乔丹，像个新人那样勤奋训练。经纪人大卫·法尔克来找他，说华纳兄弟公司想找乔丹拍电影，《太空大灌篮》——某外星球怪物和兔巴哥、兔女郎等动画人物赌赛打篮球，然后窃取了全 NBA 巨星们的才华，唯有退役打棒球的乔丹躲了过去；乔丹和兔巴哥们联手，干掉了怪物，拯救了 NBA——乔丹要求华纳兄弟保证训练场地。"我不能八个星期不打球。"财大气粗的华纳兄弟造了个停车场大小的临时体育馆，布满乔丹需要的一切训练设施。如是，乔丹拍电影间隙，中午练力量，晚上练篮球。

XX

与此同时，1995 年秋天，公牛招来了丹尼斯·罗德曼。

丹尼斯·罗德曼生于 1961 年，大乔丹两岁，大皮彭四岁。身高 203 公分，体重 95 公斤。他是 1988-90 那支活塞的超级蓝领，是乔丹和皮彭的死敌。他当年视查克·戴利教练为老爹。他依靠防守和篮板绝活在 NBA 立足，擅长撒泼玩赖、善使小动作，是假摔天才、表演大师。

自从戴利离开活塞后，罗德曼自觉失去了精神上的父亲。他去了马刺队。1993 年他开始染头发，在自己身上一切空着的地方刺纹身。1993 年 3 月，和公牛比赛时打架；1993 年 12 月，他头撞斯泰西·金；1994 年，他头撞斯托克顿；1995 年，他推倒穆托姆博，持冰袋飞砸马刺主帅鲍勃·希尔。场外，1993 年他在色情场所被揪住，另一次因持械被警察逮到；1995 年因为开摩托车受伤停赛；他还到处传扬自己和歌星麦当娜的艳情传闻——总而言之，活塞时期那个悍勇奸狠的 10 号黑头发罗德曼，在 1995 年是个玩世不恭的混世魔王。

禅师会见了罗德曼。罗德曼对禅师说：

"你不会在我这儿遇到问题。而且你会赢得一个总冠军。"

1995-1996 季开始前四星期，公牛将中锋威尔·普度送去马刺，换来罗德曼。1995 年 11 月，他们定的首发是：

首发后场：9 号罗恩·哈珀，将满 32 岁，198 公分；23 号迈克尔·乔丹，差三个月 33 岁，198 公分。

首发前锋：91 号丹尼斯·罗德曼，34 岁，203 公分；33 号斯科蒂·皮彭，30 岁。

中锋：13 号卢戈·朗利，218 公分，27 岁。

主力替补轮换：第六人托尼·库科奇，211 公分，27 岁；替补射手斯蒂夫·科尔，191 公分，30 岁；替补中锋比尔·温宁顿，213 公分，32 岁；替补内线迪奇·辛普金斯，23 岁，206 公分；替补摇摆人朱德·布伊奇勒，198 公分，27 岁。

全队平均 29.9 岁，首发平均 31 岁。1995-1996 季的芝加哥公牛是支地道的老头儿部队。然后是他们奇怪的布阵：他们没有一个纯粹的组织后卫。后场是乔丹和哈珀两个 198 公分的得分后卫；后卫到前锋都在 198 到 203 公分之间，只有中锋高达 218 公分。

赛季开始前，全世界还在费琢磨。记者试探皮彭：

"公牛找了罗德曼……还能想出比这更诡异的运作吗？"

皮彭答："那就是把兰比尔给挖回来了！"

1995 年 11 月 3 日，公牛主场应战夏洛特黄蜂，是为 1995-1996 季揭幕战。上半场，皮彭打了会儿就离场了，黄蜂乘机 48 比 40 领先，但第三节，风云突变：公牛一阵暴风卷起，单节闪出 40 比 18 的高潮。黄蜂被打溃。公牛 105 比 91 取胜。乔丹 42 分 6 篮板 7 助攻，罗德曼 27 分钟里抓了 11 个篮板，库科奇 15 分 9 篮板 6 助攻，布伊奇勒 13 分。

第二天，公牛主场战凯尔特人，首节就 25 比 12 领先，上半场 46 比 40；第三节又是 35 比 19 的旋风高潮，打溃了凯尔特人，全场 107 比 85。第三场，公牛轻取猛龙，乔丹 38 分，皮彭 26 分，罗德曼 11 分 13 篮板 6 助攻，哈珀 13 分，朗利 6 投 5 中 10 分 5 篮板。

公牛一直赢到 11 月中旬，才输了第一阵：在奥兰多客场，公牛没有罗德曼，魔术没有鲨鱼。公牛遭遇了便士哈达维的突袭：1995 年夏，便士给自己加了体重。他的突破犀利，全场 36 分。

但 11 月下旬到 12 月初，公牛在连续七客场里只输了一场——在西雅图，乔丹遭遇围击，19 投 6 中只得 22 分，公牛 92 比 97 败北——但自那之后，他们的赢球已成惯性。12 月 9 日，公牛做客密尔沃基雄鹿，对面的首席王牌是 1994 年状元格伦·大狗·罗宾逊——没进 NBA 就号称"我是身价 1 亿的男子"。乔丹和他飙上了：全场大狗 39 分，但

XX

乔丹回以 45 分，皮彭 28 分，罗德曼疯狂抓到 21 个篮板球，公牛取胜。四天后，公牛回联合中心主场，迎来了奥兰多魔术。乔丹报复心大盛，36 分；皮彭 26 分 8 篮板 6 助攻，罗德曼 8 分 19 篮板，库科奇板凳出阵 30 分钟里 21 分 5 篮板 4 助攻。皮彭赛后，指名道姓念叨受伤缺席的鲨鱼：

"我倒宁愿鲨鱼出赛，魔术队现有的战术，要消化他，估计并不容易。"

魔术那里有个小风波：因为季前受伤，1995 年 12 月 15 日，鲨鱼才开始打 1995-1996 季第一战。格兰特这么欢迎他的归来：

"我们已经习惯他不上场的比赛方式了。我很高兴，我们能证明自己离开他也能打球。但他回来了，就像你在读书时觉得灯光还可以，然后某人忽然举着一个巨大的台灯进来，你想，哇，好多了！"

就在鲨鱼复出之前，魔术的战绩，已经是惊人的 17 胜 5 负。在东部，仅落后于 18 胜 2 负的芝加哥公牛。因为便士在鲨鱼受伤的 22 场、一个半月期间，场均 26.4 分，5.3 篮板和 6.8 助攻。

在 1995 年初冬，公牛真正用上了三角进攻。这套路需要出色的低位攻击手、弱侧射手和聪明的球队，1995 年，这一切齐备了：乔丹和皮彭的篮球智商老辣已到化境，全面到无可挑剔；罗恩·哈珀早年和乔丹争锋，但这时也已经老辣醇厚，成了个老球皮；托尼·库科奇进攻端的传、投、切和聪慧毋庸置疑。科尔提供了远程火力支持，朗利是个能中投、肯走位的无私巨人。

最让人意外的是，罗德曼跟三角进攻一拍即合。

公牛的半场攻防变化无方：他们没有固定的持球组织者，乔丹、皮彭、库科奇、科尔、哈珀都可能运球过半场；他们没有固定的内线轴心：

乔丹、皮彭、朗利都可能去担当三角轴心，在禁区要位单打；他们没有固定的选择，比如皮彭、乔丹和库科奇在弧顶站着，可能转移到强侧三角去打，也可能自己突破分球，更可能自己单挑。罗德曼根本不投篮："我们队有太多人跳投了。我只需要去踢对手的屁股就行。哼哼，我要教教朗利，怎么把对手来回烘烤！"

比之于行云流水的三角进攻，那支公牛真正摧毁对手的武器，是他们的防守。无数个第三节，公牛用强硬的外围施压夹击、设置陷阱、破坏、反击，如是者反复。乔丹、皮彭与罗德曼不停绞杀对手，而对手在懊丧、愤怒与绝望的循环中，深感"我们永远不可能击败公牛"。老教练胡比·布朗在 1995 年底说：

"公牛已经是史上最好的防守球队了！"

之后，就是乔丹好胜如狂的心态了。

1995 年 11 月 30 日，公牛战灰熊。第四节剩两分钟时，灰熊后卫达里克·马丁一记跳投让灰熊领先到 8 分，于是得意忘形，蹿到公牛板凳前："我说过，我们今天会击败你们！"

乔丹走到马丁身边说：

"小子，我说过，跟我说垃圾话没好下场。"

乔丹包揽了接下来的 9 分：一记右翼突破后滞空变戏法式右手画圈上篮，一记抄球后急速快攻，最后 10 秒再次抄球，突进扣篮解决比赛。公牛完成逆转，94 比 88 赢球。乔丹 29 分：最后半节，他得了 19 分。

1996 年 1 月 13 日，乔丹带芝加哥公牛到费城打比赛，早餐时读到报纸。费城 76 人的王牌、1995 年夏天入行的探花秀、乔丹的北卡学弟杰里·斯塔克豪斯，在 1995 年底春风得意：他的 NBA 头两个月场均 20 分 4 篮板 4 助攻；他对媒体说，论一对一，他可以击败乔丹。费城 76 人得分后卫弗农·马斯维尔——1994 年火箭冠军后卫——则对记者说：

XX

"让乔丹和皮彭见鬼去!他们可没为我做什么!你可以把这话印出来!"

当晚公牛对76人之战,乔丹34分钟内28投18中得到48分,包括上半场一次假动作将斯塔克豪斯晃飞。公牛第三节结束就领先30分。斯塔克豪斯被防到11投4中13分,马斯维尔8投1中4分。

1995-1996季的乔丹成为了NBA史上最全面的球员之———无论攻防两端。他技艺精纯,已到随心所欲的地步;他的爆发力已不及年少时,没法随时飞翔扣篮,但他打得从所未有地成熟。他成为了一个更好的队友。他随时随地,都能选择最得体的比赛方式。走位、传球、掩护、训斥、鼓励、威吓、愤怒、微笑,他都能从心所欲不逾距。

1996年2月2日,公牛击败湖人后,复出的魔术师——他老人家终究耐不住寂寞,出来在湖人玩了半个赛季,让自己的总助攻数上了一万——评价说:

"公牛和1980年代夺冠时的湖人一样好,他们比1991—1993三连冠的队伍还要好。"

罗德曼百忙中出了本书:《我行我素》。还怕不够骇人听闻,他拍了这么个封面:一丝不挂,坐一辆摩托车上。书里头,他把所有人骂了个遍。他强调约翰·斯托克顿才是NBA最脏的球员;他骂NBA总裁大卫·斯特恩是个道貌岸然的伪君子;他嘲骂旧主马刺,还自我辩白:

"整个球员把我出卖了,我孤伶伶地站在荒岛上,是最容易攻击的目标。出了任何事,他们很容易找到替死鬼。就都怪丹尼斯·罗德曼吧。"

1996年全明星赛,顺风顺水的乔丹举起了自己第二座全明星MVP奖杯。1996年春天,公牛继续赢球。3月7日对底特律活塞,对面是媒体鼓噪的"乔丹接班人"格兰特·希尔,乔丹38分钟内28投

21 中，53 分 11 篮板 6 抢断。三天之后，公牛在麦迪逊花园被尼克斯血洗：72 比 104。斯蒂夫·科尔很生气："都怪我们穿了黑球衣！"11 天后，公牛再战尼克斯，107 比 86 报了一箭之仇。3 月 16 日对新泽西的比赛，罗德曼压抑已久的混球本性无处发泄，化作一记头锤，砸给了裁判泰德·伯哈德，导致 6 场停赛和 2 万美元罚款。但公牛还是在赢球。

这一年，禅师又发明了些新的语录，比如：

"千里之行，始于你一念呼吸之间。"

乔丹业已成长的领导艺术和禅师高深莫测的控制，加上皮彭始终均衡的稳定和罗德曼的妖异，再加上朗利和温宁顿的敦实、库科奇的全面、科尔的精准和哈珀的老辣，公牛在 1996 年 4 月走向历史。4 月 12 日，公牛 112 比 82 大破 76 人，常规赛第 68 胜；4 月 14 日，在克里夫兰 98 比 72 大胜，常规赛第 69 胜，平 NBA 历史纪录；4 月 16 日，公牛去了密尔沃基。乔丹手感不佳，27 投仅 9 中；皮彭也只 19 投 7 中，但罗德曼兴风作浪：公牛下半场仅让雄鹿得到 31 分，罗德曼合计 19 个篮板。86 比 80，他们击败了雄鹿。

于是 1995-1996 季的芝加哥公牛，成为了 NBA 有史以来第一支达到常规赛 70 胜的队伍，前无古人。

1995-1996 季常规赛结束时，NBA 出了一堆历史纪录。先是犹他爵士 34 岁的斯托克顿，继前一年送出史上第一的第一万次助攻后，也在这个赛季拿到连续第九个助攻王，并成为 NBA 的总助攻王与总抢断王。黄蜂队的罗伯特·帕里什打了生涯第 20 个 NBA 赛季：追平老对手天勾。

但这一年的大赢家，是芝加哥公牛。常规赛 72 胜 10 负，历史最高纪录。他们的进攻联盟第一，防守联盟第一。乔丹 82 场全勤，场均 30.4 分，创纪录的第八次得分王，外加 6.6 个篮板 4.3 次助攻 2.2 次

XX

抢断，而且还有惊人的 43% 三分率；皮彭场均 19.4 分 6.4 篮板 5.9 助攻，与乔丹并肩入选年度第一阵容；当然，他俩也没漏了年度防守阵容，妙在这年罗德曼也入选了：1995-1996 季年度防守第一阵容里，居然有三个公牛球员。罗德曼出场 64 次，场均 5.5 分 14.9 篮板，连续第五届篮板王，还有职业生涯最高的 2.5 次助攻。托尼·库科奇场均 26 分钟里 13.1 分 4 篮板 3.5 助攻，三分率 40%，当选年度第六人；禅师拿到了他第一个年度最佳教练奖。最后，连杰里·克劳斯都当选了年度最佳管理人士。公牛在常规赛获得了大满贯。

然而罗恩·哈珀说：

"72 胜 10 负毫无意义——如果没有冠军戒指的话。"

1996 年公牛冠军征途的第一步，又是老熟人相见。公牛首轮迎战迈阿密热，对方中锋是新来的阿朗佐·莫宁，教练是放弃了纽约、来迈阿密当大权独揽太上皇的帕特·莱利。对方后场，还坐着史上最好的控球手之一蒂姆·甲虫·哈达维。但公牛根本不在乎：

首战伊始，公牛放出他们招牌的紧逼陷阱。哈达维穿梭如猫，得到 30 分，但迈阿密全场失误多到 27 次，王牌中锋阿朗佐·莫宁只打 21 分钟就 6 次犯规被下场，10 分 2 篮板 6 失误外加 8 投 3 中。公牛 102 比 85 取胜，乔丹 35 分。赛后，皮彭冷冷总结：

"许多球队跟我们作战，都迷恋于给他们的中锋传球。对此我们特别欢迎。"

第二战公牛注意了哈达维的外围远射，逼得他 9 投 2 中 9 分；莫宁虽然得到 14 次罚球机会得到 14 分，但失误 7 次。热队又是 20 次失误，乔丹 32 分钟里 29 分，皮彭 35 分钟里 24 分 8 篮板 8 助攻。公牛 106 比 75 再胜，2 比 0。第三场回到迈阿密，莫宁忿不能平，轰下 30 分 8 篮板，但公牛封锁了外围：热队全场三分球 27 投仅 7 中，全队命中率42%。皮彭22分18篮板10助攻的三双，公牛112比91取胜，3比0晋级。

帕特·莱利被媒体追问时很委屈：

"我们努力了！"

潜台词是："谁拦得住公牛啊！"

东部半决赛，又是冤家对头相逢：公牛遇到了帕特里克·尤因和他们家的纽约尼克斯。这一年，尼克斯依然如旧：尤因为首，斯塔克斯、梅森、奥卡利他们紧随其后。教练席上是神色严峻、身量矮小的杰夫·范甘迪。

公牛赢下前两战。第三战去麦迪逊，公牛加时苦战，99比102败北：乔丹46分。但第四战公牛稳住了第四节，94比91取胜。第五战，公牛没再多给机会：乔丹35分，皮彭15分11篮板5抢断，罗德曼11分12篮板，公牛94比81取胜，4比1晋级东部决赛。

东部决赛，公牛连续第二年遇到奥兰多魔术：鲨鱼、便士哈达维，还有老格兰特。自然，还有乔丹念念不忘的尼克·安德森。

东部决赛第一场，在芝加哥：鲨鱼21投13中27分，便士21投15中38分，数据漂亮已极。相比而言，对面乔丹轻松的17投9中21分，皮彭18分。王牌对决，魔术疑似还高一点点。

可是结果：魔术83比121被血洗，输了38分。

全场比赛，魔术除了便士外，三分10投1中。安德森7投0中，斯科特3投0中，格兰特1投0中。魔术首发除了便士和鲨鱼的65分外，合计只得2分。加上替补们惨淡的16分，魔术再次遭遇"只有鲨鱼和便士"的窘境，角色球员全线崩塌。

公牛的方略很简单：

XX

澳大利亚中锋朗利有一手中投，那就给他机会投。13 分钟内，他 9 投 7 中，14 分。

罗德曼鬼影飞舞扰乱鲨鱼，偷了 13 分，抓了 21 个篮板，反而魔术全队只有 28 个篮板。

乔丹、皮彭们领衔的外围防守，彻底封杀魔术三分火炮，任便士、鲨鱼两人苦挣，其他队友完全被阻断。

第一场打完，格兰特宣布肘部受伤，系列赛不能再战。鲨鱼被罗德曼烦得 7 罚只有 1 中，气不打一处来，赛后放话：

"罗德曼只会玩小花招！他根本搞不定我！"

第二场魔术一度领先公牛达 18 分。鲨鱼八面威风，把朗利打得无还手之力。可是下半场，公牛又祭出了十面埋伏。他们屡次把魔术外围诱到边线，然后包夹、断球、反击。便士哈达维承认，皮彭一个人就能祭出其他球队一整队的紧逼效果。

半节之内，公牛将 18 分之差追到 2 分。他们不让便士接球，第一场得 38 分的便士，第二场只有 18 分。公牛下半场造了魔术 12 次失误，最后以防守赢球，93 比 88 取胜。鲨鱼 36 分 16 篮板，但失误多达 6 次。安德森和斯科特三分线外 11 投只有 2 中，加便士的 5 投 1 中，魔术外围连续第二场被封杀。而乔丹则是 35 分 5 篮板 6 助攻和 4 记抢断，加上皮彭的 17 分 10 篮板 9 助攻。公牛 2 比 0 领先。

第三场移师奥兰多，罗德曼以 203 公分 95 公斤的体格，对上了鲨鱼 216 公分 140 公斤的巨大身躯。禅师说公牛的方式是：

"我们得下狠手包夹鲨鱼，可做这种坏事还不能脏了手。"

第三场，鲨鱼 19 投 8 中，9 罚 1 中。魔术进攻全面停滞。公牛只得 86 分，可是魔术只有 67 分，第四节只得 10 分。造化弄人：尼克·安德森右腕受伤。赛后，连公牛的菲尔·杰克逊都看不下去了。他拥抱了魔术主帅希尔，用这样一句话表达了公牛全队对魔术的情感：

"你们下一个出问题的会是谁？……"

斯科特已经精神崩溃了，他觉得：

"这跟公牛怎么对付我们无关，因为他们怎么对付我们，我们都得输。面对事实吧，他们在给我们上课。"

鲨鱼在第四场摆脱了罗德曼的心魔，13投11中9罚6中，28分9篮板。便士28分8助攻。他们封得皮彭只得12分，让公牛的角色球员黯然失色。可是：乔丹不想拖延了。

当时乔丹已经拿到1995-1996季常规赛MVP——他个人第四尊常规赛MVP奖杯，此前只有张伯伦、拉塞尔和天勾这三大中锋之王，得到过四尊以上。这一晚，乔丹让奥兰多的观众看到了何为MVP：23投16中，45分。公牛106比101拿下第四场，4比0横扫了魔术，就此结束了鲨鱼的魔术时代。

1996年总决赛公牛的对手，是常规赛64胜18负的西雅图超音速。实际上，他们能进总决赛，真算是修成正果了：早在1992-1993季，这支西雅图就已打出常规赛55胜27负，但季后赛却举步维艰：3比2险胜爵士，4比3艰难淘汰火箭，总决赛七战之下，败给了不知疲倦、"死了之后有时间休息"的巴克利。1993-1994季，他们常规赛是壮丽的63胜19负西部第一，但季后赛首轮，被第八位掘金和他们的大山穆托姆博干掉了；1994-1995季，他们又是首轮被湖人干掉。1995-1996季，他们首轮淘汰了国王，次轮依靠夹击大梦横扫了卫冕冠军火箭，西部决赛第七场艰难地干掉了犹他爵士，终于晋升总决赛了。

常规赛季，超音速的防守仅次于公牛，联盟第二。他们兵多将广：组织后卫加里·佩顿刚拿到年度防守球员；大前锋是史上暴力美学第一人肖恩·雨人·坎普；小前锋是全明星德国前锋德特夫·施莱姆夫，他们

XX

的内线还有乔丹的老大哥萨姆·帕金斯和勤恳的马脸中锋欧文·约翰逊，他们的板凳堆满了移动迅速的前锋，以及1994年抢断王内特·麦克米兰这样的防守专家。他们的主教练是乔治·卡尔：北卡出身的老教练。他们擅长包夹、换防和轮转，有佩顿这样一个站位精确到让你呼吸困难的王牌控卫，背后是一群轮转迅速、可以随便换位的锋线群。1993年和1996年两次淘汰火箭，他们都让大梦头疼不已。

总决赛第一场在1996年6月5日开始，公牛首节24比18领先。超音速派出208公分的德国人施莱姆夫对付乔丹；乔丹一到低位，赫西·霍金斯就来夹击，但乔丹看明白了：一见包夹来，就分球找罗恩·哈珀。哈珀在他的首次总决赛毫不怯场，第一节5分4助攻，而且，他的长臂让矮他5公分的佩顿极为不适，前5投全失。第二节，超音速企图追击，但乔丹开始接管：第二节后半段，乔丹独得12分。此时比赛的氛围开始变怪：超音速的弗兰克·布罗考斯基去跟罗德曼纠缠，没两回合就丧失理智，技术犯规下场。

第三节，施莱姆夫和坎普强击公牛内线，尤其是坎普无视罗德曼的妖法咒语，恶狠狠突击篮筐，被犯规就罚进球，第三节坎普12分，罗德曼在第三节末吃到第5次犯规，公牛只得把他换下。超音速仅以77比79落后2分进入第四节，但第四节开始，托尼·库科奇半节里一口气得10分，公牛一波14比5，跟超音速说了再见。乔丹在比赛末尾得到6分，彻底终结比赛：107比90，公牛1比0领先。

这一战公牛的防守卓越：超音速全队命中率刚过40%，失误18次。霍金斯9投2中，佩顿17投6中——防守他的哈珀冷冷地说："他是个好球员，但他想背身单挑我？哼哼，祝他好运！"——帕金斯14投5中。坎普神勇，14投9中16罚14中32分，但失误多达7次。乔丹28分7篮板，皮彭21分，罗德曼13篮板。出色的是其他队友：趁着超音速围夹乔丹他们，捞了无数空位机会——朗利 14 分、哈珀 15 分、库科奇 18 分。

第二场公牛仅以 46 比 45 结束上半场，但随后祭出经典的"第三节大反击"：罗德曼第三节抓到 10 个篮板，其中 7 个前场篮板，还靠二次进攻捞了 8 分。第三节结束，公牛 76 比 65 领先。第四节超音速紧追，比赛剩 12 秒时，坎普得分，超音速只以 88 比 91 落后公牛，随即使出犯规战术：皮彭上罚球线，罚球失手。然而罗德曼神出鬼没地抓到了前场篮板球——他个人的第 20 个篮板球，全场第 11 个前场篮板。这是 NBA 总决赛的纪录。然后他 2 罚 1 中，解决了比赛。公牛 92 比 88 取胜，2 比 0。

但公牛的坏消息是：哈珀膝盖受伤了。托尼·库科奇将在第三场成为首发。

第三场，西雅图的钥匙球馆，乔丹从一开场就咄咄逼人，首节 12 分 5 助攻，公牛第一节领先到 34 比 16，超音速被公牛铁锁连环的防守逼出 7 次失误。第三节，超音速一波 16 比 2 拉近分差，但乔丹 20 秒内连得 5 分，公牛再次领先到 20 分。第四节变成了狂欢表演：公牛有多达七人得分。全场比赛 108 比 86，乔丹 23 投 11 中 11 罚全中独得 36 分，皮彭 14 投 5 中 12 分 8 篮板 9 助攻，库科奇 14 分 7 篮板 7 助攻——在这样的进攻狂欢夜，他比抓到 10 个篮板的罗德曼显眼些。反之，没了哈珀，佩顿得了 19 分 7 篮板 9 助攻，但坎普 42 分钟里只得 14 分，外加 5 次失误。公牛 3 比 0 领先，冠军几乎已锁定。第四场前，芝加哥人在更衣室里预备好了香槟：一旦夺冠，便开始庆祝。

但西雅图人，都很倔强。

尤其是加里·手套·佩顿。

XX

俄勒冈大学的组织后卫加里·佩顿，193公分，作为组织后卫，论突破上篮、组织分球都是上选，但让他卓立于NBA历史的是三件事。其一，他背身功夫是控卫里的一等一；其二，他是NBA史上防守最好的组织后卫。其三，他的毒嘴与他的坚韧性格，输人不输阵。

第四场，超音速撤下首发中锋约翰逊，派出长于进攻的布里考斯基，外加带伤的麦克米兰，首节就马力全开，佩顿8分3助攻，公牛一度9比17落后。第二节，超音速领先到36比21。整个第二节，公牛17投5中，超音速18投12中。半场结束，超音速已经53比32几乎锁定了比赛。最后超音速107比86取胜扳到1比3。又两天后，他们扳到了2比3：佩顿单防乔丹，周围的队友纷纷夹击。乔丹在第五场22投11中26分，但他都忍不住跟裁判抱怨：

"为什么那么多犯规，你都不吹？"

第六场，芝加哥。1996年6月16日：那正是父亲节。

第六场，罗恩·哈珀复出。他赛后承认左膝依然酸痛，但他坚持要打。第六场首节，乔丹得到6分，抓到6个篮板，送出3个助攻，用尽一切可能的手段，让公牛24比18领先；第二节，公牛一度领先到41比29。上半场公牛45比38领先，超音速命中率只有36%。公牛第二节抓到了9个前场篮板。第三节，公牛一个12比2的高潮把分差拉到64比47。最后一节，罗德曼疯抓了7个篮板球，坎普在剩四分半时被罚出场，库科奇以三分球锁定胜局：

87比75，芝加哥公牛赢了第六场，4比2击败西雅图超音速，拿到1995-1996季总冠军。

乔丹这一夜手感奇差，19投5中，但他奋力杀进内线得到12次罚球，中11次；22分9篮板7助攻2抢断。超音速在乔丹身上花了太多功夫，结果就是：罗德曼19个篮板，其中11个前场篮板。用乔治·卡尔的话：

"罗德曼为公牛赢了两场比赛"——他指的是第二和第六场。

于是芝加哥公牛夺下 1996 年总冠军,常规赛创纪录的 72 胜 10 负,季后赛 15 胜 3 负,合计 87 胜 13 负。完美的赛季。

六场总决赛,乔丹场均 27.3 分、5.3 个篮板、4.2 次助攻,拿到职业生涯第四次总决赛 MVP。美丽的故事在于:1995-1996 季,他包揽了 NBA 总冠军、总决赛 MVP、常规赛 MVP、全明星 MVP——MVP 的大满贯。在此前,只有 1969-1970 季纽约尼克斯的威利斯·里德做到过。

仅仅 15 个月前,一切还渺茫无踪迹:那时乔丹是个棒球手,罗德曼正在圣安东尼奥祸害鲍勃·希尔教练,哈珀与洛杉矶快船互相打嘴仗,库科奇和皮彭还互相看不顺眼,公牛甚至想拿皮彭去换坎普。

但是,因为乔丹复出了,一切都不一样了。

他完美应用了他的影响力:他的个人能力,他的威望,他的商业诱惑。他逼迫芝加哥推迟重建,逼迫正打算散场的公牛老将们重鼓余勇,逼迫自己重新成为史上最伟大球员。然后,在父亲节他想夺冠,于是芝加哥就夺冠了。

"有许多事在我心念间流动。我的大脑被那些重要的事坠满了。我的家庭,我的父亲——他已经不在那儿了,但我的队友总能够帮助我。"乔丹说。

《体育画报》则说:好像冠军一直属于公牛,只是被乔丹租给休斯顿火箭两年而已。现在,冠军回来了,回到了最甜蜜的家,冠军本来就该在的地方——芝加哥。

XX

第二十一章 时代更替

(XXI)

427-444

1996 年夏，NBA 史上最风云鼓荡的休赛期。

首先是选秀大会，来了一群五湖四海的年轻人。

1974 年 2 月 7 日，斯蒂夫·纳什生在南非约翰内斯堡。母亲简是威尔士人，父亲约翰是英国人——约翰是个职业足球运动员，四海为家，在南非生了儿子，一年半后去了加拿大。

早年，纳什喜欢踢足球，玩冰球。他的邻居里有一对比他年长的兄弟陪他玩冰球——拉斯·库特纳尔和吉奥夫·库特纳尔。很多年后，拉斯和吉奥夫都进了 NHL 成为职业冰球明星。纳什 12 岁开始打篮球，又两年后，他对母亲说：

"妈妈，我将来要去打 NBA！"

他的兄弟、后来成为加拿大国家足球队队员的马丁·纳什说：

"我记得，我看见斯蒂夫在雨中练习罚球……斯蒂夫就是有那种额外的、超出一般人的动力。"

阿伦·艾弗森 1975 年 6 月 7 日出生于弗吉尼亚州汉普顿。单亲家庭，由母亲安·艾弗森养大。艾弗森从小在弗吉尼亚的新港长大：此地盛产运动员，流行斗狗。他从小打橄榄球，也打篮球，崇奉速度、强韧、狂奔、弱肉强食、你死我活的街头哲学。1992 年，183 公分的他成为弗吉尼亚州 AAA 橄榄球联赛 MVP，同时拿下全美高中生篮球第一阵容。1994 年秋，阿伦·艾弗森去了乔治城大学，师从尤因、穆托姆博和莫宁的教练约翰·汤普森先生。大学二年级，他依靠匪夷所思的速度、灵巧与运球，成为全美第一后卫。在 1996 年的大学后卫里，只有另一个人可以与他相比：

那就是同样生于 1975 年、当时就读康涅狄克大学 196 公分的神射手雷·阿伦。这个少年喜好阅读与思考，能够忍耐长时间的寂寞，少

伟大的球队是个奇妙的概念:他们是支活的团队,他们未必相亲相爱,但懂得在比赛的适当时候做适当的事。这种感知,可以击败其他的任何天才。

年时不断搬家,每天晚上面对空荡荡的篮筐练习投篮。他最爱看的是拉里-伯德和魔术师这两位大智慧人物的篮球录象。他的绕掩护和切入、接球、跳投都合乎规范。他自己承认:

"控制是我生命的全部。对一切都认真负责,而且做好决策——这就是我。"

康大的教练吉姆·卡尔霍恩说雷·阿伦:"他独立,但又负责任;他自豪,但又谦逊。我总是从他生命中学习到新东西……他好象那些从不沾咖啡的人一样,冷静之极。不对,他就像水一样。"

1978年8月23日,效力于NBA费城76人、刚结束自己第三个NBA赛季的乔·布莱恩特,获得了他第三个孩子:他给孩子起名叫科比。科比5岁时,全家搬去了意大利。每年夏天,父亲都带科比回美国,参加篮球夏令营。1989年,11岁的科比跟当时效力波士顿凯尔特人的后卫布莱恩·肖约单挑:他觉得自己能打赢一个NBA球员。1996年科比从洛马里昂高中毕业,四年得到了创宾夕法尼亚州纪录的2883分,成为年度州最佳篮球运动员。

除了他们,1996年预备参加NBA选秀大会的新秀还有:

马萨诸塞的马尔库斯·坎比刚拿到了1996年度的约翰·伍登奖,是大学篮球除了威克森林大学的蒂姆·邓肯之外,最好的大个子。

加州大学的超级一年级生阿卜杜勒·拉希姆,1995年麦当劳全美高中阵容,大一场均21分8篮板,206公分却可以打两个前锋位置的天才。

肯塔基大学的安托万·沃克,身高206公分的大前锋,却号称拥有打遍五个位置的能力和天分,1994年麦当劳全美高中阵容。

洛伦岑·怀特,孟菲斯大学的大前锋,完美的NBA身型,大学两

XXI

年平均 16 分 10 篮板。

凯利·基特尔斯，过去两年和雷·阿伦明争暗斗的攻击后卫，维兰诺瓦大学的当家射手。

佩贾·斯托贾科维奇：19 岁时就已经当了三年职业球员、在希腊联赛纵横无敌的巴尔干射手。

佐治亚理工大学一年级后卫，大一场均 19 分 4.5 次助攻的斯蒂芬·马布里。

手握状元签的费城 76 人，正紧缺组织后卫，他们一度在艾弗森与马布里之间犹豫，最后选走了艾弗森。

坎比去了猛龙。马布里去了明尼苏达森林狼队。纳什去了太阳。雷·阿伦去了雄鹿。

洛杉矶湖人的总经理、NBA 的 LOGO 人物，睿智的湖人教父杰里·韦斯特，早在一次私下试训里，就注意到了科比。

1996 年 6 月 26 日选秀大会，科比被第 13 位的夏洛特黄蜂选走。韦斯特则在第 24 位，让湖人选中了阿堪萨斯大学 185 公分、性格刚毅的组织后卫德里克·费舍尔。然而湖人在选秀大会前一天，已经与夏洛特黄蜂约好："你们用第 13 号选秀权选个人，我们之后跟你们交易。"在选科比前五分钟，湖人才通知黄蜂：

"请你们选择科比·布莱恩特。"

五天之后，杰里·韦斯特给黄蜂打了电话：

"弗拉德·迪瓦茨换科比·布莱恩特……换吗？"

迪瓦茨时年 28 岁，216 公分的南斯拉夫巨人，已经打了七年 NBA，NBA 历史上传球最好的巨人之一，也是 NBA 史上屈指可数的假摔王。黄蜂当时，刚刚失去了他们的钢铁中锋莫宁，正为中锋担心。

于是迪瓦茨去了黄蜂，科比来到湖人。

但韦斯特并没白白失去迪瓦茨：他的另一个计划正在实施。

之前 1996 年春天，奥兰多魔术的管理层琢磨着：

24 岁的鲨鱼要签合同了，但他刚经历一个伤病赛季，便士则是 25 岁的联盟第一阵容后卫。后者比前者更招球迷喜欢。布莱恩·希尔教练和魔术总经理约翰·加布里埃尔都喜欢便士。当地媒体给民众出了个问卷：

"你觉得鲨鱼值 1 亿 1500 万美元的合同吗？" 91.3% 的奥兰多人民选了 NO。

于是魔术队对鲨鱼表达了这个意思：

"我们不能付给你多过便士的钱，我们不希望他不开心。沙克。"

魔术给鲨鱼开了试探性的 6900 万合同，等鲨鱼还价。然而鲨鱼根本懒得还价：杰里·韦斯特已经代表湖人甩出了合同。

1996 年 7 月 18 日，鲨鱼咧着微笑，站在了洛杉矶：七年 1 亿 2100 万美元，他迅速地签约了洛杉矶湖人，挥别了奥兰多。

这是韦斯特的精妙大手笔：送出中锋迪瓦茨，换来了科比；再利用签约鲨鱼，补齐中锋位置。无论商业、即战力还是未来，都是完美操作。

那年夏天，还出了其他大合同：

迈阿密热那边，帕特·莱利以七年 1 亿续约了阿朗佐·莫宁，并试图以七年 1 亿抢华盛顿子弹队的朱万·霍华德，未遂。

纽约尼克斯厉兵秣马，挖来了实用的后卫克里斯·柴尔兹，从底特律活塞找到了后来被奉为中投之王的后卫阿兰·休斯顿，从夏洛特黄蜂招来了全明星前锋拉里·约翰逊，以辅佐尤因。

查尔斯·巴克利离开太阳，去了休斯顿火箭，和大梦、滑翔机组成了 NBA 史上最华丽的三巨头之一。虽然那年这三位都已年过 33 岁，但毕竟其中两个可是仅仅败给乔丹未拿到冠军的超级巨星，另一个是两度蝉联总冠军、堪称乔丹之外天下第一人的中锋。真棒。

XXI

亚特兰大鹰以五年 5600 万收拢了丹佛掘金的盖帽魔王非洲大山穆托姆博：他之后将获得 1996-1997 季年度防守球员。

公牛很安静。他们招来了 43 岁的罗伯特·帕里什，当年在凯尔特人与乔丹对战的老酋长。他将在 1996-1997 季成为 NBA 史上第一个打 21 个赛季的常青树。

丹尼斯·罗德曼签了新约：一年 900 万美元。

然后，迈克尔·乔丹的合同在 1996 年夏天到期。此前，他在公牛领了十二年工资，一共拿了 2700 万美元。但 1996-1997 季，他签了个新合同：匪夷所思的年薪 3000 万美元。

这是截止到当时，NBA 史上第一高薪。

1996-1997 季，联盟局势略有变化。随着鲨鱼西去洛杉矶，东部的魔术实力凋零，但尼克斯、鹰、黄蜂依然稳健强大。莱利正在迈阿密打造另一支类似尼克斯的钢铁队伍；西部，火箭获得巴克利后，一跃成为全联盟帐面阵容最繁盛的球队，湖人得到鲨鱼，自然也成了媒体视野中心。

但公牛中锋比尔·温宁顿说：

"只要我们打自己的篮球，比赛结束，我们就能赢。"

1996-1997 季进行了三周，公牛才输了第一场：开局 12 连胜的他们在盐湖城被爵士大逆转，100 比 105 败北。乔丹独得 44 分，皮彭 16 分 6 篮板，但公牛抵挡不住卡尔·马龙的 36 分 15 篮板和斯托克顿的 12 分 13 助攻。妙在这晚，爵士新上首发的 25 岁小前锋布莱恩·拉塞尔发挥了得，9 投 7 中 17 分。那时节，拉塞尔完全不知道，他和乔丹的这次相遇，实乃命运的安排。

到 1996 年 12 月 15 日，公牛是 20 胜 3 负，而休斯顿火箭是 21

胜 2 负。世界在谈论"公牛与火箭会战总决赛"的可能。但之后，火箭一口气四连败后，这话题也过时了。大家开始追捧公牛与其他年轻球队的火花。

比如，1996 年 12 月 17 日公牛战湖人，第三节结束还落后 18 分，结果第四节大逆转追平，加时胜出：129 比 123，全场鲨鱼 27 分 13 篮板，湖人后卫尼克·范埃克塞尔 36 分，公牛这边则有乔丹（30 分 9 篮板）、皮彭（35 分 10 篮板）、库科奇（31 分）三人得分上 30，罗德曼再补了 18 个篮板。

那晚，湖人新人后卫科比出场 10 分钟，5 投 2 中 5 分。纽约媒体说：如果本场比赛就是 1997 年总决赛预演，该多精彩啊！

比如，1997 年 12 月 21 日，费城 76 人主场战公牛。状元阿伦·艾弗森完成了一个名垂青史的动作：

下半场，艾弗森左翼斜插弧顶接球，乔丹扑前，展开双臂。艾弗森后退两步，几乎到了中场，乔丹则将步伐推进，俩人一对一。艾弗森左手运球，在一个几乎凝固的瞬间后，乔丹的步子迅速右移，却发现艾弗森悬崖勒马，球又一次回到了右手。然后，艾弗森又一次向左，乔丹调整重心，艾弗森大幅度变向，身体已抢到乔丹的左侧：起跳出手。乔丹右手封盖来得迟了，艾弗森跳投得分——虽然公牛赢了，但这一球，加上那晚艾弗森的 32 分对乔丹的 31 分，让媒体喧哗：

又一个新天才出现了！

比如 1996 年圣诞大战，公牛对活塞。NBA 安排了迈克尔·乔丹 vs 格兰特·希尔这组戏码，希尔表现出色：27 分 8 篮板，乔丹不为已甚 23 分 10 篮板，但皮彭倒还了个 27 分 8 篮板 8 助攻的表现，妙在当晚，刚看完《太空大灌篮》的罗德曼撒了欢，11 分 22 篮板 7 助攻，还

XXI

特意扣了个篮，赛后更大吹："我也想拍电影！"

可是罗德曼不惹祸，就不是罗德曼了：1997年1月15日，公牛对阵明尼苏达森林狼，罗德曼为了一个篮板球跌出场外，见眼前一个摄像师正拍他，恼羞成怒，一脚踢中这位叫作欧仁·阿莫斯的记者，于是被NBA停赛11场。

又一个月后，1997年2月，恰是NBA 50周年。全明星周末期间，特意办了个NBA 50大伟大球员聚会。年已花甲的张伯伦，依仗七届得分王、十一届篮板王、单场得过100分之类的上古神话，信口评点：

"现在联盟太没劲了！我这把年纪复出，每场都能打10分钟！"

那年乔丹成为NBA史上首位票数超过200万的全明星。所以1997年全明星赛那天，乔丹格外兴奋，上半场还玩了一出许久不见的"队友罚球不进，乔丹腾空飞起，补扣入筐"，让球迷欢天喜地了一把。比赛打到一半，皮彭过来跟他说了声：

"你可能拿三双噢，迈克尔。"

乔丹开始传球，而东部队替补射手格伦·莱斯得其所哉：第三节，他三分如潮，得到20分，全场26分。比赛末尾，乔丹拿了14分11篮板11助攻，NBA全明星史上第一个三双。可是MVP却被莱斯拿走了。

乔丹和皮彭还跑去给扣篮赛捧了场。经历1980年代乔丹与威尔金斯的壮丽演出后，1990年代扣篮大赛众星凋零，所依靠的无非是蒙眼扣篮、双手扣篮之类噱头把戏。当晚最出彩的，是湖人的新秀高中生后卫科比·布莱恩特在决赛里，从禁区右侧起跳，左手将篮球从胯下转到右手，上升，球在划过一道圆弧后迅速扣向篮筐，轰的一声，身体依然前倾，滑翔，扣进。满分50分获得49分，冠军。

在前一天的全明星新秀赛上，科比代表西部队得了31分，而东部队的阿伦·艾弗森得了25分：这是两个天才少年的首次对决。而比他们高一届的凯文·加内特，则以20岁的年纪入选了全明星：NBA历史

上，最年轻的全明星。

全明星结束后，年满 34 岁的乔丹继续上路。2 月 18 日对丹佛掘金，乔丹 24 分 5 篮板 12 助攻 3 抢断，库科奇 11 分 4 篮板 11 助攻，他俩做足了皮彭的活儿；皮彭得以全力开火：27 投 19 中，得到职业生涯最高的 47 分。

1997 年 4 月 3 日，公牛在华盛顿输了赛季第 10 场：此时，他们是 63 胜 10 负。如果一鼓作气再拿 9 连胜，倒是可以追平前一年传奇的 72 胜 10 负，但禅师不太想发力了。4 月 13 日输给活塞、赛季 68 胜 11 负后，公牛开始进入半休假状态，之后是 1 胜 2 负。1996-1997 季结束，芝加哥公牛 69 胜 13 负。比前一年的 72 胜 10 负差了些，但依然平了 1971-1972 季的湖人的纪录，是当时 NBA 史上第二常规赛纪录。

1997 年 4 月的最后一个话题：阿伦·艾弗森，一个快满 22 岁的 183 公分小个子，八天内辗转于四个球场，一共只在板凳上坐了十分钟，连续五场得到了 40 分。他得到了年度新秀，但也因为自己的狂傲饱受诟病。当然，这是后话了。

1996-1997 季，乔丹又是 82 场全勤，场均 29.6 分第九次得分王。罗德曼场均 16.1 篮板连续第六年篮板王，但零零碎碎缺了 27 场比赛让人头大。皮彭 82 场全勤，场均 20.2 分 6.5 篮板 5.7 助攻，依然年度第一防守阵容，可是年度第一阵容席位却被人抢走了：活塞的格兰特·希尔，以及犹他爵士的卡尔·邮差·马龙。

而且马龙的成就不只于此。

众所周知，马龙的风格与乔丹恰成两极：凶悍、强壮、精明。迅疾的移动、得分嗅觉和出色的中投。从 1990 年代初期，他开始像一个小型中锋那样作战，依靠强悍无比的肌肉，马龙强势压入禁区，随即翻身硬打或者后撤步跳投。在 1988 到 1999 年之间，他一直是联盟最顶

XXI

级的前锋。由于他的身边有约翰·斯托克顿这伟大传球手，马龙可以随心所欲地在任何点接球投射。当然，马龙和约翰·斯托克顿都遭遇过诟病——他们为了胜利不择手段。但这不妨碍他们一路赢球。

犹他爵士队的主教练杰里·斯隆则如我们所知：1970 年代那支芝加哥公牛的领袖。凶恶、严酷、硬朗，"盖世太保"、"电锯"。他私下里爱收集二手货。他打 NBA 逛各个城市，总是要在各类二手货市场淘半天。等他开始挣钱，他就开始收集老式拖拉机。

每年夏天，卡尔·马龙在自己的农场背着降落伞迎风奔跑，锤炼他永远如精钢浇铸的健美体型，约翰·斯托克顿在他的故乡中学球馆独自练习。杰里·斯隆回伊利诺伊老家，画下一圈又一圈战术图，然后继续收集拖拉机。

这一年，犹他爵士出彩的除去马龙和斯托克顿，还有平民射手杰夫·霍纳塞克：193 公分的老后卫，既不高，又不壮，运动能力平常。1994-1995 季来到盐湖城后，他完美地融入了爵士：霍纳塞克就像一个受办公室同事欢迎的老好人大叔。他会给每个队友寄贺卡，和队上的人们电话聊天。而进入球馆后，他和斯托克顿一样，脑子运转飞快，在需要他出手时，用标准而经典的姿态，将球射出。在客场比赛时，他每天给妻子打 15 个长途电话，与孩子们交谈。媒体称呼他为"穷人球队的杰里·韦斯特"。

1996-1997 季常规赛，这三位老将带爵士打出了 64 胜 18 负；斯托克顿九年来首次未拿到助攻王，但马龙打出职业生涯最好的赛季：82 场全勤，场均 27.4 分仅次于乔丹，外加 9.9 篮板和 4.5 助攻和 55% 命中率，此前不以防守见长的他，甚至在这年入选了年度第一防守阵容。

在球员和经理眼里，乔丹依然是最好的球员；但在记者那里，乔丹过去四个完整赛季里，已经拿了四个冠军、三个常规赛 MVP；而马龙已经有太多次"理该得常规赛 MVP，但总是差那么一点点"的案例了。

结果一如 1992-1993 季：自巴克利后，又一个超级大前锋出头了。马龙在他 34 岁上，拿到了自己首个常规赛 MVP。

实际上，鲨鱼本来也有机会竞争常规赛 MVP：但 1996-1997 季，他因伤只打了 51 场常规赛。

之后的 1997 年季后赛，他带领洛杉矶湖人首轮跨过了波特兰开拓者。次轮，洛杉矶湖人就遇到了犹他爵士。

湖人 vs 爵士第一场，鲨鱼 16 投 6 中，只得 17 分。爵士用 218 公分、126 公斤的白胖子格雷格·奥斯特塔格撑在鲨鱼身后，不让他接近篮筐；一等鲨鱼接球，NBA 史第一抢断王斯托克顿或 NBA 第一肌肉王卡尔·马龙的包夹就如影随形地到来。鲨鱼被钳，湖人全场命中率仅 34%，77 比 93 败北。第二场，马龙 31 分 11 篮板，霍纳塞克 21 分，斯托克顿 16 分 7 助攻。爵士 103 比 101 险胜，2 比 0。

回到主场的湖人以 104 比 84 血洗爵士，将分数扳到 1 比 2。湖人的罗伯特·霍里——1995 年总决赛还在火箭队跟鲨鱼对垒呢，如今是鲨鱼的左膀右臂了——守得马龙 20 投仅 2 中，是为首功。但是第四场，马龙 18 罚 18 中得到 42 分。拉塞尔 29 分，斯托克顿 11 分 11 助攻。鲨鱼得到了 34 分，但湖人完全守不住爵士迅疾的进攻。爵士取胜，3 比 1。

鲨鱼怕挡拆，而爵士最擅挡拆。爵士能利用更稳的中投、更狡猾的空切，让鲨鱼捕捉不住。跟爵士比起来，湖人更庞大，但灵活实在少了很多。

第五场，马龙 32 分 20 篮板，斯托克顿 24 分 10 助攻。比赛末尾，出现了戏剧性的一幕：

比赛还剩 1 分 46 秒时，鲨鱼对马龙犯规，被罚下场。还剩 11 秒。

XXI

比赛最后时刻双方打平。湖人教练德尔·哈里斯决定：

"科比，你投这个球！"

18 岁的新人科比·布莱恩特，运球过半场，面对爵士的拉塞尔，强行出手：三不沾。48 分钟比赛结束，双方进入加时。加时赛一开始，科比左翼三分，又是三不沾。三分钟后，科比右翼华丽地大幅变向，突破篮下，抛射打板得分，湖人 93 比 94 落后 1 分。比赛剩 40 秒，湖人 93 比 96，科比再次三分球——三不沾。

爵士 98 比 93 取胜，就此 4 比 1 淘汰湖人。

这是科比第一次在鲨鱼倒下后企图接管比赛，未遂。虽则如此，哈里斯教练给了科比足够的信任，鲨鱼也对科比的勇气很是推许：

"那阵子，科比是唯一有胆子，站出来投篮的家伙！"

1997 年西部决赛，爵士大战火箭。大梦 + 滑翔机 + 巴克利大战马龙 + 斯托克顿，老对手彼此血战，直到第六场最后时刻，双方 100 平。

爵士队右侧发球。NBA 历史助攻王斯托克顿接到了马龙的传球，运到了弧顶。老辣的斯托克顿在比赛只余 1.3 秒时，投出了一生中最重要的三分球：划过巴克利的指尖，坠入篮筐。就此绝杀了大梦、滑翔机与巴克利。

已打了十三年 NBA、年已 35 岁的斯托克顿疯狂奔跃，让扑上来的队友霍纳塞克搂抱不住——鏖战多年，历尽风雨，他们终于进了总决赛。

在东部，公牛首轮 3 比 0 淘汰了华盛顿子弹——第二场乔丹 35 投 22 中外加 10 罚 10 中，得到 55 分 7 篮板，公牛 109 比 104 取胜。这是他职业生涯第 8 次季后赛得分上 50。赛后，乔丹没忘了跟特克斯·温特教练打招呼：

"对不起了，特克斯，我忘了你的三角进攻啦！"

随后公牛 4 比 1 解决了亚特兰大鹰。系列赛最大的话题，是穆托姆博和乔丹的对决。很多年后，当穆托姆博成为 NBA 史上第二盖帽手、坐拥四座年度防守球员时，他的商标是著名的摇手指。每次盖掉对手，穆大山都要对对手大摇手指。第五场，乔丹一个底线突破，面对迎击的穆托姆博，完成一记扣篮。然后乔丹一边退回半场，一边对穆托姆博摇起了手指：以牙还牙。

之后东部决赛，公牛 4 比 1 轻松地干掉了帕特·莱利领导、常规赛 61 胜的迈阿密热，又一次晋级总决赛。

1997 年总决赛，芝加哥公牛 vs 犹他爵士。

1997 年总决赛第一场剩 9 秒，公牛与爵士打到 82 平。罗德曼对马龙犯规，马龙上了罚球线。此前他 4 罚 3 中、22 投 10 中，已得到 23 分 15 篮板 3 助攻。这一晚双方都打得艰难。斯托克顿有 16 分 12 助攻，但被公牛逼迫出了 7 次失误；霍纳塞克 9 投 5 中得到 11 分，但他防不住皮彭——皮彭全场 19 投 11 中包括 3 记三分球，27 分 9 篮板 3 抢断 4 封盖，但他也有 6 次失误。罗德曼抓到 12 个篮板，但马龙并不好对付。

这会儿，只要马龙罚进两球，就可能让爵士偷走总决赛第一场了。

皮彭走到马龙身边，悄然念叨了两句，走开了。

然后，马龙两罚不中。比分依然是 82 平。

后来，皮彭承认，他对绰号"邮差"的马龙说了这么句话：

"邮差星期天不上班。"

还剩 7 秒，乔丹左翼三分线外接球，右手拍了三下球，迈开步子，变向，球交左手，原地高运了一下，似乎要三分线外投篮，随即闪电般启动：左手运一步突破，一脚踏进三分线，再急停，拔起，20 英尺外急停跳投。防守他的布莱恩·拉塞尔被这一串动作闪走了重心，来不及起跳，乔丹已经出手。球进，绝杀。公牛 84 比 82 取胜。芝加哥联合中心的 24544 名球迷一起高举双手欢呼。乔丹回身，抿嘴，右手握拳。

XXI

皮彭、布伊奇勒、罗德曼扑上来拥抱他：全场乔丹 31 分 4 篮板 8 助攻，以及，这一记绝杀。

第二场相比起来容易得多：马龙被缠死，20 投仅 6 中，靠罚球得到 20 分 13 篮板；霍纳塞克手感奇佳 19 分，但无法阻挡乔丹：乔丹第一节就得到 11 分，上半场 20 分。公牛上半场 47 比 31 领先，之后就安稳拖到比赛结束。皮彭没延续第一场的好表现，13 投 4 中只得 10 分，但哈珀、朗利们手感奇佳。公牛 97 比 85 赢球，2 比 0。

可是第三场到盐湖城，公牛输了：爵士豁命包夹，不惜放空三分线。全场公牛三分球 32 投 12 中，但爵士控制了内线。上半场，马龙独得 22 分，罗德曼完全找不着北。第三节，爵士一度 77 比 53 领先，公牛一波 16 比 3 一度让分差逼近，但后继不足了。

第四场首节，霍纳塞克手感极佳，得到 9 分；马龙 7 分 3 篮板 2 助攻，继续压制罗德曼，爵士 21 比 16 领先。第二节，爵士的命中率达到惊人的 52%，但公牛反而打出一波 24 比 14 的压制——公牛又祭出恐怖的围猎法了。双方如是缠斗，到第四节乔丹一记扣篮，公牛领先到 71 比 66——实际上，乔丹包揽了公牛最后一节 17 分里的 12 分。

但爵士却无比顽强。

斯托克顿一记锥心刺骨的三分球，然后连罚球带投篮，比赛剩一分钟时，爵士追到落后一分。公牛进攻未遂，剩 44 秒，斯托克顿在靠近本方底线处，拿到了一个后场篮板，抬头毫不犹豫，甩出一记 21 米远的长传，恰好越过回防的乔丹，33 岁的马龙一把攫住球，跨步上篮：爵士 74 比 73 反超；最后，爵士 78 比 73 险胜，2 比 2。

于是迎来了传奇的第五场。

第五场前，乔丹在盐湖城的酒店里点了披萨，吃完后食物中毒。之后按乔丹自己所言：

"那天我凌晨三点就醒了过来，感觉肠胃严重不适，我吃了一些自认为可以催眠的药,但身体的不适愈发剧烈,以致于后来再也无法入睡。出发赛场之前,我是一直在同瞌睡斗争,我把自己关在房间里,拼命喝咖啡,希望借此唤起精神打比赛。"

皮彭说:"我跟迈克尔搭档多年,从未见他病成这样。"

第五场赛前,乔丹在板凳上独自低着头,不言不笑。他的第一记投篮就没沾到篮筐。

第一节,爵士一度 23 比 9 领先公牛。暂停时,乔丹汗出如浆。第一节结束,公牛 16 比 29 落后。

第二节,乔丹接管比赛。他举手投足有气无力,但还能射中急停跳投,然后是一次快攻上篮——他每次得分,板凳上的队友都起身疯狂鼓掌。期间乔丹断球,助攻皮彭上篮,见皮彭上篮不中,自己起身补扣得分。之后一回合,他上篮不中后,喘到只能走回半场了——他跑不动了。但他还是拼命突破:第二节 10 次罚球中了 9 次;上半场结束,公牛 49 比 53 落后。

乔丹首节 5 分,第二节 17 分,如他所说:

"打完半场,我已经快脱水了,于是我开始大量进水……下半场开打时,我已经感到极度心疲力竭,我继续喝咖啡,但这最终只能进一步地招致脱水,在第三、四节,我好多次感觉好像快昏死过去了,我还记得当时在想:'打完这场比赛,我就可以躺下了。'"

第三节,乔丹只得了 2 分。公牛靠全队防守才没被甩开。第四节开始两分半,爵士 77 比 71 领先。随后:

乔丹右翼突破,后仰跳投得分;再突破中路跳投得分;乔丹在暂停时继续流汗,队友问话他都没反应,但一到场上,他立刻还一记跨步跑投。之后的暂停里,乔丹在板凳上,根本背都直不起来。白毛巾裹在头顶,不停流汗。

终场前 47 秒,乔丹站上罚球线。第一罚得手,双方 85 平。第二

XXI

罚，球中前筐弹出，公牛得到篮板球。皮彭知道乔丹已无力单挑，自己去禁区靠住霍纳塞克，伸手要球。乔丹传球给皮彭。拉塞尔转身，企图包夹。

那一瞬间，只有聪慧的斯托克顿意识到不妙，立刻朝乔丹扑去补位，晚了：皮彭将球回传乔丹，乔丹起手三分球。球进。公牛领先3分。

"第四节比赛，就在投进导致最终胜利的三分球之前，我几乎要完全脱水了，我开始直打哆嗦，不住地出冷汗。投进最后的那个三分球，我当时甚至不清楚是否投进了，我简直站不住了。"乔丹后来说。

之后的一切飞逝如电：爵士得了2分，但时间不够了。公牛急传到前场，朗利得分，公牛稳稳锁定胜局，90比88取胜，3比2。

乔丹倒在了皮彭怀里。他全场44分钟，27投13中12罚10中38分7篮板5助攻3抢断。赛后他无法去开新闻发布会。队医急忙给他做了静脉注射：因为乔丹还在出汗脱水。

这场比赛，现在的历史名称叫作"发烧之战"（the Flu Game），让乔丹成了传奇：34岁，食物中毒，汗出如浆，在NBA最可怕最喧闹的主场，在天王山之战，38分，末节15分，决胜的三分球，然后需要皮彭搂抱才走得下球场。

1997年6月13日，总决赛第六场，芝加哥联合中心。爵士防守出色，上半场结束时44比37领先：公牛命中率只有34%。乔丹首节只得4分，但第二节他活了过来，独得12分——公牛其他队友只得8分。实际上，爵士完全可能在上半场解决一切，但他们22次罚球只有12中。

第三节，乔丹再得13分，拖住爵士；第四节，公牛一波10比0的反击，74比73领先。双方互相交替领先。还剩半节，乔丹一记中投，公牛82比81领先，随后他一记后仰跳投，84比81。马龙还以2分后，乔丹中投再得分。

比赛剩1分44秒时，双方86平。爵士新人后卫山顿·安德森突击篮下：篮筐是空着的，他可以一个反手上篮得分。可是一个山鹰般的黑影飞了过来：是皮彭。安德森上篮失手，错失了给公牛绝命一击的机会——此事后来被盐湖城媒体说了一整年，安德森认为："皮彭偷偷拽了篮筐！"

时间快速递进，比赛还剩 28 秒。双方 86 平。公牛获得最后一攻的机会。所有人都看向乔丹：他已经得到了 39 分。

公牛暂停后开球，球在科尔、皮彭和乔丹之间运转。乔丹向左翼逼去。斯托克顿嗅到了不对：总决赛第一场，乔丹就是在此处，一记中投绝杀了拉塞尔。

但乔丹没有出手。

斯蒂夫·科尔之后承认，当时乔丹暂停时跟他低语了几句："斯托克顿会来包夹我。那时我会传给你。"科尔点头，在嘈杂的球馆里回答乔丹："我会预备好的。"

乔丹将球向右侧抛去，科尔得球，无人看管。17 英尺远，稳稳的二分。公牛 88 比 86 领先。

时间还剩 5 秒。布莱恩·拉塞尔发出界外球。皮彭纵身而出，俯身倒地之前伸手将球点了出去。后插上的托尼·库科奇急奔前场，在比赛结束的哨声中扣篮得分。90 比 86，公牛击败爵士，4 比 2 拿下 1997 年总冠军，卫冕成功。

乔丹跳上场边记录台，向现场 24544 名球迷举手致谢。"芝加哥的球迷是全世界最好的球迷。从我 1984 年来这儿开始，他们就一直支持着我，从未放弃过我。作为一个团队，我们从底层奋斗到了顶层。今晚，球迷鼓舞了我们所有人。"

整个总决赛系列，乔丹场均 32.3 分 7 篮板 6 助攻，毫无疑问的第五次总决赛 MVP。但赛后新闻发布会，他没忘了说科尔：

"我信任他，他也相信自己，我传球给他，他投进了球……如果那

XXI

球不进，我想他整个夏天都会睡不着的。"

这是他最传奇的一次总决赛：第一场的零秒绝杀，第五场的带病出战，以及第六战最后时刻给科尔的那记传球。第五场他执拗地带病鏖战，从此成了一个神话。

第二十二章　最后的舞蹈

(XXII)

先前 1995 年夏天，罗德曼去了公牛，成就王朝；大卫·罗宾逊在 1995–1996 季继续完美表现：连续第二年进了 NBA 年度第一阵容和年度防守阵容。马刺常规赛 59 胜。但是西部半决赛对阵刚硬坚韧的犹他爵士，马刺输了：2 比 4。在悬崖边的第六场，罗宾逊得了 17 分，目送马刺 81 比 108 惨败被淘汰。

1996 年春天，罗宾逊对正在创纪录的乔丹提出了意见。

"我不知道迈克尔在做什么。他为什么要复出？他有个美丽的妻子，有三个孩子，他还想证明些什么自己没证明过的事儿吗？他不是已经证明过他是我们所见过最好的球员了吗？我们知道啊。在我看来，他是在追着自己的尾巴。为什么他就不能享受和自己家庭的时光呢？"

罗宾逊是个绅士，但不那么好胜如狂。

1996–1997 季，因为背伤，罗宾逊缺席了赛季开始的六周比赛，马刺 3 胜 15 负。那个赛季，马刺全队被伤病侵袭：罗宾逊、查克·佩森、查尔斯·史密斯和西恩·埃利奥特合计缺阵了 264 场比赛。于是，当时已经是球队总经理的格雷格·波波维奇，请走主教练鲍勃·希尔，亲自上任了。马刺以 20 胜 62 负结束了 1996–1997 季常规赛——幸运地获得了 1997 年状元选秀权。

而在美国大学篮球世界，1997 年 1 月 29 日，沃夫德大学即将对阵威克森林大学。比赛前夜，沃夫德的教练理查德·约翰逊对队员们说：

"我来告诉你们明天即将对垒的是谁，那是威克森林大学的蒂姆·邓肯，将来有一天，你们的六岁小孩会问你们要一件邓肯的球衣当圣诞节礼物。这是你们对垒一个未来 NBA 名人堂成员的机会。这是你们这辈子能对垒的，最伟大的球员。"

1993 年夏天，美属维京群岛出生的邓肯，带着一张无表情的脸去了威克森林大学。1995 年他读到大二，NBA 金州勇士队的总经理戴夫·特瓦基克已经说："当下大学篮球第一人是蒂姆·邓肯。没人接近他。"

他用了 51 场比赛就创下了学校历史盖帽纪录。1996 年读完大三，邓肯场均 19 分 12 篮板 3 助攻 4 封盖。全 NBA 都在等他，但他还是决定继续在威克森林大学读大四，拿到心理学学士学位。弗吉尼亚的教练巴特·贝莱尔说他在对阵邓肯前梦见过邓肯，阻挡了他球队的一切投篮。那是 1996 年 11 月 24 日，稍后弗吉尼亚被威克森林大学摧毁了：63 比 92。贝莱尔教练说："邓肯，一如我梦里一样，没允许任何人接近篮筐。"

在邓肯对阵密苏里，拿到 18 分 20 个篮板 4 助攻 3 封盖后，密苏里的前锋德雷克·格里姆说："好像每次你回头看，邓肯都在盯着你。我简直要发誓，有五个邓肯在场上。"也就在这一晚，邓肯的盖帽数超过了前乔治城大学的铁血中锋阿朗佐·莫宁，成了大学篮球史上盖帽第二人。然后，他很顺利地成为大学篮球史盖帽第一人。整个大四赛季，他场均 21 分 15 篮板 3 助攻 3 封盖，投篮命中率是可怖的 61%。他沉静自持，基本功扎实，不动如山。

1997 年夏天，马刺理所当然地选择了蒂姆·邓肯。新泽西网拿走了号称"拉里·伯德二世"的凯斯·范霍恩，波士顿凯尔特人拿走了组织后卫昌西·比卢普斯。多伦多猛龙则以第 9 位拿走了 203 公分的天才高中生、摇摆前锋特雷西·麦蒂。

1997 年 11 月 3 日，马刺的 21 号新人、211 公分的邓肯跟着马刺，去到芝加哥迎战公牛。最后邓肯 14 投 8 中，得到了 19 分 22 篮板：对面的篮板王罗德曼也是 22 个篮板球，平分秋色。

素来嘴不饶人的查尔斯·巴克利如是说：

"我已经看见了未来，他穿着 21 号球衣，他比我想象中还要棒——要知道我之前已经把他想象得够完美了。"

波波维奇教练说：

"邓肯对整个 NBA 不动声色，他甚至对自己的表现都无所谓。无

XXII

论是你把他的投篮盖到观众席,还是他把你的投篮盖到观众席,他都表现得不动声色。他只是去到球场另一端,继续做他的活儿。"

令人震惊的是,邓肯和罗宾逊两个巨人凑成双塔,竟合作得亲密无间。马刺的组织后卫埃弗里·小将军·约翰逊解释:

"当他俩根本没必要分位置——他们都能包办中锋和大前锋的活儿。"

火箭队主帅汤姆贾诺维奇总结:

"他俩改变了篮球规矩,你跟他们打时必须再三思量。因为你过了一个,还有一个大家伙在等你呢。"

1997年,与邓肯同岁的另一个21号凯文·加内特,面临另一番命运。

1997年春天,KG成为史上最年轻的全明星球员。那年夏天,一场练习赛里,他让堪萨斯大学的天才摇摆人保罗·皮尔斯印象深刻。多年后,皮尔斯如此回忆:

"KG是一个身高七尺的家伙……我看他在场上跑来跑去,去封盖每个人的投篮,向每个人怒吼,他还能投三分,低下身防守,带球满场跑。我就想,'天啊,之前我从没看过还能有这样的人'。"

1997年夏天,KG这个"似乎可以打任何位置,不小心长了中锋身高"的天才,要谈论合同问题了。前一年,鲨鱼七年1.2亿签约湖人;乔丹最后拿下3000万年薪。KG该拿多少呢?

森林狼老板格伦·泰勒,一位市场营销、印刷业和电子业巨头,咬牙向KG开出了六年1亿的合同。KG的经纪人拒绝了。于是泰勒老板咬牙报了新的高价。

"首先,我知道我得多付些钱,因为我们是个小城市。明星都去了纽约、芝加哥、洛杉矶,我懂。我得尽量多出些钱来平衡。其二,我们的球队需要一些胜利的历史，胜利的历史是要用钱买的。我要告诉我们的球迷，'相信我们，我们能搞定'，我们是认真的。我们不能失去凯文，他年轻，他是个领袖，他有激情。他能带领一支球队奔向总冠军。"

1997年10月1日，凯文·加内特签下了六年1亿2600万美元的大合同。

1997年冬天，NBA最热门的球队是洛杉矶湖人。截止到1997年11月19日，湖人常规赛开局已有11连胜。但之后鲨鱼受伤，他们在赛季第13场输给了迈阿密热。

当时湖人的话题，除了纵横无敌的鲨鱼，还有二年级的第六人科比·布莱恩特。全联盟都在讨论说他与乔丹颇为相似：身型、弹跳、速度、柔韧性、爆发力，偏执的好胜、视觉冲击力、对比赛的狂热。

他可以成为乔丹接班人吗？

1997年12月17日，正疲惫不堪的芝加哥公牛，遇到了没有鲨鱼的湖人。乔丹依然不可阻挡：右翼大幅度晃动后远射三分，低位背靠后接后仰跳投，晃动后切入左手上篮。但19岁零4个月的科比，偏想跟乔丹对着干。他也施展乔丹式的背靠、晃动、后仰跳投，他也完成了走位接球扣篮。

全场比赛乔丹36分，科比33分。

1998年全明星名单公布，湖人的埃迪·琼斯、范·埃克塞尔与科比，加上鲨鱼，一起入选。科比，还没爬上湖人首发的第六人，却被球迷投票投成了全明星首发。他已经提前获得了球迷们给他的超级巨星期许：大家都觉得，他是乔丹接班人。

相比起全联盟春风得意的年轻人们，1997-1998季，芝加哥公牛有点烦恼。

XXII

1997年春天，芝加哥公牛的老板雷恩斯多夫已说了：

"我得想长远点。我不想成为下一个波士顿凯尔特人。"

——毕竟，自从1986年夺冠后，凯尔特人已远离巅峰十一年了。雷恩斯多夫强调："如果我们夺冠了，把所有人开掉，这是一回事；但如果我们夺冠了，但有人受伤了？或者只是险胜夺冠？我们做的选择可不一样。"

杰里·克劳斯经理已经表示：公牛的重建计划里，没有禅师。这意味着：也没有乔丹与皮彭。

1997年6月24日，公牛总经理杰里·克劳斯打算把皮彭交易掉。交易最后没能实行——公牛的老板雷恩斯多夫希望保持上座率，所以对《芝加哥论坛报》说："我们得保住公牛的主力阵容，争夺第六个总冠军。"但皮彭已经被激怒了。乔丹则在给禅师的电话里说：

"我们被出卖了。"

1997年夏天，皮彭因伤做了手术，将缺席1997-1998季前半段。结果1997-1998季揭幕战，公牛就输给了凯尔特人。开季11战公牛6胜5负。乔丹打到赛季第11场，才得到一场30分。

1997-1998季第一个月后，乔丹提议球队开会。他的意见：公牛在前三节比赛，当以三角进攻为主，第四节则随机应变。如果情势危急，乔丹就接管一切，自由发挥。

于是1997-1998季第二个月开始，世界看到了久违的景象：乔丹开始更多持球单挑，更狡猾地靠突破骗犯规，无视他35岁的年纪。整个1997-1998季，乔丹场均8.8次罚球：这是他1990年代以来的新高。

在35岁的年纪，他用了最笨拙但最生猛的方法，来拖着公牛前进。队友朱德·布伊奇勒承认："他生来就是为了胜利。没有斯科蒂，三

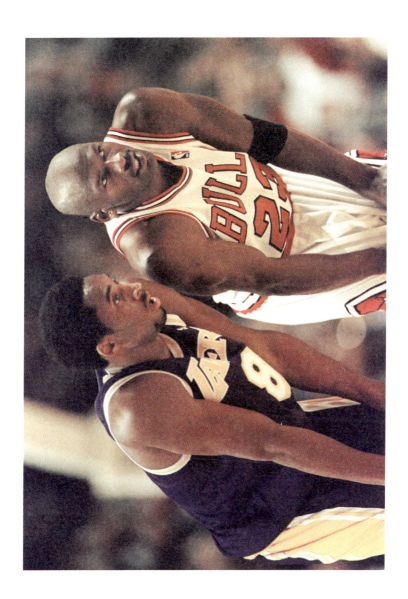

角进攻难以发挥,迈克尔没法一个人包揽单打得分和组织队友。因此他选择了一种最简单的办法来赢球:直接攻击对方篮下。这看来很像十年前的乔丹。但现在他是在用心打球、冒着身体受伤的危险来追求胜利。"

1998年2月,鲨鱼与科比第一次在全明星赛联袂出场。鲨鱼中规中矩得了12分4篮板,然后休息去了。这一晚,亮点和争议,全归科比:他又要挑战乔丹了。

多年以后,科比如是回忆:在上场前,早他一年入行、同为高中生新秀的KG拍了拍他的肩,说:

"跟着我跑,我会给你传球的。"

果然KG开场给科比传出一记空中接力,让科比扣篮。此后科比果断地开始跟乔丹对战,不停找乔丹单挑。当老资格的卡尔·马龙来为他掩护时,科比甚至喝令上季常规赛MVP:"走开!"

那晚科比得了18分,而乔丹全场23分,得到了全明星赛MVP。

但在比赛结束后,预备接受采访前,乔丹跟科比聊了聊。乔丹,以他一贯的风格,劝勉科比:

"最重要的是要保持侵略性,要狠!"

当被问到自己是否预备好成为下一个乔丹时,科比如是说:

"我不在乎。我本来就期待自己变得那么好。"

当然有争议。比如,大科比15岁的老铁汉卡尔·马龙说:

"年轻人居然要我让开。这运动真是不需要我们这种球员了。"

科比解释了:"我都不记得了,我可能确实说过那种话,但没问题啊,我只是尝试打得有侵略性。"

湖人开始为科比烦恼了。他的创造性和天才,他的独断,让球队不知道如何对他物尽其才。科比并不偷懒,他只是依然故我,执着提高自己。

在世界批评科比不肯传球的声音中,魔术师站出来支持科比。"人

XXII

们会忘记科比的低迷。他能调整过来。跟一般球员不同的是，他有足够的基本功。"魔术师说，"而且他确实像乔丹……他像乔丹一样能跳，他和乔丹一样能突破，能单挑，他还可以跟乔丹似的，在空中调整后投篮，仿佛长了翅膀似的！"

多年后回首看，1998 年春天，的确是诸神的黄昏。

1998 年 2 月，查尔斯·巴克利 35 岁，离开凤凰城一年半，似乎已快要忘记他初到休斯顿时"我要拿篮板王"的宣言。在凤凰城时时困扰他的背伤随来了休斯顿，深冬来临便不时折磨他。1996-1997 季是他最后一个全明星赛季。1998 年，他真的开始老了。

1998 年 2 月，大梦奥拉朱旺 35 岁。前一年夏天，他最后一次成为了联盟第一阵容中锋，但在 1998 年 2 月，鲨鱼已经早早预订了那个位置。这一季的前七场，曾经可以用假动作骗过全世界的封锁，随心所欲的大梦，有四场没超过 10 分。

1998 年 2 月，德雷克斯勒 36 岁。这季开始前，他已经约略提及退役的事，他说想回休斯顿大学当主教练。于是人们知道，滑翔机的确不会再飞了。

1998 年 2 月，大卫·罗宾逊 32 岁，正在逐渐让出他的领袖位置。他很喜欢身边新来的邓肯：这个年轻人可以代他担负起他不喜欢的低位强攻、对位防守敌方名将、控制防守篮板这一系列的工作。这是他最后一个场均"20 分 10 篮板"的赛季，他也不会在 1998 年就料想到，接下来十八年，邓肯将代替他背负着马刺队。

1998 年 2 月，斯托克顿和马龙这对盐湖城之王，合计快 70 岁了。

1998 年 2 月，帕特里克·尤因 35 岁。1997 年圣诞节前一周，他受伤了。去年此时还是全明星首发的他，只得身披西装，左手托腮做个看客。即便十年以来，他一共只缺过 20 场常规赛，纽约人依然不依不饶，对他大加非难。1998 年，他再未打上比赛。这是他职业生涯第一次大伤，也是他下滑的开始。

1998 年 2 月，丹尼斯·罗德曼 36 岁，正在持续关怀他《我行我素》的销量、关怀他身披婚纱出席签售活动的反响、关怀他泳装照片引来了多少卫道士的斥骂，顺便对着媒体调侃卡尔·马龙。

1998 年 2 月，斯科蒂·皮彭 32 岁。他在看台上度过了 1997 年的冬天，1998 年 1 月 10 日，他开始为球队出战，然后公牛恢复到了往昔的神采。但是，他再也没能回到全明星水准。

1998 年 2 月，迈克尔·乔丹满了 35 岁。这一季的他比以往任何时刻都要艰难：他的腿开始感受到岁月艰辛，重新扯远的三分线让他没有了过去两季的神射手感觉。这是他最艰难的一季。35 岁的他必须像 30 岁前那样，极力地突破以博得罚球，尽量逼近篮筐背身单打以保持命中率，而且，自 26 岁以来，第一次全季打到 3181 分钟。这个 2 月，公牛追上了步行者，并且开始领跑东部。他完全依赖着自己的心脏、记忆、精神、偏执和好胜在继续统治联盟了。

那是一代人的老去，是诸神的黄昏。

然后，皮彭终于回来了。

之前在 1997 年 12 月，公牛在洛杉矶加时大战快船、乔丹独得 49 分之夜，皮彭却对《每日先驱报》说："我不是在开玩笑，我是非常认真的，请记住我的话，我不会为公牛队打球了，你可以把它写到文章里去。"

是队友罗恩·哈珀、乔丹和禅师把皮彭拉了回来。他们尽力劝导他，宽慰他，哈珀甚至还学禅师，跟皮彭聊起"珍惜此时此刻"的道理。于是皮彭回来了：就像来赴一场为了告别的聚会。因为养伤期间四个月缺乏运动，皮蓬的腿部肌肉萎缩得非常厉害，他的弹跳只有原先的 1/3。

XXII

恢复很辛苦，但他到底挺过来了。他复出之后的赛季后半段，公牛打出38胜9负。到1998年4月，他们还是能在常规赛赢下62场。

1998年2月，禅师承认：

"要说再见很艰难，但在训练营时，我就知道，这个赛季将是天鹅绝唱般最后的舞蹈了。"

伟大的球队是个奇妙的概念：他们是支活的团队，他们未必相亲相爱，但懂得在比赛的适当时候做适当的事。这种感知，可以击败其他的任何天才——一如当年，活塞一再击败乔丹一样。

1990-1991季开始，乔丹在公牛打了六个完整赛季，他自己拿到了全部得分王，公牛全部夺冠。而恐怖的一个细节：在这些年里，公牛常规赛从未三连败。这是他人格深处的偏执。他不管周遭发生了什么，只是会想尽一切法子，来让自己赢球。他对过去的自己——那个会输球、无所成就、无法将一切控制自如的自己——无比痛恨。

1997-1998季，乔丹一如往常催督他的新队友。牌桌上、大巴上、飞机上、训练场上、球场上，他随时在怒斥队友，喝令他们。1998年3月，新入队的斯科特·布瑞尔要求和乔丹单挑。乔丹7比3胜出，而且扔了这么句话：

"你打败了我，许多年后，你可以对你的孩子说：'当年我打败了乔丹！'可我呢，我对我的孩子说什么？'我打败了布瑞尔！'谁知道你是谁？"

1997-1998季结束。乔丹场均28.7分，创纪录的第十个得分王。更重要的是，他拿到第五个常规赛MVP，追平比尔·拉塞尔。公牛62胜，与老冤家犹他爵士并列联盟第一。

马刺那边，蒂姆·邓肯不只拿下年度新秀，还进了全NBA的年度第一阵容：这是1980年拉里·伯德以来，第一个新秀进年度阵容。鲨鱼也进了自己人生第一次年度第一阵容：终于他熬赢了大梦、尤因和罗宾逊,出头了。

但在季后赛,邓肯和鲨鱼,先后输给了卡尔·马龙和他的爵士。

1998年季后赛,马刺首轮跨过了凤凰城太阳——那也是邓肯第一次遭遇1993年榜眼后卫贾森·基德(他因为与队友吉姆·杰克逊不合,被达拉斯小牛交易到了太阳)和1996年入行的加拿大后卫斯蒂夫·纳什。西部半决赛,马刺对阵爵士:邓肯与马龙这对相差13岁的NBA最优秀大前锋,要决胜负了。

第一场,邓肯独得33分10个篮板4封盖,然而罗宾逊被马龙们缠住,17投5中只得了16分。马刺全场二分不过5投1中。那年爵士的防守策略是:对方王牌持球,他们只是旁观,一旦邓肯或罗宾逊运球预备进攻时,斯托克顿和霍纳塞克夹击。爵士83比82拿下第一场。第二场最后35秒,双方96平,邓肯右翼持球,招牌的撤步到面筐,左手运球一步,后仰中投,球直落网心:马刺98比96领先。然而马龙还以颜色:罚球线,他一个投篮假动作让过邓肯,突破上篮,与罗宾逊在空中碰撞,用他招牌的铁肘挡开罗宾逊,上篮得手。双方进入加时。马刺一度101比98领先3分,但斯托克顿冷静的跳投和马龙底线左手突破扣篮——解说员怒吼:"像个年轻人似的!"——让爵士再度领先。马刺最后106比109败北。0比2落后。

马刺赢了第三场——86比64的大胜——但第四场,马龙独得34分,罗宾逊则被他防到13投5中。马刺输掉第四场,1比3落后。第五场,爵士用整体防守扼杀了马刺。4比1晋级西部决赛。

另一边,湖人首轮3比1淘汰了开拓者。鲨鱼如此自夸:
"只要我们打聪明点儿,没人能打败我们。"
第二轮,湖人遇到了西雅图超音速。系列赛前,乔治·卡尔教练

XXII

抨击鲨鱼:"鲨鱼每场要甩 20 次肘子,没人撑得住这么打。他喜欢把肘子举高,还甩动。联盟不该允许他这么做。我会告诉我的队员:踏上一步,吃他一肘,让联盟看看这多伤人。"

超音速大将、七年前还陪着魔术师为湖人打总决赛的帕金斯解释道:"其实吧,就是让鲨鱼考虑一下裁判,考虑一下他动作的幅度,考虑的事越多,你打败他的机会就越大啦。"

超音速 106 比 92 赢了系列赛第一场,鲨鱼 20 投 11 中 27 分 11 篮板 4 助攻,赛后怒道:

"卡尔当教练的手段跟个娘们一样。他就是个哭鼻子的小孩儿。"

第二场比赛前,鲨鱼在更衣室的衣柜上方挂了"IDGAF"的字样:"那,这意思是:我他妈根本不在乎。(I don't give a fxxking.)"结果湖人 92 比 68 大破超音速,大比分扳到 1 比 1。

湖人的组织后卫德里克·费舍尔说:"鲨鱼知道,每次他被双人包夹或三人包夹时,他有两个地方可以传球。强侧 45 度,弱侧 45 度两个三分线。"第三场,鲨鱼 30 分 10 篮板 3 封盖以及 4 个助攻:湖人的小前锋琼斯在外围得到传球,17 投 12 中,三分 7 投 4 中,29 分。第四场鲨鱼 37 分钟内 20 投 15 中 39 分,8 篮板 5 封盖,最可怕的是他 7 次助攻的成绩领先全队。湖人全队三分 19 投 9 中。湖人 112 比 100 击败超音速,3 比 1。

超音速试图用多人——杰罗姆·科西、萨姆·帕金斯、文·贝克——轮流把鲨鱼推出禁区。帕金斯说:"我们曾经尝试四个人一起推,总算推动了他一点儿……不过我不确定,也许他只是想伸伸腰?"

第五场,鲨鱼 31 分 9 篮板 4 助攻和 8 次盖帽,让湖人击败超音速。4 比 1,湖人晋级西部决赛。卡尔教练说:

"鲨鱼是现在 NBA 最强者。我想,他比现役任何人都更强力,更有统治性。乔丹也许打得更漂亮更迅速,但从教练的角度讲,我觉得鲨鱼可能是最难对付的家伙。在禁区里的威胁,这星球上没人能和他比。"

这话说完两周后,鲨鱼和湖人就被淘汰了:又是犹他爵士。

过程比前一年还糟糕些:1997 年 5 月,湖人 1 比 4 被淘汰;1998 年 6 月,湖人输了 0 比 4。

这个系列赛,给鲨鱼上课的是斯托克顿。

第一场,斯托克顿 22 分钟内 9 次助攻,让老哥们邮差马龙 29 分,防得范埃克塞尔和费舍尔合计 12 投 2 中。每当鲨鱼把球往地上拍,他那双联盟第一抢断手就袭来。爵士 112 比 77 大破湖人,取下第一场。鲨鱼全场 16 投 6 中,被斯托克顿折磨得失误多达 7 次,助攻 0 次。

第二场,鲨鱼抖擞精神,21 投 14 中 31 分 7 篮板,但助攻依然只有 1 次。第二节,湖人一度领先,斯托克顿出手,单节得到 14 分,全场 22 分 6 助攻 2 抢断。加上邮差的 33 分,爵士 99 比 95 再胜一场。鲨鱼孤掌难鸣:全队三分只有 16 投 4 中。爵士 2 比 0 领先。

爵士老射手霍纳塞克说:

"我们的策略,大家都知道。进攻,马龙和斯托克顿;防守,包夹鲨鱼。没什么奇怪的。噢,可能因为在打季后赛吧,我们这些老腿扑出去补防三分线时稍微快了一点。湖人为什么投不进三分球?那是他们自己投丢的,我们也不理解。"

第三场爵士全队十人得分,而湖人只有鲨鱼一个亮点:30 投 17 中 39 分,全队其他人是惨淡的 55 投 18 中。爵士 109 比 98 掐灭湖人的希望,3 比 0。

第四场,鲨鱼 38 分 7 篮板,可是依然只有 1 次助攻。湖人后卫范埃克塞尔注意到了件事:

"每次暂停完,我们都出场很早,站在场边,等着。他们总是在教练席那里拖着,拖到最后一刻才出来。我好奇,他们在说什么?"

斯隆教练回答:

XXII

"我们在休息。就这样。暂停时我说得不多。他们知道该怎么打。我们只是多休息会儿。我们这里可都是老头子。"

于是湖人 92 比 96 败北,被 0 比 4 横扫。这是鲨鱼职业生涯第四次被横扫。1994 年步行者、1995 年火箭、1996 年公牛,这些冤家的名字之后,加上了爵士。

东边,1998 年东部决赛,公牛的对手是拥有雷吉·米勒的印第安纳步行者。

之前 1993-1997 年,步行者由拉里·布朗率领;严谨、团结,战术纪律森严,有联盟顶级的无球跑位体系。一群基本功扎实的地面部队。1998 年与公牛相遇时,他们的主教练是伟大的拉里·伯德。

伯德在赛季前引入了克里斯·上帝的左手·穆林,让他与米勒构成双射手阵线。伯德自己参加训练时,用他依然卓越的投篮督促队员们——毕竟,论投篮,球员们都比不过他这个教练。

1998 年东部决赛前两场,公牛以 2 比 0 领先。首战乔丹 41 分,次战 30 分,而且防到雷吉·米勒一场 14 投 5 中,一场 13 投 4 中。好胜如米勒,自然心情懊丧,他妻子后来承认,米勒打完那两场后"都不想起床,不想吃饭。他觉得他让整个印第安纳失望了"。

米勒第三场得到 28 分,第四场最后时刻,玩了传奇的一幕:他在无球走位时狠狠推开乔丹,切出三分线外,接球,出手,三分绝杀了公牛。2 比 2。

第五场,乔丹立施报复。公牛上半场就 57 比 32 领先,前三节结束已经 87 比 56 领先到 31 分,最后 106 比 87 取胜,3 比 2。乔丹 29 分,而且在一次得分后,对米勒还了个推搡的动作。但米勒坚持不懈:步行者赢下第六战,3 比 3。

终于,乔丹久违的第七场来了。

第七场还剩6分钟时，公牛还落后步行者3分。那时，公牛已经筋疲力尽，步行者已经把他们逼到边缘。但接下来，乔丹在一次跳球里，赢了224公分的里克·施密茨；乔丹明明两腿带伤，无力跳投，却像橄榄球跑锋似的冲击篮下，逼到罚球全场比赛，乔丹25投仅9中，皮彭18投仅6中，但他俩罚了24个球，而且合力抓了21个篮板球。实际上，公牛全场22个前场篮板，乔丹5个，皮彭6个，为公牛带来26分二次进攻得分。

比赛的最后几秒，乔丹和皮彭在中场站着，双手撑膝，无力庆祝。

唯一能确定的：他们绝不让公牛输掉那场比赛。他们没法以优雅的方式赢球，那就像野兽一样撕咬。

公牛击败步行者，4比3晋级，来到1998年总决赛：这是他们连续第二年在总决赛遇到了犹他爵士。

这一年，他们将创下NBA历史纪录第一位的电视收视率——因为全世界都知道，这会是乔丹的告别之战。

1998年总决赛，第一场，虽然邮差被罗德曼缠到25投仅9中，但爵士依靠坚韧防守，在主场加时取胜88比85，乔丹33分；第二场，双方鏖战到最后，斯蒂夫·科尔三分不进，但自己拣到篮板球助攻乔丹打三分，公牛93比88险胜，乔丹37分，双方打成1比1。

第三场，公牛以98比54彻底屠杀了犹他爵士，2比1；第四场，乔丹34分，最后时刻一记转身投中让公牛锁到86比82的胜利，3比1。

第五场，芝加哥人准备了香槟，预备庆祝夺冠，但邮差终于找到MVP级手感：全场39分，公牛只能靠库科奇的远射与之周旋。比赛末尾，乔丹绝杀失手，公牛81比83败北，被追到了3比2。

于是，只能再去盐湖城决胜负。

1998年总决赛第六场，终场前45秒，双方打成83平。

XXII

卡尔·马龙左翼接球，背对丹尼斯·罗德曼。公牛包夹，马龙回头，望向弱侧 45 度角三分线外，甩出一记长传。斯托克顿接球，起跳，一记三分球。目送球中时，9 届助攻王、史上最冷酷的组织后卫，毫无笑意，只是轻轻做了一个刺拳的手势。

那的确是刺在芝加哥心口的一拳。

比赛剩 47 秒，爵士 86 比 83 领先。

当时公牛已处绝境。

这时候，迈克尔·乔丹 35 岁零 4 个月了。他已经打了三年大学篮球、十二年职业篮球。他的常规赛总得分 29277 分。他的季后赛累计 5985 分，NBA 史上最多。他已经有了五个常规赛 MVP、五个总冠军、五个总决赛 MVP。

这时候，迈克尔·乔丹已经经历了他职业生涯最漫长的一年。他经历了皮彭的伤病、球队的起伏、雷恩斯多夫和克劳斯策划解散球队的图谋。他知道这个赛季结束，芝加哥公牛与他的王朝将就此结束，化为乌有。他经历了 1998 年 4 月 15 日那次季后赛前的坐谈。他听到禅师说："亲爱的朋友们，我们每年相聚一起，目标只有一个。总冠军本身的意义也许不大，但争取总冠军的过程却是最伟大的。我希望多年以后，当我们还能相聚一堂时，我们都能微笑着说：'我很骄傲，我曾经是公牛队的一员。'"

1998 年总决赛第六场最后时刻，乔丹已没有人可以依靠了。

皮彭背伤难忍，第二、三节都在更衣室电疗。乔丹在第四节此前已得 12 分，全场已得 41 分——公牛其他人合起来得了 42 分——他的体能已到极限。

特克斯·温特教练在场边对禅师吼："他不行了！他的腿要断了！"禅师无动于衷：他别无选择了。

83 比 86 落后，比赛剩 41.9 秒，公牛开球。

乔丹运球，右翼面对布莱恩·拉塞尔。他略停，然后猛压身位，起速，用他仅存的双腿力量爆发出最后一点气力，闪过拉塞尔，人群中一个擦板上篮。个人本场第 43 分。公牛追到 85 比 86。

还剩 37.1 秒。爵士的球。

斯托克顿运球到左翼。卡尔·马龙在右翼腰位跟罗德曼纠缠，乔丹盯防神射手霍纳塞克。马龙和霍纳塞克做了一个交叉掩护，亮起一身肌肉挤到左腰，罗德曼紧贴马龙。霍纳塞克向右翼跑去，想带开乔丹——一转身，却发现乔丹没有跟过来。

马龙接到斯托克顿的传球，以为霍纳塞克已带走了乔丹，没注意到一个黑影从身后潜地隐来，手中的球被拍落：乔丹赌了一把，放弃了霍纳塞克，偷袭邮差，亲自断下了球。

乔丹没把球假手任何一人。他独自运球过半场，在前场左侧站定。剩 14 秒。他运球，看篮筐，等布莱恩·拉塞尔过来贴住他。

剩 10 秒，乔丹低身启动。拉塞尔贴住乔丹，乔丹右手运球直入三分线，猛然一个大幅度急停，悬崖勒马。拉塞尔措不及防，被乔丹晃倒。乔丹收球，空位无人盯防，剩 7.5 秒。乔丹起跳，出手。一个最纯粹最基本毫无花样的中投：出手后长达两秒，他的右手高高竖在空中。

球进了。

乔丹本场个人第 45 分。公牛 87 比 86 领先。

这是职业体育史上最经典的时刻之一，大概也是 NBA 史上被重播最多的镜头。

于是公牛赢下第六场；4 比 2 击败犹他爵士，拿到 1998 年总冠军；也是旷古未有的，第二个三连冠。

乔丹举起双手，比划出六根手指，放声怒吼：他拿到了个人第六枚总冠军戒指，第六个总决赛 MVP，生涯第二次完成同一年包揽常规赛 MVP+ 全明星 MVP+ 总决赛 MVP。

XXII

伟大的剧情，命运的杰作。

篮球运动史上最伟大的人物，在最后一场比赛，以最伟大的一击，为其伟大的职业生涯画上了句号。他站在不朽的顶点，完成了不可思议的伟业。

第二十三章　停摆与重启

(XXIII)

1998年夏天，NBA诸事纷扰。乔丹得到第六枚戒指后，结束其波澜壮阔的职业生涯，终究没有让追赶者们触及他传奇的背影。

NBA球员工会和老板们则开始旷日持久的劳资谈判，以便能够为自己多划一些利益的蛋糕。

这是一整个时代的更迭。乔丹离开后，被占据已久的王座，终于空了出来。而他的同时代巨星也纷纷退场。查尔斯·巴克利因为背伤而夕阳西下，滑翔机德雷克斯勒随乔丹一起退役，大梦与尤因一起老去，米奇·里奇蒙德离开了他支撑多年的萨克拉门托国王，乔·杜马斯看到格兰特·希尔已经成长便放心地将活塞交托给他，罗德曼和皮彭随乔丹的退役而远离了公牛这土崩瓦解的王朝：前者很快淡出，后者去了休斯顿火箭。

1999年，漫长的劳资纠纷。工资帽、奢侈税、转会定例进一步细化。这一轮劳资纠纷使休赛期无限制地延长。1998年夏天到了，之后是秋天，随后是冬天。时光踏入1999年，1998年的"休赛期之夏"依然在继续。

漫长的夏季，足以让超音速的全明星前锋文·贝克染上酗酒的毛病变成酒鬼，足以让肖恩·坎普从史上首席野兽派暴力美学大前锋胖成个肉球。足以让费城76人的主教练拉里·布朗决定：给183公分的天才阿伦·艾弗森搭配一个191公分的沉稳后卫埃里克·斯诺，斯诺主控，让艾弗森专注得分。

1998年春天的选秀大会，又来了些新的天才。比如，全美第一阵容成员、大三为堪萨斯大学场均20.4分6.7篮板2.6助攻1.1抢断1.1封盖、身高201公分的小前锋保罗·皮尔斯，被老牌劲旅波士顿凯尔特人选中。比如，北卡大学的摇摆人、身高198公分的扣篮之王文斯·卡特，去了多伦多猛龙。

但影响最深远的，是 20 岁的德国人德克·诺维茨基来到了美国。

德克·诺维茨基 1978 年 6 月 19 日生于德国维尔茨堡。16 岁时长到 201 公分，他的教练霍尔格·盖施温纳要求："我知道你要打篮球，但我也要你完成中学学业! 你还得去上乐器课，读文学经典! 我要让你有一个完善的人格……我还要你学会，如何去学习!"

从此德克一周训练七天，16 岁开始打成人篮球赛。四年后他来到美国，先在波士顿试训了 45 分钟。波士顿凯尔特人的主帅里克·皮蒂诺大惊失色：

"这孩子可以和拉里·伯德相比啊!"

伯德本人看过德克 1998 年 3 月的一场训练营比赛后说："如果你只看那场的录象带，你会觉得这孩子是有史以来最好的球员。"

当时的达拉斯小牛由进攻爱好者唐·尼尔森老爷子执掌。1998 年选秀日，达拉斯小牛跟雄鹿换了选秀权，雄鹿摘走了胖前锋罗伯特·特雷勒，小牛用第 9 号选秀权，摘了 213 公分、瘦长白净的德克·诺维茨基。老尼尔森说德克：

"他有七尺身高，有美妙的双手，有运动能力，有小前锋的灵活性。他就像拉里·伯德!"

除了德克·诺维茨基，老尼尔森还要了一个人：1998 年夏天，他用一个首轮选秀权和另外三个球员，跟凤凰城太阳索要斯蒂夫·纳什。于是 1998 年夏天，24 岁的加拿大人斯蒂夫·纳什与 20 岁的德国人德克·诺维茨基，聚在了达拉斯。

1999 年春，新赛季开始了：因为劳资谈判，常规赛被缩短到 50 场。洛杉矶湖人队前 12 场 6 胜 6 负。湖人请走了主帅德尔·哈里斯，由助教科特·兰比斯上台担任主帅。为了给鲨鱼松绑，埃迪·琼斯和坎贝尔被交易走了，来的是黄蜂队射手、1997 年全明星赛 MVP 格伦·莱斯。

XXIII

1998-1999 季,科比开始成为鲨鱼之外的湖人外线首席王牌。虽然他的跳投仍不稳定,决策依然不成熟。那年常规赛鲨鱼出赛 49 场,场均 26.6 分联盟第二。而第一位,是费城 76 人场均 26.8 分的阿伦·艾弗森:183 公分的他,成为了 NBA 历史上最矮的得分王。当时骑士控卫鲍勃·苏拉说:

"有人问我,去看牙医还是去防阿伦。我说我还是去看牙医好——虽然也要经历痛楚,至少不是像防阿伦似的,要给两万人围观。"

步行者的主席唐尼·沃尔什则说:

"我从没见过这么好的小个子球员。你根本没法防他。你可以想办法去防斯蒂芬·马布里,可是艾弗森太快啦。他有太多五花八门的攻击方法。他切入时就跟骑着辆山地车似的,他有时看上去就像一个花式撞球!"

但无论鲨鱼还是艾弗森,都不是 1999 年最大的胜利者。

——甚至也不是先前从金州勇士到华盛顿子弹、再从子弹来到萨克拉门托国王、与华丽的新人贾森·"白巧克力"·威廉姆斯搭档打出一系列奇妙配合、以场均 13 个篮板球拿到篮板王的 1993 年状元克里斯·韦伯。

甚至也不是带领犹他爵士拿到 37 胜 13 负、摘下三年里第二个常规赛 MVP 的卡尔·马龙。

1999 年 3 月,明尼苏达森林狼送出马布里、克里斯·卡尔与比尔·科里,得到了 29 岁的组织后卫特雷尔·布兰顿。整个赛季,凯文·加内特场均 21 分 11 篮板 4 助攻,真正成为明星。他带领森林狼打出常规赛 25 胜 25 负,却在季后赛首轮被圣安东尼奥马刺 3 比 1 击败。

那个系列赛,21 号 KG 遇到同样 21 号、同样出生在 1976 年、同样打大前锋的蒂姆·邓肯。当然,他俩是风格的两极:KG 瘦长,邓肯扎实。KG 高中毕业就进 NBA,邓肯读完了大学四年。KG 华丽炫目,邓肯朴素扎实。被淘汰后，KG 承认，防守邓肯比他想象中更耗体力：

"他的力量，比他给人的印象，要强硬得多了。"

这一年，二年级的邓肯，已经成了马刺的核心，并成为了最终的赢家。

先前 1998 年夏天，马刺主帅波波维奇和首席球探指导布福德招来了三个外围：随大梦夺冠、时年 35 岁的马里奥·埃利；随乔丹夺冠、时年 33 岁的史蒂夫·科尔；随滑翔机打过两次总决赛、时年 36 岁的杰罗姆·科西。马刺的风格：选择球员不看才华，而看好胜心、篮球智慧、团队协作能力以及防守，就像为一架庞大的机器找零件。

1998-1999 季开始后一个月，马刺的战绩只有 6 胜 8 负。于是队长埃弗里·小将军·约翰逊站出来了。

小将军身高 178 公分，经历坎坷：六年前他 27 岁时，已经在三支大学队打过球，在 NBA 被三支队伍裁过。他性格威严，近乎残忍。小将军每场比赛前，都会用一句类似于拳击手出场的尖叫提醒队友：

"准备——好了——吗？"

1999 年春天，马刺开局不利，小将军在更衣室里，疾呼队友们鼓起勇气。另一方面，罗宾逊正在适应成为邓肯的副手，小将军对挑剔罗宾逊的媒体嚷："谁说大卫·罗宾逊是软蛋的？他曾经带着伤单场得了 25 分 15 个篮板，赛后走回更衣室都困难。他是个硬汉！"

1999 年 3 月 2 日，马刺在休斯顿击败大梦、皮彭与巴克利领衔的火箭，罗宾逊全场只投篮 8 次，15 分 9 篮板 3 助攻 3 抢断 3 封盖，而且防到老冤家大梦只有 19 投 6 中，终于完美体现了一个全面防守者的姿态；埃弗里·约翰逊独得 18 分，赛后，他对媒体说：

"这一切全是波波维奇领导有方。"

当记者将这一切告诉波波维奇时，波波维奇转过身去，眼中带泪。

之后的常规赛，马刺调整完备，打出了 31 胜 5 负的战绩。

XXIII

防守端,他们有双塔;进攻端,波波维奇给了二年级的邓肯无限自由。而罗宾逊也找稳了自己的位置:先前他一向被认为对上帝过于虔诚、不太热衷于赢球、太过温和,不适合做老大。但这性格恰恰让他接受了波波维奇的安排,把主攻让给了邓肯。"我被迫学着更有效率。以前一场比赛,我可能可以碰到 40 次球,按现在我可能一晚只有 20 次触球,投篮 10 次,我得保证我的投篮都是合理的……我喜欢这个角色。我要奠定防守基调。我要抓篮板、盖帽。你知道,比尔·拉塞尔从来不跟红衣主教去争自己得多少分。蒂姆可以承当核心的。我相信他。"

1999 年季后赛首轮击败森林狼后,西部半决赛,马刺和邓肯遇到了洛杉矶湖人。这是鲨鱼、科比和邓肯的首次相遇。他俩当然不知道,彼此将主宰之后十年的 NBA。

系列赛第一场,湖人一度 24 比 17 领先,但之后马刺利用双塔夹击鲨鱼,让他无从措手;第二节,邓肯的进攻点移到了右侧,下半场,马刺更直接切断了传球路线,放任科比自己进攻。

马刺 87 比 81 取下了第一场,鲨鱼被防到 19 投 6 中,科比 21 分 6 次助攻,但失误多达 7 次。罗宾逊因为防鲨鱼导致 28 分钟内就 5 个犯规,但拿到 15 分;而邓肯得到 25 分,外加 6 个封盖——罗宾逊负责抗住鲨鱼的下盘,他就负责从头顶招呼鲨鱼。

第二场,湖人改让科比主攻。全场比赛鲨鱼出手 11 次,科比则 25 投 12 中,得到 28 分,同时,邓肯被夹击。比赛余下 8.9 秒时湖人还以 76 比 75 领先,但邓肯接过艾利的传球,一个螺旋转身,绕过湖人的雷德,一个柔和的勾手入筐赢下比赛。湖人教父韦斯特感叹:"我也知道,光靠天分不会总是赢家。可是我还是希望关键时刻,我们能看到球队打聪明点儿。"

湖人在第三场下定了决心：他们锁死马刺外围，拒绝夹击邓肯，要看邓肯一个人能把马刺扛到哪里去。

两年前的 1997 年秋天，邓肯刚进 NBA，被问到自己的爱好时，想了想，说："我喜欢收集瑞士军刀、日本刀、大马士革刀……总之，一切锋利的东西。"第三战，他的锋芒出鞘了：他安静地射落了 37 分。马刺 103 比 91 取胜。第四场，邓肯又一个 33 分。马刺取胜，4 比 0 晋级。负责防守邓肯的罗伯特·霍里，跟着大梦拿过 1994 和 1995 两个总冠军的天生赢家，感受到了邓肯的分量：

"他不是鲨鱼或科比，可以冲开人群来个扣篮。他只是有许多无声的武器。太多了……我讨厌他那长臂！"

1999 年马刺西部决赛的对手，是波特兰开拓者：他们的王牌拉希德·华莱士，可能是 NBA 表情最丰富的男子之一。这条 211 公分的汉子出身于美国大学篮球名门北卡，1995 年入选年度全美一队，然后进了 NBA。他典型的名校团队球风，扎实的技巧，是攻防两端无所不能的天才，是完美的团队球员；可是性格暴躁起来，也非常怪异。后来，他还会因为爱朝裁判发火，破掉 NBA 单赛季技术犯规纪录。

他和开拓者的中锋、前苏联时期称雄世界的阿维达斯·"世界屋脊"·萨博尼斯联手，给邓肯带来了麻烦：西部决赛第一场，华莱士 20 投 12 中 28 分 8 篮板，并防到邓肯只有 21 分 13 篮板。但罗宾逊发威了：38 分钟里，罗宾逊 21 分 10 篮板，马刺在第四节稳住局面险胜，1 比 0。第二场，开拓者一度以 52 比 34 领先。之后马刺反击：埃利奥特左底角远射、小将军右翼中投得分、罗宾逊大步反击，上篮打三分、邓肯后场篮板长传给小将军再由快下的艾利上篮。艾利补上一记右翼三分球、小将军中投得分、埃利奥特左翼三分再得手：马刺挽回了 18 分之

XXIII

差。比赛最后 12 秒,马刺 83 比 85 落后,小前锋埃利奥特——他当时肾脏已经坏了——右翼接球,迎着扑来的拉希德射中三分球:马刺 86 比 85 赢球,2 比 0。

第三场,因为犯规过多,邓肯只打了 20 分钟,但够了:马刺在第三节打出 24 比 8 的完美防守,让开拓者崩溃,马刺 85 比 63 大胜。罗宾逊 15 分 9 篮板 5 助攻,7 次封盖,而且将十一年前在奥运会上击败他的萨博尼斯防得 9 投 2 中。可是队友却都不搭理他。第四场,罗宾逊 20 分 10 篮板领衔全队,马刺 94 比 80 击败开拓者,又一个 4 比 0 横扫,队史上第一次晋级总决赛。庆祝完后,罗宾逊回到更衣室,见队友们对自己笑脸相迎,而且指了指小将军:

"是埃弗里让我们别夸你别理你,让你保持紧张的。"

1999 年,马刺总决赛的对手纽约尼克斯,乃是 NBA 历史上最逆天的球队之一。常规赛他们东部第八而已,但是这支球队,布满了一群当时不得意的硬汉:已经过了巅峰期的老铁汉帕特里克·尤因,1994 年曾经进了 NBA 第一阵容、却在三年后因为掐了教练的脖子而被金州勇士停赛大半年后赶走的坏孩子拉特雷尔·斯普雷维尔、1991 年 NBA 状元一度成为全明星但因为背伤而下滑的拉里·约翰逊、1996 年成为 NBA 选秀大会榜眼却被猛龙放走的马库斯·坎比,加上 NBA 历史上最执拗的主教练之一杰夫·范甘迪。那年对阵东部第一的迈阿密热之前,37 岁的尤因如此谈论热队王牌、那年进了 NBA 第一阵容的中锋、他的师弟阿朗佐·莫宁:

"你知道,我了解我的兄弟莫宁。他还不是我的对手。"

那个系列赛打出了气势,甚至引发了大斗殴:斗殴中范甘迪教练为了保护本方球员,冲去抱住莫宁大腿。这场血气之争,让纽约 3 比 2 扫掉了热队,完成了下克上的黑八壮举。东部半决赛,尼克斯一鼓作气,

4 比 0 取下亚特兰大鹰。东部决赛对阵印第安纳步行者，第二场尤因受伤，但是那晚倒下前，他用关键的四个罚球让纽约锁定胜局。组织后卫克里斯·柴尔兹这么说尤因：

"他腿完全废了，还能那么打球（尤因最后拿着 37 岁废了八成的老腿杀到三分线，干扰了老冤家米勒的三分球），这就是他成为我们老大的原因。他想赢球，他有这颗心。"

带着这颗心，尼克斯 3 比 2 领先步行者。第六场，纽约麦迪逊花园终场前 12 秒，尼克斯还以 88 比 91 落后。纽约人获得界外球，球仓皇间落在拉里·约翰逊手中。约翰逊在左翼 45 度三分线外起手，场边的解说员汤姆·哈蒙德声嘶力竭吼着："约翰逊……被犯规！……进了!!!!!!!"

约翰逊罚进了球，尼克斯 4 比 2 淘汰步行者，干掉了仇敌雷吉·米勒，以黑八身份晋级总决赛。纽约人疯魔了：他们相信这是奇迹之年，他们没什么做不到的。

但之后，他们失望了。

1999 年 6 月 16 日，圣安东尼奥马刺主场 SBC 球馆，迎来了队史第一场总决赛。被问到 23 岁的邓肯是否会紧张时，艾利不屑一顾：

"为什么邓肯会紧张？如果你是个邓肯那么棒的球员，你紧张什么？"

在他人生第一场总决赛里，邓肯拿到了 33 分 16 篮板。马刺 89 比 77 取胜。罗宾逊 10 投 3 中，但他抓到 9 个篮板，送出 7 次助攻，3 个封盖 3 个抢断，并在第四节封锁内线，让尼克斯两大王牌阿兰·休斯顿和斯普雷维尔合计 12 投 1 中。小将军说：

"跟我们交手，你得自己选一杯毒药服下。你太在意双塔，我们的射手会伤了你。太在意我们的射手，双塔会一整晚扣篮不停。"

XXIII

第二场，尼克斯变阵：取消组织后卫，让休斯顿和斯普雷维尔首发后场。但马刺锁死外线，尼克斯三分球 14 投 2 中，邓肯和罗宾逊合计 9 次封盖，纽约媒体认为，"被双塔吓飞的投篮，可能两倍于被他们盖掉的球"。马刺 80 比 67 取胜。邓肯 25 分 15 篮板 3 助攻 4 封盖，罗宾逊 16 分 11 篮板。赛后，尼克斯的科特·托马斯回酒店时，承认他听见圣安东尼奥球迷的高歌了：

"横扫! 横扫! 横扫! ……"

1999 年 6 月 21 日，总决赛第三场，纽约麦迪逊花园大屏幕上闪烁着这句话：

"我依然相信!"

阿兰·休斯顿打出职业生涯最好的一场球：依靠他当时冠绝 NBA 的中投，得到 34 分；斯普雷维尔则在第四节得到 10 分。尼克斯依然让邓肯得到 20 分 12 篮板，但第四节，201 公分的拉里·约翰逊，这位比邓肯早进 NBA 六年的状元，用他重量级拳击手的体格跟邓肯对抗，让他无法进入篮下。尼克斯 89 比 81 取胜，夺回一城。但罗宾逊不着急：

"马刺总是在一场败局之后，做出美妙的反弹。总是如此。我想，输掉第三场，给了我们一种健康的愤怒。"

总决赛第四场第三节开始，邓肯在拉里·约翰逊头顶连得 6 分，马刺一波 9 比 0 拉开了分差。尼克斯在第四节一度将分差缩小到 1 分，但是罗宾逊一个突破上篮，一个后场篮板后传球给邓肯，邓肯跳投得分锁定胜局。埃利奥特 14 分，艾利 18 分。邓肯继续统治一切：28 分 18 篮板 3 助攻 3 封盖，罗宾逊 14 分 17 篮板 4 封盖。比赛结束后，艾利朝纽约球迷的人海举起了右手食指：

离冠军只有一场了。

第五场，邓肯依然所向无敌得到 31 分 9 篮板，但斯普雷维尔施展狂人本色,轰下 35 分 10 篮板;他突破扣篮,他急停跳投,他在第四节一度个人包揽了尼克斯连续 14 分。比赛最后 47 秒,马刺还 76 比 77 落后,然后:

小将军在左底角,一个中投——马刺 78 比 77 领先。之后斯普雷维尔最后一次试图挽回,遭遇了邓肯的巨掌:封盖,结束,马刺 78 比 77 拿下第五场,4 比 1 击败纽约尼克斯,拿下 1999 年 NBA 总冠军。

蒂姆·邓肯,23 岁的二年级生,五场总决赛场均 27.4 分 14 篮板,拿到了总决赛 MVP:历史第二年轻的总决赛 MVP,仅次于 1980 年 20 岁的魔术师约翰逊。他是如此稳定,连前得分王阿列克斯·英格利什都夸:"邓肯每次接球施展那个翻身擦板投篮时都稳定得,好像就是 2 分到手了似的。"

在 NBA 驰骋十年,得到过一切荣耀头衔,受过伤,倒下过,又站起来,年已 34 岁的大卫·罗宾逊走出麦迪逊花园,面对纽约的天空。一向被认为过于温和,如今却辅佐邓肯夺冠的,仰头发出了一声压抑许久的啸声。

"你听到这啸声了吗?"罗宾逊回头对记者说,"我的感觉比这一声还要好。"

这年的马刺,还有一个美妙尾声:夺冠之后五天,1999 年 6 月 30 日,一个正在意大利联赛打球的阿根廷年轻人被电话吵醒了。电话那头大嚷:"马刺队在 NBA 选秀大会上,第二轮第 57 顺位选择了你!"

这个年轻的阿根廷人,叫作伊曼努尔·大卫·吉诺比利。

XXIII

第二十四章　OK三连冠

(XXIV)

1999 年夏天，湖人辞了科特·兰比斯，请来了菲尔·禅师·杰克逊。他本是鲨鱼的老冤家：1995 年，鲨鱼带奥兰多魔术淘汰了他执教的公牛；1996 年，他执教的公牛报仇横扫了魔术。往远了说，他和湖人也有旧恨：1991 年，魔术师最后一次率湖人进总决赛，被他统辖的公牛击败，为乔丹的王朝开启做了垫脚石。

但 1999 年，在湖人看来，禅师有 1991-1993、1996-1998 两个三连冠合计六枚总冠军戒指在手，而且让乔丹、皮彭与罗德曼同心协力。屈指算来，无人比他更适合统帅湖人，尤其是鲨鱼和科比两位天才了。

禅师招来了陪乔丹拿三连冠的老后卫罗恩·哈珀，让 198 公分的哈珀、198 公分的科比、201 公分的里克·福克斯、203 公分的格伦·莱斯组成高大外围。他还请来了跟十一岁的科比打过一对一、1995 年又身披魔术球衣跟鲨鱼一起打过总决赛的布莱恩·肖。第一堂训练课上，禅师说：

"你们以 65 英里时速开车，听音乐，手机在响，你们在吃麦当劳汉堡，你在清理衬衣上的番茄酱。你抬头，发现眼前是红灯，你闯过去了。你们生命里的事儿太多太复杂了。我们以后得简单专注。"

他强调：

"鲨鱼会是球队的第一选择。但因为他的罚球，他不会是唯一的选择。关键时刻，我们需要一个人来接管比赛。"他的意思是科比。

禅师的老助理教练温特说：

"很久以前，禅师就经常幻想鲨鱼在他手下打球。他总对我说，鲨鱼太适合三角进攻了，他很想执教一下鲨鱼。三角进攻需要一个统治级中锋。"

温特教练担心的是科比：

"他足够敏捷，投篮、运球都很好。但就跟乔丹一样，他个人进攻能力太出色，反而会不太愿意做平衡三角进攻需要的传球。"

针对自己与科比不和的传言，鲨鱼说："这事太平常。我肯定魔术师和天勾以前打球时也吵过这种事儿。我知道巴克利以前和 J 博士也拌过嘴。我们在一起打球越久，越能够彼此学习。如果我跟他有隔阂，我就会说出来——我又不是藏着掖着的人！" 1999 年 8 月，鲨鱼出现在了科比的生日派对上。1999 年季前赛，科比对华盛顿时伤了手腕，休息了六个星期，错过了 1999-2000 赛的开局。但等他归来时，湖人一波 16 连胜：到 2000 年 1 月中旬，湖人是可怕的 31 胜 5 负。

"这些没啥了不起的，宝贝儿！"鲨鱼说，"都只是数据罢啦！"

费城 76 人主帅、鲨鱼的老冤家拉里·布朗已经做出预测：

"他们会夺冠的。科比打得很棒，莱斯打得很棒。鲨鱼？他根本打得超越人类。"

1999-2000 季，鲨鱼确实已经无人可敌。曾经的对手——大梦、尤因、罗宾逊——纷纷老去，没人可以阻挡他。对阵底特律活塞，他干掉了 206 公分高、93 公斤重的杰罗姆·威廉姆斯，在他头顶吃了 22 分 24 篮板。活塞主帅金特里辩解：

"不公平。鲨鱼午餐吃的东西都比杰罗姆重！"

禅师给鲨鱼带来了三角进攻，他还让鲨鱼减了体重，让鲨鱼的封盖和防守更敏捷。他让湖人这群天才们偶尔也紧张起来。2000 年 1 月 4 日对快船，湖人上半场丢了 61 分，禅师中场只说了一句话："我在找哪几个球员对防守还有兴趣的。"下半场，湖人防守发力，只让快船得了 37 分。

2000 年全明星赛，鲨鱼玩得很开心。他全场 22 分 9 篮板 3 封盖，和邓肯分享了当夜的全明星 MVP 奖杯。这是他个人的第一个全

XXIV

明星 MVP。同时，这也是 NBA 历史上第二次，由两人分享全明星赛 MVP——上一次是 1993 年，卡尔·马龙与斯托克顿分享——像极一个意味深长的伏笔：未来七年，鲨鱼和邓肯的确要统治 NBA。

2000 年 3 月 6 日，为了庆祝他的 28 岁生日，鲨鱼在对快船的比赛中将他的霸王之勇发挥到了极致。45 分钟内，他抓了 23 个篮板。35 投 24 中，22 罚 13 中，职业生涯最高的 61 分。

那年，他的确到了为所欲为的地步。

与此同时，四年级的科比·布莱恩特，真正成长起来了。

一年级扣篮王，二年级在常规赛与全明星和乔丹单挑，三年级成长为明星得分后卫。1999 年夏天他继续苦练。只是在人际关系上，科比还是保持本色：不跟队友多接触。赛后他或看录像，或和高中时的朋友们打电话。

2000 年 1 月，31 胜 5 负的湖人遭遇了一波 2 胜 2 负后，禅师组织了次会议。当天，福克斯、费舍尔、布莱恩·肖、鲨鱼和哈珀坐在第一排，科比坐在最后一排。

禅师先说了段"如果你自私，三角进攻就无法运转"之类的话，然后看球员自由发言。无人说话。当禅师预备结束会议时，鲨鱼说话了。

"我觉得科比太自私了。这对我们赢球造成了障碍。"

所有人都点头。福克斯说："这情况，我们经历过多少次了？"

禅师看着科比。科比平静地回应了。他说，他关心球队里的每个人，他只想为赢球贡献力量。

此后一周，湖人 1 胜 4 负。禅师去跟鲨鱼与科比分别谈了。

对鲨鱼，他要求鲨鱼担当领袖。"领袖应当激励全队，而不是拆散球队。"

对科比，他直来直去，"你得融入团队"。

2000年2月，湖人的情况开始好转。福克斯说科比："他不再把比赛当成个人单打秀了。"

与此同时，科比的防守，开始让全联盟刮目相看，老学究教练拉里·布朗一边继续指责自家的天才阿伦·艾弗森，一边啧啧称赞：

"科比是年轻一代的榜样。每年他都在学习，如今他不再单是个花式扣篮手了，他是个扎实的NBA球员。"

到2000年4月，科比得到了队友们的交口称赞。福克斯说科比"不再单打独斗了。他不再挑麻烦了"。

微妙的是，科比在球场外也变得低调了。鲨鱼已经锁定了1999-2000季常规赛MVP，世界在称赞禅师的手段，世界在赞美多伦多猛龙新晋的明星、大科比一岁的扣篮之王文斯·卡特：他刚在2000年全明星扣篮大赛上，演出了举世无双的扣篮——一个360度满月风车，一个胯下换手风车，一个前臂入筐砸扣，一个罚球线双手扣篮，古今独步的表演——同时，世界也在讨论上季得分王、费城76人奔走灵动的阿伦·艾弗森。

当科比被媒体问到自己是否在意"被鲨鱼和卡特的阴影覆盖"时，科比回答：

"很好啊！我可以好好阅读比赛，没人会重点研究我。大家怎么会觉得我在嫉妒呢？我嫉妒鲨鱼吗？鲨鱼嫉妒我吗？我在嫉妒文斯吗？我才不在乎呢。鲨鱼打得匪夷所思，我是最希望他打得顺心如意的球员。文斯？他打得好，我非常非常高兴。我爱他的打球风格。"

但科比还是流露了一点野心：

"如果鲨鱼跑来告诉我，'科比，我不想一个人每晚独撑比赛，你会帮我吗？'我会说，我准备好了。如果鲨鱼不这么说？嘿，我才21岁。当我28岁时，鲨鱼多大了？呃，40岁？"

科比大笑了几声，遮盖了这个不大好笑的笑话，但他随即严肃地说：

XXIV

"我想，属于我的时光会到来的。"

1999-2000 季常规赛落幕，洛杉矶湖人取下了惊人的 67 胜 15 负，联盟第一。如果不是赛季最后两场全败，湖人本可以追平 1971-1972 季张伯伦、韦斯特他们创下的 69 胜队史纪录。

鲨鱼出赛 79 场，场均 40 分钟联盟第四。57.4% 的命中率联盟第一，投中 956 球联盟第一，全季 336 个进攻篮板、742 个防守篮板和总计 1078 个篮板球联盟第二，场均 3 次封盖联盟第三。最后，29.7 分，职业生涯第二度得分王。

鲨鱼第三次当选联盟第一阵容，毫无意外。第一次当选联盟第二防守阵容，却是前所未有：以往的他，一贯被置疑防守懒散、防不了挡拆、对付不了快节奏。28 岁，他的防守也终于得到了肯定。

科比出赛 66 场，场均 22.5 分 6.3 篮板 4.9 助攻。年度第二阵容，年度防守第一阵容——这是第一次，他卓越的防守得到了承认。

最后，鲨鱼成为了 1999-2000 季 NBA 常规赛 MVP。121 张第一选票中，他获得了 120 张。如此众望所归，要到 2015-2016 季，才由金州勇士的斯蒂芬·库里来创造新纪录。

2000 年季后赛第一轮，湖人的对手是萨克拉门托国王。对手的王牌是 1993 年状元、曾经差点和鲨鱼搭档的大前锋克里斯·韦伯，中锋则是 1996 年与科比交换去了夏洛特黄蜂的大胡子中锋迪瓦茨。曾带领开拓者闯荡总决赛的里克·阿德尔曼教练，将这对双子塔改造成了史上最华丽的高位策应机器。

鲨鱼在第一场 33 投 21 中 46 分 17 篮板 5 封盖轰垮了迪瓦茨，证明了韦斯特当年放走迪瓦茨签下鲨鱼的正确。湖人取胜。第二场，鲨鱼 23 分 19 篮板 6 助攻，再次率领湖人击败国王。2 比 0。可是国王并非易与之辈。

在萨克拉门托的两战，湖人全败。科比分别得到 32 分和 35 分，但无济于事：比数弹回 2 比 2。第五场回到洛杉矶，禅师看着鲨鱼和科比：

"今天你们得为了胜利而打球，不能想着避免输球。"

鲨鱼 32 分 18 篮板 4 助攻 3 封盖，迪瓦茨的妙传敌不过他的刚猛，科比则得到 17 分。第五场湖人大胜国王 27 分，3 比 2 晋级。

"这样挺好。"鲨鱼冷哼着，"我们不想创造丢人的历史！"

而去年横扫湖人、最后夺冠的马刺，没能越过首轮：因为邓肯受伤，马刺首轮败给了凤凰城太阳。

然而太阳不是湖人的对手。西部半决赛，湖人轻松地以 3 比 0 领先太阳。第三场战罢，鲨鱼重提第一轮："其实对手并不重要。如果我们输球，那就是我们自己阻挡了自己。"这一晚，他 37 分 17 篮板。

之前第一场他 37 分 14 篮板，第二场他 38 分 20 篮板。所向无敌。鲨鱼觉得太阳已经不重要了，他开始琢磨西部决赛的对手波特兰开拓者。结果第四场湖人败北，上半场就丢了 71 分，莱斯承认："我们琢磨开拓者太多，忘了还得继续对付太阳了。"

第四场中场休息时，禅师任湖人诸将彼此抱怨，自己走进更衣室，将一罐佳得乐饮料砸上了墙。粉碎之声吓到了全体球员。赛后，禅师表达了愤怒。

"我知道，漫长的赛季，你们已经厌倦团结作战了。但为了冠军，你们必须想法子凝聚起来！"

湖人凝聚起来，第五场击溃太阳，4 比 1 晋级。2000 年西部决赛，他们将对阵波特兰开拓者。

两年前波特兰开拓者被湖人淘汰，一年前开拓者输给马刺。他们知道称雄西部，必须过鲨鱼或邓肯。1999 年夏天，开拓者揽来了皮彭、

XXIV

史蒂夫·史密斯、施莱姆夫三位明星。他们的首发是：1996 年度新人斯塔德迈尔、史密斯、皮彭、拉希德·华莱士和伟大的萨博尼斯。而他们的板凳则是施莱姆夫、邦齐·威尔斯、布莱恩·格兰特和杰梅因·奥尼尔。1999-2000 季常规赛，开拓者拿到 59 胜，场均打满 18 分钟的球员多达九人。他们拥有可怕的车轮战法。他们在首轮淘汰了明尼苏达森林狼：面对已经进了 NBA 年度第一阵容的凯文·加内特，开拓者毫不手软。首场比赛，KG 打出 12 分 10 篮板 11 助攻的三双，但最后一节，开拓者的防守让森林狼只得 13 分；第二场，KG 得到 23 分，但森林狼其他球员再次被封杀。前两场比赛，森林狼全队三分球 18 投 3 中。第四场，KG 打了 47 分钟，17 分 10 篮板 9 助攻，但 20 投只有 5 中。开拓者 3 比 1 淘汰森林狼后，一位球员匿名说了句话：

"KG 很棒，他什么都能干一点——在不那么要命的时刻。"

鲨鱼要面对的，就是这样的开拓者。

2000 年西部决赛第一场，鲨鱼纵横无敌：25 投 14 中，27 罚 13 中，41 分 11 篮板 7 助攻 5 封盖 0 失误，带湖人取胜，1 比 0。但第二场，皮彭打出完美防守。禅师感叹：

"我总以为，防守者一次性只能防一个人，也许一个半。可是皮彭的防守啊，到处都是他。"

开拓者以 29 分之差大破湖人，取下第二场。第三场前，禅师给了科比一个任务：

"你防皮彭。"

第三场，鲨鱼打满 48 分钟，17 投 10 中 26 分 12 篮板 3 助攻 3 封盖。科比则用禅师所谓"让我想起了我执教过的另一个得分后卫（很明显，指的是乔丹）"的后仰跳投，射落 25 分。但当晚的主角是 36 岁的罗恩·哈珀。下半场，开拓者才华横溢但性情刚烈的前锋拉希德·华莱士，盖了哈珀一记投篮后，咧开大嘴，肆意嘲弄。

比赛还有不到 30 秒时，双方战至 91 平。科比走完三角进攻，一记传球切到哈珀手中。哈珀看着拉希德，毫不犹豫起手中投。湖人 93 比 91 赢下第三战。哈珀对拉希德笑了笑。

"打到我这种年纪的人，自然能投中这样的球。我总是那种被遗忘的人。这跟在芝加哥时一样。我只是继续追求第四枚戒指而已。"

第四场，湖人半场落后 5 分。第三节忽然风云逆转：皮彭和史密斯失去了进攻节奏，二年级替补后卫邦齐·威尔斯企图接管比赛未遂。人多势众的开拓者自己内乱了。莱斯趁乱出手，为湖人单节射落 12 分，赢下了比赛。哈珀一笑：

"队员得知道自己的角色，不是每个人都能当巨星。"

湖人的巨星依然有巨星样子：第四场鲨鱼照样被七手八脚包围，但他自有办法。妙处不在于他 25 分 11 篮板 3 助攻，而是他 9 罚 9 中。"哇哈哈哈！我觉得我今天跟皮特·马拉维奇似的！"他指的是联盟历史上技巧最华丽、最闲雅的大师"枪手"。湖人连破开拓者两个主场，3 比 1 领先。

但开拓者人多势众，第五场鲨鱼 31 分 21 篮板，然而每次接球都看不到队友。莱斯只有 8 投 1 中，哈珀也熄灭了，A.C. 格林则被拉希德·华莱士领头痛击。湖人败北。第六场鲨鱼打满 48 分钟，助攻 5 次，但在开拓者的三人控制下，17 投只有 7 中，10 罚只有 3 中。湖人再败，3 比 3。科比独得 33 分，但无济于事。

福克斯愤怒了，在更衣室大吼："我们又要习惯性崩溃了吗？"

禅师在门外负手听着，对温特教练说："总得有人说出这段话的。"

莱斯在第七场尽显他的不稳定：助攻哈珀跳投得分，自己射中一记三分球。这两球后，他就熄灭了：此后 17 分钟，他一无所获。这场比赛后，温特教练说莱斯：

XXIV

"他以前习惯持球在手一队友掩护一投篮了。而如今他需要更多的无球移动。所以,他着实不习惯。"

鲨鱼被三人围夹,无法脱身。禅师说开拓者"他们对鲨鱼所做的防守,没有其他球队可与媲美"。依靠科比断断续续地跳投,湖人以落后 15 分进入第七场第四节。

无路可退了,禅师叫暂停,让全队放弃给鲨鱼喂球。"鲨鱼身边围了四个人。别勉强了。你们自己攻击吧!"

此时的科比,初显他后来的巨星资质:第四节他攻防两端组织追击。最后时刻弧顶接球,投篮假动作,让过皮彭,急停中投:湖人 72 比 75 落后 3 分。布莱恩·肖再跳投,双方 75 平。随后,科比左翼运球,绕掩护,突破中路,胯下运球晃动,中投,83 比 79,湖人领先 4 分。

下一回合,科比面对皮彭,变向突破,吸引所有注意后,将球高高抛起。鲨鱼腾空而起,霹雳一声,将球按进了篮筐。85 比 79。胜局锁定。

湖人 89 比 84 滑过了开拓者,鲨鱼全场 18 分 9 篮板,科比 25 分 11 篮板 7 助攻。湖人 4 比 3 淘汰开拓者,抵达 2000 年总决赛:

这是鲨鱼的第二次总决赛。科比的第一次总决赛。

鲨鱼很熟悉 2000 年总决赛的对手:印第安纳步行者,雷吉·米勒的印第安纳步行者。1994 年横扫过魔术,1995 年被魔术 4 比 3 击败的印第安纳步行者。他的老对手。

自 1994 年首次横扫魔术以来的七季,步行者五次到达东部决赛,三次以 3 比 4 败北,一次是 2 比 4,这一次,2000 年,他们终于进了总决赛。

鏖战多年之后,印第安纳步行者很老了。他们的领袖、截止到当时的历史最伟大三分射手雷吉·米勒,已有 34 岁了。他身边多了特拉维斯·贝斯特和杰伦·罗斯这两张新面孔。这是米勒和马克·杰克逊的迟暮时光，最后一次冲击总冠军的机会。

先前的东部半决赛，步行者遇到费城76人。拉里·伯德教练决定让马克·杰克逊，当时史上助攻第二的老指挥家做替补。因为，"阿伦·艾弗森实在太快了。我们得让一个小而敏捷的家伙来对付他。比如特拉维斯·贝斯特"。

杰克逊接受任务时面色如常。雷吉·米勒跑来问他："我要穿那件超人T恤吗？"——那是件他曾经穿着得了41分的吉祥衣。杰克逊使了激将法："你确定你能闪亮登场？如果不，别穿。别侮辱超人。"

结果东部半决赛第一场，身穿超人T恤的米勒轰下40分：18投11中，三分球10投7中外加12罚11中。马克·杰克逊得到0分，但23分钟内10次助攻0失误。

隐藏的小英雄：贝斯特只得了2分，拼到6次犯规。但他跟住了艾弗森。费城3号依然有20投10中28分的表现，但对步行者而言：只要不让艾弗森得到40分就好了。两天后，杰伦·罗斯的30分助步行者险胜第二战；又两天后，米勒的29分让步行者3比0领先。

阿伦·艾弗森宣布：

"我们要做第一支0比3落后逆转的球队！"

第四场。费城用非凡的斗志和步行者熬到了比赛结束，险胜2分。第五场，艾弗森绝地冲刺，得到37分。追到了2比3。

但奇迹到此为止：第六场，步行者终结了费城76人，4比2晋级。东部决赛，步行者4比2击败了老冤家纽约尼克斯；第六场，米勒轰下34分，告别了老冤家帕特里克·尤因，迎来了洛杉矶湖人。

步行者没有开拓者那么华丽的内线群，但他们也有施密茨、戴维斯、萨姆·帕金斯和奥斯丁·克罗希尔。他们打算像1994年似的，用

XXIV

224 公分的巨人施密茨对付鲨鱼。结果 2000 年总决赛第一场，步行者被湖人干掉了：鲨鱼打了 44 分钟，31 投 21 中轰下了 43 分 19 篮板 3 封盖。他和科比联手制造了一波 16 比 6 的高潮，直接甩开比分。他把整个步行者的内线吞吃殆尽。这是惯常的鲨鱼式统治能力表演。湖人 1 比 0。科比在他的第一场总决赛里，14 分。

总决赛第二场，鲨鱼像个领袖。第二节，科比踝部扭伤下场，湖人暂停。鲨鱼环视队友，用军官的口气说：

"一会儿，他们一定会用黑帮似的防守来围我。我把球传给你们时，兄弟们，为我投中几个三分球吧。"

全场比赛，湖人三分球 15 投 7 中，其中莱斯一人 6 投 5 中。第四节，湖人领先 8 分。湖人暂停，还没休息过一分钟的鲨鱼把队友聚在一起：

"兄弟们，我要休息一小会儿。看你们的了，明白？"

他只休息了两分钟，他必须休息。因为步行者正在用前无古人后无来者的方式对付他。第一场鲨鱼 31 投 21 中但 6 罚 1 中的成绩，让步行者主帅伯德心生一计。第二场，步行者一等湖人队发球就抱住鲨鱼，以便让他罚球。1962 年 3 月 2 日张伯伦单场 100 分之夜，出手 63 次，也只罚球 32 次。而这一夜，鲨鱼出手 18 次，罚球却是 39 次。

虽然他 39 罚只有 18 中，布莱恩·肖却明白鲨鱼的难处。"我们都在一边，看着步行者对他拳打脚踢，而他必须克制烦躁和愤怒去罚球。他能够忍耐这一切，是因为他太想赢了。"

福克斯则说："鲨鱼有过失败的经历。是失败将他一直带到了这里。"

第二场，鲨鱼 40 分 24 篮板 4 助攻 3 封盖，几乎独自将湖人撑到 111 比 104 的胜局。湖人 2 比 0。

总决赛第三战，步行者回到主场。科比因伤不能出战，布莱恩·肖代替了他，10 投只有 3 中。莱斯、哈珀、格林这三大首发合计 25 投 10 中。科比不在，戴尔·戴维斯可以肆意干扰鲨鱼，尽量不让他接球。沉寂两场的米勒也醒了，和罗斯并肩合取 54 分。最后，鲨鱼 13 罚只有 3 中。尽管风势如此偏倒，鲨鱼依然逆风劈浪而行。全场他休息了一分钟，24 投 15 中轰下 33 分 13 篮板。他带领湖人硬生生将一度落后 18 分的危局，拉到了第四节只落后 4 分。步行者赢了第三场，比数为 1 比 2。但用福克斯的话说：

"我们揽到一点信心了。现在，看他们怎么对答我们了。"

13 罚 3 中的鲨鱼赛后被问："为什么你无法搞定罚球呢？"

鲨鱼答："我想每件事儿都有理由。我比赛风格就这样。如果我罚球有 80%，那就太可怕了。这至少让我显得挺合群。如果我罚球跟米勒那么准，你们都没啥问题可问我了吧？"

那么，莱斯的太太克里斯蒂娜批评禅师，嫌禅师不给莱斯出场时间，鲨鱼怎么看？鲨鱼开玩笑了：莱斯（Rice）的姓不是米饭的意思么？所以他答非所问地说俏皮话：

"是呀！我昨天吃了点米饭（莱斯）配鸡块。我也想配点肉汤，但肉汤让人发胖，我在减肥呢！"

第四场，步行者的进攻光芒四射：命中率 50%，三分球 19 投 10 中。而科比带着脚踝伤，只休养了五天就出阵：上半场得了 6 分。下半场，科比的精神超脱了伤病的束缚：带着 4 次犯规，他刀尖舞蹈似的，拼满了第三节。

第四节，鲨鱼咆哮着在印第安纳的捕鲨队环卫之下，硬劈下 14 分，把比赛拖入加时。然后在加时赛还剩 2 分 33 秒时，得到 36 分 21 篮板的鲨鱼第 6 次犯规，被罚下了。

科比对他说："别担心，我搞定。"

XXIV

禅师取消了三角进攻，让湖人全体拉开。把球交给科比。约翰·塞利说球队计划是：

"如果科比之外的谁敢投篮，就叫个暂停把他换下来扔回更衣室。"

科比罚进两球，在米勒头顶一记急停跳投，被施密茨盖掉，布莱恩·肖一个跑投弹筐而出，科比用受伤的脚踝发力跃起，捞到前场篮板，施展那著名的，魔术师所谓的"乔丹式的滞空"，反手将球点进了篮筐。科比全场第 28 分。湖人 120 比 118 赢球，拿到 3 比 1 领先。

36 分 21 篮板的鲨鱼赛后承认了：

"科比是今晚的英雄。他是我高大的小兄弟！"

很多年后，禅师承认：那一晚，带着脚踝伤奋战的科比，让他想起了迈克尔·乔丹。伤病、疼痛、伤病可能加剧的恐惧，反而让他兴奋了起来。就在之前的 2000 年春天，科比还说：

"如果鲨鱼跑来告诉我，'科比，我不想一个人每晚独撑比赛，你会帮我吗？'我会说，我准备好了……我想，属于我的时光会到来的。"

的确到来了。

步行者 120 比 87 血洗湖人，赢回第五战，分差扳到 2 比 3。米勒 32 分领衔全队，鲨鱼的 35 分 11 篮板徒劳无功。赛后禅师发了话：

"我难以想象。拥有冠军之心的球队，怎么可能输 33 分？"

"冠军之心"这词，鲨鱼听着刺耳。1995 年，他的奥兰多魔术，就是火箭"冠军之心"的祭品。

2000 年 6 月 19 日，总决赛第六场。禅师做出调整。老哈珀对付雷吉·米勒，科比则专心绞杀对方的组织后卫马克·杰克逊。老将 A.C. 格林去防守高自己 20 公分的施密茨。此举立竿见影：科比的防守效果尤其出色。步行者的攻势被阻遏了。

第四节，科比连续给鲨鱼传球，里克·福克斯和罗伯特·霍里纷纷射中关键三分。莱斯射中系列赛最好的 16 分。科比最后两场 47 投只 12 中，但比赛最后 2.5 秒，他的罚球锁定了胜局。鲨鱼在第六场只有 12 罚 3 中，但 32 投 19 中，41 分 12 篮板 4 封盖，独自扛起了一切。

116 比 111，湖人取胜，4 比 2 击败了印第安纳步行者，拿下 2000 年总冠军。

总决赛六战，鲨鱼场均 38 分 16.7 篮板，毫无悬念的总决赛 MVP。至此，1999-2000 季，他包揽了全明星、常规赛、总决赛 MVP，在此之前，只有 1970 年的威利斯·里德、1996 年和 1998 年的迈克尔·乔丹做到过如此的大满贯。如果加上他还拿下了常规赛得分王，那更是只有 1996 年的乔丹，才有过如此的垄断。

完场钟声响起时，鲨鱼和科比拥抱在了一起。1994 年被步行者横扫、1995 年被火箭横扫、1996 年被公牛横扫、1997 年被爵士 4 比 1 淘汰、1998 年被爵士横扫、1999 年被马刺横扫。在这些惨败之后，鲨鱼终于有了一个统治级的完美胜利。鲨鱼咆哮欢歌，他终于成了真正的霸王：

"我控制着这感情长达十一年——三年大学，八年 NBA。现在，它终于可以出来了！"

夺冠之夜，科比比划着自己的左手无名指，又举起右手食指。禅师后来说，他如此解读科比的意思：

"那意思是，科比觉得，这只是他众多总冠军中的第一个，而已。"

他的野心，一个总冠军是填不满的。

湖人夺冠前后的其他一些事：

2000 年夏天，达拉斯小牛们迎来了个新老板：两年前，40 岁的马克·库班创立网络公司 Broadcast.com，一年后他将这公司卖了 59 亿美元；2000 年 1 月 4 日，库班以 2.85 亿美元买下了达拉斯小牛。这

XXIV

个网络新贵富豪,有着新时代精神。不同于其他老板的商务做派,他喜欢篮球,喜欢到现场,嚼着口香糖,穿着运动衫,像个街头青年似的,站在老尼尔森身后,并支持他的疯狂试验。

2000 年 5 月 19 日,凯文·加内特迎来了 24 岁的生日。按规矩,他自然和全队哥们喧腾了一番。5 月 20 日,他的队友马利克·西利开车回家。高速公路上,43 岁的索克桑古恩·分塞纳酒后驾驶,将他的卡车撞进了西利的 SUV 里。西利逝世了。这场悲剧让森林狼失去了他们的首发小前锋。与此同时,1999-2000 季代表森林狼表现出色的 1995 年状元乔·史密斯,本计划低价续签森林狼。但麦克海尔经理铤而走险,跟乔·史密斯私下做了约定:希望乔低价签森林狼,自己私下再将差额补贴给乔。当这件事被 NBA 官方揭出后,森林狼被剥夺掉五年首轮选秀权。如此整整五年,森林狼无法补充够水准的年轻天才。乔·史密斯与森林狼最后一年合同作废,签约底特律活塞。森林狼也被罚款 350 万美元。

先前 2000 年 2 月 15 日,马刺做客克里夫兰迎战骑士,当晚小将军情绪失控,在更衣室大吼:"这是我的球队!"史蒂夫·科尔为之惊讶,转身问罗宾逊:"你不干点什么吗?"当晚在更衣室,小将军和少壮队友马里克·罗斯赤膊打了一架,从此之后,他再没法担当球队队长了。那个赛季,蒂姆·邓肯连续第三年入选年度第一阵容,连续第二年年度第一防守阵容。到 2000 年夏天,他的新秀合同即将到期。当时东部的奥兰多魔术想追求他。魔术希望拿下四个明星中的两个,甚至三个:邓肯之外,还有底特律活塞的"乔丹接班人"格兰特·希尔(他刚打出生涯最好的一年);多伦多猛龙的三年级天才特雷西·麦蒂;联盟最全面的摇摆人之一埃迪·琼斯。

大卫·罗宾逊本来在夏威夷度假，赶紧中断假期赶回圣安东尼奥，和波波维奇教练一起，跟邓肯推心置腹地谈。邓肯答应留在马刺。就在迈进新闻发布会现场前，邓肯回过身，对跟着他的波波维奇教练说：

"我是该说'我留下'，对吧？"

波波维奇事后说，他当时出了一身冷汗，说不出话。邓肯看看教练，补了句：

"教练，我开玩笑呢。"

于是邓肯宣布留在了圣安东尼奥，从此直到他退役，再未离开。

2000年夏天，费城76人在争吵。自由不羁的艾弗森与严肃细致的拉里·布朗积累已久的矛盾终于爆发。7月7日，阿伦·艾弗森说："下季继续在布朗教练手下打球，对我来说会极其艰难。"

7月13日，布朗教练说："如果你的雇员不准时开工，不来上班，拒绝和组织里其他人享受平等待遇，然后还说他对他所接受的待遇不满……你们会怎么想？"

费城76人联系了刺客和J博士，以防布朗教练忽然辞职；他们也跟活塞、黄蜂和湖人沟通：如果交易成行，76人将得到黄蜂的后卫埃迪·琼斯、湖人的射手格伦·莱斯，以及活塞送出的若干筹码，活塞则将得到阿伦·艾弗森和中锋马特·盖格尔。这个交易最后是被盖格尔否决的：这个铁人中锋不愿放弃76人应付给他的500万违约金。埃迪·琼斯随后宣布他想去迈阿密热队。

8月，艾弗森见了费城76人老大帕特·克罗斯，当天魔术师也在。魔术师对艾弗森说：

"你和你的老板有这样亲密的关系，这很不易，阿伦……年轻人都爱你，但你必须为他们做一点表率。我知道为一个倔强的教练打球有多痛苦，我为帕特·莱利打过球。可是，那其实正是他们关心你的方式。"

XXIV

"我不恨拉里·布朗,"艾弗森说,"我会继续在费城打球的。"

2000年10月22日,76人新选来的"速度"·克拉克斯顿在季前赛伤了左膝。两分钟后,艾弗森闯进更衣室:"哥们,你没事吧?"

也就在这一天,艾弗森对布朗教练说:

"任命我为队长吧,我和斯诺共担队长之职。"

"好。"

2000年11月2日,早上9点37分——十一小时前,艾弗森刚得了24分,率队击败了猛龙,扭伤了自己的右膝——布朗教练来到训练馆,发现阿伦·艾弗森已在训练。

——而队规设定的训练时间是十点整。

就是这样的阿伦·艾弗森,带着费城76人在2000-2001季打出了10连胜开局。在此期间,艾弗森没有一场得满30分,场均却有近6次助攻。拉里·布朗大肆赞美:

"他在用正确的方式打球,他的防守比以往好一百倍!"

并不是艾弗森不会得分了。11月76人主场为主,情势轻松,他更多地让队友发挥。但从12月2日开始,七天内五个客场。作为队长,他必须担负起责任。12月16日,在芝加哥,他扫落33分;四天后,面对爵士,45分。2000年12月30日,当年最后一场比赛,他打足加时52分钟,36投18中劈下46分9篮板9助攻。

2001年1月5日,艾弗森对阵西雅图得到41分,第二天背靠背在克里夫兰30投20中13罚10中轰下54分。1月13日对阵马刺29投17中40分,两天后对阵黄蜂35分。再过两天25投15中43分击杀公牛。1月21日与多伦多血战加时,51分。之后的十天,30分、32分、44分、27分和38分,带领球队一波4胜1负。

在他场均只得22分的2000年11月,76人12胜2负;在他大包大揽所向披靡场均 34.6 分、取下两个 50+、四个 40+ 的 2001 年 1 月，球队战绩是 13 胜 3 负：他懂得审时度势，打出合理的表现，只要球队能赢球。

2001 年春天，华盛顿的全明星赛。西部全明星先声夺人，而且出招咄咄。邓肯开场便盖掉特雷西·麦蒂的扣篮，韦伯与加内特的空中接力扣篮让西部达成 15 比 2。第一节结束，西部队 30 比 17。拜西部队异乎寻常的认真所致，东部第一节有 10 次失误。

密尔沃基雄鹿的雷·阿伦第二节开始开弓神射，连得 9 分，多伦多猛龙的扣篮之神文斯·卡特施展一记 360 度战斧扣篮把分差减至个位数。半场余下二分半，卡特一记三分球把分差追至 44 比 49，随后一记风车扣篮，全场球迷起立为星球第一扣将鼓掌：只差三分。但随后，贾森·基德一记底角三分，一记半场三分。西部 61 比 50 领先半场。第三节，西部队烈火燎原地奔袭。高强度防守逼迫东部只得 20 分——这样的分数已经不像全明星赛了——而自己轰下 28 分。第三节结束，西部 89 比 70 领先。又过了三分钟，西部队 95 比 74 领先 21 分。距离比赛结束还有 9 分钟。

拉里·布朗为东部队叫了暂停。阿伦·艾弗森看了看计分牌，看了看场边的妈妈和大学恩师约翰·汤普森教练，然后走到技术台。

"嘿，有没有人和我打赌，我们能翻盘？"

杰里·斯塔克豪斯远射，卡特远射。阿伦·艾弗森上篮得手打三分。96 比 100。只差 4 分。

艾弗森再罚中两球，从猛龙去到奥兰多魔术后大显神威的特雷西·麦蒂一记补扣。比赛余 3 分 10 秒，100 平。东部队打了一个 26 比 5 的超级大反击。拉里·布朗几乎感到困惑。

"我们有许多理由可以把这场全明星就这样收尾，大家躺倒休息认输。可是，事实上没这样。我完全不知道我们是怎么能反击成功的。"

XXIV

艾弗森连取 5 分。当他在罚球线上把分数定在 105 比 104 时，场边他的母亲安·艾弗森听到全场观众在叫艾弗森的名字，以及："M-V-P! M-V-P!!"

科比一记跳投，106 比 105；再一记 20 尺跳投，西部队 108 比 105 领先，还余一分钟。但新泽西网的马布里一记远射，为东部追平比分。科比还以一记跳投，但马布里再一记远射，111 比 110。

"我打了七年全明星了，从没看到过这种场面，"东部的巨人穆托姆博说，"这就像一场冠军战。"

艾弗森，全场最高的 25 分，其中 15 分来自于最后 9 分钟。在东部 93 比 100 落后到 105 比 104 反超的关键时刻，他包揽了 10 分。

他从大卫·斯特恩手中接过了 2001 年全明星赛 MVP 的奖杯。乔治城的朋友、约翰·汤普森教练和母亲一起朝他拍出雷鸣般的掌声。毫不意外地，他把奖杯递给了他的妈妈。

"我的家庭、朋友和那些眼看着我一路挣扎过来的人，这是给他们的礼物。"

这一晚的另一个细节：拉里·布朗教练仗着东部全明星队主帅身份，在教练席和穆托姆博聊天。

"干吗不来我们队呢？"

穆大山看了看他：

"我喜欢温暖的天气。"

全明星赛之后，艾弗森带费城飙出 6 连胜。在密尔沃基 49 分，对湖人 40 分，破快船 42 分。对太阳 26 分，然后是在灰熊和活塞头顶的 36 分和 43 分。但费城 76 人有了麻烦：他们的全明星中锋、27 岁的西奥·拉特里夫，赛季前 50 战场均 12.4 分 8.3 个篮板外加联盟第一的 3.7 次盖帽，却在 2 月受伤了。于是费城 76 人将拉特里夫和托尼·库科

奇外加穆罕默德·桑切斯，打包去交换亚特兰大鹰队 35 岁的巨人迪肯贝·穆托姆博。

我们已经知道迪肯贝·穆托姆博，全名是迪肯贝·穆托姆博·莫普兰多·穆卡姆巴·简恩·杰奎·沃恩托比了：来到费城 76 人之前，这个 35 岁的 218 公分黑山老妖已经拿到过两次年度防守球员。前一年他刚以 34 岁高龄拿到篮板王。

来到费城之后，穆托姆博与艾弗森合力：他们让费城 76 人打出了常规赛 56 胜 26 负，东部第一。

阿伦·艾弗森，2000-2001 季出场 71 次，场均 42 分钟，31.1 分和 2.5 次抢断均为联盟第一，场均 3.3 次失误，为职业生涯最少。

那一年，1993 年 NBA 状元、萨克拉门托国王队 4 号，史上天分最好的大前锋之一克里斯·韦伯，在 27 岁找到了自己。他与巴尔干巨人弗拉德·迪瓦茨组成了双子指挥塔，潇洒运作着著名的普林斯顿体系，让国王在常规赛所向披靡。他用已臻完美的直臂挺胸中投，用他冠绝 NBA 的后转身，用他强势的翻身小勾手和优美的直传球引领球队。他的手上技巧毫无疑问是 NBA 大前锋中最顶级的，实打实的 208 公分身高与两年前拿到篮板王的身体素质又保证了他可以应对任何对手。加上妖异华丽的组织后卫贾森·威廉姆斯、206 公分的巴尔干射手佩贾·斯托贾科维奇，那年 55 胜的国王打得水银泻地，堪称 NBA 最华丽的球队。

那一年，达拉斯小牛崛起了。德克·诺维茨基进了全明星赛，与此同时，史蒂夫·纳什也腾飞了：一向无私的他肯投篮了！2000-2001 季，纳什打了 70 场首发，场均 15.6 分 7.3 助攻，而且命中率高达 49%，三分率 41%。队友都震惊了："一般人投篮次数多了，效率会下降，他却越投越准。"

XXIV

2000-2001 季，达拉斯小牛每场节奏 NBA 第四快，出手三分球 NBA 第六多，命中三分球 NBA 第三多，进攻效率 NBA 第四。德克整个赛季命中 151 个三分球 NBA 第八多——而他是个七尺长人大前锋！

奔跑、远射，永无休止。防守交给 229 公分的巨人肖恩·布拉德利，进攻则由纳什急速推动，德克与芬利左右开弓。小牛常规赛打出 1988 年来最好的 53 胜，十年来第一次进了季后赛，与老牌劲旅犹他爵士并列西部第四。

那年在波士顿，保罗·皮尔斯以神奇的方式成名了：先是 2000 年 9 月 25 日，他在波士顿剧院区的一个夜店，试图去分开打架的人群，结果自己连中十一刀：面部、脖子、背部，头顶还挨了一酒瓶。与他同来的队友托尼·巴蒂把他送去了邻近的医院，救了他一条命。结果皮尔斯，这条性命硬如钢铁的汉子，迅速康复出院，然后在 2000-2001 季打满了 82 场，场均 25.3 分 6.4 篮板 3.1 助攻。2001 年 1 月 15 日，在明尼苏达面对森林狼时，他全场独得 42 分——实际上，当晚他和 KG 打得惺惺相惜。KG 防得凯尔特人另一位王牌安托万·沃克 26 投 6 中，但在关键时刻，眼看皮尔斯在屠杀森林狼所有人，KG 于是亲自换防皮尔斯。皮尔斯赛后津津乐道：

"他一来防我，我立刻连球都接不到了——要不是 KG 来防我，我今晚能得 60 分！"

两个月后的 2001 年 3 月 13 日，皮尔斯代表凯尔特人对战湖人，全场 19 投 13 中，再次得到 42 分。赛后，鲨鱼揽住一位记者怒吼：

"把我的话记下来！我的名字叫作沙克·奥尼尔，而皮尔斯是他妈的真理！把我的话记下来，一点都不要漏！我知道他能打，但我不知道他这么牛！保罗·皮尔斯是真理！"

为什么鲨鱼那么激动呢？是有前因的。

2000 年夏天，鲨鱼与湖人续了份三年 8800 万的合同，让他可以在湖人留到 2005 年。他跑回学校去读书拿学位。去迪斯尼录了广告，在出了音乐录影带里露了他的大嘴笑脸，对媒体许诺：

"赢一座冠军就像有辆劳斯莱斯。可是，一辆可不够噢！"

这年夏天，科比疯狂地训练，每天投进 2000 个跳投。他的野心在增长。他练出了一个新的投篮姿势：起跳高，身体挺直，高出手点，较以往更靠后；肘与手腕保持直角，哪怕在运动中急停出手，投篮姿势依然优美而稳定，可以无视对手的防守，在任何地方强行出手。

这年夏天，伟大的杰里·韦斯特离开了湖人，米切尔·库普切克接任总经理。这意味着：制约鲨鱼和科比，变得困难了。

2000-2001 季常规赛，11 月，科比场均出手 21.5 次，12 月，他每场出手到了 25 次。12 月 6 日面对金州勇士，他 35 投 18 中射落 51 分。12 月 12 日，湖人 105 比 109 输给了雄鹿。赛前，科比与对手的后卫、自己的同届生雷·阿伦斗了嘴。仿佛赌气似的，当晚科比出手多达 31 次，8 次命中得到 25 分。鲨鱼当晚只出手 21 次，赛后抱怨道：

"像我们这样的球队，应该尽量让每个人都融入进攻，至少我会这么做的。"

赛季前两个月，湖人前 26 战 17 胜 9 负西部第四。科比场均 29.3 分联盟第一，命中率 46%，可是场均投篮多达 23.2 次。鲨鱼身体不算太好：左踝不舒服，左脚踵发酸，场均 25.6 分，命中率 55.5%，但场均只有 19.5 次投篮。

鲨鱼说：

"你得明白，把球交给我才是对的。我有 60% 命中率。我能吸引包夹。然后我传到外围，让外围轻松投篮！"

XXIV

科比回应：

"许多人希望我和上季一样打球，但那样就不是我了。你看，我有两种方式：一种是如大众所说，打简单篮球，每场 20 分 7 助攻。或者，我可以展现侵略性，直达我的极限。"

科比认为，质疑他的人，都是在针对他。"为什么文斯·卡特和阿伦·艾弗森包揽进攻时受人赞扬，我却要被苛责？我得做双倍于他人的活才能获得认同。"

鲨鱼在 2000 年 12 月对阵太阳一战得到 18 分，当晚科比 38 分。赛后，鲨鱼半开玩笑地对禅师说：

"我希望球队交易我。"

禅师却去指责湖人的防守。他偶尔也指责科比，但不是指责他出手过多，而是：

"科比没有很好地引导新来的以赛亚·莱德尔，去学习好三角进攻。"

科比并未稍让："我又不是他的保姆！如果让我给别人创造机会，我能；如果要指责我没照管好一个球员？我责任太重了吧！"

禅师知道，他很难驯服科比。"他是个 22 岁的孩子。他有时会把'我'提到'我们'之上。所以我只好慢慢告诉他，什么才是重要的。"

"等着瞧吧。"鲨鱼在 2001 年初说，"你要让一条大狗去守大院子，你得给那大狗一点大骨头吃。你得喂饱他们。你不能让他们干坐着，屁事不干。"

很多年后，禅师回忆这一年时，说他做了个决定：科比和鲨鱼吵？嗯，很好，那就任他俩自行其是吧。

禅师了解科比和鲨鱼：虽然一个大大咧咧，一个好胜如狂，但骨子里，他俩都抵触他人的干预，逆反心理极强。不去劝，就任他们彼此折腾。久而久之，他俩都不是笨蛋，会自己得出结论，知道怎么相处。

2001 年初春,《体育画报》如是说:

"鲨鱼屁股一坐回板凳,科比就不在意其他球员了。他立刻就接管了比赛,俨然湖人是他的球队。但鲨鱼在场时,科比还是经常传球给鲨鱼的。好像他们已经达成了一种默契:如果有配合,他们就完成。但如果有另一个方案——比如,鲨鱼没必要传给科比,或科比没必要传给鲨鱼,他们就会选那个更自私的方案。"

2001 年春,鲨鱼的脚趾、踝、膝等的酸痛又开始折磨他。他错过了 2001 年全明星赛。同时,科比在 3 月也被零星伤病折磨。湖人的战绩一低迷,他俩都明白过来:要夺冠,那实在不是斗气的时候。

2001 年春天,组织后卫德里克·费舍尔回来了。因为脚伤,他缺席了赛季前 62 场。他归来时,湖人 41 胜 21 负。两个月后,罗伯特·霍里如是评价:

"那只猫回来了,一切都正常了。"

费舍尔只是一个 185 公分的五年级组织后卫。他靠大胆、狡猾与聪慧打球。然而他和科比是同级生,一起经历过漫长的板凳期。科比信赖他。鲨鱼喜欢他。有费舍尔负责调配球,鲨鱼和科比都觉得可以接受。

费舍尔归来后,湖人先是 7 胜 5 负。然后从 2001 年 4 月 1 日开始,湖人打出 8 连胜结束常规赛。56 胜 26 负,这就是湖人 2000-2001 季的结尾。这个赛季,鲨鱼场均投篮 19 次得到 28.7 分;科比场均投篮 22 次得到 28.5 分。

在季后赛开始前,2001 年 4 月 19 日,科比跟女友瓦妮莎结了婚,没有邀请队友,没穿结婚礼服。

然后迎来波澜壮阔的季后赛。

2001 年季后赛首轮,湖人遇到去年大战七场的冤家开拓者。湖人挟着 4 月全胜的风雷之势,略无迟疑地碾过开拓者,3 比 0。第一场湖人 106 比 93 轻取。第二场湖人 106 比 88 再胜。湖人甚至派鲨鱼去投

XXIV

技术犯规罚球——何等的轻蔑与嘲弄？第三场湖人99比86晋级之夜，科比滑冰般溜过开拓者板凳：

"那，你们被开除了！"

系列赛结束，科比说开拓者的皮彭依然是他心目中的英雄，但他却以场均25分对13.7分压倒了皮彭。鲨鱼则公开说："没人可以阻挡我。"他三场一共得到81分，抓到47个篮板，34罚21中。

"我是个篮球手，可我也是橄榄球手。我还是个冰球手——除了我不滑冰！"

开拓者主帅邓利维承认：

"我想不出哪支球队能击败湖人。"

西部半决赛，对手是常规赛55胜的国王。那是克里斯·韦伯职业生涯的巅峰期，是史上最才华奔溢的队伍之一。

第一场，在洛杉矶观众面前，鲨鱼让在这里打过七年球的迪瓦茨颜面扫地：他拿了44分21篮板，科比29分；第二场，鲨鱼43分20篮板——NBA史上第一位连续两场季后赛40分20篮板以上的球员。他没能阻止迪瓦茨的中投和妙传策应，但他雄霸内线。科比27分。湖人两战全胜。湖人挟2比0的优势去到萨克拉门托后，迪瓦茨带众长人围剿鲨鱼，可是外围门户洞开。科比华丽转身侵袭篮筐，让人眼花缭乱的一对一摆脱后投篮，第三场，湖人103比81血洗国王，科比36分。

鲨鱼当然已经无人可敌。他在第三场宣称，即便是史上第一防守者、十一枚戒指在手的比尔·拉塞尔来防他也不行。"他入行时才100公斤出头？太轻了！"迪瓦茨朝媒体和裁判抱怨过——"鲨鱼经常三秒违例"、"鲨鱼经常使胳膊肘砸人"，但无济于事。前太阳后卫丹尼·安吉指出：

"你不能只是包夹鲨鱼，你是要凶恶地包夹他，你需要勇气，你知道会挨几下肘子——实际上,没人愿意去防鲨鱼。"

迪瓦茨的亲身感受是:

"他用肘子稍微捅一下你——裁判眼里看来动作很小——你就受不了。他太壮了,轻轻一下就能让你失去平衡。没人可以防住他。没人。"

第四场,国王终于限制了鲨鱼:第四节鲨鱼被罚下时只得了 25 分 10 篮板——国王刚喘了一口气,科比却打出了职业生涯季后赛最华丽的比赛之一。

科比用华丽的弧顶变向突破、追身中投、晃动突破扣篮,随心所欲地得分。比赛最后时刻,科比运球穿越国王的双人夹击,在底线施展一个匪夷所思的后转身,横向滞空,右手送出球打板得分,投中本场个人第 15 球。全场比赛,科比打满 48 分钟,29 投 15 中,得到 48 分 16 篮板 3 助攻。119 比 113 击败了国王,晋级西部决赛。

"人们总说我俩不能共存,但鲨鱼和我都知道如何成就彼此。"科比说。实际上,在第四场鲨鱼被罚下后,费舍尔读出了科比的眼神:

"他为这一刻准备良久,他知道属于他的时候到来了。"

国王的里克·阿德尔曼教练哀叹:"我被他们完全锤倒了。湖人会夺冠。他们有两个顶尖球员。你刚开始挡住一个,另一个就会来找你付出代价。"

横扫国王,到达 2001 年西部决赛时,湖人已经 15 连胜——2001 年常规赛的 8 连胜,季后赛的 7 连胜。西部决赛对手是圣安东尼奥马刺,1999 年横扫过他们的对手,联盟防守最好的球队。蒂姆·邓肯和大卫·罗宾逊组成的双塔在等他们。

此前,马刺越过了森林狼与小牛:邓肯跨过了同位置的两位巨星 KG 与德克。

对森林狼系列赛,是公认 NBA 两大大前锋的决战。第一场,邓肯 33 分 15 篮板 4 封盖 4 助攻,KG 则是 25 分 13 篮板 6 助攻。比赛磨

XXIV

到最后 13 秒，邓肯在 KG 头顶一记 15 英尺擦板投篮，才为马刺锁定胜局。KG 已经无力去干扰邓肯了：比赛最后 6 分钟，KG 没有出手投篮。一半是邓肯的防守，一半是他的体力不支了：他比赛中间甚至抽筋了。森林狼主帅桑德斯说："KG 的腿都要累废了。"

邓肯在第二场得到 18 分 11 篮板，并防到 KG 只有 13 投 5 中，森林狼全队命中率只有 34%，马刺 84 比 69 获胜。桑德斯教练很坦白："我们打了整赛季最好的防守，但还是输了；他们打得就像一支冠军队。"森林狼心气已经低迷了。他们拿下了第三场，但马刺在第四场解决了森林狼，3 比 1 晋级。

西部半决赛，马刺遇到达拉斯小牛，邓肯初次遇到德克·诺维茨基。邓肯第一场上半场就得到 20 分，弥补了中途受伤离场的后卫德里克·安德森留下的空隙。马刺 94 比 78 取下第一场。第二场，邓肯戴着代表安德森的 "DA 1" 字样的护腕，拿下 25 分 22 篮板。马刺 100 比 86 再胜，2 比 0。罗宾逊 18 分，并留下了这句话：

"我们今天，就像一头被伤的猛兽一样。"

第三场，马刺的愤怒在延续。芬利、诺维茨基和纳什这小牛三大王牌合计 48 投 14 中。马刺在下半场开始打出一波 21 比 6 的高潮，最后 104 比 90 埋葬了小牛，3 比 0。第四场，之前因为食物中毒一直肠胃不适的诺维茨基，终于振作起来：18 投 11 中，30 分 9 篮板，甚至被特里·波特的肘子砸到嘴唇后满嘴带血。小牛赢下第四场。第五场，德克只休息了 1 分钟，24 投 14 中轰下了 42 分 18 篮板。但邓肯不想再等了：邓肯 32 分 20 篮板，马刺 105 比 87 摧毁了小牛。

于是三年里第二次，马刺遭遇了湖人。

可是，马刺也对付不了湖人。

马刺 vs 湖人第一场上半场，科比依靠守转攻的突击得到 17 分，下半场，禅师让他担当湖人的主攻。马刺必须严防鲨鱼，空不出别人来夹击科比，于是，科比自由自在地中投或突破。下半场，科比 28 分，全场 45 分。禅师赞美道：

"他顺着进攻节奏而行，没去刻意投篮，机会自己去找了他。"

这本该是鲨鱼和邓肯的对决：第一场鲨鱼 22 投 11 中 28 分 11 篮板，对面邓肯则是 28 分 14 篮板 6 助攻 5 封盖，巨人们打了个平手。但科比出现，破坏了平衡，也就此奠定了之后比赛的基调。

第二场，邓肯打出了壮丽的 40 分 15 篮板 3 助攻 4 封盖表现。但科比继续轰击马刺外线，28 分 7 篮板 6 助攻，比赛最后，当鲨鱼再次吸引马刺全队夹击时，科比在弧顶射中了关键的三分球。湖人 88 比 81 获胜，2 比 0 领先，马刺两个主场全破。

大卫·罗宾逊，鲨鱼的老对手，黯然承认：

"鲨鱼和科比在这儿……湖人就像把两瓶毒药放在你面前，让你挑选。"

湖人 111 比 72 拿下了第三场，鲨鱼 35 分 17 篮板，科比 36 分；随后是 111 比 82 拿下第四场横扫马刺，科比 24 分，鲨鱼 26 分 10 篮板，费舍尔 13 投 11 中 28 分。湖人横扫西部，来到 2001 年总决赛。鲨鱼嚷嚷："科比是我的偶像！他是联盟里最好的球员，比其他人好一大截儿哪！"

1983 年改变赛制以来，1989 年活塞、1991 年公牛、1999 年马刺这三队，在总冠军征途上都有过 15 胜 2 负的季后赛战绩。哪怕常规赛 72 胜的 1996 年公牛，东部季后赛也输过一场。如湖人这样全胜到 2001 年总决赛的，前所未有。

相比较起来，湖人的总决赛对手、东部冠军费城 76 人，一路走来艰难得多。

2001 年 4 月 21 日，阿伦·艾弗森带着费城 76 人开始季后赛，对

XXIV

决他们的老冤家印第安纳步行者。首战穆托姆博拿下 12 分 22 个篮板 5 次封盖，对面的内线杰梅因·奥尼尔拼足 46 分钟得到 12 分 20 个篮板最后 6 犯下场。米勒仅有 21 投 5 中 17 分而艾弗森也仅是 19 投 7 中 16 分。前 20 投 4 中的米勒，在最后一刻如期醒来。起手远射，投中，绝杀。艾弗森不以为意。

"我们太紧张了。后面的比赛，我们不会再给对手机会。"

第二战，米勒 22 投 14 中轰下 41 分。然而艾弗森针锋相对 27 投 15 中 45 分。妙在艾弗森还助攻射手麦基，全场 20 分钟内三分球 5 投 4 中射落 19 分。拉里·布朗大呼：

"阿伦太完美了，他发挥到了极致！"

第三战，艾弗森全场只休息了一分钟，不断冲击内线搏下 14 次罚球，全场 32 分。麦基继续和艾弗森连线，36 分钟内得到 22 分。76 人全场拼到 31 次罚球机会。步行者方面，米勒 25 投 11 中三分球 14 投 5 中 35 分，但除他之外，其他步行者三分球一共 9 投 1 中。在步行者最擅长的三分利刃加颈之下，76 人赌赢了这一局。

第四战艾弗森打满全场 48 分钟得到 33 分，米勒 43 分钟 32 分。这对彼此时代最为逆天而行的英雄后卫互相致敬。76 人 88 比 85 取胜晋级。雷吉·米勒走过球场，和拉里·布朗拥抱，和艾弗森拥抱，对艾弗森说：

"我相信，这是你们的第一步。"

2001 年 5 月 2 日，费城 76 人淘汰步行者进入第二轮后，2000-2001 季的奖项陆续颁布了。阿隆·麦基，年度第六人。迪肯贝·穆托姆博，个人第四次年度防守球员。拉里·布朗，职业生涯第一次年度教练。

第二轮，费城 76 人面对史上最伟大扣篮手文斯·卡特引领的多伦多猛龙。猛龙队教练雷尼·威尔肯斯说：

"毫无疑问，文斯和阿伦·艾弗森，是联盟最让人激动的球员。"

于是，当年季后赛最激动人心的对决开始。

2001年5月6日东部半决赛第一场。比赛还余半分钟时费城76人90比92落后。卡特在高他一个头的穆托姆博头顶将球补进，艾弗森在比赛剩8秒时射中三分球。最后麦基三分失手，猛龙先取一局。艾弗森36分，卡特35分。

第二场第四节，艾弗森一共得了19分。当比赛还余3分49秒时，他一记擦板跳投外加两个罚球，让76人以89比84领先。猛龙紧追，艾弗森还以一记跑投，被撞倒，追加罚球，76人92比86领先。奥克利追一记三分球，艾弗森立刻劈头还一个18尺跳投。下一次进攻，艾弗森被犯规。走上罚球线锁定胜局时，他左手支在耳边，享受着英雄的歌颂：费城的20870名观众全体起立，吼声冲破球馆上空直撞云天：

"M-V-P！M-V-P！！M-V-P！！！"

"我总觉得，唯一能阻止我的人就是我自己。"全场劈得54分的艾弗森说。

但卡特立刻还以颜色。第三场第一节，卡特投了三记远射，全中。接着他投了第四个、第五个、第六个、第七个、第八个。球总是能找到篮筐。

卡特半场34分、全场50分，猛龙一度领先22分。半场8记三分球，全场9记三分球，这是属于文斯·卡特的季后赛纪录。在他的暴雨三分之下，猛龙早早领先一度多达22分。比赛毫无悬念。

"你觉得自己是一个好三分手吗？"

被问到这句话时，卡特摘下了紫色头带，望向观众席：他的15号球衣像旗帜一样浮满白与紫的海洋。他说：

"把我称为三分射手并不是很好。我仍然想成为一个全面的球员。伟大的球员，应当同一时间做到扣篮、传球、罚球、投篮这些——"

"——而那就是我想做的。"

XXIV

102 比 78，卡特几乎以一己之力取下第三阵，猛龙 2 比 1 领先。

第四场，比赛余 2 分 46 秒，双方 78 平。艾弗森一个远射拉开分差。终场比分 84 比 79。大局 2 比 2 平。

第五场，天王山之战。联盟安排常规赛 MVP 颁奖仪式在赛前举行。费城 76 人队拥有了队史第四位常规赛 MVP——在张伯伦、J 博士、摩西·马龙之后，阿伦·艾弗森捧起了奖杯。

年度第六人阿隆·麦基一开场就紧逼卡特。费城以 11 比 0 开局，第一节中段领先到 17 比 4，第一节结束更是 33 比 12。此后三节，猛龙再未把分差拉到 17 分之内。第二节，艾弗森得到 17 分，其中射进 4 记三分球。有两次，当猛龙神射手德尔·库里射进三分后，他立刻劈头还一记三分球。

"对我来说，篮筐看起来就像汪洋大海。"

全场比赛，艾弗森 52 分，三分球 14 投 8 中。费城 76 人取下天王山之战。3 比 2。

"在 NBA，除了乔丹，只有他，阿伦·艾弗森，"拉里·布朗停顿了一下，吸了口气，"可以带给球队及他所在的城市，如此之大的冲击。"

第六场卡特卷土重来，劈落 39 分 4 次抢断无一次失误。76 人虽有穆托姆博在禁区呼风唤雨得到 14 个篮板 6 封盖，却独木难支。3 比 3。

比赛推到第七场。威尔肯斯教练继续指挥猛龙对艾弗森采取双人包夹，而艾弗森因势利导，用传球引领队友。第一节末，麦基上篮得手，那已是艾弗森的第 5 次助攻。76 人以 29 比 16 领先。第三节，艾弗森妙传希尔扣篮，达到个人第 10 次助攻。76 人比赛最后三球，有两球来自艾弗森的助攻。比赛还余 54 秒，76 人 88 比 87 领先。希尔的前场篮板，费城的防守，终于卡特最后一记投篮失手，88 比 87，76 人取下了比赛的胜利。

穆托姆博 46 分钟内 17 个篮板 10 分,拱卫了禁区。杰梅因·琼斯 16 分。斯诺 11 投 5 中 13 分。年度第六人麦基全场助攻为 0,全队最高的 22 分。阿伦·艾弗森仅得 21 分,但却拿到了职业生涯最高的 16 次助攻。当比赛结束后费城全体走出过道时,猛龙后卫克里斯·柴尔兹走向阿伦·艾弗森。"打得好,AI。夏天给我打电话。"然后,他回头对麦基说:

"你把我们给宰了。就你,哥们。"

2001 年东部决赛,费城 76 人迎战密尔沃基雄鹿。雄鹿的王牌,是艾弗森的同级生、风格迥异的雷·阿伦。

入行五年来,酷爱弹钢琴、成为"马绍尔基金会"的 NBA 代言人、收藏艺术品的雷·阿伦,始终保持着大学里的风格:无球跑位,急速出手、优雅轻盈,踏雪无痕,他正在追赶米勒的当世第一射手地位。密尔沃基媒体认为:"他睡着了都能拿 20 分。"

雄鹿的三个火枪手除了雷·阿伦,还有 1994 年状元得分万花筒"大狗"格伦·罗宾逊,以及当年跟大梦夺冠的冷血老辣后卫萨姆·卡塞尔。

2001 年东部决赛第一场最后,第四节前 7 投仅 1 中的艾弗森突破造罚球得手。再下一回合,艾弗森右翼接球,面对雷·阿伦,起跳,出手三分球。雷·阿伦回过头,目送球穿网而过。90 比 83,艾弗森带 76 人赢下了第一场。

"你不能想着那些投丢的球。"艾弗森看着终场 93 比 85 的记分牌说,"你得考虑投中一个关键的。不是吗?"

首场 31 分的雷·阿伦,第二场 24 投 15 中三分球 11 投 7 中,射落 38 分。因为,萨姆·卡塞尔告诉他:

"别去考虑队伍的其他。你只要负责投篮。"

于是 76 人以 78 比 92 败北。然后再 74 比 80 输掉第三场:1 比 2

XXIV

落后了。

第四场，艾弗森全身上下戴满护具，遮挡他伤痕累累的身躯。拉里·布朗派麦基去干扰萨姆·卡塞尔的组织。而 196 公分的神射手雷·阿伦，留给艾弗森盯防。

终场前 2 分 02 秒，艾弗森奋不顾身去抢断雷·阿伦的运球，未遂，阿伦的胳膊无意间撞上艾弗森的嘴唇。艾弗森倒地，雷·阿伦回身时，看到艾弗森口唇带血。裁判吹哨中止比赛，让艾弗森离场：NBA 规则，球员若受伤必须清理血迹后方能继续比赛。

艾弗森点了点头，走到场边象征性地转了一下，便重回球场，唇边血迹消失不见。一分钟后，斯诺断球，艾弗森接球上篮，76 人 84 比 77 领先。最后一分钟，艾弗森射中五记罚球，锁定胜利，全场 28 分。76 人 89 比 83 击败雄鹿，追平比分：2 比 2。这场胜利浸透了血与伤痕。"当时血并没有止住。"艾弗森赛后说，"裁判要我清理掉血。所以，我就把血都吞咽下肚了。"

第五场天王山之战前，一个新故事被费城媒体掘出。1995 年，埃里克·斯诺在选秀大会被全世界错过，最后在第二轮慧眼相中他的，正是密尔沃基雄鹿。只是，雄鹿也没有珍惜这个朴实的少年，任由他浪迹天涯辗转来到费城。就在第五场前两小时，这颗雄鹿的遗珠被队医叫去了。

"你右踝又骨裂了。"

斯诺盯着 X 光片看了半天，然后自己试着跳了跳。

"我要出场。"他说。

第五场最后，骨裂的斯诺一记跳投，令费城领先。费城全力防下两次进攻。斯诺在比赛还余 31 秒时再次出手，89 比 86。雄鹿最后一投失手，76 人取下天王山之战。3 比 2。

第六场雷·阿伦取下 41 分，外加平 NBA 最高纪录（卡特刚刚创造的纪录）季后赛单场 9 记三分球。艾弗森取下了 46 分，但费城最后输了。10 分 14 个篮板的穆托姆博走出球馆时回过头，豪气万丈地说：

"我们会赢下这个系列赛。我们不会让他们在我们球馆里赢的。"

第七战，穆托姆博实现了自己的诺言。全场屹立于费城禁区，只休息了一分钟。23 分 19 个篮板 7 记封盖，如海岬之岩般遏止了雄鹿的浪潮。

艾弗森则全场 33 投 17 中 44 分。雷·阿伦也努力了：他取下了 26 分，但第三节扭伤了左膝。他休息时，费城打出高潮。第四节，艾弗森一记三分球开局，一波高潮将分差甩至接近 20 分，提前锁定胜局。

费城的 21046 名观众开始提早庆祝，在比赛结束前三分钟开始高唱"BEAT LA!!!!"打倒洛杉矶是他们的新目标，因为他们要进总决赛了。阿伦·艾弗森在比赛最后一分钟下场，看到场边 J 博士和摩西·马龙在为他鼓掌。艾弗森拥抱了拉里·布朗。

"作为一个篮球手或一个男人，是他使我变得如此强大。"艾弗森如此谈论布朗教练，"他是全联盟、全世界最好的教练。能为他打球我就很快乐。"

布朗则说："阿伦·艾弗森，从做人到打球，他都完成了如此惊人的进步。"

经过四年时间的争吵，他们终于一起达到了巅峰舞台。费城 76 人 4 比 3 淘汰密尔沃基雄鹿，进了总决赛。

当然了，没人相信 76 人能在 2001 年总决赛干掉湖人。他们一路靠艾弗森跌跌撞撞，打了两个抢七遍体鳞伤，才熬到了总决赛。而湖人却是一路横扫而来。2001 年 6 月 6 日总决赛第一场，阿伦·艾弗森穿过洛杉矶斯台普斯球馆的过道，踏上球场，听见球馆穹窿下雷雨般的"横扫"吼声。湖人开场一波 16 比 0，头 6 分钟便 18 比 5 领先 76 人时，洛杉矶球迷已迫不及待期待胜利。

XXIV

但阿伦·艾弗森，可是敢于一人对抗世界的。

第一节后半段，艾弗森独得 10 分。第二节开始，他在科比头顶一记跳投，76 人 24 比 23 反超。第二节，阿伦·艾弗森完全不可阻挡，左右翼侧游弋跳投出手如风，任何对位者的跟随都像慢动作重播。马特·盖格尔跳投，使 76 人 41 比 40 反超，随后艾弗森接管比赛：他包揽了 76 人上半场的最后 15 分，全是他招牌的华丽晃动后出手命中。当他再补上一记三分球后，76 人 56 比 48 领先半场。

仅仅上半场，艾弗森就轰下了 30 分。拉里·布朗摇了摇头：

"上半场的他，是你可以想象的球员极限。"

第三节，艾弗森助攻杰梅因·琼斯扣篮，一记跳投加一个奥尼尔头顶的上篮，继续拉大分差。抢断得手，一记上篮，再一记后仰跳投，斯诺跟进上演一个打三分。费城在斯台普斯中心以 73 比 58 领先 15 分。

穆托姆博以犯规为代价阻止鲨鱼，但到第三节终于打不下去了。非洲大山坐上板凳后，鲨鱼所向无敌，半节轰下 14 分。禅师则派出个和艾弗森一样梳着玉米地头的小伙子，去对付艾弗森：后卫泰伦·卢。

"我尽力不让艾弗森接球。因为一旦他得到球，作为世界上最好的突破手，根本无法阻止。"卢说，"我们反正就是尽力不让球到他手里。"

依靠卢的追防，湖人以 77 比 79 仅落后 2 分进入第四节。第四节还余 1 分 57 秒时，鲨鱼接科比传球扣篮得手，94 比 92，第二节以来，湖人首次领先。斯诺还以一记跑投。此后双方连续投失。比赛进入加时。

加时赛，湖人一度 99 比 94 领先。费城 76 人靠拉加·贝尔一记勉强的跳投追到差 3 分，时间还余 2 分 19 秒。艾弗森两次罚球得手，76 人 98 比 99 只落后湖人一分。湖人叫暂停。下一回合，泰伦·卢投篮失手倒地，76 人抓到篮板，艾弗森反击。卢站起身来时，看见艾弗森起手一记三分球。101 比 99，76 人以一波动人心魄的 7 比 0 反超。时间还余 1 分 19 秒。

"那真是伤人见血的一刀。"湖人教练席上的菲尔·杰克逊赛后说。

湖人队福克斯传丢，76人的球权。底线，艾弗森和泰伦·卢一对一。突破，大幅度急停，拉球后撤步。泰伦·卢被艾弗森天下无双的变向晃到失去重心，倒在地板上。艾弗森起手跳投，103比99领先，然后回过头，跨过地板上的泰伦·卢，跑回半场。时间还余47秒，整个斯台普斯中心被这一击直中咽喉。大局已定。

费城76人，在全世界一边倒的"横扫"声中，在洛杉矶的心脏，剜走了2001年总决赛第一场胜利。艾弗森全场宏伟的48分。

后面的故事，属于洛杉矶的光荣历史：第二场，科比第一节得到12分，鲨鱼第二节得到12分。麦克洛奇在第三节拼死抵抗鲨鱼，湖人第三节领先13分，费城打出逆转。第四节最后时刻布莱恩·肖的远射才帮助湖人奠定胜局。艾弗森23分。第三场，泰伦·卢和艾弗森各吃一次技术犯规。湖人领先10分进入下半场，但艾弗森和穆托姆博分享了全队第三节21分中的16分，拼命追上。湖人第四节重新领先9分后，艾弗森、贝尔和斯诺的三后卫阵重新开始绝地反击，但霍利突如其来的单节12分搅了好事，AI全场35分12个篮板的努力化为泡影；第四场，AI继续35分的表演，但穆托姆博无力抵挡鲨鱼。湖人第三节一度领先20分，艾弗森再次带队反扑将分差追至7分，此后鲨鱼扣篮、肖三分球解决问题。第五场，艾弗森第一节便得11分，但提早吃到3次犯规，只得下场。76人第一节尚以27比24领先，但第二节打到2/3，湖人已以49比40反超。艾弗森背着3次犯规出战连得6分，使76人不至于落后太多。然而，湖人在第三节一波三分潮拉开比分，艾弗森下半场几乎一人之力追袭，全场37分，但76人难以阻遏科比和鲨鱼合计55分25个篮板的发挥。湖人夺冠，蝉联总冠军。鲨鱼拿到第二个总决赛MVP。

XXIV

阿伦·艾弗森全系列赛场均 36 分，五场比赛只有 12 次失误。拉里·布朗在败北之夜感叹，"他被湖人用 X 光研究个通透，但依然做到了这种地步。他打出了伟大的一年。我想，在这种舞台、这种环境下，人们必须认识一点：阿伦·艾弗森是多么不可思议的一个斗士，多么伟大的一个球员。"拉里·布朗还补充道：

"他是我们成功路上很重要的一部分呀！"

"人们总以为我们彼此仇恨？不是那回事。不然我们怎么可能蝉联冠军哪？"

当然，大赢家依然是鲨鱼。2001 年 6 月 15 日这一夜，鲨鱼抱着自己第二个总决赛 MVP 奖杯坐在大巴上，坐在科比前一排。他俩开了几句玩笑，然后各自看着窗外。鲨鱼当然知道，身后这个 22 岁青年，想要自己手里这个奖杯。他们吵了一整年，最后联手夺冠了。

他们知道彼此的强大，也知道彼此的野心。

2001 年夏天，NBA 来了个新规则：从此允许实行区域联防。这意味着超级得分手——比如艾弗森，比如鲨鱼——要经历点磨难。

鲨鱼对联防口出怨声："在 NBA 打球的都是爷们。一个成熟的男人根本不需要联防。如果你打不了人盯人，你就不该在这儿。"

2001 年 9 月 25 日，38 岁的迈克尔·乔丹宣布复出，与华盛顿奇才签约两年：那年他成了华盛顿奇才的小老板，顺便出来打球也算是为自己人帮忙，他第一年的工资捐给了"911"的受害者。当然，那时他已 38 岁，依然卓越，但不再有左右联盟大势的能力了。

2001 年选秀大会上，当时已经由乔丹掌权的华盛顿奇才用状元签选择了后来被认为是 NBA 史上最水的状元，211 公分的夸梅·布朗。那届最优秀的新人，是孟菲斯灰熊选择的西班牙巨人保罗·加索尔。马刺则用第 28 位选秀权，摘下了 188 公分高、19 岁的法国后卫托尼·帕克。他立刻成为了马刺的首发控卫。老将特里·波特认为他"打挡拆很好，知道何时该推快节奏，何时该放慢，知道怎么给双塔送出吊传"。罗宾逊则认为这小子"根本不紧张，就是认真打球。上一个这样的新人？邓肯"。

前一年的春天，马刺的经理布福德递给波波维奇教练一盘录像带：

"这里有个比利时出生，法国长大的小孩，你得看看。"波波维奇根本不屑一顾：

"比利时？我要吃华夫饼吗？人人都知道，别在欧洲找后卫！他们不够快，而且不习惯 NBA 的风格！"

话虽如此，波波维奇还是看了这盘录像带，记住了一个法国少年：188 公分的托尼·帕克。他 1982 年生在比利时布鲁日，在法国长大。他灵巧敏捷，善于挡拆，有一手妖异的抛射。于是 2001 年，他来到马刺。训练时，帕克经常黏着波波维奇问：

"教练，我做错什么没？我是不是让大伙开心了？"

波波维奇最惯常的回答是：

"滚！你做得很好！别缠着我！"

2001 年夏天，马刺还签下了斯蒂芬·杰克逊：一个在 16 岁时看见自己哥们被打死，之后顽强地到处求生，去过多米尼加、委内瑞拉、澳大利亚打篮球的青年射手。他们拿下了布鲁斯·鲍文：一个 30 岁的防守型小前锋。

因为小将军的离去，2001-2002 季的邓肯成了马刺的领袖。当一个队友犯错时，他偶尔会问波波维奇："你来还是我来？"如果波波维奇告诉他"你来"，邓肯便走过去了……比如，杰克逊某次被骂傻了之后，

XXIV

邓肯跟教练说:"我来解决吧。"然后他就坐到杰克逊身边,用胳膊围住他,跟他聊天把战术说清楚。

于是,蒂姆·邓肯在2001-2002季,五年级时,终于成为马刺的领袖了。

斯蒂芬·杰克逊说:"当球队有这样一个兢兢业业的家伙作为领袖时,你无法不跟着他一起努力。"

2001-2002季的马刺并不比前两年更强,但他们很幸运:伤病很少,邓肯又竭尽全力。到2002年春天,大半个世界都认为邓肯配得上常规赛MVP——那从1999年开始他就一直挑战的奖项。

另一些人则属意贾森·基德:当时最好的全能组织者,天生赢家。2001年夏天,基德去到前一季26胜的新泽西网:此前网队史常规赛战绩最高纪录也不过49胜。基德对新泽西记者说话时有个口误:他本想说让球队转个180度,却说成了:"我要把球队扭转个360度……"

当然,实际上,他让网从前一年的26胜,扭到了52胜。

但2002年夏天,邓肯还是拿到了2001-2002季常规赛MVP:他82场全勤,带领马刺打出58胜,自己场均25.5分12.7篮板3.7助攻2.5封盖,成为NBA史上第五位单季得分、篮板和封盖都在联盟前五的球员。

离开马刺的小将军去了达拉斯小牛。他说:"德克有一点,让我想到蒂姆·邓肯。"

2001-2002季,老尼尔森从未明言,但纳什承认,小牛更衣室里每个人都心知肚明:德克,24岁的德克·诺维茨基,是球队的第一进攻选择。连小牛的老板库班都大大咧咧地说了:"小牛现在是德克的球队!"这事只有一个人不认同,就是德克自己。

"我没法说这是我的球队。我们球队有太多可选的攻击手了!"

但老尼尔森逼迫德克和纳什成为了小牛的王牌,逼迫小牛提速。2001-2002 季,小牛每场射出 20 发三分球 NBA 第三,射中 7.6 发三分球 NBA 第二,进攻效率 NBA 第一,每场轰下 105 分 NBA 第一。

"他们让我感佩的是,"国王队的巴尔干射手佩贾·斯托贾科维奇说,"他们都不是美国本土球员,而且很依赖投篮;他们靠投篮成了明星!对我们而言,这是莫大的鼓舞!"

2002 年春天,小牛拿到常规赛 57 胜 25 负。德克场均 23.4 分 9.9 篮板,而且在赛季末进了 NBA 第二阵容;纳什场均 17.9 分 7.7 助攻,以及:用联盟第五 46% 的恐怖三分率,射进了 NBA 第九多的 156 发三分球。

虽然纳什的得分水涨船高,但芬利依然认为,"他是我们这一代的约翰·斯托克顿。他最爱做的,就是让全队都处于节奏中。他如此无私,简直有点过分!"

老尼尔森也抱怨纳什太无私:"他还是总想传球,没问题啊,但我需要他每场得 15 分。我有时候得逼他每场投个 10 次篮,对他而言还挺难的,我觉得这简直有违他的天性。"

2002 年季后赛首轮,小牛 3 比 0 横扫明尼苏达森林狼:三场比赛,小牛场均轰下 113 分,让森林狼连续第六年首轮被淘汰。

"在我们落位防守前,达拉斯就出手投篮了。"森林狼的主帅桑德斯说。森林狼组织后卫,两年后将带底特律活塞夺冠的昌西·比卢普斯也补充:"他们投篮太快了!我们甚至来不及用联防!"

三场比赛,德克轰下 100 分,KG 拿下 72 分。德克的命中率高到 53%,三分球 11 投 8 中,罚球 36 罚 32 中。当然,KG 三场比赛拿下了 56 个篮板球,但德克也抓到了 47 个。第三场,德克第一节他就拿下 17 分,半场 28 分,全场 39 分。

XXIV

费城 76 人的阿隆·麦基说:"德克完全改变了巨人打球的思维。"KG 已经在风格上是划时代的存在了,但德克比他还要新潮。KG 在比赛后柔声说:"小牛太快了。挡住了一个,有第二个;挡住了第二个,第三个来了;我们被横扫了:我们本以为自己更强的。"

但季后赛第二轮,小牛就遇到了对手。他们快,但有球队比他们更快:那是当时全 NBA 最华丽流畅、水银泻地的萨克拉门托国王队。同为进攻强队,国王与小牛截然不同。小牛是奔走抢投,国王则建立在普林斯顿体系上的华丽传切。首战小牛 91 比 108 败北,全队送出 13 次助攻,国王则送出 27 次助攻;小牛依靠纳什的 30 分赢下第二场,第三战小牛轰下 119 分,但国王更厉害:得到 125 分,全队四个人得到 19 分以上。第四场,达拉斯领先到最后时刻,但国王新来的后卫迈克·毕比上篮追平比分,加时获胜:国王 115 比 113。

德克在第四场拿下 31 分,第五场 32 分,但没用:第五场,国王六个人得到 15 分以上,全队轰下 114 分。国王 4 比 1 淘汰达拉斯。

小牛就此被淘汰了。实际上,输给国王的五场比赛里,国王一共投进 207 个球,其中 115 个球是上篮或扣篮。进攻火力,小牛已经是 NBA 第一凶猛了;接下来得加强的,是防守。

另一边,马刺在西部半决赛 1 比 4 输给了湖人。常规赛 MVP 邓肯所向无敌,尤其在第五场得到了 34 分 25 篮板 4 助攻 2 封盖,但湖人还是赢了:他们有鲨鱼和科比。

经历了前一年的争执,2001-2002 季的湖人相对太平。鲨鱼与科比彼此容让着。2001-2002 季,科比更多让鲨鱼接管,自己负责第四节收尾。干掉马刺后,湖人来到 2002 年西部决赛:连续第三年,湖人遇上了萨克拉门托国王。

2001-2002 季的国王很奇妙:天才组织前锋韦伯因为膝伤,只打了54场常规赛。可是塞翁失马：另一尊指挥塔迪瓦茨的传球，催醒了25岁的射手佩贾·斯托贾科维奇，他天下一绝的远射，加上后卫迈克·毕比的妖异演出，加上国王的普林斯顿体系，全赛季队里有七人场均得分10以上，61胜的常规赛战绩领衔西部。那是国王的巅峰岁月。

湖人赢了第一场：虽然国王的韦伯28分14篮板6助攻表演神勇，替补鲍比·杰克逊25分钟内射落21分，但代替佩贾首发的土耳其人特科格鲁8投0中。科比30分，鲨鱼26分。湖人拿到1比0领先。

第二场前，科比发生腹泻。洛杉矶电台提了个传说：有一个新泽西人在萨克拉门托客场，偷偷给奶酪蛋糕下了点药。大概因为东部冠军很可能是新泽西网，他们想提前把湖人干掉。结果第二场，科比硬撑着21投9中。鲨鱼接管比赛，上半场已砍落23分。但是迪瓦茨用了花招：他绕前防鲨鱼，在背后顶防鲨鱼，又忽然闪开让鲨鱼坐空，再加上他的假摔，鲨鱼半场被吹了三次进攻犯规。禅师气急败坏从板凳跳出来："迪瓦茨在演戏！"被吹了一次技术犯规。鲨鱼被迫小心翼翼。下半场他只得了12分。全场35分。国王96比90赢了第二场。1比1。

第三场前，鲨鱼警告队友："别太早把球给我，我要看清裁判怎么对付我才行。"他蓄力不发，迪瓦茨的目的达到了。第三场第一节，国王一口气32比15领先，湖人再未追上。鲨鱼20分19篮板但又被吹了5次犯规。湖人1比2落后。鲨鱼很生气："打败我们，只有一种办法——作弊！我对这种蝇营狗苟的事可没天赋！"

第四场前，罗伯特·霍里建议鲨鱼别在意哨子。"打自己的比赛，让他们吹去！"可是没用。首节科比被国王的防守专家道格·克里斯蒂盯住了，一分未得。第二节，湖人已经落后了24分了。

鲨鱼愤怒了。他不管大脚趾的伤痛，无视迪瓦茨与韦伯的干扰，冲击禁区。科比在后三节找到手感，得到26分，领着湖人追到了最后时刻。迪瓦茨罚中一球，湖人97比99落后。最后一次进攻。科比突破

XXIV

篮下，上篮不进。鲨鱼抓到自己本场第 18 个篮板，补篮，不进。球被拍出三分线外。湖人队大前锋罗伯特·霍里接球，还剩 0.6 秒。

——1995 年总决赛第一场，尼克·安德森四罚不中后，火箭和魔术打加时。霍里在鲨鱼面前两记三分，让鲨鱼开始绝望。

——1995 年总决赛第三场，霍里在格兰特头顶一记跳投，解决了魔术。

——2001 年总决赛第三场，霍里的一记底角三分让湖人甩开了 76 人。

老牌刺客霍里此刻起手三分，穿网而入。绝杀，湖人完成 24 分的超级逆转，100 比 99 击败了国王，2 比 2。

迪瓦茨如此形容这记投篮："幸运。"第五场，幸运降临在国王身上：他们 92 比 91 取胜，最后时刻科比右翼绝杀不中。国王 3 比 2 领先，距 2002 年总决赛只有一步。

第六场赛前凌晨，鲨鱼接到科比打来的电话：

"大家伙，我需要你。明天我们一起创造历史吧。"

第六场两队以 75 平进入第四节，比赛结束前四分半，国王以 90 比 89 领先，但随后三分钟，湖人发威，一口气反超到 99 比 96。最后 106 比 102，湖人取胜，分差硬扳成了 3 比 3。鲨鱼 41 分 17 篮板，科比 31 分 11 篮板。

国王队主帅阿德尔曼并不满意："我们队的人竭尽全力，但还是没能赢球；鲨鱼 4 次犯规，我们的大个子们一共 20 次……这场比赛跟过去几场有相当大的不同。"韦伯则冷嘲道："我听说，冠军们注定要继续当冠军呀。"

鲨鱼一向无谓："老子在联盟待十年了，只怨过大概 5 次裁判……国王队？我看他们是皇后队吧。"

这场比赛留下了巨大争议。湖人第四节罚足了 24 个球，全场罚球

40 比 25 领先国王。2008 年，当值主裁判蒂姆·多纳西因为操纵比赛被查办时，曾提及了这一场：

"裁判 A 和 F 是联盟的人。2002 年西部决赛，联盟想让比赛进入第七场……"

第七场，湖人加时险胜，112 比 106。鲨鱼 51 分钟内 35 分 13 篮板 4 封盖，科比 30 分 10 篮板 7 助攻。比赛最后，科比小指裹着纱布，罚中锁定比赛的两球，全场 11 罚全中；鲨鱼则极为争气地 17 罚 13 中。湖人 4 比 3 淘汰国王，连续第三次去到总决赛。

另一边，2002 年东部决赛，波士顿凯尔特人的保罗·皮尔斯创造了一点小传奇。

2001-2002 季，作为 NBA 史上最传统的老牌王朝球队，波士顿凯尔特人由 NBA 最古典的小前锋 34 号保罗·皮尔斯，以及最新潮的大前锋 8 号安托万·沃克率领着。皮尔斯可以用各类最古典的方式为你得分，沃克则会用篮板、组织以及莫名其妙的三分球震惊对手。

皮尔斯认为自己不算个运动能力劲爆的球员：10 分满分的话，他给自己打 7 分。所以早在 24 岁，他就打得很老派：寻找角度、巧妙切入、倚靠、卡位、利用一切空间来完成投篮。凯尔特人主帅奥布莱恩说他"并不做让观众兴奋的事儿——但他的所作所为都很有趣"。凯尔特人的助理教练莱斯特·康纳举了 1980 年代 NBA 的两位得分王级小前锋做比较：

"皮尔斯身上，有一点儿范德维奇，有一点英格利什。他得分如此迅速，如何高效，你光看比赛以为他打得一般，看一眼数据发现他得了 30 分了！"

皮尔斯很刻苦。奥布莱恩说，皮尔斯给球队带来了表率："当你们球队的最好球员训练如此刻苦时，对球队氛围意义巨大。"他有一种老派

XXIV

的偏执与傲慢。他喜欢在波士顿花园击败对手，捍卫自己的领地，然后对球迷挥拳致意。

　　2002年皮尔斯进了职业生涯第一次全明星，常规赛场均26分7篮板3助攻，然后与安托万·沃克一起，带着凯尔特人队杀进东部季后赛。首轮淘汰卫冕东部冠军费城76人的第五战，皮尔斯25投16中射落46分，展示了东部顶尖杀神的血性。东部决赛对新泽西网第三场第三节结束，凯尔特人53比74落后21分。第四节，皮尔斯左翼连续单挑强突五球。第四节他独得19分，带凯尔特人打出41比16的高潮，94比90取胜。

　　但很遗憾，与前一年的雷·阿伦一样，皮尔斯的好运也在这里用尽。凯尔特人最后2比4被网淘汰，与雷·阿伦一样：皮尔斯走到了NBA总决赛的门前，但差了一步。

　　"我觉得自己那时还年轻，许多事情做错了还有余地。"十三年后，皮尔斯如是说。

　　2002年总决赛，新泽西网对洛杉矶湖人。第一战，常规赛MVP票数上只输给邓肯的贾森·基德23分10篮板10助攻的三双，网队防到科比16投6中只得22分。可是鲨鱼愉快地游了出来，36分16篮板4封盖，湖人99比94取胜。第二场，鲨鱼14罚12中。每次罚中，他都将右手悬在半空，瞪圆眼睛："噢噢！这是献给阿德尔曼的！"他还记得要嘲讽一下国王队呢。40分12篮板8助攻，湖人106比83血洗新泽西。2比0。

　　回到主场，新泽西摆出了联防，时常摆出三到四人去尾追鲨鱼。比赛还剩6分44秒时，网队94比87领先。禅师叫了暂停，然后，用他的话说："鲨鱼展现了影响力。"

　　鲨鱼温柔地发表了演说。他提醒他们的队友，一路走来有多么艰辛。现在是控制比赛的时候了。福克斯心悦诚服：

"伟大的舞台，属于他的时代。"

最后半节，湖人打出 19 比 9 的高潮，106 比 103 击败网队。基德 30 分 10 助攻的努力付诸流水。科比 36 分，鲨鱼 35 分 11 篮板 4 封盖。湖人 3 比 0。

第四场，鲨鱼 34 分 10 篮板 4 助攻 2 封盖，科比 25 分 5 篮板 8 助攻，湖人 113 比 107 取胜。4 比 0 横扫网队，2002 年总冠军。

这是 NBA 史上，第五次出现三连冠——麦肯率领的明尼阿波利斯湖人，拉塞尔的凯尔特人，乔丹的公牛完成了两次。

鲨鱼在 30 岁时，取下了连续第三个总决赛 MVP。历史上只有乔丹做到过三连总决赛 MVP 的壮举。2002 年，当老迈、伤病、规则等一系列不利因素袭来时，鲨鱼还是宣告了天下归他所有，他是当世第一的霸主。在 2002 年拿下总冠军后，他快乐地宣布：

"现在，我要结婚去啦！"

然后，时代又翻过了一页。

XXIV

第二十五章　王朝结束

(XXV)

2002 年夏，德克·诺维茨基度过了奇幻的夏季。他回到故乡德国维尔茨堡，见了老教练霍尔格·盖施温纳。老教练说：

"我们去看德国击剑冠军赛！"

理由是："你们教练要加强防守——而击剑嘛，那都是要确定防守把握十成十，然后才进攻的！"

此外，盖施温纳要德克做些奇怪的动作：美国啦啦队姑娘那种大劈叉、双手倒立走半场，以及最奇怪的一个：让德克站在罚球线，靠一只脚金鸡独立、起跳投篮。

依然投得进？好，穿上 10 公斤重的加重训练服，再跳，再投！

——为什么要穿这玩意？"你现在超过 210 公分，却只有 103 公斤，太轻了；你接下来几年得长个 10 公斤体重，你得提前适应这分量！"

对德克这些奇怪的训练，老尼尔森听之任之。"他们做的一切都是有目的有规划的，看着就行了！"

因为这些训练，2002-2003 季，德克成为了 NBA 最好的攻击手之一。身为巨人，他能抓后场篮板，能一条龙运到前场，能胯下运球，能急停跳投，能从任何角度展开攻击的全能内线。最可怕的是他的投篮：德克是后仰跳投、定点三分、急停跳投、禁区勾射等各类技术动作的宗师。当他迈开大步跟着纳什齐头并进推快攻，依靠变向运球晃开对手后急停滞空跳投，试探步加投篮假动作配交叉步突破急停跳投时，全世界都看直了眼睛。结果是 2002-2003 季常规赛结束，德克连续第二年入选联盟第二阵容，他的哥们纳什连续第二年入选联盟第三阵容。他们的明星地位很是稳固，甚至已经后来居上，好过了老大哥迈克尔·芬利。

2002-2003 季，另一个达到巅峰的人是：六年级的特雷西·麦蒂。

1979 年麦蒂生在佛罗里达；他小时候很穷；妈妈和外婆把他养大；他到高中四年级才第一次坐飞机：那是从北卡到新泽西去参加篮

球夏令营。

1997 年夏天，据说他身高已有接近 206 公分。助跑跳 44 英寸近一米一，臂展 218 公分。40 码短跑 4 秒 4。1997 年，麦蒂作为高中生第 9 位被多伦多猛龙选中。他很恋家，爱给家里打电话：1997 年 11 月，他电话费花了 1500 美元。

2000 年，麦蒂达到了他人生第一个转折点。先是 2000 年全明星扣篮大赛，他表哥文斯·卡特得到扣篮王，但他也做了漂亮演出，之后成为了猛龙的首发。那年夏天，奥兰多魔术没弄到邓肯，于是给了麦蒂 9300 万美元的合同。当时魔术教练组的说法：

"我们练习投篮，麦蒂的姿势并不是最标准，投篮技艺也不是最纯熟，但他好像可以用意念把球控制进篮筐似的，我从没见过有人可以做到如此地步……他完成其他技术动作，也是如此。"虽然艾弗森拿到了 2001 年常规赛 MVP，但 2001 年 10 月 29 日，《体育画报》上一个匿名球探说：

"麦蒂是东部最佳球员。只有五个球员拿来交易，我才肯动他：鲨鱼、邓肯、科比、KG 和韦伯。他使人相信：魔术某一天，是有可能赢个冠军的。"

2002-2003 季，麦蒂达到个人巅峰。他花了整个夏天练习跳投，结果常规赛场均得到 32.1 分，抢下了阿伦·艾弗森的得分王：他是一个突破能手，还能每场以 39% 的命中率射中三分球。皮尔斯说他是一个"206 公分的后卫"。他拥有 NBA 最快的第一步，最高的投篮出手点。魔术的教练戴夫·沃尔说："他逼防他，他突破你；你放他一步，他从三分线外投死你。"2003 年季后赛，他代表魔术去打底特律，第一场 39 分钟内 43 分，第四节 17 分。这场比赛后，活塞的里克·卡莱尔教练说："他基本上，是本星球最好的球员了。"第二场，麦蒂得了 46 分。第四场下来，魔术 3 比 1 领先活塞。那是麦蒂辉煌的最高点。当然，他一人之

XXV

力，也只能到此地步。之后活塞连逆三局（其中第六场麦蒂 37 分但无力回天），淘汰魔术。然而麦蒂的 2002-2003 季，依然令人惊艳。

2002-2003 季常规赛，因为麦蒂与科比，阿伦·艾弗森三年来第一次丢掉了得分王。场均 27.6 分，对他来说实在不算多。但是，他出赛了职业生涯最多的单季 3485 分钟，以及职业生涯新高的 2362 分，引领费城 76 人打到了 48 胜。他牺牲了一点点杀气，换取了更健康的一季，而且成为了一个更聪明的指挥者。用拉里·布朗的话说："他成熟了。"

然后在季后赛第一场面对黄蜂时，就劈了一个 55 分。第五场他 30 投 14 中 18 罚 13 中轰下 45 分，把黄蜂的大卫·韦斯利打到 6 犯下场。

然而东部半决赛，费城遭遇了之前淘汰麦蒂的东部新猛兽：钢铁般的底特律活塞，以及本·华莱士。

七年前 1996 年选秀大会天才云集，但有一个怪才，却没被任何人选中：这孩子家中排行第十，少年时也打橄榄球为生，以至于入奥本大学时被校方鉴定："我们能为你提供一份橄榄球奖学金。但是你不能加入篮球队。"1996 年选秀大会群星闪耀，可是这个叫作本·华莱士的 206 公分铁汉，无人肯要。他在华盛顿、奥兰多和底特律流浪，最后去了底特律活塞。

和艾弗森一样，他身披 3 号。2002 年，费城的 3 号艾弗森成为了年度得分王，同一年入行的活塞 3 号华莱士却成为了年度防守球员、篮板王和盖帽王：他也因此获得了"大本"的绰号。

在 2003 年的活塞队中，除了本·华莱士这个沉默的蓝领工，还有其他面无表情的战士：在波士顿、猛龙、掘金和狼这些弱队历练到浑身是胆的 1997 年榜眼 191 公分的组织后卫昌西·比卢普斯，在华盛顿不甚得志的铁面具神射手理查德·汉密尔顿、新秀小前锋长臂怪蒂尚·普林斯。这支钢铁队伍在 2003 年季后赛，继淘汰了麦蒂的魔术后，又在东部半决赛 4 比 2 干掉了费城 76 人：第六场，艾弗森疯狂取下 38 分 9 次助攻，但无济于事。活塞杀进 2003 年东部决赛。

当然，之后，活塞会在东部决赛输给基德领衔的网，但这只是他们伟大旅程的开始。

先前的 2003 年全明星赛，KG 得到 37 分 9 篮板 3 助攻 5 抢断，举起了自己唯一一个全明星赛 MVP。到 2003 年 3 月 2 日，森林狼完成了一波 13 胜 1 负后达到 40 胜 21 负，全联盟在讨论 KG 是否可以成为 MVP。而 KG 平静地说：

"无论我打得多好，球队都无法晋级……这个境况让我感觉如何？嗯。我觉得这让我觉得很有挑战性……许多冠军队有一个王牌，然后有一个二当家。像鲨鱼和科比，像乔丹和皮彭。在这对王牌身后，有一群了解自己角色的助手。"

当然，KG 还是不会停下自我质疑。2003 年 4 月，他在更衣室里大声对记者说：

"我的最大缺点就是被大家捧太高了。我的决策有时很糟糕，我有时需要控制自己的节奏，以及情绪。"

到 2003 年，27 岁的 KG 很全面，有点太全面了。在比赛到了生死之际，他缺少一锤定音的攻击力，或者说，缺少这种欲望。2003 年 4 月，桑德斯教练表示："我挺烦这论调的。许多人都说美国球员跟欧洲球员比起来，太喜欢一对一，不知道如何传球，打得不够聪明；而对 KG，你们却批评他传球太多，太少一对一。太滑稽了。"

KG 自己则说："如果我在四米远处有空位，同时看见一个队友在两米远处无人防守，我会将球传给他的，每次都会如是。这才是篮球的唯一正确打法。哪怕我无法靠这种打法更进一步……我也相信它是唯一正确的套路。"

XXV

2002-2003 季，KG 再次进了 NBA 年度第一阵容，而且在常规赛 MVP 选票上排到第二，明尼苏达森林狼打出队史纪录的 51 胜 31 负。然而季后赛首轮，森林狼被湖人 4 比 2 解决：KG 在第二场 21 投 15 中得到 35 分 20 篮板 7 助攻，第三场得到 33 分 14 篮板让森林狼拿到 2 比 1 领先。第四场第三节后半段，森林狼 74 比 63 领先，眼看就要 3 比 1 领先湖人了。然而鲨鱼与科比完成了逆转。KG 竭力得到了 28 分 18 篮板 5 助攻，但是：鲨鱼 34 分 23 篮板 6 助攻，科比 32 分。OK 组合接着为湖人赢下第五和第六场。4 比 2 晋级。2002-2003 季，KG 达到了自己的巅峰，但依然连续八年首轮出局：他还是敌不过 OK 双人组合。

然而湖人的四连冠之梦，在下一轮被圣安东尼奥马刺终结了。

之前的 2002 年夏天，鲨鱼在广告、唱片、电影的世界里巡游，顺便给右脚大脚趾做了手术，宣布要缺阵赛季第一个月。

"等我回来，全联盟都会有麻烦啦。"鲨鱼打着哈哈，"但是，先让布莱恩特副将军接管一下吧！"

科比则走了另一个极端。

2002 年夏天，科比苦练了背身单打和远射。曾经轻灵秀逸的他，成了一个肌肉怪。2002 年秋天，鲨鱼缺阵那段时间，科比打得如火焰般灼热。

2002 年 11 月 8 日，波士顿花园。当晚一开场，科比如有神助，一口气在保罗·皮尔斯头顶投中了 8 个球。暂停时，所有队友都同情地看着皮尔斯，问他是否需要帮忙。皮尔斯怒吼道："我他妈不要帮手！我要防他！我搞定！"

比赛最后，科比得了 41 分，但用了 47 发投篮，投丢 30 个球，创造了一项不算光彩的 NBA 历史纪录，最后 9 发投篮全失。皮尔斯自己得了 28 分。凯尔特人加时获胜。

那场比赛后，科比说，他跟皮尔斯在比赛中间抽空聊了几句天。"我跟保罗说，这就像老年间。我们是历史的一部分。那伯德与魔术师的老年间。当年的游魂依然在球场的椽子中间飘荡。"

实际上，科比独挑球队大梁的前 12 战，湖人 3 胜 9 负。2002 年 11 月底，鲨鱼复出。三周之后，湖人的战绩是 10 胜 15 负。

湖人老了。湖人的角色球员防不住快攻，射不进三分——2003 年 1 月 4 日，湖人败北太阳之战，三分线外 21 投仅有 2 中。

2002 年 12 月 6 日，湖人一度落后小牛 30 分，科比前三节只得 6 分。鲨鱼无法理解："你怎么了？"

"队友们抱怨他们没机会投篮，那就让他们投吧。"科比说。

鲨鱼把这话告诉了禅师，禅师跟科比沟通了。第四节，科比 8 投全中，单节 21 分。湖人打出 44 比 15 的超级高潮，105 比 103 制造了神奇逆转。但显然如此非长久之计。2003 年 1 月，鲨鱼公开发言：

"妈的，给我八个想赢球的队友，就这么简单！"

2003 年 1 月 7 日，湖人战西雅图超音速，第四节，科比左手运球晃动，然后强行拔起，射中个人单场第 12 个三分球：新的 NBA 纪录。

但鲨鱼并不高兴。2003 年 2 月 4 日，湖人在败给西雅图时，鲨鱼对记者怒吼：

"我很生气吗？当然，我当然生气了！但我也不知道，别问我这些该死的问题，我根本就找不到答案。别问我为什么他们不把该死的球传给我，我也不清楚，去问其他的家伙吧……我的出手次数应该不只 13 次，你们把这一点写下来，我需要更多的出手次数，而不只是该死的 13 次！邓肯从来都不需要向他的队友们要球，为什么我就非得这么做？"与此同时，科比继续垄断出手：2003 年 2 月，科比在连续 9 场中得到 40 分以上。这 9 战中，湖人 7 胜 2 负。湖人战绩重新抬升。

XXV

2003 年 3 月 28 日，湖人对阵华盛顿奇才。科比最后一次对决迈克尔·乔丹。当晚，40 岁的乔丹 20 投 10 中，得到 23 分，而 24 岁的科比面对防守他的斯塔克豪斯，29 投 15 中，得到 55 分。这个赛季结束后，乔丹第三次退役，就此结束了传奇的 NBA 球员生涯。

2002-2003 季结束，湖人 50 胜 32 负。鲨鱼出赛 67 场，场均 27.5 分 11.1 篮板 3.1 助攻 2.4 封盖。他的罚球率达到了 62%。科比场均得分首次压倒鲨鱼，联盟第二的场均 30 分。

2003 年季后赛首轮，湖人干掉森林狼后，次轮遭遇圣安东尼奥马刺：这是连续第三年，五年里第四次，马刺遭遇湖人了。

但这一年，马刺也不同了。

2002 年夏天，马刺续签了白人射手丹尼·费里，给了布鲁斯·鲍文和矮壮内线马里克·罗斯各一份合同，再从开拓者找回了老射手史蒂夫·科尔。他们签了速度后卫克莱格·克拉克斯顿，以及 40 岁的老内线凯文·威利斯。

最后，马刺签下了 1999 年在选秀大会第 57 位摘到的阿根廷人：25 岁的曼努埃尔·大卫·吉诺比利。

1977 年夏天，吉诺比利出生在阿根廷布兰卡。他年少时就有强硬的突破、跑动迅速，外加神奇的平衡能力。20 岁他成为全国联赛的得分王，一年后长到 198 公分，加入阿根廷国家队。2000 年他签约了意大利顶级球队博洛尼亚，立刻成为了意大利常规赛 MVP 和冠军赛 MVP。第二年，他蝉联 MVP。2002 年夏天，世界男篮锦标赛，吉诺比利带领阿根廷杀到了决赛，自己入选了最佳阵容，那阵容里的其他人包括：

——刚成为 2002 年 NBA 状元的中国巨人姚明。

——达拉斯小牛的 NBA 全明星德克·诺维茨基。

——萨克拉门托国王的 NBA 全明星佩贾·斯托贾科维奇。

此外，2002 年 10 月 3 日，马刺用一个次轮选秀权换来中国巨人孟克·巴特尔。

2002-2003 季，斯蒂芬·杰克逊成为马刺首席射手。大卫·罗宾逊老了，帕克开始更多接管进攻：他善于利用掩护突破，抛射、虚晃上篮、中投。

2002-2003 季，邓肯有了一些新的习惯：他会在中距离背身要位，分球给外围的杰克逊，或是切入内线的帕克；他会更多到外围，去和帕克做高位挡拆。

邓肯曾对波波维奇教练说：

"我觉得我更愿意当一个遵从者和执行者，而不是一个领导者。"

波波维奇回答："但是蒂姆，你必须接受。你不担当起这个角色，我们无法夺冠。"

2002 年，邓肯的父亲威廉·邓肯逝世。临终前，他盯着波波维奇，请他答应："我希望您能负责，确保他退役时，也如今日一样。"

马刺以 60 胜结束 2002-2003 季常规赛，创下了队史第二纪录。邓肯蝉联了常规赛 MVP。

季后赛首轮，马刺 4 比 2 干掉了凤凰城太阳：全明星小前锋 201 公分的肖恩·马里昂和年度新人中锋阿马雷·斯塔德迈尔表现神勇，但他们不是邓肯的对手。第五场，邓肯 23 分 17 篮板 6 助攻 5 封盖的全面表现，让马刺在上半场就 54 比 30 领先，最后 94 比 82 取胜；第六场，邓肯 15 分 20 篮板 10 助攻，职业生涯第二个季后赛三双，马刺 87 比 85 击败太阳，4 比 2 晋级。

邓肯说："我的职责就是，当好球队的四分卫。"——这是个橄榄球术语：他是球队的组织者。

XXV

于是西部半决赛，马刺迎战湖人了。

西部半决赛第一场，科比得了 37 分，但湖人 82 比 87 败北：湖人另外四大首发加起来也就投了 40 个球，其中鲨鱼出手 20 次。科比自己出手却多达 38 次。马刺对位科比的布鲁斯·鲍文极其狡猾：他几乎是诱惑科比跳投，但绝少犯规——全场比赛，科比只罚了两个球。邓肯 28 分 8 篮板 7 助攻。双方你来我往僵持到最后半节，马刺一波 7 比 0 甩开了分差，鲨鱼被罚出场后，湖人再无机会。邓肯认为吉诺比利是大功臣。他得了 15 分，三分球 3 投 3 中，外加 4 个抢断：

"在我们需要的时候，他是个伟大的推动机。"

第二场，鲍文让科比得到 27 分，24 投 9 中，与此同时，自己得了 27 分——射中创马刺队史季后赛纪录的 7 个三分球。马刺 114 比 95 大破湖人。

吉诺比利连续第二场发威：他在第一节就得到 10 分，让马刺 31 比 18 领先，全场 17 分全队第二。邓肯只出手 10 次，12 分 13 篮板 7 助攻，帕克 27 分钟里 9 投得到 16 分。马刺多达六人得分两位数。

1999 年以来第一次，马刺 2 比 0 领先湖人了。

第三场，科比 39 分，湖人 110 比 95 击败马刺。第四场，湖人在第二节一度落后 16 分，但鲨鱼和科比疯狂冲击禁区，鲨鱼 29 分 17 篮板 5 助攻 4 封盖 23 罚 17 中，科比 24 投 10 中但 17 罚 14 中 35 分，湖人扳回，2 比 2。邓肯在第四场 36 分 9 篮板 5 助攻，赛后，已经有媒体说：

"马刺队友辜负了邓肯。而且错过了干掉湖人的最好机会。"

第五场，马刺上半场已经 56 比 38 领先湖人达 18 分，第三节更一度领先到 25 分，但湖人的反击又来了：第三节结束，湖人将分差追到 16 分；第四节中段，科比的右底角远射让湖人 77 比 87 只落后 10 分，鲨鱼的罚球、科比的强投三分,湖人 84 比 90 落后。鲨鱼统治后场篮板,科比右翼擦板中投。比赛最后 24 秒,湖人只以 91 比 95 落后。之后,王牌刺客霍里投丢远射,鲨鱼罚球得分。比赛最后 5 秒,马刺 96 比 94 领先。科比运球到底角,投篮假动作,鲍文起跳封阻,科比转身传球给霍里,空位无人防守。霍里起手投篮:再次投丢。37 岁的罗宾逊飞身而起抓住后场篮板。马刺赢下第五场,3 比 2。

一向负责绝杀对手的罗伯特·霍里,浪费了两次埋葬马刺的机会。仿佛在说:湖人的运气,用尽了。

第六场,洛杉矶。邓肯首节 15 分,但鲨鱼上半场轰下 21 分,湖人半场落后马刺 4 分。第三节一开始,科比后仰跳投,比赛打成 54 平。随后是邓肯和鲨鱼你来我往地单挑,直到 64 比 62。

邓肯站出来了:在鲨鱼头顶,骑马拉弓中投不中后,立刻补进前场篮板;右翼单挑鲨鱼,晃动后抛射得分,再一个左翼翻身跳投,一个抛射越过鲨鱼的指尖,在鲨鱼他们的包夹下起身投篮:马刺领先 13 分。

邓肯独自拉开分差后,马刺诸将开始追击,而湖人后继乏力。110 比 82,马刺在洛杉矶大胜湖人 28 分。鲨鱼努力了:31 分 10 篮板,但邓肯 37 分 16 篮板 4 助攻。马刺 4 比 2 淘汰湖人,晋级 2003 年西部决赛。

"如我们所知,蒂姆·邓肯是个梦幻般的竞争者!"波波维奇教练的嗓子都哑了,"但第五场和第六场,他的专注度简直让我们震惊。他一个人拉着我们赢了这两场!"

那时谁都不会敢断言,鲨鱼和科比,OK 组合的湖人王朝,至此结束了。只是,邓肯和鲨鱼的角逐,终于有了一次转折。马刺摆脱了湖人魔咒,邓肯跨过了鲨鱼。

2003 年的西部决赛,马刺的对手是达拉斯小牛:先前达拉斯在西部半决赛和国王酣畅淋漓大战七场,足为传世经典。小牛输了第一场,

XXV

但第二场轰下 132 分——上半场比分是壮丽的 73 比 61，范艾克赛尔全队最高的 36 分。第三场双方你来我往，在第二个加时才见胜负，德克 25 分 20 个篮板，纳什 31 分 11 个助攻，范艾克赛尔轰下全队最高的 40 分。之后三场双方梅花间竹，于是到了第七场。范艾克赛尔 23 分，纳什 18 分 13 助攻，德克全场 19 个篮板球轰下 30 分。小牛 4 比 3 晋级。赛后达拉斯的墨西哥人埃杜阿多·纳胡拉气喘如牛：

"所有人都在说我们是速度型球队，我们只有跳投，我们不够坚韧！但我们没有放弃！我们咬住了！我们打败了全联盟最顶级的球队！"

坚韧的小牛，甚至还赢了对马刺的第一场：第二节小牛一度落后 18 分，第四节剩 8 分 7 秒时还以 87 比 101 落后，但小牛用突击造犯规，第四节 20 罚 20 中，最后 113 比 110 完成逆转。邓肯轰下了 40 分 15 篮板 6 助攻，德克还以 38 分 15 篮板，芬利 26 分，纳什 22 分——小牛全场罚球 50 罚 49 中。

但马刺不为所动。第二场，邓肯 32 分 15 篮板 5 助攻，让马刺取胜，1 比 1。第三场，邓肯轰下 34 分 24 篮板 6 助攻 6 封盖，与此同时，帕克跳了出来。下半场，小牛疯狂夹击邓肯，可是他们被帕克惊呆了。

"我就是确保我下半场打得够凶。跟蒂姆搭档，这很容易。你随时都有空位投篮机会，因为他那么有统治力，吸引了那么多夹击。"

邓肯认为不是自己的功劳："明明是帕克自己接管了一切，而且推速度让小牛付出代价。"

第三节，帕克 11 投 8 中。他不断用华丽的变速和变向，晃过帕克，中投、抛射、上篮，得到 19 分，全场 29 分。小牛 83 比 96 败北。马刺 2 比 1 领先。更大的坏消息是：德克受伤了，系列赛无法再战。

于是，悬念忽然消逝了。

——有一个传说是：小牛老板马克·库班深觉这是小牛夺冠的最好

机会,希望德克能考虑带伤作战,被老尼尔森教练愤怒地喝阻。库班老板没再坚持,但这是第一次,他和老尼尔森教练产生了一点儿裂痕。

邓肯在第四场 21 分 20 篮板 7 助攻 4 封盖,马刺再次第三节锁定胜局,吉诺比利 21 分,帕克 21 分——马刺已经开始习惯由他们三个人接管了。第五场,小牛反抗,第四节打出轰鸣的反击,芬利 31 分领衔全队,将分差扳到 2 比 3。

第六场,帕克胃病,13 分钟内得了 0 分,第四节,小牛一度领先到 71 比 58。他们有机会将分数扳到 3 比 3。然而吉诺比利和杰克逊三个三分球,马刺在两分钟内打出 10 比 0。

然后,轮到 37 岁的史蒂夫·科尔了。名下已经有四个总冠军的老射手开始投篮。两分钟内,他射进了三个三分球,马刺 79 比 71 领先。吉诺比利再罚中两球后,马刺完成一波 23 比 0 的大高潮。达拉斯崩溃了。

"我在空位,那些投篮理该进去的。"科尔轻松地说。

于是马刺赢下第六场,4 比 2 淘汰小牛。事隔四年之后,圣安东尼奥马刺再次晋级总决赛:而他们的 2003 年总决赛对手,是贾森·基德带领的新泽西网。

连续第二年,基德把网带到了总决赛。

又四年之后,有人问埃里克·斯诺这么个问题:"NBA 历史上最好的组织后卫是哪五个?"已当时在 NBA 征战十二年,为加里·佩顿打过替补、与阿伦·艾弗森并肩战斗过七季,对抗过比卢普斯、凯文·约翰逊、蒂姆·哈达维等人的斯诺,如是回答:

"组织后卫?我想想。我老爹以前跟我谈论奥斯卡·罗伯逊……魔术师、刺客……几个了?三个?嗯,约翰·斯托克顿……以及,贾森·基德。"

XXV

2002-2003 季,基德常规赛场均 19 分 7 篮板 9 助攻,身为助攻王,而且是全 NBA 防守最好的组织后卫,无所不能。2003 年,他带着网队来到总决赛。他身边并无明星,全是悍将,比如 2000 年 NBA 状元、以防守凶猛闻名的肯扬·马丁,比如 1997 年榜眼全能前锋凯斯·范霍恩。马丁说他很乐意去防邓肯:

"从数据来看,蒂姆的弱点只有罚球,但只要给他足够的压力,他的弱点是会出现的。"

2003 年 6 月 4 日,总决赛第一场。马丁防得邓肯上半场只得到 8 分,然而邓肯下半场略加调整,得了 24 分,全场 32 分外加 20 个篮板 7 个封盖和 6 个助攻。马刺 101 比 89 轻取第一阵。网后卫凯利·基特尔斯被问到"你们队怎么调整"时,冷着脸答:

"不知道,问我们教练去。"

网队主帅、当年与魔术师搭档的后卫拜伦·斯科特的计划,本来是夹击邓肯再快速缩放,但是,"显然我们不够凶猛……我们想恐吓邓肯……我想再尝试一下这个战术"。

基德则说:"对付邓肯的法子?嗯,当我们在圣安东尼奥的 SBC 球馆打球时……把邓肯扔到他们的阿拉莫老球馆去,别让他出现在我们眼前……"

与此同时,基德第一场 17 投 4 中,帕克认为不全是自己防守的功劳:"他投丢了许多空位篮。"

第二场,基德的手感回来了:24 投 11 中,30 分。网另外派出官方年龄 37 岁的穆托姆博,让他打了 20 分钟时间——他也确实防住了邓肯。穆大山极为得意:

"我展现了如此之多的积极面,教练应该拿笔记下来!"网追平比分,1 比 1。

总决赛第三场,新泽西,马刺成功将比赛拖入他们喜欢的节奏:上半场结束，马刺 33 比 30 领先，网第二节只得 9 分，而吉诺比利一人第二节就得到了 8 分。帕克在下半场开始推速度，比赛最后 90 秒，马刺 78 比 75 领先，网的哈里斯企图最后一搏启动挡拆，被吉诺比利抄球破坏。比赛最后，吉诺比利在右侧底线抛射，马刺锁定胜局，2 比 1 领先。对吉诺比利的大胆，帕克说：

"他在欧洲，打欧洲联赛，拿了很多 MVP，NBA 总决赛对他而言没啥区别——都是被外国媒体包围，被人注意，承担压力。他习惯了。"

第四场，邓肯 23 分 17 篮板，7 个封盖，但网全队则送出 13 个封盖。双方合计犯规 49 次，各抓到 53 个篮板。马刺命中率 29%，网命中率 31%。最后网 77 比 76 取胜。2 比 2。

第五场的第四节，吉诺比利因为犯规过多被换下休息，科尔出场，然后急速一个抢断、一个三分球、一记中投，为马刺锁定胜局，93 比 83。邓肯得到 29 分 17 篮板 4 助攻 4 封盖，防到马丁 8 投 2 中，最后时刻连续三个失误。马刺得到 3 比 2 的领先。

第六场前三节，马刺挣扎不已，第四节剩 8 分 55 秒，马刺 63 比 72 落后网。邓肯说："当时我觉得，我们落后的时间够长了。"

邓肯开始催动比赛：先助攻罗斯上篮，再助攻杰克逊三分得手。罗宾逊跟进补篮得手。克拉克斯顿急停中投。杰克逊再接过邓肯的传球一记三分。马刺完成 19 比 0 的高潮，在比赛剩 3 分 44 秒时，82 比 72 领先。冠军就在眼前了。

大卫·罗宾逊被换下场：他伟大职业生涯的最后一场比赛，拿到了 13 分 17 篮板 2 封盖。下场时，他挥舞左拳，全场 18797 位球迷给了他山呼海啸的掌声。马刺 88 比 77 击败新泽西网，邓肯全场比赛休息了 2 分钟，21 分 10 个篮板 10 个助攻，以及总决赛纪录的 8 个封盖——差两个盖帽，就是一个四双。

"我打赌他当时不知道自己的数据。"波波维奇教练说，"他只注意

XXV

比赛里发生了什么。"

马刺 4 比 2 击败网，拿到 2003 年总冠军。邓肯总决赛场均 24.2 分 17 篮板 5.3 助攻和创纪录的 5.3 封盖，毫无疑问的总决赛 MVP。网主教练拜伦·斯科特认为不只于此：

"我想邓肯今晚还证明了，他是当今 NBA 最好的球员。"

但邓肯说，夺冠之时，他在想大卫·罗宾逊。

"比赛最后几秒，我在想，'我以后再也无法和这家伙一起打球了，我将独自出场，身边没有他。'这感觉很怪。"

罗宾逊自己心满意足，了无遗憾："我的最后一场比赛! 冠军! 你还能写一个更好的结局吗? 难以置信啊! 我的职业生涯那么多起伏! 但我最后在最高点退役了!"

2003 年夏天，大概是 NBA 史上最富有戏剧性的休赛期。乔丹永远挂起了他的 23 号球衣。而以往被他折磨的克里夫兰骑士在选秀大会上，得到了他们自己的 23 号：

勒布朗·詹姆斯。

1984 年 12 月 30 日，勒布朗出生于俄亥俄州阿克荣。他妈妈格洛里亚·詹姆斯时年 16 岁，独自抚养这孩子长大。四年级，当时打橄榄球外接手的勒布朗遇到了校橄榄球队教练弗兰奇·沃克。他听说勒布朗因为搬家太多一度打算弃学，便亲自去找格洛里亚，表示愿意让勒布朗长居在自己家。他教导勒布朗：

"你这辈子会有无数聚光灯下的出镜机会，但你得记住，带上你的队友们。"

1999 年，勒布朗还没满 15 岁，整个俄亥俄都已知道了他的名字。勒布朗带着三个哥们一起加入了圣文森特·圣玛丽高中，之后学校篮球队 27 战全胜，拿到了州冠军。2001 年 1 月他们 78 比 79，输给了名校橡树山高中。但勒布朗在这场全国瞩目的大战中轰下了33分。到2001年州决赛当日，到场观众一万七千，盛况不下一场NBA季后赛。勒布朗半决赛和决赛合计轰落54分，带队夺冠，还拿到州锦标赛MVP奖。那年勒布朗被票选为俄亥俄篮球先生：他只有16岁半，一个高二生。

2001年夏天，当203公分的勒布朗在训练营打败了前一年的高中巨星兰尼·库克后，已被赞誉为"乔丹+魔术师"：他既能像乔丹那样飞翔突破，又能如魔术师那样组织传球。

另一方面，他还在为高中打橄榄球赛。10场7胜3负，52次接球，冲出超过1000码，15次达阵得分。2001年州决赛前，他的教练杰伊·布罗菲并不知道勒布朗左手食指骨折。州决赛败北后，勒布朗决定不打橄榄球了。他母亲认为勒布朗应将全部精力集中在篮球上：他该成为一个十亿美元级别财产的富翁。

2002年2月，勒布朗带校队对上名校橡树山，他对面是个和他一样高203公分、比他大半岁的小前锋：卡梅罗·甜瓜·安东尼。勒布朗得了36分，甜瓜则得了34分。两大天才的单挑轰动全国。

2003年春天，阿迪达斯和耐克的争夺白热化了。勒布朗即将参加选秀，世界都猜他会成为状元，会成为未来巨星。最后，他的对手甜瓜和耐克签了350万美元一年的合同。勒布朗则签了七年9000万美元：那时他才18岁半，还没打过一场职业比赛。

2003年6月，NBA选秀大会。勒布朗·詹姆斯身穿一件白西装，被家乡球队克里夫兰骑士，选为新一届选秀状元。

2003年的探花是甜瓜：他大一就带雪城大学拿到了全国冠军，被球探认为有一身完美的得分技巧，只是"稍微热衷于跳投了"。此外的天才新秀还有马奎特大学的后卫德文·韦德、威克森林大学的前锋约什·霍华德、堪萨斯全能内线的尼克·科里森、佐治亚理工的一年级长人克里斯·波什，外加夏维尔大学的长人大卫·韦斯特，德州天才、号称

XXV

"比艾弗森还要快"的 T. J. 福特。

但最大的失意者却是底特律活塞：他们用榜眼签摘下塞黑巨人、216 公分、号称"有控球后卫手感"的达科·米利西奇，事后证明，这是个巨大失误。米利西奇在 NBA 没几年，就回去巴尔干了。

2003 年夏天，科比和阿迪达斯的合同结束。他与耐克签约，成为乔丹之后又一位当家巨星。可是戏剧性的变故来了。

2003 年 6 月 30 日，科比为了膝部手术，于当晚 10 点到达科罗拉多州鹰郡的一家酒店。

7 月 1 日，一位 19 岁的酒店前台雇员向鹰郡治安官称，科比对她进行了性侵犯。

7 月 2 日，科比被带到医院进行了检查。

7 月 4 日，鹰郡治安官签署了对科比的逮捕令，这时科比已返回加州。科比同日飞回鹰郡配合警方调查，缴纳了 2.5 万美元的保释金后被释放。

7 月 6 日，科比被捕一事公开。

7 月 18 日，地方检察官正式向法庭递交对科比的性侵犯起诉书，科比只承认和那个女孩有性接触，并说自己"无罪"。

8 月 6 日，科比第一次出庭。

10 月 9 日，科比第二次出庭，原告律师在庭上透露了一些案发当场的细节，但最终听证会还是因为被告律师的质疑而被延期。

糟糕的不只是科比的形象大受损伤，还在于被讯问时，科比曾问警方，是否能私下了结，他称鲨鱼以前曾用这种方式解决过问题，此事被媒体捅出。不难想象，鲨鱼多么愤怒。

科比对洛杉矶媒体的说辞是："你们了解我，你们知道我绝不会做这类事。"但某几家媒体则说："问题是，科比很少将自己的真面目表露给大家，所以，我们并不了解科比的真面目是怎样。"

本来出这事前，2003 年夏天的湖人一切完美：鲨鱼给犹他爵士的老冤家卡尔·马龙挂了电话，他知道邮差年已四十，正为少一枚冠军戒指而遗憾，"来洛杉矶吧，我们一起统治世界"。

那年夏天，NBA 历史助攻王 + 抢断王约翰·斯托克顿退役，他的 12 号球衣被犹他爵士封存。马龙则来到了湖人。魔术师慷慨地说："我的 32 号球衣给你吧，大家伙！"马龙则回答："在憧憬这么久后，我很荣幸可以穿上 32 号球衣，我也能感受到魔术师的尊重。但是应该让 32 号继续挂在球馆里，毕竟永远不会再有一个魔术师了……我还是穿 11 号好了。"

与此同时，加里·佩顿也来到了湖人。在新闻发布会上，他兴高采烈地说："如果夺冠了，我们会顺理成章再打一年，是吧，卡尔？"马龙微笑。当记者顺着这个问题问时，马龙说："我更想只签一年合同，然后……想听到他们说，'我们希望你能继续打'。"

他们老了，但依然是明星。两位老巨星都是乔丹统治的受害者，他们来湖人，要的只是冠军。

"这是鲨鱼、科比和禅师的队伍。我们都知道这一点。"

2003-2004 季，湖人前 25 场获得 20 胜 5 负。马龙很是帮忙：在场上，他策应防守做尽了蓝领的活；更衣室里，他负责调停鲨鱼与科比的紧张关系。

然而科比的官司，让他必须不时去科罗拉多州赶听证会，再赶飞机回球馆打比赛。赛季深入，湖人没那么顺当了：随着鲨鱼、马龙、科比们各自零星受伤，湖人在 2004 年 1 月受挫。几年后，禅师承认：那年为了对付科比，他去问过心理咨询师。咨询师回答：别批评他，给他积极反馈；不要公开伤害他的自尊。禅师明白，科比处于高度的自我保护

XXV

状态，一旦感受到压力，便会发泄不满。

2004 年 1 月底，科比在车库被玻璃窗割伤手指。同一个月，禅师对湖人管理层承认：

"我教不了科比了。"

禅师当时并不知道，湖人已经不打算跟自己续约了。2004 年 2 月 11 日，湖人宣布禅师赛季后将离任。科比的表达是："我不在乎。"

2004 年全明星，连续第二年，鲨鱼作为替补中锋出阵全明星——他坐惯的首发位置，被休斯顿火箭的中国巨人姚明占走。为了一泄心头愤气，鲨鱼在全明星砍了 24 分 11 篮板，个人第二座全明星 MVP 奖杯。

2004 年 4 月 11 日湖人对国王，此前三场科比 72 投 24 中遭遇了媒体的热烈抨击。于是他忽然不出手了。上半场，他只出手了 1 次，全场 13 投 3 中，得了 8 分。

"我没刻意回避投篮。"他说，"国王的防守很好。"

某个湖人队友匿名跟《洛杉矶时报》说了句："我们不知道如何才能原谅他。"据说科比对此极为愤怒，在训练场上一个个追问是谁如此说他。两天后，科比 29 投 14 中得了 45 分，又一天后 31 投 14 中得了 37 分。

2004 年 4 月，常规赛最后一场，湖人对决开拓者。比赛剩 1.1 秒，湖人落后 3 分。科比扬手一记三分球，将比赛拖入加时。第二个加时赛最后，科比又一个关键三分球，双杀。湖人击败开拓者，拿到常规赛第 56 胜，锁定太平洋区第一的宝座。

2004 年季后赛首轮，湖人遇到 21 世纪首次打季后赛的休斯顿火箭。第一场，湖人 72 比 71 险胜——科比 19 投 4 中，鲨鱼遏得姚明 11 投 4 中 10 分 11 篮板，自己 17 投 8 中 20 分 17 篮板。第二场的鲨鱼面上无光：任姚明 19 投 8 中 21 分，自己 9 投 3 中 7 分。幸而科比救场 36 分，湖人击败火箭，2 比 0。

第三场火箭双后场弗朗西斯+莫布里合计48分，加上姚明18分10篮板，火箭取胜。鲨鱼25分11篮板但14罚仅5中。第四场马龙神勇的30分13篮板，湖人加时取胜。第五场湖人大破火箭，4比1晋级。顺便结束了火箭长达五年的"弗朗西斯+莫布里"时代。但值得一提的是：这是鲨鱼在湖人历年季后赛旅程里，第一次系列赛场均得分不到20（只有16分）——因为对面是226公分、娴熟聪慧的姚明。

这年夏天，火箭将得到奥兰多魔术的连庄得分王特雷西·麦蒂，姚明+麦蒂的火箭时代开始。而湖人则在西部半决赛，五年里第四次遭遇了圣安东尼奥马刺。

鲨鱼首场的19分13篮板5封盖无法振起湖人的进攻，马刺88比78防守之战取下第一阵。第二场鲨鱼21投15中32分15篮板，可是托尼·帕克30分5助攻让佩顿颜面扫地，马刺再胜，2比0。

40岁的卡尔·马龙站出来了。

两位伟大大前锋在第三场鏖战，马龙防到邓肯14投4中，自己13分6篮板5助攻3抢断的全面表现。鲨鱼13投11中轰下28分15篮板5助攻8封盖的战绩，湖人104比81大破马刺，1比2。第四场，马龙再次让邓肯13投5中。鲨鱼28分14篮板4封盖，加上科比恐怖的42分，湖人再胜，分数2比2平。

神奇的是，科比在第四场的42分6篮板5助攻，是他在科罗拉多接受完审判后赶回来的表现。这个赛季，每逢上完法庭、赶回来打比赛，他总是姿态神勇。

第五场，天王山。时钟走到最后27秒。科比前场左翼接球，抬头看到计分牌70比71。马龙为他掩护。六年前全明星赛，科比拒绝了邮差的掩护，但这一刻，科比运球，绕过马龙，面对换防过来的老队友罗伯特·霍里，起手投篮，72比71。

但是，这并没有成为绝杀。

XXV

马刺边线送出传球,邓肯罚球线上接球,鲨鱼紧逼,邓肯横向运球。马龙发觉不对急来补防。就在罚球线上,面对着四条长臂,邓肯侧身把球一抛。球还在空中时,霍里已经张开了手臂预备庆祝。

——马刺 73 比 72 反超。球场沸腾。湖人暂停。计时钟还有 0.4 秒。

然而这还是没完成绝杀。

湖人的 2 号德里克·费舍尔,1996 年与科比一起入行的后卫,在比赛剩下的 0.4 秒里,接球瞬间出手中投,钟响球进。湖人 74 比 73 绝杀马刺,3 比 2 反超。

趁着这一记绝杀的心理优势,湖人拿下第六场,4 比 2 淘汰卫冕冠军马刺,去了西部决赛:

对手是队史上最强大的一支明尼苏达森林狼。

前一年即 2003 年夏,麦克海尔为森林狼招到了两个老将: 34 岁的后卫萨姆·卡塞尔,当年跟大梦拿过 1994、1995 两个总冠军;33 岁的斯普雷维尔,十年前 NBA 第一阵得分后卫、1999 年跟着尼克斯到总决赛的摇摆人。KG 则以五年 1 亿美元续约。

这笔签约立竿见影。到 2004 年 1 月,卡塞尔场均 24 分 8 助攻,还入选了自己的第一次全明星赛。斯普雷维尔则场均 19 分 5 篮板 3 助攻。麦克海尔经理很得意:

"我们有身高! 我们有得分,我们有防守。我们有速度,我们可以打快节奏,可以打慢节奏。我们有足够的角色球员。一如我的老朋友比尔·沃顿所说,'我们需要在最关键时刻能打出最伟大表现的人',我看看我们的球队,我觉得,我们行!"

太阳队的主帅迈克·德安东尼赞美卡塞尔与斯普雷维尔:

"他们是老将,他们懂得什么时候出场解决问题,什么时候跟在

KG 身后——他们愿意不出风头。他们是 KG 最好的副将。"

斯普雷维尔说,"这是 KG 的球队,他手握 1 亿美元合同,而且配得上他挣的每分钱。你不跟他打球,永远不知道他多全面。他可以背身单打,他可以投篮,他抓篮板、封盖、传球、奔跑、罚球稳稳的。"卡塞尔则说:"KG 在乎你的感受,他尊重球队上从头到尾的任何一个人,一视同仁。你想知道球队为什么运作良好?就是因为 KG 的性格……我来之前,并不知道 KG 有如此可怕的篮球知识和球场意识。"

2003-2004 季,森林狼以 58 胜 24 负结束常规赛。KG 打了 82 场全勤,场均 39 分钟里得到职业生涯最高的 24.2 分 13.9 篮板,外加 5 助攻 1.5 抢断和职业生涯最高的场均 2.2 封盖。然后是理所当然的:常规赛 MVP。

但 KG 在意的是:他终于有机会闯过季后赛第一轮了。西部季后赛首轮第五场,森林狼 102 比 91 击败掘金,4 比 1 闯过西部首轮。KG 在晋级战 28 分 7 篮板 8 助攻,斯普雷维尔 19 分 4 篮板 5 助攻 4 抢断,卡塞尔 26 分。丹佛掘金的主帅比兹德里克说 KG,"是个有着蓝领球员态度的超级巨星"。

"我不是个中途退出的懦夫。我永远不会逃避。"KG 嚷着,"我终于闯过首轮了!我要看看命运的那一边是什么样的!"

西部半决赛,森林狼与国王打到第七场:那是 2004 年 5 月 19 日,恰好是 KG 的 28 岁生日。第三节,KG 控制比赛。四分钟内,他跳投得手、篮下得手、一个优美的递手上篮,然后是一个匪夷所思的、大个子根本不该做出来的动作:胯下运球,变向,突破,暴力扣篮,将韦伯甩在身后。比赛最后时刻,KG 抄球,又盖掉了国王队布拉德·米勒的上篮:比赛结束。83 比 80,森林狼击败国王,4 比 3 晋级西部决赛。KG 全场打了 46 分钟,32 分 21 篮板 4 抢断 5 封盖。

"我告诉桑德斯教练:不许让我下场,不然我告诉泰勒老板去!"

XXV

他说。

可是，KG 他们的好运到此为止了：西部决赛，他们遭遇了湖人。

森林狼 VS 湖人的西部决赛第一场，第三节末，湖人一口气打出 11 比 0 锁定胜局。鲨鱼 27 分 18 篮板 5 助攻，科比 23 分，马龙得到 17 分 11 篮板，而且防到 KG 只有 16 分 10 篮板。老邮差很得意：

"你得尽量让 KG 每次拿球都很吃力，哪怕他不拿球，你也要站在他周围，不让他抓篮板。当然他也很棒啦：都被防到这样，还拿了两双。"

KG 很嘴硬：他不承认对国王的七场大战让他疲惫了，"体力不是借口！"

事实上，KG 很累。2004 年 5 月底西部决赛期间，他看上去疲惫得有些苍老。西部决赛第二场余下 38 秒，比赛大局已定，他下场来，与桑德斯教练击掌，微微抬了抬嘴角，然后便坐在了板凳上。他后来承认，马龙像一段巨木一样压着他。老邮差很狡猾：KG 突破时，他会下手抄球；他会用膝盖顶着 KG，不让他舒服地要位；当 KG 突破上篮时，邮差会用膝盖和铁肘威胁他。邮差私下里非常欣赏 KG，但他认为：

"KG 毕竟不同于邓肯。"

雪上加霜的是，第二场比赛，萨姆·卡塞尔受伤了，只打了 43 秒。KG 第二场 24 分 11 篮板，奋力防守，加上斯泽比亚克的 16 分，森林狼 89 比 71 取胜追到 1 比 1。但之后湖人两个主场，都没给森林狼机会。1 比 3 来到第五场，而且已经失去卡塞尔的森林狼，只有指望 KG。

第五场，KG 防了湖人几乎所有球员，包括体重几乎是他 1.5 倍的巨无霸鲨鱼；全场比赛，他几乎没有休息，30 分 19 篮板，斯普雷维尔 28 分。森林狼 98 比 96 取胜，追到了 2 比 3。桑德斯教练感佩无以：

"我们让 KG 做得实在太多了。"

"我永远不会用'没体力了'这个词。"KG 神采飞扬地说，"我们能赢!"

但第六场,湖人完成第四节逆转。斯普雷维尔 27 分;KG 努力地得 22 分 17 篮板,但没有了卡塞尔,他们无法阻拦湖人 96 比 90 取胜,4 比 2 晋级 2004 年总决赛。等候湖人的,是底特律活塞。

前一年,活塞在东部决赛败给基德领衔的网队。这一年,他们终于冲出了东部:因为他们在原有的昌西·比卢普斯、理查德·汉密尔顿、蒂尚·普林斯、本·华莱士之外,又添上了全面的前锋拉希德·华莱士。

活塞的主帅,则是鲨鱼的老熟人拉里·布朗:1994 和 1995 年带领步行者和鲨鱼死斗、2001 年总决赛带领 76 人败给鲨鱼的老头儿。2003 年夏天,他终于结束了自己与艾弗森的孽缘,来到了底特律活塞。

拉里·布朗是个老复印机。在活塞,他将步行者和 76 人的格式又套了一遍:昌西·比卢普斯,一个古朴稳定的后卫;理查德·汉密尔顿扮演当年米勒的角色:一个灵活游走的得分后卫;蒂尚·普林斯是一个高大擅防守的小前锋;拉希德·华莱士是个高大、投射精准、单防优秀的大前锋;本·华莱士则如当年的穆托姆博一样,扮演一个篮板王、盖帽王级别的内线怪物。

这就是 2004 年活塞,历史上最精干、凶狠、硬朗、顽固的蓝领钢铁军团之一。

2004 年总决赛第一场,鲨鱼 16 投 13 中 12 罚 8 中得到 34 分 11 篮板,可是除他之外,湖人全队 57 投 16 中——包括科比 27 投 10 中。活塞队两个华莱士的内线长人阵外加外围的绞肉机防守,让湖人的进攻停顿了。

第二场比赛最后 11 秒,活塞领先湖人 3 分,湖人持球。拉里·布朗要求全队一看到湖人拿球就犯规,但活塞全队——比卢普斯、汉密尔顿、两个华莱士——以他们的坚强和骄傲,拒绝了这个要求。他们相信

XXV

自己能守住湖人的最后一波。

湖人开球，鲨鱼传球给比尔·沃顿的儿子、湖人的小前锋卢克·沃顿，沃顿立刻传给科比，科比三分得手，比赛拖入加时，最后湖人取胜，1比1。赛后，布朗教练气疯了：

"我们被毁了！我们本来可以赢这场比赛！更衣室里所有人都软了！！"

赛后，在大巴上，布朗想缓和下气氛。他走到大巴后排，对球员们说：

"我在费城的时候……"

大本打断他："这是底特律！"

比卢普斯，用他从来的冷酷沉着的声音，对教练说：

"回大巴前排去吧。我们不会再回洛杉矶了。"

第三场，科比被活塞的长臂蜘蛛侠普林斯缠住了：13投只有4中，得到11分，鲨鱼14投7中14分。湖人被活塞88比68击败。1比2落后。

这里就得提一下拉里·布朗教练的的防守体系了。

2004年活塞的防守核心词，是施压：对持球手施压封锁投篮，对传球手施压封锁传球。拉里·布朗爷爷教练认定：在NBA级别的比赛里，不能放对手舒服地传球。实际上，他甚至鼓励对手突破：突破到禁区再补位也来得及。所以活塞的打法是：普林斯、汉密尔顿、比卢普斯和后卫林奇·亨特，双华莱士内线补位。所以2004年这支活塞，更擅长按死跳投大师；善于造失误，但是怕狡猾的突破手，怕抄后门和吊传。

双华莱士都是卓越的防守者，但风格不同。大本重心低，爆发力好，嗅觉灵敏，移动出色；拉希德身高臂长、轮转返位好，也乐于移动。

第四场，湖人知道不能再输。可是对面拉希德·华莱士的态度却像在度假，独自在走廊里哼歌。第四场，科比25投只有8中。下半场，鲨鱼终于忍不住怒吼:"给我球!"

鲨鱼全场 21 投 16 中 36 分 20 篮板,可是湖人以 80 比 88 再败。拉希德 26 分 13 篮板,赛后他依然轻声哼歌:"唔,我真是讨厌你呀……"洛杉矶记者问科比:"第五场怎么办?"科比答:

"别担心。"

记者又去问鲨鱼:

"科比的信心是否损害了球队?"

鲨鱼冷笑一声:"你问了个狡猾的问题啊,哥们,我没有答案。下个问题,谢谢。你们今天不可能从我这里得到答案,哥们。我这方面可是老手了,哥们。至少今天你得不到答案。"

第五场,马龙因伤缺阵。湖人没能创造奇迹。鲨鱼 13 投 7 中 20 分,科比 21 投 7 中 24 分。湖人 87 比 100 败北。活塞 4 比 1 取胜,拿下了 2004 年 NBA 总冠军。而活塞冷酷的后卫昌西·比卢普斯,成为历史上最草根的总决赛 MVP——这也是 1998 年乔丹退役后,鲨鱼与邓肯两个人包揽五届总决赛 MVP 后,第一个例外。

底特律活塞达成了大卫击倒歌利亚式的胜利:是为伟大的蓝领奇迹。而洛杉矶则有许多事要处理了。

XXV

第二十六章　鲨鱼与邓肯各自的第四枚戒指

(XXVI)

2004 年夏天，夏洛特山猫加入了 NBA，而新奥尔良黄蜂被算进了西部球队。与此同时，NBA 改了一条规则：no-handcheck。从此之后，防守者用手阻碍持球者，会受到更严厉的惩罚了。

这是一条颠覆时代的规则——那时候，谁也料不到。

在三年前出版的传记《鲨鱼的回击》中，鲨鱼如是评价科比："伟大的小兄弟。"与他的关系"犹如段漫长艰难的旅程，而且还在继续"。到 2004 年夏天，湖人四巨头败北后，OK 时代正式结束。禅师离职，科比高调宣布了他考虑去快船：他不想再给鲨鱼做手下了。当时 32 岁的鲨鱼还剩一年合同，湖人无意挽留。三年之后，媒体披露称，2004 年夏天，湖人老板杰里·巴斯亲自打电话告诉科比：

"鲨鱼走定了，我不愿付那么多钱给他。"

湖人开始兜售鲨鱼，甚至去问达拉斯小牛："鲨鱼换德克·诺维茨基，如何？"

小牛老板马克·库班答："门都没有！"

但东边有人接手了：当年湖人的王朝主帅、如今执掌迈阿密热队的帕特·莱利开出了筹码。2004 年 7 月 14 日，32 岁的鲨鱼去到迈阿密热，而湖人获得二年级小前锋卡龙·巴特勒、曾被认为"有魔术师资质"的全能前锋拉玛尔·奥多姆、已经老去的铁血前锋布莱恩·格兰特，外加一个第一轮选秀权。

这是一次王朝级别的交易。湖人在 1948 年获得麦肯，1968 年获得张伯伦，1975 年获得贾巴尔，1996 年获得鲨鱼。这四位帝王级中锋都令湖人登上过联盟巅峰。前三位终老湖人，成为光映史册的巨人，而鲨鱼，2000 年常规赛 MVP，三届总决赛 MVP，史上最伟大的中锋之一，中途被送走了。

众所周知，帕特·莱利性格颇为极端。他喜欢豪赌，喜欢大场面。

2004年,他敢于送走巴特勒和奥多姆两个青年才俊,是因为他已经预备好了鲨鱼身旁的人:

2003年入行的德文·韦德。这个193公分的后卫生于1982年,比鲨鱼小十岁,马奎特大学出身。他少年时母亲因涉毒坐牢,他在艰难的环境中长大。2002年大学二年级时,韦德做了左膝半月板移除手术。2003年春天,韦德在对阵全国头号种子肯塔基时,轰出了29分11篮板11助攻的三双——那是美国大学联赛NCAA 64强锦标赛历史上,第四次出现三双。那场比赛被帕特·莱利看到了。莱利后来说,韦德如此独特,如此无畏,"简直像乔丹一样"!

——作为迈克尔·乔丹的终生对手之一,能让莱利说出"像乔丹",是最高级的赞美了。莱利认为,"韦德可以突破,可以传球,有时肩膀比膝盖还低,他突破篮下的能力高过我所见过的任何球员"。

2003年莱利以第五位选秀权,将韦德带到了迈阿密热。新秀季,韦德就在季后赛对黄蜂投出了一记绝杀。升到二年级的夏天,鲨鱼来了。

"我不知道鲨鱼是否看过我打球,我们队上电视可不多。"22岁的韦德这么欢迎鲨鱼的到来。"他能谈论我的比赛,是我的光荣。他来了,一切都不同了。"

便士,科比,然后是韦德:他是鲨鱼身边,第三个天才后卫。

鲨鱼斗志旺盛:"我要加入一个24小时减肥俱乐部! 然后——爆炸! 我不再喝可乐了! ……我是个命中率60%的大机器,我居然要求着别人给我传球? 这他妈什么事啊。每场给我25次传球,我就让你们看见鲨鱼——每场只得20分? 那可不是鲨鱼!"

他不肯提科比的名字,只说:"至于'那家伙'? 我跟他从来不是朋友。他得花钱来买爱情。他是个悲剧、失败者、笑话、软蛋。哼哼,看见韦德没? 他可能超越任何人,任何我在湖人时期的队友。"

XXVI

鲨鱼第一天与热队合练时，韦德试图在他头顶扣篮。"那，你必须尝试一下嘛。"韦德事后说。鲨鱼把他盖到了地板上，然后告诉韦德："永远别尝试这么做。"

自那以后，韦德再没挑战过鲨鱼的权威。用热队主教练斯坦·范甘迪的话：

"鲨鱼的领袖作用，从第一天就开始体现了。"

当然，鲨鱼一直在扶助韦德：他甚至允许韦德这个二年级新生成为迈阿密热的首席攻击手。经历过便士与科比后，鲨鱼懂得一个天才后卫需要怎样的自由。鲨鱼疯狂吹嘘韦德，"他是我的偶像！这是他的球队！他是闪电侠！闪电侠！！"

之后2005年3月，热又签回了几年前因为肾病一度险些离开NBA的阿朗佐·莫宁。迈阿密成为一支地道的老头子队伍，可是2004-2005季，鲨鱼与韦德的合作，让热拿到了59胜23负的东部第一战绩。

——而他们前一季，不过42胜。

二年级的韦德完成巨大飞跃：从新秀季的场均16.2分升到24.1分，外加5.2篮板和6.8助攻，入选联盟第二阵容。鲨鱼则出阵73场，场均22.9分10.4篮板2.7助攻2.3封盖，场均60.1%的命中率是他职业生涯最高，理所当然的联盟第一阵容。

实际上，鲨鱼因为自己让迈阿密脱胎换骨，险些拿到常规赛MVP——只是输给了凤凰城太阳的另一个奇迹。

同样在2004年夏天，30岁的斯蒂夫·纳什与达拉斯小牛合同到期，他希望获得一份新合同。但库班老板希望球队年轻化，只肯给纳什四年3600万的合同。凤凰城太阳给纳什拍出了六年6300万。于是同样在2004年7月14日，鲨鱼去迈阿密的那天，斯蒂夫·纳什加盟了凤凰城太阳：在2003-2004季只有29胜53负。

就这样，德克·诺维茨基和斯蒂夫·纳什分开了。之后的 2005 年 3 月 19 日，老尼尔森与库班的关系也终于到头：库班让老尼尔森的助理教练埃弗里·小将军·约翰逊当了小牛主帅。这意味着小牛放弃老尼尔森的狂飙突进，改走小将军喜爱的风格：苛刻、细致又凶猛。

2004-2005 季，失去纳什的小牛以 58 胜 24 负完成常规赛，仿佛在证明放走纳什与老尼尔森，也算正确选择。德克打出了此前职业生涯未有的场均 26.1 分，外加 9.7 个篮板和 3.1 次助攻，以及 1.2 个抢断 1.5 个封盖。每场罚球 9.1 次是生涯最高纪录。他不仅连续第四年进了全明星阵容，还压倒了前一年的常规赛 MVP 凯文·加内特，进了 NBA 第一阵容，与蒂姆·邓肯并列。

然而，去到凤凰城的纳什，成就更为神奇。

凤凰城太阳的迈克·德安东尼教练，年轻时在意大利打球颇有成就——在意大利度过少年时期的科比·布莱恩特，还一度是他的球迷呢——也习惯了欧洲篮球的风骨。欧洲篮球不崇尚美国式的单兵决战，更钟意挡拆与三分远射：这也是德安东尼的风格。

纳什到太阳时，这个球队有以下人物：

——2002-2003 季的年度新人，208 公分的小巨人阿玛尔·斯塔德迈尔。他是个打法迅疾如闪电、酷爱表演的大男孩。父亲过世得早，母亲在监狱里出来又进去。他小时候最爱做的事，除了打篮球，就是抬自行车前轮秀，引邻居们鼓掌。

——肖恩·马里昂，当年纳什被换去小牛后，太阳得回的选秀权，就用来选了他：一个 201 公分、104 公斤、进过全明星的前锋。擅长一切无球技能：单防、补位、篮板、快下、抄后门上篮、偶尔的勾射。

——乔·约翰逊，一个刚打完三年 NBA 的 201 公分摇摆人。他扎实而全面，拥有完美的单打投篮技巧，以及不动声色的沉静脾气。

XXVI

外加新来的昆廷·理查德森。一个好射手。一个巴西第六人莱昂德罗·巴博萨：191 公分高，巨大的突破步子，能投三分。

2004 年 11 月 3 日，太阳以纳什＋约翰逊＋理查德森＋马里昂＋斯塔德迈尔的阵容首发。看起来很奇怪：之前打大前锋的斯塔德迈尔移去了中锋，201 公分的小前锋马里昂打了大前锋？

就是这样一个小巧快速的阵容，让太阳打出 12 胜 2 负的开局，期间纳什场均 16 分 11 助攻，命中率是可怖的 56%，三分率 41%。

同样是打快，达拉斯小牛的纳什与凤凰城太阳的纳什风格大不相同。老尼尔森在意的，是快速反击，自由出手，即兴单挑。

德安东尼也重视快，但他更希望在对手防守形成前，获得广阔的进攻空间。德安东尼在太阳推行的一个招牌战术，是欧洲人惯用的 V 字进攻：射手接近底角三分线站位，内线们在高位和持球者纳什挡拆。由于射手拉开了底角，高位挡拆就有了非常宽裕的空间；对手若试图包夹，总会漏出底角的三分射手。

这套体系需要会挡拆的内线、攻击力出色的组织后卫，以及两翼射手的威胁。

纳什在老尼尔森手下，习惯了这种奔跑不息的节奏。他本就热爱传球，在太阳，他打得自由自在：跑快攻，在行进之中寻找空位队友，在阵地战执行挡拆；因为他既能投篮又能传球，而且随时都在呵护全队。

2005 年 1 月，太阳成了全 NBA 的宠儿。他们在纽约刷到 133 分，在密尔沃基得到 121 分，在波士顿轰下 128 分，在多伦多拿到 123 分。2005 年 2 月，纳什登峰造极：他场均得到 21 分 14 助攻，三分率投出了匪夷所思的 52%。东边的鲨鱼，西边的纳什，联盟的新闻头条。

2004-2005 季常规赛，太阳在纳什的推动下，赢下了 62 场比赛。太阳跑出了 NBA 第一快的节奏，全季投出了创当时 NBA 历史纪录的 2026 个三分球，投进了创当时 NBA 历史纪录的单季 796 发。那年他们横扫常规赛奖项：

迈克·德安东尼，年度最佳教练；布莱恩·克朗格洛，年度最佳经理；三个球员入选全明星（纳什、斯塔德迈尔、马里昂）；昆汀·理查德森参加了全明星三分赛。以及：

斯蒂夫·纳什，以他场均 15.5 分，领跑联盟的 11.4 次助攻，以及太阳 62 胜的战绩——比前一年多了 33 胜——击败了鲨鱼，拿到了常规赛 MVP。NBA 历史上第一个外籍球员得到 MVP，也是继 1990 年的魔术师后，第一次组织后卫荣膺 MVP：来自一个 31 岁、带着背伤的老将。

比起纳什与鲨鱼的春风得意，2004-2005 季的森林狼这里，前任常规赛 MVP 凯文·加内特倒霉得多。斯普雷维尔和萨姆·卡塞尔这一年老态毕现。2005 年春天，带了 KG 九年的桑德斯教练终于离职。结果是前一年达到队史巅峰的森林狼，这一年常规赛 44 胜 38 负，连季后赛都进不去。雪上加霜的是，2005 年夏天，34 岁的斯普雷维尔面对一份三年 2100 万美元的续约条件，嫌太低了：

"我还要养家糊口呢！"

斯普雷维尔就此淡出 NBA，也就此结束了森林狼最后的辉煌岁月。

2004-2005 季的另一件事是之前的 2003-2004 季，印第安纳步行者成了东部常规赛第一：依靠的是灵活的巨人杰梅因·奥尼尔、策应型长人布拉德·米勒和年度防守球员、凶恶的野兽罗恩·阿泰斯特。但阿泰斯特此人是个惹祸精。2004 年 11 月 19 日，步行者在底特律奥本山对战活塞队。阿泰斯特躺在技术台上，一名球迷向他泼洒啤酒。阿泰斯特情绪失控，冲上观众席，暴打球迷，队友斯蒂芬·杰克逊也跟上效法，引发巨大骚乱。最后阿泰斯特被禁赛 73 场，停发所有薪水，杰克

XXVI

逊被禁赛 30 场，杰梅因·奥尼尔被禁赛 15 场。步行者的大好前程就此崩塌。于是，底特律活塞和迈阿密热在东部少了个对手。

2005 年东部季后赛首轮，热队遇到了老熟人贾森·基德的网队，完成横扫。第一场迈阿密 116 比 98 干掉网队的比赛，让新泽西人误以为时光倒流：鲨鱼 17 分 11 篮板，鲨鱼身旁的后卫 18 投 12 中 32 分——唔，仔细看看，那不是科比，是韦德。

首轮的另一段故事：波士顿凯尔特人 2 比 4 败给了印第安纳步行者。对步行者第二场，保罗·皮尔斯 33 分 7 篮板 5 助攻；第四场，皮尔斯 30 分 7 篮板 8 助攻；第五场，27 分 7 助攻。第六场他得到 20 分 11 篮板 6 助攻，然后被罚下了。走下球场时，他脱下球衣，在头顶挥舞。

"我只是想激励队友。"他事后说。虽然印第安纳和波士顿的媒体都觉得，他精神大概有点不正常了。当然，步行者在东部半决赛就被活塞干掉了。雷吉·米勒以不惑之年结束他的 NBA 生涯，就此离去。

另一边东部半决赛，迈阿密热队面对华盛顿奇才，轻取前两阵。第一场鲨鱼 26 分钟内 12 投 8 中 19 分 7 篮板，韦德 18 投 7 中 20 分。热 105 比 86 大破对手。第二场，鲨鱼 16 分 7 篮板，韦德轰下 31 分 15 助攻，热队再胜，2 比 0。赛后，鲨鱼右大腿出了问题：淤伤，需要休息。

终究岁月不饶人：他以前从未缺席过季后赛。

第三场上半场，韦德表现奇差，6 次失误。中场休息，他甚至不敢抬头看队友，将头埋在双膝间发闷。每个热队队友都过来鼓励了他。下半场，韦德归来了，轰下 19 分，全场 31 分。热队取胜。第四场，他疯狂突破，22 投 13 中，17 罚 16 中。滚倒，爬起来，42 分 7 篮板 4 助攻，热队击败奇才，横扫晋级。

"这第三、第四场，是我有生以来看到过的前五位的比赛。"莫宁说。

韦德在季后赛锋锐更甚，他在一步步成为球队第一攻击手，甚至有取代鲨鱼之势。奇才的贾里德·杰弗里斯总结：

"韦德很快，而且力量十足。许多后卫，你撞上去，他们就飞了。可是韦德依然一往直前。"

2005年东部决赛，迈阿密热遭遇卫冕冠军底特律活塞。东部决赛第一场，活塞掐死了韦德，让他25投仅7中，只有2次罚球。鲨鱼勉力14投9中得到20分5篮板，但这并不够。活塞90比81取胜。

5月25日第二场当日，凌晨三点，韦德接到了一个电话。这个二年级牛，这个居家好男人生怕吵到了孩子，他站起来接电话，听见鲨鱼的声音。

"我醒着，所以我也希望他醒着。"鲨鱼后来说，"我希望他入睡前最后听到的是我的声音。我告诉你，慢慢享受这属于你的比赛。"

而帕特·莱利经理告诉韦德："即使是迈克尔（乔丹）也有糟糕的比赛……你放松一点。"于是东部决赛第二场第四节，韦德力劈20分，全场40分。热92比86取下第二场。

鲨鱼唤醒了韦德，但他也亲口承认了一件事：

"我第一次有这种感觉。以前，我总是觉得一切很轻易。现在，我得认真干活了。"

第三场，他得到24分，韦德36分。热队赢球，2比1领先。活塞赢下第四场。第五场韦德打了27分钟就受伤倒下。鲨鱼引领全队赢下了比赛：15投9中20分，每个球都是在活塞的内线的钢铁中火中取栗。第六场，韦德因伤无法出战。鲨鱼24分13篮板5助攻统治了内线，可是热还是以66比91败北。第七场，韦德带伤出阵取下20分，鲨鱼得到27分9篮板3封盖，但大势已去：活塞88比82击败热队，4比3，连续第二年晋级总决赛。

"我实在老了。我现在得不了分了。我简直都快跟埃里克·丹皮尔一

XXVI

样了!"鲨鱼如此自嘲。

而活塞的总决赛对手,是圣安东尼奥马刺。

2004-2005 季,鲨鱼离开湖人外加森林狼的低迷,让圣安东尼奥马刺在西部少了两个对手。这年的马刺有了更改:波波维奇教练限制邓肯的出场时间,减少他的低位强攻。与此相对应,吉诺比利和帕克的进攻权重也在增加。

之前的 2004 年夏天,吉诺比利带领阿根廷男篮拿到了 2004 年雅典奥运会冠军。仿佛是发现了他的神奇,2004-2005 季,波波维奇让吉诺比利担当了首发。2005 年 1 月 21 日与太阳的加时大战,吉诺比利鬼影蛇行一般纵横太阳防线,22 投 16 中三分 7 投 5 中 12 罚 11 中,用他的浮空上篮和精准远射劈下 48 分——自邓肯 2001 年得到 53 分以来,马刺单场个人最高得分。布鲁斯·鲍文解释:

"在美国,教练说,上篮前迈两个小步子,但在欧洲,他们跨两个超级大步!"

新来的射手布伦特·巴里则说,吉诺比利训练时:"他用头把球顶进筐,把球踢进筐,玩各类奇怪的投篮。他还不是练着玩,他真是在练这个并引以为乐——这家伙有点疯!"

2005 年 2 月 24 日,纽约尼克斯经理微笑刺客跟马刺做了交易:送出 208 公分的巨人纳扎尔·穆罕默德,交换了马刺的马利克·罗斯。当时担任电视解说员的查尔斯·巴克利在电视上大吼:

"马刺已经夺冠了!"

2005 年春天到来,马刺以 59 胜 23 负结束常规赛,之后季后赛首轮 4 比 1 解决了丹佛掘金。季后赛次轮,马刺遭遇了西雅图超音速:这年,超音速的王牌是从密尔沃基雄鹿转来的雷·阿伦,以及 208 公分的远射手拉沙德·刘易斯。

马刺赢下第二场 2 比 0 领先之夜，邓肯 25 分 9 篮板，帕克 22 分，吉诺比利 11 投 9 中 28 分。超音速主帅内特·麦克米兰如是说：

"那两个家伙，都喜欢一低头直冲禁区，我们就像在对垒两个组织后卫似的。我们今晚对付帕克还行，但吉诺比利就被放出来了。"

超音速靠奇异的三后卫阵型扳回两场，2 比 2，但第五场吉诺比利 39 分 4 篮板 6 助攻。马刺 103 比 90 取胜。第六场，邓肯前三节 14 分，最后一节 12 分。剩 14 秒时，双方 96 平，吉诺比利运球，剩 5 秒时启动，朝罚球线左侧去；防守他的安东尼奥·丹尼尔斯正待阻挡，吉诺比利神奇地将球传到篮下，邓肯一个轻柔的打板制胜球：马刺 98 比 96 击败超音速，4 比 2 晋级西部决赛。

西边的另一场半决赛，是凤凰城太阳 vs 达拉斯小牛：纳什与德克，在他们分开的第一年，就成为了对手。

凤凰城在第一场就跑赢了小牛，127 比 102 的大胜。德克得到 28 分 13 篮板，而纳什 13 次助攻，斯塔德迈尔轰下 40 分 16 篮板，马里昂 23 分 11 篮板，乔·约翰逊领衔的射手群三分球 22 投 12 中。但第二场，小牛发现了：斯塔德迈尔防守也一般，于是埃里克·丹皮尔在内线冲击篮板，27 分钟里 15 分 12 篮板，芬利 31 分，德克 23 分 12 篮板；比赛最后 27 秒，纳什中投追到 108 平，但下一个回合，德克一个中投，小牛 108 比 106 制胜。1 比 1。

太阳在第三场轰下 119 分取胜，纳什全场得到 27 分 17 助攻，助攻斯塔德迈尔拿下 37 分 14 篮板——全场比赛斯塔德迈尔肆虐篮筐，扣了 6 个篮。太阳打了 40 次挡拆，得了 61 分。防守纳什的射手贾森·特里徒呼奈何："他是个洞悉防守的大师。你不能逼他朝左或朝右，你只能老实地防守他，退后一步防守他。"小牛助理教练哈里斯感叹，"我们试了三种防守法，没一种奏效的。"

XXVI

第四场比赛发生了以下奇景：从第三节末开始，纳什一次次突破篮下，而小牛诸将站在禁区外，看纳什抛射、上篮、急停中投——纳什 28 投 20 中，得到了 48 分。赛后，达拉斯前锋约什·霍华德说："我们就是要这个！我们宁可让他得分，也不能让他传给队友！"因为纳什虽得了 48 分，却只有 5 次助攻。这就是小将军的策略：宁可让纳什得分，不能让他催动全队。小牛也的确赢下了第四场，2 比 2。

纳什在第五场得到 34 分，13 个后场篮板——每次抓到篮板就推反击，得到 12 次助攻。斯塔德迈尔得到 33 分 18 篮板；德克得到 34 分，但无济于事，小牛被太阳跑垮了。太阳 114 比 108 取胜，3 比 2。

第六场，又是一场对轰大战。双方常规时间 111 比 111 战平，进入加时。纳什差点又是一个三双，39 分 9 篮板 12 助攻；马里昂 38 分 16 篮板。小牛那边，德克 28 分，特里 36 分。纳什与德克纵情对攻，人人看到瞠目结舌。实际上，第六场常规时间最后，小牛本以 105 比 103 领先，但是：

——纳什在一分钟内射中两个三分球一个上篮，得到 8 分，强行将比赛拖入加时。继而在加时赛助攻马里昂连得 5 分，自己再得到 5 分。太阳 130 比 126 击败小牛。4 比 2 晋级西部决赛。被纳什淘汰一个月后，马克·库班用一句这样的话，表达了他对纳什的矛盾感情：

"斯蒂夫是个好人，我爱他到死……但是，他在我们队时，怎么就打不出这样的 MVP 表现呢?!?!?!"

然而，握有主场优势的太阳，西部决赛与马刺战了五场，便 1 比 4 败北了。

太阳败北的一大原因，是他们的得分后卫乔·约翰逊——他将在之后的夏天拿下一份 7000 万合同，成为亚特兰大鹰的王牌——在西部半决赛对小牛时受伤，对马刺前两场缺席。

另一方面是：马刺锁死了太阳的射手群。

西部决赛对马刺第一场，太阳中锋斯塔德迈尔轰下了41分。纳什29分13个助攻。但马刺121比114在凤凰城主场赢球了。因为太阳联盟第一的三分球，全场只有15投6中。马刺反倒23投10中。邓肯28分15篮板4助攻，帕克29分，吉诺比利20分。巴里21分，霍里12分。吉诺比利说：

"我们可以打许多风格。我们可以打慢速大球，也可以跑起来，和西部最好的球队拼速度。"

第二场惊险得多，马刺在最后时刻，依靠霍里的三分球、吉诺比利的背后运球上篮和中投锁定胜局，111比108。帕克24分，吉诺比利26分，邓肯30分。斯塔德迈尔轰下37分，纳什29分15个助攻，但太阳全队三分球还是只有12投6中。

第三战，乔·约翰逊戴着面具复出，但马刺第一节轰下38分，第二节则压慢速度，只让太阳得了10分。上半场，马刺56比39领先，之后就稳稳过渡到比赛结束。斯塔德迈尔再次拿到34分，但太阳全队只有10个助攻，只投进5个三分球。邓肯33分15篮板3助攻5封盖全面表现。太阳的主帅迈克·德安东尼面对0比3的绝境，只能说：

"马刺看起来，跟1999、2003那两年夺冠态势一模一样！"

太阳在第四场终于扳回一城。但第五场，邓肯31分15篮板3个封盖，带马刺获胜。纳什赛后承认：

"我们对蒂姆没有办法。他是如此可怕的一个球员。"

斯塔德迈尔在第五场得到42分16篮板，但第四节关键时刻马刺施压后，他便无从进攻了。比赛在最后2分钟时马刺只领先3分，但邓肯接到一个吊传上篮，不中，补进；自己封住斯塔德迈尔的投篮，抓到篮板后和帕克一个传切，马刺97比90领先，最后比分是101比95，圣安东尼奥马刺4比1淘汰太阳，进了2005年总决赛。

XXVI

"蒂姆·邓肯是终极赢家。这是马刺如此强大的原因。我真不想这么说,但他就是当下最好的球员。"太阳刚荣膺了年度教练的德安东尼如是说——要知道,他队里还拥有着新科常规赛 MVP 纳什呢。

于是 2005 年总决赛,圣安东尼奥马刺 vs 卫冕冠军底特律活塞。

2003-2004 季,马刺防守效率联盟第一,活塞第二。2004-2005 季,马刺防守效率联盟第一,活塞第三。

活塞的主帅拉里·布朗,曾是马刺主帅,曾是波波维奇的老师。

终极防守对终极防守。

2005 年总决赛第一场比赛第一节进行不到一半,波波维奇教练便叫了暂停。实际上,他一整场都在咆哮。开场拉希德·华莱士就两投得手,加上汉密尔顿的中投,马刺已经比 4 比 13 落后——这还是他们的主场。用赛后某位球员的说法:

"我们当时有点过度激动了。"

波波维奇在暂停时,说出了一句典型马刺风格的冷嘲:

"如果你们进攻端能打一点儿战术就挺好的了,还有啊,如果我没要求太多的话,能不能稍微来一点点防守呢?"

邓肯的防守让拉希德·华莱士开场的两球成了绝响——拉希德全场只得了 4 分。邓肯开始展示禁区存在感:左腰背身,勾手,强硬的篮板,定板封盖,前场补篮,禁区抛射,下半场开始三分钟,邓肯前场篮板得分,马刺 42 比 41 领先;两个回合后,他一个翻身抛射,马刺领先到 3 分。

第三节末,吉诺比利前后晃动,上篮,面对三人,换右手上篮得分。马刺领先 4 分。半分钟后,人丛里捡到前场篮板,上篮得分,马刺 55 比 51。第四节开始,他蛇形变向突破麦克戴斯,面对防守,擦板上篮,马刺领先 7 分。半分钟后,他再突破到禁区,面对四条手臂抛射。再一分钟后,他反击中一条龙突破斜向突破,被汉密尔顿撞到,空中换手投中打三分,马刺领先 11 分。加上帕克和邓肯的三个中投,马刺已领先到 17 分。活塞发起了最后一波反击：比卢普斯推动球队，让活塞只落后 7 分，但吉诺比利一记突破扣篮，再一个三分球，马刺重新领先 12 分。活塞再未有机会。

邓肯 24 分 17 篮板，吉诺比利 26 分，帕克 17 分。马刺 84 比 69，取下了 2005 年总决赛第一阵。1 比 0。

第二场，邓肯只投篮 10 次得了 18 分，他的高位挡拆都是虚招，只为让吉诺比利突破。鲍文全场投了马刺全队最多的 13 个球，包括进了 4 个三分球，得了 15 分。吉诺比利利用活塞对他突破的恐惧，射中四个三分球。最后结果：马刺 97 比 76 血洗活塞。吉诺比利 27 分 7 助攻，邓肯 18 分 11 篮板 4 封盖。马刺 2 比 0 领先了。

但回到底特律主场，活塞立刻 96 比 79 扳回一城：邓肯 14 分 10 篮板，吉诺比利 7 分。马刺只有帕克的 21 分和鲍文的 4 个三分球 13 分像个样子。

第四战，比赛最后五分钟，邓肯已经下场：马刺以 71 比 102 败北。邓肯后来承认，他都记不得自己和波波维奇聊了什么："我当时真的呆住了。"

2 比 2 进入第五场，双方血战。第四节余 5 分钟时，全场都没有发挥的大本，连续前场篮板补中，让活塞领先。邓肯罕见地怒吼，开始连续单挑。罗伯特·霍里射中个人第三个三分球，让马刺再度追平。从此开始，罗伯特·霍里这个刺客，开始独自对抗活塞了：

他两个罚球，一个补篮和一个三分球，连拿 7 分。双方打平进入加时。加时剩 5.8 秒，活塞 95 比 93 领先。马刺发边线球，吉诺比利穿越密林般的掩护，来到球场左角，他本该接球，然后跟邓肯做一个挡拆；拉希德于是放空自己负责的霍里，前来夹击。吉诺比利立刻将球传给空位的霍里：这个 35 岁的刺客已在过去的 16 分 55 秒内取得 18 分，此时，他起手投篮了。

XXVI

三分命中，96 比 95，马刺击败活塞，赢下天王山之战。3 比 2。邓肯得到 26 分 19 篮板，但关键是霍里那救场的远射。

活塞依然顽强：第六场，最后 2 分 22 秒，活塞 87 比 86 领先。普林斯一个抛射让活塞领先 3 分。大本盖掉吉诺比利——他本场第三个封盖——阻止了马刺的追击，比卢普斯投篮失手，但拉希德补进，得到个人第 16 分。比卢普斯再两个罚球，比赛锁定了。95 比 86，活塞将分数扳到 3 比 3。

于是，终于在圣安东尼奥，迎来了 2005 年总决赛第七场。

第七场半场结束时，马刺 38 比 39 落后。邓肯 9 投 4 中，8 分 3 篮板。因为脚踝有伤，据说邓肯起跳只能"离地 10 公分"，但从此开始，他背负全队前进：篮球连续划出低平弧线，直打篮板的中心。第三节结束，马刺与活塞战到 56 平。第四节，波波维奇用鲍文死守比卢普斯。之后邓肯在左侧持球后，用同一个动作两次传球，助攻了队友两个三分球：吉诺比利一个，鲍文一个。

81 比 74，马刺赢下了第七战；4 比 3 击败活塞。三年里第二个，七年里第三个总冠军。

充斥着鲜血、烈火、钢铁摩擦噪音之声的 2005 年总决赛就此结束。八年后，布鲁斯·鲍文承认：那是他遇到过，防守最凶恶的对手。结果是：2005 年总决赛比前一年总决赛，收视率整整跌了 38%。毕竟，喜欢欣赏防守大战的球迷还是少数。

当然，马刺无所谓：他们夺冠了。29 岁的邓肯从大卫·斯特恩总裁手里接过了他的第三个总决赛 MVP。在之前的十分钟，海军上将在漫天银灰色纸雪之中拥抱着邓肯。记者问马刺老板皮特·霍尔特先生：七年里第三个总冠军……可以谈论马刺王朝什么的了吗？

"别说王朝。太早了。"球队老板霍尔特说，"我们就享受此时此刻吧。"

邓肯则说："我爱许多人。我们一起赢了个冠军。我现在想的就是，我们能在一起多些年,然后,打得更好些。"

  2004-2005 季败给太阳,并没阻挡小牛改革与年轻化的决心。他们相信小将军的秩序、速度与铁血战车风格能让他们赢球。2005 年 8 月 15 日,小牛裁掉了老将迈克尔·芬利,招来了防守悍将道格·克里斯蒂、非洲巨人德萨加纳·迪奥普。大体上,小牛依然保持着原有的核心阵容:德克、贾森·特里、约什·霍华德、马奎斯·丹尼尔斯、埃里克·丹皮尔。

  与此同时,太阳那里出了问题。

  乔·约翰逊与理查德森都合同到期。太阳留不住了,或者说,也不想留。太阳的老板罗伯特·萨沃尔先生,最委婉的说法,也不是个慷慨的人。2004-2005 季,太阳已经人手短缺,经常得靠七个人打完整场球,2005 年夏天,两大首发理查德森与乔·约翰逊又走了。太阳高价续约了 23 岁的阿玛尔·斯塔德迈尔。但坏消息随之到来:斯塔德迈尔膝盖出了问题,起码要休息到 2006 年 2 月。

  ——即:2004-2005 季太阳那所向无敌的五大首发,一口气少了三个。

  2005-2006 季开始了。小将军率领下的小牛改了点风格:减少了强投三分,增加了突破袭篮。小将军的理论是:利用德克、特里们的远射为威胁,拉开空间,让德克、霍华德、丹尼尔斯、斯塔克豪斯、哈里斯他们多点突破,通过突刺制造对手禁区的混乱,如此前场篮板与外围三分也能得益;当然,进攻核心依然是德克。小将军认为,这是一种追求效率的打法。结果是 2005-2006 季常规赛,小牛得到了 60 胜,仅次于马刺,西部第二。德克 81 场比赛场均 26.6 分 9 个篮板 3 个助攻,连续第二年入选 NBA 年度第一阵容。

XXVI

这次在前锋位置上与他作伴的，不再是 1997 年以来垄断这位置的邓肯，而是克里夫兰骑士的超级巨星、三年级的勒布朗·詹姆斯。

2003 年入行后，勒布朗先是在新秀季拿到了年度新人；然后在二年级打出了场均 27 分 7 篮板 7 助攻以上的华丽数据。到三年级，骑士总经理丹尼·费里招来了 36 岁的主教练迈克·布朗。他主张：全队做好防守基础，以勒布朗为核心树立进攻。勒布朗的优点是当世无对的体格，所向无敌的个人突破，无限广阔的分球视野。骑士原已有 221 公分的巨人"大 Z"伊尔格斯卡斯，有了蓝领前锋德鲁·古登。他们以 5 年 6000 万，签下了华盛顿奇才 196 公分的摇摆人拉里·休斯：前一年，他是抢断王、场均得到 22 分 6 篮板 5 助攻，而且入选了 NBA 年度第一防守阵容。

但休斯很快就受伤了，逼得勒布朗接管球队。2005 年 12 月中旬，勒布朗牵头，球员私下里开了个小会。从此，勒布朗开始负责骑士的进攻。12 月 17 日主场击败热队之战中，韦德 33 分，勒布朗 41 分 10 个助攻。帕特·莱利说勒布朗：

"他就像一辆火车，加上韦德的速度。"

2006 年 1 月 21 日，在盐湖城面对犹他爵士，勒布朗拿下 51 分。2 月 15 日，在波士顿花园，勒布朗遭遇保罗·皮尔斯。皮尔斯上半场 31 分，但骑士依靠勒布朗独撑前三节，以领先 6 分进入第四节，皮尔斯开始发威，第四节独取 17 分。比赛最后时刻，勒布朗断掉皮尔斯一球，自己杀到前场，在德隆特·韦斯特头顶轰进了一个壮丽扣篮。随后，当凯尔特人杀回比分后，他盖掉了韦斯特的三分球，进入加时。第二个加时的最后时刻，勒布朗造成皮尔斯第 6 次犯规下场，自己射进罚球，锁定胜局。

骑士 113 比 109 取胜。皮尔斯 50 分 7 篮板 8 助攻，自 1989 年拉里·伯德以来波士顿花园首个 50 分；勒布朗 43 分 12 篮板 11 助攻的三双，外加 2 抢断 4 封盖。

之后在 2006 年休斯顿全明星赛上，勒布朗还拿到了全明星 MVP。

但勒布朗也遇到了争议：2006 年 3 月 2 日，芝加哥。最后一攻，勒布朗看到队友罗纳德·穆雷在右侧空位，于是选择传球。穆雷的远射穿越了芝加哥人的心脏。93 比 91，骑士赢球，结束五连败。媒体谈论勒布朗关键时刻会选择传球的倾向，勒布朗坚持说："当我一对一，我就攻击；当我被包夹，我就分球……这就是我打篮球的方式，我也要让队友习惯这一切。"

他对比赛有可怕的记忆能力。2006 年 4 月，他观看 3 月底对凯尔特人的录像时，对当时的记忆依然清楚无比。"瞧这儿，我要得到第二次犯规了。瞧这儿，下一回合大 Z 要点进前场篮板。"镜头追到他与保罗·皮尔斯左翼一对一时，他特意指了指。"我主要关注的不是防我的人，而是防守的第二重，因为我总能越过第一个人。但弱侧可能会来包夹。所以，"他指了下掩护，"我主要是在看对面的拉夫伦茨和戈麦斯是否注意到了，是否正朝我这边移动。我发现他们之间沟通不对，所以我就抓住机会，底线突破了。"

芝加哥公牛的中锋泰森·钱德勒，如此描述勒布朗的洞察力：

"许多得分手看着内线，如果不补防，他们就进攻。可是防勒布朗，你一补防，他就传给你盯防的人。可怕的是，他总假装不知道你会来补防，诱惑你去补防他，然后再分球给空位。这就像魔术师，他会随时提前构思战术。"

2006 年 4 月 1 日，克里夫兰骑士队 106 比 99 击败迈阿密热队，德文·韦德 36 投 18 中得到 44 分 8 个篮板 9 个助攻，勒布朗·詹姆斯 25 投 16 中 47 分 12 个篮板 10 次助攻拿 2 个抢断拿到个人本季第 6 个三双。2005-2006 季结束时，勒布朗场均联盟第三的 31.4 分，7 篮

XXVI

板，6.6 助攻。他被选入了第一阵容。常规赛 MVP 选票他排名第二。在拉里·休斯伤停 51 场的背景下，骑士 50 胜 32 负，东部第四。

东部季后赛首轮，勒布朗带领骑士 4 比 2 淘汰了奇才。他的第一场季后赛就打出了 32 分 11 篮板 11 助攻的三双，第三场他得到 41 分并绝杀奇才——虽然最后的上篮有走步嫌疑。第四场 38 分，第五场 45 分，第六场最后时刻，他传球给达蒙·琼斯绝杀奇才，4 比 2 晋级。当然，他也就走到这儿了：东部半决赛，骑士 3 比 4 输给了底特律活塞。但这毕竟只是勒布朗第一年打季后赛，毕竟他常规赛 MVP 选票，只是输给了斯蒂夫·纳什。

2005-2006 季，纳什的太阳失去了三大首发，但他们也有所补充：纳什在小牛时期的旧队友拉加·贝尔来了，他是个坚韧的射手。另一个球员则很奇怪：那是 203 公分的法国人波里斯·迪奥。

迪奥的妈妈是法国女篮史上最伟大的球员之一，爸爸是跳高运动员。他自己年少时以可怕的弹跳著称。他刚进 NBA 时，在亚特兰大鹰。亚特兰大媒体认为他是个"不会运球的控卫，不会投篮的得分后卫，没有速度的小前锋，没有力量的大前锋，没有身高的中锋"，而且，"他很懒"。但迪奥只是回答：

"那只是你认为的而已。"

初到太阳时，迪奥端着杯卡布奇诺咖啡，晃晃悠悠溜达到训练场，问了句："墙上那是什么？"

"那是太阳队的弹跳摸高纪录。"

"这是谁保持的？"

"斯塔德迈尔。"

迪奥搁下咖啡，晃晃悠悠走了过去，嗖的一声起跳，破掉了斯塔德迈尔的弹跳纪录。回身端起咖啡，晃晃悠悠走了。

由于迪奥与纳什的配合，太阳的进攻复活了。他们缺少斯塔德迈尔的凶猛内线攻击，但马里昂依靠机敏的内切成为太阳首席得分手；他们外围射手如云，只需要纳什＋迪奥的操作轴将球队进攻运作起来。

进入 2006 年 1 月后，纳什已经无可阻挡。在纽约，他得到 28 分 22 助攻。对热，他得到 11 分 19 次助攻。四天后对骑士，20 分 15 次助攻。对快船，20 分 18 次助攻。他随心所欲制造错位，任意组织进攻。太阳全队都信赖着他——虽然他比球队任何一个人都瘦弱。

雄鹿的组织后卫莫·威廉姆斯认为，"太阳的体系没了纳什根本就无法运作。他能传球，他能抛投，他能跳投得分……他太棒了。他的存在就能让球队战术在 80% 到 85% 的回合里跑出来，这就很了不起"。

奇才队的后卫吉尔伯特·阿里纳斯——那个赛季 NBA 第四号得分手——说，纳什用他的转移球控制着比赛。他总能看到所有队友，关怀所有队友的需要。

来到太阳之后，纳什与教练里克·塞雷布里尼合作。他们细致地研究纳什的每个动作，考虑如何让他的打法更科学，更持久，"甚至连移动的方式都得重新琢磨"。他们研究纳什的每一个步点，每一个姿态，矫正他脚步落地时脚踝的朝向。他们发现最适合纳什身体的投篮姿势——他背部有旧伤——是用更高的投篮出手点、更长的送球手法，这需要他加强自己的核心肌肉。总之，"我希望自己的打法在生理学上是完美的"，纳什说。

纳什催动着凤凰城太阳前进。赛季末，太阳完成了 54 胜 28 负——在失去了三大首发之后，他们依然是太平洋区的老大。纳什自己场均 18.8 分生涯最高，场均 10.5 次助攻继续 NBA 第一，投篮命中率是恐怖的 53%，三分率则是 44%，罚球率 92%，精准到令人恐惧：他不只是全 NBA 第一的进攻策划师，还是 NBA 最精确最致命的射手。于是纳什蝉联了常规赛 MVP。

XXVI

西部季后赛第一轮，太阳的对手是洛杉矶湖人，以及，刚拿到年度得分王、职业生涯中最可怕的科比·布莱恩特。

2004年鲨鱼东游后，加里·佩顿和卡尔·马龙也相继离开——后者直接退役。禅师离开湖人后出版了自传《最后一季》，讲述了许多科比独断专行的段子。科比一时处于舆论旋涡中。

2004-2005季，科比唯一的靠谱助手是208公分的拉马尔·奥多姆：曾经是天才少年，12岁时母亲过世，父亲没把他当过儿子；高中转过三次学，进NBA时被洛杉矶快船选中，技术全面才华横溢，号称可以打五个位置，可是，他从性格到打法都不太稳定——还特别爱吃糖。

2004-2005季湖人战绩糟糕，不过34胜48负。2005年夏，禅师归来重掌帅印。当年选秀大会，在禅师的要求下，湖人以第十位选秀权摘下了高中生中锋，218公分的安德鲁·拜纳姆。针对禅师与自己的过去，科比说：

"我一直都很喜欢在菲尔的手下打球，我们的确有过分歧，而且也并不总是看上去很和谐，但是在大部分时候，我们都是在同一条船上的。"

当时，远在金州勇士的前队友德里克·费舍尔这么说：

"我真希望科比可以从压力中解脱出来。他可以重新成为杰里·韦斯特看中的那个在宾州打球的孩子，可以表达对篮球简单的热爱。"

到2005年12月，禅师给了科比全部自由。于是：2005年12月12日，湖人对达拉斯，科比43分。四天后，对奇才，41分。

12月20日，湖人主场对达拉斯小牛，科比第三节用一个华丽的突右晃左假动作晃飞约什·霍华德，中投得到自己第46分。反击中穿过霍华德和德克，翻身上篮48分。半分钟后，两个罚球，他得到自己第50分。第三节剩26秒，科比一个滞空中投，个人第58分，球进哨响，加罚。科比罚中第59分。第三节结尾，科比右翼切出，扬手三分：个人第62分。湖人95比61领先。

科比将右手放在耳边，然后一拳捶在自己胸口：三节比赛 62 分，一个人得分胜过达拉斯小牛整支球队。

毫无疑问，他是当时 NBA 最可怕的得分手。

2002 年之后，科比的射程远到几乎无限。而 2005 年，他一身横练肌肉，外加那无可封盖的后仰投篮，令他可以用背身碾压对手。还不用提他无与伦比的单挑技巧。之后，2006 年 1 月 22 日，湖人对战多伦多猛龙。科比上半场得到 26 分，湖人却还是落后猛龙 14 分。下半场，科比两个扣篮和两个中投得到第 59 分时，湖人反超。等科比在左翼投中个人第 72 分时，比赛已经变成了狂欢，之后科比突破中骑马射箭得到第 74 分。禅师对一个助理教练说，他想把科比换下来。得到的回答是，"他已得到 77 分了"。到比赛余 4 秒时，科比得到 81 分，被换下了场。

这一晚，科比超过了埃尔金·贝勒的 71 分，大卫·罗宾逊的 71 分，大卫·汤普森的 73 分，维尔特·张伯伦的 72 分、73 分、78 分。

除了 1962 年 3 月 2 日张伯伦的 100 分外，无与伦比。历史第二高分。

在科比的努力下，2005-2006 季，湖人以 45 胜 37 负结束常规赛。科比场均 35.4 分，职业生涯第一度得分王，全季 6 次单场 50 分以上。

纳什在季后赛即将面对的，就是这样的科比。

湖人输了第一阵，102 比 107。最后时刻，纳什一记远射解决了比赛悬念。禅师在教练生涯以来，首次输掉了季后赛开门战，但他赛后平静地说：

"至少队员们获得勇气了。"

第二场，湖人让凤凰城鸦雀无声：第二节，他们一度领先达 17 分，

XXVI

长达 7 分半钟,太阳一分都未得。科比全场出手 24 次投中 12 球,29 分,另外抓到了 10 个篮板,送出 5 次助攻,在防守端过于积极以至于吃到 4 次犯规。他把精力留在了防守:大声指挥队友的防守站位,亲自去对位纳什,给夸梅·布朗传球。太阳全场命中率低至 43%,上半场仅有 34%。湖人赢下第二场,然后 99 比 92 再胜第三场。他们始终保持慢节奏,科比的数据平淡无奇:18 次出手 17 分。然而,他有 7 次助攻和 4 次抢断。湖人不再由他执行个人攻击了。这让太阳措手不及。

可是对太阳的第四场,科比又变成了冷血杀手。常规时间结束前,科比底线突破后诡异地抛射得分,追平分差进入加时赛;加时赛终场前,科比持球推进前场,弧顶晃动,跳投出手。一场两个绝杀,99 比 98:湖人拿下第四场,3 比 1 领先了。

回到主场后,太阳竭尽全力开始提速。太阳在第五场 114 比 97 血洗湖人,第六场,科比接过大局,全场 35 投 20 中得到 50 分。然而,太阳在允许科比个人强攻的同时,加快速度,全队与之对砍。第六场常规时间还剩 3 分 38 秒,双方 100 比 100 平。纳什罚中两球后,科比抖擞神威,在 24 秒将终时三分得手,再加一个上篮,湖人 105 比 102 领先。此后纳什三分出手不中,前场篮板被马里昂捡到,传给蒂姆·托马斯。托马斯三分球命中,105 平,双方加时。太阳逃过一劫,没再给湖人机会:126 比 118,湖人再败一局。3 比 3。

于是被迫进入第七场。纳什在第七场催动反击,第一节就 32 比 15 领先。科比赛后承认,"太阳有一大堆天才,火力充足。他们持续掀起高潮攻击我们。我们无从抵挡"。于是太阳以 121 比 90 击败湖人,完成了大逆转奇迹,4 比 3 淘汰了湖人。

第二轮,太阳又遭遇一个七场鏖战:首战 130 比 123 击败洛杉矶快船——纳什得到 31 分 12 助攻,马里昂 20 分 15 篮板球,崭露头角的巴博萨得到 17 分。但第二场,太阳三分球集体失准,被快船击败。

太阳第三场依靠马里昂的 32 分 19 篮板，以及纳什最后时刻锁定胜局的跳投赢下，但第四场贝尔得到 33 分也无济于事：他们守不住快船的进攻。2 比 2。

第五场，纳什 17 分 13 助攻，马里昂 36 分 20 篮板球，但快船过于坚强。太阳一度 101 比 96 领先，但最后 3 分半无法得分，被快船追进加时；第一个加时最后 3 秒，太阳落后 3 分，迪奥助攻贝尔三分球得手，111 平；第二个加时，纳什在第二个加时连续助攻巴博萨与马里昂，自己再投进罚球，才锁定胜局：太阳 125 比 118 赢下，3 比 2 领先。然后第六场，坚韧的快船再次赢球。3 比 3。

又来到第七场了。纳什的杀手本色醒来。全场 16 投 11 中得到 29 分 11 助攻，马里昂 30 分 9 篮板，巴博萨 10 投 8 中 18 分。太阳在第三节甩开分差，再未回顾：127 比 107，太阳再次以一个 4 比 3，干掉一支洛杉矶球队。

连续第二年，西部决赛。

连续第二年，纳什将遇到老东家小牛，以及德克。

2006 年季后赛首轮，达拉斯小牛对阵孟菲斯灰熊，德克面对西班牙巨人，也是当世除了他之外最成功的欧洲球员保罗·加索尔，头两场用了 37 个投篮得到了 62 分，达拉斯 2 比 0 领先。第三场在孟菲斯，比赛最后 36 秒，小牛落后 4 分。后卫贾森·特里罚中一球，之后德克自己抓到前场篮板，一个拉里·伯德式的三分球：76 平进入加时。加时赛，德克没再给灰熊机会。全场他得到 36 分。然后是第四场的 27 分，于是小牛横扫灰熊，晋级。

次轮，小牛与卫冕冠军马刺打出了历史级的对决。

第一战，全场比赛双方交替领先 12 次，打平 10 回。一个细节证明了比赛紧张到什么程度。开场 1 分 13 秒，小将军就叫了个暂停，朝队

XXVI

员怒吼：

"你们在干什么?! 都 0 比 5 落后了!?"

邓肯所向无敌：全场 31 分 13 篮板，德克 20 投 8 中 20 分 14 篮板，但足够让比赛拖到最后时刻。鲍文的三分球让比赛剩 2 分 14 秒时双方 84 平，之后进入生死战：小牛最后 6 投全失。帕克助攻鲍文三分得手，马刺 87 比 84 领先。小牛企图让德克单挑，但吉诺比利背后鬼影闪出，抄掉德克的球。马刺 87 比 85 赢球。

第二场，小将军祭出了他的法宝：23 岁的闪电后卫德文·哈里斯。小牛在第二场 113 比 91 大胜，邓肯 10 投 8 中 28 分 9 篮板 3 助攻 4 封盖，但全队其他人无一发挥。反过来，哈里斯让小牛进攻提速，马刺追之不及。1 比 1。

第三场，波波维奇做了调整：射手布伦特·巴里——里克·巴里的儿子——上首发，吉诺比利替补；用鲍文去防第二场让马刺头疼的约什·霍华德。比赛剩 1 分 5 秒，德克踩到了邓肯的脚，倒地：他伤了右踝。邓肯则拿到第 6 次犯规，出场。之后德克与吉诺比利你来我往，哈里斯最后断球成功，小牛 104 比 103 险胜。德克 9 投 3 中，但是 24 个罚球中了 21 个，27 分 15 篮板。

"我们挨过了蒂姆的暴风。"他如是说。邓肯被罚下前，23 投 15 中，35 分 12 篮板。

第四场比赛剩 4 分钟时，马刺后卫、小牛老队长芬利，在他最熟悉的达拉斯美航中心，一个三分球，随后一个霹雳扣篮，让马刺 103 比 98 领先。比赛剩 48 秒，马刺领先三分。特里两个罚球一个中投，小牛 109 比 108 反超。但芬利立刻一个三分球：马刺 111 比 109 反超，比赛剩 15 秒。德克两个罚球，111 比 111，比赛进入加时。小牛射手贾森·特里三分球得手，得到全场第 32 分：最后达拉斯 124 比 118 取胜。3 比 1 领先马刺。邓肯 31 分 13 篮板 6 助攻，帕克季后赛生涯最高的 33 分，吉诺比利 26 分 4 抢断。特里 32 分，德克 28 分，斯塔克豪斯 26 分，哈里斯 18 分 6 篮板 6 助攻。

"如果说第三场是不可多得的精彩，那么第四场就是近世的经典比赛！"达拉斯媒体如是说。

马刺 1 比 3 落后，迎来了第五场。马刺第一节领先 5 分，小牛第二节反扑，上半场双方战平。邓肯比赛中前 12 个投篮全部得手，上半场就 28 分。吉诺比利的扣篮在第四节让马刺 86 比 80 领先，但小牛的连续反击，让他们在比赛剩半节时，88 比 86 领先。

吉诺比利的关键罚球让马刺 98 比 97 领先，比赛剩 1 分 59 秒。最后时刻鲍文阻止德克，马刺 98 比 97 取胜，追到 2 比 3。邓肯 36 分 12 篮板 4 助攻 3 封盖，帕克 27 分，德克 31 分 10 篮板。

第六场毫无意外地在比赛剩 3 分钟时又打成 82 平。芬利在达拉斯球迷的嘘声里扬手一记三分球，加上邓肯的禁区得分，马刺 87 比 84 领先。之后是德克的上篮、吉诺比利的两个罚球。然后，沐浴着嘘声，芬利在底角扼住好哥们德克，让德克投了个三不沾。帕克两个罚球锁定胜局。马刺 91 比 86 取胜，追到 3 比 3。邓肯 24 分，吉诺比利 30 分。德克 26 分 21 篮板。

第七场，小牛一度 58 比 38 领先 20 分。但邓肯带动反击，第三节马刺追到 76 比 84。第四节，邓肯与德克对决。比赛剩 1 分 8 秒，邓肯罚中：双方 101 平。

最后 37 秒，邓肯助攻吉诺比利出手三分球，马刺 104 比 101 领先。德克上篮，吉诺比利封盖未遂反而被吹了犯规。德克得分加罚，104 平进入加时，最后小牛 119 比 111 取胜，4 比 3 淘汰马刺晋级。

德克 37 分 15 篮板，邓肯 41 分 15 篮板 6 助攻 3 封盖。帕克 24 分，吉诺比利 23 分——他打得很好，除了那一下鬼使神差的犯规。

XXVI

"这是我打过最好的系列赛。"邓肯说,"两个球队都倾尽了所有。最后生死决于一发,有时简直就看那球是朝哪个方向弹一点儿。"

而德克赞美邓肯:

"邓肯打得令人难以置信,无法防守。他整个系列赛都神奇无比。我们可能永远都无法防住他。"

于是,2006 年西部决赛,连续第二年:达拉斯小牛 vs 凤凰城太阳。连续第二年:德克·诺维茨基 vs 拿到了两个常规赛 MVP 的斯蒂夫·纳什。

第一场,双方缠斗到最后。纳什在最后 3 分 26 秒里得到 10 分——全场 27 分——然后在比赛剩 43 秒时助攻马昂反超得分。哈里斯跳投得手反超后,纳什跑了一个战术,小牛整条板凳站起来怒吼:"防住纳什!"于是纳什换了个战术:迪奥接球,中投,解决比赛。

全场比赛,德克 25 分 19 篮板,纳什 27 分,但迪奥得到 34 分,哈里斯得到 30 分——双方都用了奇兵,但太阳出奇到了最后,121 比 118,1 比 0 领先。

但第二场,德克立刻得到 30 分 14 篮板 6 助攻,约什·霍华德 29 分,小牛在第四节初一波 12 比 2 的防守,让太阳输球。小将军很得意:"季后赛还是需要防守好一点!"上半场纳什 8 次助攻,但下半场只有 3 次。第三场,小牛继续是死缠纳什,95 比 88 取胜,小将军继续念叨:"我们奋斗了 48 分钟!"德克 28 分 17 篮板,霍华德 22 分。纳什得到 21 分,但只有 7 次助攻。纳什有点不高兴:"我们打得没有斗志,没有火焰啊。"

第四场,火焰来了。巴博萨被放上太阳首发,13 投 10 中得到 24 分,迪奥 20 分,纳什得到 21 分,太阳 106 比 86 大破小牛,2 比 2。

第五场,达拉斯美航中心,达拉斯球迷经历了过山车般的一天。小牛第一节就 36 比 23 领先，球迷欢欣鼓舞；第二节纳什带起 32 比 22 的反击，让他们脸色煞白。当太阳第三节一度领先 7 分时，小牛眼看就要 2 比 3 落后，赛季就要完蛋了。小牛叫了暂停。德克叉着腰看了看记分牌，回头对队友们说了句话。

"我们走。"

之后他这么解释："我就是想尽量做点事。"

他是做了点事。他带领小牛打了一波 10 比 0，达拉斯 85 比 81 领先进入第四节。然后更可怕的事来了：第四节，太阳全队得了 20 分，而德克一个人得了 22 分——包括连续一波连续 15 分。全场比赛，德克轰下了 50 分。

"他打得不可思议。"纳什如是说。

第六场，凤凰城。德克在下半场得到 16 分，全场 24 分。纳什得到 19 分 9 助攻，迪奥 30 分 11 篮板，但是，没法子了：太阳全场只有七人打球，他们敌不过小牛的厚度。太阳一度领先到 18 分，但最后，102 比 93，达拉斯小牛在凤凰城 4 比 2 淘汰了太阳，晋级队史第一次总决赛。

"有生以来第一次，我无话可说！"小牛的老板马克·库班激动无比。小牛击败了太阳，报了去年的一箭之仇；小牛没再输给纳什，免得世界继续讨论他 2004 年放走纳什有多么错误；最重要的是，他们终于进了总决赛，离总冠军只有一步之遥了。

2006 年总决赛，小牛的对手是迈阿密热。

2005 年 12 月 12 日，迈阿密热主帅斯坦·范甘迪以"为了照顾家庭"的理由离职。在 1980 年代带领洛杉矶湖人拿到过四个总冠军的热队大当家帕特·莱利复出执掌球队。他们拥有摇摆前锋安托万·沃克——那个在凯尔特人与皮尔斯合作，年轻时可以打五个位置、才华横溢，可是懒、胖、爱乱投三分、曾说"可惜没有四分球，不然我就投四

XXVI

分球"的大前锋。他们有白巧克力贾森·威廉姆斯——曾经华丽妖娆，但在 2005 年夏已经开始日趋老成的组织后卫。

他们还拥有了曾经史上防守最好的组织后卫加里·佩顿，加上 36 岁的铁血硬汉阿朗佐·莫宁，以及 1992 年杜克大学的名将、跟梦之队拿过奥运会冠军的克里斯蒂安·莱特纳，迈阿密是个纯粹的老年军团了。2005-2006 季，热以 52 胜结束常规赛，鲨鱼最后一次进了年度第一阵容。

东部季后赛首轮，热 4 比 2 干掉公牛。第五场韦德 28 分，第六场鲨鱼打出巅峰状态：30 分 20 篮板 5 助攻 2 封盖，带队晋级。

东部半决赛，鲨鱼遇到老冤家贾森·基德的新泽西网。首场鲨鱼 12 投 6 中 14 罚 8 中 20 分 10 篮板，韦德 25 分。可是基德的 22 分 9 篮板 7 助攻、文斯·卡特（他于 2005 年春天来到新泽西）的 27 分 8 篮板 6 助攻和理查德·杰佛森的 20 分，让网全面开火。热 0 比 1 落后。这场比赛后，新泽西媒体继续鼓噪：

"鲨鱼老了！"

"对，我是有点老了。"他不动声色地接着，"等着瞧。"

第二场，热队 111 比 89 大破网队。韦德 31 分 6 助攻 4 抢断，鲨鱼 28 分钟内 21 分 6 篮板。第三场，鲨鱼 19 分 9 篮板 3 助攻；第四场，鲨鱼 16 分 8 篮板；第五场，鲨鱼 17 分 3 篮板。而韦德分别是 30 分、31 分 8 助攻和 21 分 6 助攻。热队连胜四场，4 比 1 淘汰网队。

帕特·莱利不再指望鲨鱼做那个横扫禁区的怪兽。莱利希望他做一个组织中锋。鲨鱼很愉快地承当了这个角色。"他是我所见过最好的低位传球中锋，"莱利说，"天勾很棒，但鲨鱼的传球更好。"

2006 年东部决赛，鲨鱼连续第三年撞上了底特律活塞。

因为犯规过多，第一场韦德打了 26 分钟，25 分；鲨鱼 29 分钟，14 分 8 篮板。然而热队的防守控制住了活塞：佩顿死缠比卢普斯，沃克得到 17 分 7 篮板。热队的角色球员表现神勇，91 比 86 取下第一战。

第二场鲨鱼 21 分 12 篮板 4 封盖，韦德华丽的 32 分。可是热队反而输了。沃克 12 投 3 中，哈斯勒姆更是干脆 5 投 1 中。

第三场，莱利总结：

"活塞为了对付鲨鱼和韦德堆积篮下，所以我们需要其他人扯开防守。"

韦德 17 投 13 中 11 罚 9 中 35 分，鲨鱼 15 投 11 中 27 分 12 篮板。两大王牌合计 62 分。热队 98 比 83 击败活塞，2 比 1。第四场韦德掠下 31 分。鲨鱼 12 投 8 中 9 篮板。热队 89 比 78 再胜，3 比 1 了。活塞依赖主场优势取回了第五战，然后是第六战：鲨鱼 14 投 12 中，28 分 16 篮板 5 封盖。热 4 比 2 击败活塞，晋级 2006 年总决赛，遭遇小牛。

2006 年总决赛第一场，鲨鱼遭遇了 2003 年马刺式的待遇。小牛两位中锋丹皮尔和他的替补迪奥普轮流上场，德克提前包夹限制鲨鱼接球。一旦鲨鱼接近篮下，小牛便犯规请他上罚球线。

韦德一度利用小牛对鲨鱼的忌惮前 7 投 6 中。但随后，小牛加强了对他的围堵。小牛看穿了：除了韦德和鲨鱼，热队其他人没有内线进攻能力。

结果全场韦德 25 投 11 中 28 分 6 助攻 4 抢断，鲨鱼 11 投 8 中 17 分 7 篮板 5 助攻，但是 9 罚 1 中。糟糕的是，热队只有这两个人罚过球，而三分线外是一塌糊涂的 20 投 5 中。小牛 90 比 80 取胜。1 比 0。

第二场，鲨鱼继续被夹击，第二场只出手 5 次，得了 5 分。韦德的 23 分也无济于事了。热队 0 比 2 落后。韦德承认：

"继续这么被包夹，鲨鱼很难得到出手机会。"

2006 年总决赛前两场，热一共输给小牛 24 分。莱利在更衣室黑板上写：06 年 6 月 20 日。然后对全队说："这一天我们要夺冠！"

XXVI

总决赛第三场第三节结束时,热以 68 比 77 落后,眼看就要 0 比 3 了,此时韦德身背 5 次犯规。帕特·莱利叫暂停时,盯着达拉斯互相击掌祝贺。他把所有队员集中起来,在他的战术板上写下一个词:

"赛季。"

"你们就忍心这样结束你们的赛季吗?! 接下来,每一个球都得是我们的!!"

莱利后来说,他记得韦德当时站得直直的,嘴里念叨:"去他妈的。我不会这样认栽的。"

第四节最后 6 分钟内,韦德得了 12 分,全场 42 分。当时热队的助教、后来的热队主帅埃里克·斯波厄斯特拉说,韦德包揽攻防每个回合。急停中投,抛投,突破造犯规,篮板,封盖,造进攻犯规。佩顿当时对鲨鱼说,"我们不给你传球了,大佬。那小子杀得兴起呢"。

最后时刻双方 96 平,白巧克力与佩顿策划了一个进攻。白巧克力对佩顿说:"加里,如果韦德没空位,我就传给你,我传球,你来投。"佩顿射中了最后的中投,热 98 比 96 取胜。1 比 2。热队逆回一城。

"他匪夷所思。"鲨鱼如此说韦德,"他是个棒小伙。"

帕特·莱利则感叹,"韦德就是一个矮了两英寸的乔丹"。

第四场,韦德 23 投 13 中 36 分。鲨鱼 8 投 6 中 17 分 13 篮板 3 助攻 2 封盖。热队 98 比 74 大破小牛,打成 2 比 2。小牛这边,小将军愤怒了。他对所有队员怒吼:

"早告诉过你们! 2 比 0 领先就高兴了吗? 这是一个七场才能打完的艰难系列!"

比赛中最戏剧性的瞬间:白巧克力断球快攻,等着鲨鱼劈开海浪般快下,准备让他来一个压垮篮筐的扣篮。小牛队斯塔克豪斯恶狠狠的一记犯规,把鲨鱼拉倒了。鲨鱼起身,若无其事。

"那犯规很黑? 没关系。我女儿打我都比这重。我可是老学院派篮球最后的产物之一。你来这么记犯规,然后走开,以前大家都这么爷们……别把我当寻常人!其实我是个外星人,只是证明文件被毁啦。我是在一辆火车上被捡到的!!"

鲨鱼后来说,他在赛前告诫韦德:"你他妈想干吗?你想当个巨星吗?你不想当科比和勒布朗吗?你的时候到了!接管比赛吧!"

第五场,鲨鱼18分12篮板,可是12罚只有2中。比赛再次变为韦德一个人的疯狂突破。常规时间最后10秒,韦德打板射进扳平的一球,双方93平进入加时,韦德对莱利说:"我想朝左边突破了。"莱利叫来鲨鱼:"给那孩子做个掩护吧。"

"当然无所谓。他是眼下最好的球员。"鲨鱼赛后说。

加时赛最后时刻,德克投中关键球,小牛领先1分。最后1.9秒,韦德空中失去平衡,萨尔瓦多裁判吹哨,判了个有争议的犯规。韦德完成本场第25次罚球,热101比100赢球,3比2。

小牛愤怒了。替补后卫阿姆斯特朗认为:"这小子的裁判待遇比乔丹还高!这小子转身、后仰跳投,我们没碰他,他就上罚球线了!NBA是在干什么?!"

第六场和第七场在达拉斯打。莱利认为根本不会有第七场。他勒令所有球员,只许带一场的行李去达拉斯:"第六场就要夺冠!不许拖到第七场!不许存侥幸心理!"他在飞机场安检处等所有队员,发现詹姆斯·波西带了两件外套,于是勒令波西"滚回家去换行李,另外搭商务航班去达拉斯打第六场"!

莱利当时已近疯狂。他太太偷偷在行李里多给他备了身衣服。莱利事后得知,朝太太怒吼:"你敢瞒我!"

结果热果然取下了第六场,直接夺冠。贾森·特里认为,第六场是热的铁血老中锋莫宁改变了比赛。他封盖,他一个人封锁禁区,控制篮板,怒吼,让热燃烧了起来。

XXVI

在比赛最后时刻，莱利敲着战术板怒吼：

"他们马上就要放弃了！他们是支软蛋队！你们比他们强硬！你们一定能撑到最后！！你们要赢球！！你们能赢总冠军！再撑一下，你们就夺冠了！！"

韦德在第六场 18 投 10 中 21 罚 16 中，36 分。在 2006 年总决赛后四场，他场均 39 分，罚球 73 罚 58 中。迈阿密热 4 比 2 翻盘击败小牛，拿下 2006 年 NBA 总冠军。鲨鱼的第四枚戒指，莱利的第五个冠军。

而三年级的德文·韦德，依靠他的勇决，依靠他不停跌倒不停爬起的上篮、中投和罚球，拿到了总决赛 MVP。已经下台的热前主帅斯坦·范甘迪，如此说 2006 年总决赛的韦德："韦德突破天际。过去六个星期，他在一个无人达到过的水平打球。我觉得乔丹都没打过这么好的总决赛。他是联盟最好的球员，他取胜的能力使他出类拔萃。勒布朗·詹姆斯、科比·布莱恩特和甜瓜安东尼都很棒，他们以后都可能带队夺冠——但韦德现在已经带队夺冠了。"

丹佛掘金的主帅乔治·卡尔说："我有我最爱的球员。很长一段时间，我最爱的是约翰·斯托克顿（NBA 史上助攻王）、凯文·加内特和蒂姆·邓肯（可能是史上最伟大的两位大前锋），现在我最爱看的是韦德。他打球很对，他的精神如此迷人。他总是专注、聪慧又有团队精神。"

韦德自己说，总决赛第三场剩 6 分钟落后 13 分时，那个决定命运的时刻："并不算什么。我经历过比这惨烈的事情太多了。"

他指的是自己母亲的悲剧，"看到我妈妈身处毒瘾中，对我而言实在是最黑暗的。嗑药的人与一般人无法沟通：你跟他们说话，他们却睡着了。我当时为此难过"。

所以，对他而言，打篮球产生的刺激与压力，都不算事了："对我而言，生死时速是种乐趣。我得以释放自己。这就是我的时刻。"

反过来，整个总决赛，德克·诺维茨基场均 23 分 11 篮板，命中率 39%，三分率 25%。这本是他人生最大的舞台，但在对面更凶猛狂野的气势下，德克就此迷失了。

然而，德克·诺维茨基的背运，还没走完呢。

下一个赛季，2006-2007 季 NBA 开始。达拉斯小牛开局 4 连败。但随后，他们打出了一波恐怖的 52 胜 5 负。小牛基本采用特里 + 哈里斯 + 霍华德 + 德克 + 丹皮尔首发，这套首发兼具速度与硬朗，攻守兼备，加上板凳厚度，他们可以应付一切节奏。最后他们拿到了 67 胜 15 负的常规赛战绩，联盟第一。

那会儿看来，达拉斯在西部的对手，疑似只有凤凰城太阳。

阿玛尔·斯塔德迈尔归来后，太阳打出了篮球史上最顶级的进攻。结果是 2006-2007 季常规赛，凤凰城太阳拿到 61 胜，观赏性无与伦比。赛季末，斯塔德迈尔成为联盟第一阵容中锋，巴博萨成为联盟最佳第六人，贝尔成为了联盟第一防守阵容成员。而纳什拿到助攻王三连霸，差一点三连冠了常规赛 MVP：比起 2005 年，太阳多了迪奥和科特·托马斯。他们更厚实，更流畅。

所以到 2007 年春天，又一次，达拉斯的德克与凤凰城的纳什，成为了世界的话题中心。

"十年之前，谁会想到一个传球第一的加拿大后卫和一个会投三分球的德国人，会成为 MVP 的大热门呢？真是个好电影题材啊！"小牛助教德尔·哈里斯教练很高兴，而且：

"德克与纳什都不是那种超级巨星的脾气。他们都不想成为世界偶

XXVI

像。他们只是两个普通的好人,恰好在他们擅长的东西——篮球——上头特别精通罢了。"

2007年3月14日,52胜10负的达拉斯小牛主场对阵49胜14负的凤凰城太阳——西部的最巅峰对决。太阳以129比127取胜,纳什32分16助攻,斯塔德迈尔轰下41分10篮板,德克还以30分16篮板6助攻,特里27分,斯塔克豪斯33分。赛后,纳什这么说:

"德克会得到常规赛MVP的。"

他说对了。2006-2007季常规赛结束,带太阳61胜的纳什场均18.6分11.6助攻,命中率生涯最高的53%,三分率46%,比他的两个MVP赛季都要好;但是,德克场均24.6分8.9篮板3.4助攻,命中率50%,三分率42%,以及,达拉斯联盟第一的67胜。

就这样:在2004年分手后,纳什先拿到两个常规赛MVP,而德克拿到2007年常规赛MVP。他们成为NBA历史上前两位外籍常规赛MVP——就在他们分手之后,太微妙了。

可是德克的厄运马上要来了。2007年季后赛首轮,西部第一的小牛迎来的,是西部第八的金州勇士。他们的主教练是两年前还在带他们作战的NBA第一疯狂科学家,速度之王老尼尔森。

之前的2006年秋天,老尼尔森接过了金州勇士的帅印。队上是一群刺头:粗莽的天才后卫巴伦·戴维斯、妖异的新人得分手蒙塔·埃利斯、2002年扣篮王杰森·理查德森,外加一群憨直的内线们:拉脱维亚来的巨人安德雷斯·别德林斯、三分球和篮板能手特洛伊·默菲。球队总经理克里斯·穆林,对老尼尔森充满信心:

"联盟现在流行的速度,都是他当年玩剩下的……他比以前更投入了。"

巴伦·戴维斯的看法是:"一个超过1100场胜利的名人堂教练!你

有什么理由怀疑他吗?"

在老尼尔森手下,勇士队员们获得了自由与尊重。"打得自由些,你们可以为所欲为……如果做不到为所欲为,就机灵点儿。"老头说。他还点名要来了步行者的斯蒂芬·杰克逊:2006年季前赛期间,杰克逊带着两位初到步行者的小弟去脱衣舞俱乐部花天酒地,巧遇一位先生与他争执,于是亮枪鸣响。对这么个惹事刺头,老尼尔森却让他当球队的更衣室领袖,因为杰克逊在马刺拿过2003年总冠军。

"球队中的领导者自然而然地产生出来,这才是最好的情况。这样有利于球队。"

结果2007年季后赛首轮,金州勇士这支狂野的速度军,硬生生把67胜15负的达拉斯干掉了。小将军为了让小牛轻型化,导致小牛首发轻飘有余厚重不足,替补阵容则缺少攻击力。结果勇士这些疯狂少年乱拳打死老师傅,4比2淘汰了小牛。导致德克·诺维茨基以被淘汰的身份,尴尬地领取了常规赛MVP。

前一年的总决赛失利,这一年得到MVP却遭遇黑八?

于是全世界窃窃私语了:

德克·诺维茨基,空有七尺身高和神准投篮,却难道只是个怕紧贴、怕矮个子盯防的软绵绵的跳投手吗?

另一边,太阳在2007年季后赛首轮,连续第二年遭遇了洛杉矶湖人。

2006年夏天,科比脱下了8号球衣,改穿了24号。他公开宣扬自己的绰号"黑曼巴",理由是黑曼巴这种毒蛇,可以"在飞速行动中依然准确攻击"。

他也开始试图更融入球队了,像2007年1月5日对丹佛时,科比全场9次出手只得8分,但送出10次助攻。这在以往是很罕见的。然而2007年春天,伤病袭击湖人。与此同时,2007年2月,湖人拒绝

XXVI

用中锋拜纳姆交换贾森·基德。

于是科比生气了。

2007年3月16日,科比·布莱恩特面对波特兰开拓者的年度新人布兰顿·罗伊,全场39投23中,包括各种匪夷所思的后仰出手、隔人三分、穿越三到四个人的防守扭曲身体的上篮,得到65分,加时赛最后时刻,科比在右底角面对双人夹击,翻身射中不可思议的制胜三分球。两天之后,湖人对阵明尼苏达森林狼,科比50分。3月22日在孟菲斯,科比37投20中18罚17中得到60分,一周内第二个60分了。一天后面对俄克拉荷马黄蜂,科比前三节就44分,最后50分收工:连续四场50+,带队四连胜。

这也是2006年1月那场81分的疯狂之后又一次,科比展示了:他是联盟独一无二的孤胆英雄。赛季末,他拿到自己第二个得分王。然而湖人的战绩依然低迷。西部季后赛首轮,湖人1比4输给了太阳:科比场均33分,包括第三场45分,但无济于事。愤懑不平的科比在夏天提出交易,要求离开湖人:当然,那是后话了。

太阳跨过湖人,西部半决赛里,三年里第二次遭遇了马刺。

这一年,马刺也不太一样了。

2006年夏天,马刺招来三个内线。30岁的荷兰长人弗朗西斯科·埃尔森;21岁的矮壮中锋内线杰基·巴特勒;26岁的红头发白人大前锋射手马特·邦纳。加上原有的阿根廷大前锋法布里西奥·奥博托,这意味着:邓肯会更多去站中锋位了。

波波维奇对邓肯说:"蒂姆,如果需要的话,我随时会让你休息两个月,来调养季后赛状态。"

2007年初,马刺经历了三连败,于是波波维奇找到吉诺比利,告诉他:为了保持替补的活力,阿根廷人将重回第六人,带领第二阵容。后来波波维奇说:

"我还没开始说,他就笑了。他说,'怎么等这么久,我都迫不及待打算打替补了!'"

这就是 2007 年的新马刺:从邓肯为完全轴心,慢慢过渡到双后卫轮流担当进攻启动者。吉诺比利的热情与无私促成了这一切。

2007 年季后赛首轮,常规赛 58 胜的马刺 4 比 1 解决丹佛掘金:尽管掘金拥有刚拿到年度防守球员的马尔库斯·坎比,拥有常规赛场均 28.9 分、仅次于科比的甜瓜安东尼,拥有从费城 76 人交易来的前得分王阿伦·艾弗森——他与费城终于缘尽了——但马刺轻松过关。波波维奇对记者说:

"输了球,我们是老态龙钟。赢了球,我们是老奸巨滑。随你们怎么写好了。"

2007 年西部半决赛,马刺遭遇太阳——随着达拉斯被勇士黑八,这系列赛其实已算是提前进行的总决赛。第一场就见了血:第四节帕克抄掉纳什的传球,两人头碰头一撞后各自倒地。纳什第一反应起身去问帕克有没事,这才发现自己鼻子流血。比赛最后,邓肯和帕克投中关键球,马刺 111 比 106 取胜:邓肯 33 分 16 篮板,帕克 32 分,纳什 31 分 8 助攻。

第二场,太阳为了对付邓肯,派上科特·托马斯首发。邓肯如此总结太阳的工作:"他们让科特独自防守我,不夹击我。"

邓肯还是得到了 29 分 11 篮板,但斯塔德迈尔 27 分。由于太阳不夹击邓肯了,马刺全队三分只有 18 投 6 中,失误 18 次。太阳 101 比 81 大胜,1 比 1。

第三场拼争激烈,吉诺比利左眼下被撞出淤青,但第三节得了 12 分。比赛最后时刻,斯塔德迈尔篮下接球,被邓肯一帽将球拍到他自己头上。马刺 108 比 101 取胜,2 比 1。邓肯 33 分 19 篮板以及罕见的 0 助攻。另一个功臣是鲍文:由于他的防守,纳什直到第三节过半才投中

XXVI

第一个球,前 9 投全部失手。

第四场,太阳 104 比 98 赢球,但关键不在于此。比赛最后 18 秒,发生了意外:

罗伯特·霍里在边线,对纳什一个恶狠狠的犯规。横过胳膊,将纳什撂到场边的广告牌上。太阳全队愤怒,冲将过来,场面失控,一团乱麻。霍里立刻被罚出了场,整个系列赛都不能再出赛。但依照联盟的规定,发生争执时,替补球员不得离开座位。太阳的斯塔德迈尔和迪奥激动之下忘了这点,违规了——结果,他们在第五场被停赛。

即:霍里以一次恶意犯规赔上了自己,却也带走了太阳另外两位大将。

第五场,凤凰城,太阳只有六人轮换可用。第二节,太阳一度领先到 16 分。但马刺艰难地追赶。第四节,吉诺比利 15 分,鲍文最后时刻射中关键三分,马刺 88 比 85 取胜。3 比 2。21 分 12 个篮板 5 个封盖的邓肯,如是说鲍文最后的远射:

"布鲁斯肯定已经投中过十亿个这样的球了。"

马刺 3 比 2。第六场回到圣安东尼奥。全场比赛,斯塔德迈尔 28 投 14 中拿到了 38 分,但邓肯 24 分 13 篮板,而且 9 个封盖。马刺在防守端镇住了太阳。

吉诺比利则在替补出场的前 11 分钟得到 10 分,下半场,吉诺比利完全接管:全场轰下 33 分,第四节初一个三分加罚球,彻底让太阳崩溃了。马刺赢下第六场,4 比 2 迈过太阳,杀到 2007 年西部决赛。

然后是 4 比 1 干掉了杰里·斯隆的犹他爵士:这一年,爵士有了全明星前锋卡洛斯·布泽,有了二年级天才后卫德隆·威廉姆斯,眼看要复刻当年的马龙 + 斯托克顿。他们首轮七场险胜姚明与麦蒂的火箭,次轮干掉了金州勇士。但他们抵挡不住马刺。

对爵士第一场,邓肯 27 分 10 篮板 5 助攻 2 封盖,马刺半场就领先 19 分，最后稳稳拿下。帕克 21 分 6 助攻，吉诺比利 23 分 10 助攻。第二场，帕克打出纳什般的表现：自由自在地突破分球，17 分 14 助攻。虽然对面的爵士后卫德隆·威廉姆斯在第一场 33 分后，第二场又得 26 分，但马刺不怕：他们更均衡。邓肯 26 分 14 篮板 4 助攻 5 封盖。

爵士在第三场还以颜色，109 比 83 取胜。比赛中的最大新闻，是邓肯 8 次失误，以及懊丧的挥手和咒骂。赛后记者去问当时效力爵士、此前屡屡跟马刺作对的老冤家，前湖人后卫费舍尔：

"邓肯生气了，你觉得惊奇吗？"

"不惊奇。蒂姆是个冠军选手。他也是有情绪的。"

带着情绪，邓肯在第四场拿到 19 分 9 篮板 5 封盖，马刺取胜。第五场，马刺 109 比 84 击败爵士，4 比 1 晋级 2007 年总决赛。

2006-2007 季的东部，还有另一番故事。

2006 年夏天本·华莱士去到了芝加哥公牛，底特律活塞因此少了硬气，而公牛有所上升。2006 年夺冠仿佛用尽了迈阿密热最后一点气力，结果本季常规赛韦德开始受伤，鲨鱼随之老去，热常规赛只有 44 胜，季后赛首轮就被公牛干掉；之后公牛再遭活塞终结。东部决赛，底特律活塞连续第二年，遇到勒布朗·詹姆斯引领的克里夫兰骑士。

2007 年 5 月 21 日，东部决赛第一场，底特律奥本山球馆。勒布朗全场抓了 10 个篮板，得到 9 次助攻。中锋大 Z 以 22 分 13 个篮板领衔全场。骑士上半场一度领先 9 分，然后目送着优势被活塞一点点蚕食。第四节，比卢普斯接管比赛得到 10 分，活塞领先一分进入最后一刻。勒布朗弧顶持球，加速直突篮下。

"我以为勒布朗会投篮。"拉希德·华莱士赛后说。

勒布朗将球传到了右侧底角，交给了三分线外的东尼·马绍尔。远射，投失。骑士败北。赛后媒体抨击勒布朗：

XXVI

他怎么又在关键的时刻传球了?

活塞后卫林齐·亨特说了句老实话:"勒布朗所到之处,我们总保持他面前有三个人。"勒布朗自己则坚持辩白:"那一时刻,你必须那么做。重要的不是自己得分,而是赢得比赛。"

第二场,骑士 76 比 79 败北,0 比 2 回到主场。

第三场,骑士只让休斯打了 22 分钟,一直被勒布朗说"我要将他保护在我翅膀下"的一年级射手丹尼尔·吉布森被赋予重任,打了 29 分钟,9 分。勒布朗 21 投 12 中,32 分 9 篮板 9 助攻。骑士扳回一城,1 比 2。迈克·布朗教练说:

"勒布朗站出来,把我们扛在他肩上。就这样。"

防守勒布朗的普林斯则另有想法:

"他用突破完全摧毁了我们的内线防守,但没办法:我必须靠近他防守,因为他今天跳投手感很好。在他跳投手感好的日子,你只好抱怨自己不幸。"

第四场,勒布朗前三节只得 12 分,但他给了吉布森许多机会。代替休斯出场的吉布森 12 次罚球全中。赛前勒布朗已经告诉过队友:"给我撑到第四节,别被活塞甩开,然后我会赢下比赛。"第四节勒布朗轰下 13 分,骑士取胜。与上季一样,2 比 2,骑士去奥本山打第五场天王山之战。

于是传奇发生了。

2007 年东部决赛第五场第四节打了一半,勒布朗只得到 19 分,然后,不可思议的事开始了:他一次次强袭活塞内线。当他手热之后,他在外围用各种夸张的后仰姿势跳投。最后一分钟,他右翼一记中投将比赛追平,进入加时。

第一次加时依然打平,第二次加时比赛最后 2 秒,勒布朗一记暴风般的突破上篮,取得 109 比 107 领先。

于是带领骑士客场赢下第五场，3 比 2。

勒布朗全场 33 投 18 中，14 罚 10 中，48 分。骑士最后的 30 分中，他取得 29 分；骑士最后的 25 分，全部由他一人夺得。他终于不再考虑队友是否在空位，将一切都自己背负了起来，发挥了他旷古仅见的天赋。比卢普斯感叹：

"我们把所有能用的一切都扔过去阻挡他了。我们就是阻止不了他。"

似乎这一晚，勒布朗的求胜意志压倒了他一向无私的、团队的、成熟的作风。但这不意味着他忘了传球。回到克里夫兰的第六战，勒布朗上半场只出手两次，却在第一节送出 5 次助攻。全场比赛，他只出手 11 次，但抓了 14 个篮板，送出 8 次助攻。吉布森回报了这种信任，第四节吉布森得到 19 分，全场 31 分，用一连串三分球埋葬了活塞。骑士 4 比 2 淘汰活塞，拿到 2007 年东部冠军：队史上第一次东部冠军。勒布朗第一时间拥抱了老哥们大 Z：

"他已经经历过太多失败的赛季，一年又一年。被选中时，我答应过他，我会改变这一切。"

给 22 岁半的勒布朗颁东部冠军奖杯的，是史上最伟大的胜利者比尔·拉塞尔。他对勒布朗说：

"你比我做到这一步时还年轻呢。"

当然，2007 年总决赛对勒布朗而言，还太早了一点。骑士主帅迈克·布朗和总经理丹尼·费里都出身马刺，参与了 2003 年那次夺冠旅程。换言之，马刺非常了解骑士。

2007 年 6 月 7 日，圣安东尼奥马刺队史第四次总决赛，克里夫兰骑士队史第一次总决赛开幕。1976 年生的 1997 年状元邓肯，看着对面 1984 年生的 2003 年状元勒布朗。马刺的防守策略是：邓肯在鲍文身后，覆盖勒布朗的突破线路。另一边，帕克利用变速和掩护，随心所

XXVI

欲杀入骑士禁区。马刺无惊无险地 85 比 76 取下第一战。勒布朗的第一场总决赛只有 14 分。鲍文认为都是邓肯的功劳：

"他的决策总是成熟又有节奏感，匪夷所思。"

第二场，骑士尝试让勒布朗更多背身单挑鲍文，增加无球走位，然而没用：上半场，马刺 58 比 33 领先 25 分。最后马刺 103 比 92 取胜。鲍文被问及如何防勒布朗时，只平静地说：

"那，尽量别用手部小动作，多用步伐移动。只要你张开手让裁判看见，他就不会判你犯规。"

帕克大出风头：第一场 27 分后，第二场，他得了 30 分。投中的 13 球里，有 6 个是外围跳投，包括一个三分球。马刺投篮教练奇普·英杰兰德教练强调：

"他的抛射很出色，所以我因势利导，把他的抛射和中投结合起来了！"

马刺的助理教练迈克·布登霍尔泽说，他们没用什么特殊的防守战术，"中学生都会的防守套路"。比如，总决赛前一天，为了锻炼球队的轮转，马刺练了四对四攻防，"许多球队季前赛就玩这个，但之后他们就忘了"。鲍文的妻子，在总决赛第一场后，为他添了个孩子，鲍文开玩笑说，赶回球队时，"那帮家伙刚背地里批评完总决赛第一场我犯的防守错误"。

总决赛第三场，帕克只有 17 分 3 助攻，邓肯 17 投只有 6 中，吉诺比利 7 投 0 中，奥伯托和埃尔森加起来只有 7 分。但骑士还是赢不了：比赛最后时刻，吉诺比利罚球锁定胜局，马刺 75 比 72 赢下，3 比 0 了。

鲍文打了 44 分钟，自己得了 13 分，4 个三分球，9 个篮板，而勒布朗得到 25 分但 23 投 9 中 5 次失误。邓肯说获胜英雄是鲍文："他为我们做了一切。"

第四场，马刺还是打得很普通：邓肯 12 分 15 个篮板，还好帕克 24 分，吉诺比利 27 分。马刺 83 比 82 取胜，4 比 0 夺下 2007 年总冠军。

比赛结束后，比赛用球被第一时间送给了前小牛队长、如今马刺的后卫迈克尔·芬利，庆祝他十二年职业生涯第一个总冠军。芬利激动得眼泛泪花："我还能要求什么呢?!"

25 岁的托尼·帕克得到了总决赛 MVP。25 岁，个人第三个戒指，NBA 历史上第一个欧洲人总决赛 MVP，完美人生。邓肯则得到入行十年里第四个总冠军：至此，过去九年，除了 2004 年总冠军外，他与鲨鱼各拿了四个戒指。

第四场结束后，拿到第四个戒指的邓肯，拥抱了刚输掉自己第一次总决赛的勒布朗·詹姆斯，说了这么句话：

"未来属于你。但多谢你让我们先拥有了这个冠军。"

XXVI

第二十七章　湖人vs凯尔特人：重现

(XXVII)

597-640

2007年春天，德州大学的一年级生凯文·杜兰特在NCAA某场比赛里，打出了37分23篮板的数据，名震天下。稍后他以大一生身份包揽各色NCAA年度最佳奖项。他号称206公分，但实际身高更接近210公分。高挑颀长，移动飘忽，投篮神准。某些选秀报告称：他兼备"麦蒂那样的高出手点，还有一点德克·诺维茨基"。2007年夏天，他被西雅图超音速选为榜眼：若非那年俄亥俄的巨人格雷格·奥登带本队拿到了NCAA全国亚军，被波特兰开拓者以状元签选走，也许杜兰特就是状元了。

当然，当奥登被伤病折磨，NBA生涯支离破碎时，超音速选杜兰特这一举，就显得格外正确了。

但2007年选秀大会当日，杜兰特还不是主角。

先前的2005-2006季，雷·阿伦单季射中当时NBA纪录的269发三分球。之后2006-2007季他对爵士拿下54分，场均得到26.8分，但整个赛季被伤病折磨：他已成为NBA历史第二的三分手，正在匆匆追赶前方的雷吉·米勒。但32岁了，他还是离冠军很远。

保罗·皮尔斯则独自支撑凯尔特人。2005-2006季，皮尔斯场均得到27分7篮板5助攻，而凯尔特人只有33胜。之后2006年选秀大会，他们以第21位找到了肯塔基大学183公分的组织后卫：拉简·朗多。2006年伟大的红衣主教以89岁高龄逝世，祸不单行，2006-2007季，皮尔斯因伤只打了47场，凯尔特人以常规赛24胜58负，创了球队队史最差战绩。丹尼·安吉经理在队上囤了11个1982年后出生的少年，但年轻无法被兑现为胜利。

波士顿凯尔特人的主帅道格·里弗斯1999-2000赛季曾带着阵容一塌糊涂的奥兰多魔术，打出了令世界惊艳的41胜41负，被评为年度最佳主教练。2004年他上任凯尔特人主帅后，战绩却寻常。2007年4

月,他说:

"每次我要有个不错的阵容我都能赢球,想想吧,过去两年以前,我执教生涯的胜率从没低于 50%,但我也从没成为一个真正的大赢家,总有一天我会的。"

于是,安吉经理做了决定。

2007 年选秀大会之夜,凯尔特人出手:用 5 号选秀权、后卫德隆特·韦斯特,以及跟森林狼交换来的射手沃利·斯泽比亚克,从超音速换来了雷·阿伦。

之后的 2007 年 7 月底,凯尔特人对凯文·加内特动手了。

KG 在 2004 年拿到 MVP、突破首轮、冲到西部决赛。可之后三年,森林狼没能再进入季后赛。2007 年 7 月 31 日,31 岁的凯文·加内特被明尼苏达森林狼交易到了波士顿凯尔特人。凯尔特人送出瑞安·戈麦斯、杰拉德·格林、阿尔·杰弗森、西奥·拉特利夫、塞巴斯蒂安·特尔菲尔和一个 2009 年的首轮选秀权。

"但这是值得的。"1976 年总决赛 MVP、凯尔特人名宿 JOJO 怀特如是说。

31 岁的 KG,30 岁的皮尔斯和 32 岁的雷·阿伦,就此在 2007 年夏天,聚在了波士顿凯尔特人。

这是继 1996 年夏天,聚齐巴克利、大梦奥拉朱旺与滑翔机德雷克斯勒的火箭队之后,全联盟又一次看到了如此鼎盛的超级明星阵容。

西部某位匿名的经理认为,"第一个需要处理的,是皮尔斯的自尊。比如说,马刺的化学反应很美好,是因为帕克和吉诺比利都知道这是邓肯的球队。而 KG 要搏得全队的尊敬,没那么容易"。另一个东部教练指出:"他们三位毕竟谁都没拿过冠军。"

XXVII

疯狂科学家老尼尔森则认为这些都不是问题:"KG 不只是一个超级巨星,他还是个超级胶水球员,他能黏合一切。等着瞧吧。"湖人主帅,KG 的老冤家禅师总结:

"他们有三个得分手。但他们还需要一个硬汉篮板手来帮助凯文,需要有一个组织者运球,把球交到三个巨星手里呢。"

安吉经理留下了两个年轻人:208 公分、四年级的中锋肯德里克·帕金斯;183 公分、二年级组织后卫拉简·朗多。前者是个肉山硬汉,后者是个闪电般的速度型控球后卫、天生的抢断大师、视野宽广的致命传球手,拥有野兽般的篮球本能。当然有缺点:朗多的投篮不太行,并不算一个和善的队友。

2007-2008 季开始前的秋天,凯尔特人全队去意大利。里弗斯教练要全队都不带手机。于是,全队在意大利一起活动,一起出去吃饭,一起出去看电影。他们还孕育了自己的口头禅:"Ubuntu"——起源于班图语,大意为"在一起"。回到美国后,他们成了一个和谐的团队。2007-2008 季第三场,凯尔特人主场 119 比 93 血洗了丹佛掘金,上半场结束时,凯尔特人已经 77 比 38 领先了。但他们从头到尾没有放弃:KG 尖叫着鼓舞全队。三巨头矢志取胜,仿佛要报复过去十年的每场失败。

里弗斯教练如此总结:"他们三人喜欢彼此。他们已经决定,不要任何个人成就,只要赢球。"

皮尔斯说:"我们希望看到彼此的成功,看到队友完成下一球,然后为他们鼓掌。"

——他们都决定忘掉过去。KG 脱下了背负十二年的 21 号,改穿了 5 号球衣;雷·阿伦因为自己原先穿的 34 号归了皮尔斯,于是选了 20 号。

KG 用防守改变了一切。除了他单防的可怕,还在于他可以到处游弋。他随时出现在每个队友的身后甚至身前，帮助每个队友夹击。他对篮下的保护从来不如邓肯般稳健扎实，但他的全能轮转让队友可以施展出压迫式防守。

2008年2月份他们又得到了211公分、37岁的老内线PJ布朗，外加38岁的萨姆·卡塞尔。加上原有的防守专家托尼·阿伦、勇猛前锋莱昂·鲍维、强硬的翼侧詹姆斯·波西，他们的阵型成熟了。

雷·阿伦有许多习惯，潜移默化着球队。比如，他不停跟帕金斯与格伦·戴维斯两个年轻人念叨："别碰酒精。你们放了暑假随时可以出去玩，那时再喝不迟。"

随着雷·阿伦的严酷，全队都变得严谨了。六年前还会吃汉堡王喝可乐的皮尔斯，也开始按雷·阿伦推荐的食谱吃东西。2008年4月，波士顿以一波11胜1负结束2007-2008季常规赛，战绩是惊人的66胜16负——比前一年队史最差的24胜58负进步了42场。

事隔四年，KG再次成为了常规赛MVP的热门候选。虽然他场均18.8分9.2篮板都是职业生涯偏低，但他改变了凯尔特人的球队文化。他指导年轻人如何赢球。他的训练习惯、无私、领袖精神、专注和坚定，让凯尔特人脱胎换骨。结果他拿到了人生第一个年度防守球员奖。

而那年的MVP，属于同样脱胎换骨的科比·布莱恩特。

前一年，2007年5月28日，科比在一次电台秀中，要求湖人交易他。之后他补充说：

"我爱这支球队，真的爱它，我也喜欢这个地方，我想永远待在这里，但是现在，我需要知道这些湖人内部消息，而我现在真的是愤怒到了极点。我感到我一直想寻求外援的事情像是一个笨蛋，因为湖人有个长期计划，而我却毫不知情，根本不知道。我希望那些高层承认他们当初承诺我的事情是跟我现在所想的毫不相同。"

XXVII

可是在 2007 年夏，湖人唯一做出的变化，是迎回了科比的老哥们德里克·费舍尔。那时看来，科比是真要离开湖人了。

就在 2007-2008 季常规赛开始前两天，禅师证实公牛与湖人确已开始就科比的交易展开实质性接触，眼看公牛即将得到科比。然而，公牛队不愿意为了科比，一口气送出罗尔·邓、本·戈登、泰勒斯·托马斯以及乔金·诺阿四位年轻人。在公牛犹豫时，科比改了主意，使用合同里的交易否决条款宣布：

他不离开湖人了。

决定留在湖人之后，科比迎来了好消息。2005 年选中的巨人安德鲁·拜纳姆成长了。2007 年 12 月，拜纳姆打出六场两双，包括三场 20 分 10 篮板以上级的表演，俨然小型鲨鱼。2007 年圣诞节晚上，拜纳姆面对凤凰城太阳队，13 投 11 中得到 28 分，抓到 12 个篮板——8 个前场篮板。之后科比对媒体说：

"如果拜纳姆能上场，我们将是一个总冠军的有力争夺者。"

另一方面，科比在转型。过去两年，禅师反复跟科比说：

"乔丹在晚年才真正成为一个统治级球员。为什么呢？因为他甚至不需要进攻，就可以依靠防守来完全压倒对手。"

科比决定将球更多交给奥多姆、卢克·沃顿进行组织，自己多做无球走位。进攻端化繁为简，防守端更加认真。他甚至对记者说："我想成为年度防守球员。"费舍尔归来后，湖人多了一个更衣室老大。费舍尔时不常跟科比交流：

"我们不能在万米高空领导球员。我们要跟他们贴在同一平面。"

2008 年 1 月中旬，湖人的常规赛战绩到了西部第一，但 1 月 13 日拜纳姆开始养伤。2008 年 1 月 14 日，科比对西雅图超音速全场 44 次出手得到 48 分：似乎湖人又要迎来"伤病作祟，科比独揽全局"的剧情了。

但这一次,湖人幸运得多了。

2008年2月5日,科比右手小指受伤。但他拒绝做手术。随后湖人迎来大交易:孟菲斯灰熊的西班牙全明星保罗·加索尔加盟湖人,湖人付出的代价,仅仅是史上最烂状元夸梅·布朗。这交易令马刺的波波维奇暴跳如雷:

"这交易太荒诞了!我们得有个交易监督委员会,来阻止这类不公平交易的发生!"

保罗·加索尔,1980年出生的西班牙人,两年前刚带领西班牙队拿下世界男篮锦标赛冠军。他不是鲨鱼那副霸王脾气,天生是优秀的副攻手和策应者,这让他与科比接榫得严丝合缝。作为NBA传球最好的巨人之一,他轻松融入了三角进攻。他全面的技巧,可以为球队提供优秀的高位策应、低位单打;他的聪明跑位与精准跳投,让他和科比的挡拆简洁有效。湖人得到加索尔后,打出了一波11胜1负。这一切过于惊人,以至于遮盖了另一桩大交易:

凤凰城太阳用肖恩·马里昂交换了迈阿密的鲨鱼。

到2008年常规赛结束时,科比、KG、勒布朗·詹姆斯与黄蜂队的克里斯·保罗,是常规赛MVP的最大热门。

勒布朗·詹姆斯的支持者可以说,他打出场均30分7篮板7助攻的可怖数据,而且拿下了生涯第一个得分王。

克里斯·保罗,这个三年级的天才组织后卫,成为了NBA助攻与抢断双料王者,是联盟历史上第八个完成"场均20分10助攻"赛季的人,也是刺客以来,NBA最纯粹的组织后卫。而且,他把一支上季还平淡无奇的黄蜂,扛举在西部前三。

但是2008年4月,科比带领湖人7胜1负,锁定了常规赛MVP。即便数据并不如此前两季夺目,即便得分王被勒布朗·詹姆斯拿去,但科比让他的球队成为了西部第一。2008年5月7日,科比得到

XXVII

了他的常规赛 MVP。颁奖那天科比说：

"这就像在好莱坞一样，就像电影里的情节一样。仅凭自己的力量我是无法获得这个奖项的。我都不知道怎么感谢我的队友了。他们是我的伙计，是我的兄弟。让我们一起为明天做好准备吧……我不知道这个奖项最后会颁发给我，我很惊讶，我过去几个赛季打得也不错，但我们的球队却没这样好过。事情就这样自然而然地发生了。"

曾经和鲨鱼、科比共事过的布莱恩·肖说：

"他现在成为了一个比过去总冠军时期更好的队友。他变得更加成熟。他过去的时候真的不是一个好队友。但没有任何人比他付出更多的努力。所以今天他做到了。过去他并不怎么和队友在场外打成一片。但现在据我所知，他总是和他的队友们共进晚餐。"

2008 年 4 月底，66 胜的东部第一波士顿凯尔特人，季后赛首轮，对决 37 胜 45 负的东部第八亚特兰大鹰。先是轻松地以 2 比 0 领先，两场合计赢了 42 分，然后被扳到 2 比 2。KG 在第三场得到 32 分，但鹰的王牌后卫、单挑能手乔·约翰逊第三场 27 分，第四场 35 分，全队发威，锁住了凯尔特人的进攻。

第五场，凯尔特人回到花园，以摧枯拉朽之势 110 比 85 取胜。但第六场，鹰再次扳回一局：比赛结尾，乔·约翰逊一个撤步收球，用将近 9 米远的一个三分球锁定胜局。

第七场波士顿前 4 分钟就抓了 4 个前场篮板。KG 防守端控制禁区，朗多急速推反击。结果是：第一节结束，凯尔特人已经 27 比 16 领先。最后凯尔特人 99 比 65 血洗鹰队，4 比 3 晋级次轮。KG 在比赛最后时刻，接过皮尔斯的背后传球一记扣篮，然后，朝亚特兰大板凳席比划了一个手势：用手在自己的脖子上横了一刀。鹰队主帅迈克·伍德森说：

"这个系列赛打得惨烈，大家都打得满地打滚……但，这似乎反而激励了他们。"

人生第二次，KG 迈过了季后赛首轮。而次轮的对手，是勒布朗·詹姆斯带领的克里夫兰骑士。

"他们是卫冕东部冠军。"KG 提醒所有人。虽然骑士这一年常规赛，只有 45 胜 37 负。

——要知道，2006 年春天，勒布朗曾在波士顿花园得到 43 分 12 篮板 11 助攻，而皮尔斯得了 50 分。那样的对决会发生吗？KG 摇头："就像重量级拳击，就是身体对抗。没有优雅，没有躲避，你死我活的一场，防守之战。"

凯尔特人与骑士第一战，波士顿花园。勒布朗打了他职业生涯最差的比赛之一：9 篮板 9 助攻，然而 18 投 2 中只得到 12 分。最后一分钟，他的三次上篮和一记三分球全部投失。凯尔特人遏止骑士全队命中率至 31%。76 比 72，凯尔特人先取一城。KG 统治了比赛，全场 28 分。

第二场，勒布朗 24 投 6 中，骑士 73 比 89 败北。皮尔斯总结：

"勒布朗两场比赛 42 投 8 中？嗯，我的确有点儿诧异，不过，这就是我们的防守效果。"

回到主场的第三战，骑士第一节就 32 比 13 锁定胜局，从此再未给凯尔特人机会，108 比 84 取胜，大比分 1 比 2。勒布朗手感依然不佳，但 2007 年刚离开凯尔特人的旧将德隆特·韦斯特为骑士得到 21 分，KG 的老熟人乔·史密斯为骑士得到 17 分。第四场，勒布朗 20 投 7 中只有 21 分，但他 13 次助攻，防守端 3 抢断 2 封盖 6 篮板，防到皮尔斯 17 投 6 中。最后时刻，他突破篮下，在 KG 头顶一记扣篮，锁定胜局。2 比 2。

第五场，波士顿花园，上半场还余三分钟，勒布朗就已轰下了 23 分。三巨头愤怒了：此后的 20 分钟，勒布朗几乎投不进球。下半场，皮

XXVII

尔斯使尽平生之力与勒布朗角斗。勒布朗全场35分。凯尔特人那边则有皮尔斯的29分、KG的26分16篮板和朗多的20分13助攻。比赛最后一分钟，骑士将分差追至4分，KG起跳补中前场篮板，然后朝人群怒吼。皮尔斯稳稳射中罚球，锁定胜局。凯尔特人3比2领先。

第六场，勒布朗32分12篮板6助攻，下半场骑士的32分，他包揽19分。第四节，凯尔特人反击开始时，勒布朗的两记跳投打消了波士顿人的希望。74比69，骑士惨胜。3比3。

于是凯尔特人连续第二轮打第七场。这一晚，用KG的话说：

"我们的策略是：大家让开，给皮尔斯球。"

把这句话里的"皮尔斯"换成"勒布朗"，对骑士也通用。

皮尔斯开场顶着勒布朗一个中投，随后是追身中投得手；反过来，勒布朗面对皮尔斯长距离投篮命中。

皮尔斯接朗多的回传追身三分球得手，再快攻上篮得分。勒布朗则顶着皮尔斯左手袭篮，再突破皮尔斯和帕金斯，在KG的手边上篮。

皮尔斯晃过斯泽比亚克翻身跳投，勒布朗两次突破波西。

皮尔斯穿越勒布朗、伊尔格斯卡斯和乔·史密斯上篮得分，再面对勒布朗的防守射中三分球，勒布朗还以长距离跳投、突破皮尔斯上篮。

皮尔斯右翼三分球得手，勒布朗突破底线，在KG劈头盖脸的防守下上篮。

比赛最后，勒布朗断掉皮尔斯的球，扣篮：骑士88比89落后1分。但皮尔斯：一记罚球弹筐后沿蹦起，然后神奇地落进篮筐。皮尔斯露出诡异的一笑。赛后他这么说：

"红衣主教的鬼魂在天顶看着我们。我想他把球往正确的方向点了点。"

凯尔特人97比92取胜，4比3淘汰骑士。勒布朗全场45分，皮尔斯全场41分。经历过这次旷世难逢的单挑后，凯尔特人跨过了他们季后赛最艰难的一关。

"至少,那些球迷有机会忘掉 1988 年伯德和威尔金斯的大战,而记下我们的所作所为了。"勒布朗说,"这场比赛会载入历史的。"

2008 年东部决赛,凯尔特人的对手是连续六年闯到东部决赛的底特律活塞。然后,又打到了 2 比 2。

第五场,里弗斯教练决定不再让首发休息,结果朗多、KG 和皮尔斯分别打了 46、44 和 41 分钟。最后凯尔特人 106 比 102 取胜。雷·阿伦 29 分,包括三分球 6 投 5 中,但全场最佳是凯文·加内特:33 分 16 篮板。

"现在,就是我们去奥本山宫拿下第六场了!"他如此宣称。

第六场第四节,双方一度 70 平,之后是 KG 的中投、皮尔斯的上篮和跳投、朗多一个罕见的 20 英尺跳投——凯尔特人完成了反击高潮。最后凯尔特人 89 比 81 击败活塞,4 比 2 晋级 2008 年总决赛。

"有点超现实啊。"KG 说,"我还没有太深的感觉,因为我有四天没睡了。我们,进总决赛了?我现在就想,睡一觉。"

是的,三巨头的凯尔特人进入 2008 年总决赛了。里弗斯教练回头看了看他们的东部征程:三轮比赛,20 场,两个第七场,一个第六场。"这是最好的境况。"里弗斯教练说,"我们穿越了那么多艰难险阻,我们还站着呢。"

西边,另一番故事。

2008 年季后赛,第一轮最精彩的对决是马刺对太阳。邓肯第十一次季后赛旅程里,第六次遇到鲨鱼。第一场就引发了传奇之战:斯塔德迈尔在被邓肯砍落 40 分后悻悻地祝福他 32 岁生日快乐,而鲨鱼在 3 月已经满了 36 岁。48 分钟常规时间末尾,马刺队 35 岁的迈克尔·芬利射中三分,双方 93 平进入加时。第一个加时末尾,马刺 101 比 104

XXVII

落后，邓肯右翼射中三分，104 平，第二个加时吉诺比利锁定胜局。针对邓肯那个神奇的三分球，太阳射手拉加·贝尔说：

"要是太阳 vs 马刺系列赛里没发生些特别的事，那也就不算太阳 vs 马刺系列赛了……邓肯命中注定，是要投进那个球的。"

以这场比赛为契机，马刺 4 比 1 干掉了太阳，就此结束了邓肯与鲨鱼的漫长争端。

在那两个巨人解决恩怨的时刻，科比则在季后赛首轮，和阿伦·艾弗森对决：那是湖人 vs 掘金系列赛。

第一场，掘金的乔治·卡尔教练用肯扬·马丁防守科比，结果科比前 12 投 2 中。但当科比被安东尼·卡特推出底线后，大感愤怒，他的后 14 投中了 7 次，全场 32 分，每投中一球就对对位他的人摇头，说："No！"

第二场首节，科比得到 20 分，全场 49 分。这一晚他没有说 "No"。他突破对方后卫 JR 史密斯，遭到拉人犯规后，便看 JR 一眼，然后不断点头，说："Yes。"

湖人没出任何意外，4 比 0 横扫掘金。这也是艾弗森最后一次打季后赛。第二轮，湖人又 4 比 2 干掉了犹他爵士。马刺则遇到了新科的西南区之王：常规赛与他们并列 56 胜的新奥尔良黄蜂，以及邓肯的学弟，23 岁的新科助攻王克里斯·保罗。

三年级的克里斯·保罗在 2007-2008 季，成为 1992 年的斯托克顿以来，又一位单季揽下助攻、抢断双王的球员。他拥有完美的控球，可以像刺客一样运球去到任何地方；他又是个完美的指挥官，知道如何掌握整场节奏。他的打法华丽、爆发力十足、迅如闪电又聪慧绝伦。他知道如何用狡猾的小动作和夸张的跌摔，让对手如芒在背。

2007-2008 季，黄蜂五个先发都有防守弱点：组织后卫保罗矮小；小前锋前国王队神射手斯托贾科维奇不够灵活；得分后卫莫里斯·皮特森很容易吃假动作；大前锋夏威尔大学出身的大卫·韦斯特不太防对手跳投；中锋 2001 年榜眼、216 公分的泰森·钱德勒不算强壮……但他们却是联盟最好的包夹球队：每当对手持球接近危险地带，他们便会自翼侧快速包夹，而其他球员，已经轮转补防，完成了换防。如果你企图用一个大范围转移球寻找空档，就要冒被保罗抢断快攻的危险。

马刺头两场各得了 82 和 84 分，两场合计输给黄蜂 37 分，0 比 2 落后。主场扳到 2 比 2 平手后，第五场马刺再输掉了 22 分，2 比 3 站在被淘汰的悬崖边。

第六场，马刺依靠吉诺比利的 6 个三分球和 25 分、邓肯的 20 分 15 个篮板赢球。第一节，他们命中率高到了 71%，首节结束 36 比 24，之后比赛再未接近。最后比分是 99 比 80。第七场，马刺前三节还稳稳领先，但比赛剩一分半时，已经只以 83 比 80 领先了。黄蜂的帕戈投丢了一个本可以改变比赛的三分球，而帕克一个跳投锁定比赛。马刺 4 比 3 击败黄蜂晋级。

这是年轻的保罗第一次季后赛，离西部决赛一步之遥。他当然不知道，这一步要走过去，有多艰难。

2008 年西部决赛，马刺对阵湖人。第一场上半场结束，马刺 51 比 43 领先，邓肯上半场 16 分 9 个篮板。科比上半场仅得 2 分，但有 5 个助攻。第三节一开始，马刺一波华丽的 14 比 2，65 比 45 领先到 20 分。

然后常规赛 MVP 科比启动了。3 分 5 秒内，湖人连得 14 分。科比自己得到 7 分，外加两个助攻。马刺的优势只有 6 分了。到比赛剩 2 分 42 秒时，马刺反而 81 比 85 落后了。

马刺最后发起反击：吉诺比利的罚球和邓肯的补篮，让双方 85 平。比赛剩 41 秒。科比压着时间，突破，在离筐 3 米远起跳出手：球进。湖人 87 比 85 领先。最后湖人 89 比 85 赢下第一场，完成了 20 分的逆转。邓肯空得了 30 分 18 篮板。波波维奇说：

XXVII

"科比，他上半场信任自己的队友，所以他有 5 个助攻，他在耐心探测，看我们对他到底有多忌惮。下半场，他才开始攻击。"

这场逆转让马刺第二场无力再战，湖人 101 比 71 大胜。第三场，马刺 103 比 84 扳回一局，但第四场，湖人 93 比 91 险胜。第五场，马刺在洛杉矶以 63 比 64 落后一分进入第四节，但科比第四节得到 17 分。比赛最后时刻，湖人 87 比 82 领先 5 分，时间剩 1 分 50 秒，邓肯防守突破的科比，后者在完全没有角度的情况下，在人即将滑出底线的瞬间，展开身躯，一个舞蹈般的擦板上篮锁定胜局：科比全场 39 分，湖人 100 比 92 击败马刺，4 比 1 晋级 2008 年总决赛。

这也是 1998 年以来，第一次，总决赛没有邓肯或奥尼尔。

这也是 1987 年以来，第一次：总决赛，洛杉矶湖人 vs 波士顿凯尔特人。

这更是 NBA 历史上，最古老的总决赛主题：华丽的湖人 vs 坚韧的凯尔特人。科比，一如韦斯特、魔术师这些前辈似的，带着他的湖人，迎战 KG：他头顶挂着拉塞尔、哈弗里切克和伯德他们的球衣。

2008 年总决赛第一和第二场，凯尔特人在主场波士顿花园，打出了波士顿式的篮球。

凯尔特人把用来对付勒布朗·詹姆斯的策略，应用在了科比身上。退防迅速，让湖人被迫磨阵地战；帕金斯、KG 和 PJ 布朗的内线轮换，对禁区的保护和迅速横移补防，始终保持在盯防科比的皮尔斯或波西的身后，放一个补防者。上半场凯尔特人 46 比 51 落后，第三节皮尔斯连得 8 分追平比分，然后在第三节剩 6 分 49 秒时，皮尔斯倒在球场上：教练和队友迅速合围。布莱恩·斯卡拉布莱恩和托尼·阿伦各抱着他一条腿，皮尔斯的胳膊搂住他俩的脖子，站起身来，下场而去。

那一瞬间，凯尔特人似乎要完蛋了。

5分钟后,球场入口处传来了喧腾声。保罗·皮尔斯一瘸一拐,王者归来。随即在22秒内连中两个三分球,波士顿花园为之疯狂。

——这大概是1970年总决赛第七场威利斯·里德王者归来后,最富有戏剧性的故事。

趁着这波声势,第四节剩2分钟,KG恶狠狠地补扣得分,锁定胜局。98比88,凯尔特人拿下第一场。

第二场,凯尔特人气势更盛。湖人一度落后23分之多,他们有过两次追袭。第三节末,当科比一连串跳投把分差追到9分时,凯尔特人一个暂停。然后,皮尔斯连续4分、阿伦远射,一波11比0。到比赛尾声,湖人队靠着三分如雨再次追近分差。但詹姆斯·波西底角远射,皮尔斯博得罚球,凯尔特人108比102取胜。2比0。

第三场,湖人放弃了加索尔的高位策应,让他在低位拖住KG,科比有足够的空间在弧顶持球单挑。科比全场得到36分,湖人87比81击败凯尔特人。1比2。

2008年总决赛第四场,禅师派了23岁的小前锋特雷沃·阿里扎首发。这个长手长脚的青年在第一节打出卓越发挥,湖人首节35比14领先凯尔特人21分,最多时一度领先到24分。

那时看来,湖人已经赢下第四场了。

第二节KG归来,开始统治禁区,凯尔特人的防守让湖人无法喘息。奥多姆上半场空切、晃动随心所欲,7投全中,但在下半场消失了;湖人在下半场无法进入内线。第三节,凯尔特人一波31比15的高潮。KG打出了系列赛最强硬的姿态:他多次右翼持球,左手运球突破,和加索尔肩对肩碰撞。在这样的硬气之下,凯尔特人在第四节居然反超。波西身背5次犯规。可他们似乎满不在乎:老将PJ布朗甚至对着镜头抛媚眼。最后时刻,雷·阿伦抓到自己的第9个篮板,底线突破,起跳,空中腾挪,躲过湖人后卫萨沙·武贾西奇的封盖,滑行下落时,伸长右

XXVII

臂：球点进篮筐，锁定胜局。

湖人第一节 35 分，后三节只得 56 分。凯尔特人 97 比 91，逆转了首节 21 分、最大 24 分的巨大落差。这是 NBA 历史上，最伟大的总决赛逆转。凯尔特人 3 比 1 领先。

湖人并未屈服。第五场最后时刻，全场得到 38 分的皮尔斯企图突破，被科比断球，快攻，扣篮，锁定胜局：湖人扳回一城，2 比 3。

"我们之前赢过客场比赛。"在谈及第六场时，科比如是说，"我们能适应环境。"

但他还是夸了皮尔斯："他很强硬。没几个球员有那样全面的进攻技巧。我说的是，他中距离很好，有远程投篮，能突袭篮筐，左侧急停跳投，右侧急停跳投，他有全套招数。我爱看他打球，我喜欢跟他对抗。他简直如梦似幻！"

第六场，波士顿花园。赛前，KG 独自站在篮球架下，头顶着篮架念念叨叨。他咒骂自己，随即恶狠狠地，用头撞了一下篮架。

第六场前 6 分钟，凯尔特人一度 13 投 2 中。但之后凯尔特人找到了节奏。当波西和埃迪·豪斯连续命中底角三分后，湖人骤然崩溃。科比的急躁传球被阿伦断下，KG 空中滑行的得分加罚。分差闪烁：18 分，20 分，23 分。凯尔特人领先到 58 比 35 时，波士顿球迷明白，冠军来了。第三节过半，分差远远奔 30 分而去。

比赛结束前 5 分钟，皮尔斯、KG 和阿伦在波士顿花园的掌声与欢呼声中下场。KG 依然盯着计分牌。他开始流泪。皮尔斯则将一桶饮料泼向了教练道格·里弗斯。

131 比 92，凯尔特人拿下第六场，4 比 2 赢下 2008 年总决赛。凯尔特人队史第 17 个总冠军。在三巨头凑齐一年之后。

总决赛系列，KG 场均 18 分 13 篮板 3 助攻，而且遏制了湖人的加索尔和奥多姆两大内线；雷·阿伦场均 20 分，而且投进了总决赛创纪录的 22 个三分球；皮尔斯场均 22 分 5 篮板 6 助攻，他在第一场的那次王者归来彻底改变了士气。但最重要的是：他为凯尔特人守望了这么多年。这是对他忠诚的终极回馈。于是最后，保罗·皮尔斯举起了总决赛 MVP 奖杯。

"这些年发生了许多事。我想，不到你生涯结束那天，你没法回过头来仔细想发生的那些事，那些时刻。到那时你才来得及说：哇，看上去好神奇！"

凯尔特人老牌巨星、史上第一位第六人弗兰克·拉姆西相信，凯尔特人 vs 骑士的第七场，勒布朗 45 分 vs 皮尔斯的 41 分激发了皮尔斯。"这让他相信他可以达到如何的境界。"

KG 从终场前 5 分钟下场开始就在流泪。赛后，他看到史上最伟大的防守者比尔·拉塞尔正在人群的彼端走来，于是扑过去跟拉塞尔拥抱。就在总决赛前，拉塞尔告诫过 KG：

"你要抱住每个球员，带他们一起跨过冠军的门槛——不要拉拽他们。你要拥抱他们。"

夺冠之夜，KG 抱住拉塞尔。"我希望，我们让您感到骄傲了！"

拉塞尔点着头。拥有十一枚戒指的他抱住 KG。

"你打的是冠军篮球。你这个打法绝对可以拿到冠军。我本来想，如果你拿不到冠军戒指，我愿意拿一个我的戒指送给你！"

于是迎来了 2008 年夏天。

早一些的 2008 年春天，美国大学篮球的另一个传奇：

孟菲斯大学一年级的组织后卫德里克·罗斯，高中带队 120 胜 12 负、拥有篮球史上屈指可数的运动能力。大学一年级，他带队拿到了 33 胜 1 负。他是球队得分第二、助攻第一，是孟菲斯 DDM 体系的首席操作者：这个体系由名教练约翰·卡利帕里发明，讲究拉开空间、突

XXVII

破分球。即，球队进攻由罗斯的闪电突破决定。

在那年大学锦标赛淘汰赛阶段，淘汰密西西比之战，罗斯 17 分全队最高，7 篮板 9 助攻；淘汰密歇根州大，罗斯 27 分全队最高，4 篮板 5 助攻；淘汰德克萨斯，罗斯防到对面全美阵容后卫 DJ 奥古斯丁 18 投 4 中，自己 10 投 7 中 21 分 6 篮板 9 助攻；淘汰全美名校 UCLA，罗斯 25 分 9 篮板 4 助攻，而对面的天才拉塞尔·威斯布鲁克 22 分 3 篮板 2 助攻，大学篮球最优秀的内线凯文·勒夫 12 分 9 篮板。决赛孟菲斯对阵堪萨斯，孟菲斯领先到最后时刻，被堪萨斯的混世魔王马里奥·查尔莫斯远射扳平进入加时，输掉。罗斯决赛 18 分 6 篮板 8 助攻 2 抢断。

2008 年选秀大会，罗斯理所当然地被芝加哥公牛选为了状元。UCLA 的二年级后卫拉塞尔·威斯布鲁克被西雅图超音速选中——这个球队会在 2008-2009 季搬去俄克拉荷马州，改叫俄克拉荷马城雷霆。号称 UCLA 又一个比尔·沃顿的篮板天才凯文·勒夫，则去了明尼苏达森林狼。

2008 年夏天，克里夫兰骑士做了一个小小的调整：他们交易到了 25 岁的莫·威廉姆斯，185 公分高的组织后卫。骑士总经理丹尼·费里总结说：

"莫能够推快点节奏，能打挡拆，能进攻，够了。"

2008-2009 季常规赛，骑士开局 1 胜 2 负，随后就是 8 连胜。当然，那并不是莫·威廉姆斯一个人带来的。

骑士改变了自己的打法。巨人中锋大 Z 更多拉到高位腾出空间；后场则是莫·威廉姆斯与德隆特·韦斯特拉开空间，勒布朗·詹姆斯得以自由突破：他的运球、他的中投都在进步，加上他匪夷所思的持球突破和传球，完全不可阻挡。

与此同时，防守端。前一年，勒布朗偶尔展示了皮彭般的切断传球

就在总决赛前,拉塞尔告诫过 KG:"你要抱住每个球员,带他们一起跨过冠军的门槛——不要拉拽他们。你要拥抱他们。"

线路与追身盖帽。2008-2009 季,他变成一个真正的防守怪兽。他靠自己的游弋协补,填塞了骑士的防守空隙。到 2008 年终,骑士 26 胜 5 负。

前一年的 2008 年 2 月 4 日,勒布朗·詹姆斯在纽约麦迪逊花园拿下 50 分 8 篮板 10 助攻。这一年,2009 年 2 月 2 日,科比在麦迪逊花园拿下了 61 分。而勒布朗决意打一个更好看的数据:2009 年 2 月 4 日,勒布朗在麦迪逊花园打出 52 分 9 个篮板 11 次助攻。半个月后,2 月 20 日,勒布朗在密尔沃基得了 55 分,全场 29 投 16 中,三分 11 投 8 中。他的三分球弹无虚发,他还随心所欲地抛弄自己新练出来的勾手投篮。大 Z 总结:

"我在旁边看他打球,像在看人打电子游戏。"

2008 年夏天之前,勒布朗不怎么练举重。骑士训练师迈克·曼西阿斯说:"他就在训练房里随便练练。"2008 年夏天开始,勒布朗开始做系统的有计划训练:深蹲、举重,为了保持柔韧性还练瑜伽。绝大多数球员纵贯球场需要 11 到 14 步,而勒布朗只需要 9 到 10 步。他的步子奇大,这让他的防守提升起来随心所欲:他的控制范围比一般球员大了一倍。

总而言之,勒布朗·詹姆斯,终于迎来了第一个巅峰。

2008-2009 季常规赛,勒布朗 81 场比赛场均 28.4 分 7.6 篮板 7.2 助攻 1.7 抢断 1.1 封盖。虽然 2008-2009 季,重归巅峰的德文·韦德打出生涯最好的常规赛,场均 30.2 分拿下得分王,但勒布朗还是技高一筹:他攻防两端无所不能,带领骑士打出联盟第一的 66 胜 16 负,甚至压倒了西部 65 胜的湖人,全 NBA 第一。2009 年 5 月 6 日,勒布朗·詹姆斯当选了 2008-2009 季 MVP,这是他第一个常规赛 MVP。

东部的卫冕冠军波士顿凯尔特人呢?

2008 年 12 月,凯尔特人完成了一波 19 连胜,常规赛前 29 场 27

XXVII

胜 2 负，队史最佳开局。但之后，凯尔特人的伤病开始作祟。2009 年 3 月，KG 受伤了。

到此为止，他在打自己的第十四个 NBA 赛季。在明尼苏达森林狼的十二年，他只缺阵过 25 场，而且，他永远是场上最狂野的那个家伙。用波士顿媒体的说法，他简直每晚都要花费掀翻一辆卡车的力量。经历漫长斗争，他终于撑不住了。

凯尔特人以小胖子大宝贝格伦·戴维斯代替 KG 首发，以一波 8 胜 1 负结束了常规赛，常规赛战绩东部第二，仅次于骑士。于是 2009 年季后赛首轮，凯尔特人必须面对东部第七的芝加哥公牛了——他们拥有 2008 年状元、刚获得年度新人奖的德里克·罗斯。

2009 年 4 月 18 日，罗斯带着公牛来到波士顿花园面对凯尔特人。在人生第一场 NBA 季后赛，罗斯得到了 36 分 11 次助攻。上一个季后赛首战就得到 36 分开外的人，是 1970 年的天勾了。公牛一度 75 比 80 落后时，罗斯连续施展爆发力十足的大步突破，在凯尔特人禁区侧翼两次出手连取 5 分。

105 比 103，公牛先声夺人，1 比 0。

第二场，公牛的后卫本·戈登跳了出来。这个酷似当年安德鲁·托尼的得分狂魔，第二场 1 个篮板，0 次助攻，2 次犯规，1 个抢断，0 个封盖：然而 24 投 14 中射落 42 分。第四节最后，戈登在 7 米外射中两个三分球，公牛 109 比 104 领先。之后朗多连续组织进攻。还剩 1 分钟时，戈登中投让公牛 113 比 112 领先。朗多捡到自己投丢的前场篮板，回身给雷·阿伦远射：凯尔特人 115 比 113 反超。戈登再次投中，但雷接朗多的传球，面对 211 公分的公牛中锋乔金·诺阿，再次出手三分。场边解说员大叫：

"雷·阿伦又做了一遍！"

118 比 115，凯尔特人取胜，1 比 1 平。雷·阿伦全场 30 分，皮尔斯 18 分，帕金斯 16 分 12 篮板。而朗多，继第一场 29 分后，第二场 19 分 12 篮板 16 助攻 5 抢断。

第三场，芝加哥。皮尔斯站出来：27 分钟内 24 分，朗多 20 分 11 助攻 6 抢断，阿伦 18 分。凯尔特人在上半场已经 59 比 37 领先锁定胜局，最后是 107 比 86 的大胜，2 比 1 领先。第四场，双方犬牙交错，第四节 14 次打平或交换领先。剩 16 秒时，公牛 96 比 93 领先。但雷·阿伦在 8 米开外射中三分追平。双方进入加时。加时赛剩 4 秒 5，换凯尔特人领先 3 分了，但本·戈登三分球，双方 110 平，第二个加时。第二个加时剩 35 秒时，凯尔特人 112 比 117 落后：此前四分半钟，他们只得 2 分。因伤不能上场的 KG 在场边双眼喷火，教练组不得不按着他的肩。皮尔斯上篮得手，加罚，再起手三分球：凯尔特人追到 118 比 119。但时间不够了。凯尔特人 118 比 121 败北，2 比 2。

朗多打了 55 分钟，25 分 11 篮板 11 助攻又一次三双。皮尔斯 29 分，雷·阿伦 28 分。对面罗斯的 23 分 11 篮板 9 助攻和戈登的 22 分不遑多让。

第五场，公牛第四节一度 77 比 66 领先，雷·阿伦以三分球引发高潮，让凯尔特人追上，但随即第 6 次犯规被罚下场。皮尔斯救场：一个转身中投得手，让凯尔特人追到 93 平，加时。

"当雷·阿伦都被罚下时，我们都没火力了……可我们还是赢了。"里弗斯教练赛后说。

加时剩 1 分 17 秒，皮尔斯跳投得手，凯尔特人 102 比 101 领先；40 秒后，又一个跳投，凯尔特人 104 比 101 领先。本·戈登三个罚球得手，104 平，皮尔斯运球拖延时间，中投得手：凯尔特人 106 比 104 赢球。3 比 2。

全场得到 11 分 17 篮板的公牛少年诺阿都拜服了："皮尔斯不可思议。他投中一个又一个疯狂的投篮！"

XXVII

还嫌此前不够惨烈似的,第六场,双方打了三个加时赛。雷·阿伦得到了 51 分 9 个三分球。朗多送出 19 次助攻。第四节末尾,凯尔特人一度领先 5 分,但白人中锋布拉德·米勒跳了出来,连得 5 分把比赛拖入加时。加时赛,大宝贝上篮得分让凯尔特人领先,但约翰·萨尔蒙斯上篮把比赛拖入第二个加时。第二个加时尾声,雷·阿伦一个三分球,让双方 118 平,第三个加时。终于到最后,双方全部力竭。公牛 128 比 127 取胜。3 比 3。

然后,奇迹到头了。

第七场,波士顿花园见证了一波狂潮:没有加时,只是第二节,凯尔特人打出 29 比 11,提前拉开比分,掌握了主动,最后是 109 比 99,凯尔特人取胜。4 比 3 击败公牛晋级。这被许多媒体公认是 NBA 历史上最伟大的首轮系列战。皮尔斯摇着头,他的骄傲流露在言谈之间:

"这是一个漫长的系列赛。这是我打过最艰难的系列赛。感谢上帝,我们经过硝烟考验,能挺到最后。我们依然是冠军——直到有谁把我们淘汰。"

2009 年东部半决赛,凯尔特人遇到了奥兰多魔术。那是支奇特的球队。球队首发包括:

两个前锋,同为 208 公分身高。一个是土耳其组织前锋希度·特科格鲁,一个是此前签了六年 1.2 亿美元合同、一度被舆论嘲笑的射手拉沙德·刘易斯——雷·阿伦当年在西雅图超音速的副手。

两个后卫,一是街球场上无敌的拉尔夫·阿尔斯通,一是灵巧的新人康特尼·李。

唯一的巨星,是 2004 年 NBA 状元、2009 年 NBA 年度防守球员,长了一身怪物肌肉的巨人德怀特·霍华德。他们的教练斯坦·范甘迪是个酷爱穿圆领汗衫,外套西服的胖子。可是就这支队伍,却在 2008-2009 季投进了当时历史第三的 817 个三分球。

奥兰多的打法：一大四小。德怀特在禁区虎视眈眈，周围则安排四个射手。防守端压迫外围，德怀特独自控制禁区；进攻端，四人拉开空间，找机会给德怀特篮下做球。真正的指挥官是 208 公分的土耳其前锋特科格鲁。他的高大身材给了他宽裕的传球视野。

魔术与凯尔特人第一战，魔术就用替补后卫、杜克大学史上最好的射手 JJ 雷迪克去追雷·阿伦，再重点攻击皮尔斯让他早早犯规，第二节，魔术外围对球施压，再用高大锋线遮盖朗多的传球路线。结果，上半场凯尔特人就落后了 18 分，0 罚球。最后凯尔特人 90 比 95 输球。

凯尔特人 112 比 94，在第二场大破魔术，朗多 15 分 11 篮板 18 助攻的三双，雷·阿伦 22 分。但他们立刻 96 比 117 大败了第三场，1 比 2 落后。第四场最后时刻，大宝贝戴维斯为凯尔特人射中绝杀球：95 比 94，双方打到 2 比 2。

第五场，凯尔特人以 59 比 67 进入第四节，然后英雄出来：赛季中途签下的斯蒂芬·马布里单节得到了 12 分。凯尔特人第四节神勇反击，92 比 88 取胜，3 比 2。

"我觉得，我能回到场上，接着打篮球，就很幸运了！" 32 岁的马布里一脸纯真地说。KG 在场边为他的每次得分而吼叫：十三年前，他们可是队友来着。

但凯尔特人的好运到此用尽。第六场，魔术在第四节打出反击，德怀特·霍华德 23 分 22 篮板，统治了禁区。KG 只好在场边和新人比尔·沃克一起握拳怒吼，魔术 92 比 83 击败凯尔特人。3 比 3。第七场，在波士顿花园，魔术在第四节轰垮了凯尔特人，再没有回顾。101 比 82，凯尔特人败北，3 比 4 被淘汰。

"每个人都在笑啊！"大男孩德怀特·霍华德很爽朗。东部决赛，他们将面对连续两个 4 比 0 横扫对手、拥有常规赛 MVP 勒布朗的东部第一，克里夫兰骑士。

XXVII

然后，魔术又一次震惊了 NBA。

魔术在克里夫兰赢下了首战：他们允许勒布朗得分，但锁死骑士其他人。第三节骑士全队得到 17 分，其中勒布朗独取 11 分。

勒布朗 41 分钟内 30 投 20 中，轰下 49 分。然而，全队第二得分不过是莫·威廉姆斯 19 投 6 中的 17 分。魔术方面，特科格鲁 15 分 14 次助攻悠游自如，德怀特·霍华德击溃了大 Z，30 分 13 篮板。而刘易斯则用 4 投 3 中的三分球让骑士的巴西内线安德森·瓦莱乔头疼。刘易斯得到 22 分，包括最后时刻一记锁定胜局的底角三分。魔术 107 比 106 取下第一战。

第二场骑士也没有缓过来。比赛余 49 秒，特科格鲁一记三分球打到 93 平。勒布朗左手上篮被吹走步。然后，特科格鲁在萨沙·帕夫洛维奇头顶一记跳投：魔术 95 比 93 领先。比赛还剩 1 秒。

在此之前，骑士队史上最著名的绝杀，是整整二十年前，公牛 23 号乔丹的那记浮空跳投，"The Shot"绝杀，那是克里夫兰最铭心刺骨的一球。而此刻，当骑士的 2008-2009 季赛季即将崩溃的时候，骑士自己的 23 号跳起，出手了。

勒布朗三分弧顶接球，闪电出手。球划过特科格鲁的手指尖，与此同时终场哨响——然后，球进了。

"我后来只听到了一片尖叫。"勒布朗说。

骑士队史上最伟大的绝杀就此易主。公牛 23 号曾经给予克里夫兰的最大伤痛，终于得到了救赎。勒布朗射进了克里夫兰队史最伟大的一球，挽救了比赛。1 比 1。

但好运并未接踵而来。来到奥兰多后，骑士输掉了第三场：在一场血腥对决中，双方合计 86 次罚球，58 次犯规，两次技术犯规。上半场，莫·威廉姆斯左眼被打伤。韦斯特、大 Z 和莫合计 37 投 13 中。勒布朗 28 投 11 中，24 罚 18 中得到 41 分，7 篮板 9 助攻。但与第一场类似：第四节他太累了，他射失了 5 个罚球。特科格鲁手感极差，11 投仅 1 中，但 12 罚 11 中得到 13 分；德怀特 8 投 5 中 19 罚 14 中得到 24 分。骑士被魔术的防守窒息了。99 比 89，魔术 2 比 1 领先骑士。

第四场，德怀特再次粉碎了骑士内线，27 分 14 篮板。魔术全队轰下 17 记三分球。就在比赛结束前 4 秒，刘易斯三分得手，魔术 100 比 98 领先。勒布朗像列卡车一样冲向篮下，造皮特鲁斯犯规，罚中，进入加时。加时赛，德怀特连续两记扣篮，连续抓到后场篮板，补进前场篮板。加时赛最后，刘易斯两次罚球得手 115 比 111 给骑士留了 6 秒。勒布朗投了一记近 8 米的三分球得到自己第 44 分，但时间不够了。魔术 116 比 114 取胜，3 比 1。

"勒布朗在场时，3.2 秒就像两分钟那么长。"范甘迪这么形容，"用两个人防他，而他还能摆脱、接到球，射出一记投篮。这家伙不可思议。"

第五场，骑士做了点改善：韦斯特连续第二场有大胆的突破和一对一游移单打，大 Z 敢跳投、敢单打，甚至有一对一面筐切入。吉布森和上一场一样有惊艳的远射发挥。莫·威廉姆斯则有系列赛以来最好的表现，24 分。勒布朗得到 37 分 12 助攻 14 篮板：骑士 112 比 102 取回胜利。2 比 3。

但第六场，骑士半场即以 40 比 58 落后。下半场骑士试图反击，但特科格鲁稳稳地控制节奏。德怀特轰下了职业生涯季后赛最高的 40 分。魔术 103 比 90 取胜，4 比 2 淘汰骑士，杀进 2009 年总决赛。"我们，作为一个球队，知道人们如何谈论我们。我们现在能击败任何人。"德怀特说。时隔十四年，奥兰多魔术再次被一个自称超人的大孩子怪兽中锋（上一个是 1995 年的鲨鱼）带进了总决赛。

只是，德怀特这次，并不比当年的鲨鱼幸运。

XXVII

2009 年 2 月，身在凤凰城太阳的鲨鱼得到了他最后一个全明星 MVP：妙在那天，他与科比共享了 MVP。

鲨鱼大大咧咧地说："我们是大传奇兄弟！他很够哥们，他让我把这奖杯回去给孩子们看！"

他俩似乎一笑泯恩仇了？天晓得。

2008-2009 季，湖人拿到常规赛 65 胜，但科比打出 1999 年以来最少的个人上场时间（场均 36 分钟），2005 年以来最低的个人得分（场均 26.8 分），21 世纪以来最少的个人场均罚球次数（6.9 次）。因为禅师让他相信：他必须将精力集中在季后赛。

2009 年季后赛首轮，湖人 4 比 1 干掉爵士。然后是第二轮：他们遭遇了姚明率领的休斯顿火箭。姚明与加索尔是当时 FIBA 世界最强的两个巨人，而火箭还有两个防守专家在等科比：凶恶的罗恩·阿泰斯特、冷静的肖恩·巴蒂尔。

还不用提火箭的主帅里克·阿德尔曼，是十七年前带开拓者被禅师欺负过的老冤家。

系列赛第一场，斯台普斯球馆。第二节：巴蒂尔被撞伤，眼角出血。这仿佛激起了双方的斗心。火箭依靠姚明的神威，压住湖人内线，领先 3 分进入第四节。姚明的体力逐渐见底：上罚球线时他以手按膝，大口喘气。之后姚明与科比膝盖相撞倒下，被扶出了球场。在过道里，姚明勇毅地拒绝回更衣室：他一瘸一拐回到了球场。

姚明回来后，又得到了 8 分：一记跳投，6 个罚球，全场 28 分。加上巴蒂尔眼角的伤，湖人被火箭血与火的斗志震慑了。科比全场 32 分，但是加索尔、拜纳姆和奥多姆三大内线合计 33 分：姚明一个人的 28 分就足以让他们失色。火箭赢下第一场，夺回主场优势。这是姚明篮球生涯最辉煌的瞬间，真正的孤胆英雄。

"我们队今晚打得很好。"姚明说,"每个人都很好。阿泰斯特和巴蒂尔防科比已经很出色。每个人都很无私。"

但第二场,科比找到了感觉。27 投 16 中,40 分。湖人取胜。肖恩·巴蒂尔对科比的防守无可挑剔——脚步移动,压低重心,不吃假动作,及时举手干扰。但科比很聪明:进入中距离,用敏捷的脚步摆脱出空间后迅速投篮。既不试图强突也不太多远投,就在中距离击杀巴蒂尔。

"我们反击过了。"姚明说,"每人都打得很硬,试图控制节奏。"

"这是季后赛,"科比回答,"这个理由就够了。"

巴蒂尔分析过,科比的弧顶三分球命中率只有 25%,可以考虑让他多投这种球,但并不如愿。布莱恩·肖说,"科比有时会让对手产生错觉,以为科比真的被他引诱着做了其他动作了,然后,科比会将计就计,攻击对手最薄弱的点"。

科比在第三场得了 33 分。28 投 11 中的命中率不算高,但是第三节,他在 10 米开外一记三分,让火箭绝望。湖人拿到了 2 比 1 的领先。这场比赛后,姚明的伤势撑不住了:对湖人第一战受伤后,他不声不响,带伤撑了两战,但他的确没法打了。第四场,姚明缺阵,并就此开始他漫长的养伤恢复,直接缺阵了接下来的 2009-2010 赛季,并在 2011 年退役,结束了他多伤但卓越的 NBA 生涯。

但火箭并未屈服。第四场火箭推出惊人的速度,一路狂奔。29 比 16 结束第一节,再未落后。分差一度拉开到了 29 分。最后火箭 99 比 87 击败湖人,取下第四阵。2 比 2。

第五场第二节,科比一个打三分,让湖人领先到 29 分。用了三节,科比就得到了 26 分。火箭以 78 比 118 惨败,40 分的差距平了火箭队史纪录。湖人 3 比 2 领先。科比赛后对火箭加以赞许:

XXVII

"我们集中注意力。我们知道周四那种松懈程度是不够的。因为我知道,我们不是在对阵一些鱼腩部队。我不管别人怎么说,他们是支非常强韧的队伍。他们有无数拼命打球的人物。"

第六场,休斯顿火箭开局 17 比 1 领先,半场 52 比 36 领先,比赛再未有悬念。但第七场,火箭终于到此为止:湖人第一节 22 比 12 领先,半场 51 比 31 锁定胜局。在没有姚明的禁区,加索尔和拜纳姆合计 26 投 16 中,24 个篮板球。科比点头:"我想我们学会了,如果每晚都这么努力,从防守端开始,我们才有机会赢球。我们会把这经验带进下一轮。无论如何,我们都要继续。"

2009 年西部决赛,湖人遭遇丹佛掘金:之前的赛季初,底特律活塞将昌西·比卢普斯送到掘金,接了掘金的阿伦·艾弗森,但这次交易不算成功,活塞的辉煌期就此结束,艾弗森也黯然离去。反而比卢普斯在丹佛,让甜瓜卡梅罗·安东尼和 JR 史密斯这些暴躁小青年找到了感觉。2008-2009 季常规赛,甜瓜曾单场追平当时 NBA 历史纪录的单节 33 分。加上马库斯·坎比和肯扬·马丁这些内线,掘金企图靠肉搏战跟湖人叫板。

结果科比在系列赛第一场得到了 40 分,压倒了甜瓜的 39 分。湖人 105 比 103 获胜。禅师承认:

"我们打得艰涩,但科比自己冲开了血路。"

科比第二场 20 投 10 中 32 分,甜瓜得到 34 分。老辣的比卢普斯和布则得到 27 分,用自己的步伐制造大量罚球。此外,湖人对肯扬·马丁过于放松了:马丁在内线捡漏 10 投 7 中。掘金 106 比 103 获胜,1 比 1。

"现在他们有主场优势了。"科比说,"可是别忘了,我们是联盟客场成绩最好的球队。"

第三场最后,湖人 93 比 95 落后,科比右翼强行起手三分,96 比

95 反超。之后阿里扎完成抢断，阻断掘金进攻锁定比赛。科比 24 投 12 中 17 罚 15 中 41 分，而加索尔 20 分 11 篮板。湖人 2 比 1，取回主场优势。

第四场，甜瓜直到第二节才投进第一球，前 11 投 1 中。但是，比卢普斯在第三节引起反击：他自己打三分得手，随后巴西巨人内内、克里斯·鸟人·安德森连续补进前场篮板。第三节结束，掘金篮板球以 47 比 29 领先。科比整个第三节被压制到只中一球。第四节初，比卢普斯再打三分，随后一记三分球，湖人 70 比 83 落后。科比在第四节连续强攻、三分，但来不及了。掘金控制了篮板，比卢普斯推起了快节奏，全队 49 次罚球。科比 26 投 10 中 34 分，但掘金全场轰下了 120 分。双方大比分 2 比 2。

第五场，科比只投了 13 个球。他将自己做成了诱饵，不停转移球让锋线进攻。结果：奥多姆 19 分 14 篮板，加索尔 14 分 10 篮板。"有点儿冒险，"科比说，"但我想改变比赛的方式。我发现掘金对防守我真的很在意，所以，我想尽力把机会给我的队友。"科比送出 8 次助攻，湖人第四节发威，104 比 93 击败掘金。3 比 2。

第六场在丹佛。科比已经预感到会发生什么了："那地方一定像摇滚乐现场一样激昂。我们得冷静点，冷血点，好好控制自己。"湖人上半场以主力阵容为主打慢节奏拼防守，冷却掘金的手感，拉开分差；下半场则以快攻部队和掘金拼进攻耗比分。科比如黑曼巴般精准，20 投 12 中，9 罚 9 中，35 分外加 10 次助攻。加索尔 20 分 12 篮板 6 助攻。奥多姆从中获益，20 分 8 篮板。湖人 119 比 92 血洗了掘金。4 比 2 淘汰对手。连续第二年，湖人挺进总决赛。

然后在 2009 年总决赛第一场，湖人就 100 比 75 大破奥兰多魔术：

科比全场 34 投 16 中 8 罚 8 中 40 分。魔术第二节一度以 33 比 28 领先，然后湖人一个 6 比 0 反超，接着科比接管比赛。整个第二、

XXVII

三节，科比在中距离游刃有余。

与此同时，湖人也利用着魔术的劣势：他们一大四小极尽灵活，但只有德怀特这一个巨人。卢克·沃顿和奥多姆，不断抓住魔术禁区的漏洞偷分。

"我很想要冠军。"科比说，"就这么简单。我太想要这个冠军了。"

第二场，魔术调整了策略。翼侧阻绝球少了，中距离开始布防，以遏止科比的中投。魔术很罕见地摆了长时间的二大三小，保持对整个禁区的控制。比赛结束前 0.6 秒，双方 88 平。斯坦·范甘迪教练布置了一个边线战术，观察，再一个暂停，第二次布置战术。新人康特尼·李腾空而起，企图在空中接到边线传球，低手把球托过加索尔的手指。

——可惜，那个球没进。双方 88 平，进入加时。JJ 雷迪克在加时错失了关键三分。湖人 101 比 96 赢球。2 比 0。第二场，科比 22 投 10 中，29 分。但关键不只于此。湖人助理教练布莱恩·肖说，"我们阻止了德怀特轰击篮筐。"东部的一位球探承认，"虽然湖人双塔和德怀特不同，但他们显然做好了准备。"

第一场拜纳姆 22 分钟内 9 分 9 篮板，加索尔 16 分 8 篮板，奥多姆 11 分 14 篮板；第二场拜纳姆 5 分 1 篮板，加索尔 24 分 10 篮板，奥多姆 19 分 8 篮板。事实上，拜纳姆＋加索尔＋奥多姆三大内线，是湖人真正的优势所在。加上科比，就构成了湖人赢球的理由。哪怕刘易斯在第二场 34 分，但魔术内线打不开。

第三场上半场，魔术 32 投 24 中。阿里扎说："他们投进了所有的球!!"最后时刻 101 平手时，刘易斯远射得手，魔术赢下第三场，1 比 2。

第四场双方拖入加时：科比打了 48 分 52 秒，31 投 11 中 32 分。同时，针对魔术对他的防守，他不断找到弱侧三分线外的阿里扎及其他队友，送出了 8 次助攻。阿里扎 14 投 6 中，三分 4 投 3 中，16 分。

但是，主角却不是他俩。

常规时间最后一回合，湖人 84 比 87 落后。开球时魔术全队都在跟着科比。湖人老将德里克·费舍尔后场运球，朝魔术三分线跑去。

——五年前，特科格鲁在马刺时，曾经遭遇过费舍尔的"0.4 秒"绝杀。

——这一晚，他又被费舍尔绝杀了一次：费舍尔三分命中。87 平。加时。

加时赛最后时刻，双方 91 平。科比突破回传给费舍尔。又一次关键远射。94 比 91，湖人领先。下一回合，加索尔扣篮，锁定胜局。这可能是德里克·费舍尔一生最伟大的夜晚：一记三分锁定加时，一记三分终结魔术。湖人 3 比 1 了。

第五场，没什么悬念了：比赛结束前一分钟湖人大比分领先，暂停，科比坐在板凳上左顾右盼。这晚他 23 投 10 中 30 分，早早锁定了胜利。有两次，他两手捂嘴偷笑。比赛剩下最后半分钟的那次暂停，斯坦·范甘迪拿着纸条给队员们讲战术，科比已经在和武贾西奇、费舍尔拥抱了。

99 比 86，湖人击败魔术。4 比 1，2009 年 NBA 总冠军。

保罗·加索尔成为了第一个戴上总冠军戒指的西班牙人。但科比拥抱得最久的人，是跟他一起拿到了第四枚戒指的老哥们德里克·费舍尔。比尔·拉塞尔将总决赛 MVP 奖杯递给了科比。此前科比的三个总冠军，总决赛 MVP 都是鲨鱼。这一次，科比终于拿到了一座完全属于他自己的冠军：

距离上一次夺冠，已有七年之久。

"我再也，再也不用听那些说我不能夺冠的弱智批评了！那实在很恼人。"科比托着总决赛 MVP 奖杯说，"有一小段时间，我都觉得自己快发疯了。然后，我开始狂喜，就像，一个孩子进了糖果店。"

XXVII

就在科比与鲨鱼分手的 2004 年夏天，40 岁的德尔·库里——在 NBA 官方记录档案里有 1083 场职业生涯出赛、12670 总得分、1993-1994 季年度第六人奖、黄蜂队史得分第一人——把自己的儿子叫到了后院。他用那双在 NBA 以 40.2% 命中率投中过 1245 记三分球的大手，对儿子斯蒂芬·库里比划：

"你投篮姿势有问题。"

那时，斯蒂芬·库里是北卡州夏洛特基督高中的超级射手，全州闻名，但是老爹苦口婆心："你的投篮都是从腰里投出来的，这不对。把出手点抬高！——你将来打 NCAA、打 NBA 时，不可能从腰里投篮！"

两年后的 2006 年，斯蒂芬·库里高中毕业。当时他 183 公分 72 公斤，过于瘦弱。老库里的母校弗吉尼亚理工大表示："你儿子这体格，打不了 NCAA。"

最后戴维森学院要了斯蒂芬·库里。校队主教练鲍勃·麦凯洛普到处传扬："这孩子不是寻常人。"大学篮球生涯第二场对阵密歇根大学，斯蒂芬·库里得了 32 分 4 助攻 9 篮板。大一他场均 21.5 分南区联盟第一，全国新人中得分排第二，仅次于 2007 年榜眼凯文·杜兰特。他的 122 记三分球创造 NCAA 新秀纪录。2007-2008 季他大二，场均 25.5 分，带领戴维森 26 胜 6 负。2008 年 2 月 13 日对北卡，他取下 41 分，带领球队完成逆转。2008 年的 3 月 23 日，九天前满 20 岁的库里，把 NCAA 第二号种子乔治城大学给射倒了。那天下半场，这小子眼睛都不眨地射下 25 分。两天前，库里对冈萨加刚轰下 40 分，三分 10 投 8 中，带队获胜。之后的 2008 年 3 月 28 日，全国第三的威斯康辛大学派了全国顶尖防守专家迈克尔·弗拉沃斯来对位库里，结果库里 33 分，戴维森 72 比 56 取胜。库里成为史上仅有的四位 NCAA 淘汰赛前四场都得 30 分的球员之一；追平了 NCAA 单季 158 记三分球的纪录。又两天后，戴维森对后来的全国冠军堪萨斯，库里得了 25 分。比赛最后时刻，堪萨斯派两个人夹击库里，放他的队友杰森·理查兹投空位三分：投偏了，堪萨斯 59 比 57 险胜。主教练比尔·瑟夫立刻带队员们离开。"你知道，你赢下这样的关键比赛，你得庆祝，得欢呼。但我只想确认赶紧握完手，把裁判赶离球场，确认比赛完全结束了。这样，他们就不会再把时间还回给库里了。"

这就是斯蒂芬·库里。2009 年 NBA 选秀大会，大三的他第 7 位被金州勇士选中。那年的状元、扣篮魔王大前锋布雷克·格里芬去了洛杉矶快船，随即养伤一年；而第三位探花则是亚利桑那州大的詹姆斯·哈登：一个留着大胡子、身高 196 公分、被球探认为挺像吉诺比利、非常狡猾、擅长突破和远射的左撇子后卫。

那时库里和哈登当然不知道，他俩会成为宿敌。

2009 年夏天，卫冕冠军湖人用罗恩·阿泰斯特替下了阿里扎；凯尔特人招来了拉希德·华莱士；克里夫兰骑士则签下了 37 岁的鲨鱼：他们不想再被德怀特·霍华德横行禁区了。

这些操作当然都挺冒险：阿泰斯特尤其不是个省油的灯。小牛老板马克·库班就欢天喜地说："我说啥来着，现在湖人搞到阿泰斯特了，我再想不到更好的事了。哇哈哈，你能想象吗? 阿泰斯特拿了球，科比站一边儿，说，'把球传我，谢谢，罗恩·阿泰斯特'。"

2009 年夏天，夺冠后的科比去拜访了大梦奥拉朱旺，跟着他训练篮下步伐。他很清楚：2009 年 8 月他就 31 岁了。他已经不再是 2001 年那个灵动奔跃的 8 号科比。他必须用更收敛、从容、聪慧的方式打球，以静制动。

2009 年 12 月，科比的右手食指尖端两次撕裂。队医说科比的食

XXVII

指韧带处出现了碎骨。他拒绝了手术和六周休养。等他的无名指中部关节开始发炎时,科比尽量改用大拇指和中指控球,调整投篮手型。

手指、左脚踝、右膝盖、背部痉挛、腹股沟等伤情,他都已不放在眼内了。伤痛对他来说简直成了习惯。

2009年12月4日,斯台普斯球馆。最后3.2秒,湖人105比107落后迈阿密热。科比三分线外接球,转身试图摆脱,德文·韦德紧追不舍。科比被压到三分线外一步,角度已被封死。时间即将走完,科比侧向跳起,身体扭曲,完全来不及摆出投篮姿势,几乎是横身一甩,球飞了出去,然后擦板而入。三分球。零秒绝杀。108比107,湖人获胜。

从此拉开科比的绝杀浪潮。

12月16日,密尔沃基。科比在下半场到加时已经得了25分。105比106落后,湖人还有最后一次进攻机会。科比运球沿球场左侧向前进。常规时间,他刚投丢了个绝杀。这一次,他背靠着雄鹿的查理·贝尔运到前场,然后一记翻身后仰跳投。然后,他冷静地高举双手庆祝。107比106,他绝杀了雄鹿。

"我用平常的手势投了那个球,没进,所以我换了一下手势。"他谈论着他那布满碎骨的右食指,"我很高兴我投进了,不然就白费了我的训练。"

2010年1月1日,斯台普斯球馆。一度落后20分的湖人,追到仅以106比108落后于国王,还余4秒。禅师叫了个三分战术。

"国王守了联防,边线无人防守。"科比说,"所以,菲尔就要求把球传到我这儿,然后投进。"在此之前,科比已经得了36分,三分6投4中。国王忘了这一点。球快速传到左路,科比用极快的手法出手,出手哨响。三分穿网而过,109比108。绝杀。

2010 年 2 月 24 日，孟菲斯。科比因休养踝伤缺阵五场后归来。余 54 秒时，他一记三分球让湖人追至 96 平。然后，终场前 4 秒，他一记三分球得到自己的第 32 分。湖人 99 比 98 解决了灰熊。

"他持续不断投进这类球。"灰熊主教练霍林斯摇着头，"伟大的球员制造伟大的演出。很伤人，可是你得赞美他。"

会厌倦这感觉么？

"每次绝杀，都像是第一次。"24 号黑曼巴蛇微笑着说。

"这种感觉像好莱坞。有趣极了。关键时刻打出好球是我的责任。我爱这事。"

2010 年 3 月 9 日，斯台普斯球馆。刚刚三连败的湖人，被多伦多猛龙逼到了最后时刻。克里斯·波什一记三分将分数追到 107 平，给科比留了 9.5 秒。两天前在奥兰多，科比刚投失一记绝杀。

这一次？

"我的责任就是这个，终结比赛。"科比耸肩。

他运球到边角，面对猛龙防守，一记投篮划过对手指尖。个人全场第 32 分，第四节第 14 分。湖人 109 比 107 解决猛龙。

加上 2010 年 1 月 31 日在波士顿花园的一个制胜球，这就是 2009-2010 季常规赛科比·布莱恩特的战绩：他的绝杀直接给湖人带来了 6 场胜利——而且，他只能灵活动用七根手指。

多亏科比七根手指的六次绝杀，2009-2010 季湖人取下了 57 胜 25 负的常规赛战绩，西部第一。对湖人来说，这就够了。

常规赛第十四个赛季，科比场均 27 分 5.4 篮板 5 助攻。他的手指连累了远投，不到 33% 的三分率是 2004 年以来的新低。

XXVII

2010年西部季后赛第一轮,湖人对阵年轻的西部第八俄克拉荷马城雷霆。

那年的雷霆,拥有当季常规赛得分王,也是NBA历史上最年轻的得分王、21岁的三年级生凯文·杜兰特,外加二年级就电闪雷鸣的后卫拉塞尔·威斯布鲁克,以及探花第六人詹姆斯·哈登。几年后,这三个人将各自创造一大堆NBA历史纪录,但在当时,他们只是三个初出茅庐的少年。他们的外围有联盟第二防守阵容的瑞士人萨博·索夫罗萨,但唯一够档次在季后赛肉搏的长人,是非洲猛男大前锋塞尔吉·伊巴卡。

但雷霆的潜力在这年就展现了:

湖人艰难赢下第一场,87比79。科比在瑞士人索夫罗萨的照顾下,19投仅6中。雷霆的闪电后卫威斯布鲁克16投10中24分,硬生生羞辱了费舍尔。湖人赢球,靠的是拜纳姆和加索尔合计32分25个篮板球的内线优势。

第二场,双方缠斗到第四节:科比连续两个跳投外加罚球连得5分,对面杜兰特右底角强投拉回分差;科比晃开格林得到个人第30分,右翼强投再拉开到84比80,杜兰特还一个强行投篮,将分差再拉到2分。88平后,科比绕一个掩护跳投直接90比88领先,之后罚球锁定胜局。全场科比28投12中15罚13中39分,而杜兰特摆脱了阿泰斯特的纠缠,得到32分。

第三场,杜兰特在第三节发威:快攻中急停8米外三分球,将分数追到74平。——自这记投篮开始,他后面9投5中。一节半内,取下20分。最后他全场29分,19个篮板。第四节他和科比一对一,给了科比一记盖帽。威斯布鲁克继续用速度追杀费舍尔,轰下27分。雷霆101比96击败湖人,科比赛后承认,第四节高他10公分的杜兰特来防他,让他吃惊不小。"这个对位让我惊讶。他做得很好。"的确,科比的确从未见到杜兰特这么奇怪的家伙:七尺长人,却拥有后卫般的移动速度和投篮手感。

第四场，湖人依然防不住雷霆的快攻。威斯布鲁克 18 分，杜兰特 22 分，哈登 15 分。雷霆拼命加速，而湖人外围三分只有可怜的 22 投 4 中。第三节，分差已到了 20 分开外。最后湖人 89 比 110 败北。2 比 2。

如何遏止雷霆的快节奏？

科比给出了答案。

第五场，雷霆的反击推动器威斯布鲁克 13 投 4 中，8 次失误。雷霆上半场就以 34 比 55 落后，最后输掉：因为科比主动要求去防守威斯布鲁克了。

"我喜欢挑战。我可不想输球后再去琢磨我当初做错了什么。所以，我接受了挑战。"

科比在第六场 25 投 12 中，32 分。最后时刻，前 10 投 3 中只得 7 分的加索尔，点进了前场篮板。95 比 94，湖人获胜。4 比 2 淘汰雷霆，直逼半决赛。真正的隐藏功臣是阿泰斯特。最后一场，他逼杜兰特 23 投 5 中。整个系列赛，他让杜兰特场均得到 25 分，但命中率只有 35%。阿泰斯特感觉相当不错：

"每个人都觉得我们应该快刀斩乱麻，但我们没做到。对我们来说，这经历很好，因为我们已经紧张起来了。我们知道该怎么好好打。"他顺便嘲弄了一下杜兰特：

"他绕掩护投篮很好，但如果一对一单挑的话，嘿嘿……"

2010 年西部半决赛，湖人连续第三年遇到老冤家犹他爵士队，4 比 0 横扫。西部决赛，湖人的对手是老冤家凤凰城太阳：2006、2007 这两季，科比的湖人都倒在太阳手下。时光荏苒，1996 届最好的组织后卫纳什与最好的得分后卫科比，再度相遇了。

2009-2010 季是纳什最后的黄金岁月。这年太阳用 211 公分、有

XXVII

一手三分球的瘦长内线钱宁·弗莱替下了鲨鱼，成为了斯塔德迈尔的内线搭档。加上太阳新来的老将格兰特·希尔——他终于从漫长的膝伤中恢复了——太阳重回巅峰。这个赛季纳什打了自己 NBA 生涯第 1000 场比赛，年满 36 岁的他全季打了 81 场比赛，场均 16.5 分、NBA 第一的 11 次助攻和 94% 的罚球率，以及继续精准的 51% 命中率和 43% 三分率，联盟第二阵容。

那年西部季后赛，55 胜西部第二的达拉斯小牛被西部第七马刺神奇地干掉了。但西部半决赛，纳什带着太阳 4 比 0 横扫马刺，终于报了一次仇。系列赛第三场，24 岁的斯洛文尼亚人戈兰·德拉季奇 17 分钟内得到 26 分。这个矮吉诺比利 5 公分，同样的左手，同样步伐妖异的青年就此成名。

于是纳什与科比在 2010 年西部决赛聚会。第一场赛前，科比去抽掉了膝盖积水，然后 23 投 13 中 12 罚 11 中轰下 40 分，湖人 128 比 107 大胜。

第二场科比变了个花样，全场他只得了 21 分，但送出 13 次助攻。他的传球让拜纳姆 5 投 5 中 13 分，加索尔 19 投 11 中 29 分，奥多姆 10 投 7 中 17 分。湖人内线彻底轰碎了太阳。124 比 112，湖人取胜，2 比 0。

"加索尔在内线接我的传球得分，让比赛变得特别容易。我们特别擅长对付来包夹的球队，就这样。"科比说。

第三场，太阳使出了联防，克死了湖人内线。科比 24 投 13 中 36 分 9 篮板 11 助攻，但湖人内线不开，防守则挡不住斯塔德迈尔的面筐进攻。斯塔德迈尔 42 分，太阳 118 比 109 赢回一阵。1 比 2。第四场，科比再取 38 分 10 助攻，但太阳继续联防。106 比 115，湖人再败。2 比 2 了。

第五场，科比 30 分 11 篮板 9 助攻。比赛最后时刻双方 101 战平，湖人边线开球。科比右翼强投三分，球来不及沾到筐。然后，一双大手捡到了球，将球点进篮筐：那是罗恩·阿泰斯特。103 比 101，继加索尔前场篮板补进绝杀雷霆后，湖人季后赛第二次绝杀。

"我一开始打得很不好。"阿泰斯特承认（的确，在补篮之前，他一共 8 投 1 中），"下半场，我稍微找点感觉了，传好球，抢断，抓点篮板。然后我猜，嗯，打狠一点，所以我就抓到那个篮板啦！"

好运气跟着阿泰斯特到了第六场：他 16 投 10 中，三分 7 投 4 中，25 分。湖人上半场 65 比 53 领先，再未落后。科比得了 37 分。奥多姆说："他这家伙实在是太棒了。他让那些不可思议的事变得寻常了。"

湖人 111 比 103 击败太阳，4 比 2 淘汰对手，连续第三年进总决赛。

"我们能看看我们多成熟。"科比说，"总决赛对手以前挑战过我们。如今，我们可以试看自己成长了多少。"

因为总决赛的对手，正是 2008 年的夙敌，波士顿凯尔特人。

2009-2010 季的凯尔特人过得并不顺利。就在 2009 年夏天，里弗斯教练还与安吉经理讨论：

要不要用朗多和雷·阿伦打包，去跟凤凰城太阳做交换，得回霸王内线斯塔德迈尔、巴西第六人巴博萨，以及 2010 年第 14 号选秀权呢？

雷·阿伦先知道了这事。他是个有话直说的人，于是他给朗多打了电话："嘿，他们好像要送我俩去凤凰城，因为你和丹尼、道格不太合得来。你大概得做点什么……"

在阿伦的角度，他认为自己应当通知一声朗多；但朗多大概觉得阿伦在指摘他的个性。他俩之间的一点儿不愉快，就此埋下了。

2009-2010 季，凯尔特人还是有精湛的跳投、传切、遏制对方的投篮命中率。但他们缺少内线得分和篮板球。所以凯尔特人想赢一场球，要比对方投得更准、更稳定、更专注、更协作、更紧张。涉及到精

XXVII

神层面，凯尔特人极尽完美。但他们缺少肌肉。2010 年 4 月，114 比 119 输给休斯顿火箭后，朗多和 KG 访谈时说了同样的意思：

"现在对手失去了对我们的惧怕。"

最后凯尔特人常规赛 50 胜 32 负，东部第四名，就此迎来了季后赛。

东部季后赛首轮，面对常规赛 47 胜、拥有东部第二人德文·韦德的迈阿密，凯尔特人没给任何面子。

韦德系列赛场均 33 分 6 篮板 7 助攻，但没有意义：凯尔特人拿下前两场。要命的第三场，皮尔斯在迈阿密客场 32 分 8 篮板，雷·阿伦 25 分。最后时刻 98 平，皮尔斯要球：他运着球，看到比赛剩两秒，走到罚球线右侧，21 英尺外一个中投。球进哨响。100 比 98。凯尔特人 3 比 0 领先。

韦德在第四场轰下 46 分带队扳回一城，但第五场，皮尔斯 21 分、朗多 16 分 12 助攻、雷·阿伦 24 分，KG 14 分 8 篮板 3 助攻 3 抢断，干净地解决了热。4 比 1。

次轮，三年内第二次，凯尔特人遇到了克里夫兰骑士。

这个赛季，持续巅峰状态的勒布朗·詹姆斯刚蝉联了常规赛 MVP。他的骑士常规赛 62 胜，而且拥有了鲨鱼，似乎可以应对一切阵容。

然而，刚被凯尔特人淘汰的迈阿密热主教练斯波厄斯特拉觉得不对，他提醒所有人：凯尔特人"在恰当的时间恢复健康了，乃是本季我们所有对手中意志最强韧的队伍，没有比他们更危险的队伍了"。

凯尔特人对骑士的第一战用尽套路：大量延阻逼住骑士外围，逼迫他们单打；进攻端则持续用挡拆欺负老迈的鲨鱼，用 KG 单挑骑士的前锋安托万·贾米森。骑士上半场极为被动。第三节，莫·威廉姆斯利用勒布朗的牵制，单节得到 14 分。骑士终于以 79 比 78 反超，勒布朗在第四节接管比赛，全场得到 35 分 7 篮板 7 助攻：101 比 93，骑士取胜，1 比 0。

但第二场，骑士没这么顺利了。勒布朗受肘伤困扰，15 投 7 中 24 分，远投毫无威胁。朗多 13 分 19 次助攻，第三节他带起反击浪潮，让凯尔特人领先到 20 分以上。最后 104 比 86，凯尔特人大破骑士。朗多赛后说："光荣属于我的队友，他们投进了球。至于我，只是让他们打起来容易点。"

第三场，勒布朗第一节就果断地独得 21 分。全场比赛，勒布朗 22 投 14 中，38 分 8 篮板 7 助攻。骑士第一节以 36 比 17 领先凯尔特人，再未落后。2 比 1。但是第四场，勒布朗的手感又消失了。18 投 7 中，三分 5 投 0 中。朗多则打出 29 分 18 篮板 13 助攻的超级三双，带领凯尔特人 97 比 87 取胜。2 比 2。

于是进入东部决赛第五战，天王山。

勒布朗第五场的表现，至今是个未解之谜：他打了 42 分钟，然而斗志不振，手感低迷。14 投 3 中 15 分。下半场他常在底角旁观进攻，第四节有几个回合甚至不触球。具体原因无人知晓，反正，勒布朗在 2009-2010 季克里夫兰最后一个主场里梦游，凯尔特人大比分赢下了第五场，拿到 3 比 2 领先。

第六场，勒布朗在波士顿花园 21 投 8 中得到 27 分 19 篮板 10 助攻的三双。在第四节，分差落后时，他一度两记三分球掀起骑士最后的追分浪潮，但凯尔特人终结了他的追杀。凯尔特人 94 比 85 取胜，4 比 2 淘汰骑士。至此，勒布朗七年骑士生涯、第五次季后赛旅程以失败告终，即便他已经得到了两个常规赛 MVP。

第六场得到 22 分 12 篮板的 KG，凑着勒布朗·詹姆斯的耳朵，说了这么句话：

XXVII

"有时候,过于忠诚会伤害你。"

为什么他会说这句话?也许因为 KG 看见勒布朗,这个比他小八岁的天才,一样是高中毕业进 NBA,一样无所不能,一样已经得到了常规赛 MVP,却无法更进一步。也许 KG 回望自己的十二年不幸的森林狼生涯,念及自己 31 岁才到凯尔特人遇见了皮尔斯和雷·阿伦——也许他不想勒布朗遭遇类似的命运?

2010 年东部决赛,凯尔特人再次面对 NBA 的未来。他们已经干掉了韦德与勒布朗,接下来,是连续第二年,面对奥兰多魔术德怀特·霍华德。

与去年不同的是,凯尔特人有 KG 了。

凯尔特人全员努力,92 比 88 拿下了第一场,再 95 比 92 拿下第二场:奥兰多两个主场全破。

然后是第三场,凯尔特人 94 比 71 大破魔术,3 比 0。朗多在第二节做了一个动作震惊了魔术:他先飞扑在地,捡到球,立即起身,晃过对手上篮。皮尔斯在赛后怒吼:

"还有一场!还有一场!!"

凯尔特人 92 比 96 输掉第四战。皮尔斯 32 分 11 篮板,雷·阿伦 23 分,KG 拿下 14 分 12 篮板。他们拼了,但确实体力不济。第五场,凯尔特人在奥兰多输掉了 21 分。3 比 2。

第六场,凯尔特人第二节一度 45 比 25 领先。第三节,雷·阿伦三个三分球扼住魔术。加上皮尔斯的 31 分 13 篮板,锁定胜局。

凯尔特人击败魔术,4 比 2 晋级 2010 年总决赛,决战湖人。

——上一次凯尔特人以东部第四进总决赛,是 1969 年王朝尾声:当时将要退役的拉塞尔,面对韦斯特、贝勒与张伯伦领衔的湖人。

比起两年前,凯尔特人变老了,但朗多成长了;湖人那边也老了两岁,但多了安德鲁·拜纳姆。

新仇旧恨,一起结算吧。

湖人 102 比 89 轻取了 2010 年第一场总决赛。科比 30 分 6 篮板 7 助攻。雷·阿伦受犯规所困,朗多被双塔笼罩。皮尔斯是凯尔特人唯一可靠的攻击手:他孜孜不倦地挑逗阿泰斯特,搏到了 13 记罚球,得到了 24 分,同时尽力回收内线保护,抓到 9 个篮板,盖了 2 个帽。

可是,他也被阿泰斯特识破了。

第二场,皮尔斯被阿泰斯特限制,只有 11 投 2 中。然而,雷·阿伦送出总决赛历史上最伟大的三分球演出。

雷·阿伦的投篮姿势是右臂略倾斜,肘张得靠外,双手的姿态,有些像照相机三脚架。他起手投三分,在空中总有一个明显的停顿:小腿发力,跳得极高,腰腿笔直,是所谓典型的双动投篮。无论他在哪里投篮,姿势永远保持一致。第二场上半场,雷·阿伦创纪录的 7 记三分球全中,全场 8 个三分球。依靠他的三分球,凯尔特人在客场维持住了分差。双方全场打平 11 次、交替领先 22 次。最后时刻,全场得到 19 分 12 篮板 10 助攻的朗多从背后盖掉费舍尔,再断掉科比一球,用自己不擅长的跳投射中锁定胜局的第 95 分。凯尔特人最后 103 比 94 取胜,1 比 1。雷·阿伦一身汗水,却不想谈他的纪录。

"没有比这更好的时机和地点,赢到一场胜利了。"他扫视着满场失望的洛杉矶球迷,冷冷一笑。

第二场 KG 因为犯规问题只打了 23 分钟,6 分。赛后加索尔嘲弄道:"KG 已经成了个跳投手。"KG 大怒,第三场,KG 强硬地 16 投 11 中,25 分。可惜没带来胜利:老奸巨猾的费舍尔最后时刻,连续四次绕掩护后的中投,4 投 4 中,外加一次反击。第四节他独得 11 分。湖人 91 比 84 取胜。凯尔特人 1 比 2 落后。

可是第四和第五场,湖人就没这么幸运了:他们连输两场。凯尔特

XXVII

人 96 比 89、92 比 86，两场慢节奏的胜利。

科比在第四场取下了 33 分，在第五场取下了 38 分。可是第四场，拜纳姆只打了 12 分钟就下场，奥多姆和加索尔的内线被凯尔特人的绿色浪潮完全淹没了。第四场下半场，KG 统治比赛，用连续的前场篮板点进，羞辱了奥多姆。皮尔斯也复苏，得到 19 分。

第五场，皮尔斯不停找奥多姆单挑，全场 27 分。虽然科比一度 14 分钟里连得 23 分，第三节半节得到 19 分，但 KG 逼到加索尔只得 12 分，自己则单打跳投强攻篮下，18 分 10 篮板 5 抢断 2 封盖，统治攻防两端。3 比 2 领先。

那时，距离凯尔特人三巨头的第二个戒指，只差了一步。

皮尔斯尖叫："这是我们今年最重要的比赛！我们处于上风！"

然而，命运开始捉弄凯尔特人了。

第六场，湖人赢球，与此同时，凯尔特人的中锋肯德里克·帕金斯受伤倒下了。第七场，在洛杉矶，凯尔特人领先到第三节结束，耗尽了所有气力，终于撑不住了。

第四节，科比只投中一球：罚球线摆脱阿伦，跳投得分。但这是湖人反超的一球：66 比 64。之后，科比突破篮下，罚球。68 比 64。

从此局势开始扭转。凯尔特人力不从心了。

实际上，第七场科比 24 投 6 中，但他带头抓到 15 个篮板球。湖人完全压倒了没有帕金斯填塞禁区的凯尔特人，最终以 83 比 79 险胜。

4 比 3，湖人击败凯尔特人，拿到 2010 年 NBA 总冠军。

科比蝉联总决赛 MVP，并且追平了魔术师的五个总冠军戒指。

赛后，当被问到这个冠军对他意味着什么，科比流露出了狡黠的微笑："我比鲨鱼多一个冠军了，我可以把这个戒指存到银行去了。你们了解我是什么样的人，我什么都没忘记。"

事隔多年，他终于向鲨鱼复仇成功了。

"光荣属于我的队友,他们投进了球。至于我,只是让他们打起来容易点。"

第二十八章　达拉斯的童话

(XXVIII)

2010年6月,即将成为自由球员的勒布朗·詹姆斯看着科比带领湖人蝉联了总冠军,蝉联了总决赛MVP。连续两年,他统治了常规赛,但是笑到最后的是湖人,是科比·布莱恩特。

被凯尔特人淘汰那天,KG对勒布朗说:"有时候,过于忠诚会伤害你。"

2010年6月底,传言纷扰。纽约尼克斯、新泽西网、迈阿密热、芝加哥公牛,都已经腾出了两个顶薪球员的空间。勒布朗宣布,他要在ESPN向全世界直播自己的决定。几乎同时,迈阿密传来了大消息:同为2003届的全明星前锋克里斯·波什已决定加盟迈阿密热,去与德文·韦德作伴。

波什七年职业生涯,三季场均20分10篮板的表现,一共打了11场季后赛。面筐进攻、运动能力、身高臂长和篮板出色。他很不错,但众所周知,迈阿密当家帕特·莱利的真正目标,是勒布朗。

很多年后,韦德承认,自己2010年夏天前,没想到自己能与勒布朗共事。当时他去了自己经纪人亨利·托马斯的办公室,被告知勒布朗打了个电话过来。

勒布朗:"你会去哪儿?"

韦德:"我会朝胜利去,你呢?"

勒布朗:"一样,我们一起玩吧!"

韦德:"酷!我们一起干吧!"

他俩一度想过去芝加哥:那里有工资空间,又有德里克·罗斯这个2008年状元,还有刚硬锋线如罗尔·邓与乔金·诺阿。韦德建议:"去芝加哥?那里还是个大城市,大市场呢!"

——当然,也因为芝加哥是他的故乡。

他俩也琢磨了纽约的可行性,然后他们回过头,发现只剩迈阿密热有足够的工资空间,能同时签下勒布朗、韦德和波什三个人。当时他俩觉得,好哥们波什是他们的完美搭档。

于是,就这样了。

2010年7月9日,在ESPN的直播中,勒布朗·詹姆斯说出了他的决定:

他要去迈阿密热,"我要把我的才华带去南海岸"。

一夜之间,"决定"的争议遍及全美。雷吉·米勒认为忠诚是必要的。勒布朗的老队友埃里克·斯诺摇头说:"这让我无法再赞同勒布朗了。"而查尔斯·巴克利则认为:"如果我25岁,我就会去争夺一枚属于自己的戒指。"克里夫兰球迷开始公开焚烧他的球衣。骑士队的老板吉尔伯特发表了公开的愤怒信。

焦点争议是他离开的方式。在克里夫兰人心目中,勒布朗是俄亥俄本地产的英雄。所以上电视选择离开家乡这件事,对他的商业形象简直是毁灭性打击。再者他去了迈阿密:众所周知,那是韦德的城市。当然,他和韦德是好哥们,他俩加上波什,可以打出绝妙的篮球,甚至组建王朝,但无疑是选择了走捷径。当然,勒布朗从来强调他在意团队,他更在意团队成就,所以这也算符合他的性格。但随后争议又扩大了。

在迈阿密热为勒布朗和波什开的欢迎会上,他们三人像摇滚歌星般出场。他们在舞台上欢闹高唱:

"我们要的不是两个、三个、四个、五个、六个总冠军。我们的目标是,'许多个'总冠军!!"

因为这段张扬的歌谣,2010-2011季,迈阿密热成为了联盟公敌。这点压力开始让勒布朗反思。到2010年秋天,他承认:

XXVIII

"如果可以重来一次,我大概会把'决定'做得不同点儿。"

2010年夏,当勒布朗做出"决定"后,凯文·杜兰特宣布了一个低调决定:五年合同,续留俄克拉荷马城。自那之后,美国媒体风头急转。他们跟踪2010年男篮世锦赛,为杜兰特带美国队夺冠叫好;每场季前赛,记者都要问杜兰特:"你觉得你和勒布朗比怎么样?"杜兰特的每句话,例如"我赛前不会去派对"或是"我希望队友和我一起上杂志封面",都会被大张旗鼓地歌颂。

杜兰特vs勒布朗,成了NBA的新话题。

2010-2011季常规赛开始9战,热5胜4负。克里斯·波什承认"我有些迷失"。韦德依然是全队得分王,但多少失去了主控权,更多快下、空切与两翼单打。他承认:"勒布朗打得很有侵略性,所以我们的机会就有点被压缩了。"

2010年12月,埃里克·斯波厄斯特拉教练想到个荒诞但是有效的"回馈法则":勒布朗和韦德,谁能够防下一个球来,谁就有权支配下一次进攻,以此来解决两人的球权问题。

2011年1月9日,热做客先前已主场八连胜的波特兰开拓者。开拓者的王牌前锋、打法酷似拉希德·华莱士的2006年榜眼拉马库斯·阿尔德里奇表现神勇,比赛剩2分13秒时,开拓者89比82领先,开拓者球迷齐声嘘勒布朗。勒布朗皱眉,之后2分钟他带队得到11分,93平逼入加时,再两记三分球,让波特兰主场瞬间静寂。热107比100取胜,赢下了过去22场比赛中的21场:这一战勒布朗44分,韦德34分。

2月3日,热做客奥兰多。勒布朗看到了奥兰多球迷的各色嘲讽标语。这一晚,他前11投全中,热领先10分进入下半场,领先16分进入第四节,最多时领先21分。最后热104比100取胜,勒布朗51分

11 篮板 8 助攻。

五天后，勒布朗再次统治了对手。对步行者，他上半场就得到 26 分，第四节带热打出 27 比 15 的高潮完成逆转，117 比 112 取胜。勒布朗 41 分 13 篮板 8 助攻。斯波厄斯特拉教练赛后不吝赞美："勒布朗在球场两端都打出了 MVP 级的篮球！"

但这一年，他并不是常规赛 MVP。

2011 年 2 月 24 日，热做客芝加哥迎战公牛。勒布朗 29 分 10 篮板 5 助攻，韦德 34 分 8 篮板，但公牛的防守逼到热队其他人加起来 34 投 8 中，只得 25 分，波什 18 投仅 1 中。正被芝加哥媒体捧为常规赛 MVP 热门的德里克·罗斯得到了 26 分，罗尔·邓 20 分 10 篮板，公牛全队山呼海啸抓下 53 个篮板球，而热仅有 39 个。他们跟公牛的冤仇，就此结下了。

2011 年 4 月常规赛结束，热以 58 胜 24 负结束了三巨头聚合的首季常规赛。常规赛 MVP 选票上，勒布朗输给了公牛的德里克·罗斯。

三年级的罗斯场均 25 分 7.7 助攻。他的球队里只有他一个王牌，而且伤兵满营：主力中锋乔金·诺阿缺席 34 场，大前锋卡洛斯·布泽缺阵 23 场。公牛完全依赖罗斯支撑进攻。实际上，2011 年的罗斯，可能是 NBA 历史上打得最炫目的组织后卫：191 公分，臂展 203 公分，原地跳 34 英寸，助跑跳 40 英寸，84 公斤卧推 10 次，底线折返跑 11.7 秒，3/4 场冲刺 3.09。他如此迅疾，可以在慢速溜达中毫无征兆地一个前倾加速，再一个变线变速，就摆脱对手，完成一个风车扣篮。于是三年级的他，带着芝加哥公牛打出了常规赛 62 胜，就此成了 NBA 历史上最年轻的常规赛 MVP。

2011 年季后赛首轮，东部第二迈阿密热 vs 东部第七费城 76 人。76 人拥有当时号称最接近皮彭的球员：27 岁的安德烈·伊戈达拉。扣篮王级别的身体，组织能手，防守专家，198 公分身高，最奇怪的是：

XXVIII

他特别不喜欢得分。当然，热没给 76 人机会：他们 4 比 1 迈过费城。这也是勒布朗第一次在季后赛遭遇伊戈达拉。

次轮，热遇到了宿命的对手：波士顿凯尔特人。

凯尔特人队里除了勒布朗与韦德的诸位老冤家们，还有一个巨大身影，勒布朗和韦德都熟悉得很：鲨鱼，伟大而老迈的鲨鱼奥尼尔。他俩共同的前队友。

热顺利地以 2 比 0 领先。第一场，韦德 21 投 14 中 38 分，勒布朗 22 分，波什 10 投仅 3 中得 7 分，但 12 个篮板，射手詹姆斯·琼斯出奇制胜，28 分钟内三分 7 投 5 中 25 分。而凯尔特人雷·阿伦 13 投 9 中 25 分、皮尔斯 19 分，终究敌不过热队双拳。第二场，韦德 28 分，勒布朗 25 投 14 中 35 分 7 助攻。热 102 比 91 再胜一局。

当勒布朗与韦德左刀右剑，互为犄角时，就无可阻挡了。

第三场，朗多和韦德在对抗中受伤，左臂脱臼，离开球场。第四节他又回来了，左臂几乎固定在身旁，只靠一只右手，两条腿，继续奔走。斯波厄斯特拉教练服气了：

"我们完全明白，干掉一个冠军多么困难。你知道凯尔特人是个多么骄傲的团队，他们会给出怎样的回答。"

朗多用一只右手，引领凯尔特人完成第四节反击。97 比 81，凯尔特人扳回一城。韦德和勒布朗合计只得 38 分，对面则是皮尔斯的 27 分、KG 的 28 分和朗多的 11 次助攻。

第四场，朗多依然独臂出阵，但冠军的尊严让他们坚韧不屈。德隆特·韦斯特和雷·阿伦各一记三分后，凯尔特人在比赛还剩 2 分 28 秒时 84 比 81 领先。勒布朗一记三分球追平比分，再一记左手上篮，剩 48 秒时热以 86 比 84 领先。皮尔斯上篮再追平到 86 平。双方错进错出，比赛进入加时。加时赛，凯尔特人的老态终于显露，6 投仅 1 中，4 次失误。而热则靠勒布朗跳投、波什扣篮、韦德跳投，一口气领先到

92 比 86。大局已定。勒布朗和韦德互相击掌：他们俩分别得了 35 分和 28 分，加上波什的 20 分，三巨头合计劈落 83 分。热 98 比 90 击败凯尔特人。3 比 1 领先。两天后，热 4 比 1 终结凯尔特人：比赛最后时刻，勒布朗两记三分球，两记突破上篮，连得 10 分。热完成逆转，凯尔特人打光了所有子弹，倒下了。

勒布朗跪倒在地，后来他如此描述：

"那瞬间，一切都在我脑海闪现。我终于跨越了凯尔特人。我那年夏天经历的一切，我做了'决定'，然后决定成为这支球队的一部分……因为我知道球队在体育运动里是多么重要……这一切都涌上心头。如果要我把那一刻我所想的都描述一遍，我能说上两个小时……我很高兴，我们终于作为一支球队，穿越过这一切了。"

2011 年东部决赛首战，热 82 比 103 输给了公牛：罗斯独得 28 分。但第二场开始，热完全看破了公牛，用夹击 + 轮转解决公牛的攻势。热连取第二、第三场，2 比 1 领先。

第四场第四节，双方胶着。比赛剩 28 秒时，勒布朗逼到罗斯投篮失手。之后又一个关键回合，勒布朗又一次防住罗斯，逼 MVP 跳投不中，双方 85 平进入加时。加时赛，韦德送出两记扭转比赛局势的封盖，其中一个盖了罗斯；而勒布朗继续单防封杀罗斯。热 101 比 93 击败公牛，3 比 1。罗斯 23 分，但 27 投仅 8 中，7 次失误，4 次被盖。他此时的遭遇，恰似 1995 年西部决赛的罗宾逊：明明拿到了 MVP，却被联盟实际最强者当面封杀了。

第五场在芝加哥，比赛剩三分钟时公牛还 77 比 65 领先。但韦德忽然苏醒：跑投、上篮，加上勒布朗一记三分球。罗斯还以一个后转身上篮，但韦德一记匪夷所思的三分球加罚球打四分再度追近。罗斯投失，勒布朗再一记三分球。两分钟内，热已经抹平了 12 分的差距。芝加哥联合中心鸦雀无声。勒布朗再一记中投命中，热 81 比 79 反超。

XXVIII

此后是罗斯罚中一球、波什两记罚球、勒布朗最后时刻又一次抹杀了MVP，盖掉了罗斯的三分企图——热83比80取胜，4比1淘汰公牛，晋级2011年总决赛。这次逆转如此神奇，连韦德都发呆："我们都不知道发生了什么。我不说谎。"勒布朗则说，"我想和一些不会关键时刻失常的人组队。韦德过来告诉我，这是有可能的，于是我们就组成了这支队伍。"

距离他上次打总决赛已过去四年了，距离邓肯那句"未来属于你。但多谢你让我们先拥有了这个冠军"已有四年了。勒布朗换了球队，换了号码，完全改变自己的人生轨迹，才走到了这里。

而2011年总决赛的对手，是韦德的老冤家：达拉斯小牛，以及年已33岁的德克·诺维茨基。

本来，2010-2011季常规赛，西部风头最犀利的，除了卫冕冠军湖人，便是圣安东尼奥马刺。之前两季，马刺因为伤病与老化，更新换代。2010年，马刺果断给了帕克四年5000万的新合同。加上吉诺比利三年3880万的合同，布福德、波波维奇、邓肯、帕克和吉诺比利，决定延续这个时代。

马刺在2010-2011季选用了201公分的年轻篮板野兽德胡安·布莱尔与邓肯搭档首发，全队提速。收缩防守；允许对手远射；抓后场篮板急速推进；进攻端帕克和邓肯高位挡拆外切，结合吉诺比利的持球挡拆。总之，帕克和吉诺比利获得了完全的自由，邓肯更多在意防守。于是他们打出了队史最佳开局的13胜1负。波波维奇在2011年春天，冷着一张脸解释他的改变：

"规则要求，现在是个外围球员的时代了。"

39岁的鲨鱼则说了段沧桑无限的话：

"巨人们已经凋谢了。再也不会有巨人像我和蒂姆这样，带着各自球队拿四个冠军了。"

也许是真的相信巨人的时代过去了,波波维奇没有为马刺准备另一个巨人。结果赛季尾声,马刺迎来了厄运。以34岁高龄第二次入选全明星的吉诺比利,在常规赛最后一场受了伤。结果马刺虽然拿到了队史第三的常规赛61胜21负,但季后赛首轮,他们2比4败给了西部第八孟菲斯灰熊。

2011年的灰熊由里昂内尔·霍林斯教练统辖。1977年,身为后卫的他跟随着比尔·沃顿,代表波特兰开拓者夺冠。他是个崇奉内线、性格酷烈的男子。他手下是206公分的长臂左撇子壮汉扎克·兰多夫,以及保罗·加索尔的弟弟、213公分的巨人马克·加索尔。他俩都是前场篮板和禁区单打的能手。加上理智早熟的组织后卫迈克·康利、前凯尔特人的防守专家托尼·阿伦,杜克大学时期威震全美的天生赢家、全NBA公认最聪明、最老到的防守专家肖恩·巴蒂尔,这就是灰熊。在他们六场击败马刺的过程中,邓肯与加索尔打得不分胜负,但马刺没一个内线扛得住兰多夫。

当然,灰熊会在西部半决赛输给俄城雷霆。但西部半决赛更大的新闻,是卫冕冠军湖人输给了达拉斯小牛。

自从2007年被黑八后,小牛招来了新主帅里克·卡莱尔,招来了老组织后卫贾森·基德、纳什的助手肖恩·马里昂。2010年夏,他们招来了泰森·钱德勒:2001年NBA榜眼,216公分高,长臂长腿、敏捷能跑、防守端能控制禁区也能防守挡拆,进攻端擅长空中接力扣篮的巨人。

而在2007年遭遇生涯低谷的德克·诺维茨基,励精图治,成为了一个背身单打的大师。他并没有鲨鱼那样横扫一切的力量,但盖施温纳教练使他养成终身学习的习惯,这让他到而立之年,练成了一招无法防

XXVIII

守的金鸡独立后仰投篮。德克成为了小牛的战术中轴和灵魂，他在三分线、高位、低位到处作为小牛的进攻启动点：挡拆、背身单挑、持球单挑，到处都可以引发对手的夹击。由于德克的存在，小牛得以在阵地战完成无数高质量的挡拆、转移球和定点远射。

2010-2011 季常规赛，基德场均 7.9 分 4.4 篮板 1.6 抢断都是职业生涯新低，还有 36% 的命中率。可是，卡莱尔教练不在乎："这家伙是个天生赢家。他步上球场就是帮你赢球来着。别用数据那种事儿来评估他，没用。"

基德自己说："我现在的主要任务是摆好桌子，服务大家。我们队有那么多会得分的人，我只需要偶尔投投定点空位篮，然后把球分给其他需要的人，让一切推进。"

小牛以 57 胜 25 负结束常规赛，然后，征途开始了。

第一轮，小牛淘汰了开拓者——开拓者的布兰顿·罗伊在这个系列赛打出生涯最后的辉煌比赛，之后因伤早早退役了——然后在次轮，遇到卫冕冠军湖人。

小牛与湖人首战第三节，湖人一度领先 16 分。但忽然之间，小牛用贾森·特里、佩贾·斯托贾科维奇与波多黎各后卫 JJ 巴里亚三个射手一起追击湖人。小牛的灵活与速度，让湖人显得笨重，第四节声势尽失。最后时刻，湖人落后 1 分，还剩 5 秒，38 岁的老基德黏住了科比，科比接球失误。湖人 94 比 96 败北。

第二场，小牛知道怎么对付湖人了。180 公分的巴里亚利用与德克的挡拆独得 12 分，一个人顶掉湖人整条板凳，德克面对加索尔得到 24 分。雪上加霜的是，此时已经改名慈世平的阿泰斯特又犯了老毛病，对巴里亚一次恶意犯规，被处以一场停赛。小牛取胜，2 比 0 领先。

第三场，禅师用奥多姆打小前锋，全队不断将球吊到内线，比赛剩 5 分钟时，湖人还领先 7 分。但此后，小牛的三分球再次发威：特里和佩贾火力十足,德克在最后时刻也随心所欲,小牛 98 比 92 取胜,3 比 0。

小牛并不比湖人年轻,但他们有足够多的射手,足够灵活。第一场的特里、佩贾和巴里亚,第二场的史蒂文森和巴里亚,第三场的特里和佩贾,火力开足,数量、质量皆优,硬用远射把湖人投死了。

就在对湖人第三场,最后时刻,小牛专心只打一个套路:德克背身要位,基德吊球给他,德克单打;湖人包夹,德克回给基德,基德快传给空位,左翼三分。小牛就这样打败了湖人。德克从 2008 年开始苦练的背身单打,终于见效了。

第四场,什么都无法改变。小牛全队命中率 60%,三分命中率高到 63%。贾森·特里射中 9 个三分球,独得 32 分,佩贾三分球 6 投 6 中,巴里亚 22 分。湖人半场以 39 比 63 落后,全场 86 比 122。湖人 0 比 4 被淘汰。这个系列赛后,禅师离开了湖人,就此结束了自己伟大的教练生涯。

2011 年西部决赛,小牛遇到新锐俄克拉荷马雷霆。当时的雷霆拥有凯文·杜兰特,拥有飞速如电的拉塞尔·威斯布鲁克和狡猾精湛的詹姆斯·哈登。西部决赛第一场上半场,杜兰特 8 投 6 中 17 分,德克 9 投 8 中 21 分,下半场二人战得性起,浮云叠上。杜兰特 18 投 10 中 19 罚 18 中全场 40 分,然而德克——匪夷所思地——15 投 12 中,24 罚 24 中,48 分。

杜兰特展示的许多招数,很像少年时的德克:走位、晃动、强行投篮、出手点高得无法干扰。但德克另有些独一无二的招数。第二节,德克玩高位挡拆外切,巴里亚直接突破;德克背身接球吸引包夹,回传基德,基德分右翼特里起手三分球。而基德全场唯一的一个三分球来自德克的助攻;小牛最后锁比赛的三分球,也是他传出来的。

即使杜兰特已成为得分王级别的攻击手,但德克更胜一筹:他成为

XXVIII

了一个背身大师，一个随时随地都可以威胁对手的战术轴心。德克在第四场用 20 次投篮得到 40 分，第五场用 15 发投篮得到 26 分，小牛 4 比 1 终结了雷霆，与老冤家韦德与迈阿密热，重聚 2011 年总决赛。

五年前的 2006 年，德克被韦德打败。自那之后，德克开始苦熬。2007 年被黑八之后常规赛 MVP 都为之失色，2007-2008 季前半段状态跌到谷底。之后，基德到来，德克从谷底开始重新奋斗。五年了，终于快满 33 岁时，德克又熬回了总决赛——身边除了贾森·特里，队友都换过了一遍。

而韦德 2006 年拿了总冠军后，鲨鱼老去，自己受伤，奋起，拿到 2009 年得分王，重归巅峰，终于等来勒布朗，然后回到 2011 年总决赛。

他俩的生涯，都是如此曲折漫长。

热队当家的是三位 2003 届的天才巨星，小牛这边除了快 33 岁的德克，还有 38 岁的基德，33 岁的特里、马里昂和斯托贾科维奇，31 岁的布兰登·海伍德和 30 岁的德尚·史蒂文森。

巨星天赋 VS 老辣意识，最明显的对偶了。

总决赛开始前，ESPN 专家们普遍倾向热队夺冠，但 ESPN 和 YAHOO 体育网络票选，球迷们选小牛赢得多。记者萨姆·史密斯如此概括球迷们对小牛的热爱："NBA 需要明星，但也需要动人的故事。"

2011 年总决赛第一场，双方打得颇为生涩。双方快攻合计 19 分，命中率小牛 37% 对热 39%。用马里昂的说法："对方命中率 39%、只得 92 分，这样的比赛我们通常该赢下才是！"半场结束，小牛 44 比 43 领先。第三节，热用灵活矮壮的乌杜尼斯·哈斯勒姆去缠诺维茨基，辅以包夹；用韦德去防基德，限制他的传球。第三节末尾，勒布朗先是一记三分球反超，再一记压哨三分球，让热领先 4 分进入第四节。韦德发现小牛用特里防守他，于是果断一记中投；韦德发现热用基德守他，于是果断一记中投。韦德回身给马里昂一记封盖，再回身一记三分球，让热领先 9 分锁定大局。最后热 92 比 84 先取第一阵，总决赛 1 比 0 领先。诺维茨基独得 27 分，马里昂 16 分 10 篮板。而热这边：韦德 22 分 10 篮板 6 助攻，勒布朗 24 分 9 篮板 5 助攻包括三分球 5 投 4 中，波什则有 19 分 9 篮板。

第二场前 42 分钟，情势依然倒向迈阿密。韦德在第二节最后一分钟个人独得 5 分。上半场 13 投 9 中 21 分。到第四节过半，热 88 比 73 领先 15 分。韦德已得 36 分。眼看热即将取得总决赛 2 比 0 领先优势，2011 年总冠军也不远了。勒布朗和韦德甚至在场边舞蹈，开始了提前庆祝。

可是局势忽然变化。

特里反击中投得分，基德后场篮板后长传给特里上篮，勒布朗上篮失手，基德后场篮板传给特里，两罚全中；勒布朗给波什压哨投丢中投，马里昂抓到篮板，自己上篮得分；热包夹德克，德克助攻基德射中三分；勒布朗单打马里昂投丢中投，特里挡拆突破中投得手；波什出界失误，小牛挡拆外切，德克中投得手；勒布朗两个三分球不中，德克上篮：小牛追到了 90 比 90 平。

此后韦德远射不中，德克还一记三分球，小牛 93 比 90 反超。

至此，小牛完成 17 比 2 的超级高潮。

热的后卫马里奥·查尔莫斯射中一记三分球，但最后时刻，德克单打上篮得手，95 比 93 完成绝杀。小牛和热打成了 1 比 1。

"德克知道会由他来绝杀。"特里说，"他做了他该做的事：完成了关键球。"诺维茨基自己说得很平淡："在这个联盟里，你得一直打球，直到比赛结束。尤其是，这是总决赛。你可以落后 20 分，但你得奋斗。你不知道会发生什么，我们只是拼命打球而已。"

小牛诸将说，热 88 比 73 领先后，勒布朗和韦德提前庆祝胜利的

XXVIII

舞蹈惹恼了他们。但勒布朗否认："我们根本没庆祝。我当时激动，是因为韦德射中了关键球、我们领先 15 分！"

无论如何，这一晚已经过去了。诺维茨基 24 分 11 篮板而且完成绝杀，马里昂 20 分 8 篮板，特里 16 分。勒布朗前 11 投 8 中但此后 4 投 0 中，20 分 8 篮板 4 助攻 4 抢断。韦德得到 36 分。赛后，勒布朗说："一对一，没人防得住我！"

总决赛第三场，达拉斯。第三节热一度领先 13 分，之后小牛打出高潮追平比分。此时小牛主帅卡莱尔却换下德克，然后在比赛最后半节，让养足体力的德克归来。比赛最后，德克与韦德这对宿敌你来我往。韦德突破，韦德三分，德克上篮，德克罚球。德克扳平比分，韦德中投得手，德克后仰跳投扳平比分。86 比 86。勒布朗先是走步，再是远射被盖后 24 秒违例。最后时刻，韦德 + 勒布朗高位挡拆，分球给底角，波什中投得手——88 比 86，热取下第三场，2 比 1 领先。

诺维茨基轰下 34 分 11 篮板，但无力回天。韦德依然是热队尖刀，29 分 11 篮板 3 助攻，勒布朗 45 分钟 17 分 3 篮板 9 助攻 2 抢断，波什 18 分。

第四场前，勒布朗不再谈论"没人能单防我"，而是：

"我不在乎总决赛的数据。"因为：

"只要球队还在赢球，我的名声就不会受损。"

似乎读出了勒布朗在想什么，总决赛第四场，里克·卡莱尔教练设了个神妙的防守布局：让 38 岁的贾森·基德防勒布朗·詹姆斯。

而且居然奏效了。

勒布朗没法用速度摆脱开基德；他试图过用背筐单打基德，但基德的步子咬得精准，而勒布朗并不以背身进攻见长。第四场勒布朗前 7 投 1 中，到第四节，他的单打基本消失了。

记者萨姆·史密斯如此概括球迷们对小牛的热爱:"NBA需要明星,但也需要动人的故事。"

而那正是比赛最关键的时刻。

韦德第四场得到 32 分,靠一己之力让热领先;而德克上半场显得颇为迟钝。因为他赛前发烧,测体温是华氏 101 度——约合 38 摄氏度,结果前 18 投只有 5 中。第四节热一度 74 比 65 领先。那时,总决赛眼看就要结束了:热即将 3 比 1 领先。

但小牛挺住了。先是贾森·特里突破上篮、突破抛射,重新点燃主场。韦德接管比赛,但诺维茨基发烧的手依然罚得进球,还能左手上篮。最后时刻,比赛剩 14.4 秒,诺维茨基突破上篮,得到关键的 2 分。小牛 86 比 83 取胜,追到 2 比 2 平局。

而这一场,勒布朗只得了 8 分。

第五场,天王山之战。小牛领先 3 分进入下半场,第三节前半段,勒布朗单挑矮他一头、轻他 40 公斤的巴里亚未遂后,越来越犹豫了。进入第四节。韦德助攻大前锋尤度尼斯·哈斯勒姆得分,随后自己突破得分、抢断上篮。比赛剩 4 分钟,热已经 99 比 95 领先了。

于是小牛改用马里昂去防韦德,用基德去防勒布朗。而勒布朗并未乘机攻击基德。特里一个超级三分球,双方打成 100 平。勒布朗面对基德,一记中投不进,德克底线突破,扣篮。

之后勒布朗继续迷惘:先进攻犯规撞倒钱德勒,再一个三分球失手。基德接特里传球,三分远射得手,小牛 105 比 100。等特里投出关键的三分球,勒布朗终于投进一个迟来的上篮——至此,总决赛五场比赛,勒布朗的第四节得分只有 11 分。小牛第四节打出 17 比 4 大逆转,112 比 103 取下总决赛第五场,3 比 2 领先热了。这场比赛韦德造了 12 次罚球,23 分 8 助攻。波什 19 分 10 篮板。勒布朗 19 投 8 中 17 分 10 篮板 10 助攻,三双的成绩,但第四节,他打得很是迟疑。

第六场,比赛回到迈阿密。背负小牛一整个系列赛的德克·诺维茨

XXVIII

基终于没了手感，上半场 12 投 1 中。实际上，第一节他下场时，小牛 17 比 22 落后。然后小牛打出了 25 比 6 的高潮。韦德带队回了一波 14 比 0，但热没人拦得住特里：上半场他个人独得 19 分。小牛 53 比 51 领先。到第四节，诺维茨基醒了。前 20 投 4 中的他，最后 7 投 5 中。加上特里、巴里亚和基德们锦上添花。小牛 105 比 95 取胜。用德克自己的话说："是我的队友们背负了我。"

的确，这场冠军战，小牛的每个球员都有发挥。基德的两记三分、一次回防盖掉查尔莫斯；巴里亚的上篮和突破分球；钱德勒的内线保护；马里昂的每个前场篮板；特里卓越的上半场；蒂尚·史蒂文森第一节的关键狠劲。小牛全场 19 次助攻，三分球 26 投 11 中。转移球、快攻跑对路线、把握投篮机会，拉开空间寻找队友。用卡莱尔教练的话说："我们打的是正确的篮球。"

一群老将支撑的小牛 4 比 2 击败拥有三巨头的热，拿下了 2011 年总冠军。33 岁的德克·诺维茨基赛后，冲进更衣室——后来他自己承认，他是哭去了——然后回到球场，接过了冠军奖杯，以及总决赛 MVP。2006 年输掉总决赛、2007 年作为常规赛 MVP 被黑八后，他跌入了人生低谷。然后他救赎了自己，重归巅峰：用一个伟大的总冠军。

——就在第五场前，德克最好的朋友斯蒂夫·纳什在社交网络上说，谁赢第五场谁夺冠。

——在小牛夺冠后，镜头给到了德克当年的恩师盖施温纳老先生。他来了。他亲眼看着德克经历了一切生涯最低谷之后，在 33 岁上，攀到了巅峰，夺冠了。

第二十九章 热与马刺

(XXIX)

657 - 710

2011 年的夏季漫长而酷热。NBA 球员工会和球队老板们为了新劳资合同谈判得昏天黑地，终于 NBA 自 1999 年后再次停摆，赛季推迟，大批球员去欧洲打工。

鲨鱼退役了。禅师归隐了。湖人雇用了迈克·布朗教练。2011 年 12 月 8 日更发生了一件妖异的事：

新奥尔良黄蜂、洛杉矶湖人与休斯顿火箭搞定了一个交易，将把堪称当时第一组织后卫的克里斯·保罗送至洛杉矶湖人，与科比搭档。

但 NBA 总裁大卫·斯特恩取消了这个交易，理由是"篮球原因"。某些老板相信，在劳资谈判过程中，斯特恩希望通过取消这个交易，来保护小城市球队的利益，"不能把便宜都让大城市占了！"魔术师颇为愤怒，认为此举是对球迷的不敬。韦德则认为这情况实是一团糟。五天之后，保罗被交易到了洛杉矶快船：在那里等候他的是 2009 年状元，拥有扣篮王身手的劲爆前锋布雷克·格里芬。黄蜂则得到了快船后卫、193 公分的得分手埃里克·戈登。

先前 2011 年 3 月，布福德经理给波波维奇教练招来了一个 1987 年生、24 岁的二年级得分后卫：198 公分的丹尼·格林。他是 2009 年选秀大会第 46 位新秀，在骑士跟勒布朗·詹姆斯做过队友。他在北卡读大学时，绰号是"填数据的"：可以把数据单每列都填点什么。在马刺干了一星期，面临被裁时，他给波波维奇留了个语音短信：

"我会做任何您要求我做的事情。篮板，防守，舞毛巾的，递水的……您需要我做什么，我都做。"于是波波维奇留下了他。

2011 年夏天，马刺在选秀大会上用后卫乔治·希尔换了一个 15 号选秀权，招了 1991 年夏天出生的卡瓦伊·莱纳德：201 公分、102 公斤，圣迭戈州大二年级的小前锋。在体能测试中，他的速度不算快，垂直弹跳 81 公分也不算高。令人瞩目的是他 221 公分的臂展，以及恐怖的大手。莱纳德 16 岁那年，父亲被枪杀了，凶手至今逍遥法外。知道父亲死讯后 24 小时，莱纳德在一场比赛里面无表情得了 17 分，然后投入母亲的怀里嚎啕大哭。

2011 年总决赛败给达拉斯后，勒布朗·詹姆斯一头冲进房间，两周都没出门。"我没法看电视，因为每个频道——包括卡通频道——都在谈论我和热队。"他想听音乐，但 hip-hop 没法振作起他的情绪，他把自己的 iPod 音乐单全换成了老式音乐。他听巴里·怀特，听鲍比·沃马克，听那些他出生前就已存在的曲子。每隔一会儿，他妈妈格洛里亚和他女朋友萨凡娜·布林森就走过来，跟他说一会儿话。后来勒布朗说："我都没注意听过她们说了什么。"

半年后，勒布朗承认："我慢慢失去了作为一个篮球手，以及一个人的正常感觉。我卷进了周遭的旋涡。我觉得，我必须向所有人证明些什么——虽然我不知道为什么。所有的事情都那么紧张。"

在房间里待了两周后后，勒布朗飞回了故乡俄亥俄。他找到了凯斯·达姆布罗特，他的老教练。老教练对勒布朗说："你得多做些你不那么喜欢做的事。你要多抓篮板，多做无球移动。所有基础的事情都能让你回到原点。"

2011 年夏，迈阿密热在选秀大会上招来了控卫诺里斯·科尔。他跟勒布朗训练时，注意到桌上放着一本关于领袖才能的书：《蚂蚁与大象》。勒布朗自己说：

"这本书讲一只蚂蚁，如何千方百计寻找绿洲，但最后发现最好的方式，是乘上一头迈向绿洲的大象……有一段时间，蚂蚁在大象背上，他们穿过沙漠，看见一群狮子，大象把狮子们吓走了。蚂蚁觉得，哇，我有世上最强大的朋友！但稍后，大象看见老鼠，害怕了，逃走了。蚂蚁不明白，为何如此巨大、吓得走狮子的巨物，会怕老鼠。蚂蚁得训练大象，告诉他：你是最大最强壮的，你不用怕任何东西。"勒布朗，112 公

XXIX

斤的勒布朗，NBA 最强壮的怪物之一，说：

"我从这个故事里，得到了许多。"

勒布朗飞去了休斯顿，找到了大梦。大梦给他演示了各类背身动作。勒布朗把这些视频塞进电脑，随时观看。他夏天巡回欧亚做商业活动时，反复看录像琢磨自己的背身攻击。

他觉得自己的运球不够纯熟，于是跑去肯塔基，找到了高中队友、如今的肯塔基大学篮球队助理教练布兰顿·威姆斯。勒布朗练习同时运两个球，而威姆斯对他围追堵截。斯波厄斯特拉教练觉得挺好："伟大的球员总是活得不舒服，总是忙于提高自己。勒布朗也不例外。"

2011 年 12 月，假期结束了。迈阿密热踏上征途前，签下了之前在孟菲斯灰熊与休斯顿火箭都表现出色的杜克名将肖恩·巴蒂尔——NBA 最顶尖的单防专家，最聪明、沉稳、有大局观的团队球员之一。

波什练出了一身肌肉，并说自己愿意担当起中锋的职责。

韦德的夏天神秘而安静，据说一整个夏天，韦德都在苦练背身后仰投篮。他特意加强了右腕和左膝肌肉，以免再受伤。他还苦练失去平衡下的投篮。

2011 年 12 月 31 日，即勒布朗 27 岁生日后一天，他向交往多年、已经为他生了两个孩子的女朋友萨凡娜·布林森求婚了。"她很快乐，我们全家都很快乐。这才是唯一要紧的。"勒布朗说。

2011-2012 季揭幕战，上季总决赛重演。热第一节 32 比 17 领先小牛，上半场打完已经 62 比 41 领先到 21 分锁定胜局。勒布朗全场 36 分钟 19 投 11 中、19 罚 15 中轰到 37 分 10 篮板 6 助攻 2 抢断 2 封盖，而韦德 34 分钟内 21 投 11 中 26 分 8 篮板 6 助攻。热最后 105 比 94 取胜。"我们尝试着打得凶猛。"勒布朗说，"我们是支专注的球队……我们尽量运用速度，而且聚精会神。"

达拉斯主帅卡莱尔则认为：

"我们得重新为这支球队确定身份了。他们是支完全不一样的队伍。"

到 2012 年 1 月 1 日，129 比 90 大破山猫后，热已开局五连胜。场均得分达到恐怖的 110。波什如此解释：热现在习惯提速袭篮，"这简直像场赛跑，看谁先杀到对方禁区。十次里有九次，我跑不过韦德和勒布朗"。紧逼、断球、快攻，勒布朗和韦德突破袭篮，不陷入拖沓的阵地战，不在外围做低效率跳投，开始就奠定巨大优势。

进入 2012 年 2 月，勒布朗逐渐将夏天修炼的一切用上了。他的背身单打，他的运球，他的中投。2 月 13 日，勒布朗对雄鹿全场 33 分钟内 21 投 16 中得到 35 分 8 篮板，雄鹿教练斯科特·斯基尔斯摇头："他能够投中那些高难度投篮——也可能那些投篮对他来说，根本不算高难度吧！"

善解人意的肖恩·巴蒂尔，明白勒布朗的一切苦衷。"他是个全球级的标志，一个篮球传说，这一代最广为人知的运动员。而且他很特殊：他是第一个在信息时代被如此注视的运动员。他的每一天、每件事情都在被关注，他怎么打球、如何回复推特、赛前说什么、赛后说什么，他身边随时都有摄像镜头和话筒。这是他得付出的代价。他明白这个。但我知道许多人未必能承受这一切。"

2012 年 4 月 16 日，客场对阵网队。比赛剩五分钟时，热落后 5 分。勒布朗展现出了非人类的恐怖怪力：他在三分线处运球，后退两步——防守他的德尚·史蒂文森说"就像站在一列火车前一样"——然后把一路碾压过去。他连得 17 分，完成大逆转。当他罚球时，心悦诚服的新泽西球迷山呼海啸：

"M-V-P！M-V-P！！"

热以 101 比 98 赢了球。勒布朗 37 分 6 篮板 7 助攻。他对新泽西的记者承认：

XXIX

"我想不到，还会在客场听到有人喊我 MVP。"

2011-2012 季常规赛结束，66 场常规赛，勒布朗全季出战 62 场，平均出战 37.5 分钟，职业生涯最少；投三分球 2.4 次，职业生涯最少。但是，场均依然有 27.1 分、职业生涯最多的 7.9 篮板 6.2 助攻 1.9 抢断，以及恐怖的 53% 命中率。迈阿密热 46 胜 20 负，东部第二——东部第一依然是罗斯领衔的芝加哥公牛。

西部常规赛，马刺前五个星期 13 胜 9 负；到 2012 年 3 月，丹尼·格林和莱纳德同时成为马刺首发。与此同时，马刺放走理查德·杰弗森，得到了九年前的冠军射手斯蒂芬·杰克逊；3 月下旬，曾经的太阳队老冤家波里斯·迪奥，因为太胖太懒，被山猫裁掉了，马刺立刻签下了他。入行时，迪奥的注册身体条件是 203 公分、98 公斤，号称能打五个位置。但在 2012 年夏天，传闻他的体重已经到了可怕的 120 公斤开外。他曾经被亚特兰大鹰认为"不会运球的控卫，不会投篮的得分后卫，没有速度的小前锋，没有力量的大前锋，没有身高的中锋"，但早年，迪奥还可以尝试打外围，2012 年，他胖得只能打内线了。

然而，他俩的到来，却让马刺产生了巨大的效应。

身为法国人，迪奥和托尼·帕克，早在 14 岁时就认识了。他是个完美的内线轴，担当着马刺进攻的润滑剂。他和帕克、吉诺比利的挡拆，以及他的传球，都促成了马刺的脱胎换骨。赛季最后 23 场，马刺打出了华丽的 21 胜 2 负，常规赛 50 胜 16 负。帕克甚至进了年度第二阵容：这是他个人的最高荣誉了。

但所有人都知道，考验在季后赛。

季后赛首轮，马刺 4 比 0 横扫犹他爵士——因为前一年德隆·威廉姆斯中途离去，杰里·斯隆教练也结束了他传奇的教练生涯。迈阿密热则 4 比 1 干掉了纽约尼克斯：这是勒布朗首次在季后赛遭遇甜瓜。五场比赛，勒布朗和甜瓜各得了 139 分。但尼克斯不是热的对手。勒布朗不吝赞美："很有趣，哥们……他是我遇到过的最有斗志的对手之一。"与此同时，东部第一芝加哥公牛因为前一季的 MVP 德里克·罗斯遭遇毁灭性伤病，季后赛首轮被安德烈·伊戈达拉领衔的费城 76 人下克上，黑八淘汰了。

季后赛次轮，马刺的对手是克里斯·保罗领衔的洛杉矶快船。他们首轮刚把马刺前一年的冤家灰熊淘汰。邓肯对上 2009 年状元布雷克·格里芬：一个白他之后，新秀季数据最华丽的大前锋，霹雳扣篮怪。

被认为是当世第一组织后卫的保罗，以及 NBA 第二阵容的全明星、仿佛坎普 + 斯塔德迈尔合体的格里芬，能解决马刺么？

结果是：对快船第一场，邓肯 26 分 10 篮板，吉诺比利 27 分钟内 22 分，迪奥 27 分钟内 7 分 12 篮板 5 助攻，马刺 108 比 92 取胜，第三节结束时已经基本结束战斗。比赛结束后，快船主帅德尔·内格罗教练念叨邓肯的体重：

"35 岁了，还能在一夏天减掉 9 到 12 公斤的体重，太了不起了。"

迪奥则用法国人那副半真半假不认真的腔调说：

"那，邓肯还有十二年的球好打呢。"

第二场，2012 年 5 月 17 日，帕克 30 岁生日。"我老了"，他说着，得了 22 分。马刺 105 比 88 再胜，2 比 0。第三场第一节，快船 33 比 11 领先，但第二节，吉诺比利带领的第二部队打出 32 比 20，分差缩小。中场休息时，魔术师点评道："马刺没法一路这么顺利逆转的。"话音刚落，第三节，马刺一个壮丽的 24 比 0，完成反超，这段高潮，邓肯得到 9 分，包括反超的一个后仰跳投。最后马刺 96 比 86 赢球，3 比 0。

扣篮如神、灵活健壮的格里芬，到此也无可奈何：

XXIX

"他们拉开空间,然后邓肯高位挡拆,基本上第三节我们就是这么被宰掉的!"

第四场,格林得到 14 分,尼尔 14 分,但最后三分钟,还是三大王牌:邓肯的勾射,帕克的连续两个上篮,加上防守,马刺 102 比 99 取胜。4 比 0 淘汰快船。

这是他们的第 18 场连胜,连续 33 场比赛中的第 31 场胜利。

西部另一场半决赛,俄城雷霆报了两年前的仇,干掉了洛杉矶湖人。

2009 年被选为探花的詹姆斯·哈登,与吉诺比利的相似处不只是左手,不只是身为得分后卫却担当组织者的爱好,不只是变向欧洲步上篮,还有他的犀利选择:他的攻击手段主要是三分线、禁区上篮和骗罚球,而绝少中投,他是个数据至上的高效率怪物。

2008 年入行的拉塞尔·威斯布鲁克,在 2012 年已成长为 NBA 最火爆的后卫。他的选择还是时常出错,但他的高难度上篮 + 急停绷直跳投,杀伤力着实可怕。

两年前即 2010 年季后赛湖人 vs 雷霆之前,阿泰斯特还根本看不上刚成为史上最年轻得分王的杜兰特,只强调:"他们队很善于设立掩护墙!"但 2012 年,已有两个得分王头衔的凯文·杜兰特取得巨大进步。他的一对一持球突破、行进间急停跳投、抛射、中距离背身后仰投篮、左手运球突破、换手变向,全都进步了。实际上,2012 年拿到个人连续第三个得分王的这一年,杜兰特的常规赛 MVP 选票,只次于勒布朗而已。

西部半决赛,雷霆 4 比 1 淘汰了湖人。第二场最后 2 分钟湖人一度领先 7 分,被雷霆三少强行逆转;第四场最后湖人失误,杜兰特一记冷血三分,锁定胜局。对雷霆后三场,科比合计投篮 86 发,得到 116 分,然而众所周知：当湖人只能依靠科比独自接管比赛时，他们是无法夺冠的。

于是马刺与雷霆展开2012年西部决赛，马刺又是2比0领先。至此，季后赛已经十连胜，连带先前的常规赛，连胜达到20场，33场比赛里的第31胜。第一场，马刺101比98取胜，第四节完成39比27的大逆转。第二场，马刺120比111取胜，第三节结束时领先到22分。

然而从第三场开始，雷霆的风向变了。

第三场，雷霆用换防策略对付马刺的挡拆，针对持球突破，果断夹击。他们把防守专家瑞士人索弗罗萨，放去防了帕克。

这个赌注，下得不可谓不大：马刺第三场三分球26投11中，但失误多达21次。于是，雷霆102比82，大胜20分。1比2。

杜兰特说：

"我们的实力，本不该0比2落后的；我们也没准备让自己落后到0比3。"

第四场，马刺被迫弃用马特·邦纳：他无法应对雷霆的凶猛速度。然而第四节关键时刻，雷霆连续一个套路循环往复：杜兰特右腰绕掩护切出，接左翼传球。就这一招连得16分。全场杜兰特36分。加上伊巴卡11投全中和帕金斯9投7中，雷霆109比103取胜。2比2。吉诺比利只好说：

"当一个如此有天分的球员手感来了之后，我们就无法阻挡他了。我们试了不同的防守套路，但没用。"

第五场马刺被迫让吉诺比利首发，把格林扔进替补席。用波波维奇的话说："希望给首发一点活力。"吉诺比利没辜负波波维奇：全场34分。但雷霆还是赢了。比赛剩49秒时，哈登一记夺命三分球，为雷霆

XXIX

锁定胜局。最后比分是 108 比 103。哈登赛后承认，那球本来该传给杜兰特的，但马刺对杜兰特的封锁很成功。

"于是我就出手了。"

第六场，马刺只打了七人轮转。格林、斯普利特、布莱尔、邦纳都被放弃了。上半场，他们 63 比 48 领先 15 分，但之后，雷霆的反击又来了。下半场，雷霆打出了 59 比 36，最后 107 比 99 取胜，4 比 2 逆转，淘汰马刺。

邓肯 25 分 14 篮板，帕克 29 分 12 助攻，杰克逊 7 投 6 中 23 分，但杜兰特也取下 34 分，威斯布鲁克 25 分。吉诺比利摇了摇头：

"我们没什么可抱怨的，我们打了一波很好的进攻，但我们就是无法击败他们。"

杜兰特引布鲁克斯教练的话："最难莫过于打好球，最容易莫过于努力打球。"

于是，这三位少年，来到了 2012 年总决赛。

而东部，迈阿密一路打得很是惨烈。季后赛开始前，勒布朗决定关掉手机，他得专心打比赛，只在一个系列赛完了之后才联系亲友。斯波厄斯特拉教练则请人做了个黑瓷的总冠军奖杯复制品。每个队员都用金笔去签了自己的名字。斯波厄斯特拉教练说，每赢一场比赛，就在这个奖杯上描一条金线。16 条金线之后，黑瓷总冠军奖杯将兑现为金杯。

但他们东部半决赛的对手印第安纳步行者并不好对付：全队从上到下都能投篮的队伍，外围有乔治·希尔，以及两位射术卓绝的前锋——丹尼·格兰杰与二年级的长臂新人保罗·乔治。内线则有 218 公分的巨人罗伊·希伯特、206 公分的悍将大卫·韦斯特。

东部半决赛第一场，热 95 比 86 取胜——下半场，勒布朗独得 26

分，韦德 16 分。第四节，勒布朗独得 16 分，和步行者全队分数齐平。全场他 32 分 5 助攻，外加 15 篮板，韦德 29 分。但步行者已经看到了机会：克里斯·波什比赛中途受伤了。第一场得到 17 分 11 篮板的中锋希伯特认为：

"我们有能力打败迈阿密。"

第二场前，因为波什受伤，热被迫摆出查尔莫斯 + 韦德 + 勒布朗 + 哈斯勒姆 + 图里亚夫的首发，结果 75 比 78 输球。1 比 1。热这边勒布朗 28 分 9 篮板 5 助攻 6 抢断，韦德 24 分 6 篮板 4 助攻 2 封盖，但其他队友合计得到 23 分。格兰杰说：

"他们队今天得分第三的人，也只得了 5 分，这就是我们需要的。"

而年轻骄傲的保罗·乔治，认为：

"我们应该可以 2 比 0 领先热的！"

第三战，步行者主场，第三节一波 10 比 1，热被迫暂停，之后步行者又是一波 9 比 2。热彻底崩溃。94 比 75，步行者赢球，2 比 1。令人震惊的是，这晚热得分最高的居然是查尔莫斯，25 分。勒布朗 22 分 7 篮板 3 助攻。而韦德，13 投 2 中，只得 5 分。

又一次，步行者赢在了篮板。他们抓到 52 个篮板，热 36 个。他们把热防到只有 37% 的命中率。

第四场，热由勒布朗顶到内线，去打大前锋。步行者上半场 54 比 46 领先。但下半场，韦德释放了。

之前的 2012 年 4 月，韦德在一次访谈中，说到勒布朗，

"我看到他赛前整理球衣的样子，看到他赛前怎么处理各种事。他是我看过心思最细的球员。我不想搅乱他的想法。……我不得不做一件对我来说最艰难的事，那就是，让出位置。许多人不理解，他们会说：

XXIX

'你干吗那么做?'对我来说,我想要更多的赢球,我不要得分王,我只想赢球。我觉得这句话必须由我来对勒布朗说:'冲吧,哥们,你是世上最好的球员,我们都会跟着你的。'我知道,我说了这话,他会放松一些"。

"我想给勒布朗机会,让他不用想太多。这就像我告诉他:'听着,我会自己想法子,你别担心我。你只要出去,去成为我们希望你成为的那种球员!'"

在绝境中,勒布朗和韦德开始释放自我。热一度以 51 比 61 落后,然后他俩联手轰出了一波 25 比 5。第三节热一共拿了 30 分,他俩 28 分。第四节,步行者不断追击,勒布朗和韦德回以反击。最后一分半,格兰杰三分得手,步行者追到 91 比 96,但哈斯勒姆又一个关键中投得手,加上勒布朗三记罚球,热锁定胜局:101 比 93。2 比 2 平。

韦德全场 30 分 9 篮板 6 助攻,下半场暴风般的 22 分。哈斯勒姆 6 投 5 中 14 分——他、勒布朗和韦德包揽热队下半场 55 分里的 53 分。只是做英雄总有代价:比赛最后,他眼睛受伤了,得去缝针。

勒布朗得了 40 分 18 篮板 9 助攻 2 抢断 2 助攻。赛后,他坐在更衣室前,读一本精装《饥饿游戏》——自从去年夏天后,他喜欢上读书了。

第五场,第二节初,韦德被步行者白人内线泰勒·汉斯布鲁封盖的手打到头部,流了血;第二节后半段,步行者王牌前锋格兰杰扭伤脚踝出了场。上半场,热以 49 比 40 领先,但第三节结束时,比分已领先到了 76 比 57。自从巴蒂尔首发后,找到节奏的勒布朗和韦德纵横无敌。勒布朗 38 分钟内 19 投 12 中 30 分 10 篮板 8 助攻,韦德 33 分钟内 17 投 10 中 28 分。查尔莫斯神奇地抓了 11 个后场篮板,巴蒂尔三分 5 投 4 中 13 分。而且,热队没有因为摆小个阵容而吃亏:篮板以 49 比 35 领先,巴蒂尔和勒布朗轮流防守步行者内线大卫·韦斯特,让他只得 10 分。韦斯特只好说:

"热打着自己的节奏,我们根本止不住。"

第六场，德文·韦德上半场暴风骤雨席卷 26 分，追平热队史半场纪录，支撑住热，没倒在乔治·希尔和大卫·韦斯特的攻击之下。热扳回了上半场的 11 分之差，上半场最后一分钟勒布朗连续得分，让热仅以 51 比 53 落后。第三节，热打出大反击，一口气逆转。步行者一度追到 66 平，但此后热缰绳抖开，一波 13 比 3 让步行者只能望洋兴叹。热 105 比 93 击败步行者，韦德 41 分 10 篮板，勒布朗 28 分 6 篮板 7 助攻。热 4 比 2 干掉步行者，晋级东部决赛。步行者主教练沃格尔只能摇头："波什是个好球员，但他倒下后，意味着勒布朗和韦德能更多接球……对我们来说，真是不一定合算呢。"

然后他回忆了一下："自从第三场以来，他们打球的水准如此之高，我不知道还有谁能击败他们。"

2012 年东部决赛，五年里第四次，勒布朗要遇上波士顿凯尔特人了。

只是 2012 年，两队都不算是巅峰状态。热没有波什，而凯尔特人这边，雷·阿伦有伤，皮尔斯也不算健康，他们新发掘的后卫埃弗里·布拉德利，本来堪称为韦德量身定做的铁镣铐，却在东部半决赛里伤掉了。

2012 年东部决赛第一战，像一场典型的热队比赛。第一节，热的断头台式防守打出 21 比 11，其中勒布朗 13 分；但第二节，凯尔特人打出漂亮反击，35 比 25 追平比分。可是第三节，热再次 26 比 15 领先，然后，前三节得到 12 分的韦德第四节得到 10 分，锁定胜局。热 93 比 79 获胜。凯文·加内特 31 分钟内 23 分 10 篮板，占尽了内线优势，但雷·阿伦和皮尔斯合计 25 投只有 6 中，只得 18 分。热这边，韦德 13 投 8 中 22 分 7 助攻，勒布朗 32 分 13 篮板，而且，热全队篮板以 48 比 33 领先。

XXIX

热打得并非行云流水，但足够表现出他们的年轻和迅疾。全场最经典的一球是韦德抓到后场篮板，转身甩出 23 米跨场长传，勒布朗火车般冲到前场接球得分。

但是斯波厄斯特拉教练忧心忡忡，他了解凯尔特人的坚韧。"他们只落后一场。他们还有机会拿到第二场，然后回到波士顿花园去！"

第二场，凯尔特人的拉简·朗多打满了常规带加时的 53 分钟，最后得到恐怖的 44 分 10 篮板 8 助攻。

热没想到，一向喜爱组织的朗多会出来攻击。热上半场一度落后 15 分，最后以 46 比 53 进入中场休息，韦德上半场最后时刻才开始得分。然后是热习惯性的第三节窒息反击：勒布朗的两记三分掀起了浪潮，韦德的连续跳投和哈斯勒姆的打三分完成反超，一波 35 比 22 的高潮。但凯尔特人依然生猛，双方犬牙交错，缠斗到最后一分钟。雷·阿伦带着受伤的右踝射中关键三分，双方 99 平，进入加时。加时赛，得到 21 分的皮尔斯已被罚下，朗多独自接管，包揽凯尔特人加时所有的 12 分。但热那边，哈斯勒姆的扣篮和韦德的打三分，让热在最后一分半稳住胜利。115 比 111，热赢球。巴蒂尔为这场比赛目眩神驰："这是我参加过最伟大的比赛——不管输赢。"而勒布朗——他 20 投仅 7 中，靠冲击篮下造成 24 次罚球才得到 34 分 10 篮板 7 助攻——说：

"朗多打得绝对匪夷所思。他今晚的表现会被书之史册。"

但他更满意的是：热队 2 比 0 了。

那年常规赛，凯尔特人场均丢 89 分联盟第二（仅次于公牛），限制对手命中率 42%（联盟第一），限制对手三分 31%（联盟第一）。季后赛，他们每场丢分 85。无论常规赛还是季后赛，他们都是联盟防守第一队，尤其擅长控制三分线。

而且,他们依然是全 NBA 最坚韧的队伍。之前的东部半决赛,对年轻凶猛的费城 76 人,第七场第四节:凯尔特人明明已弹尽粮绝,却不知从哪变出了 KG 的强行中投、雷·阿伦的远射;皮尔斯被罚下后,朗多忽然开始个人攻击,投中他平时根本不会出手的超级三分。

0 比 2 落后于热,第三场,凯尔特人开始反击:上半场 55 比 42 领先,第三节结束时分差已是 85 比 63。第三场朗多又是 21 分 10 助攻;皮尔斯的 23 分,以及 KG 的 24 分 11 篮板——就在这场比赛前,KG 的前队友沃利·斯泽比亚克公开说 KG 缺少关键时刻的胆气,结果就是 KG 打出了卓越表现,第二节倒地后还老夫聊发少年狂,做了俩俯卧撑。勒布朗赛后总结说:

"我们全场都在试图追分,我们也打出了高潮,但分差实在太大了。"

第四战,凯尔特人前 25 记投篮命中 16 发,第一节 34 比 23 领先,第二节一度领先到 18 分。之后是迈阿密漫长的追分。斯波厄斯特拉教练果断换上诺里斯·科尔,代替查尔莫斯去防朗多,立竿见影。第四节剩 8 分 54 秒,勒布朗上篮,双方 74 平,之后就是互相缠斗。最后时刻,勒布朗一记三分球追平比分到 89 平,加时。加时赛,勒布朗第 6 次犯规,被罚下了。双方加时就在一片犯规中延续。热只得了 2 分,凯尔特人 4 分——最后 3 分来自于朗多的一记上篮和一个罚球。比赛最后时刻,韦德出手三分试图绝杀,未中。凯尔特人 93 比 91 赢球。2 比 2 了。里弗斯教练脸上浮现出意味深长的微笑。他知道,这是波士顿花园的幸运又一次庇护了凯尔特人。

"红衣主教是不会让(韦德)那个球进的。"他说。

两天后,天王山之战。热终于迎回受伤已久的克里斯·波什,可是阻挡不了凯尔特人 94 比 90 获胜,领先到 3 比 2。因为谨慎,斯波厄斯特拉教练只许波什打了 14 分钟得到 9 分。结果是,KG 取下 26 分 11 篮板,朗多 15 投仅 3 中但 13 次助攻。皮特鲁斯的关键三分为凯尔特人

XXIX

立功，自己得到 13 分。皮尔斯 19 投 6 中 19 分，但他射中了一个极关键的球。比赛最后 53 秒，皮尔斯左翼三分线单挑勒布朗。勒布朗的脚步防守到位，但皮尔斯还是投了一个高难度的三分球——得手后，他怒吼着跑回半场，一路吼着："对! 我让你们得四个、五个、六个总冠军!"

——显然，这是在针对 2010 年勒布朗加盟热后，那段著名宣言："我们要的不是两个、三个、四个、五个、六个总冠军。我们的目标是，'许多个'总冠军!!"

面临生死关头，勒布朗打出了生涯最伟大的比赛。

第六场，比赛剩 3 分 11 秒时，勒布朗终于在替补凳上坐下了。此前他一直没有休息：他足足打了 44 分 49 秒。26 投 19 中，三分球 4 投 2 中，9 罚 5 中，45 分 15 篮板 5 助攻。

确切地说：他第一节就 7 投 6 中得到 14 分，上半场他 14 投 12 中，30 分。韦德说："他坚定得让我觉得都不认识了。他投中了不可思议的投篮。他上演了一场 MVP 级的表演，不只是得分、篮板还有防守，我们只是看他独自统治。"勒布朗开场就果断连续远射，辅以追身跳投，第二节，他随心所欲地背身单打得分，将 2011 年夏天苦练的结果完美展现。一如韦德之前所希望的：

"我想给勒布朗机会，让他不用想太多。"

他没有想太多。他行云流水，毫不犹豫，打出了 NBA 季后赛史上最经典的半场个人表演之一。在背水一战，面对联盟最强的防守队伍，在 NBA 史上最历史悠久、见证过 17 个总冠军的主场波士顿花园，他掐住了命运的咽喉。

"在这样的气氛下，我想打一场声势浩大的比赛。"勒布朗说，"我想为我的队友而战，不管比赛里会发生些什么。"

趁着勒布朗的气势，第七场，热和凯尔特人在迈阿密决生死。比赛还余 8 分 49 秒时，热 81 比 82 落后凯尔特人，但随后，热打出了窒息防守,让凯尔特人之后 11 投仅 2 中。勒布朗第四节独得 11 分,韦德 9 分,波什 8 分——他们三人包揽了热第四节所有得分。

勒布朗全场 31 分 12 篮板,而且仅 2 次助攻。他疯狂突破篮下造了 17 次罚球,根本就不打算传球。热 101 比 88 击败凯尔特人,4 比 3 赢下 2012 年东部决赛。连续第二年,总决赛。

"那,我们聚在一起是有理由的。"韦德说。

于是 2012 年总决赛:迈阿密热 VS 俄克拉荷马城雷霆。

——自乔丹退役之后,参加过总决赛的西部球队只有三支:湖人(七次);马刺(四次);小牛(二次)。而雷霆这次冲破西部的顺序,恰好是:首轮击败小牛,次轮击败湖人,西部决赛击败马刺——他们恰好把西部三位老王打了个通关。

热三巨头中,勒布朗生于 1984 年,韦德 1982 年,波什 1984 年。

雷霆三位天才,杜兰特,1988 年。威斯布鲁克,1988 年。哈登,1989 年。

差四岁,两拨人的决战。

当然,还有勒布朗 vs 杜兰特的话题。

2007 年夏,勒布朗首次进总决赛,败北;那年杜兰特进 NBA,被选为榜眼。那时他俩的风格差别之大,简直昼夜之分:勒布朗壮猛,熟稔突破和传球,杜兰特颀长,擅长投篮与走位。

2012 年,勒布朗依然是联盟最全面的球员之一。他的投篮和走位也变得更优秀了。反过来,杜兰特的投篮依然在,但他的持球进攻也进步极大。

2012 年总决赛第一场。热首节一度领先 11 分。哈登一个跟跄后撤步投篮得分,22 比 29,结束首节。杜兰特赛后承认:

XXIX

"那帮家伙，手感都热到燃起。"巴蒂尔是热的奇兵，在弱侧，他前 7 分钟就射落 3 记三分。第二节，热一度领先到 13 分，但局势忽然逆转：前湖人老将、现任雷霆板凳，手握五枚戒指见多识广老辣成精的德里克·费舍尔忽然出现，快攻得分，追身跳投，两个投篮，把雷霆即将崩溃的势头挽住了。威斯布鲁克第三节没休息，轰下 12 分，雷霆反超进入第四节，74 比 73 进入第四节。随即比赛局势发生变化：杜兰特开始接管比赛；热队改由巴蒂尔去防杜兰特；索弗罗萨撤下韦德，去对位勒布朗。

勒布朗前两节半 17 投 9 中，但后 7 投只有 2 中。一半是因为他体力枯竭，一半是因为索弗罗萨第四节防守到位。而第四节雷霆摆开小阵容：杜兰特、威斯布鲁克、索弗罗萨、科里森、费舍尔，这套双控卫双翼侧单前锋效果奇佳。杜兰特第四节施展得分王威风，独得 17 分，全场 36 分。105 比 94，雷霆拿下总决赛第一战。1 比 0。

杜兰特 20 投 12 中 36 分 8 篮板 4 助攻，威斯布鲁克 27 分 8 篮板 11 助攻。雷霆命中率高到 52%。而热那边，勒布朗全场只休息了 130 秒，24 投 11 中 30 分 9 篮板 4 助攻 4 抢断，韦德 19 投 7 中 19 分 8 助攻。巴蒂尔 17 分 4 篮板，波什 11 投 4 中。赛后，斯波厄斯特拉教练说："他们不断袭来，他们不知疲倦。他们赢球的方式很像我们。"

第二场，热队变阵：克里斯·波什重回首发，热摆出的阵势是查尔莫斯 + 韦德 + 勒布朗 + 巴蒂尔 + 波什。

这套班子没有一个实际的中锋。可以打出空间与速度了。

韦德上半场 11 投 5 中 13 分 5 篮板 4 助攻，雷霆上半场落后 12 分，然后在下半场照例开始大反击。第三节，杜兰特、哈登、威斯布鲁克联手发威，第三节结束时雷霆只落后 6 分。第四节，勒布朗和杜兰特你来我往。剩一分半时，勒布朗失去平衡射中 16 尺跳投，热领先 5 分；

杜兰特还以一个上篮，再一个三分球，热只领先 2 分了；最后 12 秒，三届得分王杜兰特单挑三届 MVP 勒布朗。杜兰特突破、投篮，未中——"那种投篮我总是投得进，偏这个没进！"杜兰特赛后说——勒布朗抓到篮板，剩 7 秒 1 时完成两记罚球——全场 12 罚 12 中。比赛结束了。热100 比 96 取胜，1 比 1，热抢回一个主场。

韦德 24 分 6 篮板 5 助攻，波什 16 分 15 篮板，巴蒂尔继续三分手感火热 7 投 5 中得到 17 分。勒布朗 22 投 10 中 32 分 8 篮板 5 助攻。威斯布鲁克 27 分 8 篮板 7 助攻、哈登 21 分、杜兰特继续无可阻挡 22 投 12 中 32 分。勒布朗很得意于他冷静的 12 罚 12 中:

"在这样大的舞台上，每一分都要紧。所以我不想错失任何一个罚球。"

第三场，迈阿密。热全队命中率 38%，细节统计则是篮筐以右跳投 19 次，全部投失，禁区外命中率 16%。巴蒂尔三分球 2 投 2 中，而其他队友合起来 11 投 2 中。但他们还是赢了。

巴蒂尔在第三场继续运用他的防守与三分牵制雷霆，于是勒布朗、韦德和波什包揽热队前 18 分，第一节，热 26 比 20 领先。第二节，杜兰特和威斯布鲁克合计 14 分开始逆转，半场结束，热 47 比 46。第三节比赛，雷霆一度 60 比 51 领先，但韦德先一个快攻上篮得分，下一回合在篮下造成杜兰特第 4 次犯规，下去休息。此后，热一路暴风，把势头逆回来。韦德下半场撑满 24 分钟，零休息。勒布朗第三节只休息一分钟，见杜兰特被换下，又回来了。热打了一波壮丽的 15 比 3 反击波，领先 2 分进入第四节，杜兰特第四节被勒布朗和波什追防到只得 4 分。热 91 比 85 取胜，勒布朗 23 投 11 中 29 分 14 篮板 3 助攻，韦德 25 分，波什仅 10 分但 11 篮板。对面威斯布鲁克 19 分，杜兰特 19 投 11 中 25 分。热 2 比 1 领先了。

"去年，我不知道我们是否经验丰富到能处理一切突发状况。我觉

XXIX

得今年我们更了解状况了,我们能轻松处理那些问题了。"韦德说。

2012年总决赛第四场第一节,雷霆一度打到33比16的领先。之后热还了一波16比0。半场下来,勒布朗10分8助攻——热半场一共9次助攻。他施展了老派组织后卫打法:用背身靠打,寻找空位队友。

第三节初,热队再来一波18比11,夺回主动。到第三节结束时,热79比75领先。而这36分钟里,勒布朗合计休息了1分17秒。

但第四节,威斯布鲁克站出来了:这个烈火少年鲁莽炽烈,但永不熄灭。他的跳投和突破让雷霆不停上分。终场前5分钟,比赛依然难解难分,勒布朗忽然倒下了。

究竟他是抽筋还是拉伤,你永远无从得知。韦德认为勒布朗当时是拉伤了。勒布朗被迫下场,没有勒布朗的热被杜兰特连中两球,92比94落后。当时,镜头给到了场边的帕特·莱利。他的嘴角往左下撇拉着。勒布朗在替补席没法站住,詹姆斯·琼斯撑着他的肩膀。

然后,勒布朗一瘸一拐地回来了。

勒布朗在弧顶接球,运球调整。索弗罗萨撤了一步。勒布朗一个三分球出手,热反超。

之后,他就完全暴露了身体状况:他防守时趔趔趄趄,又投了一记偏到离谱的三不沾。他被换下场,但他归来的那一小会儿,那记三分球,已经够热撑到最后,以104比98取胜,3比1。威斯布鲁克32投20中43分,杜兰特28分。而热这边,韦德25分,查尔莫斯25分,勒布朗26分9篮板12助攻。实际上,这场第二节,他已经开始觉得腿部有要抽筋的意思,于是他对场边说:"给我点水。"在他投中那记抽筋状态一瘸一拐的三分球后,哈斯勒姆说:"他是个自然伟力造就的怪物——但他依然是个人。"

2012年总决赛第五场前,勒布朗如是说。

"去年总决赛第六场输掉后,我很难过,因为我让我的球队输掉了,我很不成熟。去年,我打球是为了证明其他人错了,而非打自己的比赛……去年我对待媒体和每个看我打球的人都很不成熟。我学到了一件事,有人教了我这个,你生命中能拥有的最伟大的老师就是经验。在我这既短又长的职业生涯里,我学到了许多。"

总决赛第五场那天早上,他只睡了五小时就醒了。他打开了电话,给韦德发了短信,韦德立刻回了电话:"我也睡不着。"他们交谈,然后,去打总决赛第五场了。

比赛比想象中顺利:第二节,热用对球施压防守,一口气19比2。上半场,热59比49领先。第三节,热82比63领先时,比赛其实已经结束了。

斯波厄斯特拉让他的王牌们一直留在场上,直到终场前三分钟。暂停换人一片哨子响起时,勒布朗把脑袋枕在波什肩上。他下场,和所有人一个接一个拥抱。热121比106赢球。4比1击败了雷霆。勒布朗26分11篮板12助攻。

勒布朗跑过去,用力抱住杜兰特。在这次长得有点诡异的拥抱后,勒布朗过去抱住了肯德里克·帕金斯。

杜兰特哭了。在他的第一次总决赛上,他场均有30分55%命中率的伟大发挥,但是结束了:迈阿密热成为2011-2012季NBA总冠军。

韦德承认自己的运动能力已经下降了——30岁半,吓死人的伤病史。他的无球攻击比以往都要多,中投手感起伏甚大。他还有膝盖积水。但是,他总决赛场均23分6篮板5助攻。他有了第二枚戒指。

勒布朗·詹姆斯,总决赛场均打44分钟,以28.6分10.2篮板7.4助攻1.6抢断的全面表现,拿到了自己第一枚戒指,以及总决赛MVP。

"你知道,我梦想成真了。这是我人生最美妙的一瞬间。"勒布朗

XXIX

说,"八年,不,我进 NBA 九年了,我终于能说我是个冠军,我用了正确的方式……你知道,我努力,然后努力获得了回报。对我来说,这是个伟大的时刻。"

夺冠那周的周六,勒布朗·詹姆斯在凌晨四点又睡不着。他忽然想到什么。他给他的朋友马弗里克·卡特——他在阿克荣一起长大的好哥们——发了个短信:

"我是个冠军了。"

2012 年,勒布朗得到第一个冠军之前那个春天,另一个孩子征服了美国大学篮球世界。那时大家都知道,肯塔基大学的大一生安东尼·戴维斯,会成为 2012 年 NBA 状元。

2011 年的全美最佳高中生之一,2012 年夏天以大一生身份,随肯塔基拿了大学冠军,个人包揽了大学几乎一切最佳球员奖项,还破掉了鲨鱼奥尼尔保持的"大一新生年度盖帽纪录"。嗯,很棒,但依然没有概念。你知道:德里克·罗斯、凯文·杜兰特、甜瓜安东尼、格雷格·奥登们,也都是在大一就威震 NCAA 的。

他的选秀模版是凯文·加内特?呃,实际上,近些年来凡是身高臂长移动灵活像蜘蛛侠的内线,都爱把自己往 KG 身上扯。实际上,看看凯文·杜兰特吧:如今他和 KG 的风格自然已天差地远了,但刚高中毕业时,他还被球探网站 scout.com 认为模版是 KG 呢……

所以,得想另一个法子来描述安东尼·戴维斯。

他 1993 年 3 月出生在芝加哥时,重达 8 磅——而他的几个妹妹出生时只有 6 磅。高中一年级时,安东尼奥·戴维斯 183 公分。高二开始时,他长了一点身高,到了 185 公分,升高三时,他到了 193 公分。然

"在这样的气氛下,我想打一场声势浩大的比赛。"勒布朗说,"我想为我的队友而战,不管比赛里会发生些什么。"

后发生了可怕的事情：到高中四年级时，他已经是 208 公分了。此前，他是个"在边角投投三分球的安东尼奥·戴维斯"，但这次突飞猛进之后，他成了一个完美的长人。用教练科特·哈勒的说法：

"他从没因长高而失去他的协调灵活，他依然能做他之前的那些事：传球、投篮、运球——他就只是长高了！"在他高四时，尚未成名，一个芝加哥教练就把他介绍给了肯塔基大学的卡利帕里教练。当时在电话里，卡利帕里听到这么一串兴奋颤抖的声音：

"我们这里有个 17 岁的孩子，188 公分的后卫一年间长了 20 公分，他会成为一个伟大的球员，还没人知道他呢！"——卡利帕里之后看了看戴维斯，然后给 1996 年 NBA 榜眼、2007 年 NBA 年度防守球员马库斯·坎比发了个短信：

"我找到了另外一个你——不过和你不同，他还能投篮。"

到 19 岁，他 208 公分高，100 公斤重。肯塔基大学内部给安东尼·戴维斯俩绰号：一叫"蜘蛛侠"，二叫蚂蚁（Ant）。

他大学一年级前 24 场就完成超过 115 记盖帽，破掉了鲨鱼的大一盖帽纪录。他的前两场大学比赛就盖了 12 个帽；在 NCAA 四强赛两场比赛里，他抓了 30 个篮板、盖了 11 个帽。除了身高、臂长和"二次起跳能力"，他的秘诀是"对盖帽时机的把握"。他说："我也不知道哪来的，就是有这个能力。"同时，用卡利帕里教练的说法，"这孩子能下快攻，能运球"，而且不是大个子那种呆愣愣的直线傻运。他"比我们有些后卫跑得还快"，因为他"步幅很大"。

他自己承认，他最喜欢 2011 年深冬，肯塔基对北卡时那一幕：比赛还余 1.9 秒，北卡的汉森右翼拿球，北卡 72 比 73 落后。汉森投篮，戴维斯一步窜来，飞机起飞般轰鸣而起，扬起的手臂用记者的话说，"像指向时钟一点整"。球劈落，肯塔基 73 比 72 赢球。戴维斯对此津津乐道：

XXIX

"关键盖帽,关键比赛。我当时都乐疯了,上蹿下跳。我从没投进过绝杀球,但这是我第一次用自己的方式拯救比赛。"

2012 年 NCAA 半决赛,最后时刻,全场 8 投 7 中包括 5 次扣篮拿到 18 分 14 篮板 5 封盖的他,指着球场,耸动他著名的、连成一片的超浓眉毛,罕见地打破了他一向低调缄默的姿态,重重咆哮一声:

"这是我的舞台!"

2012 年冠军赛后,卡利帕里教练特意把他叫办公室去:

"看吧,蚂蚁。你得走了。你今年做了太多伟大的事儿,你拿了全国冠军,把所有奖都拿了。你没法读大学了。"

于是 2012 年夏天,新奥尔良鹈鹕用状元签,摘下了安东尼·戴维斯。

2011-2012 季,邓肯赚了 2116 万美元。实际上,2010 年,他本可以续两年 5200 万美元的,他只续了两年 4000 万。2012 年夏天,他续约了一份新合同,价值仅是三年 3000 万。

"为什么只签了三年 3000 万?我谈判技巧太烂了。我跟波波找个地方坐下来。他问我你想把这件事搞定吗?我说好啊。然后他说:OK,来谈吧。然后就搞定了,事情还蛮简单的。"——邓肯说。

"他玩弄我、骗了我、威胁我,过程里让我受尽了折磨!!"——波波维奇说。

他俩就是有这种诡异的冷幽默。

2012 年夏天,詹姆斯·哈登被俄城雷霆交易到了休斯顿火箭,就此开始他的全明星之路。

与此同时,两届 NBA 常规赛 MVP、五届助攻王、过去十年最好的控卫之一斯蒂夫·纳什,签约洛杉矶湖人,与科比·布莱恩特组成下赛季湖人后场。

一个月后,奥兰多魔术把过去五年雄居联盟第一中锋、三届年度防

守球员、四届篮板王、两届盖帽王、联盟第一魔兽德怀特·霍华德，送到了湖人。就在这交易宣布一天后，湖人王牌科比和二当家保罗·加索尔分别代表美国和西班牙，在奥运会上演巅峰决赛：美国队夺冠了。

湖人又拥有超级阵容了吗？

然而回想 2004 年：湖人拥有鲨鱼和科比，新得卡尔·马龙和加里·佩顿时，最后并没夺冠。巨星团队，并不意味着一切啊。

2012-2013 季 NBA 常规赛刚打了五场，洛杉矶湖人就换帅了。迈克·布朗下课，迈克·德安东尼走马上任。

然而德安东尼接任教练后，湖人还是解决不了防守问题。2012 年 12 月 11 日吞下赛季第 13 败时，湖人仟由骑士的天才后卫、2011 年状元凯里·欧文得到 28 分 11 助攻。

尴尬的是：虽然得到了纳什与德怀特，但湖人没解决老化的问题。科比 33 岁，纳什 37 岁，他们没法跟年轻人拼速度了，而加索尔也已 32 岁了。进入 2013 年春天，更传出德怀特·霍华德和科比处不来的流言。一种事后说法是，科比认为自己该教导德怀特如何成为一个冠军球员；但德怀特觉得科比太严酷了。科比希望每个队友都搏命；而德怀特，28 岁的大男孩，希望有一个更宽和的氛围。

2013 年 2 月 18 日，湖人老板杰里·巴斯逝世。遗命将自己掌握的 66% 湖人股份均分给六个子女。珍妮·巴斯成了湖人主席，吉姆·巴斯继续担当湖人的篮球事务主管。终于在 2013 年 4 月 12 日，对阵金州勇士时，科比倒下了：受伤前两天，科比在波特兰打了 48 分钟，27 投 14 中 18 罚 18 中 47 分。此前，对黄蜂，打了 41 分钟；对快船，科比歇了 40 秒；对灰熊，科比打了 42 分钟半；对达拉斯，科比歇了 56 秒；对国王，歇了 23 秒。对阵勇士这场，在受伤前，他一分钟都没歇。即，此前七场比赛，科比一共歇了 17 分钟。受伤前，整个赛季，科比一共打了 3013 分钟，联盟第三多；每场 38.6 分钟，联盟第二。这是他第

XXIX

十七个赛季，常规赛到季后赛，他打了超过 53000 分钟。

于是跟腱撕裂。

就此结束了科比的 2012-2013 季，也直接结束了他的巅峰期。

而洛杉矶湖人则在西部季后赛首轮，遭遇了圣安东尼奥马刺，迅速被马刺四局横扫了。

另一边，马刺。波波维奇在 2012 年秋天，第一次这么说了：

"托尼会成为我们队的第一得分手，可能，嗯，每一年都是。"

虽然帕克自己认为"直到邓肯退役那天，这都会是他的球队"，但他确实长大了。波波维奇说："现在，托尼有时自信到，敢去跟蒂姆说几句'你该这样，你该那样'，不频繁，但时不时会这样了。"

2012-2013 季马刺继续前进。吉诺比利说："每次我跟人聊，说我们有这样那样的问题，别人就一副'好吧，但你们总会想到法子的'。嗯，因为我们是马刺嘛。"托尼·帕克说："我答应过蒂姆，我们一定会回到总决赛的。"

波波维奇决定从防守做起，让 211 公分的巴西人蒂亚戈·斯普利特首发：无论是防挡拆、单防、篮筐保护还是假摔，巴西人都精确到位。

2013 年春天，邓肯连续第十四次出席全明星；与此同时，帕克连续第二年、个人第五次全明星。然而波波维奇不太积极：全明星前四个星期，邓肯只打了两场比赛；全明星当晚，邓肯象征性打了 8 分钟得了 2 分。实际上，自从 2007 年以来，他在全明星上合计只得了 21 分。

在波波维奇和邓肯看来，只有季后赛才重要。

圣安东尼奥马刺以 58 胜 24 负结束了常规赛，与以往并无不同，只有一个小细节：他们打出了常规赛第三的好防守。上一次打出类似防守？那是 2007 年的事了。

2013 年季后赛首轮，马刺轻取湖人。马刺在两个主场合计赢了湖人 23 分，然后在第三、四场，在洛杉矶，合计胜出湖人 52 分。比赛第三场第三节 4 分 44 秒，马刺 76 比 59 领先。德怀特以其魔兽之力，一肩膀震开邓肯，然后被裁判吹了进攻犯规。德怀特嘟嘟囔囔愤愤不平地下场，邓肯坐在场边广告牌对他投以意味深长的甜美微笑。你无法猜透他在笑什么：嘲弄？讥讽？同情？还是"真是个孩子呀"？这场比赛，邓肯 26 分 9 篮板，湖人输了 31 分。邓肯说道：

"我们很尊敬他们……但我们不想给他们任何势头。"

第四场淘汰湖人后，帕克认为，"这感觉有些奇怪……我们赢了，但总觉得没经受真正的挑战似的"。

西部半决赛，马刺遭遇了两年后即将称王的金州勇士。那年的勇士常规赛 47 胜 35 负，球队有一年级的摇摆人哈里森·巴恩斯、二年级的神射手克雷·汤普森。他们与经验的差距到了何种地步呢？勇士的王牌、将来的史上第一射手斯蒂芬·库里，以及全明星前锋大卫·李、替补双枪卡尔·兰德里和加雷特·杰克，加上克雷·汤普森、巴恩斯和中锋 2005 年状元安德鲁·博古特统统加起来，此前一共打了 74 场季后赛。而邓肯一个人就打了 194 场季后赛。

但那年的勇士已经有了强队的基础。克雷·汤普森、巴恩斯和替补的德雷蒙德·格林都是全能防守专家，中锋 2005 年状元博古特更是足以与邓肯不分轩轾的禁区防守巨石。当季斯蒂芬·库里刚刚以单赛季 272 记三分球，打破了 NBA 单赛季历史纪录。这个俊秀甜美的少年飘忽如精灵。他身边则是 201 公分的克雷·汤普森，握着单赛季 211 记三分球得手纪录的得分后卫。

"做得分后卫，绕一个掩护后，只有两种选择；可是做组织后卫，选择就多得多了，你要兼顾其他四个队友。"这是两年半前，库里对 ESPN 说的。

他一向是个聪明后卫，什么东西都会提前一步想。

XXIX

结果马刺与勇士第一场就打出了经典之战：

第三节，库里的投篮无可阻挡，单节 22 分。第四节剩 4 分半时，马刺居然在主场落后 16 分。一分钟后，已经得到 19 分 11 篮板的邓肯因为胃痛下场。波波维奇做了调整，让莱纳德去防守矮他 10 公分的库里，同时由吉诺比利的传球来策动进攻。马刺发起一波 18 比 2 高潮反击，双方 106 平打进加时，然后是第二个加时。第二个加时剩下一分钟，勇士一度落后 5 分，但又逆转了：勇士 127 比 126 反超。还剩 3.9 秒。吉诺比利在左翼，接到莱纳德的跨场横传，投进了制胜三分球，全场球迷起立欢呼，马刺 129 比 127 击败勇士。库里的 44 分 11 助攻就此被浪费了。

可是第二场，马刺输了：克雷·汤普森 34 分 14 篮板，三分球 9 投 8 中，包括半场 29 分。马刺 91 比 100 败北，双方 1 比 1。

勇士主帅马克·杰克逊教练很得意："第一场败北让我们变得更好了！"库里则认为："教练让我们在半场休息时忘掉上半场发生了什么。对我们这样的年轻球队而言，这种心理训练是有益的。"

但波波维奇考虑的，不只是心理。

第三场，马刺赢得平稳：首节 32 比 25 领先，再未落后，最后 102 比 92 取胜。头两场各自弹无虚发的库里 + 汤普森，本场 37 投 12 中。因为波波维奇做了调整：专打对方进攻手的弱点，以攻代守；让帕克接管比赛，逼勇士变阵。帕克全场依靠精纯的中投，射落 32 分；而丹尼·格林与莱纳德轮流对付库里。减少夹防，只对库里 + 汤普森两大射手的弧顶活动加以延阻。波波维奇赛后冷着脸道："我们投进了球，他们没投进。有时就这么简单。"

第四场，马刺第四节结束前 4 分半还 80 比 72。但之后，杰克和汤普森连续投篮得手，汤普森在比赛剩 30 秒时，面对莱纳德，一个高难度擦板投篮得手,双方 84 平。加时赛,勇士一口气连得 9 分锁定胜局。全场比赛,巴恩斯 26 分,库里 22 分,杰克 24 分,博古特轰下 18 个篮板球。勇士靠众人的热血赢下了比赛,将分数扳到 2 比 2。波波维奇依然冷着脸说:

"他们加时赛打得好,就这么简单。"

但杰克逊教练没有新招数了。第五场,马刺让吉诺比利启动挡拆,帕克和迪奥接应,多点进攻转移球,于是马刺 109 比 91 赢下天王山之战,帕克 25 分 10 助攻,对面的库里 + 汤普森被莱纳德 + 格林守得合计 22 投 6 中。第六场,马刺没再给勇士机会:94 比 82 取胜,4 比 2 晋级。当然,马刺运气也不错:帕克和莱纳德在关键时刻连中三个底角跳投。第六场最后时刻,波波维奇甚至果断放下邓肯,派斯普利特为支柱,让马刺打一大四小。帕克赛后提到了全队的信赖,前 13 投 1 中的他,最后连中两个底角三分拯救比赛:

"我只是信赖自己,因为我的队友们都无条件信赖我。就像对全队所有人一样。"

赢球了,波波维奇继续不吝夸奖。他认为勇士有性情,够拼命,拼死比赛,是支年轻的好队伍。赛后的库里也如此承诺了。

"我得花一分钟来思考,才能意识到我们今年的成就,勇士能打到如此地步,是件好事。明年,我们将在此基础上更进一步。"

两年后所向无敌的勇士,便是建筑在这个基础上的。

马刺 2013 年西部决赛的对手,将是 2011 年的仇人孟菲斯灰熊。

2013 年的孟菲斯灰熊,刚完成了常规赛 56 胜,在季后赛首轮干掉了克里斯·保罗的快船,次轮干掉了杜兰特独自带队的雷霆。他们拥有联盟第二的防守。他们拥有联盟最佳外围防守者托尼·阿伦,他们的巨人马克·加索尔刚当选了年度防守球员,他自称为"2.9 秒舞蹈

XXIX

者"——他总能在禁区待着,梗塞内线,但让裁判抓不住他防守三秒。

"如果大家觉得我们对勇士这个系列赛已经很凶残了,那么……"邓肯顿了顿,"对灰熊的系列赛将会血腥十倍。"

可是,结果非常出人意料。淘汰勇士十一天后,马刺结束了对灰熊的系列赛。4 比 0,完美复仇。

第一场,马刺 105 比 83 血洗灰熊 22 分,两年前将马刺内线屠宰殆尽的兰多夫,全场 28 分钟 8 投 1 中仅得 2 分。马刺第一节就领先 17 分,再未落后。灰熊的霍林斯教练安慰队员:"我们只是打得不好,没什么特别的。我们跑太快,投丢了许多上篮而已。"

但事实是,为了这一刻,波波维奇已经准备了许久许久。邓肯和邦纳对位兰多夫,控制他接球;斯普利特对位加索尔,许他投篮,不许他传球。每当兰多夫企图单打邦纳时,马刺的夹击便到了。

然而马刺并无得意之情,帕克全场 20 分 9 助攻,但是:"我发誓更衣室里没人高兴。因为去年此时,我们 2 比 0 领先雷霆,还不是被翻盘了!"

第二场,帕克全场 18 次助攻。灰熊在第四节大反击,抹平了 12 分之差,拖入加时赛,但邓肯在加时连得 4 分接管比赛,马刺 93 比 89 取胜,2 比 0,兰多夫 18 投 6 中。

第三场,灰熊一度 29 比 11 领先马刺 18 分,然而马刺稳稳地展示各种型号的挡拆:吉诺比利第四节得了 7 分,全场 19 分,一个关键上篮让马刺稳住分差。双方再次打进加时,邓肯加时赛独得 7 分,全场 24 分 10 篮板。他一个举重若轻的优美上篮,让灰熊全队都感叹:

"他真的 37 岁了吗?"

第四场,马刺又换招:帕克主打挡拆,全场 21 投 15 中射落 37 分。马刺 93 比 86 取胜,4 比 0 晋级。邓肯和吉诺比利在场边拥抱,然后赞美了帕克。

"他每年都在变得更好。他一直在扛着我们前进,比如,大家看到了,今晚他独自支撑着我们。"

东边,勒布朗·詹姆斯与迈阿密热,连续第三年出现在总决赛。

2012年夺冠后,帕特·莱利宣称,迈阿密热接下来要打"无位置篮球"。斯波厄斯特拉教练认为,"我们轮换里只需要一个长人",就是克里斯·波什。

那年热培养起了一套断头台式防守:依靠灵活与速度,夹击持球者,局部二防一,轮转补空位。随着赛季递进,球队状态起伏。2013年1月8日,77比87输给崛起的印第安纳步行者后,勒布朗神色阴沉地走回更衣室。2月1日,热再一次89比102败给步行者。

之前的2012年东部半决赛,步行者是热的冤家,2012-2013季,他们的王牌射手丹尼·格兰杰受伤,本该是倾覆之年。然而,弗兰克·沃格尔教练却让他们成为了东部最强的防守球队。他仰仗的是2013年全明星,长手长脚的三年级生保罗·乔治。他是个射手出身的青年,擅长反击快下;定点三分;空切袭筐。拥有号称206公分、实际逼近208公分的身高,外加参加过扣篮大赛的跑跳。

步行者的分工很明确:阵地战首席单打手是大前锋大卫·韦斯特,首席突击手是后卫乔治·希尔。乔治什么事都做一些:反击、定点跳投、无球走位、持球单挑。步行者的最大财富,是他们的防守尺寸。就在赛季前训练营开幕时,沃格尔教练把218公分的希伯特、191公分的乔治·希尔和实际逼近208公分的保罗·乔治拉在一起,让他们在全队面前伸开胳膊,乔治当时莫名其妙:

"教练,你让我们这样算啥?"

教练说:

XXIX

"让你们体会一下,我们伸开胳膊,究竟可以有多长!"

但迈阿密热快要迎来转机了。

2013年1月,34岁半的克里斯·安德森,签约了迈阿密热。2013年2月,他成了球队主要轮换成员。他是个加州的热血青年,打过一年大学篮球,21岁那年甚至跑来中国,效力于CBA的江苏南钢队。他给自己起了个绰号叫鸟人,还留了个鸡冠头。他去迈阿密之前,热27胜12负;之后,他为热出赛30场:29胜1负。

看着迈阿密热浩浩荡荡的连胜,德克·诺维茨基认为,现在的热,有些像当年的小牛:

"不只是运球突破啊……他们用那么多射手来拉开空间。"

2013年的热进入鼎盛期,勒布朗也进入自己真正的巅峰。他可以自由地从任何地方挑起进攻,韦德则更多做底线内切和腰位横移,巴蒂尔负责翼侧定点远射、弱侧接应、防守怪物。波什负责拉开空间和定点远射。而鸟人安德森呢?巴蒂尔说:"他起着小牛泰森·钱德勒般的作用。"

鸟人的加入,让热多了个守能站内线、攻能内切篮下+前场篮板的家伙,而且内线多了轮换的可能;哈斯勒姆加入首发,既保护了篮板,又能当掩护墙和牵制使,而且同样让热便于筹措轮换时间。

于是迈阿密热成型了。

迈阿密热打出浩浩荡荡的27连胜,直到2013年3月26日,才在芝加哥告终——这是NBA历史上第二长的连胜纪录,前面只有1971-1972季,洛杉矶湖人的33连胜可以媲美。3月26日之后的三个星期,热又输了一场比赛。

于是:66胜16负,迈阿密热完成了队史最辉煌的一个常规赛赛季。

常规赛，勒布朗出赛 76 场，场均 37.9 分钟 26.8 分 8.0 篮板 7.3 助攻，命中率 57% 三分率 41% 罚球率 75%，1.7 抢断 0.9 封盖。最可怕的，是他 57% 的命中率和 41% 的三分率。他依然是联盟最好的持球突破手、最顶尖的组织者，在外围协防和单防都是联盟顶尖，又加上了恐怖的背身单打。攻防两端，他都无所不能了。

2013 年 5 月 5 日，勒布朗捧到了自己第四尊常规赛 MVP，能与他比肩的，只有四尊 MVP 的张伯伦；再往上，就是五尊 MVP 的乔丹与比尔·拉塞尔，六尊 MVP 的天勾贾巴尔了。

东部季后赛首轮，热 4 比 0 干掉了雄鹿，随后 4 比 1 解决了公牛。东部决赛，连续第二年，他们遭遇了步行者。第一场最后时刻，勒布朗切出到三分线接球，立刻翻身，左手运球，以他冠绝天下的速度和力量的混合体，加上非人类的爆发力，几乎是用肩膀，扛过了联盟第一外围防守保罗·乔治，插入禁区，收球，跨步，起跳，赶在对方补位前，左手上篮：球进。

迈阿密热以 103 比 102，经历一个加时，险胜步行者，拿下第一场。

勒布朗全场 30 分 10 篮板 10 助攻的三双，可对面保罗·乔治 27 分 5 篮板 4 助攻，加上韦斯特的 26 分，硬把比赛拖到生死之际。步行者主帅沃格尔说：

"我们就是用了无限换防阵容，逼迫热每次进攻都以强行跳投结束。"他唯一遗憾的是："最后一球，我们施压太过了，勒布朗还是可以运球干掉我们的。"

第二场最后一分钟，勒布朗两次看到机会传球，但大卫·韦斯特两次抄球得手。步行者在第四节打出 13 比 5，97 比 93 终结比赛，追到 1 比 1。罗伊·希伯特控制了禁区：218 公分的他得到 29 分 10 篮板。"我们本该是 2 比 0 领先！"希伯特为第一场勒布朗的绝杀愤愤不平，但乔治·希尔觉得他们够幸运了：

XXIX

"比起勒布朗来,只有一个人更可怕——嗯,就是上帝。"

因为即便输球,第二场勒布朗还是 20 投 14 中 36 分 8 篮板 3 助攻,——虽然有 5 次失误,包括最后一分钟的两次。

第三场在印第安纳波利斯,双方第一节你来我往,勒布朗在第一节末抢断扣篮,第二节,他背身单打,解放了韦德:韦德前场篮板打三分、助攻安德森的扣篮、接传球上篮,热上半场得到了华丽的 70 分,仅有一次失误,全场 114 比 96 取胜,用速度和行云流水的传球,摧毁了步行者的大盾坚阵。

然而步行者的学习能力很强。第四场,希伯特 23 分,最后五分钟,步行者再次大逆转,13 比 3,最后 99 比 92 击败了热。双方 2 比 2。

勒布朗在最后时刻一个三分球得手,但步行者好战的兰斯·史蒂文森突破得手。下一个回合,勒布朗第六次犯规被罚下场。史蒂文森深为得意。

勒布朗没让史蒂文森得意多久。第五场,他打出了沃格尔教练认为"很特别"的一场比赛,全场 30 分,第三节 16 分。热 90 比 79 取胜,拿到 3 比 2 领先,但第六场,同样是第三节,步行者还以颜色,迅速拉开比分锁定比赛。保罗·乔治得到 28 分。勒布朗得到了 29 分 7 篮板 6 助攻,但韦德与波什合计只得到 15 分,16 投 4 中。

于是第七场。

勒布朗之后说:"比赛的第一个回合,我给韦德叫了个战术。他没投篮,但他在禁区一带接球了。之后,我早早地让他在比赛里多参与了几次配合,让他找到比赛感觉。"

第一节,热落后 2 分,但韦德找到手感了,步行者则被逼出了 9 次失误。之后热一波 11 比 2 拉开比分。乔治赛后说:

"他们教了我们一课。这支球队拿过冠军,他们知道什么时候该怎么打。"

勒布朗全场 32 分,并且亲自防守乔治,让后者 9 投 2 中。上半场热 52 比 37 领先 15 分,全场 99 比 76。迈阿密热 4 比 3 击败印第安纳步行者。连续第三年闯入总决赛。

六年前的 2007 年,马刺总决赛的对手是克里夫兰骑士。当日邓肯拿到第四个冠军时,对勒布朗耳语了一段话:

"未来属于你。但多谢你让我们先拥有了这个冠军。"

那年之后的夏天,凯尔特人组起了三星,接替活塞成了东部的看门老大爷;之后凯尔特人与湖人纠缠了三年;勒布朗从 2007 年总决赛后开始飞跃;2008 年得分王,2009-2013 的五年间换了两个球队得了四个常规赛 MVP。

2013 年夏,恰好是勒布朗职业生涯第十年。他有了四个常规赛 MVP 和一个总决赛 MVP,以及 2012 年总冠军。只是勒布朗身边的一切,包括他身上的球衣、背上的号码,全都沧海桑田:他到了迈阿密,从 23 号改穿了 6 号。而马刺,还保留着 2007 年的五张熟面孔:邓肯、帕克、吉诺比利、波波维奇以及邦纳。

2013 年总决赛前,勒布朗说,他没有忘记:

"我记得 2007 年他们做的一些事:在我们主场干掉我们,在我们主场庆祝。我不会忘记。如果你是个斗士,你就不会忘记……这是同一批人马,同样的三巨头,还有波波维奇教练。我期待再一次的挑战。"

2013 年 6 月 6 日,迈阿密,总决赛第一战结束了——马刺 92 比 88 取胜。担当嘉宾解说的魔术师总结说:

"马刺三巨头表现得比热队三巨头好,马刺角色球员发挥得比热队角色球员好,所以马刺赢了。"

马刺赢得很险,许多瞬间极为幸运:第二节末,邓肯斜身压哨投篮

XXIX

得手；第三节末，吉诺比利骗到一记关键犯规；第四节最后时刻，帕克在右翼，已经单膝跪地了，还是强行起身，抬头，让过勒布朗遮天蔽日飞鹰展翅般的封盖，投篮出手——压着 24 秒限时擦板命中，为马刺锁定胜局。

第二场，第三节还剩 3 分钟时，勒布朗左腰背身单打，刚抬头看见一片天，立刻被双人夹击一帽劈下来。球到另一端，丹尼·格林底线突破，上篮得手：格林至此 6 投 6 中、三分球 5 投 5 中，17 分。而勒布朗 12 投 2 中，6 分。马刺 62 比 61 领先热。

但此后，勒布朗与热的组织后卫查尔莫斯打了挡拆。热一口气打出 24 比 3 的高潮。最后热 103 比 84 大胜，邓肯 13 投 3 中仅得 9 分 11 篮板，帕克 5 个失误。马刺唯一的好消息还是格林：30 分钟内 6 投 6 中包括 5 个三分球，17 分。

波波维奇看出了这点。总决赛第三场，丹尼·格林 15 投 9 中，三分 9 投 7 中，27 分。马刺 103 比 77，血洗了迈阿密。格林赛后说：

"我们防守上协作很好，但很明显，我们知道勒布朗是怎样的球员。我们知道他如今不在自己的巅峰。许多他平时该进的球都投丢了。我们确认第四场他一定会大不相同……对勒布朗来说，这不只是我们阻挡了他，类似于，他自己阻挡了自己。"

马刺利用热的夹击，转移空位投篮，投进了破 NBA 总决赛纪录的单场 16 记三分球。帕克和吉诺比利二人全场一共出手 12 次，但送出 14 次助攻：这才有格林 9 投 7 中的三分球。

2013 年总决赛第四场，迈阿密热打出了莱利需要的神采：将巨星能力榨到极限，无视对手应变。他们放弃了中锋克里斯·安德森，改用迈克·米勒首发。小个阵容＋三分球。

第一节结束，勒布朗 6 投 5 中 11 分，韦德 5 投 4 中 10 分。帕克首节 11 分。第二节初，韦德带队，勒布朗休息。热一口气打出 37 比 28，气势如虹：第三节，热封锁篮下，控制了帕克的上篮。到第四节，斯波厄斯特拉提前进行决战，让韦德接管。最后热 109 比 93 取胜。全场比赛勒布朗 41 分钟 33 分 11 篮板，韦德 40 分钟 32 分 6 抢断。每次他被换下场，立刻跑步到场地右侧，趴下，让训练师给他按摩拉伸。

2 比 2 进入第五场，天王山之战。波波维奇使出了杀手锏：吉诺比利和迪奥首发。

全场比赛，迪奥不过得了 1 分，4 篮板 3 助攻 3 失误 1 封盖，但这可能是 NBA 史上最出色的 1 分比赛。他对位勒布朗期间，勒布朗 8 投 1 中。

与此同时，丹尼·格林三分球 10 投 6 中，第三发三分球从雷·阿伦头顶越过，平了雷·阿伦 2008 年总决赛系列 22 发的总纪录。之后，又来了三发。至此五场总决赛，他已经进了 25 个三分球，新纪录。波波维奇暂停时，大吼道：

"这是男人的比赛！！！！！"

的确如此。马刺 114 比 104 取胜，勒布朗和韦德各 25 分，雷·阿伦 21 分，马刺那边邓肯 17 分 12 篮板，莱纳德 16 分 8 篮板，吉诺比利 24 分 10 助攻，帕克 26 分，格林 24 分。马刺 3 比 2 领先，距离队史第五个冠军，还有一场了。

然后 2013 年 6 月 18 日，迈阿密，2013 年总决赛第六场，因为以下原因，被历史铭记了：

——第五场刚打出 24 分 10 助攻的华丽演出后，第六场，吉诺比利立刻打出了职业生涯最差的一战：5 投 2 中得 9 分，8 次失误。

——在被淘汰的边缘，热的三分群在第六场投出了 19 投 11 中的好成绩。迈克·米勒在第四节甚至跑丢了鞋子，光着一只左脚投中了一个

XXIX

三分球。

第一节，邓肯 6 投 6 中 12 分。上半场，邓肯 13 投 11 中 25 分。这是热复出的代价：赛前波什便说，球队会锁死丹尼·格林的三分球，代价便是，邓肯可以随心所欲地单挑。

比赛剩 2 分 40 秒，马刺 84 比 87 落后；吉诺比利后场篮板后一条龙上篮，此前手感糟糕的帕克一个弧顶三分让马刺追平，接一个转身上篮让马刺反超。最后一分钟，马刺 93 比 89 领先，剩 37 秒，胜利就在眼前。然而当晚 14 投 9 中、22 分 11 篮板 3 次抢断的莱纳德，投丢了一个罚球。剩 28 秒，波波维奇将邓肯换下场。勒布朗远射不进，米勒拨到前场篮板，勒布朗再投三分，迈阿密 92 比 94 落后。

莱纳德上罚球线，再罚丢一球。马刺 95 比 92 领先。勒布朗远射不中，但波什再点到前场篮板。雷·阿伦在右底角接球，出手，射出生涯最伟大的一记三分球。95 平。迈阿密被拯救了。马刺已到手的冠军，被拿走了。

加时赛，莱纳德试图将功折罪，得到 4 分，但热没再给马刺机会。加时赛最后，上半场被邓肯击溃的波什，盖掉了帕克的投篮，然后把丹尼·格林的右翼绝杀三分盖飞。热 103 比 100 死里逃生赢下比赛。3 比 3，来到了第七场。

2013 年 6 月 20 日，总决赛第七场，迈阿密。又是一番死战。比赛最后时刻，邓肯面对巴蒂尔的防守，一个上篮，未进，比赛至此大局已定。回防时，从来不露声色的邓肯，狠狠地在地板上拍了一下。

邓肯 24 分 12 篮板，莱纳德 19 分 16 篮板，吉诺比利 18 分。然而，勒布朗·詹姆斯在生死之际，终于找到了全部的自信和手感，全场，他独得 37 分 12 篮板包括 5 个三分球，热 95 比 88 取胜，4 比 3 险胜马刺，蝉联总冠军。勒布朗拿到自己的第二个总冠军，以及，第二个总决赛 MVP。

比赛之后，蒂姆·邓肯和勒布朗·詹姆斯，两个合计拥有六尊常规赛 MVP、五尊总决赛 MVP、六枚戒指、史上最好的三个前锋中的两人，拥抱在一起。

勒布朗把额头埋在邓肯的右肩上，邓肯拍了两下勒布朗的背，勒布朗没抬头，右手在邓肯的左肩上捶打。六年之后重逢，他们各自打出了壮绝的表现。终于勒布朗兑现了邓肯"未来属于你"这句预言。这是伟大对手之间的彼此尊重，不只是来自球员之间。

就在夺冠之后，热老板米奇·阿里森赞叹："马刺是支多么好的组织……多么伟大的一组系列赛啊。"

帕特·莱利的策略，一贯是把流浪汉老将们收集起来，压个低价，利用他们的夺冠热情。2012 年招来的雷·阿伦与刘易斯完成了任务，于是 2013 年夏天，他又招人了：

只是这回他找的人，年轻点儿。

——2007 年状元，伤病缠身但还有七尺身高的巨人格雷格·奥登。

——2008 年榜眼，曾在堪萨斯纵横大学篮球的得分能手比斯利。

韦德如此形容：

"我们更衣室里的人，不会像小孩子似的去追求大合同。我们都是群拿过好些钱的家伙了。"

与此同时，莱利给韦德下了指令。2012 年夏天，斯波厄斯特拉让波什别长体重，2013 年夏天，莱利希望韦德"恢复到 96 公斤"——那是他十年前进 NBA 时的体重——以便减少他膝盖的压力。韦德也大大咧咧对记者承认了：2002 年 3 月，在马奎特大学时，他摘了左膝半月

XXIX

板。这是他常年伤病的真正缘由。

至于勒布朗……

他宣称"我夏天全面提升了自己……我现在比以往任何时候都要棒",但他面临的压力,则大得令人恐怖:

全世界在看,他是否可以拿到第五个常规赛 MVP,加入乔丹、拉塞尔和天勾的行列(而且完成拉里·伯德以来,首个常规赛 MVP 三连)。

全世界在看,他是否可以在 2014 年完成三连冠(而且完成乔丹和鲨鱼之后,史上首个总决赛 MVP 三连)。

只要拿到三连冠,他就此建立自己的王朝。

与此同时,面临着 2014 合同年。

2013 年夏天的另一件事是:

扬尼斯·阿德托昆博,尼日利亚血统,1994 年 12 月 6 日出生在希腊雅典。他是四兄弟中的老三,2011 年开始在希腊打联赛,两年后,即便他没被选进希腊全明星,教练依然让他出赛了:球迷太渴望看他打球了。他长手长脚,似乎可以打所有位置,有无限可能。他能冲刺全场,从三分线起步,跨大步扣篮:球场对他而言,实在太小了。

2013 年夏天,他以首轮第 15 位被密尔沃基雄鹿选中:那时他不过 18 岁半。距离他开始纵横联盟,还有好几年。

2013-2014 季开始,迈阿密热很平静,每逢背靠背第二场比赛,韦德便尽量休息,以养护他的膝盖。经历过 2013 年春天的 27 连胜,热已经如一架抹足油的机器,进攻润滑无比。勒布朗指挥大局,同时,更多去到篮下得分。

但世界在关注些别的。

2013年12月初,步行者大战雷霆:保罗·乔治32分,凯文·杜兰特36分。

这两位勒布朗的宿敌,新时代超级小前锋,在忙着争风头呢。

2013-2014季,保罗·乔治又一次进化了。他以往的特长,是身高臂长、谁都盖不到的投篮姿势、定点投篮、火箭爆发力和传球。2013-2014季,他学会了持球挡拆:找到掩护后的突破,或者后撤步投篮。当然,比起杜兰特,他还是逊色一筹。

不是乔治不够全面,他除了略依赖挡拆外,在持球突破、无球走位跳投、反击袭篮、内切袭筐方面,都已经够出色;只是,2013年秋天,凯文·杜兰特已经进化到另一个境界。2013年圣诞节后,威斯布鲁克动手术去了,雷霆却还是能赢球。

一方面,比起2012年总决赛被迈阿密击败之时,此时的雷霆,防守更专注了。另一方面,杜兰特已经不同了。

杜兰特增加了挡拆,增加了突破分球。他经常打雷霆小球阵容的4号位,在罚球线接球、策应、挡拆、切出。

勒布朗,2003年入行时擅长突和传,之后2008年投篮进步了,2011年练会了空切和背身单打,所以他在热的体系里,哪怕不摸球,都能左右进攻大局了。杜兰特走了另一条路线:入行时他擅长空切和投篮,到2010年学会了突破,2012年熟练了背打,2014年,他加上了持球挡拆。被凯文·杜兰特得到36分那晚,保罗·乔治如是说:

"我看录像时,杜兰特有许多单打;可跟我打,他都是无球走位、挡拆切出,抓不到!"

2014年1月17日,对阵金州勇士,杜兰特得到54分,四天后,对波特兰,他46分。1月27日对鹰,41分。

XXIX

2014 年 2 月 8 日，迈阿密热输给犹他爵士，勒布朗全场 13 投 4 中，只得 13 分，热至此 35 胜 14 负。第二天，雷霆击败尼克斯，杜兰特得到 41 分 10 篮板 9 助攻。雷霆 41 胜 12 负。

全联盟开始窃窃私语了：

是不是，在四年里三次成为 MVP 选票第二、被勒布朗压着的杜兰特，终于要冲击常规赛 MVP 了？

2014 年 2 月 11 日在凤凰城，勒布朗 37 分。赛后，勒布朗更多谈论自己的 5 个断球："我只是观察仔细，预料到了传球线路。"斯波厄斯特拉教练很高兴：

"能看到他努力于防守，真好。"

一天后，对勇士，勒布朗 36 分。"我只是想要赢球。"

又一天后，2 月 13 日，杜兰特对湖人拿下了 43 分。五天后 2 月 18 日，勒布朗对小牛轰下了 42 分。第一节他就四个扣篮，然后开始投三分。老对手肖恩·马里昂只好摇头。

"今晚篮筐对他而言很大啊！"

又两天后，终于冤家聚头：迈阿密热 vs 俄城雷霆。这一晚，勒布朗 33 分，杜兰特 28 分。但重要的是：热大胜了雷霆 22 分。

MVP 的声势，似乎回到勒布朗这边了？

3 月 3 日这天，故事到了高潮：前一天，杜兰特对夏洛特山猫得了 28 分。这一晚，勒布朗对山猫得了 61 分。他的得分手段纷繁多样，但都很合理：

他运球绕掩护投篮——因为山猫中锋阿尔·杰弗森在禁区站着呢，出不来。

杰弗森换防了，但不敢防到三分线，于是勒布朗扬手就一记三分球。

他若干次绕掩护突破，看着阿尔·杰弗森努力在罚球线等着他，一个变向就突破篮下。

看准山猫收缩防线，有机会就是三分球——三分球前 8 投全中。

因为山猫没什么延阻和对球补位，所以勒布朗大量无球内切。

上半场，他 24 分，第三节他一口气加上了 25 分，于是前三节结束，勒布朗已经 49 分，最后 33 投 23 中的个人生涯最高 61 分。

"上帝给了我许多不可思议的篮球技能。我只是每晚试图运用它们而已。我得到了队友和教练们的信赖，于是就自由发挥了。"他如是说。

斯波厄斯特拉教练连忙补台，他知道勒布朗比较在意效率：

"他得这么多分——而且效率还是那么高！"

但这一波后，勒布朗却开始停下来了：他开始疲惫了，而热也一波 1 胜 5 负。

而杜兰特呢？他稳定地输出着：在勒布朗得到 61 分后那天，他对 76 人三节比赛就轰下了 42 分，然后是对火箭的 42 分、对猛龙的 51 分……

是的：杜兰特咬了牙铁了心，要这个 MVP。

2014 年 4 月 9 日迈阿密热对阵布鲁克林网，勒布朗延续此前两场合计 72 分的高产出，轰下 29 分 10 篮板 6 助攻，但在最后时刻，他试图以扣篮绝杀，被网的新人梅森·普伦利盖掉，热就此败北。

稍后，杜兰特在萨克拉门托对阵国王，轻松射落 23 分 4 篮板 4 助攻，带队取胜。之后对灰熊，勒布朗奋起神威 37 分 6 篮板 5 助攻，但热再败；在洛杉矶，杜兰特手感不佳，但雷霆还是击败了快船。

到此为止，常规赛还有 4 场，热 53 胜 25 负，雷霆 57 胜 21 负。雷霆锁定西部第二，热则落回东部第二。至此，无论是常规赛战绩还是个人数据，杜兰特都压稳了勒布朗——何况他队里还少了威斯布鲁克。

在此之前，杜兰特已经有了三尊得分王，但在 MVP 选票上，勒布朗是他的终极障碍：2010、2012 和 2013，杜兰特在常规赛 MVP 选

XXIX

票榜都排第二。加上他 2007 年的榜眼身份、他 2011 年的西部亚军和 2012 年的 NBA 总亚军，他总是离巅峰差那么一点儿。

2013-2014 季结束，迈阿密热 54 胜，东部第二。勒布朗出赛 77 场，场均 27.1 分 6.9 篮板 6.3 助攻，外加可怖的投篮命中率 57%、三分率 38%。但 2013-2014 季常规赛 MVP，归了凯文·杜兰特：场均 32 分 7.4 篮板 5.5 助攻，以及他 59 胜的雷霆。

2014 年季后赛前两轮，又是毫无惊喜。热 4 比 0 碾压了夏洛特山猫，4 比 1 干掉了布鲁克林网。

因为冠军经验和进攻体系，热依然是本星球反应最敏锐、套路最流畅的两支球队之一：在如臂使指、浑然同一方面，只有马刺可与他们相比。

当然也有不妙处，比如：

比如，韦德的膝盖确实不成了。他偶尔还能用精彩的球提醒他的存在，但大多数时候，他像个体系球员，靠快下、无球走位和追身中投来得分。

但勒布朗依然是当世最强者。热在第三场输给布鲁克林网后，勒布朗流露出了龇牙咧嘴的不爽表情，被电视台追拍了几分钟；下一场，他独得 49 分。虽然布鲁克林网还有旧对手凯文·加内特和保罗·皮尔斯在，勒布朗并不在乎。就在 49 分之夜，他最后罚丢了一个球，没能满 50 分后，还有心情开玩笑：

"这是我对自己的表现，最失望的一晚！"

然后是 2014 年东部决赛：连续第三年，迈阿密热遇到印第安纳步行者。连续第三年，勒布朗面对保罗·乔治和罗伊·希伯特。

依然是联盟最强的防守球队。依然仰仗着乔治·希尔的突破、史蒂文森的华丽小球、大卫·韦斯特扎实的内线功底打球。

依然有保罗·乔治的反击奔袭、走位远投和中距离高难度跳投。依然有罗伊·希伯特 218 公分的巨大身躯，矗立在篮筐前。

而且，他们确实赢下了对热的第一场：步行者 107 比 96 取胜，1 比 0。勒布朗 25 分，韦德 27 分，可是波什只有 9 分 2 篮板。热全队三分球被锁到 23 投 6 中。得到 24 分 7 助攻的保罗·乔治很得意：

"我们等这场比赛，等了一整年。"

他们确实准备周详。第二场第三节结束，步行者还是 63 比 62 领先。他们压制节奏，不让热舒适地投三分，但是：

勒布朗和韦德还在呢。

前三节只得 9 分的勒布朗，第四节得到 12 分；韦德第四节 10 分：两人包揽了热最后的 20 分。热因此取胜。勒布朗承认这么打不够优雅，但是：

"这是东部决赛啊！"

乔治·希尔很迷惑：他觉得简直没理由。"我们整场都在赢，我们一直控制比赛，可怎么就输了呢？"

第三场，热 99 比 87 取胜，第四场，102 比 90，没费多少气力。第五场，步行者防到勒布朗 10 投 2 中扳回一城，但第六场，勒布朗 12 投 8 中 25 分，热 117 比 92 席卷了步行者，4 比 2 晋级。连续第四年进总决赛。

"我很感激。这是支伟大的球队。这是个不可思议的团队。"勒布朗如此说迈阿密热。斯波厄斯特拉教练补台："这个团队热爱在一起打球，热爱竞争，而且能不断提升到新境界！"

但半个月后，他们就不会这么想了。

2014 年总决赛的对手，是去年几乎冠军到手的，圣安东尼奥马刺。

2013-2014 季，马刺稳稳地前进。2014 年 2 月 21 日开始，马刺

XXIX

打出了一波轰轰烈烈的 19 连胜。

"你看到他们转移球的方式了吗?"联盟第一神射手斯蒂芬·库里在勇士被打败后,如此赞美:"马刺随时处于进攻模式之中!"

2014 年春天,马刺又有了新玩法。3 月 6 日 111 比 87 大破迈阿密热那一战,马刺全场投中 40 球,有 30 次助攻,全队七人助攻上 3 次,其中迪奥 5 助攻,斯普利特 4 助攻——两个内线能合计得到 9 次助攻。

射手群拉开空间,帕克和吉诺比利自由走位传球,给队友创造机会,无球掩护,争取做到人人能传球,人人能出手。

2013-2014 季,马刺常规赛风平浪静,最后以领先全联盟的 62 胜 20 负结束赛季。全队没有一个人场均打满 30 分钟,倒有九个人场均得分在 8 分以上,有六个人场均送出 2 次助攻。

但他们并不闲适。马刺最常讨论的话题,便是"去年第六场"。2013 年 12 月对湖人之前的投篮训练,全队发现波波维奇又愣住了。教练,你在想什么? 难道你……?

"是的,我又在想起雷·阿伦投那个三分球。每天这个球都会在我眼前过一遍。如果他什么时候每周在我眼前晃一次,我都会轻松点儿。"

邓肯会回忆起 2013 年总决赛第六场之后那一天,波波维奇对他们说的话:

"我知道你们现在不会相信这话,但如果把雷·阿伦那个投篮当成你们遇到最糟糕的事儿,你们就有点把生活看简单了。你们有工作,你们有妻子,你们有孩子。不幸的破事就是会发生,这就是生活。把这个苦果咽下去,如果这就是你们遇到最糟糕的事了,那你们就真算幸运了。迈过去吧,我们接着打。"

2014 年季后赛首轮,马刺的对手是八年前的宿敌达拉斯小牛。

然后，遭遇了一点意外：

马刺 90 比 85 取下第一场，92 比 113 大败丢掉第二场。第三场最后 24 秒双方打平，吉诺比利在离筐二米外得手，马刺 108 比 106 领先，随即小牛的老扣篮王文斯·卡特一记压哨三分球，点燃了美联航中心：109 比 108，小牛完成绝杀。马刺 1 比 2 落后。

然而，这次马刺没有退缩。第四场吉诺比利 28 分钟内 23 分，马刺 93 比 89 取胜，第五场帕克 23 分，吉诺比利 19 分，邓肯 16 分 12 篮板，马刺 109 比 103 取胜，马刺 3 比 2 领先。第六场第四节，小牛得到 37 分，113 比 111 逆转。3 比 3。这场小牛的奇兵是马刺旧将布莱尔：替补上场的他 10 分 14 篮板 4 抢断。赛后他气势汹汹：

"如果能在马刺主场赢第七场淘汰他们，对我而言，可是完美复仇！"

可是，马刺没让他们如愿。第七场，马刺第一节 35 比 23，上半场结束已经 68 比 46。最后轻松取胜。帕克独得 32 分，邓肯则 8 投 7 中 15 分 8 篮板，吉诺比利 24 分钟内 7 投 5 中 20 分 6 抢断。帕克赛后很平静：

"他们胆敢让我得分，我知道我得打得有侵略性些。"

波波维奇说达拉斯："他们全队都是射手，所以我们尽量少夹击，打了许多一对一防守。"

很惊险，但马刺 4 比 3 晋级了。

接下来的西部半决赛，对手是西北区的新锐、刚刚淘汰了休斯顿火箭的波特兰开拓者。此前对休斯顿火箭的系列赛，开拓者二位全明星神勇无敌：大前锋拉马库斯·阿尔德里奇场均 30 分 11 篮板，组织后卫达米安·利拉德场均 26 分 6 篮板 7 助攻，而且在第六场射进 0 秒晋级绝杀，加上帕克的法国队队友尼古拉斯·巴图姆打出全面表现。开拓者拥

XXIX

有阿尔德里奇这个联盟顶尖的全能大前锋，有利拉德这火力无限的得分手，外加 NBA 顶尖的 flow 式流动攻击。

可是：系列赛前三场结束后，悬念已经消失了。马刺 3 比 0 领先，三场比赛分别净胜 24 分、17 分与 15 分。第三场在波特兰玫瑰花园，上半场马刺就领先了 23 分。

巴西人斯普利特让阿尔德里奇第二场仅仅 23 投 6 中，第三场 23 投 9 中。阿尔德里奇承认："马刺打的是冠军篮球。"

马刺 vs 开拓者三战，第一战 5 比 14 时开拓者派上替补。第二节开拓者主力回归时 21 比 37。

第二战首节开拓者 26 比 29，第二节打了不到四分钟已经 32 比 44。

第三战开拓者 13 比 18 时派上替补，等第二节主力全回来时 23 比 40。

三场下来，马刺和开拓者替补得分比：140 比 43。

这就是马刺厚度之可怕了。

开拓者艰难赢下第四场，但马刺主场 104 比 82 取下第五场，4 比 1 干掉开拓者，连续第三年晋级西部决赛。莱纳德表示，另一边西部半决赛雷霆 vs 快船，他不在乎谁输谁赢。

"我希望来的是强者，"他面无表情道，"这样，我们可以为总决赛热热身。"

结果，他们等来的是 2012 年的老对手，俄克拉荷马城雷霆。他们没有了詹姆斯·哈登，但拥有如日中天的拉塞尔·威斯布鲁克，以及刚拿到常规赛 MVP 及得分王，堪称西部之王的凯文·杜兰特。

然后，与 2012 年一样：马刺 2 比 0 领先对手了。

第一场，马刺 122 比 105 取胜。防守端，马刺堆积强侧，放空科里森、亚当斯、帕金斯和索夫罗萨。杜兰特与威斯布鲁克合计得到 53

分，但雷霆其他人并无威胁。反过来，每当帕金斯在场，马刺就用帕克打他的挡拆，欺负帕金斯脚步慢。一旦雷霆用帕金斯以外的内线对位邓肯，就让邓肯单挑，让雷霆不敢上小阵容，结果首战上半场，邓肯得到21分，全场27分。帕克送出12次助攻，马刺在禁区得到66分，命中率高达58%。

"我们总是试图突破分球，我们让球转移起来。"帕克如此总结。"我们知道，对付雷霆，我们得打出十足精神。我觉得，有适当的恐惧是好的。"

马刺保持着这适当的恐惧，在第二场112比77血洗雷霆。杜兰特与威斯布鲁克被封锁到40投13中，反过来，帕克22分，格林投中7个三分球21分。

然而，与两年前类似：雷霆在主场连翻两局，追到了2比2。复出的封盖魔王伊巴卡是一方面，雷霆还将替补组织后卫雷吉·杰克逊一起派上场，放弃了瑞士防守干将索夫罗萨。

第五场，天王山之战，波波维奇变阵。以往逢到此时，马刺会选择让吉诺比利首发。而2014年此时，波波维奇的选择是：马特·邦纳首发。

是的，是已经有一年零三个星期没为马刺首发过、在马刺签下新合同后果断去要赛百味双份料三明治的、2014年季后赛此前出场16场其中12场得0分的，憨厚的红头发白胖子马特·邦纳。

然后，马刺居然就以117比89胜了第五场，三节解决战斗。

马刺全场贯彻，用201公分的莱纳德防191公分的威斯布鲁克，堵塞他突破，干扰他跳投；反过来，用198公分的格林与吉诺比利，交替防守208公分的杜兰特。

首功，在于吉诺比利：

XXIX

第一节，吉诺比利连续射出妖异三分，避免雷霆拉开比分；第二节后半段，他负责阵地战组织，传球神出鬼没，将雷霆撬开了。下半场开始，波波维奇直接放迪奥首发。结果迪奥在第三节前 7 分钟得了 7 分。第三节末尾，马刺 94 比 74 领先 20 分，大局已定。邓肯 30 分钟里 22 分 12 篮板领衔全队，但他自己都有些犯愣。

"这是我打过最疯狂的系列赛。"

的确如此。马刺先是两场分别赢了 17 分与 35 分，然后是两场输了 9 分与 13 分。第五场却又大胜 28 分。

第六场，双方势均力敌。马刺上半场 42 比 49 落后，第三节打出 37 比 20 高潮，但第四节，雷霆打出 32 比 22 的反击。双方打进加时赛。帕克带伤，只打了 19 分钟。加时剩 3 分半时，马刺还以 103 比 105 落后。38 岁的邓肯用招牌的撤步转身，面对伊巴卡，猛然起步，左手运球突破，抢到篮下，右肩倚靠着伊巴卡，起手：伊巴卡犯规。邓肯罚进一球。

半分钟后，邓肯同一位置接球，左肩倚靠伊巴卡，右手轻柔地将球打在篮板上：马刺 106 比 105 反超一分。又一分钟后，马刺 106 比 107 落后，还是同样的位置，还是格林传球。邓肯转身撤步面对伊巴卡，右手运球中路突破；伊巴卡压低重心，邓肯再次来到禁区中央，依然是右侧翻身，后仰投篮，伊巴卡犯规——邓肯两罚两中，马刺 108 比 107 反超。

最后一攻，剩 5 秒，马刺 108 比 107 领先。邓肯左翼背身，面对雷吉·杰克逊。雷霆双人夹击，邓肯翻身左侧后仰投篮：球打了一下篮筐，落进了球网。

邓肯掀起球衣，举着自己的 21 号，长长吁了口气。场边马刺的板凳上，队友们疯狂地跳跃起来。

112 比 107，马刺击败雷霆，邓肯 39 分钟内 19 分 16 篮板，带领马刺 4 比 2 淘汰雷霆，晋级 2014 年总决赛。

当听到访问他的大卫·阿尔德里奇问"经过去年的挫败……经历一年时间……回到总决赛，重新有机会应对迈阿密，这对你意味着什么"时，邓肯摆了摆头，然后，目光闪了闪，微微抬起头，说道：

"这次，我们会搞定的。"

2014 年 NBA 总决赛，圣安东尼奥马刺 vs 迈阿密热。邓肯 vs 勒布朗，第三次总决赛对局了。

2014 年总决赛第一场第四节，热一度以 86 比 79 领先。马刺做了调整。赛后澳大利亚后卫帕特里克·米尔斯说：

"我们一直在彼此说些话，彼此鼓励，保持热情……不管发生了什么，我们保持在一个团队里，一直在让大家有动力继续。我们说，我们还没输。继续磨，继续磨！"

双方在第四节剩 9 分半时再次摆上王牌阵容决战。勒布朗两记后撤步中投得手，而马刺回以帕克的反击上篮，再突破分球助攻邓肯。这时勒布朗示意换人：他的体力见底了。场内空调已坏，高温下打球，谁都受不了。

勒布朗刚下场，迪奥的传球便找到了格林。格林两记三分球。热的防守已乱，吉诺比利助攻邓肯得分后，邓肯再甩出一记长传，格林反击扣篮得分，马刺 94 比 90 反超。

之后，勒布朗归来，上篮，落地，趔趄，抽筋，被迫下场。丹尼·格林和莱纳德各自投进了三分球。马刺最后 110 比 95 取胜。

邓肯 10 投 9 中得到 21 分 10 篮板，帕克 19 分，吉诺比利 16 分 11 助攻。勒布朗认为，"看着球队被甩开，自己却无法帮忙，感觉真的很奇怪"。

第二场，勒布朗做出回答：他独得 35 分 10 篮板，热 98 比 96 取

XXIX

胜,夺回主场优势,双方打到 1 比 1。

勒布朗赛后说:"马刺撤后了,于是我就投篮,对我而言,就这么简单。"

波波维奇则说:"你可以试着夹击勒布朗,我确定他能找到空位队友。"

总决赛第三场前,迈阿密热教练组给全队发了这条语录:

"狼群的强大在于每只狼,每只狼的强大在于背后的狼群。"

——出自鲁迪雅德·吉普林,1907 年诺贝尔文学奖得主。

然而第三场,强大的是马刺。马刺打出了波澜壮阔的进攻,第一节 41 分,上半场得到恐怖的 71 分,上半场结束,马刺 71 比 50,领先迈阿密 21 分。

——上一次总决赛首节有人得到 41 分?那是 1967 年总决赛第一场,张伯伦率领的费城 76 人做的事。

——第二节打到一半,马刺的命中率达到恐怖的 90%。整个上半场,马刺 75.8% 的命中率,总决赛历史纪录。

——马刺上场九人,全部得分。

马刺做的调整是这样的:一如对雷霆系列赛似的,换下斯普利特,派上迪奥为首发,改打小阵容;发现勒布朗亲自去守帕克后,马刺选择了一个新进攻点:三年级的莱纳德。当莱纳德和格林都开始突破分球之后,马刺在场就有四个突破分球手了。

本场比赛,格林 8 投 7 中 15 分 5 次抢断,帕克 15 分,邓肯 14 分 6 篮板 2 助攻。而三年级生卡瓦伊·莱纳德 13 投 10 中,29 分。

2011 年入行时,选秀报告说莱纳德是个不太会外围技巧的小前锋,长于篮板。一年后,他依靠着大手断球反击、内切扣篮和防守立足,还学会了定点三分。

2013 年,他的作用是定点三分 + 底线袭篮 + 弱侧突破。

到 2014 年,他已经能持球突破,完成撤步中投和高效的背身单打。来到 2014 年总决赛第三场,这样大的舞台上,他冷静地打出了季后赛个人生涯纪录。

第四场,又一次:马刺 107 比 86 屠杀了热。上半场 56 比 36 领先 20 分。自从迪奥首发后,打小球阵容的马刺,能够完全跟上热的转移球速度,逼迫热单打。反过来,因为热的夹击、错位和对无球走位的保护不周,马刺总能够找到出球机会。第四场赛后,勒布朗对记者提到了迪奥:

"他就是马刺在场的又一个组织后卫。"

米尔斯 16 分钟内三分球 6 投 4 中得到 14 分,迪奥 8 分 9 篮板 9 助攻,帕克 19 分。热的进攻套路全被马刺看破,反过来,热完全无法遏制马刺纵横捭阖的团队篮球。一组数据:

第四场,热全队触球 374 次,传球 267 次。

马刺全队触球 497 次,传球 380 次。

邓肯 10 分 11 篮板,一不小心成为 NBA 历史上季后赛,两双最多的球员,158 个。此外,上半场打完,他季后赛出场时间也正式超越了天勾,史上第一。

第五场,圣安东尼奥。

比赛前,勒布朗说,"历史就是为了被打破的"。克里斯·波什则发誓:第五场一定会赢。热的确凶猛:马刺开场,一度 6 比 22 落后。但之后,吉诺比利持球强突,打三分得手;骗到巴蒂尔一个进攻犯规;接一个三分球。马刺打出了热第一个暂停。此后,吉诺比利再组织攻势,邦纳突破分球,米尔斯三分。第一节,马刺仅以 22 比 29 落后 7 分。

第二节,马刺换邓肯接管,一口气追到 34 比 35。吉诺比利一个蛇形上篮让马刺 39 比 35 领先,然后 37 岁的他,打了职业生涯最漂

XXIX

亮的一球：提速，突破，面对克里斯·波什，一记滑翔隔人扣篮。吉诺比利奔回半场时，意气风发，邓肯在他身后，伸手给他后脑袋摸了一把：15分钟里，马刺刷完了39比15的大高潮。

到第三节马刺打出18比4的高潮后，已经领先到65比44。第四节剩下2分12秒，得到了22分的莱纳德被罚下：此时马刺已经领先到98比80。然后邓肯下场了，吉诺比利下场了，斯普利特过来，死死抱住吉诺比利。

比赛结束了。马刺104比87击败迈阿密热，4比1拿下了2014年总冠军。38岁的邓肯扑在场边的大卫·罗宾逊的身上；帕克则直接把来观战的埃弗里·约翰逊抱离地面。波波维奇，半张着嘴，观看这一切。

颁奖时，老板霍尔特被问到成功的秘密。他说：

"我身后这些球员和教练，就是秘密。"

莱纳德拿到总决赛MVP时，还是绷着脸。好像他不是刚站在世界之巅，刚成为总决赛MVP，刚在父亲节得到了这一切似的。颁奖时有人对他说：

"卡瓦伊，你现在可以笑了。"

仿佛被提醒了似的，莱纳德笑了。

第三十章　勇士与勒布朗

(XXX)

711-756

2014 年总决赛结束，马刺复仇成功，获得了队史第五个总冠军。与此同时，迈阿密热队史最辉煌的时代结束了。

克里夫兰骑士幸运之极，四年里第三次获得了状元签。2014 年选秀大会上，他们摘得了 203 公分的飞翔小前锋安德鲁·维金斯。与此同时，他们订下了新赛季的主教练：在欧洲获得成功的大卫·布拉特。

而 2014 年 6 月，刚输掉总决赛的迈阿密三巨头德文·韦德、克里斯·波什与勒布朗·詹姆斯一起宣布跳出合同，成为自由球员。

2014 年 7 月 11 日，勒布朗·詹姆斯宣布：他要离开迈阿密热，回归克里夫兰骑士了。他与骑士签了两年 4200 万美元合同。

时隔四年，在当初那个"把我的天赋带去南海岸"的惊世决定之后，勒布朗回归了。在给《体育画报》的文案里，勒布朗热情洋溢地描述：

他生在俄亥俄东北。那是他的家乡。他说四年前，他是一心想追求冠军才离开骑士，四年来他成长了。他觉得家乡还是没有冠军，他要回来拿一个戒指。

2014 年 8 月 28 日，勒布朗签约骑士一个半月后，新状元安德鲁·维金斯被骑士交易去了明尼苏达森林狼，骑士得回了 26 岁的白人大前锋凯文·勒夫。如此，勒布朗身边，拥有了 2011 年状元凯里·欧文和全明星前锋凯文·勒夫——又一个三巨头，在骑士成型了。

凯里·欧文 1992 年生在澳大利亚墨尔本，他爸爸德雷德里克·欧文也是职业篮球手。他 4 岁时母亲去世，父亲和他的四个姑姑把他带大。16 岁时他单挑 15 比 0 赢了 42 岁的父亲。三年后他说："我也许是史上最好胜的人之一。我就想摧毁掉对手。"2011 年，191 公分的他成为 NBA 状元。到勒布朗归来前这个赛季，他靠着当世顶尖的华丽运球与无死角投篮，场均 20.8 分 6.1 助攻，而且在 2014 年全明星之夜独得 31 分，全明星赛 MVP。

凯文·勒夫的全名是凯文·韦斯利·勒夫。他爸爸斯坦·勒夫曾与韦斯·昂赛德当过队友，于是在他名字里镶了个韦斯利。凯文·勒夫从小看比尔·沃顿与昂赛德打球的录像带，学习篮板+长传。他在 UCLA 打大学篮球时，场均 18 分 11 篮板，三分率 35%。他有 208 公分身高，足以卡位的宽厚体重与很好的协调性。进 NBA 第三年他曾打出匪夷所思的单场 31 分 31 篮板。到 2013-2014 季，他打出场均 26 分 13 篮板 4 助攻的恐怖成绩。他是个篮板魔王，能够挡拆外切靠三分球得手，也能在篮下抛出小勾手。

大卫·布拉特教练，2014 年夏天来到克里夫兰时 55 岁，此前没有过 NBA 执教经验。他在欧洲，号称沙皇：四次以色列年度教练，六次以色列冠军杯，五次以色列联赛冠军，一次俄国超级联赛年度教练，意大利联赛冠军和杯赛冠军各一次，2014 年欧洲联赛冠军和 2014 年欧洲联赛年度教练。2007 年，他带着俄罗斯国家队拿到欧洲冠军，2012 年，伦敦奥运会铜牌。

此外，骑士还有其他人：

2012 年 4 号秀、才华横溢但不好相处的得分后卫迪昂·维特斯。

2011 年 4 号秀、前场篮板小魔王特里斯坦·汤普森。

跟随勒布朗前来的迈阿密射手詹姆斯·琼斯。投奔勒布朗来的肖恩·马里昂。勒布朗的旧识、巴西人安德森·瓦莱乔。还有坚韧的澳大利亚后卫马修·德拉维多瓦。

2014 年秋天，东部的另一件大事：先前两年带领印第安纳步行者队杀到东部决赛的保罗·乔治，遭遇了不幸。2014 年 8 月 1 日，预备为美国国家队出战的乔治，在拉斯维加斯的一次训练赛中右腿骨折。随后他做了手术，宣布要休息整个赛季。

XXX

在西部，2014 年夏天，金州勇士放弃了深得人心然而战术上相对单调的马克·杰克逊教练，招来了史蒂夫·科尔：球员时期，曾跟着公牛与马刺得到五个总冠军的神射手，凤凰城太阳的前任总经理。

科尔一到勇士便说了：他与球队王牌射手斯蒂芬·库里关系挺好——的确，他跟德尔·库里和斯蒂芬·库里父子，时不常一起打高尔夫球。"我知道这话马上就会被传开，但我还是得说，斯蒂芬的高尔夫打得比迈克尔（乔丹）好。"

科尔说他想尝试三角进攻，也想打一点马刺的套路：因为他在公牛和马刺都待过。他认为，库里虽已是 NBA 顶尖射手，却没必要每次都寻求高难度投篮。他有亲身经历，了解公牛如何靠三角进攻，让乔丹减少持球强攻，成就了公牛王朝。

科尔新官上任第一个决定，是让入行两年的前锋德雷蒙德·格林，代替全明星大前锋大卫·李，担任球队首发。

格林生在 1990 年，201 公分高。在密歇根州大打了四年，2012 年第 35 位被勇士选中。当时普遍认为他技术全面、体格强壮，但作为小前锋没啥特长。传球与视野出色，篮板球强硬，但打大前锋嫌矮，打小前锋又嫌慢，而且缺乏稳定的得分技巧。

但科尔却让格林去打大前锋：如此，他比全联盟大多数 4 号位都更快更灵活，而且能够到三分线外拉开空间。格林与库里打挡拆时，对手势必两难：不夹击库里，库里得分；夹击库里，格林可以获得短暂的持球机会，勇士会形成局部四打三。格林自己未必能得分，但他能传球，能持球突破策动进攻。且格林还有一手策应：勇士两大射手库里和克雷·汤普森都能靠走位接球，轻松接球投篮。

很显然：这是太阳当年用波利斯·迪奥的方法。

于是 2014-2015 季的勇士摆出的首发是：191 公分的库里 +201

公分的克雷·汤普森+203公分的哈里森·巴恩斯+201公分的格林+213公分的2005年状元巨人安德鲁·博古特。全面的摇摆人、198公分的安德烈·伊戈达拉担当第六人。他们每个人都可以换防两到三个位置，除了博古特，每个人都能切、跑、传。

得分后卫克雷·汤普森默默努力着。他承认这个赛季他最喜欢的事儿是：

"当对方堵塞我投篮空间，而我运球突破晃过他们时，他们那诧异的表情……我的第一步，可比所有人们想象的都要快得多。"

快船主帅里弗斯说克雷：

"首先，他很高；然后，他现在能运球突破了，他还在背身单打，他是个全能得分后卫了。以前你可以直接阻遏他的投篮，但现在，他上篮，他喜欢左手突破——作为一个右手球员太难防了。"

2015年1月23日，克雷破了个历史纪录：勇士对阵萨克拉门托国王时，他轰下了单节37分，破了之前甜瓜与格文保持的单节33分纪录。全场52分。

那天流程如下：克雷先是借库里的牵制，三个跟进远射得手，手感滚烫，于是勇士全队给他做球。克雷借博古特和格林的掩护再次一连串投中，最后开始自由发挥：持球突破、晃动中投。

赛后，克雷解释球队为何要疯狂给他传球："他们就是想一直看我的得分秀。他们不停跟我这么说。"这场比赛，球队王牌库里送出11次助攻，自己只出手11次；克雷25次投篮。两周后，勇士对阵小牛时，格林2分10篮板6助攻，克雷得到18分，而库里轰下10个三分球，得到51分。

这就是2014-2015季勇士的风貌：库里和克雷好像在任何地方都能投进远射，随时都可以射落40分甚至50分。全队运转行云流水，总能依靠广阔空间里的速度优势，将球转移到空位。他们又像一个变形

XXX

金刚，全面得可以应付对手的任何套路。结果就是 2014-2015 季赛季末，勇士以联盟第一的防守效率和第二的进攻效率，取下了联盟常规赛第一的 67 胜 15 负。

另一个马刺出身的教练，在东边也获得了成功：给波波维奇当了十几年冠军助教的迈克·布登霍尔泽教练，在亚特兰大初履任，便带领鹰队在 2014-2015 季，打出了常规赛 60 胜。他的球队作风也很马刺：全队六个人场均得分两位数，最高得分手保罗·米尔萨普场均都不到 17 分；球队有四个人场均助攻 3 次以上，但最高助攻手杰夫·蒂格不过场均 7 助攻。他们均衡而全能，依靠三分手拉开空间，多点转移，这让他们在东部常规赛领跑——甚至东归的勒布朗也没能压住他们：2014-2015 季，勒布朗因为背伤，缺席了 13 场常规赛，而且，骑士并没完全按他希望的套路打球。

2015 年 2 月 19 日，一个插曲是：年将 39 岁的凯文·加内特被布鲁克林网交易，回到了明尼苏达森林狼。2015 年 2 月 25 日，KG 身穿明尼苏达森林狼的 21 号，出现在标靶中心。

是的：KG 回家了。

另一个凯文，命运不大一样。在俄城雷霆，上届 MVP 凯文·杜兰特在赛季中途受伤，到 2015 年初，球队就落在拉塞尔·威斯布鲁克一个人的肩上。

于是恐怖的事情发生了。2015 年 2 月 26 日开始，威斯布鲁克连续轰出超级三双：39 分 14 篮板 11 助攻、40 分 13 篮板 11 助攻、49 分 15 篮板 10 助攻。到赛季末，他来了场 54 分 9 篮板 8 助攻。

威斯布鲁克的优缺点历来很明白：他拥有 NBA 历史上组织后卫中最劲爆的跑跳爆发力，冲反击无敌，体能无限，直线不减速，靠热情的全场一条龙解决问题。与此同时，他不是个好组织者。之前球队里有杜兰特这么个旷世罕见的得分天才，威斯布鲁克也并没有迁就推让；2015年杜兰特受伤的春天，威斯布鲁克反而打得烈火燎原。

那年，他的腕带出了名：每场比赛前，威斯布鲁克会在双手腕上绑上腕带。一个橙色腕带，用蓝色字写"KB3"，一个蓝色腕带，用橙色写"为什么不？（WHY NOT）"

——威斯布鲁克当年有个哥们：克雷西-巴尔斯。他们从小约好：到大学里，还要一起当队友。之后某个星期六，洛杉矶西南学院的一场训练赛里，巴尔斯倒下了。他的心脏出了问题。周六稍晚，他在森迪内拉医疗中心过世。那年威斯布鲁克15岁。自此他开始双倍努力地打篮球。他开始为巴尔斯的奶奶倒垃圾做家务。他在高中四年级毕业时获得了全美大学的青睐，而他去了UCLA：UCLA并没给威斯布鲁克奖学金，他去UCLA，是因为当年巴尔斯曾经被UCLA接纳过。"我觉得我是在用某种方式为他打球。"

或者这就是他的性格了。那年赛季结束时，威斯布鲁克以场均28.1分领先全NBA，但赛季总得分最高，则是休斯顿火箭的詹姆斯·哈登：2217分。他靠着狡黠的左手挡拆、转移分球和撤步三分球，让火箭打出了56胜。但在常规赛MVP选票上，哈登还是输给了金州勇士的当家王牌、联盟最强射手斯蒂芬·库里。

那也是哈登与库里这两个同级生恩怨的开始。

那年常规赛，斯蒂芬·库里的卓越，不只是场均23.8分7.7助攻，也不在于他无休止的三分神射：单论这些，未必能让勇士67胜。妙在那个赛季，库里，有多达49%的投篮在运球两步内完成，只有23%的投篮在运球6秒以上。

这涉及到一个战术问题：

2004年NBA规则改革后，NBA便流行起了"持球创造者"这个角色。纳什、保罗、勒布朗、韦德、威斯布鲁克与哈登，都获得过类似

XXX

待遇：全队为他们配置射手拉开空间，搭配一个挡拆型内线为他们挡拆，然后持球手借助个人威胁展开攻击，创造机会。

库里与上头几位的不同处在于：他的持球进攻威胁极高，与此同时，他并不一定需要持球；因为他恐怖的无球威胁，随时随地接球都能射进三分球的恐怖火力，哪怕他不拿球，也能牵制对方的防守。他是个高效率的持球攻击者，又是个完美的队友。

这也与当时流行的数据理论重合。

2011年，著名的电影《魔球》让大众对体育界的数据分析有了了解，而在NBA，深入的数据分析也日益流行。球权越来越倾向高效率的攻击手。各强队也各自有自己的数据模型。休斯顿火箭在这方面走得颇为领先：达雷尔·莫雷总经理相信，三分球和篮下投篮是最高效率的攻击方式，那么，让他们的王牌詹姆斯·哈登一次次突破篮下或强投三分，吸引对方夹击后，再将球转移到空位让射手攻击——这不是最高效率的攻击方法吗？勒布朗·詹姆斯自2013年后，就一直在倾向这么打球。火箭为何不学以致用呢？

2015年的季后赛首轮，勒布朗带领的克里夫兰骑士轻松以4比0横扫重建的波士顿凯尔特人：这也是凯尔特人年轻主教练布拉德·史蒂文斯第一次进季后赛。但系列赛中出了意外：凯文·勒夫受伤，就此告别赛季。如此勒布朗身边，只有欧文可以依赖了。

西边季后赛首轮，克里斯·保罗在第七场最后一个跳投绝杀得手，终结了洛杉矶快船与圣安东尼奥马刺波澜壮阔的七战系列赛，卫冕冠军马刺被淘汰。

但在季后赛次轮，快船遭了厄运：他们一度3比1领先休斯顿火箭，却被连翻三局。第六场尤其荒诞：快船以92比79领先进入第四节，火箭甚至放下了手感不佳的詹姆斯·哈登，但球队其他人，尤其是

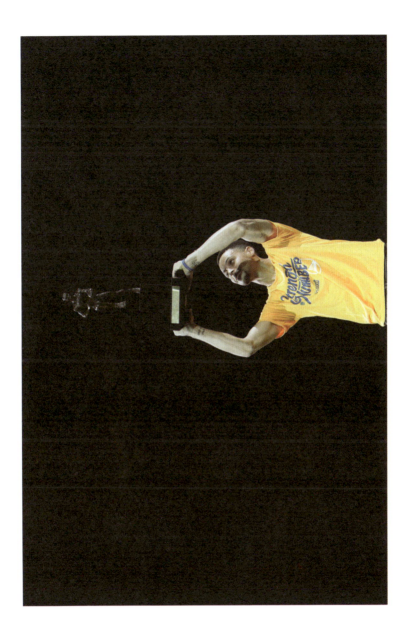

科里·布鲁尔、约什·史密斯这些热血前锋,硬生生挽回分差,结果快船第四节被打了个15比40,输掉第六场。快船主帅道格·里弗斯又犯了老毛病:信赖老将,关键时刻不做调整。这毛病在第七场继续发作:哈登得到31分带队取胜,火箭4比3干掉快船晋级西部决赛,这是他离开雷霆后,第一次重归西部决赛。

而他2015年西部决赛的对手?正是金州勇士。

但火箭不是勇士的对手。他们先是惜败了两场比赛0比2落后,然后在第三战,自己的第一个主场,被库里轰下了40分7助攻,火箭大败35分。

火箭赢下第四场,但输掉第五场。勇士4比1晋级2015年总决赛:这是1975年以来,他们队史第一场总决赛。

与此同时,在东边,勒布朗打出了匪夷所思的表现。

先是东部半决赛,骑士对公牛。第三场在芝加哥,伤愈的德里克·罗斯得到了30分,最后时刻,一个三分球打板命中完成绝杀:公牛99比96击败骑士,2比1。

第四场最后时刻双方84平,最后1.5秒,勒布朗左翼拿球,起手投篮:球进,骑士86比84,绝杀了公牛。2比2,追平。

大难不死的骑士,没有再给公牛机会。第五场,勒布朗凶猛地背身单打,24投14中得到38分外加12篮板6助攻,欧文赛后说,"他把我们扛在了肩上"。骑士取胜,拿到3比2领先。第六场骑士94比73大破公牛,4比2晋级东部决赛。

这是勒布朗连续第三年击败公牛——也是他连续第三年跨过吉米·巴特勒。

吉米·巴特勒1989年生,201公分高。少年时父亲离家,13岁被母亲踢出家门,辗转寄居在朋友家庭里。他与德里克·罗斯都在2007年高中毕业,然后踏上不同的征途。罗斯2008年作为状元进了NBA,

XXX

巴特勒则从德州的泰勒青年学院转到马奎特大学，打上大学篮球。2011年他参加 NBA 选秀时很崇拜麦蒂，但并无麦蒂的天分。当年的选秀报告上认为他"展现出成为角色球员的优秀资质……攻防两端活跃……反击出色……近筐攻击很好……不需要球权……无私……顽强的防守者……聪明而且努力的孩子……"但是：

"没有一项出色的技能……不会单打……"

他说："当我打篮球时，我想，嘿，为什么不尝试以进 NBA 为目标打篮球呢？只要努力就是。显然，那是份很好的工作啊。"

他进 NBA 那年，跟他同届的罗斯成了常规赛 MVP。但此后他默默努力，2014 年夏天自己租了个毛坯房住。"我想让自己打得更好，所以我不用手机，没有网络。当我和哥们觉得无聊时，我们就去旁边的球馆练球。我们吃饭、睡觉、去球馆。一天训练三次，反正也没啥别的事情好做。"终于 2014-2015 季 26 岁时，他成了全明星。2015 年东部半决赛，勒布朗场均 26 分 11 篮板 9 助攻，巴特勒则场均拿到 21 分 6 篮板 3 助攻。不算好，但他的确在一步步成长了。

令人意外的是，2015 年东部决赛中，勒布朗带领常规赛 53 胜且缺兵少将的骑士对决常规赛 60 胜的鹰，居然完成了 4 比 0 横扫。兵多将广的鹰到了最高舞台后，便显出捉襟见肘来。第三场比赛拖入加时，最后时刻，勒布朗一个超远三分反超，再一个中投得到自己第 37 分，锁定胜局。骑士 114 比 111 拿下第三场，勒布朗全场 37 分 18 篮板 13 助攻。最后他累趴了，倒在了球场上。

骑士的布拉特教练如是说：

"他就是……不允许我们输掉。"

鹰的气势全被粉碎，第四场被骑士 118 比 88 大破，就此败北。就这样，勒布朗连续第五年来到总决赛，面对金州勇士。

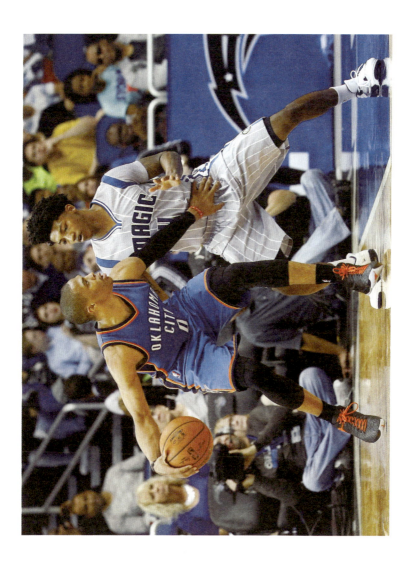

"看队友们在哪里最舒服,哪里最有效。我的任务是,在他们可以得分的地方,给他们球。"

2015 年总决赛第一场留下了无数纪录。比赛几乎有球迷想要的一切：大比分领先（骑士第一节一度 29 比 15 领先），逆转（勇士第二节开始反击，到比赛最后时刻，还领先 3 分），反逆转（骑士追平比分），以及生死一击——48 分钟最后读秒时，欧文飞身而起，盖掉库里的绝杀上篮，双方拖入加时。双方的主帅——布拉特与史蒂夫·科尔——都是一年级主帅，首次打总决赛，但套路却很明晰。骑士用大量换防控制勇士的远射，勇士则尽力推速度进行反击。参与电视解说的杰夫·范甘迪，在第四节对骑士表示不满："太多单打了，我真不喜欢。"他话音刚落，勒布朗绕过掩护跳投得手，于是身旁的解说员说："有效就好了嘛！"

这句话几乎概括了此后几年，克里夫兰骑士的做派。

骑士依靠勤奋专注地换防、切割勇士的传球线路、逼迫勇士单打。欧文得到了 23 分 7 篮板 6 助攻 4 抢断，还结结实实盖掉了库里两个帽。大卫·布拉特教练在比赛中暂停时怒吼：

"绝不能丢掉专注力！不能走神哪怕一分钟！"

第一场最后时刻，骑士拖进加时，但加时赛最后 3 分钟，骑士体力垂尽——加时赛勇士打出 10 比 2，最后 108 比 100 取胜。库里在他第一场总决赛里，26 分 4 篮板 8 助攻。而勒布朗则打出惊人的 44 分 8 篮板 6 助攻——这也是 2001 年阿伦·艾弗森 48 分大闹斯台普斯球馆以来，首次第一场便出现加时赛和单人得分 44 分开外。

惊人的是，欧文受伤后，骑士反而拿下了第二场。

第二场，澳大利亚后卫马修·德拉维多瓦代替欧文首发，防守端，骑士用局部夹击 + 返位，无视博古特，锁住了库里。当勇士被迫撤下博古特时，骑士就用巨人蒂墨菲·莫兹科夫欺压勇士的小球阵容内线。下半场，勒布朗持球，吸引夹击，找空位三分手。在这样绞肉机一般的恶战中，第二场再被拖进加时，最后骑士咬住了比分，95 比 93 取胜。勒布朗 35 投 11 中 39 分 16 篮板 11 助攻，库里被全场盯防 23 投仅 5 中

XXX

19 分，克雷·汤普森得到 34 分，但他一个人的火力是不够的。比赛结束的瞬间，看着骑士 95 比 93 击败勇士的记分牌，勒布朗将压抑已久的情绪爆发出来，球砸地板，张口怒吼。

赛后，勒布朗如此说得到 9 分 5 篮板、防得库里 23 投 5 中的德拉维多瓦：

"他防守，他抓篮板，他适时投中球。他给了我们一切。"

实际上，这也是克里夫兰骑士队史第一场总决赛胜利。

回到克里夫兰，勒布朗带队赢了第三场：骑士 96 比 91 取胜，2 比 1 领先。最后时刻，当库里一记三分球将分差追到 80 比 81 时，德拉维多瓦倒地，球出手打板得分，得到加罚机会。骑士 84 比 80，重新领先 4 分，是为比赛最关键的时刻。全场勒布朗用了 34 次投篮和 12 次罚球，得到 40 分 8 助攻。实际上，他总决赛前三场得到 123 分，是为新的 NBA 纪录，此外，他前三场还有 36 个篮板和 25 个助攻，三场比赛包括两个加时，他一共休息了 12 分钟。

"我只是，竭尽全力，做一切能让球队赢球的事。"勒布朗喘着粗气说，"这是总决赛！我们要做一切能让球队赢球的事！"

然后，勇士的调整来了。

2015 年总决赛第四场，勇士开场阵容：

191 公分的库里，201 公分的汤普森，198 公分的伊戈达拉，203 公分的巴恩斯，201 公分的格林：超级小球首发。

198 公分的全能万金油伊戈达拉，代替中锋博古特首发，如此骑士无人可以防他，只好用 216 公分的蒂墨菲·莫兹科夫对位：结果，伊戈达拉全场都在用远射和突破招呼莫兹科夫。勇士上半场基本放弃了"库里找掩护后迂回"，而是干脆的"库里 + 格林挡拆，格林立刻分球或自己投"。第一节剩 4 分钟，勇士叫暂停，科尔教练叫嚷着：

"骑士会累的!"

的确如此。虽然莫兹科夫得到 28 分,骑士双内线合计 25 投 16 中刷到 12 个前场篮板。但勇士靠速度跑垮了骑士:勇士 103 比 82 拿下第四场,双方打成 2 比 2。

第五场开始,勇士继续摆小球阵容,当骑士给双内线喂球时,快速夹击强侧;谁拿球谁推反击。半场下来,两大王牌各自抖擞精神:库里 9 投 6 中 15 分,勒布朗 15 投 8 中 20 分 8 篮板 8 助攻。

比赛最后时刻,库里中投得手,勇士 77 比 75;勒布朗上篮,77 平。

之后,勒布朗长距离三分球得手,骑士 80 比 79 领先。但"库里→格林→伊戈达拉传球连线"再次得手:伊戈达拉射中三分球,让勇士 89 比 84 领先 5 分。等伊戈达拉再施展一条龙上篮,勇士 91 比 84 领先,大局已定。最后勇士 104 比 91 取胜。3 比 2。勒布朗全场 45 分钟 40 分 14 篮板 11 助攻的三双,但回天无力。库里赛后说勒布朗:

"他持球许多。我们坚定于自己的计划。他投中球也不要丧气,反正他会投中。48 分钟,我们希望我们可以把他累倒。"

总决赛第六场前,电视直播请了韦德来做嘉宾,参与讨论:"如果勒布朗输了,能不能拿到总决赛 MVP 呢?"

因为总决赛前五场,虽然骑士 2 比 3 落后,但勒布朗每场 36 分 12 篮板 9 助攻,有三场得分 40+、两场三双,历史级的伟大表现。

韦德有点不爽了,他提醒其他解说员,先别讨论勒布朗输了怎么办:"他很有机会赢总冠军呢!"

他回忆起三年前的光荣岁月:2012 年对凯尔特人那传奇的第六场前。他说,当时但见勒布朗表情木然,不知是忧是喜。直到开赛前,勒布朗做了一个表情,韦德便知道没问题了——那就是勒布朗半场 30 分、全场 45 分、震服波士顿花园之夜。

XXX

所以，这一次的第六场，勒布朗还能逆转吗？

然而奇迹没有上演。第六场第四节，勒布朗弱侧抄球突击前场奋力扣篮，最后一次点燃球场。但之后，库里连续策动进攻，勇士领先到 92 比 77。大局定了。最后比分是 105 比 97，勇士取胜。

于是金州勇士以 4 比 2 击败骑士，拿到了 2015 年总冠军。

第四场开始为勇士首发，亲自防守勒布朗，并依靠三分和组织串联起勇士的伊戈达拉，举起了总决赛 MVP 奖杯。

勇士助理教练阿尔文·金特里——也是 2010 年凤凰城太阳的主帅——之后如此总结 2015 年总决赛：

"告诉迈克·德安东尼，他被平反了！我们刚用所有人抱怨的方式踢了所有人的屁股！"

五年前的 2010 年，金特里带着太阳，陪着纳什，遵照着德安东尼的思路——空间、速度、三分球——杀到了 2010 年西部决赛。而勇士主帅史蒂夫·科尔，是当年太阳的总经理。

2015 年的勇士，有许多方面效仿了当年的太阳：比如速度，比如远射，比如库里 + 汤普森 + 巴恩斯 + 格林 + 博古特这一大四小。库里 + 格林的进攻组织，是纳什 + 迪奥的翻版。2015 年总决赛第四场之后，库里 + 汤普森 + 巴恩斯 + 伊戈达拉 + 格林的五小球阵容，是 2006 年太阳纳什 + 贝尔 + 琼斯 + 马里昂 + 迪奥的终极翻版。只是防守端，当年的太阳是收缩，2015 年的勇士用了更多的换防。

所以 2015 年的勇士，说是当年德安东尼的套路，但增加了更多的挡切与传递。这预示了篮球的未来：

全面、空间、速率。

新时代就此翻开了篇章。

另一边，勒布朗·詹姆斯赛后得到了对手的拥抱，但他还是很失望。

"无论在迈阿密、在克利夫兰还是在火星打球，输掉总决赛，总是

很让人失望的。"

2015 年夏天，勇士与骑士都没什么大动作。骑士经理大卫·格里芬，如此解释：

"我们必须确认在勒布朗身边打球的人们，不会因为得不到他们习惯的球权而不爽。"

发生巨大改变的，是西部另两支劲旅。圣安东尼奥马刺得到了波特兰开拓者的明星大前锋拉马库斯·阿尔德里奇。这个打法酷似拉希德·华莱士的大前锋，将成为大卫·罗宾逊退役之后，邓肯最强的一位内线搭档。与此同时，俄城雷霆请走了斯科特·布鲁克斯教练，请来了先前在 NCAA 的佛罗里达大获成功的比利·多诺万教练。

值得一提的是：丹佛掘金在选秀大会上，第二轮 41 顺位，得到了尼古拉·约基奇：1995 年 2 月 19 日出生在塞尔维亚的一个白胖中锋。当然，一个二轮秀，在当时不会引起什么注意就是了。

2015-2016 季开始时，卫冕冠军勇士主帅史蒂夫·科尔因手术缺席，球队由助理教练卢克·沃顿带领。用德雷蒙德·格林后来的说法，沃顿与科尔的风格，截然不同。

"如果我投了个不合理的球，科尔教练会吼我；卢克教练却会等我到边线时跟我说：哎，我们可以想法子，下次投合理点儿。"

更随和的沃顿教练，允许球队打得更自由。于是 2015-2016 季常规赛首战，勇士对阵新奥尔良鹈鹕，库里轰下了 40 分。第二场对休斯顿火箭，25 分——那也是火箭开季连续第二场输掉 20 分开外。不久后，前一年还带火箭进西部决赛的主帅凯文·麦克海尔，开始失去更衣室的信赖，不久后便离职了。

XXX

且说回勇士。

第三场，库里 35 分钟里轰下 53 分 9 助攻。开季三场比赛射落 118 分，这是 1989 年乔丹以来的第一次。大概这就是卢克·沃顿教练的风格：他允许球队打得更自由，尤其是，允许库里打得更自由。

勇士就此一路连胜。2015 年 11 月 24 日，勇士击败湖人，完成开季 16 胜，历史常规赛最佳开局。实际上，他们一直赢到 12 月 11 日。击败凯尔特人后，他们拿下了开局 24 胜 0 负的传奇：那也是他们连续第六个客场。一天后，在密尔沃基，他们终于输了赛季第一场球，败给了雄鹿。那天他们遇到了一个奇怪的球员：雄鹿的组织后卫，竟是个身高 211 公分、长手长脚的 21 岁希腊少年，扬尼斯·阿德托昆博。他飞走如风，步幅巨大，可以从三分线直接起步上篮，当晚他防守端无处不在，拿下了 11 分 12 篮板 8 助攻 2 封盖。

那时勇士当然不知道，这个希腊少年，将在三年后对整个东部产生巨大影响。

2015 年底，科尔教练回归，但勇士的连胜势头依然不减。库里的神奇表现也连绵不断，尤以 2016 年 2 月 23 日做客俄城对阵雷霆时为最。

那年赛季前，雷霆请来了佛罗里达大学名帅比利·多诺万教练。他风格一向强硬，但来到雷霆后，他也承认，球队有杜兰特与威斯布鲁克这两个超级王牌，要取胜，必须要用好他们。

结果就是 2015-2016 季，2010—2014 年间拿到四个得分王的杜兰特减少了持球强攻，更多无球走位和转移球；威斯布鲁克则减少了急停中投，减少了夸张的变向和加速，一门心思寻找队友，给他们传球：新西兰巨人斯蒂芬·亚当斯、防守凶猛的后卫安德烈·罗伯森、刚果血统的西班牙前锋塞尔吉·伊巴卡。威斯布鲁克还说，自己开始爱看比赛录像了：

"看队友们在哪里最舒服,哪里最有效。我的任务是,在他们可以得分的地方,给他们球。"

2016年2月28日,勇士客场战雷霆。全场比赛,雷霆无限换防。结果勇士除了库里之外的其他人,三分球16投2中;此外,雷霆篮板球62比32,前场篮板是恐怖的16比4。杜兰特和威斯布鲁克更合力轰下了63分19篮板18助攻,伊巴卡抓到20个篮板球。中场休息时,德雷蒙德·格林甚至在更衣室发脾气,抱怨:"我又不是机器人!"

可是库里实在太神奇。

第二节他两分钟内射中三个三分球。第四节最后,库里射中三分球引领追击,将比赛拖入加时。加时赛最后,双方118平。已经射中11个三分球、得到43分的库里运球过半场,对面罗伯森侧身退防,不料库里过了半场一步,直接出手三分球,射中平NBA纪录的单场第12个三分球,得到个人全场第46分。121比118,勇士借库里的神奇一击绝杀雷霆。当时已被罚下的杜兰特双眼圆睁,完全不敢相信这神奇的瞬间。

勇士继续劈波斩浪地赢球。终于在2016年4月10日,在圣安东尼奥,库里轰下37分,带勇士拿下赛季第72胜——而他们只输了9场常规赛。赛季最后一场,勇士主场对阵孟菲斯灰熊。库里在不到30分钟内射中10个三分球轰下46分:勇士125比104击败灰熊,拿到常规赛第73胜。

就此打破了1995-1996季芝加哥公牛的72胜纪录,创造了NBA新的常规赛胜场历史纪录。

斯蒂芬·库里,79场常规赛场均得到30.1分荣膺得分王、2.1抢断拿下抢断王、全赛季轰下创纪录的402发三分球,加上常规赛73胜,他在2015-2016季的评选中,以空前的121票第一的全票纪录,

XXX

蝉联了常规赛 MVP——此前的纪录，是 2000 年鲨鱼拿下 121 票中的 120 张第一票。

到此为止，简直是完美的赛季。

当然，2016 年常规赛最后时刻，除了勇士的 73 胜，还有另一个话题。

2016 年 4 月 14 日，斯台普斯球馆。洛杉矶湖人 vs 犹他爵士。湖人的 24 号科比·布莱恩特，在 2013 年春天撕裂跟腱，此后受伤复出如是者反复三年后，终于打了他传奇生涯最后一场 NBA 比赛。

科比前 5 投 0 中，后，终于一个投篮假动作晃起爵士的戈登·海沃德，一个高弧度后仰投篮，射中本场第一球。之后他又连中两球后，斯台普斯球馆的球迷开始高呼 MVP。第一节结束，科比 13 投 5 中，15 分。半场结束，科比 20 投 7 中，22 分。

下半场，科比拉球突破，左手上篮；右翼突破向中路，后仰；弧顶大跨步突破，放篮。

稍微喘过了一口气，便连得 6 分。到第四节，科比已经 37 投 14 中了，然后终于进入了节奏：追身三分得手射中第 40 分，再一个三分球得到第 43 分。翻身突破篮下后 46 投 18 中，得到个人第 47 分。

——十年前，他得 81 分那场，是 46 投 28 中。

比赛最后，科比运球到前场，高位掩护，进三分线后一步，中投，50 投 22 中，第 58 分，湖人 97 比 96 反超。

两个罚球，60 分。

职业生涯最后一场比赛。三十年来 NBA 单场最多的 50 次投篮，得手 22 次，科比职业生涯第六场 60 分。最后下场时，科比用右手捶打左胸心口。十年前对小牛三节 62 分时，也是这个动作。

就用这样任性恣意的得分表演，结束了自己二十年的职业生涯。科

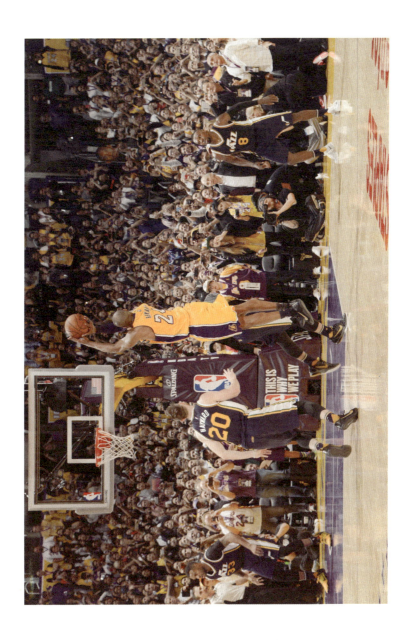

就用这样任性恣意的得分表演,结束了自己二十年的职业生涯。科比说:"曼巴离去了。"

比说："曼巴离去了。"

2016年季后赛首轮，勇士对阵这年常规赛战绩低迷的火箭。库里第一场不到20分钟射落24分，随即受伤，开始休息。等库里归来时，勇士已轻松淘汰火箭，在西部半决赛对阵波特兰开拓者了。对阵开拓者也并没太多惊险：对开拓者第四场，库里轰下40分8助攻；第五场，29分11助攻，带勇士4比1迈过开拓者。

2016年西部决赛，勇士的对手是俄城雷霆。

那年的雷霆季后赛格外生猛。他们首轮4比1终结了德克·诺维茨基的达拉斯小牛，次轮首场92比124被马刺血洗——那年，马刺的科怀·莱纳德蝉联了年度防守球员，并开始雕琢自己的持球单挑，已成为马刺首席得分手。加上2015年到来的开拓者长人拉马库斯·阿尔德里奇，马刺常规赛打出了队史最高的67胜。实际上，莱纳德常规赛MVP选票仅次于库里，联盟第二。用波波维奇的话说：

"他有能力做到迈克尔·乔丹在攻防两端所做的事……我不是说他是乔丹，但乔丹、科比都在攻防两端拼命打球，莱纳德也如此……他正开始得到双人夹击的待遇。这与他以往全然不同了。所以他在看巴克利和乔丹的录像带呢。他得学习如何应对夹击，什么时候在人群里，什么时候传球，什么时候尝试强行得分。"

的确如此。莱纳德还不具备勒布朗那样大开大合的组织能力，但在一对一攻防方面，他在迅速成长。

但就在马刺大败雷霆一场后，风云激变：阿尔德里奇第二场独得41分，然而雷霆98比97险胜。雷霆放任阿尔德里奇，不夹击他，而选择锁死马刺全队。结果是：第一场，马刺投中53球，39次助攻。第二场，马刺投中40球，19次助攻，前13投只有1中。

第二场雷霆所得前25分里，威斯布鲁克独得14分。比赛前10分

XXX

半钟，雷霆 10 个罚球。到第三节，杜兰特再接管。雷霆双子星合计 57 分，虽然全场 16 次助攻 18 次失误，但雷霆的意思很明白：坚决拆散马刺的配合，逼迫马刺跟自己单挑。

　　莱纳德第三场得到 31 分，阿尔德里奇 24 分，马刺 100 比 96 胜一局，3 比 1 领先。但第四场，雷霆末节打出大逆转，111 比 97 击败马刺。第三场与第四场，邓肯加起来打了不到 30 分钟：他已经很难适应雷霆惊人的速度了。

　　第五场天王山之战，马刺第三节结束还 72 比 69 领先，但第四节威斯布鲁克汹涌澎湃。全场杜兰特 23 分，威斯布鲁克 35 分 11 篮板 9 助攻。反过来，邓肯 6 投 1 中，5 分 3 篮板。

　　在雷霆这套席卷风暴里，他终于显出 40 岁的年纪了。

　　第六场，最后时刻，比赛差不多要结束时，解说员范甘迪与马克·杰克逊不讲冷笑话了。他们动了情。他们如此谈论邓肯："这可能是，也许不是，结局。如果是，给我们一个机会说再见。"

　　最后时刻，邓肯下场时，范甘迪激动起来，嚷道：

　　"看那些数据！他还能打球呢！"

　　40 岁的邓肯，14 投 7 中，19 分 5 篮板。虽然他的膝盖显然不适了。第四节，邓肯一直没休息，到比赛结束，随着圣安东尼奥马刺 99 比 113 败北，2 比 4 被俄克拉荷马雷霆淘汰出 2016 年季后赛，邓肯做了一个手势：抬起右手食指，缓缓离开球场。之后的 2016 年 7 月 11 日，邓肯悄然宣布退役。又两个月后，KG 宣布退役。深秋，雷·阿伦宣布退役——科比、KG、邓肯、阿伦这一代俊杰，就这样或灿烂或平静地，在 2016 年退出了。

　　击败 67 胜的马刺后，晋级西部决赛的雷霆又急速以 3 比 1 领先常规赛 73 胜的勇士。

第一场，雷霆用巨人阵容压制勇士取胜；第二场开始，勇士被迫跟着雷霆的节奏跑，靠库里的神射扳回一城。第三场，雷霆提早摆出小球阵容，反制勇士，拿到 2 比 1。第四场，雷霆全场基本只用了七个人打球，保持紧凑凶猛的架势：结果全场篮板 56 比 40 领先勇士，还逼出了勇士 20 次失误。当场雷霆依靠无限换防、前场篮板与突破罚球，不停肉搏，让勇士无法打出配合。第四场中场休息时，科尔教练对勇士诸将吼："我们要停住他们的得分潮，再反击得分，一个个来！"多诺万教练则对雷霆诸将说："要沟通，要彼此协防！"

结果第四场第三节威斯布鲁克拼命推节奏：他只休息了 3 分钟；全场 36 分 11 篮板 11 助攻。杜兰特第四节接管比赛，全场 26 分，以及 11 篮板 4 助攻 4 抢断 3 封盖。妙在雷霆的 2 号位罗伯森不只防守端克制了库里，自己也得到 17 分 12 篮板 5 抢断 2 封盖。

于是雷霆 3 比 1 领先：此前 NBA 历史上，只有过 9 支球队完成过 1 比 3 落后逆转。

第五场杜兰特 40 分，威斯布鲁克 31 分 7 篮板 8 助攻 5 抢断，但勇士撑住了：库里 31 分，克雷 27 分，勇士在第四节跟上了雷霆的节奏，120 比 111 取胜。第六场在俄城，雷霆一度 83 比 75 领先 8 分。现场 DJ 朝全场球迷吼：

"我们会铭刻下历史吗？"

然而，他们没能刻下历史。

勇士不只有库里。2015-2016 季常规赛，克雷·汤普森每场持球 1.6 分钟，全 NBA 排到 153。他每次碰球，球只在手中停留 2.06 秒；每次触球，平均运球 1.4 次。

可是他每次触球，平均得 0.468 分。

准、快、狠。他在每场 1.6 分钟时间里，来得及完成 17 次投篮 3

XXX

个罚球 2 个助攻。他投篮前也下沉发力，然而球不下腰；出手点高，然后四指下压，全身笔直。所以远远看去，仿佛是拿球、抬手、出去，快若闪电。

第四节前，库里对克雷说："出去来场大演出吧，玩得尽兴。"

克雷·汤普森开始远射。全场比赛，他射中创 NBA 季后赛历史纪录的 11 个三分球，得到 41 分，挽救了勇士。比赛最后时刻，库里抢断得手锁定胜局，自己得到 31 分 10 篮板 9 助攻。雷霆 108 比 101 取胜，追到了 3 比 3。赛后，库里说克雷：

"克雷只需要一线光明而已。"

勇士没再给雷霆机会。第七场，库里射中 7 个三分球得到 36 分，克雷 6 个三分球 21 分。勇士 96 比 88 击败雷霆，完成大逆转，4 比 3 淘汰雷霆，进了 2016 年总决赛：这是 NBA 历史上，第十次有球队 1 比 3 落后时逆转。

连续第二年总决赛，勇士遇到了勒布朗·詹姆斯与他的克里夫兰骑士。

这一年的骑士，经历了一次奇诡的变化。赛季中期，球队 30 胜 11 负战绩不凡时，主帅大卫·布拉特却被开掉了：2016 年 1 月 22 日，总经理大卫·格里芬开掉了布拉特教练，"他与我们球队的个性不适合"。布拉特的助理教练泰伦·卢——也就是 2001 年总决赛第一场曾经追防过阿伦·艾弗森的那个前湖人后卫——接任了主教练。

卢改换了风格，将布拉特强硬的欧洲式篮球做派，转为全队围绕勒布朗，以发挥其能力；常规赛打得相对放松，不至于让队员们过于紧张疲劳：毕竟，勒布朗已经 31 岁了。

骑士最后以 57 胜 25 负结束 2015-2016 季常规赛，然后在季

第四节前,库里对克雷说:"出去来场大演出吧,玩得尽兴。"

后赛头两轮两个 4 比 0 轻松过关。东部决赛，骑士又 4 比 2 干掉了凯尔·洛瑞与德玛尔·德罗赞领衔的多伦多猛龙，来到了总决赛。这个系列赛也再次让多伦多球迷觉得：洛瑞与德罗赞每逢季后赛就靠不住——之前与迈阿密热之战，他们还差点被 34 岁的韦德翻了船呢。

这年的骑士，与前一年不同。不只多了健康的欧文与勒夫而已。这年骑士的首发：

24 岁的欧文，31 岁的射手 JR 史密斯，31 岁的勒布朗，27 岁的勒夫与 25 岁的特里斯坦·汤普森。全队有四个人能远射，比去年轻巧得多。替补则有 36 岁的前锋理查德·杰弗森、防守干将伊曼·香波特，以及前年在总决赛发挥神勇的澳大利亚人德拉维多瓦。

2016 年总决赛第一场，骑士与勇士彼此熟悉。双方都执意压缩对手的远射威胁：上半场，骑士三分球 13 投 4 中，勇士三分球 14 投 5 中。勇士快速退防，限制骑士的追身三分；并不夹击勒布朗或欧文的单挑，不让骑士打出配合。骑士则不断换防，不给库里任何空隙。勇士上半场 52 比 43 领先。第三节中段，伊戈达拉连续寻找格林与肖恩·利文斯顿的内切机会。之后在一次防守中，德拉维多瓦抓到伊戈达拉下身，仿佛为此生气了似的：伊戈达拉接管进攻，勇士乘势一波 25 比 8 拉开分差，最后 104 比 89 取胜；全场勒布朗被限制到 23 分 12 篮板 9 助攻，库里则 15 投 4 中 11 分 6 助攻。勇士这边的英雄，是用科比式的翻身跳投得到 20 分的老将肖恩·利文斯顿、得到 12 分 7 篮板 6 助攻的伊戈达拉，以及 16 分 11 篮板 7 助攻的格林。

第二场勒布朗继续被封锁，全场只得 19 分。勇士则推起节奏：格林趁库里与克雷被紧逼时接管比赛，独得 28 分 7 篮板 5 助攻。勇士 110 比 77 血洗骑士，拿下 2 比 0 的领先。

第三场泰伦·卢教练变阵：用杰弗森首发代替勒夫。这是当年在迈

XXX

阿密热时期，勒布朗＋巴蒂尔＋波什锋线的翻版。结果骑士 120 比 90 大胜。勒布朗 32 分 11 篮板 6 助攻，欧文 30 分。

赛后卢教练被问"你如何调整防守"时，回答道："我忘啦！"但他的思路很明白：骑士全场 120 分里，105 分来自五大首发。全队基本只用七人打球。

这个小球＋短轮换阵容的思路，正是来自西部决赛，一度将勇士逼到绝境的雷霆。

然而勇士毕竟强大。第四场，勇士用库里＋伊戈达拉二人转启动进攻，对付骑士的对球夹击。半场下来勇士 50 比 55 落后。第三节，勇士变招：针对骑士放弃无球换防库里，勇士连续使用库里＋克雷的挡拆，再加上库里＋伊戈达拉挡拆，瞬间拉开分差。等骑士扩防，勇士再打内切冲击前场篮板继续扩大。最后勇士 108 比 97 获胜：库里轰下 38 分包括 7 个三分球，克雷 25 分。勇士领先到了 3 比 1。

但这场比赛，出了个决定系列赛走向的事件。

比赛最后时刻，格林倒地，勒布朗跨过了他。格林大感屈辱，挥臂时撞到了勒布朗腹股沟。赛后，格林被认为做了"不必要的报复动作"，累积犯规数满，停赛一场，勒布朗则被追加判了个技术犯规。

于是第五场，勇士这边格林缺阵。

1 比 3 落后，站在悬崖边上的勒布朗·詹姆斯，开始改变命运了。

第五场，伊戈达拉单防勒布朗时，退后两米，平步站位，放勒布朗远射。结果第一节过半，勒布朗两个三分球得手了。第一节勒布朗直接接管了比赛，以应对勇士的快速夹击。第二节初，没有格林的勇士开始显出气短，骑士一口气拉开比分。勇士这边靠克雷·汤普森上半场 26 分撑局。勒布朗上半场则是 25 分 9 篮板，助攻为 0：

他要一个人扛着球队赢球。

他当然不是不传球，只是需要时机。下半场博古特受伤下场后，勇士内线捉襟见肘。勒布朗则开始给欧文传球，让他接管比赛。下半场，勒布朗就 7 个助攻。

最后骑士 112 比 97 取胜：勒布朗 30 投 16 中，轰下 41 分 16 篮板 7 助攻 3 抢断 3 封盖；欧文 24 投 17 中，41 分 6 助攻。骑士又是七个人打球撑到了最后：显然，他们从雷霆 3 比 1 领先勇士的战局中获益良多。

反过来，伊戈达拉 15 分 11 篮板 6 助攻，克雷 37 分，但勇士全队只有 18 次助攻，倒有 17 次失误：这就是骑士的思路，拼短轮换、用巨星单挑，一个回合一个回合地磨勇士。欧文与勒布朗各 41 分也是个纪录：这是 NBA 总决赛历史上，第一次有队友同场得到 40 分开外。

然后是第六场：勒布朗连续第二场轰下 41 分，是为 NBA 总决赛史上第五次有人连续两场 40 分开外。

这场比赛，乃是两大巨星对决。库里上半场 18 分，第三节结束时 25 分，中间包括两个一条龙突破到前场时，8 米外直接强行三分得手。而勒布朗，前两节半在认真传球、防守、抓篮板。直到第三节中段，欧文撑不住了，勒布朗开始接管：一口气包揽骑士的 18 分，逼得勇士开始夹击他，于是助攻 JR 史密斯空位三分，再给汤普森送出两个助攻让他空接扣篮。在他盖掉库里一个球后，还回头冷笑着看了看他。

全场库里 30 分 6 个三分球，克雷 25 分。但勒布朗得到 41 分 8 篮板 11 助攻，带队 115 比 101 击败勇士：3 比 3，要打第七场了。

第七场，所有明星的手感都开始低迷了——除了格林。实际上，因为他手感出色，勇士上半场 49 比 42 领先。中场休息时，泰伦·卢教练，此前对勒布朗客客气气的卢教练，朝勒布朗怒吼了。

"勒布朗！你的肢体语言怎么回事？你的肢体语言太糟糕了！"

——后来卢教练回忆说，勒布朗当时一脸诧异。

XXX

卢教练继续吼:

"你必须去防格林! 你要投空位篮! 别再失误了! 让你的肢体语言靠谱点儿! 你还需要我跟你说别的吗?! ——第七场了! 你声名如何, 都在此一举了!"

勒布朗一度似乎要愤怒了, 但骑士助教蒙·琼斯——十年前用一个三分球让勒布朗带队跨过华盛顿奇才的射手——劝勒布朗:"你一整年都信赖教练, 你说他会带我们成功的。你如果之前信任他, 你现在也得信任他!"

于是勒布朗咆哮道:"好! 去他妈的!"然后一阵风冲出了更衣室。

第三节勒布朗得了 4 分, 第四节 11 分, 下半场合计 15 分 4 篮板 6 助攻。比赛剩 5 分 37 秒时, 格林上篮让勇士 87 比 83 领先, 但勒布朗罚中三球, 再一个超远三分, 让骑士 89 比 87 反超, 克雷再得手, 让双方 89 平。此后有长达近 4 分钟时间, 双方都无法得分。勒布朗连续投丢 4 球, 其中还被伊戈达拉盖了一个。

比赛剩 1 分 50 秒, 欧文射丢球, 伊戈达拉反击, 眼看要上空篮得手, 勒布朗龙卷风一般从前场奔回, 一个霹雳盖帽, 将伊戈达拉的快攻扣篮劈飞——那是 NBA 历史上最经典的盖帽之一。

终于在比赛剩 53 秒时, 欧文从右翼持球单挑, 射出夺命三分: 骑士 92 比 89 领先。此后库里远射失手, 勒布朗抓到篮板球, 射中罚球。

最后, 骑士以 93 比 89 取胜。

勒布朗全场 24 投 9 中 27 分 11 篮板 11 助攻, 欧文 26 分。勇士这边格林有 32 分 15 篮板 9 助攻, 但无济于事: 克雷与库里三分球被锁到合计 24 投 6 中。

于是骑士完成 NBA 历史上, 空前未有的总决赛 1 比 3 落后的大逆转, 4 比 3 击败了 73 胜的勇士, 拿到了 2016 年 NBA 总冠军。

赛后, 勒布朗·詹姆斯跪地大哭。这是他第十三个 NBA 赛季。他

快 32 岁了。当比尔·拉塞尔将 2016 年总决赛 MVP 颁给勒布朗时，一切恍若梦幻：九年前拉塞尔给勒布朗颁东部冠军奖杯时，勒布朗第一次进总决赛。那时他身边，是古登、吉布森、大 Z、拉里·休斯、帕夫洛维奇，当时拉塞尔对勒布朗说："你比我做到这一步时还年轻呢。"之后，当骑士输给马刺时，邓肯说："未来属于你。"

但过了九年，勒布朗离开了骑士，在迈阿密夺冠了，又回到骑士，历经波折，才终于以史上最伟大的逆转，真正为克里夫兰骑士拿到总冠军，完成了终极自我救赎。赛后他不停地说：

"我回家了！我回家了！！我回家了！！！"

就在克里夫兰骑士拿到 2016 年总冠军后两周，2016 年 7 月 4 日，凯文·杜兰特宣布：他要签约金州勇士了。三天后，他签下了两年 5430 万美元的合同。

这一举动的反响自然不太妙。许多媒体将此与 2010 年勒布朗的"决定"相比。《体育画报》的本·格里夫用一段不失嘲讽的话道：

"他选择了一个理想的团队，一个打出几十年来 NBA 最好进攻的团队；他选择与库里和克雷、史上投篮最好的后场搭档，选择在训练中对抗伊戈达拉和格林这两个卓越防守者——而不是在西部决赛中跟他们对决。"

事实上，杜兰特是篮球史上仅此一见的存在。同时拥有身高、投篮与如此灵活性的球员，别无第二个。这就令他成为历史级的高效率得分手，个人攻防能手。当然他不算是个优秀的组织者，但好在杜兰特并不需要大量球权。对体系丰沛、恰好需要一个单挑得分手的勇士而言，这简直太完美了。

不言自明的是：2016-2017 季，NBA 的冠军悬念很小了。73 胜 9 负的勇士，再加上一个四届得分王、前 MVP 杜兰特？谁能抵挡？

XXX

当然这也意味着：曾经一起进 2012 年总决赛的雷霆三大天才——杜兰特、威斯布鲁克、哈登——就此分道扬镳。

2016-2017 季的勇士就此展开了无敌的旅途。他们没能承继前一年的传奇，破掉常规赛 73 胜的纪录，但还是轻描淡写地拿到了常规赛 67 胜。当然赛季中途，他们也创造了其他传奇。比如 2016 年 11 月 7 日，斯蒂芬·库里在对新奥尔良鹈鹕的比赛中射中 NBA 新历史纪录的 13 个三分球。比如，2016 年 12 月 5 日，克雷·汤普森在对印第安纳步行者的比赛里 29 分钟内 33 投 21 中得到 60 分。

到 2017 年 4 月 5 日，库里对太阳得到 42 分 11 助攻后，这么描述自己的状态：从赛季一开始，他就放弃了冲击常规赛 74 胜的新纪录。

"不值得，真的，不值得。你只是需要回到总决赛而已。"因为赛季很长，有些太长了。"哪天醒过来，想到不用去应付晚上七点半的跳球，这感觉真是好。身体上，能休息一下真棒。更重要的是精神上。精神上为每场比赛做准备特别费事，所以多 24 个小时休息，是真好。"

他甚至也不想要 MVP 了。

"一切都和剧情有关。每年 12 月，谁赢球多表现好，谁就是 MVP 热门；如果你每年 12 月不在热门名单里，就没什么机会了。对我而言，去年和前年也是。"

所以库里旁观 2016-2017 季的两位 MVP 领跑者：休斯顿火箭的詹姆斯·哈登，俄城雷霆的拉塞尔·威斯布鲁克。

2016 年夏天，迈克·德安东尼去了休斯顿火箭当主教练。第一件事便是：让詹姆斯·哈登负责持球——一如他当年在太阳凑齐射手，让纳什持球挡拆似的。

自从 2004 年 NBA 规则改革后，持球攻击手得到了巨大优待。2004-2006 年纳什得到两个常规赛 MVP，2006 年韦德靠突破 + 罚球带热队夺冠拿下总决赛 MVP，2007 年马刺的突破能手帕克成为总决赛 MVP。从此全 NBA 都懂得了这点规则：

射手群拉开空间，持球手突破创造。得分，被夹击，给三分手做球。

哈登恰恰是个完美的效率型持球手。他擅长持球挡拆、袭击篮筐或撤步三分球，在夹击时能找到空位射手或内切长人。

2016-2017 季，哈登开始成为一个真正的组织者。2017 年初，他如此说：

"很多时候我的失误可以避免，但是当我看到队友那么积极地跑出了空位，如果我不传，那会打消他们的积极性，所以我冒着失误的危险也会传过去。用这样的方式告诉队友：我看到你了，只是我没传好。"

结果 2016-2017 季首场，哈登就是 34 分 17 助攻；五天后，41 分 15 助攻。2016 年最后一天，他对阵纽约尼克斯打出了 53 分 16 篮板 17 助攻的神奇数据。一周后，他对猛龙与黄蜂分别是一个 40 分的三双。实际上，他拿下了 2016-2017 季的助攻王，场均得到超过 29 分；而且有 22 个三双。

如果在往年，这真是个纪录了。

但在 2016-2017 季，就不一定了。

2015 年春天杜兰特缺阵时，威斯布鲁克曾在两个月内打出场均 31 分 9 篮板 10 助攻的表现。当时就有媒体好奇：

如果没有杜兰特，威斯布鲁克能打出什么数据？

2014 年西部决赛与马刺鏖战的雷霆，到 2016 年首发散尽，只有威斯布鲁克一个人在了。他要支撑球队了。

他从来不是个高效率的聪明指挥官，但凭着热情，总能一往无前地冲刺。结果就是 2016-2017 季赛季第二场，威斯布鲁克 44 投 17 中 20 个罚球 15 中，得到 51 分 13 篮板 10 助攻的超级三双。

XXX

44 个投篮、20 个罚球、10 次助攻和 5 次失误，不妨想象一下他的球权。而这份凶猛的劲头，威斯布鲁克将持续一整个赛季。

于是哈登与威斯布鲁克在 2016-2017 季，如此你来我往，不断打出数据纪录。

到赛季中期，另一个人加入了常规赛 MVP 的话题。

2016 年邓肯退役后，马刺将进攻担子更多交给了科怀·莱纳德。2016-2017 季开始五场比赛，他有三场拿到了 30 分。

防守端，他是两度防守球员，可以单防压制任何人；进攻端，越来越有许多媒体开始讨论：他扎实的步伐、背身单打和中距离技巧，像极了科比甚至乔丹。

2017 年 3 月与火箭一场大战中，哈登 39 分 12 助攻，莱纳德也得到 39 分，并在最后时刻盖掉了哈登确保胜利。于是媒体开始交头接耳：是该让莱纳德得到点 MVP 选票吗？

实际上，那个赛季，出了许多疯狂数据。2017 年 3 月 24 日，凤凰城太阳的二年级后卫德文·布克单场 40 投 21 中包括 4 个三分球，26 罚球 24 中得到了 70 分：NBA 历史上第六个单场得到 70 分的球员。

到 2017 年初，MVP 竞争进入白热化。2017 年 3 月中旬，哈登五场里有四场是 38 分 10 助攻以上的表现。可是威斯布鲁克更夸张：从 2017 年 3 月 9 日到 4 月 9 日的一个月间 16 场比赛，他有 13 场三双。包括在奥兰多客场 57 分 13 篮板 11 助攻，以及在丹佛的 50 分 16 篮板 10 助攻——那是他赛季第 42 个三双，原单赛季纪录是奥斯卡·大O·罗伯特森的单季 41 个。

整个常规赛季，威斯布鲁克场均 31.6 分 10.7 篮板 10.4 助攻：这是奥斯卡·罗伯特森 1961-1962 季以来，NBA 又一次出现单赛季场均三双。虽然俄城雷霆只是 47 胜 35 负，但这份惊人的数据，还是让威斯布鲁克成为了 2016-2017 季常规赛 MVP。

冤家路窄似的：季后赛首轮，哈登的火箭就遭遇了威斯布鲁克的雷霆。

在 2017 年 4 月之前，NBA 季后赛历史上打出过 40 分三双的，只有大 O、韦斯特、巴克利和勒布朗。然后在 2017 年季后赛首轮雷霆对火箭第二场，拉塞尔·威斯布鲁克 43 投 17 中得到 51 分 10 篮板 13 助攻，但雷霆依然输给了火箭。赛后火箭射手埃里克·戈登认为是哈登的功劳：

"哈登吸引了雷霆的防守注意，我只需要做好准备投球即可。"

结果不难想见：雷霆被火箭 4 比 1 淘汰。威斯布鲁克五场比赛里，场均 39 分钟得到 37 分 12 篮板 11 助攻 2 抢断；当然也有 6 次失误、命中率 39%。而他对面，哈登全系列赛场均 33 分 6 篮板 7 助攻 6 失误。哈登五场比赛用 107 发投篮得到 166 分，威斯布鲁克用五场比赛 152 发投篮得到 187 分。

实际上，就在威斯布鲁克打出 51+10+13 三双的次日，勒布朗带领骑士对步行者的季后赛，轰下个 41 分 13 篮板 12 助攻，骑士完成了逆转——他们上半场一度被步行者领先到 26 分，这一晚，步行者伤愈复出的保罗·乔治轰下了 36 分 15 篮板 9 助攻。但勒布朗耐心地策划全队进攻，在最后时刻突破完成逆转。

大概可以说：威斯布鲁克的活力无限，但论视野与掌控力，他远赶不上勒布朗，也不如哈登这种效率魔王那么精确。

西部季后赛另一边，马刺首轮 4 比 2 干掉了灰熊。第六场最后 8 分钟，莱纳德得到 10 分 3 个篮板 3 个助攻，全场 29 分 9 篮板 4 助攻。整个系列赛，莱纳德场均 38 分钟里得到 31 分 6 篮板 4 助攻 2 抢断 2.3 失误。命中率 55%，三分率 48%，罚球率 97%。

XXX

科比说:"莱纳德所做的动作跟乔丹一样,那个步伐。真的很酷。"——作为马刺常年老对手,作为 NBA 历史上技术最精美的球员之一,科比这句话在点上了。

第二轮,马刺遭遇火箭。第一场马刺输掉 27 分,但此后波波维奇教练重拾故技,锁住了德安东尼球队的集体远射,扳回了比分。双方 2 比 2 进入天王山之战的第五场,哈登全场轰下 33 分 10 篮板 10 助攻,且比赛打到后半段,莱纳德踝伤,看来火箭要赢了?

然而马刺另一个人站了出来。

双方打到 101 平,39 岁零 286 天的吉诺比利右翼突破,到篮筐左,起跳,空中转身,左手轻柔地抛射,得到个人第 12 分,将比赛拖入加时。加时赛,吉诺比利助攻丹尼·格林三分球,让马刺 106 比 104 领先。之后,吉诺比利持球,耐心地等阿尔德里奇掩护内切;等格林在弱侧走位,吉诺比利一个炮弹横传,助攻格林突破打三分。

最后时刻,马刺 110 比 107 领先:哈登在三分线外起跳预备出手时,一个人从背后飞了出来:

又是吉诺比利,用他老奸巨猾的敏锐意识,横空飞出,将球硬生生地盖掉。这夺命一盖,让马刺惊险取下第五场,3 比 2 领先。

接着发生了奇怪的事件:

到了悬崖边上,哈登却在第六场打得萎靡不振,仿佛对比赛毫无兴趣。全场他 11 投 2 中只得 10 分,火箭在休斯顿主场 75 比 114 惨败给马刺,就此 2 比 4 被马刺淘汰。

2017 年西部决赛,马刺遇到此前两轮季后赛都毫无意外 4 比 0 过关的金州勇士。第一场上半场,马刺一度 62 比 42 领先勇士多达 20 分。下半场开始后不到 3 分钟,事故发生了:当时正让勇士焦头烂额的

莱纳德，左底角出手投篮，勇士的格鲁吉亚中锋扎·帕楚里亚脚滑到了莱纳德落地处，莱纳德崴脚出场，就此赛季终结。勇士就地发动了一波大反击，逆转成功，取下第一场，之后又连扫三场，4 比 0 淘汰马刺：

以 NBA 空前的 12 胜 0 负纪录，直抵 2017 年总决赛。

而东边，勒布朗的克里夫兰骑士带着 12 胜 1 负的分区战绩，又一次来到了总决赛。

之前的东部半决赛，又有纪录出现：2017 年 5 月 3 日，波士顿凯尔特人 175 公分的后卫伊赛亚·托马斯，在波士顿花园对阵华盛顿奇才的比赛里，得到了 53 分——对面华盛顿奇才的 2010 年状元后卫约翰·沃尔轰下了 40 分 13 次助攻。实际上第三节打到还剩 4 分钟时，沃尔已得 35 分，托马斯才得到 24 分，奇才领先凯尔特人 12 分。但第四节到加时赛，托马斯射中 29 分，全场 53 分。

凯尔特人的大轴阿尔·霍福德感叹："我不知道他得了多少分，只是比赛打着，抬头一看，已经 51 分了。我想：哇！"赛后，托马斯自己说，因为这天是他过世妹妹的生日，所以，"我觉得我妹妹在看着我呢"。

挟此威势，凯尔特人七场苦战，跨过了奇才，直抵东部决赛——然而，他们依然不是勒布朗的对手：1 比 4，凯尔特人输得毫无悬念。

于是连续第三年总决赛，勇士对骑士，库里遇到勒布朗。

而这也是 2012 年总决赛以来，时隔五年第一次，凯文·杜兰特遭遇勒布朗·詹姆斯。

这一年，勒布朗的技术越发成熟。如果说年少时，他比所有人快，所有人高，更多用低重心和大步幅飞过所有人，那 2017 年，他更老辣了，更多是用步伐要住身位，重心快速变化，用转身、步子、虚晃、卡位在打球。他不必比所有人快那么多，只要快一点，卡住身位就解决问题了。他的投篮也减少了起跳高度和后仰幅度，尽量追求轻快和节奏感。他让多伦多猛龙和波士顿凯尔特人无可奈何，让整个东部季后赛其

XXX

他球队的奋斗，显得像个冷笑话。

然而 2017 年总决赛呈现出的情景是：一切恰如当初杜兰特加入勇士时全世界预料的一样，勇士是无敌的。

骑士依然对库里进行夹击，限制他的远射，但杜兰特趁势单挑，却让骑士无可奈何。

勇士 113 比 91 取下第一场：勒布朗自己 28 分 15 篮板 8 助攻，欧文 24 分，全队防到库里只得 28 分，但库里 10 次助攻，杜兰特 38 分。

第二场勇士又是 132 比 113 轻取骑士：勒布朗 29 分 11 篮板 14 助攻，但杜兰特 33 分 13 篮板，库里 32 分 10 篮板 11 助攻的三双。

第三场，骑士做对了一切：勒布朗 27 投 15 中 39 分 11 篮板 9 助攻，欧文 29 投 16 中 38 分，勒夫 13 篮板 6 抢断。JR 史密斯三分球 10 投 5 中 16 分。

比赛剩 50 秒，勇士还以 111 比 113 落后 2 分。杜兰特后场拿球推进，对面是勒布朗。库里此时已经从弱侧赶来，想给杜兰特做掩护。

但杜兰特根本不看库里，不看勒布朗。三分线外一步，起身就投：三分球。

那是他拿下四届得分王的招牌绝技：以他 2.8 米的站立摸高，89 公分的弹跳，强行跳投，没人能盖到他的远射。杜兰特的投篮划过勒布朗的指尖，命中篮筐，勇士反超。杜兰特就此一击，杀死了勒布朗和欧文全场的努力。勇士 118 比 113 取胜，3 比 0 领先骑士。

赛后被问到那个三分球时，杜兰特上气不接下气地说：

"……我走到三分线，我（哽了一下，喘气）……一辈子都在练习这样的投篮……"

骑士以 137 比 116 取胜拿到第四场：那也是勇士 2017 年季后赛

输掉的唯一一场球。第五场勒布朗奋勇拿下 41 分 13 篮板 8 助攻，但没用了：

库里 34 分 10 助攻，杜兰特 20 投 14 中 39 分。勇士 129 比 120 击败骑士，4 比 1 拿下了 2017 年总冠军。

勒布朗在 2017 年总决赛拿下场均 34 分 12 篮板 10 助攻的表现，NBA 史上第一个总决赛场均三双，为这个三双之年画下句号，然而无济于事：金州勇士以 16 胜 1 负的季后赛战果，代替 1983 年的费城 76 人与 2001 年的洛杉矶湖人，成为了 NBA 历史上，新的季后赛之王。凯文·杜兰特终于拿到了戒指，并举起了 2017 年总决赛 MVP。

这一年，他的两个前队友威斯布鲁克与哈登在竞争他早在 2014 年拿到了的常规赛 MVP，而他自己背负着争议，拿到了自己想要的东西：

一枚总冠军戒指。

2017 年夏天，发生了几件巨大的交易：

2014 年秋天受伤、休养大半年复出后，保罗·乔治状态不减。2017 年夏天，合同还剩一年时，乔治声称他属意于洛杉矶。但印第安纳步行者没让他如愿：保罗·乔治被送去了俄城雷霆，得到雷霆的 2013 年的榜眼后卫维克多·奥拉迪普和小萨博尼斯——那是伟大的"世界屋脊"阿维达斯·萨博尼斯的儿子。

2014 年秋天受伤又复出后，乔治的打法酷似后期麦蒂：走位、挡切、传球、远射、追身反击。这种风格，似乎和俄城雷霆的当家巨星威斯布鲁克很是相配？何况，与他一起去到俄城的，还有甜瓜安东尼呢。

与此同时，32 岁的克里斯·保罗自洛杉矶快船去到了休斯顿火箭。火箭为他付出的代价是：帕特里克·贝弗利、萨姆·德克尔、蒙特雷兹·哈雷尔、达伦·希拉德、德安德雷·利金斯、卢·威廉姆斯和凯

XXX

尔·维策尔。

很容易理解：哈登拥有当世顶级的持球攻击威胁和分球能力，而保罗则在调配队友方面堪称宗师。两人又都有足够的威胁来单独创造进攻机会。给他们配一群刚硬的射手，火箭就具有足够的战斗力了。

最惊人的动荡，则来自克里夫兰。

先前波士顿凯尔特人签下了犹他爵士的明星前锋戈登·海沃德，之后，与勒布朗并肩作战三年的凯里·欧文站出来了。

他声称要离开骑士，去到其他球队——他自己列的一堆理想目的地是：马刺、森林狼、热、尼克斯。

为什么他要离开连续三年进总决赛的克里夫兰骑士、连续七年进总决赛的勒布朗·詹姆斯呢？不知道。但考虑一下当时骑士的形势，欧文这么做也有自己的想法。

——2014年夏，勒布朗离开迈阿密热，跟骑士签了两年合同。

——2015年，他签了两年4700万合同，第二年球员选项。

——2016年，勒布朗又签了三年1亿合同，2018年球员选项。

勒布朗显然想以这种一两年一签的方法，控制自己的命运，达到利益最大化。但欧文显然也想主宰自己的命运。19岁时，欧文曾如此形容自己的性格：

"我也许是史上最好胜的人之一。我就想摧毁掉对手……我喜欢这事儿。我爸教我的。"

于是欧文去了波士顿凯尔特人，骑士接过了凯尔特人递来的175公分后卫伊赛亚·托马斯——前一年受伤前，他还为凯尔特人场均得到28.9分呢。

但欧文在波士顿，没赶上什么好运气：2017-2018季常规赛第一

场,爵士来的明星前锋海沃德就受伤了,就此宣布赛季报销。从此,欧文必须独自带领凯尔特人奋战东部了。他拥有出神入化的单挑技巧,但实在不算是个好领袖。

2017年夏天,詹姆斯·哈登练成了一手吓人的撤步三分球。此前,谁都知道哈登喜欢持球找挡拆,喜欢用换手运球摆脱,喜欢用交叉步和非运球手卡位,突破时喜欢伸直胳膊找身体接触或低手上篮。但很少有人防得住:因为忌惮他可能的撤步投篮,以及分球找队友。虽然背身一般,但哈登拥有后卫中顶尖的力量。无论下半身怎么摇摆,上半身投篮手型始终稳定:这是他摆脱后投篮始终有效率的关键,他素来不缺力量,腰胯尤其了得。

哈登决定给自己加上撤步三分球的武器,以便获得更远的射程、更高效的远射武器,以及,更多的突破空间。

与此同时,因为保罗的到来,火箭变得极为可怕:哈登与保罗任一人休息时,另一人都能在场持球组织进攻。火箭得到了196公分的PJ塔克与湖人的冠军前锋特雷沃·阿里扎,锋线防守更加强硬。中锋克林特·卡佩拉得其所哉,仿佛当年黄蜂时期被保罗喂空中接力传球的泰森·钱德勒:防守端他保护篮筐,进攻端他快乐地挡拆内切、空中接力,接哈登一个又一个吊传扣篮。

于是2017-2018季,火箭打出了恐怖的战绩:他们有射手群,有强硬的防守,有哈登与保罗两个持球者——前者的持球单挑,后者的指挥策动,让火箭48分钟无休地保持火力。

2017-2018季常规赛,火箭最后取下了65胜17负的全联盟最佳战绩。而金州勇士,由于斯蒂芬·库里因伤休息了31场常规赛,只打出了58胜24负而已。这是2014-2015季以来,西部常规赛头名第一次不再是勇士。

XXX

毕竟，其他球队，各有各的烦恼。

——在俄城，甜瓜与雷霆并不融洽。威斯布鲁克连续第二年打出场均三双的数据，但无法让雷霆打出足够好看的战绩。

——在新奥尔良，已经改名鹈鹕的这支球队拥有联盟最顶尖的两个大个子：安东尼·戴维斯与德马库斯·考辛斯，他们一度在五个星期里打出 11 胜 5 负的战绩。考辛斯刚在击败火箭的比赛中打出了三双，眼看要连续第六年入选全明星，人生第一次季后赛也指日可待时，却遭遇了跟腱断裂：他的赛季结束了。本来，他正在打出生涯最好的赛季，也可能是自鲨鱼以来，最好的一个中锋赛季呢。

于是戴维斯将独自带领鹈鹕奋战，连同全能后卫朱·霍勒迪和老牌指挥官朗多。

——一向没啥新闻的圣安东尼奥，罕见地出了乱子。2017-2018 季初，因为右腿伤势，莱纳德缺席了 27 场比赛；此后他复出打了 9 场后，又因左肩受伤继续缺阵。2018 年 1 月，莱纳德继续养伤，然后出了一个罗生门：

——马刺队队医宣布莱纳德可以出场，但莱纳德自己找了医生，决定持续休养。

——2018 年 3 月，马刺的老球员们表示希望莱纳德能复出打球，但莱纳德没有归来。这件事的细节真相各有说辞，但莱纳德就此与马刺渐行渐远。结果 2017-2018 季，马刺常规赛只有 47 胜：自邓肯时代以来的常规赛连年 50 胜纪录，就此作罢。

——言及养伤，东部的费城 76 人有话说。

之前 2014 年，他们以探花签得到了堪萨斯大学的七尺巨人乔尔·恩比德。这个在大学里即号称"有大梦般脚步"的巨人，入行即开始养伤，在 2014-2016 这两年都作壁上观。这两年，生于 1994 年的他忙于在社交网络上广发言论，指东打西。但 2016-2017 季他终于披挂上阵时，证明他确实有实力：

那个赛季他 31 场比赛里场均 25.4 分钟得到 20.2 分 7.8 个篮板球 2.1 个助攻 2.5 个封盖。"大梦般的步伐"虽然略显夸张，但他防守端的确可以统治禁区；进攻端则有远达三分线的射程、快速跟进的灵敏，以及巨大到足以背身单打的身躯。他甚至可以从三分线起步突破呢。总而言之：一个怪物般的低位得分手，一个优秀的面筐攻击者，能远射的禁区防守怪物。除了传球视野略窄、反应偶尔慢一拍之外，的确是个天才。

2017-2018 季，恩比德身边多了另一个天才：2016 年状元、211 公分身高的组织后卫本·西蒙斯。这个时常面无表情的左撇子青年，防守端极为全能，可以防四个位置；反击时视野宽广仿佛魔术师，可以轻易策动起漂亮的反击。2017 年 10 月 23 日，他生涯第四场 NBA 比赛，就拿下了 21 分 12 篮板 10 助攻的三双。赛季后半段，恩比德受伤时，西蒙斯带着费城 76 人打出了一波 13 连胜。

当然西蒙斯的问题也很明白了：他拒绝投三分球，甚至拒绝远射。实际上，2017-2018 季，他八成的投篮都在离筐 5 米之内：这就大大限制了他的半场进攻能力。所以费城 76 人还需要 JJ 雷迪克这样的射手帮衬——反过来，恩比德的内线攻击与西蒙斯的大范围传球，让老将雷迪克打出了生涯最好水平。

结果 2017-2018 季，费城 76 人打出了 52 胜 30 负，东部第三：次于年轻天才云集的波士顿凯尔特人，以及由德玛尔·德罗赞与凯尔·洛瑞领衔、厚度东部第一的多伦多猛龙。

失去了欧文、只能依靠勒布朗的克里夫兰骑士，这年常规赛只以 50 胜 32 负排东部第四：赛季初他们引入了韦德，但 2018 年春天又将他送回了迈阿密；欧文交换来的小托马斯受伤病影响状态大跌；骑士只剩下勒布朗苦苦支撑。

然后在 2018 年季后赛到来时，勒布朗·詹姆斯再次出发了：这将

XXX

是他生涯最悲壮的一段季后赛旅程。

在季后赛首轮对阵印第安纳步行者第一场输掉后,勒布朗在第二场轰下 46 分 12 篮板 5 助攻,带队取胜。开场他左路突破进禁区后后仰中投。翻身上篮,之后一个翻身中投。追身三分球,然后再一个翻身中投。反击上篮,追身三分,一口气连得 16 分:独自打出了 16 比 1 的开局。之后双方打成 2 比 2 之后,第五场最后时刻,双方打平。比赛剩 3 秒,勒布朗右侧边线接球,左手运球向中路,一个投篮,得到全场第 44 分,一击绝杀,让骑士 3 比 2 领先。骑士第六场输掉 34 分后,第七场,勒布朗又独自轰下 45 分,带骑士险胜,4 比 3 过关了。

一个系列赛,三场 40+ 的得分。

东部半决赛,骑士遭遇老冤家多伦多猛龙。这一年,猛龙常规赛 59 胜东部第一,然而勒布朗对猛龙知根知底。第一场剩 1 分 42 秒时骑士 101 比 105 落后,勒布朗一个上篮一个中投,将分差追到 105 平拖入加时赛,并最终取胜:全场他 26 分 11 篮板 13 助攻的三双。第二场勒布朗轰下 43 分 8 篮板 14 助攻,带动骑士全队的进攻送出 25 次助攻只有 3 次失误,结果骑士 128 比 110 大胜猛龙,连取两个客场,2 比 0 领先。这场比赛被多伦多媒体认为是"史上最卓越的个人进攻表演"之一。第三场双方打到最后 8 秒,103 平,勒布朗一个中投绝杀,得到个人第 38 分:骑士 3 比 0 领先。第四场,骑士 128 比 93 大破已无斗志的多伦多猛龙。刚拿到年度最佳教练的猛龙主帅德文·凯西,就此黯然离职:他明明带领猛龙打出了队史顶尖战绩,却被勒布朗彻底摧毁了。

勒布朗的神奇还在继续:东部决赛,他带领骑士对战波士顿凯尔特人——之前东部半决赛,凯尔特人轻取了才华横溢的费城 76 人。欧文受伤无法出战季后赛,但他们有 2017 年探花杰森·塔图姆,有 2016 年探花杰伦·布朗,有勒布朗的老熟人阿尔·霍福德坐镇内线,以及整体的秩序。凯尔特人很快 2 比 0 领先了骑士：即便勒布朗第二场得到 42 分 10 篮板 12 助攻也无济于事。回到主场后，骑士扳回两场：第四场勒布朗轰下 44 分。

但凯尔特人拿下天王山之战，3 比 2 领先。

第六场，勒布朗全面接管：全场投篮 33 发。比赛最后一度体力枯竭 10 投 2 中，但在显然弹尽粮绝的最后时刻，勒布朗两个横跳步后左翼三分球，锁定胜局：全场他得到 46 分 11 篮板 9 助攻，骑士追到了 3 比 3。波士顿媒体慨叹，"你不知道最后时刻那两个远射是哪里飞出来的"。

第七场，波士顿花园，怎么看都像宿命之战：此前勒布朗已经连赢了 23 个东部系列赛，而他最后一次在东部输球？正是 2010 年对凯尔特人。勒布朗已经十年没输过第七场，最后一次输第七场？那是 2008 年，还是对波士顿花园，他与皮尔斯宿命对决的夜晚。那天他 45 分，皮尔斯 41 分。

这一晚，勒布朗结结实实打满了全场 48 分钟。比赛最后一分钟，双方分数胶着，勒布朗后场起速，启动火车上篮，一溜烟直奔篮筐。凯尔特人的马库斯·莫里斯从身后双手按他的肩；勒布朗继续前进，他双腿拽着自己与莫里斯合计超过 200 公斤的分量，冲向篮筐，还来得及化刚为柔，抛一个低手：得分，加罚，锁定胜局。

那是整个系列赛的缩影。凯尔特人将一切分量压在勒布朗肩上，勒布朗却一路扛过去了。第七场勒布朗拿下 35 分 15 篮板 9 助攻，带队 4 比 3 翻盘得手。

于是连续第八年，勒布朗·詹姆斯来到了总决赛。

2018 年西部季后赛首轮，最大的冷门是西部第三波特兰开拓者首轮遭遇西部第六新奥尔良，被 0 比 4 横扫出局：入选年度第一阵容的开拓者后卫达米安·利拉德，被鹈鹕的夹击束缚得无可奈何。整个系列

XXX

赛，利拉德场均不到 19 分，命中率低到了 35%，每场 4 个失误。

鹈鹕那边，安东尼·戴维斯统治了系列赛：防守端，他以 KG 式的大范围扫荡，主导了球队的夹击，每场 2 抢断 3 封盖；进攻端，他场均得到 33 分 12 篮板。

但西部半决赛，鹈鹕被勇士 4 比 1 干掉了：没什么理由，只是金州勇士太强大了。另一边，休斯顿火箭先后淘汰了明尼苏达森林狼与犹他爵士——犹他爵士的年度新人、打法颇有几分韦德神韵的多诺万·米切尔首轮带队淘汰了俄城雷霆，但爵士抵挡不住哈登——来与勇士对决了。这也是四年里第三次，勇士对决火箭。

这次，除了刚荣膺常规赛 MVP 和得分王的詹姆斯·哈登之外，火箭还有克里斯·保罗呢。

——值得一提的是，至此，曾经的雷霆三少都拿到得分王 +MVP 了：杜兰特四届得分王和 2014 年 MVP，威斯布鲁克 2017 年得分王和 MVP，哈登 2018 年得分王和 MVP。

2018 年西部决赛，火箭对勇士第一场前 31 分钟，哈登已得 41 分，但最后 4 分钟，他一无所获。实际上，全场哈登独自 24 投 14 中，但火箭全队 61 投 25 中，三分球 28 投 8 中，助攻 11 次。而勇士这里，杜兰特 37 分，克雷 28 分，库里 18 分 8 助攻：勇士 119 比 106 取胜。

第二场，火箭改变思路：依靠上线施压和换防，第一节逼出勇士 7 失误。第二节，火箭摆出怪阵：183 公分的保罗，193 公分的戈登，196 公分的哈登，203 公分的阿里扎，196 公分的塔克。结果这个超小阵容出场后 9 分钟，火箭把勇士的无敌五小阵容打了个 30 比 22，上半场火箭 64 比 50 领先，此后勇士再未真正追近。第二节火箭得到 38 分，其中哈登得了 5 分，保罗只得了 3 分。而阿里扎、塔克与戈登，上半场分别得到 15 分、14 分、13 分。最后火箭 127 比 105 大胜勇士：全场哈登

只有 24 投 9 中 27 分，远不及第一场；但火箭全队 23 次助攻，第二节 10 次助攻，三分球 42 投 16 中。塔克＋阿里扎＋塔克 33 投 23 中 68 分。

这是火箭的新套路：哈登还是主管持球进攻，保罗则给全队协调进攻，火箭依靠强硬的角色球员们缠住勇士的速度，赢球了。

回到主场，勇士 126 比 85 血洗火箭拿下第三场，库里轰下 35 分，勇士 2 比 1 领先。但第四场，火箭磨赢了勇士：哈登 30 分，杜兰特 27 分，库里 28 分。然而对全场影响力最大的，是 27 分的保罗。

火箭上半场依靠哈登的 26 分稳住局势，继续强迫勇士单挑。第三节库里独得 17 分，带队打出一波 34 比 17，勇士一度领先到 12 分。但保罗站出来了：防守端，他换防挡住杜兰特三次持球单打；进攻端，他不停用中投和策动，让角色球员们加入进来。双方全场命中率 39% 而已。火箭就是需要这样子：让勇士陷入阵地战的泥淖。最后在慢速胶着中，火箭 95 比 92 取胜，2 比 2 追平。

第五场天王山之战，休斯顿，大梦出现在场边观战。大概是为了跟他致敬似的，火箭拿下了一场惨烈的大战：98 比 94，双方合计投丢 89 个球，罚球 59 次，交替领先 16 次，平手 10 次。

话题人物是克里斯·保罗：他下半场 12 投 6 中包括 4 个三分球。全场 7 个篮板球，包括 2 个前场篮板球——都是乱军中偷来的。他控制了节奏，带起了塔克、阿里扎、戈登和卡佩拉他们，赢下了比赛。火箭 3 比 2 领先，将无敌的勇士推到了悬崖边。

但命运的戏弄来了。比赛最后，离总决赛一步之遥的保罗倒下了：右大腿受伤了。

于是第六场，勇士 115 比 86 大破没有保罗的火箭，将分差追到 3 比 3。哈登独得 32 分，带队一度首节 39 比 22 领先勇士，但勇士第二节开始追击，第三节打出 33 比 16 的高潮，第四节更是 31 比 9，将火

XXX

箭打得体无完肤。库里29分并在第三节两个三分球吹响胜利的号角，克雷又一个经典的第六场发挥：35分9个三分球。杜兰特23分，格林只得4分但10个篮板9个助攻4个抢断5个封盖：勇士再次逆转了命运。

然后，来到了第七场。

第七场，勇士似乎很紧张：罚球前10罚3中，第二节过半就10次失误，还被火箭抢了10个前场篮板。

库里站了出来：比赛后22分钟里，他抓到9个防守篮板全队第一，并带起了球队的节奏。全场库里27分9篮板10助攻7个三分球，杜兰特34分。哈登得到了32分，塔克攻下了14分12篮板，戈登23分，卡佩拉20分。

但比赛真正的主题是：火箭一根筋的"篮下或三分"效率战略失灵了。为了追求效率，火箭极依赖三分球，结果是一度三分球连续27发不中，节奏在第三节崩溃，最后全场三分球只有44投7中。勇士101比92取胜，拿下了第七场，4比3淘汰火箭，跨入了2018年总决赛。克里斯·保罗再次被命运捉弄了。

于是2018年总决赛，连续第四年，金州勇士vs克里夫兰骑士。

而且第一场就出现了传世一战：

这一战，勒布朗发挥如神。第一节，他突破后跨步调整速度上篮；借掩护跳步后三分球；反击中小跳勾射；高位做轴站位后持球突破。

第二节，他连续弧顶持球突破上篮。他多次一步夺出空位，调整步伐，自刚转柔地上篮。

第三节体能下降后，他投篮起跳明显放低，投篮前放小步幅调整重心。双方70平后，他反击中一个接近于单动投篮的30尺远射：至此，他16投13中。无论技术细节与投篮选择，都是尽善尽美。

最后时刻，勒布朗两次迎着格林完成上篮。常规时间最后，他突破杜兰特，面对格林，展开背，调整平衡，轻轻一个抛篮得手。

比赛最后 50 秒，勒布朗突破上篮打三分，得到个人第 47 分，让骑士 104 比 102 领先。可惜，最后骑士没有稳住：因为 JR 史密斯的诡异失误，骑士被拖入加时，最后勇士 124 比 114 得胜。

勒布朗轰下了生涯最高的季后赛单场 51 分——NBA 历史上总决赛得过 50 分的人包括：1962 年贝勒的 61 分，1993 年乔丹的 55 分，1967 年巴里的 55 分，1969 年韦斯特的 53 分，1958 年佩蒂特的 50 分。赛后，勒布朗懊恼地一拳打在更衣室的墙上，伤到了右手。

第二场，第四节开始一分钟，勒布朗三分球得手，骑士 83 比 90 落后 7 分。但 20 秒后，库里逼出换防，强投三分得手。下一个回合，库里后场篮板后急速推进，跟格林一个传切，又一个三分球。勇士领先 13 分。骑士再未追近。又三分钟后，库里面对勒夫换防，压哨超远三分球得手：103 比 89。之后，库里右翼底角被勒夫扑倒，但三分球依然得手。之后库里左翼投进单节第五个三分球：8 分钟内，一口气席卷 16 分。全场比赛，库里 33 分 8 助攻，射进了 NBA 总决赛纪录的 9 个三分球。实际上，他一直没给骑士机会。第二节他射中三分球将分差拉开到 15 分时，场边解说的范甘迪教练这么说：

"库里就是跟你开个玩笑！"第四节，当库里推动全队前进时，范甘迪又说：

"库里跟全场每个人都在产生联系！"

半年后的 2018 年 12 月 28 日，接受 NBC 采访时，库里自己也说过，"我确实想要更多持球……但球队需要一个平衡，需要让杜兰特落位、让克雷有投篮机会、让格林持球，来让战术跑起来"。

科尔教练的说法是："我希望球迷理解，好多人都问我干吗不让库里挡拆，我想说，我们球队的特别之处，就在于球队的组织者太多

XXX

了……所以突破分球传球移动，每个人都融入其中。"

到这一场，格外明显。勇士 122 比 103 取胜，2 比 0。

第三场，骑士守死了库里，但杜兰特来了：全场杜兰特射中生涯季后赛最高的 43 分。比赛最后 2 分钟时，勒布朗三分球得手，骑士追到 100 比 101。但杜兰特先助攻伊戈达拉扣篮，再一个追身反击中，离篮 9 米开外，一个急停三分球，锁定胜局。场边解说员怒吼：

"杜兰特! 三分球! 与去年完全一样的投篮点!!"

连续两年，总决赛第三场。勇士 2 比 0 领先骑士，需要一个决胜球。杜兰特弧顶外靠左拔起，夺命三分球，夺了骑士的命。勇士 110 比 102 取胜，3 比 0 领先了骑士。

第四场没有悬念了：库里 37 分，杜兰特 20 分 12 篮板 10 助攻，生涯第一次季后赛三双，勇士 108 比 85 大破骑士，4 比 0 完成横扫，金州勇士拿到 2018 年总冠军，四年里第三个冠军。凯文·杜兰特则连续第二年举起了总决赛 MVP 奖杯：距离 2012 年他初次打总决赛、输给勒布朗、看着勒布朗举起自己第一尊冠军奖杯，已经过去六年了。

"绝不能丢掉专注力！不能走神哪怕一分钟！"

第三十一章　多伦多猛龙的新历史

(XXXI)

2018 年夏天，打出了生涯最悲壮季后赛旅途，却被勇士击败后，33 岁半的勒布朗·詹姆斯与克里夫兰骑士的旅途，第二次走到了尽头。

这次，他要去洛杉矶湖人了：四年 1.54 亿的合同。

这一次，他比八年前从容得多。八年前在"决定"之后骂骂咧咧的骑士老板丹·吉尔伯特，这次写了感谢信：好聚好散，宾主尽欢。吉尔伯特特意提到了 2016 年 6 月 19 日：那天勒布朗带骑士夺冠了。

对湖人而言，这是 1968 年引入四届常规赛 MVP 张伯伦、1975 年引入三届常规赛 MVP 天勾、1996 年引入未来霸主鲨鱼之后，又一次震惊联盟的巨星操作，很符合他们的做派：

洛杉矶拥有超级巨星需要的一切。湖人的悠久历史，大城市的传承，加州海岸，以及二十年前让鲨鱼乐不可支的好莱坞传媒。他们需要最顶尖的巨星，来重振科比退役之后的局势。对勒布朗而言，他需要一个更大的舞台，以拓展他的商业帝国。

于是，两方面一拍即合。

以及，一个巧合：

勒布朗的经纪人里奇·保罗，2002 年跟勒布朗认识时，是个倒手复古球衣的哥们；他给勒布朗的第一份礼物，是两件球衣。

一件乔·纳马斯（绰号百老汇乔，1969 年超级碗四分卫）的洛杉矶公羊队球衣，一件魔术师的洛杉矶湖人队球衣。

湖人有一群天才年轻人：2017 年榜眼 198 公分的组织后卫朗佐·鲍尔，像投篮姿势没矫正好的年轻基德；2016 年榜眼 201 公分的布兰顿·英格拉姆，是个身高臂长的摇摆人。还有 203 公分的全能得分手凯尔·库兹马。主帅则是卢克·沃顿：比尔·沃顿的儿子。身为球员，他跟科比拿过总冠军；身为教练，他作为勇士助教也拿过冠军，还打出

了 2015-2016 季的 25 连胜开局。

于是，湖人的新时代开始了。

另一面，金州勇士以一年 530 万美元的价格，签下了德马库斯·考辛斯。

在 2018 年初跟腱断裂之前，考辛斯乃是 NBA 最出色的纯中锋。何以要去勇士？接受采访时，他说没有球队给他提供靠谱合同，大多数球队都在跟他压价，而他自己想去的，只有凯尔特人与勇士。

所以他去了勇士：如果在勇士拿到三连冠，那 2019 年夏天，他就能得到一份大合同了。

以及，莱纳德与马刺的纠葛，终于有了结果。

2018 年夏天，圣安东尼奥马刺送出了莱纳德，得到了多伦多猛龙的德玛尔·德罗赞。

——莱纳德小德罗赞两岁，他俩都学了许多乔丹/科比中距离单挑招数。当然了，莱纳德的防守和三分球，远在德罗赞之上。

莱纳德的舅舅此前，一直在运作他回去西海岸，回到故乡加州。但马刺把他送去了北境。

另一个小小的细节：在德文·凯西教练连年带猛龙遭遇勒布朗淘汰后，多伦多猛龙换上了尼克·纳斯教练。

那时谁都不知道，纳斯教练和莱纳德，会给多伦多猛龙带来什么。

最后，选秀大会出了点交易。

卢卡·东契奇，1999 年 2 月 28 日出生在斯洛文尼亚首都卢布尔雅那。父亲是个餐厅老板，母亲是前篮球运动员兼教练。七个月时东契奇碰到了第一个篮球，七岁时他开始打正经比赛：对手都是十岁的孩

XXXI

子。他从小崇拜希腊球星瓦西里斯·斯潘诺里斯，以及 NBA 的勒布朗。2012 年 13 岁时，东契奇跟皇家马德里篮球队签约。2015 年夏天，16 岁的他出战西班牙联赛。2017-2018 赛季，他成为了联赛 MVP。欧洲已经没什么好玩的了，他要去 NBA 了。

2018 年 6 月选秀大会，他以第三位被亚特兰大鹰选中，随即鹰与达拉斯小牛进行交换：小牛得到了东契奇，鹰则得到了 185 公分的后卫新人特雷·杨：一个据说有点像纳什又有点像库里的后卫。

2018-2019 季 NBA，如期开始了。

金州勇士依然是老样子：三巨头轮流发威。2018 年 10 月 24 日，库里在 32 分钟里射落 51 分，11 个三分球。五天后，克雷·汤普森创下 NBA 纪录的 14 个三分球，52 分。

当然，杜兰特打得更凶猛：2018 年 11 月，他场均 31.6 分 8.4 篮板 6.1 助攻。

一个尴尬的事实：勇士在争取三连冠，但毕竟过去四年里已经拿了三个冠军。勇士的角色球员在老去，于是越来越依赖杜兰特、库里和克雷三大攻击手了。

以及，打着打着，还出了点内讧：

2018 年 11 月 12 日，在勇士对快船的比赛中，德雷蒙德·格林与杜兰特吵了起来。按照格林后来的说法，杜兰特抱怨队友们没给他传球。传说格林跟杜兰特争吵时，说了句狠话：

"你没来时，我们已经是冠军了。"（指 2015 年总冠军）

仇，就这样结下了。

另一方面，西部的丹佛掘金在高歌猛进：只是方式很特殊。

比如，2018 年 11 月 5 日，掘金击败凯尔特人，打出开局 9 胜 1

负。组织后卫贾马尔·穆雷得到48分，而球队王牌巨人尼古拉·约基奇只得到8分——连续第三场得分没上两位数。但是约基奇得到了10个篮板8个助攻。

又四天后，网击败了掘金扳回一场，这天约基奇37分21篮板，但只有3助攻。

就这么神奇：对方宁可放约基奇得分，也不敢让他传球。

17岁时的2012年，尼古拉·约基奇还是个接近140公斤的巴尔干小胖子，每次训练完要喝三罐可乐；被他哥哥内梅加劝着减肥，才练出了NBA级的体格。2014年他以第二轮第41位被丹佛掘金选中，是个213公分129公斤的胖墩儿。他的确不以体格见长，但拥有匪夷所思的投篮手感和传球视野。一言以蔽之：他就是个中锋位置的组织后卫。进攻时，无论在高位，在低位，在快攻时，他都能送出匪夷所思的传球。他有一手远射，有一手慢吞吞但扎实的背身步伐，有胖乎乎但绵软的投篮手感，以及不知何为紧张的心智。

丹佛掘金就是由贾马尔·穆雷——前肯塔基大学的得分天才，与罗斯、沃尔、布克他们一样师出约翰·卡利帕里教练门下——和其他一群空切攻击手，围绕在约基奇的四周，依靠他的策应和掩护打着球。

西部的另一支劲旅，是俄城雷霆。崛起的秘诀，是核心的变换。

标志性的一战，是2018年12月5日：保罗·乔治末节射落25分，全场47分，雷霆逆转了网。而过去两年支撑着雷霆的威斯布鲁克，本场打出了生涯第108次三双——超过了贾森·基德。

之所以说是标志性的一战，在于那场比赛后，乔治的投篮出手数超过了威斯布鲁克。即，威斯布鲁克接受了角色的变化。他还是球队的发动机，而乔治，依靠他优秀的走位与远射，成为了雷霆的第一攻击手：事实上，乔治正打出生涯最巅峰的表现，甚至超过2014年断腿之前。

XXXI

在东部，费城 76 人则被小问题磨烦着。中锋恩比德与后卫本·西蒙斯这两位天才各自表现卓越，但凑在一起并不合适。2018 年底，他们从明尼苏达森林狼找来了摇摆人吉米·巴特勒，但恩比德依然不太开心：

"我不喜欢被当作空间 5 号位用。我觉得自己不在进攻节奏里了。禁区拿球少了。"

尴尬的是：恩比德作为内线巨兽，却必须出禁区去，因为他如果主攻篮下，西蒙斯和巴特勒的突破线路就会被堵塞。尤其是，西蒙斯有个尽人皆知的毛病，"我不投三分球，全世界也都知道我不投三分球"。

吉米·巴特勒对这两个少年天才颇为不满：他自己是从底层摸爬滚打闯出来的，所以不觉得这对天才有什么好矫情的。

与此同时，在多伦多猛龙，莱纳德不疾不徐地打着球。这会儿有了个专业名词，叫作"负担管理"：为了不让自己受过伤的膝盖负担超重，莱纳德打打歇歇。出场时，他依然是攻防两端都能一把抓的怪物：场均 27 分 7 篮板 3 助攻。但 2018-2019 季整个赛季，他只出席了 60 场。

反而是跟他一起从马刺来到猛龙的丹尼·格林，为猛龙首发了 80 场比赛。

于是，2018-2019 季常规赛，东部的头名，被密尔沃基雄鹿占据了。希腊天才扬尼斯·阿德托昆博，成为了 NBA 常规赛 MVP 头号热门。

扬尼斯有 211 公分，221 公分的臂展。但真正让他有别于其他长人的是：

他的拇指到小指是 30.5 公分（大手怪莱纳德是 28.6 公分），所以他掌握球比许多人容易，可以抡着球跑。

他的跟腱长度是 34 公分，还有完美的臀胯肌肉：所以他可以三分线起步，直接欧洲步绕过所有人，解决问题。

他可以抓篮板、抢断、运球、一条龙反击、突破、扣篮、传球，跑起来时天下无敌。

与此同时，雄鹿有个微妙的体系：

雄鹿的主帅布登霍尔泽教练，前马刺助教、前鹰队主帅。在鹰队，他大搞空间战略，用三分群打出了漂亮的常规赛战绩。

他在马刺时，最欣赏罗伯特·霍里：一个能投三分球的长人。实际上，霍里之后，马刺一直保留着能投三分球的长人：比如马特·邦纳。

他也知道，现代 NBA 需要这么个巨人：防守时可以保护篮筐，进攻端可以拉开空间，提供高效率空位攻击。

于是雄鹿签来了年过而立的巨人，213 公分的布鲁克·洛佩斯。

雄鹿的战略可以这么概括：外围一群射手，以及扬尼斯搭配洛佩斯的内线。防守时，全队放空弧顶三分，竭力保护内线，洛佩斯负责保护禁区，扬尼斯负责扫荡、轮转、抓篮板。进攻时，全队提速，扬尼斯一条龙突袭，射手群跟进。如果打不了反击，那就四人在三分线拉开，由扬尼斯迈开大步突进。于是乎，雄鹿的战绩始终在联盟第一。

如此，扬尼斯冲击常规赛 MVP，只有一个真正的对手了：卫冕 MVP 詹姆斯·哈登。

2018 年 12 月初，因为伤病，火箭战绩一度到了 11 胜 14 负。之后，哈登开始了一波匪夷所思的个人接管：

12 月 13 日对湖人，哈登 50 分 10 篮板 11 助攻。四天后对爵士，47 分。从 2018 年 12 月 25 日到 2019 年 1 月 3 日，他连续五场 40 分开外。1 月 14 日和 16 日，他分别轰下 57 分和 58 分。2019 年 1 月 23

XXXI

日在麦迪逊花园,他面对尼克斯轰下 61 分 15 篮板。

从 2018 年 12 月 11 日到 2019 年 2 月 21 日,32 场比赛,他每场至少拿下 30 分。

这一段匪夷所思的得分秀表演,是因为哈登新谙熟了一门技巧:撤步三分球。现在,他的持球单挑近乎无法阻挡了:

——防守他突破?他可以撤步三分球。

——防他投三分?他可以突破后抛射或蹭罚球。

——夹击他?他可以分球给射手们。

在 2019 年春天,一度产生了两种奇怪的防守法。其一,过半场就夹击哈登;其二,对位者不站哈登的正面,反而站他的侧后方,以逼迫他右手运球,或者限制他投三分。

相对而言,西部另一边,洛杉矶湖人遇到了点不大不小的麻烦:勒布朗来到湖人后,一开始挺成功的。直到 2018 年圣诞节那天,勒布朗带湖人击败金州勇士,让球队达到 20 胜 14 负,西部前四。

但之后,勒布朗腹股沟受伤,开始休养。一个月后他归来时,湖人已经变成了 27 胜 25 负。

屋漏偏逢连夜雨:湖人当时正与新奥尔良鹈鹕谈着安东尼·戴维斯的交易。先前戴维斯已表达了离开鹈鹕的愿望,2019 年 1 月 28 日更直说自己不会与鹈鹕续约。但鹈鹕狮子大开口,要湖人半支球队,以至于湖人军心不稳。

就在湖人对阵印第安纳步行者之战时,场边球迷还对年轻的布兰顿·英格拉姆高唱:

"勒布朗要交易你!"

终于 2018-2019 季,随着勒布朗的受伤、球队的混乱、稍后卢克·沃顿教练的辞职、总经理魔术师的离任,洛杉矶湖人先扬后抑,迎来了一个糟糕的赛季：常规赛结束时，湖人 37 胜 45 负。

这是 2005 年以来，勒布朗第一次缺席季后赛。

2019 年 2 月交易截止期，湖人吃了暗亏，但另一支球队有所收获：多伦多猛龙送出中锋瓦兰休纳斯，以及德隆·赖特、CJ 迈尔斯与 2024 年次轮选秀权，得到了孟菲斯灰熊的 34 岁巨人马克·加索尔。

灰熊意在重建，此举后合同化整为零，自不消提；但他们得到了前年度防守球员，联盟最扎实的中锋。

于是，他们的阵容成型了：凯尔·洛瑞作为主控，丹尼·格林负责三分与防守，莱纳德是球队攻防两端的统治者，年轻的喀麦隆前锋帕斯卡尔·西亚卡姆成为了"莱纳德的皮彭"，加上加索尔，以及替补席上的伊巴卡和后卫范弗里特·乔丹，猛龙的轮换成型了。

2018-2019 季结束。哈登以惊人的场均 36.1 分蝉联得分王，保罗·乔治以场均 28 分次之，打出生涯典范作，联盟得分第三，而且以场均 2.2 抢断称王。威斯布鲁克以场均 10.7 助攻蝉联助攻王，而且连续三年完成场均三双的纪录。

最大的赢家，是扬尼斯·阿德托昆博。他场均联盟第三的 27.7 分、联盟第六的 12.5 篮板，外加 5.9 助攻、1.3 抢断、1.5 封盖，带领雄鹿打出联盟第一的 60 胜 22 负。他成为了常规赛 MVP：在他 24 岁的时候。

但是，很微妙地：这些常规赛大赢家，立刻就要遭遇各色各样的厄运了。

比如，常规赛 MVP 选票第三、得分全联盟第三的保罗·乔治，以及他的队友、连续第三年打出常规赛场均三双的威斯布鲁克，在 NBA 首轮，被波特兰开拓者轻轻松松干掉了。

XXXI

前一年,开拓者以西部第三进季后赛,被新奥尔良鹈鹕 4 比 0 横扫。那是达米安·利拉德生涯最低谷:他被鹈鹕的夹击给搞崩了。

利拉德早年怕夹击,一是他出球不快,二是他的进攻风格。他有 39 英寸弹跳,直线进退极快,有美好的投篮手型,但他整体运球幅度小,依赖小角度的变向变速、突进和撤步。他的上篮也缺少各色变招花样。

整体而言,利拉德是个朴素的杀手:他缺少大幅度横摆、冒险的传球、多变的上篮。

2018 年输给鹈鹕的夹击后,利拉德默默地改变了:他更多地重视起了远射前收球那一下跳步,与此同时,投篮也不强求蹦到最高点绷直了再出手了。以及,他的投篮射程更远了。

NBA 的三分线是 23 英尺 9 英寸(724 公分)。2017-2018 季,利拉德的 30 英尺外远射,36 投 9 中:那是 9.1 米开外。

到了 2018-2019 季常规赛,利拉德的 30 英尺远射是 50 投 16 中。到季后赛,他投得更加坚决了。

开拓者以 3 比 1 领先雷霆,进入第四场,利拉德在比赛结束前已得到 47 分包括 9 个三分球。最后双方 115 平,利拉德独自在中圈运球:对面防守他的,是保罗·乔治。

比赛还剩 3 秒 5 时,利拉德还在胯下运球,球回右手时,2 秒 7 了。那时他还在离筐 37 英尺外,离三分线足有 3 米远。

然后利拉德又多运了一步,右跨步。乔治的反应很快:利拉德举球瞬间,乔治已经起跳了。他的站位和反应都没问题——唯一的问题是,给利拉德留得太远了。

但是,谁能想到利拉德真会在 10 米开外投篮呢?

球进,利拉德刷新了开拓者季后赛纪录的单场第 50 分。开拓者

118 比 115 绝杀雷霆，4 比 1 淘汰雷霆，进入西部半决赛。

自有录像证据以来，NBA 有过四个"0 秒绝杀结束系列赛"：
1986 年桑普森托球绝杀送走湖人，火箭双塔杀进总决赛。
1989 年乔丹悬空"The Shot"，葬送骑士。
1997 年斯托克顿面对巴克利的补位，三分球绝杀，带爵士进总决赛。
2014 年首轮，利拉德绝杀送走火箭。
2019 年，利拉德送出史上第五个、个人第二个系列赛绝杀，送走雷霆。
大心脏的卓越表现。
但没过多久，第六个就出现了。

且说多伦多猛龙首轮，4 比 1 兵不血刃对付了奥兰多魔术。第二轮遭遇了费城 76 人。第一场，莱纳德就刷新了自己的季后赛单场纪录：45 分，带队击败了 76 人，开门红。与此同时，因为马克·加索尔的缘故，费城的巨人恩比德，被防到 18 投 5 中 16 分。
就在这场前两天，肯德里克·帕金斯在访谈中说：莱纳德像乔丹。
按说莱纳德并不能飞，像在哪儿呢？
——因为乔丹有许多面。莱利当年说韦德像乔丹，主要像早年那个突破飞翔滞空袭篮的乔丹。莱纳德像乔丹，主要像中后期乔丹：那个步伐、晃动、中投的乔丹。波波维奇早在四年前就谈论过了：
"他有能力做到迈克尔·乔丹在攻防两端所做的事……我不是说他是乔丹，但乔丹、科比都在攻防两端拼命打球，莱纳德也如此……他正开始得到双人夹击的待遇。这与他以往全然不同了。所以他在看巴克利和乔丹的录像带呢。他得学习如何应对夹击，什么时候在人群里，什么

XXXI

时候传球,什么时候尝试强行得分。"

也在就在猛龙首战击败费城后三个小时,马刺在季后赛首轮第七场,输给了约基奇领衔的丹佛掘金。交换了莱纳德的德罗赞,在这场比赛最后,一如既往地掉了链子。

猛龙与费城系列赛,最后磨到了第七场。费城挡不住莱纳德,但防得住猛龙其他人。恩比德的进攻打不开局面,但吉米·巴特勒可以在季后赛得分。

第七场前三节,莱纳德打得不算好:30 投 10 中得到 26 分,效率不算高。

但第四节,莱纳德不停持球单挑,逼恩比德换防后中投。第四节他一口气得到 13 分。比赛最后 4 秒,双方 90 平。已得 39 分的莱纳德运球,右翼遭遇比他高半个头的恩比德换防。莱纳德倾斜身体,在滑出底线之前跳投出手:球在篮筐上颠动,撩拨得多伦多球迷双手抱头,嘴巴大张——然后,球进了。

莱纳德完成了季后赛史上第六个系列赛绝杀,41 分带猛龙 92 比 90 取胜,4 比 3 淘汰了费城 76 人,挺进东部决赛。这也是 NBA 史上第一个,第七场出现 0 秒绝杀。

"莱纳德可以在攻防两端做到迈克尔·乔丹可以做到的事。"2015 年 12 月,格雷格·波波维奇如是说。

2019 年东部决赛,多伦多猛龙先是 0 比 2 落后常规赛头名密尔沃基雄鹿。第三场,猛龙与雄鹿拖进加时。那时节,眼看雄鹿要 3 比 0 领先了。

然后尼克·纳斯教练做了关键的调整。

雄鹿开始用莱纳德(与格林)贴防常规赛 MVP 扬尼斯,不让他起

谁能想到利拉德真会在 10 米开外投篮呢?

速，利用加索尔坐镇篮下。他们完全控制了内线。缩短轮换，多用范弗里特的远射，保持多个持球进攻点，大量利用加索尔的策应。

于是第三场猛龙取胜：118 比 112，扬尼斯抓到 23 个篮板，但 16 投 5 中，只有 12 分。第四场，猛龙再取一阵：120 比 102。双方打成 2 比 2。

之后关键的第五场，莱纳德更完全转变了作风。

第五场，雄鹿一度依靠反击和扬尼斯的突破分球，领先到 18 比 4。但之后雄鹿板凳阵容被猛龙追打。猛龙对雄鹿的防守策略，乃是无限换防锁三分，此时便显出莱纳德的狠辣：

莱纳德全场 35 分，第四节 15 分，更妙的是第四节的 3 助攻，以及全场 9 助攻。

他看准了雄鹿的弱侧收缩策略，屡次突破到雄鹿心脏地带，再给队友传出好机会。9 发助攻，全部都是喂给了队友的三分远射。反过来雄鹿那边，比赛最后，扬尼斯一度体能不支，被替下场。猛龙 105 比 99，拿下第五场，3 比 2 领先。赛后，莱纳德接受访谈时，依然面无表情：

"你们怎么连翻雄鹿四局的？"

"我不知道，我们还没连翻四局呢。"

"你们球队的心志是什么样的？"

"我不知道，我还没进更衣室呢。"

第六场，莱纳德 27 分 17 篮板，再拿下 7 助攻，洛瑞 17 分 8 助攻，西亚卡姆 18 分，扬尼斯被锁到 18 投 7 中 21 分。猛龙又是第四节大翻盘，100 比 94 取胜：4 比 2 大逆转，击败密尔沃基雄鹿，进入了 2019 年 NBA 总决赛。

而对面来的，是连续第五年进入总决赛的金州勇士。

XXXI

但这一年，勇士的历程完全不同了。

2019年季后赛首轮，勇士4比2击败洛杉矶快船。第五场杜兰特45分，第六场杜兰特50分，所向无敌。

西部半决赛，勇士又一次遭遇火箭。又是一番鏖战：

第一场，杜兰特和哈登各取35分，勇士104比100险胜。第二场，杜兰特与哈登各取29分，勇士又是115比109取胜。第三场杜兰特46分，哈登41分，但火箭的三后卫阵奏效：埃里克·戈登为火箭得到30分7个三分球，火箭扳回一城，126比121。第四场，杜兰特34分，库里30分，但哈登轰下38分。火箭再胜一场。

然后到了第五场：大起大落、跌宕起伏的天王山之战。

第一节火箭落后14分，第二节一度落后到20分——那时看来，火箭要完了。但第二节结束前3分钟，火箭顽强地扳回来。

第三节剩2分5秒，火箭追到只差3分。此时，比赛进行了34分钟，只休息了1分40秒的凯文·杜兰特——过去四场比赛，他一共休息了16分钟——倒下了：右小腿受伤。

到此时，似乎勇士要完了：勇士只能指望库里了吗？

场边，斯蒂夫·科尔教练，很久以来第一次表现出了紧张：眼神放空，抿嘴。

可是，此前本场只得9分的库里，忽然醒来了。

杜兰特下去之后的14分钟，勇士表现得又像是一支坚韧的冠军队了。伊戈达拉的走位，格林的果决，克雷的专注，以及，库里：比赛最后14分钟，库里得了16分，而且重新带起了进攻。104比99，勇士击败火箭，拿下第五场。

然后是第六场：

双方套路穷尽，彼此知根知底。火箭无非是换防或夹击库里，放空克雷之外的其他人，靠轮转补位。进攻端依靠哈登和保罗持球打。勇士始终是提前换防或夹击哈登，控制保罗强投三分许他突破，靠轮转找到火箭的其他人。

上半场，克雷轰下 21 分，5 个三分球，维持着勇士的分差。没法子：上半场，库里因为犯规问题，没有得分。

然而，第三节，库里不声不响得了 10 分。勇士 82 比 87 落后进入第四节时，库里继续接管比赛。

——肖恩·利文斯顿第四节开始两次倒地救下球权后，科尔教练暂停时说："我们要珍惜每个篮板，每个上篮。"之后利文斯顿打出了冠军气势：背身单挑保罗、抄掉哈登的球上篮。

之后，库里接管比赛：上篮、超远三分、突破抛射。双方 97 平时勇士用掉了倒数第二次暂停，之后库里策动进攻得手后，又自己投中三分球，102 比 97。

哈登还一个三分球，但库里一个上篮，再一个三分球，进入最后一分钟。库里吸引夹击，传给格林，格林转移给弱侧伊戈达拉，最后由克雷射中三分球。

勇士 118 比 113 击败火箭，4 比 2 晋级西部决赛。第六场比赛，库里生涯第二次上半场 0 分，但下半场是生涯最高的半场 33 分。第四节勇士 36 分里，库里得到 23 分。他的神奇，让勇士五年里第四次干掉了火箭。

2019 年西部决赛，勇士的对手是波特兰开拓者——在西部半决赛，开拓者刚与掘金大战七场。其中第三场，两队打了四个加时赛。进了常规赛年度第一阵容的掘金中锋约基奇（意味着他是 NBA 第一中锋了）打了 NBA 纪录的 64 分 58 秒，得到 33 分 18 篮板 14 助攻。当然，掘金最后还是七场输给了开拓者。有趣的是：这是约基奇第一次打

XXXI

季后赛，两个系列赛都到了第七场。

但勇士打开拓者，却意外地轻松：第一场就是库里 36 分钟内得到 36 分，带勇士 116 比 94 轻取。第二场库里 37 分，第三场库里 36 分，第四场库里 37 分。勇士 4 比 0 轻取开拓者。

实际上，系列赛第二、三场，开拓者都半场领先勇士，但被勇士逆转取胜。第四场，他们甚至与勇士磨到了最后，但还是没有办法。似乎失去了杜兰特后，勇士又找回了 2016 年之前的状态：

行云流水地运转，依靠库里与克雷，一直打到总决赛。

但 2019 年总决赛，今时不同往日了。

总决赛第一场，多伦多猛龙就 118 比 109 取胜：拿下了队史第一场总决赛的胜利。

这是库里与格林他们，第一次输掉总决赛揭幕战——金州勇士上一次输掉总决赛第一场，还是 1967 年的事。

先前纵横东西部的莱纳德与库里，上半场都发挥一般：莱纳德前 6 投 1 中上半场 7 投 2 中，库里上半场 10 投 3 中。这是双方的针对性布局。当然，最后库里还是得到了 34 分，但不要紧。

纳斯教练使了个绝招：用莱纳德主防格林。

库里+格林的二人转，是之前五年勇士所向无敌的轴心所在。结果猛龙用莱纳德对位格林，靠着莱纳德的长臂覆盖范围，库里+格林的挡拆启动不了；格林持球时，莱纳德还可以撤一步防守内线，欺负格林没有持球攻击力。所以库里得到 34 分，但无法带动整个勇士了。

猛龙针对格林，不只是用莱纳德对位他，还用西亚卡姆单打他。由于格林总得照顾补位，于是猛龙靠西亚卡姆乘机单挑格林：背身勾射，中投，追身上篮。

莱纳德被夹击手感不佳，洛瑞也投不进，但他俩对防守的阅读很是聪明，加索尔和西亚卡姆作为中转站也算到位。猛龙全场 25 助攻只有 10 失误，相比起来，勇士基本见不到空位：一向团结的勇士，被猛龙以团队的方法击败了。

然后是第二场：上半场勇士就以 45 比 56 落后。实际上，勇士是靠克雷（勇士前 13 分里他得到 11 分）撑住了第一节，靠格林和库里肉搏得到的罚球挽住分差。下半场开局，勇士打了个 18 比 0，领先到 72 比 59。于是第三节后半段，莱纳德抖擞神威接管比赛，靠强硬的打三分，追回分差。好在最后时刻，养伤人半年的考辛斯出场，为勇士撑住了局：勇士 109 比 104 险胜，莱纳德的 34 分 14 篮板没能得手。

但第三场，克雷·汤普森受伤。勇士只能靠库里了：全场比赛库里 31 投 14 中射落 47 分，但毫无意义。猛龙 123 比 109 取胜，拿到 2 比 1 领先。

第四场，莱纳德得到 36 分：本季季后赛第 14 场 30+、第 8 场客场 30+（后一个是历史第二的纪录）。猛龙 105 比 92 取胜，3 比 1 领先。

也不奇怪：从费城系列赛之后，莱纳德第三节得分是：9、11、14、14、6、10、10、11、14、15、2、11、7、12、10、12。

总决赛第三节，莱纳德 15 分。第四场第三节，17 分。

赛后，莱纳德赛后，说了一番话：

"我不打英雄球，我只为胜利打球……我们队很棒……洛瑞是个四分卫，是个伟大的球员，他打得很好，我们谁拿到机会就打……伊巴卡干扰了克雷和库里的许多球……我们要耐心，要专注，为了胜利打球……"

XXXI

当然听来都是老生常谈，好球队到最后，都会谈论耐心、专注、团队。

但猛龙的确做到了：第一场西亚卡姆、加索尔和范弗里特发威，第三场格林、洛瑞和范弗里特三分如神，第四场的英雄是 21 分钟得到 20 分的替补伊巴卡，外加下半场指挥得当的洛瑞，而莱纳德发挥得始终如一。

第五场前，惊人的消息来了：凯文·杜兰特复出。

然后，是比他受伤更加戏剧性的一幕。

杜兰特首发出场，倒地断球，抓篮板，表现积极。当他射中第一个三分球时，多伦多球迷陷入了一种恐惧的沉默。当他一个中投三不沾时，全场球迷发疯一般鼓掌；但他随后绕掩护再射中三分球时，球迷们又陷入沉默了。勇士开始就三分球 5 投 5 中，之后是 11 投 8 中。第一节杜兰特 11 分，库里 14 分。

然后意外在此发生了：

一个交叉步出去，受伤倒地——对面防他的，正是他的老队友伊巴卡。之后洛瑞和伊巴卡做了极为得体的举动：他们阻止了夺卢那朵球迷的欢呼。当杜兰特下场时，球迷唱着"KD"鼓励他。

杜兰特下场前，勇士打得像 2017 年那支季后赛只输一场的勇士，杜兰特下去后，勇士重新变成挡切、肉搏、抢投、使尽气力转移球的勇士了。

第三节，勇士又是靠追身进攻与三分球，5 分钟内得到 13 分拉开分差。但猛龙那边，范弗里特三个三分球点燃全队，没被勇士甩开。比赛打得惨烈之极。莱纳德冲前场篮板，洛瑞转身急停中投，范弗里特强投三分球，西亚卡姆竭力卡位冲内线。勇士那边则是翻来覆去地挡切、转移、投篮。库里自己赛后说，"我们打得很聪明"，但比赛场面

莱纳德赛后，说了一番话："我不打英雄球，我只为胜利打球……我们要耐心，要专注，为了胜利打球……"。当然听来都是老生常谈，好球队到最后，都会谈论耐心、专注、团队。

但猛龙的确做到了。

"很丑陋"。

无论勇士甩开多少次，猛龙都追得回来。

第四节，莱纳德一度连得10分，眼看冠军就在指尖，但克雷和库里，三个三分球，将冠军悬念又挽住了一下。勇士106比105取胜，追到了2比3。

来到第六场。悬崖边上，勇士体现出了王者的倔强：

洛瑞开场连得11分，领先到9分，但伊戈达拉和卢尼他们扳回来了。

格林11分19篮板13助攻3抢断2封盖，无可挑剔了。

过去四场投不进三分球的西亚卡姆，开始投进定点三分球了，勇士靠克雷扳回来。

猛龙第一节射中7个三分球，但勇士靠联防，靠转移球和突进内线，咬住比分。

洛瑞上半场21分，伊巴卡第二节连续得分。但克雷·汤普森维持着比赛：32分钟里他得到30分。

但终于，克雷也到了极限：比赛打到下半场，他跟腱断裂倒地——就在倒地之后，他还走回来，罚完两个球，才被换下去。

于是猛龙114比110击败勇士。4比2。这是金州勇士主场甲骨文球馆最后一天：多伦多猛龙在这一天，结束了勇士王朝，拿下了2019年NBA总冠军。

似乎三连冠的确是有魔咒的。2014年试图三连冠的热，被马刺4比1，其中后三场有两场是血洗。2011年，湖人被小牛4比0。1996年，火箭被超音速4比0。1989年，湖人被活塞4比0。

2019年的金州勇士，没能如2002年的湖人（千难万险七场过了国王）、1998年的公牛（七场险胜步行者，乔丹的神迹解决了爵士）、

XXXI

1993 年的公牛（逆转了尼克斯，帕克森一记三分球绝杀太阳得到三连冠）那么伟大，但他们大概是历史上，试图三连冠而败北者里，最坚强的一支球队了。甚至他们这个系列赛的表现，会留下一个如果：如果杜兰特和克雷始终健康的话？

赛后库里进通道时，与比尔·拉塞尔相遇，互相问候。过去四年，库里都看到了拉塞尔，但那个奖杯，总是到不了他手里。

2015 勇士夺冠那年，全联盟平均节奏 94，平均三分投篮出手比 27%。NBA 第一阵容中锋是马克·加索尔；二阵锋线是阿尔德里奇、保罗·加索尔和考辛斯，三阵锋线是邓肯、格里芬和小乔丹——一群长人。

2019 年，全联盟平均节奏 100，平均三分投篮比是 36%。一阵锋线是扬尼斯、约基奇和乔治，二阵锋线是杜兰特、恩比德和莱纳德，三阵锋线是格里芬、戈贝尔和勒布朗——只有戈贝尔、恩比德和约基奇算传统长人。

提速。三分球。小球阵容。

纳斯教练在夺冠之前说他要求"每个人都要投篮"。

冠军会变，但正确的打法会一直延续下去。

对多伦多猛龙而言，这是一群老将们终偿夙愿：将要 32 岁的丹尼·格林入行打了两年半替补才开始在马刺打首发。在波波维奇有心裁他时，他说"我什么都愿意做"，于是跟队拿到了 2014 年总冠军，然后在猛龙，2019 年总冠军。

凯尔·洛瑞 33 岁了。入行打了四年替补，合计投进了 101 个三分球。此后至今的九年，他投进了 1431 个三分球。如今他的三分球历史第 30 多。从一个替补突击手，变成一个可靠的三分手，终于在猛龙十年坚守，变成了冠军后卫。

2008 年马克·加索尔加盟孟菲斯灰熊时，他和他妈妈玛丽萨都说

"绝不会翻版哥哥保罗的风格，绝不会重复哥哥的历程"。时隔九年后，34岁的他为加索尔家族又拿回了一个总冠军。

当然，还有莱纳德。

2017年常规赛MVP选票第三的莱纳德，在2017年5月14日的甲骨文球馆面对勇士。他在24分钟里得到26分，让马刺领先勇士达25分。那时看上去，他真的是"攻防两端联盟最佳球员"。然后，他被帕楚利亚垫脚受伤了。

整整25个月后，还是甲骨文球馆，而且是甲骨文球馆的最后一天。在这个25个月前倒下的地方，他拿到了冠军，第二次终结了三连冠的王者，举起了总决赛MVP。

远在2016年3月25日，波波维奇就说："莱纳德渴望伟大。他不在乎当明星。他热爱比赛渴望胜利，忽略其他一切。如果球馆是空的，他反而会更高兴——他打球不是为了给人看的。所以他一定能成就伟大。"

虽然与波波维奇分开了，但2019年夏天，他到底走出了自己的一片天：拿到了自己第二个球队的第二个总冠军，以及第二个总决赛MVP。

XXXI

莱纳德完成了季后赛史上第六个系列赛绝杀，41分带猛龙92比90取胜，4比3淘汰了费城76人，挺进东部决赛。这也是NBA史上第一个，第七场出现0秒绝杀。

第三十二章　历史上最漫长的一个赛季

(XXXII)

2019 年 6 月 15 日，新奥尔良鹈鹕的肥皂剧结束。鹈鹕接受了 2017 年榜眼朗佐·鲍尔、2016 年榜眼布兰顿·英格拉姆，杰森·哈特外加三个选秀权，将安东尼·戴维斯交给了洛杉矶湖人。交易在 2019 年 7 月 15 日完成。

至此，勒布朗与戴维斯终于在一个球队了。值得一提的是，他俩的经纪人都是 KLUTCH 体育的里奇·保罗，勒布朗的老哥们。

此前，戴维斯已经进了三次 NBA 年度第一阵容，两次 NBA 年度防守阵容。他堪称篮球史上，无球进攻最可怕的内线之一：

在禁区附近时，随时可以空接扣篮；外切时，随处可以中投得手；优秀的前场篮板嗅觉；三分线内无死角的中投；接球一步中投同样精确；他还有漂亮的小抛射，有足够流畅的袭篮动作。他是完美的终结者。与此同时，防守端，他有三届封盖王，论换防和覆盖能力，那也是当世顶尖。

凡是能在勒布朗身边起飞的球员，都需要有无球技巧和防守能力。因此，他不用特意转型，完美符合勒布朗的需求。

当然，湖人失去了很多，但有了勒布朗与戴维斯，其他人闻风而至。拉简·朗多、德怀特·霍华德、贾维·麦基、丹尼·格林这些老将，一个接一个来到了湖人。湖人定下的主帅是弗兰克·沃格尔：当年在步行者，被迈阿密热时代的勒布朗欺负过的那位。他到达湖人第一件事，是强调防守。他认为不管湖人人员如何，他都得按自己的习惯组队。他在步行者时期就着重防守，至于进攻？勒布朗对队友说，"我们的进攻会很快赶上的"。

洛杉矶的另一个大新闻是：
卡瓦伊·莱纳德为猛龙拿下冠军后，选择了去洛杉矶快船。与此同时，快船用两个球员——意大利人达尼洛·加里纳利和年轻后卫沙伊·亚历山大——外加足以组成一支球队的大堆选秀权，跟雷霆要来了保罗·乔治。莱纳德＋乔治，立刻就被媒体赞为乔丹＋皮彭以来，最卓越的摇摆人攻防组合。

失去乔治的雷霆，也不再迁延：送出了威斯布鲁克，得回了休斯顿火箭的克里斯·保罗，以及一大堆选秀权，开始重建。至此，威斯布鲁克与哈登在火箭重聚了。雷霆终于完全失去了三大天才。

雷霆曾经的王牌凯文·杜兰特呢？他离开了金州勇士——离开得并不愉快——签约了布鲁克林网，虽然他的伤势会让他迁延个一年再出赛，但网不急：他们签下了凯里·欧文，指望杜兰特恢复后，与欧文一起统治东部呢。

2019 年夏天的最后一件轰动性大事是：新奥尔良鹈鹕在选秀大会上，以状元签摘下了杜克大学的锡安·威廉姆森。那是个 2000 年出生，身高 198 公分体重 128 公斤的剽悍少年，仿佛巴克利一般。大学一年级就打出了场均 30 分钟里 22.6 分 8.9 篮板以及 68% 的命中率。

2019 年一个相对没那么轰动的消息是：30 岁的吉米·巴特勒签约了迈阿密热。

此前，巴特勒在公牛打出了三年全明星表现后，去到明尼苏达森林狼，与 2014 年状元安德鲁·维金斯、2015 年状元卡尔·安东尼·唐斯搭档。一年后半，他去了费城 76 人，与 2016 年状元本·西蒙斯和天才巨人恩比德搭档。2019 年夏天，他决定自立门户了。他去了迈阿密热：前一个赛季 39 胜 43 负，斯波厄斯特拉教练正带着球队重建。帕特·莱利一改过往凑巨星的做派，选了一堆年轻人：密歇根的射手邓肯·罗宾逊、伊利诺伊的后卫肯德里克·诺恩、老后卫戈兰·德拉季奇、肯塔基来的摇摆人泰勒·希罗、游走于各队的摇摆人杰·克劳德，以及

XXXII

肯塔基大学的矮壮策应内线班·阿德巴约。稍后，球队 40 岁的老将尤度尼斯·哈斯勒姆将评价这支球队，"泥土里的钻石"。

与 2011 年入行，摸爬滚打四年后从角色球员成为全明星，大器晚成的吉米·巴特勒，真是相配。

2019-2020 季开始即有大新闻：失去杜兰特、克雷又正养伤的金州勇士，开季两连败，面对快船和雷霆合计输了 47 分。赛季第四场，库里左手骨折，开始养伤。于是 2019 年西部冠军金州勇士等于提前结束了赛季。

2019-2020 季开始后，勒布朗不再如以往那样包揽球队进攻。戴维斯为主攻，他便偏于传球。但赛季第五场做客达拉斯，勒布朗罕见地接管了：全场 39 分 12 篮板 16 主攻 4 抢断。何以如此？只因为对面，二年级的斯洛文尼亚天才卢卡·东契奇跟他卯着干——31 分 13 篮板 15 助攻。

虽然体型迥异，年龄差一轮，但有些方面很相似：天生的阅读能力、判断能力和宽广视野。东契奇不算快，但结实娴熟，有可怕的节奏感和视野。他习惯叫一个挡拆，挤过，停顿，然后选择上篮、撤步三分或送出致命传球。这和勒布朗与哈登颇为相像。比赛打到加时赛，湖人才以 119 比 110 取胜。赛后，东契奇等在湖人更衣室门外，等着和自己偶像勒布朗交换球衣。而勒布朗大赞东契奇：

"他能为队友创造好的投篮机会，我爱他这一点。那是我一向信奉的打球方式，他打球的方式是正确的。"

之后赛季递进，卢卡·东契奇继续砍下 30 分甚至 40 分以上的三双，勒布朗则打出自己生涯最好的传球赛季，一直领跑着 NBA 助攻榜。

在休斯顿，詹姆斯·哈登继续垄断着得分——他在 2019 年 10 月 30 日对奇才拿下 59 分，一个月后对鹰轰下 60 分，下一场对马刺 50 分，然后是 12 月 11 日和 13 日，连续两场分别得到 55 分和 54 分。他的得分潮是在 2020 年到来时停止的：赛季前两个月打得乱七八糟的威斯布鲁克，在 2020 年到来时找到了诀窍。不投三分，不中投，只突破。火箭也干脆地变成了"威斯布鲁克和哈登每场各投 25 个篮，其他人乘机投三分"的数字大机械。而在密尔沃基，卫冕常规赛 MVP 扬尼斯继续引领雄鹿赢球：这一年，雄鹿失去了后卫马尔科姆·布罗格登，所以扬尼斯的球权相应更多了。在波特兰，因为主力中锋尤素夫·努基奇受伤，球队少了策应轴心，结果就是达米安·利拉德必须接管：2019 年 11 月 8 日，对阵布鲁克林网，他轰下了 60 分。

然后，进入动荡的 2020 年。

2020 年 1 月 1 日，已卸任的前总裁、将 NBA 推到历史巅峰的大卫·斯特恩，在 77 岁时逝世。距离他卸任 NBA 总裁近六年，距离他 1984 年出任 NBA 总裁，36 年。

1984—2014，他担任 NBA 总裁的三十年里，足够让 NBA 从 1984 年 23 支球队组成总价值 1550 万美元的联盟，变成 2014 年 30 支球队平均价值 6 亿美元的巨无霸。

足够让 NBA 从一个转播合同都摇摆不定的机构变成如今有两百个开外的国家争相转播、在互联网时代继续赚钱的大机构。增加七支球队，新造球馆二十八座，主持了五支球队搬家。2006 年被问到"您自认为自己的责任是什么"时，斯特恩回答：

"我是 NBA 总裁。我的责任就是，让球队老板们赚到钱。"

他做到了。他的逝世，是 NBA 一整个时代结束了。

然而悲剧还不只如此。

XXXII

2020 年 1 月 26 日，41 岁的科比·布莱恩特搭乘私人直升机，从橘郡飞往洛杉矶的途中，和他的二女儿吉安娜、大学棒球教练约翰·阿尔托贝利等共九人，于卡拉巴萨斯郊外山坡坠机遇难。

这起事件震惊了 NBA，甚至震惊了美国。

在经历了好胜如狂、倔强勤奋、灿烂辉煌的职业生涯后，科比本来正享受着美好的退役生活，然而天不假年，不幸就此降临。

与他亦敌亦友的鲨鱼，在之后的访谈节目中哭红了眼睛。他形容自己和科比，有些像披头士乐队的约翰·列侬和保罗·麦卡特尼：一对创造力十足的天才，将音乐推到巅峰。

科比逝世前一天，还在社交网络上，鼓励当时在湖人的勒布朗，"继续前进吧"。

勒布朗在从费城飞往洛杉矶的旅途中得知了科比的不幸，他一度为之崩溃。之后的新闻发布会上，勒布朗红着眼眶说：

"兄弟，我发誓，你的传奇会延续的。"

之后，由于蔓延全球的新冠肺炎，NBA 在 2020 年 3 月 11 日被迫中止了。

5 月 23 日，NBA 宣布与沃尔特·迪士尼公司谈判，试图在奥兰多重开 NBA 比赛。5 月 29 日，NBA 总裁亚当·肖华宣布，7 月 31 日，NBA 将继续赛季。13 支西部球队和 9 支东部球队将打上若干场常规赛来决出东西部前八，然后直接进行季后赛。比赛场地将会在奥兰多附近的一个区域，将会划出一个所谓 2020 NBA 泡泡联盟，为保证不再感染，所有球员都将被隔离在一个区域里比赛。

至此，2020 年季后赛将迎来一个前所未有的局面：球场空荡荡，不分主客场。

在一个反常的赛季，迎来了这么一个结束方式？

"我是 NBA 总裁。我的责任就是,让球队老板们赚到钱。"
他做到了。他的逝世,是 NBA 一整个时代结束了。

就在休赛期，43 岁的文斯·卡特宣布了退役，结束了自己 1998 年夏天开始、长达 22 个赛季的职业生涯。

2020 年 7 月 31 日赛季重开，立刻就出了些惊人的数据。8 月 6 日，利拉德对掘金一战射落 11 个三分球得到 45 分 12 助攻，随后是对费城 76 人的 51 分，以及对达拉斯的 61 分。终于凭一己之力，将波特兰开拓者拽进了季后赛。而卢卡·东契奇则在赛季重开后的八场比赛里打出了三场三双——包括对国王的 34 分 20 篮板 12 助攻和对雄鹿的 36 分 14 篮板 19 助攻。

而且，他俩的表现，还真不是偶然。

之后的 2020 年季后赛第一场，利拉德带领西部第八开拓者对西部第一湖人，射落 34 分，并带队 100 比 93 赢下第一场。第四节湖人一度领先 6 分，之后利拉德一个 9 米外远射，追到 87 平；之后 89 平时，利拉德一个 10 米远射得手，92 比 89 领先：当时他身前，正是安东尼·戴维斯。

——本来，利拉德并不爱超远射。2017-2018 季，利拉德的 30 英尺（9.1 米）外远射，一共也只有 9 中。但 2018 年季后赛首轮，他带领开拓者被戴维斯的鹈鹕完成了 4 比 0 横扫，他自己被戴维斯和朗多的夹击遏制了。于是他开始大练远射。到 2019-2020 季赛季中止之前，利拉德已经射中了 49 发 9 米外超远射。

这一切，都是为了戴维斯准备的。

然而开拓者的好戏到此为止：湖人之后连翻四局。第二场，湖人不惜让利拉德突破上篮，以扼守他的三分球。戴维斯自己得到 31 分 11 篮板，湖人 111 比 88 大胜。第三场，勒布朗上半场轰下 29 分，下半场湖

XXXII

人拼防守，控制了利拉德的 34 分，湖人 116 比 108 取胜。之后湖人又以 135 比 115 取下第四场，3 比 1 领先，之后利拉德受伤。

　　第五场，开拓者的后卫 CJ 麦克罗姆射落 36 分 7 助攻，但安东尼·戴维斯得到 43 分 9 篮板，勒布朗则打出 36 分 10 篮板 10 助攻的三双：湖人 131 比 122 有惊无险地获胜，4 比 1 淘汰了开拓者。

　　另一边，犹他爵士与丹佛掘金打出了神奇的对决。

　　爵士三年级的得分后卫多诺万·米切尔，得到了破队史纪录的季后赛单场 57 分。实际上比赛打到第三节中，他得到 25 分 5 助攻，让爵士的法国中锋、年度防守球员鲁迪·戈贝尔得到 15 分。自那之后，掘金决定封锁内线，于是米切尔接管比赛：第三节后半段、第四节和加时赛，他合计轰下 32 分。终于掘金到加时赛，放出了提前夹击，逼米切尔放弃球权，掘金才以 135 比 125 赢球。这一战，掘金的王牌中锋约基奇得到 29 分 10 篮板，但他招牌的组织被限制，只有 3 次助攻，反而是四年级后卫贾马尔·穆雷——肯塔基大学出品的天才得分手——得到 36 分 9 助攻。

　　之后爵士连胜三场，第四场米切尔更得到 51 分，让爵士完成 3 比 1 领先。于是掘金决定变阵。他们将才华横溢的新人前锋迈克尔·波特放到替补，将强硬的蓝领前锋杰拉米·格兰特拉到首发。第五场，穆雷轰下 42 分 8 助攻，约基奇 31 分 6 篮板 4 助攻，掘金 117 比 107 扳回一城。第六场，穆雷得到 50 分，约基奇送出 9 次助攻，米切尔得到 44 分，但掘金还是 119 比 107 获胜了。

　　3 比 3，第七场了。

　　穆雷和米切尔的疯狂飙分没再出现。双方变成了慢节奏对决。爵士中锋戈贝尔 19 分 18 篮板包括 7 个前场篮板，几乎所有进球都是约基奇协防，戈贝尔乘机捡漏。反过来，因为爵士遏制穆雷，约基奇得到 30 分。

比赛最后时刻，米切尔不经挡拆启动，人丛里上篮，74 平。之后穆雷不等约基奇落位，强突米切尔中投，76 比 74。掘金一个夹击造成爵士失误，之后穆雷上篮得手，78 比 74。爵士利用掘金的夹击空位追到 78 平后，约基奇背身单打戈贝尔投中制胜球，80 比 78。

爵士最后一攻，复出的加里·哈里斯对位米切尔，杰拉米·格兰特夹击，米切尔分球时，被穆雷抄掉。掘金 80 比 78 获胜，1 比 3 落后的情况下，完成了大逆转，连续第二年来到西部半决赛。

另一组西部季后赛，达拉斯小牛的卢卡·东契奇在 NBA 生涯第一场季后赛，就面对西部第二洛杉矶快船打出了纪录：21 投 13 中 15 罚 14 中得到 42 分 7 篮板 9 助攻。史上最高的季后赛处子战表现。

但那似乎是快船无奈的选择：因为他的传球过于了得，常规赛带领达拉斯打出了 NBA 史上最高的每百回合 116.7 分，所以快船从头到尾的防守重点，是应对东契奇的传球。事实上也是成功的：除了东契奇之外，达拉斯全队 60 投 24 中。快船 118 比 110 取下第一场。然而第二场，小牛多点突分，东契奇还是 28 分钟里得到 28 分 8 篮板 7 助攻，而球队 221 公分的灵活前锋克里斯塔帕斯·波金吉斯得到 23 分。小牛 127 比 114 取胜，快船那边除了莱纳德的 35 分之外，无人站出来：保罗·乔治只有 17 投 4 中。

之后快船第三场，莱纳德组织策动，36 分 9 篮板 8 助攻，全队射中 14 个三分球，快船 130 比 122 取胜，2 比 1。但东契奇打出了神奇的第四场：

第四场，波金吉斯受伤，东契奇独自带队。第二节小牛一度落后 21 分，但第三节东契奇接管，高位挡拆单节得到 13 分 5 助攻。第四节过半，快船已经 110 比 99 领先：东契奇已得 30 分。快船的里弗斯教练变阵：185 公分的路易·威廉姆斯、191 公分的雷吉·杰克逊、201 公

XXXII

分的莱纳德、203 公分的乔治与 203 公分的马库斯·莫里斯，小球阵容外加换防，限制了东契奇的挡拆。于是快船一路追上比分，121 平进入加时。加时赛最后 50 秒，小牛 128 比 130 落后，东契奇突破招牌抛射，打板得分，130 平。最后最后 19 秒，东契奇叫挡拆，逼到雷吉·杰克逊单防他，随即一个转身上篮，132 比 130 领先。莱纳德突破，助攻莫里斯底线三分，快船 133 比 132 反超。达拉斯造了快船一个犯规，还有 3.7 秒了。

21 岁零 177 天的卢卡·东契奇左翼拿球，此前他三分球 9 投 3 中，包括 3 个三不沾。他再次逼出杰克逊换防，随即：撤步三分出手，命中。

135 比 133，东契奇绝杀快船。全场 43 分 17 篮板 13 助攻，四场季后赛里第二场三双，第二场 40+，以及，一个追平系列赛比分的神奇绝杀。场边的马克·杰克逊感叹：

"信心十足，永不动摇，极为冷静！"

当然，东契奇到底独臂难支，第五场快船 155 比 111 大破小牛，3 比 2。第六场东契奇拼命拿下 38 分 9 篮板 9 助攻，但莱纳德得到 33 分 14 篮板 7 助攻 5 抢断，快船 111 比 97 取胜，4 比 2 淘汰达拉斯去到西部半决赛。

这个系列赛让东契奇再次被全 NBA 确认。与此同时，也让此前公认的夺冠热门洛杉矶快船留了点阴影：

似乎除了莱纳德，他们没有可靠的进攻手？——整个系列赛，保罗·乔治都打得起伏不定。

之后，果然出问题了。

西部半决赛，快船很快 3 比 1 领先掘金，至此，他们离西部决赛只有一步之遥。然而，快船队史，此前一共有过 6 次"赢了这场就进分区决赛了"的机会——一次都没把握住。而前一轮系列赛 1 比 3 落后爵士，却又完成翻盘的掘金，又展示出他们倔强的一面了。

第五场，快船一度领先 15 分，被掘金逆转。当时掘金的迈克·马龙教练发现快船协防轮转时，会放空前锋保罗·米尔萨普，于是第三节米尔萨普连续投篮，带队完成了翻盘。第六场，双方拉锯到第二节中段，然后莱纳德接管比赛，第三节初一度 68 比 49 再次领先 19 分，于是马龙教练再暂停，叫了三角进攻，之后又改让约基奇面筐进攻。与此同时，快船的里弗斯教练犯了糊涂，不加调整，第四节甚至换人失误。而掘金这边，此前被波波维奇认为"他是拉里·伯德转世"的约基奇第四节 3 分球 3 投全中，7 个投篮都在禁区外，全场轰下 34 分 14 篮板 7 助攻，掘金 111 比 98 取胜，再次拖入第七场。

至此，约基奇季后赛生涯四个系列赛，每次都打到了第七场：2019 年对马刺第七场，约基奇 21 分 15 篮板 10 助攻的三双。对开拓者第七场 29 分 13 篮板 4 封盖。2020 年对爵士第七场，30 分 14 篮板 4 助攻。

对快船的第七场，约基奇全场得到 16 分 22 篮板 13 助攻的三双，而贾马尔·穆雷得到 40 分。反过来，快船全队失准。乔治 16 投 4 中 10 分，莱纳德水准大跌的 22 投 6 中 14 分。掘金 104 比 89 击败快船，连续第二轮完成 1 比 3 落后的大逆转，4 比 3 晋级，去到 2020 年西部决赛。

这是道格·里弗斯教练生涯第三次 3 比 1 领先遭逆转了，系列赛后，他结束了自己在洛杉矶快船的七年职业生涯，黯然离去了。

当然，这还不算最大冷门。

在东边，东部常规赛第五迈阿密热首轮先以 4 比 0 淘汰印第安纳步行者队，随即在对东部常规赛第一的密尔沃基雄鹿首场中，115 比

XXXII

第三十二章　历史上最漫长的一个赛季

104 赢球，震惊联盟。吉米·巴特勒轰下了 40 分，内线班·阿德巴约则拿下 12 分 17 篮板 6 助攻。对面的常规赛头号大热门扬尼斯则只得 18 分，且有 6 失误：

因为迈阿密热的埃里克·斯波厄斯特拉教练，出了奇招。他吸取了前一年凯尔特人与猛龙的防守经验。

凯尔特人的思维是：退防时三人成阵，防止扬尼斯起速直冲篮筐。

猛龙的套路是：用小个子防守者卡扬尼斯的下盘，阻碍他突破。

第二场，雄鹿试图反击，但热的套路也展开了。

过去两个赛季，雄鹿常规赛无敌的防守套路乃是：放弧顶三分和弱侧三分，巨人布鲁克·洛佩斯保护篮筐，扬尼斯扫荡补位。

结果在第二场，迈阿密不主攻吉米·巴特勒了：开场德拉季奇挡拆主攻，之后是邓肯·罗宾逊的远射；此后进入班·阿德巴约的高位策动模式。

迈阿密全场，10 次阵地战强弱侧转移得手，打雄鹿的弱侧：避开洛佩斯的护筐和扬尼斯的扫荡。7 次翼侧突破后，转移强侧外围得手：攻击雄鹿的收缩习惯。5 次内切得手：那是针对雄鹿的无球防守弱点。吉米·巴特勒全场只投篮 8 次，但做了 4 次掩护助攻、6 次破坏雄鹿的传球。热全队开花，116 比 114 取胜。2 比 0。

第三场，扬尼斯依然没法子：被防到 21 投 7 中，而巴特勒 30 分，阿德巴约 20 分 16 篮板 3 主攻，热末节打出 40 比 13 的超级高潮，115 比 100 取胜，3 比 0 了。到此地步，雄鹿已入绝境。第四场扬尼斯受伤只打了 11 分钟得到 19 分，之后雄鹿加时赛 118 比 115 夺回一城，但第五场，没机会了：热六人得分在 12 分以上，多点开花，103 比 94 取胜，4 比 1 淘汰了密尔沃基雄鹿。

昂首挺胸，晋级东部决赛。是为季后赛最大冷门。

另一组东部半决赛，年轻的波士顿凯尔特人通过七场苦战，淘汰了卫冕冠军但失去了莱纳德的多伦多猛龙。实际上，猛龙打得不坏：在2比3落后的第六场，他们强行将比赛拖入加时取胜。第七场，他们也努力到最后一分钟。

只是，凯尔特人的新全明星、三年级的2017年探花、22岁193天的杰森·塔图姆得到29分12篮板7助攻，2016年探花杰伦·布朗则得到了21分。

整个系列赛，这两位探花，前者场均25分10篮板5助攻，后者21分9篮板2助攻2抢断1封盖。前者似乎是按着科比、麦蒂、皮尔斯的方向去的：有漂亮的运球摆脱和撤步强投三分；后者则是东部最顶尖的无球攻击手。凯尔特人还有优秀的防守者马库斯·斯马特、新来的组织后卫肯巴·沃克，这是他们四年里第三次到东部决赛了——这三次，都是在没有凯里·欧文的情况下。

第七场前，杰伦·布朗对杰森·塔图姆说：

"与你一起打球，从你身上学习并成长，真是一种荣幸。"

然而，东部决赛，他们失望了。

东部决赛首战，双方你来我往地出招。凯尔特人数次领先两位数，但热活用吉米·巴特勒的内线威胁，不停策动外围攻势。常规时间剩22秒，巴特勒右底角远射得手，但此后塔图姆射中罚球，双方拖进加时。加时赛，巴特勒挂在塔图姆身上打三分得手，热获得领先。塔图姆最后时刻试图追回，然而阿德巴约横空出世，盖掉塔图姆的扣篮企图。

最后热以117比114取胜。

吉米·巴特勒20分5篮板5助攻2抢断，德拉季奇得到29分7篮板4助攻，希罗得到12分11篮板9助攻，阿德巴约得到18分6篮

XXXII

板 9 助攻，克劳德 22 分 5 篮板 1 助攻：真正全面开花。凯尔特人则有塔图姆的 30 分 14 篮板 5 助攻、斯马特的 26 分和肯巴·沃克的 19 分 6 助攻表现。

第二场，凯尔特人第二节一度领先 17 分。但第三节热摆出 2-3 联防，凯尔特人大乱，单节 7 失误。赛后史蒂文斯教练承认本方有太多"不干脆的传球"。吉米·巴特勒在比赛结束前 4 分钟都只得 8 分，但比赛最后 4 分钟，他得到 6 分 2 抢断 2 助攻，终结了凯尔特人的追击。热 106 比 101 取胜，2 比 0 了。

凯尔特人依靠塔图姆的 25 分 14 篮板 8 助攻和杰伦·布朗的 26 分，外加沃克的 21 分与斯马特的 20 分，第三场打出 117 比 106，扳回一城。但第四场，出了神奇的一战：20 岁的迈阿密热新人希罗出手了。凯尔特人因为要看住巴特勒与德拉季奇，将球队防守最弱的一环肯巴·沃克去对位希罗，结果希罗第三节后半段到第四节中间，暴风骤雨地射落 23 分：各色高难度跳投，全场 37 分。热 112 比 109 取胜，3 比 1 领先。

凯尔特人第五场大量扩防并换防，塔图姆得到 31 分 10 篮板 6 助攻，布朗 28 分，但全队最佳是德国中锋丹尼尔·泰斯：15 分 13 篮板 3 封盖，而且多次换防成功。凯尔特人全队得分两位数，第三节轰下 41 分，最后 121 比 108 取胜，追到 2 比 3。

但在第六场，迈阿密热不等了。

双方你来我往纠缠到第四节，热一度落后到 91 比 96。随即阿德巴约接管比赛：三分球三次持球突破，外加助攻吉米·巴特勒和罗宾逊。全场阿德巴约 32 分 14 篮板 5 助攻，热以 125 比 113 取胜，4 比 2 淘汰凯尔特人。

论天赋，热实在不比凯尔特人强。六场比赛，凯尔特人总得分

675，热 674。他们完全是靠着坚韧与努力，去到东部决赛的。这也是帕特·莱利的第 17 次总决赛：

——作为球员三次（1972、1973、1976）。

——作为教练九次（湖人王朝七次），1994 年总决赛和 2006 年总决赛。

——作为经理，作为斯波教练的后台，第五次。

很难得的是：他总是能从对手身上学习。戴利的活塞让他的湖人吃亏，于是他在纽约与迈阿密都打出了活塞式的狠辣防守；乔丹的公牛曾让他头疼，于是他把韦德塑造成了一个小乔丹。2014 年马刺用多点开花打翻了热，于是他在 2020 年，用一群坚韧少年，以及吉米·巴特勒这么个蓝领闯出来的明星，组成了一支铁血团队。

回到西边的主角，洛杉矶湖人。

湖人在首轮先输后赢，4 比 1 跨过开拓者后，西部半决赛便被休斯顿火箭来了个下马威：97 比 112 输了。

于是第二场开始，弗兰克·沃格尔教练决定：不用德怀特·霍华德了，增加了戴维斯的移动中接球，增加了夹击和反击。结果湖人第一节便 36 比 20 领先。火箭在第三节奋起直追，但湖人第四节稳稳把住局势：117 比 109 取胜。勒布朗 28 分 11 篮板 9 助攻 4 抢断 2 封盖，戴维斯 34 分 10 篮板 4 助攻。替补的马基夫·莫里斯（马库斯·莫里斯的一家子）得到 16 分。

第三场上半场，湖人依靠勒布朗撑局：勒布朗轰下 29 分，对面哈登 21 分，威斯布鲁克 17 分。下半场，湖人变阵：小球阵容，联防，夹击哈登，派上小球阵容，戴维斯则冲击前场篮板。湖人获得主动，勒布朗单节 4 次封盖。第四节初，替补上场的朗多焕发光彩：助攻库兹马与

XXXII

勒布朗上篮，自己两个三分球一个上篮，再助攻亚历克斯·卡鲁索与戴维斯，半节时间内，独得10分4助攻，掌管了比赛。上半场得到64分的火箭，下半场只得38分。最后湖人112比102取胜。赛后勒布朗承认：中场休息时，全队一起看了录像带，对防守端做了重大调整。

第四场，调整继续。湖人开场便是丹尼·格林领防，夹击哈登，弱侧快速轮转换防。于是哈登全场只投进两球，虽然得到21分，但杀伤力大减。另一方面，湖人用戴维斯轮转威斯布鲁克：欺负威斯布鲁克投不了三分球，让戴维斯可以扫荡禁区。而勒布朗与朗多负责扫尾工作：勒布朗14个防守篮板，朗多7个。两个人加起来，21个防守篮板17个助攻。

进攻端，湖人有机会就推速度，全场19分快攻，阵地战则大量空切。勒布朗前4个助攻，全是保送队友上篮，全场助攻卡鲁索和朗多三个三分球，其他6个助攻都是送队友上篮。结果湖人全队30个助攻。110比100击败湖人。戴维斯29分12篮板，勒布朗16分15篮板9助攻，替补的卡鲁索16分，朗多则11分10篮板8助攻。湖人3比1领先了。

第五场，哈登得到30分，但火箭再无余力。戴维斯13分11篮板，勒布朗29分11篮板7助攻，湖人119比96轻松取胜，4比1淘汰火箭。赛后，火箭的迈克·德安东尼教练也结束了自己的任期，离去了。

于是西部决赛，洛杉矶湖人对阵丹佛掘金。

首场比赛，湖人用大量换防对位约基奇，允许他得到21分，但限制他2助攻4失误。离开了约基奇的纵横组织，掘金的进攻没法实行。勒布朗第二节得到全场15分中的13分，让湖人获得主动。中场休息时，沃格尔教练提醒湖人，掘金下半场很强，别被翻船。第三节，沃格尔教练派上德怀特·霍华德首发，用来消磨约基奇的体力，勒布朗单节5个助攻，朗多3个助攻，湖人一度领先到24分。最后湖人126比114取胜，无惊无险。

但第二场，湖人就遇到了险情：

湖人第三节中，一度70比54领先到16分，之后掘金一个暂停，迈克·马龙教练布置大量换防，再用约基奇单挑，一波49比32，将比分追上。比赛最后时刻，约基奇连续得到11分，仿佛拉里·伯德：中投、三分、肘子挡出空间、前场篮板。而戴维斯还得了连续10分。

比赛最后时刻，湖人102比103落后。开底线球，勒布朗走位，吸引掘金二人防守。戴维斯左翼接球，起手三分球。约基奇补位，看着球划过自己指尖，直落篮筐：时间归零，湖人105比103取胜。2比0领先。

投中这球后，戴维斯一路冲向替补席，与队友拥抱，一路咆哮着："科比！"而沃格尔教练赛后则说，最后掘金那个漏人让戴维斯有了出手的机会？

"曼巴（科比的绰号）就在那里。"

掘金在第三场用大量换防与收缩限制湖人的单挑，虽然勒布朗得到30分10篮板11助攻，戴维斯得到27分，但湖人其余诸将哑火。掘金自己则有穆雷的28分12助攻、约基奇的22分10篮板5助攻，以及杰拉米·格兰特的26分。掘金114比106扳回一城，1比2。

第四场，湖人以德怀特·霍华德首发，第一节9分钟内拿下8分8篮板，并遏制约基奇：全场只得16分4助攻，且有5次犯规。第四节，湖人摆出小球阵。勒布朗亲自防守穆雷，两次防守得手，一口气完成反

XXXII

击。第四节勒布朗与戴维斯合计得到 19 分，朗多则有 3 个助攻。最后湖人 114 比 108 取胜，3 比 1 领先：戴维斯 34 分，勒布朗 26 分 9 篮板 8 助攻。

第五场，戴维斯与约基奇都早早地 3 次犯规，勒布朗接管：第三节开始不久，他已得 20 分 7 助攻。湖人一度领先 16 分，之后掘金开始追赶。此时丹尼·格林先盖掉约基奇，再补位干扰了掘金的远射，戴维斯射中关键三分，让湖人 102 比 92 领先。

此时勒布朗站了出来：四个跳投——一个挡拆突破假动作后中投，一个在穆雷头顶翻身跳投，一个突破假动作后晃了格兰特后跳投，一个是瞄准格兰特与约基奇防守沟通失误，起手三分球。

湖人 117 比 107 击败掘金，4 比 1 结束系列赛，结束了他们坚韧的季后赛旅程。勒布朗全场 38 分 16 篮板 10 助攻，在还有三个月将满 36 岁的年纪，生涯第十次去到了 NBA 总决赛。

于是就这样：勒布朗·詹姆斯带领着朗多、德怀特·霍华德这些十年前的东部老对手，去到了 2020 年总决赛，会战曾伴随自己拿下头两枚冠军戒指的迈阿密热与埃里克·斯波厄斯特拉教练。这也是他第五次在总决赛中遇到安德烈·伊戈达拉。

2020 年总决赛第一战，湖人锋线，官方身高 203 公分的勒布朗，官方身高 208 公分的德怀特·霍华德和戴维斯。

热锋线，官方身高 201 公分的吉米·巴特勒，官方身高 198 公分的克劳德，官方身高 206 公分的班·阿德巴约。

热的小球速度阵容，一度获得 23 比 10 的领先。于是湖人换下德怀特·霍华德，开始坚定地打小球对小球。朗多和戴维斯带队，一口气打出 21 比 5 的攻势。第二节初，湖人继续摆小球阵：勒布朗亲自站内线。吉米·巴特勒在第二节单挑追分，在得到自己第 16 分后崴脚倒下。之后湖人以 65 比 48 领先结束半场。加上德拉季奇与阿德巴约先后受伤，热失去抵抗之力，最后湖人 116 比 98 轻取。勒布朗拿下 25 分 13 篮板 9 助攻，戴维斯 34 分 9 篮板 5 助攻。

第二场，热打得无可挑剔：巴特勒 25 分 8 篮板 13 助攻，全队三分球 27 投 11 中，全队 71 投 36 中还有 34 个罚球，29 个助攻只有 9 失误，凯里·奥利尼克打出 24 分 9 篮板的生涯杰作。全队进攻勤勉积极，沃格尔教练赛后都赞美热的进攻运转出色。

反观湖人只有 17 次罚球，三分球也就马马虎虎地 47 投 16 中，首发两射手 19 投 3 中。

然而湖人还是赢了。

勒布朗 33 分 9 篮板 9 助攻，以及吓人的 0 失误。戴维斯 32 分 14 篮板，以及可怕的 20 投 15 中。前者随意穿透热的防守，后者在热的禁区为所欲为。

热摆起了联防，但勒布朗和朗多不停用高位策应打穿热的防守，让热毫无机会。赛后戴维斯还自我检讨：

"我们防守端有些轮转没到位。"

为何如此自我严苛呢？勒布朗说：

"我们不满足于胜利，而渴望伟大。"

第三场，出现了一些伟大的事。

热在防守端选择夹击安东尼·戴维斯，第一节前 6 分钟，湖人 7 个失误。第二节，勒布朗一度带队逆回，但吉米·巴特勒开始启动。

下半场，湖人扩防，锁死热的三分球。但巴特勒坚持持球单打。第

XXXII

四节勒布朗一口气连投带传创造 11 分，让湖人 91 比 89 领先，然而巴特勒先单挑追平比分，再助攻两个三分球和一个内线得分。

热以 115 比 104 取下第三场。勒布朗 25 分 10 篮板 8 助攻但 8 个失误，戴维斯只得 15 分。巴特勒则 20 投 7 中 14 罚 12 中得到 40 分 11 篮板 13 助攻：NBA 历史上第三个 40+ 的三双，此前只有 1969 年的杰里·韦斯特和 2015 年的勒布朗做过过。

比赛后采访时，记者先问巴特勒今晚怎么赢球的。他说："我们抓篮板，这是关键。"

记者诱导他，说他刚打了 40+ 三双，生涯最佳比赛。比赛时在想什么？

巴特勒回答："赢球。我不在乎数据，我就是想赢球……如果下一场可以保证我们赢球，我得 0 分都没关系。"

第四场上半场，勒布朗打得迷惘：虽然 8 分 3 篮板 4 助攻，但 5 个失误，且打得消极。然而湖人还是稳住了。沃格尔教练用戴维斯对位吉米·巴特勒，恰似他之前用戴维斯对位威斯布鲁克似的：保护禁区，同时继续作为协防者存在。

下半场，湖人换首发阵容，马基夫·莫里斯替下德怀特·霍华德首发，这是勒布朗最熟悉的空间阵容。三分钟内，勒布朗连得 9 分，甩开分差。第四节热追到 83 平后，勒布朗一个上篮 6 个罚球再连得 8 分，再次甩开分差。此时朗多出现：一个上篮，再助攻戴维斯远射，湖人 100 比 91 领先。戴维斯捶胸，勒布朗怒吼。湖人最后以 102 比 96 获胜，勒布朗取下 28 分 12 篮板 8 助攻，戴维斯 22 分 9 篮板 4 助攻 4 封盖。前者下半场的策动，后者全场的防守，让湖人拿到了 3 比 1 领先。

拿到 3 比 1 领先后，勒布朗从来不手软：此前三个系列赛，他都是带湖人 4 比 1 过关的。

然而第五场，湖人没能顺利夺冠。

继第三场打出 NBA 史上第三次总决赛 40+ 三双——之前两个是 1969 年的杰里·韦斯特和勒布朗·詹姆斯——之后，吉米·巴特勒在第五场得到 35 分 12 篮板 11 助攻：这是 NBA 总决赛史上，第二次出现有人打出第二个 30+ 三双：上一个，还是 2015 年的勒布朗·詹姆斯。

实际上，第五场，勒布朗，像在对位另一个自己。

第五场开局，湖人 18 比 13 领先。之后勒布朗下场休息，热瞬间打出个 9 比 0 的小高潮。第一节双方 8 次交替领先 2 次打平，之后戴维斯再次受伤。第二节，热一度领先到 41 比 30，然后勒布朗射中三分，半节得到 11 分，带队逆转。上半场结束，热以 60 比 56 领先：勒布朗半场 21 分，巴特勒 19 分。

第三节双方继续对打。热的二年级新人邓肯·罗宾逊三分开火。吉米·巴特勒头顶挨了德怀特一下犯规后依然补篮得手打三分，带领热 78 比 70 领先 8 分。此时勒布朗再撤步三分追一个，解说员迈克·布林大叫：

"每次热拉开，勒布朗就一个三分球。"

随即热的杰·克劳德和罗宾逊两个三分球得手加罚，两个 3+1，热再次稳住声势。第四节双方决战，热已经打不出配合。湖人打出一波 18 比 3，以 99 比 96 领先。

那时看来，湖人冠军已在指尖。

但吉米·巴特勒接管比赛，与勒布朗你来我往地攻防。双方交替领先 6 次后，巴特勒罚球让热 109 比 108 领先。最后时刻，勒布朗突破被热三人夹击，分球给丹尼·格林：格林射丢三分，抓到前场篮板后的马基夫·莫里斯鬼使神差地传球出界。热最后 111 比 108 险胜，勒布朗

XXXII

打出了赛季最高的 40 分外加 13 篮板 7 助攻，以及生涯总决赛最高的 6 个三分球，只休息了 6 分钟，然而被只休息了 48 秒的巴特勒以及顽强的热队，拖住了胜利的脚步。

当然，也只延迟了一场。

2020 年总决赛第六场，洛杉矶湖人调整首发：放下德怀特·霍华德，派上卡鲁索，打出小球阵容。吉米·巴特勒第一次运球过半场时，勒布朗亲自出三分线领防：气势十足。

卡鲁索死缠希罗，后者连续失误。勒布朗 3 分钟里 3 个防守篮板，抓到篮板球就提速冲刺。因为湖人的施压，热 10 分钟内 6 个失误。勒布朗自己强硬打三分得到 28 比 20 领先。第二节勒布朗后场拿球，一路顶着巴特勒冲到篮下造犯规：活像一个重量级拳手误入中量级舞台似的。前 18 分钟，勒布朗 7 个投篮，6 个在篮下。而沃格尔教练一直在场边鼓掌："好防守! 六分钟的好防守了!"

湖人上半场就以 64 比 36 领先，下半场就剩下彼此庆祝了。全场比赛湖人 106 比 93 取胜，4 比 2 拿下 2020 年 NBA 总冠军——也是 NBA 历史上，单个赛季跨度最长的一个总冠军。队史第 17 个总冠军，追平了波士顿凯尔特人。

勒布朗在个人效力的第三支球队，获得个人第四个总冠军，总决赛六场场均 29.8 分 11.8 篮板 8.5 助攻，个人第四个总决赛 MVP——在三支球队获得总决赛 MVP，前所未有的传奇。

戴维斯确定当下第一长人地位了，而且终于有了戒指。

德怀特·霍华德终于有了冠军戒指。

朗多在凯尔特人和湖人这里都拿了戒指。

这虽是勒布朗在第三支球队得到的第四尊总决赛 MVP——比鲨

鱼、邓肯和魔术师这些同样三尊的，多一尊了——但与前三次不同：

这次不是球队为他做调整，而是他为球队做了调整与牺牲。这支湖人有别于2012-2013年的热与2016年的骑士，不再是一群射手拉开空间由勒布朗接管，而是他担当组织者，让球队的每个人都发挥所长。勒布朗与戴维斯这次夺冠，是继1972年韦斯特和张伯伦、1987年魔术师和天勾之后，又一次：助攻王+巨人，拿下了总冠军。

勒布朗也是又一个，前得分王变身助攻王带队夺冠——上一个，是1972年的韦斯特。

这大概也是近年以来，NBA最考验综合素质的一次季后赛？

1999年停摆，之后马刺夺冠。西部半决赛横扫湖人时，曾有洛杉矶媒体抱不平，说都怪停摆，让球队怠惰。但纽约媒体（也是为了捧自家黑八杀进总决赛的尼克斯）说：漫长停摆后，越是职业的球队，越能熬得住——的确，停摆后，坎普就成了肥猪，贝克成了酒鬼，二年级的邓肯职业地打球，成了冠军。

2020年的湖人，也是如此。

今年事情太多了。斯特恩逝世了。科比逝世了。甚至爵士前老帅杰里·斯隆也在2020年5月22日逝世了。其间经过漫长的休赛期后，季后赛来到奥兰多。单调的生活，没有主客场，紧凑的季后赛。体能和心理最强悍的球队走到最后。如此反常又漫长的一年。最职业的湖人走到最后。

新总裁肖华在颁奖时说："这已经远超篮球本身的意义了。"的确如此。

当然，还有科比。

XXXII

赛后颁奖时，戴维斯与湖人的女当家珍妮·巴斯都提到了科比。是逝去的科比在激励着他们作战。的确，这漫长的赛季，每次湖人喊赛前口号，都是那一句：

"1-2-3, 曼巴！"

在科比鼓励勒布朗前进、然后意外逝世之后的 260 天，勒布朗带着洛杉矶湖人得到了总冠军。似乎这是这个漫长动荡的赛季，最好的结局。

这漫长的赛季,每次湖人喊赛前口号,都是那一句:"1-2-3,曼巴!"

后记

我还记得小时候，对篮球的初步印象：在学校的水泥地篮球场，在工厂树影掩映的篮球场，看或高或矮、身穿汗衫的人们跑、跳、传、投。彼此招呼的声音、篮球击地或砸筐的声音、黄昏时灯光亮起勉强照亮篮筐，场边休息的人们擦汗……

这是我印象中的篮球。

然后，我看电视，看到了 NBA 球赛，发现了另一种不同的篮球。那已经不再是投篮游戏，倒像一群人在上演特技奇观。只是，球赛的参与者依然是真人，只是比普通人高了许多许多。有人疾驰如电，有人百步穿杨，有人巍峨如山，有人灵巧如鹿。有人可以飞在篮筐之上，球在他们手中仿佛有生命一般。加之球场绚丽，球衣多彩，灯光照耀之下，篮球赛仿佛一幕幻想剧。

"世上还有这样的篮球赛吗？"

后来我知道了 NBA，知道了迈克尔·乔丹、魔术师约翰逊与拉里·伯德，知道了名目繁多的球队与赛制，知道了数据，知道了球探，知道了主教练,知道了理疗师。

慢慢地知道了交易筹码、奢侈税、三分线、联防规则。剪辑精美的录像带会把那些神乎其神的时刻记录下来,巨星们的眼神,球迷们的呼喊。

我知道了走到 NBA 的金字塔顶,要经历多少:高中联赛,球探挑剔,大学联赛,选秀前的争议,选秀,训练营,新教练,新队友,面对媒体抨击,考虑薪水,签约商业计划,制订战术,争吵,失望,败北,愤怒,妥协,屈服,再一次失望,再一次失望,一次又一次的失望,新技术的掌握,训练,日复一日的训练,最初是一个人,然后是团队。把球拍打着,厚实,柔软,结实,顺手,投进球时能听见"倏"的一声。然后穿过黑暗的过道,看见明亮的灯光,上场。你将看到数万球迷的欢呼、灯光、摄像师、鼓励的标语、谩骂的口号,你将听到全世界的声音:争吵、质疑、谩骂、赞颂、评论、金钱的声音、雪茄剪的咔嚓声。

NBA 就是这一切的缩影。

大概,每个人的篮球世界,开始都不太一样:之后的色彩、声音和情感,都不相同。

连 NBA,也不是一开始就如此的。

21 世纪的 NBA 球赛,各色景象都在各色屏幕终端变换;有高中生看着比赛,幻想进大学、进 NBA、拿下上亿美元的合同。但在 1950 年代,一个 NBA 球星可能在为了一份一万美元的年薪拼命,在舞厅改建的球馆中小心地打球,避免脚踝受伤。自那以来,经历了什么呢?

奢侈税,禁衣令,联防限制,力量训练房,战术板上的 400 套跑位图,1995 年乔丹绝杀后敲击地板,1997 年卡尔·马龙和丹尼斯·罗德曼的摔交游戏,中产阶级条款,摄影师的角度选取……不一而足。

篮球是圆的，而 NBA 更为复杂——它有无限多面，是一个绚丽的滤镜。NBA 是个梦剧场，但其中不只是乔丹的飞翔、魔术师与伯德的对决、勒布朗与杜兰特和库里们的连番交战、鲨鱼与科比的争吵、张伯伦与拉塞尔的卡位，球离开天勾的指尖朝篮筐落去。

欢呼与嘘叹声仿佛潮起潮落，而色彩与景象一直在变换。

大概，每个球迷或多或少，都会选中一两位球星，承载自己的梦想与青春。只要那个球星不退役，他们的青春就还继续。而 NBA 就是由那么多追梦的球员，那么多热情与梦想凑起来的世界。

2016 年夏天，科比·布莱恩特在他的球衣退役那天说："那些你早起的日子，那些你奋斗的日子，那些你打球到晚上奋斗不息的日子，那些你太累了不想打球，但你还是拼命熬过去超越极限的日子，嗯，那就是梦想。重要的不是目标，是旅程。"

看一两场比赛，是为了某几个球、某一段时光而欢愉；看一个球员的职业生涯，是看到他热情与梦想凝缩的时光。

那么，看拉长到整个 NBA 的历史，就是看那些球员，如何在篮球场上，从世界的每个角落，走他们的追梦旅途，直到踏上巅峰吧。

我先前写过不只一位 NBA 球员的生涯：乔丹、科比、邓肯、艾弗森……每写一位，便会觉得，那同样是在写他所处的那个时代：大概，每一位巨星的成败起伏，都与当时整个 NBA 环境息息相关。

每次查阅资料、翻看旧录像，便希望有那么一部 NBA 历史：写那些球星们竭力奋斗，创造出来的传奇。

所以某种程度上，这本书也是我写给作为球迷的自己看的。

如果您恰好也是一位会在现场直播之外，偶尔为了某个已退役的喜欢过的明星、为了旧比赛录像而跃动不已的 NBA 球迷，那，希望您能在阅读这本书时，感受到乐趣。

本书一些内容，出自我自己以前撰写的《迈克尔·乔丹与他的时代》《蒂姆·邓肯：永不退场》等书。大多数访谈内容，源自历年《Sports illustrated》等杂志报刊、ESPN 等网站的公开赛后报导，以及各球星的自传。绝大部分数据，来自 http://https://www.basketball-reference.com/。

本书书名借用了茨威格先生的著名标题《人类群星闪耀时》。茨威格先生认为，这种充满戏剧性和与命运攸关的时刻，宛若星辰一般散射。本书中记录的历程，当然远谈不到对人类历史有什么重大影响；但对经历过这其中某些时刻的球迷而言，这大概也不妨作为他们自己独特的记忆吧。